# Q&A
# 権利に関する登記の実務 XIV

## 第7編　信託に関する登記／判決による登記　代位による登記

監　修　小池信行・藤谷定勝
編　著　不動産登記実務研究会

日本加除出版株式会社

## 監修に当たって

　不動産登記法は，平成16年法律第123号をもって全面改正され，平成17年3月7日から施行され，その後，平成17年法律第29号による一部改正等がされ現在に至っております。不動産登記法は，戦後についてみるだけでも，時代の変遷に合わせて数多くの改正が重ねられてきましたが，今次の改正は，いわゆるIT時代の要請に応えるものであります。すなわち，今次の改正では，昭和63年の改正により特例として導入されたコンピュータによる登記事務処理を原則的な処理方式とするとともに，すべての行政手続をインターネットを通じて行うことができる電子政府の実現の一環として，オンラインによる登記申請が認められることになりました。まさに「登記のIT化」とも称すべき改正が最大の特色であります。加えて，法形式の面でも，不動産登記手続の規律について，法律で定めるべき事項と下位法令に委ねる事項を大幅に整理したことも画期的な試みであったということができます。

　その改正不動産登記法も，施行以来僅か1年を経過したのみであり，したがって，改正法の下における登記申請手続あるいは実務の処理等もまだ緒に就いたばかりといえましょう。そうした状況の中にあって，このたび日本加除出版株式会社が改正不動産登記法を踏まえた権利に関する登記の実務の解説書として「Q＆A権利に関する登記の実務」の刊行を企画されたことはまことに時宜を得たものであり，同社のご努力に敬意を表するものであります。

ところで，本書刊行の企画は，同社常任顧問・相談役の木村三男氏（元大津地方法務局長）を中心に進めてこられたものですが，かつて同氏と私どもは共に法務省民事局に籍を置いたものであり，そのようなご縁から，今回図らずも私どもに本書の監修の機会を与えられることとなりました。監修に際しては，各設問について，不動産登記法等の根拠条文と判例・先例との関連あるいは実務処理上の疑問点とその解釈のあり方等々に正確を期するよう心がけたことはもちろんですが，何よりもまず，読み易く，かつ，分かり易いものとなることを主眼として監修させていただきましたが，私どもの勉強不足から果たしてその目的を達し得たかを危惧しております。今後読者の方々のご叱声とご批判をいただきたいと思います。

　本書が法務局の職員をはじめ，司法書士，土地家屋調査士，その他登記実務に関係する方々にとって有益な参考書となることを期待して，皆様方のご利用をお願い申し上げる次第です。

平成18年6月

小　池　信　行（元釧路地方・家庭裁判所長）
藤　谷　定　勝（元仙台法務局長）

# はしがき

　「Q＆A権利に関する登記の実務」シリーズは，第5編「仮登記」から，各権利に関する登記に共通する問題等を，登記の種類ごとに分類して解説することとし，先の第6編では，各権利に関する登記のうち「変更の登記・更正の登記・抹消の登記・抹消回復の登記」の問題等について取り上げ，今回の第7編では，「信託に関する登記・判決による登記・代位による登記」の問題等について取り上げることとしました。

　信託は，大正11年4月21日法律第62号により制定された信託法により運用されてきましたが，平成18年12月15日法律第108号をもって全面改正され，平成19年9月30日から施行されました。新信託法は，受託者の義務の内容の合理化と私的自治の範囲の拡大，受益者の権利行使の実効性・機動性を高めるための規律の整備，多様な信託の利用ニーズに対応するための新たな信託の類型等を内容とするものです。信託とは，信託契約を締結する方法，遺言信託をする方法及び自己信託証書等を作成する方法のいずれかにより，特定の者が一定の目的（専らその者の利益を図る目的を除く。）に従い財産の管理又は処分及びその他の当該目的の達成のために必要な行為をすべきものとすることをいいます。そして，新信託法とともに，信託法の施行に伴う関係法律の整備等に関する法律（整備法。平成18年法律第109号）が施行され，同時に，整備法の施行に伴う法務省関係政令等の整備等に関する政令（平成19年政令第207号）及び不動産登記規則等の一部を改正する省令（平成19年

法務省令第57号）も同時に施行されたことにより，信託に関する不動産登記の取扱いも大幅に変更されることになりました。

そこで，本書では，信託の登記に関する従来からの登記実務上の問題点はもちろんのこと，自己信託，担保権の設定の登記（いわゆるセキュリティ・トラスト）や信託の併合・分割等の新信託法において新たに創設された制度についても触れることとしました。

次に，権利に関する登記は，登記権利者及び登記義務者の共同申請によるのが原則ですが，その一方の当事者に対して登記手続をすべきことを命ずる確定判決があったときは，他方の当事者が，単独で申請することができるとされています。この「判決による登記」については，数多くの関係する判例や登記先例があり，一般の登記手続とは異なる取扱い例も見受けられます。また，登記実務において，判決による登記を正確に処理するに当たっては，不動産登記手続のほか，民事訴訟手続，民事執行・保全手続についての理解も求められることから，本書では，判決による登記の特殊性や上記の訴訟手続等に係る事例についても解説することとしました。

「代位登記」とは，債権者である登記権利者が有する登記請求権を保全するために，登記義務者の有する登記請求権を代わって行使することをいいます。代位登記には，民法の規定に基づく債権者代位，土地改良法，土地区画整理登記令等の特別法に基づく代位登記があります。そこで，本書では，代位登記の申請手続，判決等に基づく代位登記，官公署による代位登記に関する事例について解説することとしました。

本書においては，上記の各登記について，従来と同様に1問1答形式により，具体的な事案に即して十分に要領を得た，大変に理解

はしがき

しやすい解説をしています。

　本シリーズの執筆は，第1編以来，法務局及び地方法務局に勤務されている方々，あるいは過去にそれらの職場に勤務されていた方々にお願いしてきました。本書もまた，これまでと同様に，登記実務に精通し実務経験の豊富な方々に御執筆をいただきました。その上で，法務省の中枢にあって長年にわたり民事基本法令の立法作業に携わり，あるいは全国に所在する法務局の組織の管理・運営，業務の執行・改善等を主導されてこられた元釧路地方・家庭裁判所長の小池信行先生，及び元仙台法務局長の藤谷定勝先生に，貴重なお時間を割いての御監修をお願いしました。両先生には，特に不動産登記と実体法とが関係する部分の解説等について，十分な理解が得られるよう補足していただくなど，常に親切・丁寧な御指導，御教授を賜りました。本書が，不動産登記に関係する業務に従事しておられる方々において，多少なりともお役にたてるところがあれば望外の幸せです。

　本書の出版に当たりましては，元東京法務局城北出張所長の後藤浩平氏に，原稿の整理・内容の確認・校正等について多大な御支援をいただきました。また，日本加除出版株式会社編集部の盛田大祐氏，松原史明氏には，校正作業，執筆者との連絡・調整等に多くの御協力をいただいたほか，多数の方々からも御支援をいただきました。これらの各位に対し，深く御礼を申し上げます。

　平成27年12月

　　　　　　　　　　　　　　　　　不動産登記実務研究会

# 【凡　例】

1　法令名は原則として省略を避けたが，次のものについてはそれぞれ以下に示すような略号を用いた。

　　　法　　　不動産登記法（平成16年法律第123号）
　　　　　　　　ただし，全部改正前の不動産登記法と対比するため，「新法」とする場合もある。
　　旧　　法　　不動産登記法（明治32年法律第24号）
　　　　令　　　不動産登記令（平成16年政令第379号）
　　規　　則　　不動産登記規則（平成17年法務省令第18号）
　　区分所有法　建物の区分所有等に関する法律（昭和37年法律第69号）
　　準　　則　　不動産登記事務取扱手続準則（平成17年2月25日民二第456号法務省民事局長通達）
　　登免税法　　登録免許税法（昭和42年法律第35号）
　　租特法　　　租税特別措置法（昭和32年法律第26号）
　　新民法　　　昭和22年法律第222号による改正後の民法
　　旧民法　　　昭和22年法律第222号による改正前の民法
　　民訴法　　　民事訴訟法
　　民訴規　　　民事訴訟規則
　　民執法　　　民事執行法
　　民執規　　　民事執行規則
　　民保法　　　民事保全法
　　民保規　　　民事保全規則

2 判例集等について，以下の略号を用いた。

民　　録　大審院民事判決録
民　　集　大審院民事判例集又は最高裁判所民事判例集
裁判集民　最高裁判所裁判集民事
裁　　時　裁判所時報
高民集　　高等裁判所民事判決集
東高時報　東京高等裁判所判決時報
下民集　　下級裁判所民事判決集
判　　時　判例時報
判　　タ　判例タイムズ
新　　聞　法律新聞

3 参考文献については，各問の文中若しくは末尾にそれぞれ掲げることとし，以下の雑誌記事を参考とした場合は，それぞれの号数と頁を記載した。

民事月報（法務省民事局）
訟務月報（法務省訟務局）
家庭裁判月報（最高裁判所事務総局）
登記研究（テイハン）
登記先例解説集（民事法情報センター）
ジュリスト（有斐閣）
金融法務事情（きんざい）

# 執 筆 者

監修者　　小　池　信　行（元釧路地方・家庭裁判所長）
　　　　　藤　谷　定　勝（元仙台法務局長）

執筆者　（50音順）
　　　　　石　神　重　紀（東京法務局）
　　　　　川　代　　　光（さいたま地方法務局）
　　　　　神　崎　　　強（東京法務局）
　　　　　幸　良　秋　夫（元佐世保公証役場公証人）
　　　　　小　酒　好　文（横浜地方法務局）
　　　　　五　島　直　樹（東京法務局）
　　　　　齊　藤　　　明（元東京法務局）
　　　　　佐　藤　純　一（東京法務局）
　　　　　谷ヶ崎　誠　一（東京法務局）
　　　　　吉　川　信　幸（東京法務局）

# 第1章　信託に関する登記

## 第一節　総　説 —————————————— 3

1　信託の意義及び方法　3
2　不動産に関する権利が信託財産に属する財産であることの対抗要件　13

## 第二節　信託に関する登記 —————————— 36

### 第1款　総　論 ························· 36

3　信託に関する登記の意義　36
4　信託の登記の登記事項　60
5　信託に関する登記の申請手続　86

### 第2款　登記手続等 ······················· 113

#### 1　当事者 ——————————————— 113

6　信託における委託者の意義　113
7　信託における受託者の意義及び信託財産の合有　122

xi

8 信託における受益者及び信託管理人等の意義　146

## 2 信託登記の目的となる不動産──────── 162

9 信託財産に属する不動産について，受託者の債権者による強制執行等が禁止されている理由等　162
10 地目が農地である土地に信託に関する登記をすることの可否　181
11 「譲渡担保」を登記原因とする所有権移転の登記若しくは差押えの登記がされている不動産に信託に関する登記をすることの可否　202
12 工場財団の所有権に信託に関する登記をすることの可否　217

## 3 権利の保存・設定・移転の登記と信託に関する登記── 226

13 信託財産である土地を担保にして借り受けた資金により普通建物が新築された場合，及び信託契約により委託者から受託者に譲渡された信託財産が委託者名義の表題登記のみがされている敷地権付き区分建物である場合の当該建物についての信託に関する登記手続　226
14 信託契約（受託者が２人の場合）及び遺言信託に基づく信託の登記を申請する場合に提供する申請情報及び添付情報　233
15 信託財産に属する金銭で購入した不動産の登記手続　242
16 所有権の一部に信託の登記がされている２筆の土地について，共有物分割がされた場合の登記の申請手続　246
17 信託による抵当権の設定及び移転に基づく登記の申請手続　252

## 4 権利の変更の登記と信託に関する登記──────── 259

18 信託の併合及び分割の意義とその登記の申請手続　259

19　1　不動産に関する権利が，共有物の分割により，固有財産に属する財産から信託財産に属する財産となった場合及び信託財産に属する財産から固有財産に属する財産となった場合の登記の申請手続
　　2　受託者に属する不動産に関する権利が，信託財産と他の信託財産とに属する場合において，共有物の分割により，一の信託の信託財産に属するものから当該他の信託の信託財産に属するものとなった場合の登記の申請手続　272

## 5　現行信託法によって変更され又は認められた信託に関する登記 ——— 282

20　自己信託の意義及び登記の申請手続　282
21　裁判所書記官から信託の変更の登記が嘱託された場合の登記手続　288
22　受託者が死亡若しくは合併又は辞任した場合の受託者の地位　296
23　受益者の定めのない信託の意義及びその登記手続　305

## 6　公益信託の登記 ——— 313

24　公益信託の意義及びその登記手続　313

## 7　信託の仮登記 ——— 320

25　所有権移転仮登記又は所有権移転請求権仮登記の申請と同時に信託の仮登記を申請することの要否とその登記手続　320
26　根抵当権設定仮登記の申請と同時に信託の仮登記を申請することの要否及びその登記手続　329

## 8　信託登記の抹消 ―――――――――――――― 337

27　信託の終了により信託財産の残余財産である不動産が帰属権利者に引き継がれた場合の登記手続　337

28　自己信託の終了により信託財産の残余財産である不動産が帰属権利者に引き継がれた場合の登記手続　344

29　信託財産に属する財産を受託者の固有財産に帰属させることの可否及びその登記手続　349

## 9　信託目録の記録の変更 ―――――――――――― 356

30　受益者又は委託者が変更した場合の登記手続及び信託目録の記録の変更方法　356

31　法人の合併による受託者の変更，受益者又は委託者の表示の変更，信託条項の変更があった場合の登記手続　366

## 10　信託登記に係る登録免許税 ―――――――――― 376

32　所有権に関する信託登記に係る登録免許税　376

33　所有権以外の権利に関する信託登記に係る登録免許税　386

34　信託の終了により信託財産が受益者等に引き継がれた場合，信託財産が処分された場合，信託財産に属する財産が受託者の固有財産となった場合の信託に関する登記の登録免許税　392

# 第2章　判決による登記

## 第一節　総　　説 ──────── 403

### 第1款　通　　則 ……………………………… 403
35　登記権利者又は登記義務者の一方による単独申請　403
36　判決による登記の対象となる登記とならない登記　408

### 第2款　判決の意義 ……………………………… 412
37　所有権を確認する判決による所有権移転の登記の単独申請の可否　412
38　確定判決による登記を申請する場合の確定判決と同一の効力を有するものの意義　415
39　確定判決による登記を申請する場合の登記原因証明情報となる確定判決の判決書等の主文等の内容　422
40　仮執行宣言付き判決による登記の単独申請の可否　427

### 第3款　執行文の付与 ……………………………… 429

#### 1　事実到来（条件成就）執行文の付与 ──────── 429
41　執行文の意義及びその付与の申立手続　429
42　登記手続を命ずる確定判決により登記を単独で申請する場合の執行文の付与の要否　433
43　一定の金員を期限までに支払わないときは登記手続をする旨の裁判上の和解が成立した場合の登記申請について，執行文付与の

要否　438

## 2　承継執行文の付与 ─────────────── 441

44　承継執行文の意義及びその付与の申立手続　441
45　所有権移転登記の抹消手続を命ずる判決が確定したが，当該訴訟の口頭弁論終結後に登記権利者又は登記義務者の地位の承継があった場合の登記手続　445
46　所有権以外の権利に関する登記の抹消手続を命ずる判決の確定後に登記権利者の地位の承継があった場合の承継執行文の付与の有無　450

## 第4款　共同訴訟（通常共同訴訟，必要的共同訴訟）… 455

47　数人共有の不動産を買い受けたが，共有者のうち一部の者が持分全部移転の登記に応じない場合の訴えの提起方法　455
48　数人の者が共同して買い受けた不動産について，売主が所有権移転登記手続に応じない場合に訴えを提起する方法　467

# 第二節　確定判決による登記 ─────────── 476

## 第1款　登記の申請手続 …………………………… 476

### 1　登記の申請情報 ──────────────── 476

49　判決による登記を申請する場合において提供すべき申請情報　476
50　判決書等に表示された登記義務者の氏名若しくは名称又は住所と登記記録上の表示が符合しない場合の登記申請の方法　481
51　判決書等に表示された不動産の表示と登記記録上の表示が符合

しない場合の登記申請の方法　484

　2　添付情報としての登記原因証明情報────────── 486

52　確定判決により単独で登記の申請する場合における確定判決の判決書の正本及びその確定証明書の提供の要否　486
53　所有権移転請求権保全の仮登記の登記原因とその本登記手続を命ずる確定判決における登記原因が異なる場合の登記申請の方法　488

　3　その他の添付情報──────────────────── 494

54　確定判決による登記の申請において，登記原因についての第三者の許可等証明情報又は登記上の利害関係を有する第三者の承諾証明情報の提供の要否　494
55　売主の相続人に対し所有権移転登記手続を命ずる確定判決を得て，買主が単独で登記を申請する場合における相続を証する情報の提供の要否　499

　　第2款　所有権移転の登記 ……………………………… 503

　1　申　請　人──────────────────────── 503

56　買主乙の共同相続人の一人が売主甲に対し，乙への所有権移転登記手続を命ずる確定判決を得た場合の登記申請手続　503
57　不動産の買主と売主の共同相続人の一人との間に所有権移転登記手続をする旨の裁判上の和解が成立した場合における買主による所有権移転登記の単独申請の可否　506

　2　農地の所有権移転の登記───────────────── 509

58　登記記録の地目が農地である土地について所有権移転登記手続

を命ずる確定判決に基づく登記の申請と農地法所定の許可書等の提供の要否　509
59　農地法所定の許可を条件として所有権移転登記手続を命ずる確定判決に基づく登記の申請及び登記原因の日付　513

## 3　中間省略の登記 ―――――― 516

60　不動産の買主が死亡した場合において，直接その相続人への所有権移転登記手続を命じた確定判決に基づく登記の申請の可否　516
61　中間省略による所有権移転登記手続を命ずる確定判決に基づく登記の申請の可否　520

## 4　真正な登記名義の回復 ―――――― 526

62　共同相続人甲，乙及び丙のうち甲名義に相続登記がされたが真実の相続人は乙である場合に，乙が，「甲は乙に対し，所有権移転登記手続をせよ」との確定判決を得た場合の登記手続　526
63　被相続人甲所有の不動産が生前から法定相続人の一人である丁の所有名義になっていた場合において，真正な登記名義の回復を原因とする丁から甲への所有権移転の登記の可否　531

## 5　その他の原因による所有権移転の登記 ―――――― 533

64　甲及び乙の共同相続登記がされている土地を分割し，分割後の各土地につき遺産分割による持分移転登記手続を命じた審判が確定した場合の登記手続　533

### 第3款　所有権の更正の登記 ……………… 537

65　遺贈を原因として共同相続人甲の単有とする所有権移転の登記がされている場合に，他の共同相続人が更正登記手続を求める判

決を得たときの更正の登記の方法　537
66　甲から乙，丙及び丁に各持分3分の1とする所有権移転の登記がされたが，乙の持分について抹消登記手続を命ずる判決が確定した場合の登記手続　540

　　第4款　所有権移転の登記の抹消 …………………………… 544
67　競落無効を登記原因とする所有権移転の登記の抹消の可否　544
68　甲から乙，乙から丙へと順次所有権移転の登記がされている場合において，各移転登記の抹消登記手続を命ずる判決があった場合の登記手続　547
69　甲から乙への贈与による所有権移転の登記が，甲の債権者丙の詐害行為取消訴訟によって抹消登記手続が命じられ，その判決が確定した場合の登記の申請方法　550

　　第5款　所有権保存の登記の抹消 …………………………… 553
70　真実の所有者でない者によってされた建物の所有権保存の登記につき，真実の所有者であることの確認とその抹消登記手続を命ずる確定判決に基づく登記の申請方法　553

　　第6款　所有権以外の権利に関する登記の抹消 ………… 555
71　甲から乙，乙から丙への各所有権移転の登記，さらに丁の所有権移転請求権の仮登記及び根抵当権設定の各登記をいずれも抹消する判決が確定したが，その訴訟の口頭弁論終結前に，丙から戊への所有権移転の登記がされていた場合において，上記の確定判決に基づき各登記の抹消を申請することの可否　555
72　詐害行為取消しによる抵当権設定登記の抹消登記手続を命ずる確定判決に基づく登記手続　558

### 第7款　所有権保存の登記 …………………………… 560

73　所有権確認の確定判決に基づく所有権保存の登記の申請の可否　560

74　表題登記のみの不動産について売買による所有権移転登記手続を命ずる確定判決に基づく所有権保存の登記の申請の可否　564

# 第3章　代位による登記

## 第一節　総　説 ──────────── 569

75　代位登記とは　569
76　代位申請が認められる関係　581
77　代位原因　588
78　代位申請の場合の申請情報等及び登記官の処理　596

## 第二節　代位登記の申請 ──────── 600

### 第1款　代位による所有権に関する登記 …………… 600

79　所有権保存の登記の代位申請　600
80　表題部所有者として「共有地」と記録されている土地について，仮登記を命ずる処分に基づく代位による所有権保存の登記を申請することの可否　606
81　債権者代位による相続の登記　612
82　共同相続の登記が債権者の代位申請によりされた後に，相続人全員が相続を放棄していたことが判明した場合における当該相続

の登記の取扱い 618

83 共同相続の登記が債権者の代位申請によりされた後に，相続人の一人が相続を放棄していたことが判明した場合における当該相続の登記の取扱い 622

84 相続人不存在の場合における債権者の代位申請による相続の登記 628

85 相続登記未了の不動産に対して処分禁止の仮処分の登記を嘱託する場合における代位による相続の登記の要否 637

86 不動産が数次にわたり売買された場合における所有権移転登記の代位申請の可否 645

87 債権者が債務者の自己に対する登記請求権を代位行使することの可否 649

88 買戻特約の登記がされた不動産について抵当権を設定した者が当該不動産の所有者に代位して当該買戻特約の登記の抹消を申請することの可否 653

## 第2款　判決等に基づく代位の登記 …………………… 658

89 共有土地を分割して分割後の各土地を共有者の単独所有とする旨の判決に基づいて，一人の旧共有者が，他の共有者に代位して当該土地につき分筆の登記を申請することの可否 658

90 不動産の前所有者から当該不動産を買い受けた者が，その旨の登記を経由しないでいる間に，当該買主の債権者の申立てにより当該不動産について仮差押えの決定がされた場合に，その債権者が，買主に代位して，所有権移転の登記を申請することの可否 662

91 根抵当権の確定後に債務を代位弁済した連帯保証人が，根抵当権者に代位して，根抵当権設定者に対し当該確定の登記を命ずる確定判決を得て，その旨の登記を申請することの可否 669

xxi

92 所有権移転の登記の抹消を命ずる確定判決を得た者が，その所有権移転の登記の抹消を申請する前に当該不動産を譲渡した場合において，その譲受人が，譲渡人に代位して当該所有権移転の登記の抹消を申請することの可否 676

93 債権者が，債務者のした抵当権の設定行為を詐害行為として取り消し，当該抵当権の登記の抹消を命ずる確定判決を得た場合において，債権者が，債務者に代位して，当該登記の抹消を申請することの可否 678

### 第3款　官公署による代位の登記 …………………………… 684

94 納税者が売買により取得したが，その旨の登記を経ていない不動産について，当該租税債権を担保するために抵当権を設定した国（又は滞納処分をしようとする国）が，納税者に代位して，所有権移転の登記を申請することの可否 684

95 滞納処分により滞納者所有の不動産が差し押さえられた後に同人が死亡した場合において，所轄税務署長が，同処分における公売による買受人のための所有権移転の登記の嘱託をする前提として，当該滞納者の相続人に代わって，相続による所有権移転の登記の嘱託をすることの可否 689

96 国又は地方公共団体が不動産の権利者等に代位して権利に関する登記の嘱託をする場合における登記識別情報等の提供及び登録免許税の納付の要否 694

# 索　引

- 判例年次索引　707
- 先例年次索引　708

# 第1章

## 信託に関する登記

## 第一節　総　　説

### 1　信託の意義及び方法

> 問　信託とは，どのような制度ですか。また，信託は，どのような方法によってするのですか。

【答】　信託とは，信託法第3条各号に掲げる方法のいずれかにより，特定の者が一定の目的（専らその者の利益を図る目的を除く。）に従い財産の管理又は処分その他の当該目的の達成のために必要な行為をすべきものとすることをいいます。

　信託法第3条各号に掲げる方法とは，①信託契約を締結する方法，②遺言信託をする方法，及び③自己信託証書等を作成する方法の三つです。

【解説】
### 1　信託の意義

　本設問から，「信託に関する登記」の問題を取り上げます。最初に問われているのは，信託とはどのような制度なのか，また，信託にはどのような方法があるのかです。

　不動産登記法は，信託に関する登記について，いくつかの固有の規定を置いています。同法第4章「登記手続」中の第3節「権利に関する登記」の第5款（法97条から104条の2まで）がそれですが，ここにいう「信託」の定義は，信託法に定められています。それによると，「信託」とは，同法第3条各号に掲げる方法のいずれかにより，特定の者が一定の目的（専らその者の利益を図る目的を除く。）に従い財産の管理又は処分及びその他の当該目的の達成のために必要な行為をすべきものとすることをいう（同法2条1項），とされています。同法第3条各号に定める方法の詳細については後に説明しますが，この中

で最も典型的なのは同条第1号に定める方法で，それは，「特定の者との間で，当該特定の者に対し財産の譲渡，担保権の設定その他の財産の処分をする旨並びに当該特定の者が一定の目的に従い財産の管理又は処分及びその他の当該目的の達成のために必要な行為をすべき旨の契約（以下「信託契約」という。）を締結する方法」と定められています。すなわち，典型的な信託というのは，財産の所有者と特定の者との間の信託契約の定めに従って，当該特定の者が，一定の目的を達成するために，当該所有者から処分を受けた財産を管理・処分等をすることです。

## 2 前提としての説明─委任契約による他人の財産の管理・処分

### (1) 趣 旨

現行民法の下では，財産の所有者は，原則として，その財産を自由に管理し，処分することができますし，その管理・処分を他人に委ねることもできます。特に，所有者が自分の財産を活用して利益を上げようとする場合には，自らこれをするよりも，財産取引の経験があり，これに関連する情報も豊富に所持している他人に任せる方が得策だと考えるでしょう。上記の信託契約はこのような場合に利用される法形式なのですが，このほかに，わが国の取引社会で多用されている一般的な法形式としては，民法上の委任契約があります。そこで，この委任契約による財産の管理・処分の方法についての概略は，以下のとおりです。

### (2) 具体的な事例

数個の不動産を所有している甲には，他にみるべき資産がないため，甲としては，唯一の資産である不動産を投下資本に用いて収益を上げ，老後の蓄えをしたいと考えています。そこで，不動産の取引経験がある友人の乙に，所有する不動産を管理，処分する事務を委任し（民法643条，656条），これに必要な法律行為についての代理権を授与しました。委任を受けた乙は，その事務の処理方法とし

て，①不動産を売却すること，②不動産に抵当権を設定して銀行から融資を受け，これを資金として株式等の金融商品を購入すること，③不動産を賃貸することなどの方法を講ずることにしました。

(3) 受任者の行為の効果

乙が委任を受けた事務の処理として法律行為をする場合には，甲の代理人であることを示して意思表示をするのが通常です（民法99条1項）。この場合，その意思表示は，本人である甲に対して直接に効力を生じます（同項）。例えば，乙が，甲所有の不動産について，上記(2)①の処分をすれば，当該売買契約の効果は甲に帰属し，甲は，売買代金債権を取得しますし，同②の処分をすれば，甲所有の不動産に抵当権の負担が生じ，他方で，甲は，乙が銀行から借り受けた資金で購入した資産の所有権を取得します。また，乙が，同③の処分をすれば，甲は，当該不動産の賃貸人の地位に就き，賃料債権を取得することになります。これが，甲が乙に対して授与した代理権の効果です。

(4) 受任者及び委任者の義務

受任者の乙が，委任された事務を処理するには，善良な管理者の注意をもって当たらなければなりません（民法644条）。受任者のような職業・地位にある者に対して，一般に期待される水準の注意義務が要求されているのです。このように高い水準の注意義務が課されるのは，委任が，受任者の裁量で事務を処理するという独立性を有することによるものです。この善管注意義務が受任者の中心的な義務ですが，これに付随するものとして，受任者は，委任者の請求があったときは，いつでも委任事務の処理の状況を報告しなければならず，委任が終了した後は，遅滞なく，その経過及び結果を報告しなければなりません（同法645条）。また，受任者は，委任事務を処理するに当たって受け取った金銭その他の物を委任者に引き渡す義務を負います（同法646条1項）。

一方，委任者の甲は，受任者乙に対して，報酬を支払う義務を負います。民法の条文上は，受任者は，特約がない限り，委任者に対して報酬を請求することができないこととされていますが（同法648条1項），これは立法の沿革によるもので，現在では，具体的な報酬の約束がなくても，報酬を支払う旨の黙示の特約又は慣行があると解されています。報酬支払の時期は，後払いが原則です（同法648条2項，624条2項）。以上のほか，委任者は，いずれも受任者の請求により，委任事務の処理に要する費用を前払すべき義務（同法649条），受任者が支出した委任事務処理に必要な費用と支出日以後の利息を償還すべき義務（同法650条1項），さらには，受任者が委任事務の処理に必要な債務を代わりに弁済する義務（債務が弁済期前のときは，相当の担保を提供する義務）を負うものとされています（同法650条2項）。

## 3　信託による財産の管理・処分

(1)　その特徴

　以上の代理権付き委任契約の形式による財産の管理・処分と比較すると，前述した典型的な信託の形式には，大きく三つの特徴があります。

ア　財産権の移転・処分

　典型的な信託の最大の特徴は，財産の所有者が，その財産に関する権利を，特定の者に対して，移転又は処分することにあります。信託法では，この場合の所有者を「委託者」（同法2条4項），相手方である特定の者を「受託者」（同条5項）と称しており，受託者が委託者から財産権の移転又は処分を受けたときは，その財産権は，「信託財産」（同条3項）として完全に受託者に帰属するものとなります。受託者は，委託者の財産を管理・処分するのではなく，自らの財産を管理・処分することになるのです。ただし，その管理・処分の目的は，受託者自身の利益を図ることでは

なく，特定の他人に利益をもたらすことにあります。そこで，典型的な信託においては，もう一人の重要な関係者として，受託者の信託財産の管理・処分によって利益を受ける者，すなわち「受益者」が存在することになります（同条6項）。

具体例に当てはめてみますと，上記2(2)の事例において，不動産の所有者である甲が，代理権付き委任ではなく，信託という形式により，同じ目的を達成しようとする場合には，委託者甲と受託者乙との間で信託契約を締結し，まず，甲が，不動産の所有権を，乙に移転します。ただし，この所有権の移転は，甲の利殖という目的を達成するためですから，同信託契約では，受益者を甲自身とする定めがされることになり，受託者乙による不動産の管理・処分は，これによって制約を受けます。この関係を登記上明らかにするため，甲から乙への所有権移転の登記においては，乙は，「所有者」という呼称ではなく，「受託者」という権利者名義で登記されますし，併せて，「信託の登記」がされて，当該不動産に関する権利が，乙の固有財産から独立した「信託財産」に属することが公示されるのです（信託法14条）。このように，受託者は，委託者及び受益者との関係においては，「所有者」としての地位に制約があるのですが，対外的な関係においては，完全な所有者として必要な行為をします。例えば，上記の事例で，受託者乙が，信託財産となった不動産の管理・処分として，その売却（上記2(2)①），担保権設定及び金銭の借入れ（同②），賃貸（同③）などの法律行為をするときは，自己の名においてするのであり，その効果も乙のみに帰属します。

イ　受託者の義務の強化

上記(1)アで説明したように，信託における受託者は，形式的には，委託者から財産権の移転又は処分を受けて，その権利を取得するのですが，実質においては，他人の財産を預かってその管

理・処分をするのですから、信託法は、これについて厳しい義務を課しています。具体的には、次のとおりです。

信託においても、委任契約におけると同様、受託者の中心的義務は善管注意義務ですが（信託法29条1項・2項本文）、これと並んで受益者のため忠実に信託事務の処理その他の行為をすべき義務が課されています（同法30条）。そのほかに、受託者は、その固有財産と信託財産との間で利益が相反する行為をしてはならず（同法31条1項・2項）、信託財産に属する財産と固有財産及び他の信託の信託財産に属する財産を法律で定める方法により分別して管理すべきであり（同法34条）、受益者が2人以上ある信託においては、各受益者のために公平にその職務を行わなければなりません（同法33条）。委任契約の受任者と同様、事務処理の状況等についての報告義務が課されるのは当然ですが（同法36条）、これに加えて、信託財産に係る帳簿等の作成、その内容の報告及び保存の義務も課されています（同法37条）。他方で、受託者が信託事務を処理するのに必要と認められる費用を支出した場合には、信託財産からの費用の償還が認められていますし（同法48条、49条）、信託契約に特約があるときは、信託報酬を受けることもできます（同法54条1項・2項）。

そして、受託者がその任務を怠ったことによって信託財産に損失等が生じた場合には、受託者はその損失のてん補等をすべき責任を負うものとされているのです（同法40条）。

ウ　受益者の受益権の保護

信託のもう一つの際立った特徴は、受益権を有する受益者の地位の保護にあります。信託法は、そのために様々な措置を講じています。受託者に対して上記の重い義務を課しているのも、究極において受益者の利益を保護するためですし、そのほか、受益者が自らの利益を守るために広範な権利を認め、信託行為によって

も受益者によるこれらの権利の行使を禁止することができないとしています（同法92条）。さらには，受益者集会の制度（同法106条以下）や受益者代理人の制度（同法138条以下）も，同様の目的に資するものです。このように，受益者の地位の保護の態様は多岐にわたるのですが，ここでは，受益者が受託者の管理・処分行為を監督し，これに介入することができる権限について，概要を紹介します。

　信託法では，受益者の受託者に対する監督権限として，信託財産に係る帳簿，信託財産に属する財産の処分に係る契約書等の閲覧又は謄写の請求権が定められていますが（同法38条），さらに強力な権限として，受託者の行為を是正する権限も認められています。後者は，受益者が，受託者の財産の管理・処分に介入して信託財産の原状復帰を図ることにより，受益権をより確実に保護しようとするものです。その行為是正権は，次の二つの面において発動することができます。一つは，受託者が信託財産のためにした行為が，その権限に属しない場合で，受益者は，一定の要件の下で，受託者の当該行為を取り消すことができます（同法27条1項・2項）。もう一つは，受託者が，前記の利益相反行為の制限の規定に違反した場合で，受益者は，受託者が第三者との間にした当該違反行為そのもの，又は受託者が上記の規定に違反して信託財産から離脱させ若しくは信託財産に帰属させた財産につき第三者との間でした処分その他の行為を，一定の要件の下で，取り消すことができるとされているのです（同法31条）。

(2) 信託が用いられる理由

　以上のとおり，「信託」は，受託者が委託者の財産を預かってその管理・処分をすることを基本とする制度であり，受託者の権利・義務について極めて厳しい規制がされていますが，ともかくも，形式的には，財産の所有権が受託者に移りますから，例えば，委託者

が死亡したり，判断能力が不十分になったとしても，信託は，当然には，その影響を受けることがありません（信託契約に別段の定めがあれば別です。）。これに対し，前述の代理権付き委任契約の方式による場合には，委任者が死亡すれば，委任契約は終了しますし（民法653条1号），委任者の判断能力が不十分になったときは，家庭裁判所の審判（同法7条，11条）により成年後見人又は保佐人が付され（同法8条，12条），これらの者が，新たに委任関係に関与することになります。

他方で，受託者についてみますと，信託の方式によれば，受託者が死亡し，又は同人に対して破産手続開始の決定若しくは後見開始又は保佐開始の審判があったときは，受託者の任務は終了するのですが（信託法56条1項），信託自体は終了することなく，新受託者が就任して職務を続行します。これに対し，前述の代理権付き委任契約の方式による場合は，受任者について，上記の各事由が生じたときは，委任契約自体が，終了してしまいます。

要するに，信託という方式は，一般には，受託者による（実質的には他人の）財産の管理・処分が相当の期間にわたって継続することが予定されているもので，それゆえに種々の厳しい規制が設けられているものの，他の財産管理の方式と比べて安定した制度だということができ，信託の最大のメリットはこの点にあるといえます。

**4 信託の方法**

前記1で述べたとおり，信託法は，同法にいう「信託」とは，第3条各号に定める方法のいずれかによるものに限るとしています。同条に定める方法は，次の三つです。

(1) 信託契約を締結する方法

これは，特定の者との間で，当該特定の者に対し財産の譲渡，担保権の設定その他の財産の処分をする旨並びに当該特定の者が一定の目的に従い財産の管理又は処分及びその他の当該目的の達成のた

めに必要な行為をすべき旨の契約（信託契約）を締結する方法です（同条1号）。財産の所有者を委託者となるべき者，特定の者を受託者となるべき者として，両者間で信託契約を締結するという方法で，前記1で述べたとおり，信託の典型的な方法です。この場合の信託は，信託契約の締結によって効力を生じます（同法4条1項）。

(2) 遺言信託をする方法

これは，特定の者に対し財産の譲渡，担保権の設定その他の財産の処分をする旨並びに当該特定の者が一定の目的に従い財産の管理又は処分及びその他の当該目的の達成のために必要な行為をすべき旨の遺言をする方法です（信託法3条2号）。財産の所有者が，遺言により，受託者となるべき者に対して，財産を処分する旨の意思表示をし，一定の目的を達成するために必要な行為をすべき旨を指示する方法です。この場合の信託は，遺言の効力の発生によって効力を生じます（同法4条2項）。

上記の遺言における「受託者となるべき者」は，当該遺言にこれを指定する定めがない場合と，そのような定めがある場合とがあります。前者であれば，裁判所が，利害関係人の申立てにより受託者を選任することができます（同法6条1項）。後者であれば，受託者となるべき者として指定された者が信託の引受けの諾否を自由に決することができることは，いうまでもありません。同人が諾否を決めないときは，利害関係人は，その者に対し，相当の期間を定めて，その期間内に信託の引受けをするかどうかを確答すべき旨を催告することができます（同法5条1項本文）。この催告があった場合において，その者が上記の期間内に委託者の相続人に対して確答しないときは，信託の引受けをしなかったものとみなされます（同条2項）。受託者となるべき者として指定された者が信託の引受けをせず，若しくは引受けをすることができないときは，その指定がなかった場合と同様，裁判所は，利害関係人の申立てにより，受託者

## 第1章 信託に関する登記

を選任することができます（同法6条1項）。

(3) 自己信託証書等を作成する方法

　これは，特定の者が一定の目的に従い自己の有する一定の財産の管理又は処分及びその他の当該目的の達成のために必要な行為を自らすべき旨の意思表示を公正証書その他の書面又は電磁的記録（電子的方式，磁気的方式その他人の知覚によっては認識することができない方式で作られる記録であって，電子計算機による情報処理の用に供されるものとして法務省令で定めるものをいう。以下同じ。）で当該目的，当該財産の特定に必要な事項その他の法務省令で定める事項を記載し又は記録したものによってする方法です（同法3条3号）。財産の所有者が，これを固有財産から分別して信託財産とし，自らを受託者として，一定の目的に従い管理・処分等をする旨の意思表示を一定の方式によってする方法で，自己信託と呼ばれます。この場合の信託の効力発生の時期は，当該意思表示の方式の区別に応じて，次のとおり定められています。

ア　当該意思表示が公正証書又は公証人の認証を受けた書面若しくは電磁的記録（以下「公正証書等」という。）によってされる場合は，当該公正証書等の作成によって効力が生じる（同法4条3項1号）。

イ　当該意思表示が公正証書等以外の書面又は電磁的記録によってされる場合は，受益者となるべき者として指定された第三者（当該第三者が2人以上あるときは，その1人）に対する確定日付のある証書による当該信託がされた旨及びその内容の通知をしたときに効力を生じる（同項2号）。

　なお，信託は，上記(1)から(3)までに引用した信託法の規定にかかわらず，信託行為に停止条件又は始期が付されているときは，当該停止条件の成就又は当該始期の到来によってその効力を生じます（同条4項）。

第一節　総　説

## 2　不動産に関する権利が信託財産に属する財産であることの対抗要件

> 問　不動産に関する権利が信託財産に属する財産であることを第三者に対抗するためには，どのような手続をする必要がありますか。

【答】　信託の登記をすることを要します。

【解説】

### 1　設問の趣旨

　前問で説明したように，「信託」とは，信託法第3条各号に掲げる方法のいずれかにより，特定の者が一定の目的に従い財産の管理又は処分及びその他の当該目的の達成のために必要な行為をすべきものとすることをいいます（同法2条1項）。同法第3条各号に掲げる方法とは，①信託契約を締結する方法，②遺言信託をする方法，及び③自己信託証書等を作成する方法の三つで，同法は，これらの方法を総称して「信託行為」と称しています（同条2項）。

　委託者の有するいかなる財産を信託に帰属させることとするかは，まず，信託行為の定めるところによって決まります。上記①の方法による信託の場合は，委託者と受託者の合意で，例えば，「委託者が有するA不動産及び〇〇銀行に対する預金債権を信託に帰属させる。」などと取り決められます。上記②の方法による場合には，委託者が遺言で，信託に帰属すべき財産について同様の指定をします。このような信託行為の効力が発生することによって，当該財産は受託者に帰属し，同人において管理・処分すべきものとなります。信託法は，「受託者に属する財産であって，信託により管理又は処分すべき一切の財産」を「信託財産」と称しています（同条3項）。その上で，同法は，「受託者に属する財産であって，信託財産に属する財産でない一切の財産」を「固有財産」と称して（同条8項），信託財産と区別していま

*13*

第1章 信託に関する登記

す。
　設問は，信託の関係者が　特定の財産が「信託財産」に属することを信託の関係者ではない第三者に対抗するためには，どのような手続をする必要があるかを問うものですが，この設問に答えるためには，その前提として，①どのような財産が信託財産に属することになるのか，②受託者が信託財産に属する財産をもって履行する責任を負う債務にはどのようなものがあるか（信託法は，このような債務を「信託財産責任負担債務」と称しています。同条9項），③信託財産と固有財産とはどのような関係に立つのか，を説明しておく必要があります。以下に詳述します。

2　前提としての説明
　(1)　信託財産に属する財産
　　　いかなる財産が信託財産に属するかは，信託法第16条に定められています。その概要は，次のとおりです。
　　ア　信託行為において信託財産に属すべきものと定められた財産
　　　（同条柱書）
　　　　信託行為において当初から信託財産に属すべきものと定められた財産のほか，後に信託行為（遺言信託を除く。）の変更によって信託財産に属するとされた財産も含みます。
　　イ　信託財産に属する財産の管理，処分，滅失，損傷その他の事由により受託者が得た財産（同条1号）
　　　　例えば，信託財産である不動産を賃貸したことにより得た賃料，信託財産である金銭をもって購入した不動産，信託財産である建物が火災により滅失したことにより得た火災保険金などが，これに当たります。
　　ウ　信託財産に属する財産と固有財産若しくは他の信託の信託財産に属する財産との付合若しくは混和又はこれらの財産を材料とする加工があった場合に，同法第17条の規定により，各信託の信

第一節　総　説

託財産及び固有財産に属する財産が各別の所有者に属するものとみなされて，民法第242条から第248条までの規定が適用された結果，信託財産に属することとなった財産（同法16条2号）

これについては，後記(3)アで具体例を示します。

エ　信託財産に属する財産と固有財産に属する財産とを識別することができなくなった場合に，同法第18条の規定により，各財産の共有持分が信託財産と固有財産とに属するものとみなされた結果，信託財産に属することとなった当該財産の共有持分（同法16条2号）

オ　受託者に属する特定の財産について，その共有持分が信託財産と固有財産とに属する場合に，同法第19条の規定により，当該財産が分割された結果，信託財産に属することとなった財産（同法16条2号）

これについては，後記(3)イで具体例を示します。

(2) 信託財産責任負担債務

次に，受託者が上記の信託財産をもって履行する責任を負う債務がいかなるものかについては，同法第21条に定められています。それによれば，次に掲げる権利に係る債務が信託財産責任負担債務となる，とされています。

ア　受益債権（同条1項1号）に係る債務

受益債権とは，信託行為に基づいて受託者が受益者に対し負う債務であって信託財産に属する財産の引渡しその他の信託財産に係る給付をすべきものに係る債権をいいます（同法2条7項）。信託の基本的な目的は，この受益債権を実現することにありますから，この債権に係る債務は，信託財産責任負担債務の中核となるものということができます。

イ　受益権取得請求権（同法21条1項4号）に係る債務

信託行為で定められた重要な事項が変更される場合には，これ

により損害を受けるおそれのある受益者は，受託者に対し，自己の有する受益権（受益債権及びこれを確保するために信託法の規定に基づいて受託者その他の者に対し一定の行為を求めることができる権利をいう。同法2条7項）を公正な価格で取得することを請求することができます（同法103条1項）。これは受益権取得請求権と呼ばれるもので，ここにいう「重要な事項の変更」としては，(i)信託の目的の変更，(ii)受益権の譲渡の制限，(iii)受託者の義務の全部又は一部の減免（当該減免について，その範囲及びその意思決定の方法につき信託行為に定めがある場合を除く。），(iv)受益債権の内容の変更（当該内容の変更について，その範囲及びその意思決定の方法につき信託行為に定めがある場合を除く。），(v)その他の信託行為において定めた事項に係る変更が列記されています（同項各号）。いったん定められた上記の事項に係る信託の変更により損害を受けるおそれがある受益者を保護するための制度であることは，いうまでもありません。また，信託の併合又は分割がされる場合において，これらにより損害を受けるおそれがある受益者も，受託者に対し，受益権取得請求権を行使することができることとされています（同条2項）。

　上記の受益権取得請求権は，受益者の有する受益権の代償ともいうべき重要な権利ですから，これに係る債務は，信託財産責任負担債務とされているのです。

ウ　信託財産のためにした行為であって受託者の権限に属するものによって生じた権利（同法21条1項5号）に係る債務

　信託財産に属する財産を管理・処分する権限を有する受託者が，その権限に属する行為をしたことにより生じた第三者の権利に対応する債務は，信託財産責任負担債務とされます。例えば，受託者が，その権限の範囲内で，信託財産に属する金銭をもって不動産を購入した場合には，売主について売買代金債権が生じま

すが，これに対応する債務は，信託財産責任負担債務となります。また，受託者が，その権限に基づいて，信託財産に属する不動産を担保に供して金銭を借り入れた場合には，貸主に対する金銭の返還請求権が生じますが，これに対応する債務についても，同様です。

エ　信託財産のためにした行為であって受託者の権限に属しないもののうち，受益者が取り消すことができない行為又は受託者によって取り消すことができる行為であって取り消されていないものによって生じた権利（同項6号）に係る債務

　受託者がその権限に属しない行為をした場合でも，その行為は当然に無効ではなく，受益者において一定の要件の下にこれを取り消すことができることとされているのですが（同法27条1項・2項），その要件が充たされていないとき，又は要件は充たされているけれども受託者が取消しをしないときは，受託者の当該行為の相手方である第三者は，これによって生じた権利を行使することができます。例えば，受託者が上記ウに例示した不動産の売買契約や金銭消費貸借契約を締結する権限がなかったとしても，買主や貸主が売買代金債権や金銭返還請求権を行使することができる場合があり得るのです。その場合，これらの権利に対応する債務は，信託財産責任負担債務となります。

　上記の同法第27条が定める受託者の権限外行為及び受益者によるその取消しについては，後記4(2)アで再度詳しく説明します。

オ　受託者が同法第31条第1項の規定に違反して受託者又はその利害関係人と受益者との利益が相反する行為をした場合において，受託者が第三者との間にした当該違反行為そのもの又は受託者が上記の規定に違反して信託財産から離脱させ若しくは信託財産に帰属させた財産につき第三者との間でした処分その他の行為

のうち，受益者において取り消すことができない行為又は受益者によって取り消すことができる行為であって取り消されていないものから生じる権利（同法21条1項7号）に係る債務

　この規定は，一見複雑ですが，要するに，受託者が受益者との間の利益が相反する行為をした場合であっても，その結果として生じた第三者の権利に係る債務について，信託財産に属する財産をもって履行をする責任を負うことがあり得ることを定めるものです。この規定の詳細は後記4(2)イで説明することとして，ここでは，最も典型的な事例について述べておきます。

　受託者は，その職務を遂行するに当たって，善管注意義務（同法29条1項・2項本文）及び受益者に対する忠実義務（同法30条）を負うのですが，その一環として，自ら又はその利害関係人と受益者との間の利益が相反する行為をすることが，禁止されます。その具体的な内容は，同法第31条第1項が列記するところで，例えば，受託者は，信託財産に属する財産を固有財産に帰属させる行為をしてはなりません（同項1号）。受託者がこのような行為をしても無効なのですが（同条4項），受託者が固有財産に帰属させたその財産について，第三者に対し処分その他の行為をした場合には，当該第三者の保護の問題が生じます。同法は，このような場合における受益者と第三者の利害を調整する規定を設けて，当該第三者において，受託者のそのような行為が信託法の規定に違反してされたものであることを知っていたとき又は知らなかったことにつき重大な過失があったときに限り，受益者は，当該処分その他の行為を取り消すことができるとしています（同条6項）。この規定の反面として，受託者が信託財産に属する財産を固有財産に帰属させた行為が上記の規定によって取り消すことができないとき，又は受益者において取り消していないときは，当該財産について上記の処分その他の行為により生じた第三者の権

第一節　総説

利に係る債務は、信託財産責任負担債務となるのです。
　カ　受託者が信託事務を処理するについてした不法行為によって生じた権利（同法21条1項8号）に係る債務
　　　受託者が信託事務を処理するについて、故意又は過失により第三者に財産上又は精神上の損害を生じさせた場合には、当該第三者は受託者に対し不法行為による損害賠償請求権を取得しますが、これに対応する債務は、信託財産責任負担債務になります。
　キ　上記ウからカまでに掲げるもののほか、信託事務の処理について生じた権利（同項9号）に係る債務
　　　以上が信託財産責任負担債務の主要なもので、いずれも信託が成立した後に生じた権利に係る債務なのですが、このほかにも、信託財産に属する財産について信託前の原因によって生じた権利に係る債務（同項2号）及び信託前に生じた委託者に対する債権であって、当該債権に係る債務を信託財産責任負担債務とする旨の信託行為の定めがあるもの（同項3号）についても、信託財産に属する財産をもって履行の責任を負うことになります。

(3)　信託財産と固有財産との関係
　　次に、信託財産と固有財産との間に、どのような法律問題が生じるかについて、例えば、委託者は甲で、受託者が乙である場合に、両者間の信託契約において、いずれも甲が有するA、B及びCの3個の不動産（Aは建物で、その他は土地とします。）の所有権、D不動産の持分2分の1、E不動産上の賃借権を信託財産に帰属させることが、合意されたとします。これらの財産が、受託者乙に移転されて信託財産を構成し、同人が有するその他の財産は固有財産を構成することになるのですが、この両財産の間には、さまざまな法律問題が、生じます。
　ア　不動産の付合
　　　信託財産に属するA建物に固有財産に属するF建物が従として

*19*

付合した場合には，形式上は，両建物は，同一の所有者乙に属しますから，所有権の帰属についての変動は，生じません。しかし，A建物が，信託財産に属するものであることから，同法第17条の規定により，両建物は，各別の所有者に属するものとみなされて，民法第242条の規定が，適用されます。その結果，F建物の所有権は，乙の固有財産から分離されて，同人の信託財産に帰属することになります。

イ　共有物の分割

D不動産については甲が有していた持分2分の1のみが信託財産に帰属したのですが，残りの持分を有していた第三者が，その全部を乙に譲渡したとします。形式上は，D不動産は乙の単独所有に帰しますが，乙が甲から取得した持分2分の1は，信託財産に属するものですから，この権利関係においては，乙が第三者から取得した持分2分の1が，固有財産に帰属するにとどまります。すなわち，D不動産の持分の2分の1ずつが，信託財産と固有財産に分属することになるのです。

信託法第19条第1項は，このような場合に，信託行為において定めた方法，受託者と受益者との協議による方法などによって，D不動産を分割することを認めています。D不動産が土地であって，現物分割が可能であれば，新たに生じた土地が，信託財産と固有財産の双方に，それぞれ帰属することになります。D不動産が建物であって，現物分割が困難であれば，D不動産を信託財産，固有財産のいずれかに帰属させることとし，他方に対して代償金を支払うこととする分割が行われることになるものと，考えられます。

ウ　混同の特例

E不動産については，その上に設定された賃借権が信託財産に帰属しているのですが，その底地の所有権が受託者乙の固有財産

に帰属した場合，形式上は，同一不動産について，所有権及び他の権利が，同一人に帰属したわけですから，民法第179条第1項本文の規定により，賃借権は，消滅することになりそうです。しかし，信託法第20条第1項は，このような場合についての特例を設けて，上記の民法の規定にかかわらず，所有権以外の権利（この場合は賃借権）は消滅しないと定めました。賃借権には，信託財産に属するという制約が働いているからで，その結果，E土地の賃借権は信託財産に，所有権は固有財産に，分属することになります。

エ　債権の相殺の制限

　受託者乙が，信託財産に属するB不動産を担保に提供して，丙銀行から金銭を借り入れた場合は，その借入金債務は，信託財産責任負担債務であって，丙銀行は，これに係る債権を取得します。他方で，乙は，丙銀行に対して，預金債権を有しており，これは，固有財産に属する財産であるとします。この場合，丙銀行は，上記の借入金債務に係る債権をもって，上記の預金債権に係る債務と相殺をすることは，原則として，許されません（同法22条3項）。相殺を認めると，丙銀行の上記債権は，信託財産に属する財産のみをもって弁済されるべきものなのに，結果的に，対価性のない乙の固有財産に属する財産から弁済を受けることになってしまうからです。

　同じ理由により，受託者乙が，丙銀行に対し，その固有財産のみをもって弁済すべき借入金債務を負っている場合には，丙銀行が，この債務に係る債権と，乙が信託財産に属する債権として同銀行に対して有している預金債権とを相殺することは，原則として，許されません（同条1項）。

オ　強制執行等の制限

　信託財産責任負担債務に係る債権（信託財産に属する財産につ

いて生じた権利を含む。）に基づく場合を除き、信託財産に属する財産に対しては、強制執行、仮差押え、仮処分若しくは担保権の実行若しくは競売（担保権の実行としてのものを除く。）又は国税滞納処分（その例による処分を含む。）をすることができません（同法23条1項。ただし、自己信託の場合については、同条2項から4項までの例外規定が、設けられています。）。受託者の固有財産に属する財産のみをもって履行の責任を負うべき債務（以下「固有財産責任負担債務」といいます。）に係る債権を有する者は、原則として、信託財産に属する財産に対する強制執行等をすることが許されないとするものです。

　例えば、受託者乙が信託財産に属するＣ不動産を丁に売却する旨約したのですが、正当な理由がないのに、その所有権移転の登記手続を拒んだ場合には、丁は、乙の債務不履行を理由として当該売買契約を解除し、かつ、乙に対して、それによって生じた損害の賠償を請求することができます。その損害賠償請求権を保全するために、丁は、Ｃ不動産をはじめ信託財産に属する不動産に関する権利に対し、仮差押えの処分をすることができますし、さらに、同請求権を実現するために、強制執行をすることもできます。これに対し、乙がその固有財産に属するＧ不動産を戊に譲渡したのですが、上記と同様の債務不履行があったために、戊が乙に対して損害賠償請求権を有するという場合には、戊は、信託財産に属する財産に対しては、仮差押えや強制執行をすることができません。また、例えば、乙の債権者巳が、乙の固有財産に属するＧ不動産について、各債権者の共同の利益のために保存行為をした場合、巳は、これに要した共益の費用の償還を受けるため、乙の有する総財産について、一般の先取特権を有するのですが（民法306条、307条）、この先取特権は、信託財産に属する財産には及びません。さらに、例えば、乙が、その固有財産に属するＧ

第一節　総　説

不動産に係る租税（不動産取得税，固定資産税など）を滞納したために，地方公共団体が，乙に対し，国税滞納処分の例による処分をする場合には，信託財産に属する財産を当該処分の対象とすることは，できません。

カ　受託者の破産手続等との関係
　㈦　受託者の破産手続との関係
　　　受託者が破産手続開始の決定を受けた場合であっても，信託財産に属する財産は，破産財団に属しないものとされています（信託法25条1項）。受託者の固有財産責任負担債務に係る債権を有する者は，受託者に対する破産手続において，信託財産に属する財産からは，配当を受けることができないのです。

　　　他方で，信託財産については，破産法において，破産手続の特則が，定められています。それによると，信託財産の破産にあっては，受託者が，信託財産による支払能力を欠くために，信託財産責任負担債務のうち弁済期にあるものにつき，一般的かつ継続的に弁済をすることができない状態にある場合に，裁判所が，申立てにより破産手続開始の決定をすることとされています（同法2条11項，15条1項，30条1項，244条の4第1項）。破産財団を構成するのは，破産手続開始の時において信託財産に属する一切の財産であって（同法244条の5），固有財産責任負担債務に係る債権を有する者は，この破産財団に対して，破産債権者としての権利を行使することができません（同法244条の9）。

　㈭　受託者の民事再生手続及び更生手続との関係
　　　受託者が再生手続開始の決定を受けた場合であっても，信託財産に属する財産は，再生債務者財産に属しないとされ（信託法25条4項），この規定は，受託者が，更生手続開始の決定を受けた場合に準用されています（同条7項）。

第1章　信託に関する登記

## 3　設問についての検討

以上のことを踏まえて，設問について，検討することにします。

実は，設問に対する解答は，信託法第14条に端的に示されています。この規定は，「登記又は登録をしなければ権利の得喪及び変更を第三者に対抗することができない財産については，信託の登記又は登録をしなければ，当該財産が信託財産に属することを第三者に対抗することができない。」と定めているのです。不動産に関する権利の得喪及び変更は，不動産登記法その他の登記に関する法律の定めるところに従いその登記をしなければ，第三者に対抗することができないことは，民法第177条が明定するところですから，不動産に関する権利が信託財産に属することを第三者に対抗するためには，信託の登記をしなければなりません。不動産登記法は，そのために，権利に関する登記の一領域として，信託の登記に関する固有の規定を設けていますので，これに従った登記がされることを要するのです。

これが設問に対する解答なのですが，では，なぜこのような取扱いがされているのでしょうか。それが検討すべき問題です。

(1)　信託の登記とは

まず，信託法が要求している信託の登記とは，いかなるものでしょうか。

これは，ある不動産に関する権利が，受託者の固有財産と区別されて，信託の目的のために拘束を受ける信託財産となったことを公示する登記です。信託の登記の登記事項については，権利に関する登記に共通する登記事項を定める法第59条のほか，法第97条第1項が定めるところです。その詳細は，問4で説明することとして，ここでは，要点だけを述べます。

ア　登記の目的（法59条1号）

これは，単に「信託」とするのが，登記実務の取扱いです。

イ　委託者，受託者及び受益者の氏名又は名称及び住所（法97条1

項1号）

　　委託者及び受託者の意味については，問1の解説で述べました（3⑴ア参照）。受託者が数人ある場合には，その信託財産は合有となり，民法上の共有とは異なった制約を受けます。「受益者」とは，委託者の指名により信託の利益を享受する者を指し（信託法2条6項），もし指名がない場合は，委託者が受益者になります。

ウ　信託管理人があるときは，その氏名又は名称及び住所（法97条1項3号）

　　「信託管理人」とは，受益者のため自己の名において信託に関する裁判上又は裁判外の行為をする者で（信託法125条1項本文），受益者が不特定又は不存在の場合に限り選任される機関です（同法123条1項）。

エ　信託の目的（法97条1項8号）

　　信託の目的は，信託行為において定められます。信託財産は，この目的に従って，運用・管理又は処分が，されなければなりません。

オ　信託財産の管理方法（同項9号）

　　例えば，信託行為において，一定金額以上の支出を伴う行為をする場合には，受益者の承諾を要する旨を定めることです。

カ　信託の終了の事由（同項10号）

　　信託の存続期間や解除に関する条項等が，これに該当します。

キ　その他の信託の条項（同項11号）

　　信託の終了時における財産の帰属に関する事項や，受益者の権利の譲渡・質入れに関することなどが，定められます。

　そして，法第97条第3項は，登記官は，このような登記事項を記録した信託目録を作成することができるとしています。この規定は，信託条項は，長文にわたる可能性が高いため，登記記録の一覧

第1章　信託に関する登記

性維持という公示上の便宜を図るために，設けられたものです。信託目録には，その特定のために目録番号が付されることとされており，その目録番号は信託登記の末尾に記録されます（規則176条1項）。

(2) 信託の登記を必要とする理由
　ア　信託による権利の処分の登記
　　繰り返しになりますが，信託とは，何らかの財産を有している委託者が，受託者にその権利を移転する等の処分をし，受託者をして，一定の目的に従って財産の管理又は処分及びその他の必要な行為をさせることをいいます。この受託者に対して移転等の処分がされる財産が不動産に関する権利である場合には，その物権変動について，登記をしなければ第三者に対抗することができないことは，いうまでもありません（民法177条）。すなわち，信託を原因とする権利の移転等の登記を要するのですが，このような処分の登記は，登記実務においては，登記事項を次のように表示することによってされています。例えば，信託契約に基づいて，委託者に属する不動産の所有権が受託者に移転される場合は，その「登記の目的」（法59条1号）は「所有権移転」であり，「登記原因及びその日付」（同条3号）は「何年何月何日信託」とし，「登記に係る権利者」（同条4号）は「受託者」として，その氏名又は名称及び住所を記録します。また，信託契約に基づいて，受託者のために抵当権が設定される場合は，「登記の目的」は「抵当権設定」であり，「登記原因及びその日付」は「何年何月何日金銭消費貸借何年何月何日信託」とし，「登記に係る権利者」は上記の所有権移転の登記の場合と同じ表示をします。
　イ　信託の登記を必要とする理由
　　登記実務の上では，信託による権利の処分の登記は，上記アのように，登記原因として「信託」の表示がされ，権利者として

## 第一節　総　説

「受託者」が表示されるのですから，当該不動産についての登記事項証明書を慎重にみれば，当該登記がされた権利の移転，設定等が信託による処分を原因とするものであり，したがって，当該不動産に関する権利（所有権，抵当権等）は信託財産に属するものであることが，判断できるはずです。そこで，重ねて信託の登記をするまでもないのではないか，とも考えられるのです。しかし，当該不動産について取引関係に立とうとする者その他の利害関係人であって登記事項証明書を見る者のすべてが，その登記事項を逐一慎重に読み取るとは限りません。当該登記の目的である「所有権移転」，「抵当権設定」等の部分だけを見て，これらを信託によるものではない通常の権利の移転，設定等と誤解してしまうこともあり得るでしょう。そこで，いわば念を押して，当該不動産に関する権利が，信託財産に属するものであることを公示するために，信託による権利の処分の登記と併せて，「信託の登記」をも要するとしたものと考えられます。そして，不動産登記法は，このような，いわば一組の登記が確実にされることを担保するために，「信託の登記の申請は，当該信託に係る権利の保存，設定，移転又は変更の登記の申請と同時にしなければならない。」としているのです（法98条１項）。

　このように，「信託の登記」をすべきものとするならば，この登記によって当該信託の内容を公示することが，表示技術上も容易になります。仮に，上記アの信託による権利の処分の登記において，当該信託の内容をも登記事項に取り込もうとすると，信託には無数の種類のものが存在し，その内容も一律ではなく，複雑・多岐にわたるものもありますから，登記の記録が錯綜して，分かり難いものになってしまうおそれがあります。ここにも，信託の登記を独立の登記としてする意味があるのです。

第1章　信託に関する登記

### 4　信託の登記の機能

　最後に，上記3(2)イのような必要性に基づいてされる「信託の登記」が，現実的，具体的には，どのような機能を発揮しているかについて，説明しましょう。この機能は，主として，二つの面において捉えることができます。一つは，受託者個人の債権者は，信託財産に属する財産に対して強制執行等の処分をすることができないとすることにより，信託財産の独立性を維持する機能であり，もう一つは，受託者がその権限外の行為をし，又は受益者との利益が相反する行為をしたときに，受益者の権利を保護する機能です。以下に，分説しましょう。

(1)　信託財産の独立性を維持する機能

　ア　信託財産に属する財産の特徴

　　不動産に関する権利が信託財産に属することを公示するのに，信託による権利の処分の登記だけでは足りず，「信託の登記」が必要とされるのは，上記のとおり，当該不動産について取引関係に立とうとする者その他の利害関係人に対して，明確な注意・警告を与えることにあります（副次的に，登記の見やすさを確保するためでもあります。）。なぜそうするのかといえば，信託財産に属する不動産に関する権利が，受託者の固有財産に属する財産とは際立った特徴を持っているからにほかなりません。その特徴の主要なものは上記2(3)で述べたところですが，ここでまとめてみましょう。

　　(i)　信託財産に属する不動産に固有財産に属する不動産が従として付合した場合には，両不動産が各別の所有者に属するものとみなされて，民法第242条の規定が適用されます。

　　(ii)　受託者に属する不動産について，その共有持分が信託財産と固有財産とに属する場合には，当該不動産の分割をすることができます。

(ⅲ) 同一の不動産について所有権及び他の物権が信託財産と固有財産とにそれぞれ帰属した場合には，民法第179条第1項の規定にかかわらず，当該他の物権は消滅しません。
(ⅳ) 受託者の固有財産責任負担債務に係る債権を有する者は，当該債権をもって信託財産に属する財産に係る債務と相殺することができません。また，信託財産責任負担債務に係る債権を有する者は，当該債権をもって固有財産に属する債権に係る債務と相殺をすることができません。これらの債権・債務が不動産に関するものであるときも，同じです。
(ⅴ) 信託財産責任負担債務に係る債権に基づく場合を除き，信託財産に属する財産に対しては，強制執行，仮差押え，仮処分若しくは担保権の実行若しくは競売（担保権の実行としてのものを除く。）又は国税滞納処分（その例による処分を含む。）をすることができません。
(ⅵ) 受託者が破産手続開始の決定を受けた場合であっても，信託財産に属する財産は，破産財団に属しません。他方で，信託財産については，それ自体の破産ということが予定されており，破産法に手続の特則が定められています。

また，受託者が再生手続開始の決定を受けた場合であっても，信託財産に属する財産は，再生債務者財産に属しませんし，受託者が更生手続開始の決定を受けた場合にも，信託財産は，更生会社財産には属しません。

以上のような信託財産に属する財産の有する特徴は，受託者に属する固有財産とは完全に独立した別個の存在だということを指し示すものです。受託者は，委託者の移転行為等により自己に帰属することになった財産を，自己の利益のためにではなく，信託行為に定められた目的に従って管理・処分をしなければなりません。そのことを反映して，信託財産に属する財産は，法律上は，

受託者に属するものであるけれども，実質的には，信託目的に拘束される一団の財産を形成し，あたかもそれ自体が，独立の法人格を持つもののような様相を呈しているのです。これこそが，信託財産に属する財産の基幹的な特徴ということができます。

イ　信託の登記の信託財産の独立性を維持する機能

　上のようにみてきますと，「信託の登記」の現実的，具体的な機能の一つは，当該不動産に関する権利が，上記のような，あたかも法人格を持つ「一団の財産」を構成するという実質を有するものであることを公示するにある，といえます。そして，この機能が最も端的に現れてくるのが，上記の(v)及び(vi)の受託者個人の債権者との関係においてです。

　委託者甲が，受益者丙のために，受託者乙においてA不動産を管理・処分すべきものとして，その所有権を移転したという単純な事例を想定しましょう。A不動産について，甲から乙への信託を原因とする所有権移転の登記と同時に，信託の登記がされますと，乙及び丙は，第三者に対して，A不動産が，信託財産に属することを対抗することができます。乙の固有財産責任負担債務に係る債権者が，その債権の実現のためにA不動産を差し押さえようとしても，それは許されません（信託法23条1項）。この規定に違反して差押えがされた場合には，乙又は丙は異議を申し立てることができ，この場合には民執法第38条の規定が準用されます（信託法23条5項）。また，乙が，破産宣告を受けた場合でも，A不動産は，破産財団を構成する財産とはなりません（同法25条1項）。乙の固有財産責任負担債務に係る債権を有する者は，A不動産を破産財団に取り込むことはできませんし，誤って取り込まれてしまった場合には，乙又は丙は，取り戻すことができます（破産法62条）。

　このように，信託財産に属する不動産に関する権利について

「信託の登記」がされ，受託者及び受益者が，その対抗力を主張することにより，受託者の個人の債権者は，当該不動産に対する強制執行等の処分をすることができないことになります。これにより，信託財産の固有財産からの独立性が維持されるのです。
(2) 受益者の権利を保護する機能

「信託の登記」のもう一つの主要な機能が，受託者が，その権限外の行為をし，又は受益者との利益が相反する行為をした場合に，受益者の権利を保護する機能です。

ア　受託者の権限外行為との関係
　(ｱ)　受託者の権限外行為

受託者は，信託行為による特段の制限がないときは，信託財産に属する財産の管理又は処分及びその他の信託の目的の達成のために必要な行為をする権限を有するとされています（信託法26条）。

そして，同法は，受託者が信託財産のためにした行為がその権限に属しない場合には，①当該行為の相手方が，当該行為の当時，当該行為が信託財産のためにされたものであることを知っていたこと，②当該行為の相手方が，当該行為の当時，当該行為が受託者の権限に属しないことを知っていたこと又は知らなかったことにつき重大な過失があったことの二つの要件を充たすときは，受益者は，当該行為を取り消すことができるとして，受益者の利益を保護しています（同法27条1項）。これが原則なのですが，同法は，これに続いて，当該受託者の権限に属しない行為が同法第14条の信託の登記又は登録を得ることができる財産について権利を設定し又は移転したというものであるときは，上記①の要件に代えて，「当該行為の当時，当該信託財産に属する財産について第14条の信託の登記又は登録がされていたこと」という要件を充たせば足りるとしているので

第1章　信託に関する登記

す（同法27条2項）。例えば，受託者がその権限の範囲を超えて，信託財産に属する不動産について，その所有権を移転し，又は担保権や用益権を設定するなどの行為をした場合においては，当該行為の当時に信託の登記がされていれば，受益者が当該行為を取り消すには，上記②の要件を充たしていれば足りることになります。取消しの要件が，緩和されているのです。

(イ)　信託の登記の機能

受託者が，信託財産に属する不動産に関する権利について，権限外の処分行為をした場合には，上記のとおり，受益者において，当該行為を取り消す要件が，緩和されています。すなわち，受益者による受託者の権限外行為の取消しの可否が，最終的に訴訟で争われる場合に，当該不動産に関する権利について，信託の登記がされていれば，受託者は，そのことを主張・立証すれば足り，「当該行為の相手方が，当該行為の当時，当該行為が信託財産のためにされたものであることを知っていたこと」（以下，この事実を，ここでは「要証事実」といいます。）を主張・立証することを要しないことになります。これは，信託の登記がされている場合には，要証事実が存在することが推定されるという考え方によるものです。つまり，この場面では，信託の登記は，その有する推定力によって，受益者の訴訟上の主張・立証責任の負担を軽減するという機能を発揮することになります。

イ　受託者の利益相反行為との関係

(ア)　受託者の利益相反行為

a　内　容

信託法は，受託者がその職務を執行するについて，受益者との間で利益が相反する次のような行為をしてはならないとしています（同法31条1項各号）。

第一節　総　説

① 信託財産に属する財産（当該財産に係る権利を含む。）を固有財産に帰属させ，又は固有財産に属する財産（当該財産に係る権利を含む。）を信託財産に帰属させること
② 信託財産に属する財産（当該財産に係る権利を含む。）を他の信託の信託財産に帰属させること
③ 第三者との間において信託財産のためにする行為であって，自己が当該第三者の代理人となって行うもの
④ 信託財産に属する財産につき固有財産に属する財産のみをもって履行する責任を負う債務に係る債権を被担保債権とする担保権を設定することその他第三者との間において信託財産のためにする行為であって受託者又はその利害関係人と受益者の利益が相反することとなるもの

　ただし，受託者に対する以上の利益相反行為の制限は絶対的なものではなく，一定の事由があるときは，例外的に受託者がこれらの行為をすることができるとしています（同条2項）。その事由とは，(i)信託行為に当該行為をすることを許容する旨の定めがあるとき，(ii)受託者が当該行為について重要な事実を開示して受益者の承認を得たとき，(iii)相続その他の包括承継により信託財産に属する財産に係る権利が固有財産に帰属したとき，(vi)受託者が当該行為をすることが信託の目的の達成のために合理的に必要と認められる場合であって，受益者の利益を害しないことが明らかであるとき，又は当該行為の信託財産に与える影響，当該行為の目的及び態様，受託者の受益者との実質的な利害関係の状況その他の事情に照らして正当な理由があるときとされています（以下，これらの事由を，便宜上「許容事由」ということにします。）。
b　利益相反行為の効果

受託者が，同法第31条第1項の規定に違反して上記の利益相反行為をした場合であって，同条第2項が規定する許容事由がないときに，当該行為の効果がどうなるかは，利益相反行為の種別によって異なります。

(a) 受託者が上記aの①又は②の行為をした場合には，当該行為は，無効です（同条4項）。これらの行為は，定型的に受益者との間で利益が相反するものであり，その程度も重大ですから，効力のないものとされるのです。例えば，受託者が信託財産に属する不動産を自ら買い受けて，その固有財産又は自己を受託者とする別の信託に帰属させ，その旨の登記をしたという場合です。これらの売買は無効ですから，受益者は受託者に対して，直ちに原状回復（所有権移転の登記の抹消）をするよう請求することができます。

　問題は，受託者が原状回復をしないまま，当該不動産を第三者に売却して，所有権移転の登記をしたという場合なのですが，同法は，当該第三者が，同法第31条第1項の規定に違反すること及び許容事由がなかったことを知っていたとき又は知らなかったことにつき重大な過失があったときに限り，受益者は，これらの行為を取り消すことができるとしています（同条6項前段）。受益者の利益保護と第三者にとっての取引の安全に配慮した措置です。

(b) 受託者が上記aの③又は④に掲げる行為をした場合には，当該第三者がこれを知っていたとき又は知らなかったことにつき重大な過失があったときに限り，受益者は，当該行為を取り消すことができるとしています（同条7項前段）。これらの行為には，さまざまな内容，態様のものがありますから，一律に無効とはせず，上記の要件の下に，受益者が取り消すことができるとしたものです。

(イ) 信託の登記の機能

　そこで，受託者の利益相反行為と信託の登記との関係についてです。

　受託者が，上記(ア)aの①又は②に掲げる利益相反行為をし，当該行為に係る財産を第三者に対して処分をした場合にも，受益者は，一定の要件の下で，当該処分行為を取り消すことができます。また，受託者が上記(ア)aの③又は④に掲げる利益相反行為をした場合には，受益者は，一定の要件の下で，当該行為を取り消すことができます。そして，これら取消しの対象となる行為に係る財産が不動産に関する権利である場合には，受益者が当該第三者に対してその取消しを主張するには，当該不動産に関する権利について，信託の登記がされていることが，不可欠の前提要件です。信託の登記がなければ，受益者は，そもそも当該不動産に関する権利が信託財産に帰属していたものであることを対抗することが，できません。つまり，この場面では，信託の登記は，受益者が，取消権を行使して，自己の利益を守るための前提要件としての機能を果たすことになるのです。

# 第二節　信託に関する登記

## 第1款　総　論

### 3　信託に関する登記の意義

> 問　信託に関する登記とは，どのようなものをいうのですか。

【答】　信託に関する登記とは，①ある不動産に関する権利が信託財産に属するものであることを公示する「信託の登記」，②信託の登記の登記事項に変更が生じた場合に，その実体関係と登記を符合させるためにする「信託の変更の登記」，③不動産に関する権利が信託財産に属する権利でなくなったとき，信託が終了したときなどにする「信託の登記の抹消」，④「信託目録の作成及びその記録事項の変更」の四つを総称するものです。

【解説】
1　信託に関する登記とは
　　設問の「信託に関する登記」とは，不動産登記法第4章（登記手続）第3節（権利に関する登記）の第5款の題名に使われている用語です。この款は9箇条の規定から成るのですが，その内容をみますと，「信託に関する登記」とは，①信託の登記，②信託の変更の登記，③信託の登記の抹消，④信託目録の作成及びその記録事項の変更を総称するものと解することができます。以下に，順次，説明することとします。
2　信託の登記
　(1)　意　義
　　　「信託の登記」というのは，不動産に関する権利が当該信託の信託財産に属するものであることを公示する登記です。信託の登記

は，当該信託に係る不動産に関する権利の保存，設定，移転又は変更の登記に「伴って」されるもので（法98条1項参照），これらの権利変動の登記と一体を成すものです（ここで，上記の「伴って」という言葉の意味について，説明しておかなければなりません。上記の法第98条第1項は，当該信託に係る権利の移転等の登記と，信託の登記とを同時に申請すべき旨を規定するものなのですが，その結果として，これらの二つの登記は，（登記官によって）同時にされることになります。この点を捉えて，以下の説明では，便宜上，信託の登記について，当該信託に係る権利の移転等の登記に「伴って」されるものという表現を用いることにします。)。

　信託の登記は，当該信託行為の定めに基づいて，信託財産を組成するために，不動産に関する権利の移転等の処分がされ，その旨の登記がされるのに伴って，初めてされるのが通常ですが，それだけではありません。例えば，いったんは信託財産に属していた不動産に関する権利が，受託者の権限外の処分や受益者との利益相反行為によって，信託財産の外に流出してしまったという場合です。このような場合には，受益者又は委託者は，受託者の当該行為を一定の要件の下に取り消して，信託財産への復旧を図ることができるのですが，その復旧のための権利に関する登記（例えば，当該行為による権利の移転の登記の抹消，その抹消に代わる移転の登記，信託財産に復旧させるための売買による移転の登記など）がされるときは，改めて「信託の登記」もされることになります。前にされていた信託の登記は，受託者が権限外行為等をしたときに，抹消されているからです。いわば，原状回復としての「信託の登記」もありますので，注意を要します。

　以下には，項を改めて，信託による権利変動の登記（権利の保存，設定，移転又は変更の登記）の種別に従って，これに伴う「信託の登記」が，具体的にいかなる場合にされることになるのかを，

第1章　信託に関する登記

説明することにします。
(2) 信託に係る権利の移転の登記に伴う信託の登記
　① 信託行為による権利の移転の登記に伴うもの
　　信託行為に定めるところにより、委託者甲に属する不動産に関する権利（所有権、地上権、永小作権、賃借権、抵当権（債権とともに移転するものに限る。）、これらの権利の持分等）が、信託目的で受託者乙に移転され、その旨の登記がされる場合には、これに伴って、当該権利が信託財産に属することを公示するための「信託の登記」が、されます。これが、信託の登記の最も典型的なものです。信託による権利の移転の登記と信託の登記はそれぞれ別個の登記なのですが、両者が一体として公示されることが、登記制度の機能からみて望ましいことから、前記のように、この両登記の申請は、同時にしなければならないとされているのです（法98条1項）。
　② 共有不動産の分割による持分の信託財産への移転の登記に伴うもの
　　例えば、乙と丁が共有するA・B両土地の乙の持分が、同人を受託者とする信託の信託財産に属している場合に、両者間で共有物分割の協議（民法258条1項）が行われ、A土地は乙の、B土地は丁のそれぞれ単独所有とする旨の分割がされたとします。その結果、A土地の丁の持分が乙に移転することになるのですが（他方で、B土地の乙の持分が丁に移転します。）、A土地について、丁から乙への持分の移転の登記がされるときは、これに伴って、同持分が、信託財産に属する旨の信託の登記がされます。
　③ 信託財産の処分により受託者が得た不動産に関する権利の移転の登記に伴うもの
　　例えば、受託者乙が信託財産に属する金銭をもって丁所有の不動産を買い受けた場合には、その不動産は、信託財産に属する財

産となります（信託法16条1号）。この場合，丁から乙への所有権移転の登記がされるときは，これに伴って信託の登記（信託財産の処分による信託の登記）がされることになります。

④ 信託財産に属していた不動産に関する権利の遡及的復旧による登記に伴うもの

　例えば，受託者乙が，その権限を逸脱して，信託財産に属する不動産を丁に売却した場合には，受益者丙は，一定の要件の下に，当該売買契約を取り消すことができます（同法27条2項。詳細については，前問の解説4(2)ア参照）。その取消しがされますと，同不動産は信託財産に遡及的に復旧することになりますが，この場合において，乙から丁への上記所有権移転の登記の抹消（又はその抹消に代わる移転の登記若しくは信託財産に復旧させるための売買による所有権移転の登記など）がされるときは，これに伴って信託の登記（信託財産の原状回復による信託の登記）がされます。当該不動産については，もともと信託財産に属する旨の信託の登記がされていたのですが，この登記は，受託者乙が，同不動産を丁に売却してその旨の登記をした際に，抹消されてしまっています。そこで，同不動産の信託財産への復旧の登記がされるときは，これに伴って改めて信託の登記をすることを要するのです。

　また，受託者が同法第31条第1項第1号から第4号までに掲げる行為（受益者との利益が相反する行為）をした場合にも，受益者は，一定の要件の下に，当該行為に起因して信託財産から不当に分離された財産を取り戻すことができるとされています（同条6項及び7項。詳細については，前問の解説4(2)イ参照）。その取り戻すべき財産が不動産に関する権利である場合には，その信託財産への復旧の登記に伴って，信託の登記がされることになります。その理は，上記の受託者の権限外行為の場合と，同じです。

第1章　信託に関する登記

(3)　信託に係る権利の設定の登記に伴う信託の登記
　①　信託行為による担保権の設定の登記に伴うもの
　　　信託による担保権の設定とは，委託者（債務者・物上保証人）が，債権者を受益者として，受託者のために担保権を設定することをいいます。これは，担保権を債権から分離して信託財産に帰属させ，受託者が，債権者のために管理するという信託の方式です。平成18年に現行の信託法が制定される以前の旧信託法の下では，このような信託の方式が認められるか否か明確でなかったのですが，新法では明文で認知しました（いわゆるセキュリティ・トラスト。信託法3条1号・2号）。その効用は，次の点にあります。例えば，数個の金融機関が協調して債務者に融資をし，これらの貸付債権を1個の抵当権で担保する場合において，個々の貸付債権が譲渡されると，これに抵当権が随伴することになるのですが，その譲渡が，転々とされる事態になりますと，担保権の管理が，きわめて煩瑣になります。そこで，担保権を受託者に信託して，多数の債権者のために，一元的に管理する上記の仕組みを採用するのが，効率的なのです。これに加えて，同法では，抵当権の受託者に，当該担保権の実行の申立てをし，売却代金の配当又は弁済金の交付を受けることができる権限を与えて，債権者（受益者）の便宜を図っています（同法55条）。
　　　このような信託による抵当権が設定されて，その旨の登記がされるときは，これに伴って，当該抵当権が，信託財産に属する旨の信託の登記がされることになります。
　　　なお，上に述べたのは，委託者が受託者のために直接担保権を設定する方式なのですが，このほかに，担保権を信託する方法としては，まず，債務者・物上保証人が，債権者のために抵当権を設定し，債権者が，これを債権と分離して，受託者に対し，信託による移転をするという方式を踏むものもあります。後者の場

合，信託の登記は，上記(2)の信託に係る権利の移転に伴う信託の登記の類型に属することになります。
② 信託行為による用益権等の設定の登記に伴うもの
　　上記①では，信託による担保権の設定の場合のみを取り上げたのですが，同法は，受託者を権利者とする地上権，賃借権等の用益権を設定するとともに，これらの権利を信託財産に属する財産とし，受託者がその管理・処分を行うことを内容とする信託も認めています（同法3条1号・2号）。
　　この信託による用益権が設定されて，その旨の登記がされるときも，これに伴って，信託の登記がされることになります。
(4) 信託に関する権利の変更の登記に伴う信託の登記
① 信託の併合又は分割の登記に伴うもの
ア　信託の併合又は分割とは
　　「信託の併合」とは，受託者を同一とする二以上の信託の信託財産の全部を一の新たな信託の信託財産とすることをいいます（同法2条10項）。各信託財産を一の法人とみなすならば，信託の併合は，株式会社における新設合併（2以上の会社がする合併であって，合併により消滅する会社の権利義務の全部を合併により設立する会社に承継させるもの。会社法2条28号）に相当する行為ということができます。すなわち，この併合によって，従前の各信託は終了するのですが，その財産は，清算されることなく，新たな信託の信託財産を構成し，従前の各信託の信託財産責任負担債務も新たな信託の信託財産責任負担債務となります（信託法153条）。信託の併合は，従前の各信託の委託者，受託者及び受益者の合意によってすることができるほか，そのうちの一部の者の意思決定によること，信託行為で定めた方法によってすることなども認められています（同法151条）。信託の併合に際しては，必要に応じ，債権者保護手続が

第1章　信託に関する登記

実施されることもあります（同法152条）。
　「信託の分割」とは，ある信託の信託財産の一部を受託者を同一とする他の信託の信託財産として移転することをいいます。当該他の信託が既存のものである場合を「吸収信託分割」，新たに成立するものである場合を「新規信託分割」と称しています（同法2条11項）。前者は株式会社における吸収分割に，後者は新設分割にそれぞれ相当します。それらの手続等は，基本的に信託の併合の場合と同様です（同法155条，156条，159条，160条）。

　イ　信託の併合又は分割による権利の変更の登記に伴う信託の登記

　　以上のように，信託の併合又は分割がされますと，信託財産に属する財産について，帰属の変更が生じることになります。この財産が不動産に関する権利である場合に，この帰属の変更を，登記の上でどのように公示するかについては，不動産登記法に特則が設けられており，信託の併合又は分割による権利の変更の登記をするものとされています（法104条の2第1項前段）。当該不動産に関する権利については，従前の信託から他の信託にその帰属が変わるのですが，それらの信託の受託者は同一ですから，当該権利の登記名義人に変更が生ずるわけではありません。そこで，不動産登記法は，当該不動産に関する権利について，移転の登記ではなく信託に関する権利の変更の登記をすべきものとしたのです。この権利の変更の登記に伴って，従前の信託についての信託の登記は抹消され，当該他の信託についての信託の登記が，されることになります（同項前段）。

②　信託財産の帰属に変更が生じた場合（信託の併合又は分割の場合を除く。）における権利の変更の登記に伴うもの

信託財産の帰属の変更は，上記の信託の併合又は分割以外の場合にも，生じます。信託財産に属する不動産に関する権利に着目しますと，その帰属変更の類型は三つです。(ⅰ)不動産に関する権利が固有財産に属する財産から信託財産に属する財産となった場合，(ⅱ)不動産に関する権利が信託財産に属する財産から固有財産に属する財産となった場合，(ⅲ)不動産に関する権利が一の信託の信託財産に属する財産から受託者を同一とする他の信託の信託財産に属する財産となった場合です。不動産登記法は，これらの帰属の変更があった場合にも，信託に関する権利の変更の登記をするものとしているのですが（法104条の2第1項後段・第2項），上記(ⅰ)及び(ⅲ)の場合には，その変更の登記に伴って，信託の登記をすることになります（上記(ⅰ)の場合は，新たに信託の登記をします。上記(ⅲ)の場合は，従前の信託については信託の登記を抹消し，他の信託についての信託の登記をします。なお，上記(ⅱ)の場合は，従前の信託の登記を抹消するだけです。）。

③　自己信託による権利の変更の登記に伴うもの

　信託法は，信託の方法として，契約又は遺言による方法のほか，委託者が信託財産に属する財産の管理・処分等を自らが受託者として行うことを書面に記載するなどしてする方法を認めています（自己信託。同法3条3号）。自己信託に付された財産が不動産に関する権利である場合には，その権利の登記名義人は変わらないのですが，当該権利が受託者の固有財産に属するものから，信託財産に属するものに変わります。そこで，不動産登記法は，この場合にも，信託に関する権利の変更の登記をすることができるものとしているのですが（法98条3項参照），この登記がされるときは，これに伴って，当該不動産に関する権利が，信託財産に属する旨の信託の登記がされることになります。

第1章 信託に関する登記

## 3 信託の変更の登記
(1) 意　義

「信託の変更の登記」とは，既存の信託の登記の登記事項に変更が生じた場合に，その内容を改めることをいいます。信託の登記の登記事項については問4で詳しく説明しますが，その主要なものの項目のみを掲げると，次のとおりです。

ア　登記の目的（法59条1号）

イ　委託者，受託者及び受益者の氏名又は名称及び住所（法97条1項1号）

ウ　信託管理人があるときは，その氏名又は名称及び住所（同項3号）

エ　信託の目的（同項8号）

オ　信託財産の管理方法（同項9号）

カ　信託の終了の事由（同項10号）

キ　その他の信託の条項（同項11号）

登記された上記の事項等に変更が生じたときには，これを実体に合致したものに改める必要があります。これらの登記事項は，多岐にわたりますから，その変更の種類・内容も，また広範囲に及びます。そのため，不動産登記法は，この変更の登記の種類・内容を，(i)登記官の職権により変更の登記がされるもの，(ii)裁判所又は主務官庁の嘱託により変更の登記がされるもの，(iii)受託者の申請により変更の登記がされるものの三つに分類しています。以下に，分説します。

(2) 変更の登記の種類・内容

① 登記官の職権により変更の登記がされるもの

信託の変更の登記の第1の類型は，登記官の職権によるものです。

ア　登記官が職権で変更の登記をすべき場合

## 第二節　信託に関する登記

　登記官は，信託財産に属する不動産について，次の(ｱ)から(ｳ)までに掲げる登記をするときは，信託の変更の登記をしなければなりません（法101条）。これは，登記官が，信託財産に属する不動産について，申請又は嘱託に基づき，一定の信託に関する権利の登記をする場合に，職権で，これに関連する事項について，信託の変更の登記をすべき旨を定めるものです。信託の変更の登記をすべき権利の登記をする場合とは，以下のとおりです。

(ｱ)　信託法第75条第1項又は第2項の規定による権利の移転の登記をした場合（法101条1号）

　a　信託法第75条第1項の規定による権利の移転の登記をする場合

　　同法第75条第1項は，同法第56条第1項各号に掲げる事由により受託者の任務が終了した場合において，新受託者が就任したときは，新受託者は，前受託者の任務が終了した時に，その時に存する信託に関する権利義務を前受託者から承継したものとみなすと定めています。同法第56条第1項各号に掲げる事由とは，(a)受託者である個人の死亡，(b)受託者である個人が後見開始又は保佐開始の審判を受けたこと，(c)受託者（破産手続開始の決定により解散するものを除く。）が破産手続開始の決定を受けたこと，(d)受託者である法人が合併以外の理由により解散したこと，(e)同法第57条の規定による受託者の辞任，(f)同法第58条の規定による受託者の解任，及び(g)信託行為において定めた事由です。

　b　同法第75条第2項の規定による権利の移転の登記をする場合

　　同法第75条第2項は，前項の規定にかかわらず，同法

第1章　信託に関する登記

第56条第1項第5号に掲げる事由（57条1項の規定によるものに限る。）により受託者の任務が終了した場合（59条4項ただし書の場合を除く。）には，新受託者は，新受託者等が就任した時に，その時に存する信託に関する権利義務を前受託者から承継したものとみなすと定めています。同法第56条第1項第5号に定める事由であって，同法第57条第1項の規定によるものというのは，受託者が，委託者及び受益者の同意を得て，辞任したという場合です。受託者の辞任によって，その任務が終了した場合には，新受託者が信託に関する権利義務を承継する時期は，前受託者の任務が終了した時ではなく，新受託者の就任の時となるというのが，同法第75条第2項の趣旨です。これは，この場合には，前受託者は，新受託者等が信託事務の処理をすることができるに至るまで，引き続き受託者としての権利義務を有するものとされていること（同法59条4項）によるものです。

　受託者の任務が，同法第56条第1項各号に掲げる上記aの事由又は同項第5号に掲げる上記bの事由によって終了し，同法第75条第1項又は第2項の規定による権利義務の承継があったとみなされる場合において，当該権利義務に不動産に関する権利（所有権，地上権，抵当権等）が含まれているときは，その権利は，上記の各承継によって，新受託者に移転したものとみなされますから，その旨の登記がされることになります。この移転の登記の申請は，前受託者の任務が上記aの(a)から(d)までの事由によって終了した場合には，共同申請の原則（法60条）の例外として，新受託者が単独ですることができますが（法100条1項），前受託者が辞任した場合には，原則どおり，新受

46

託者と前受託者が共同してしなければなりません。この申請に基づいて登記官が登記をしたときは，職権で，受託者の変更があった旨の信託の変更の登記をしなければならないのです。

(イ) 信託法第86条第4項本文の規定による権利の変更の登記をする場合（法101条2号）

　信託法第86条第4項は，受託者が2人以上ある信託においては，同法第75条第1項及び第2項の規定にかかわらず，その1人の任務が同法第56条第1項各号に掲げる事由により終了した場合には，その任務が終了した時に存する信託に関する権利義務は他の受託者が当然に承継し，その任務は他の受託者が行うと定めています（ただし，信託行為に別段の定めがあるときは，その定めるところによります。同項ただし書）。

　受託者が2人以上ある信託においては，その1人の任務が信託法第56条第1項各号に定める事由によって終了した場合，信託に関する権利義務は，後任の新受託者にではなく，他の受託者に当然に承継されます。したがって，当該権利義務に不動産に関する権利が含まれているときは，新受託者への権利の移転の登記ではなく，当該不動産に関する権利を他の受託者が承継した旨の権利の変更の登記をすることになります。この登記をする場合には，登記官は，職権で，受託者の変更があった旨の信託の変更の登記をしなければなりません。

(ウ) 受託者である登記名義人の氏名若しくは名称又は住所についての変更の登記又は更正の登記をする場合（法101条3号）

　信託財産に属する不動産に関する権利について，その登記名義人としての受託者の氏名若しくは名称又は住所に変更が

あった場合には，登記名義人の氏名等の変更の登記がされます。また，その登記名義人の氏名等の錯誤若しくは遺漏により誤った登記がされている場合には，登記名義人の氏名等の更正の登記がされることになります。

　　これらの変更又は更正の登記をするときは，登記官は，職権で，信託の変更の登記をしなければなりません。
　イ　信託の変更の登記
　　以上のア(ｱ)の権利の移転の登記，同(ｲ)の権利の変更の登記又は同(ｳ)の登記名義人の氏名等の変更若しくは更正の登記をした場合には，当該権利に関する登記と一体のものとしてされている信託の登記の登記事項中の受託者又はその氏名等についても，変更を要することになります。そこで，登記官は，職権で，その変更の登記をしなければならないのです。
② 裁判所書記官又は主務官庁の嘱託により変更の登記がされるもの

　　信託の変更の登記の第2の類型は，裁判所書記官又は主務官庁の嘱託によるものです。
　ア　裁判所書記官が信託の変更の登記を嘱託すべき場合
　　裁判所書記官は，受託者の解任の裁判があったとき，信託管理人若しくは受益者代理人の選任若しくは解任の裁判があったとき，又は信託の変更を命ずる裁判があったときは，職権で，遅滞なく，信託の変更の登記を登記所に嘱託しなければならないとされています（法102条1項）。
　　(ｱ)　受託者の解任の裁判
　　　信託の委託者及び受益者は，いつでも，その合意により，受託者を解任することができるのですが（信託法58条1項），その解任について，委託者と受益者との間で意見が一致しない場合や，その一方が意思表示をすることができない場合も

第二節　信託に関する登記

あると考えられます。特に，受託者が，その任務に違反して，信託財産に著しい損害を与えたこと，その他重要な事由があるのに，上記の委託者と受益者の合意による解任ができず，受託者がその任務を継続している事態は，好ましくありません。そこで，信託法は，受託者に上記の事由があるときは，裁判所は，委託者又は受益者の申立てにより，受託者を解任することができるとしました（同法58条4項）。

この解任の裁判があったときは，裁判所書記官は，信託の変更の登記を登記所に嘱託しなければなりません。

(イ)　信託管理人の選任又は解任の裁判

信託行為においては，受益者が現に存しない場合に信託管理人となるべき者を指定する定めを設けることができます（同法123条1項）。信託管理人とは，受益者のために自己の名をもって受益者の権利に関する一切の裁判上又は裁判外の行為をする権限を有する者をいいます（同法125条1項本文。ただし，信託行為に別段の定めがあるときは，その定めるところによります。同項ただし書）。信託管理人は，上記の信託行為における定めに基づいて選任されるほか，信託行為にその定めがないとき，又はその定めにより信託管理人となるべき者として指定された者が就任の承諾をせず，若しくはこれをすることができないときには，利害関係人の申立てに基づいて，裁判所の裁判により選任されます（同法123条4項）。

他方，いったん選任された信託管理人の解任については，上記(ア)の受託者の解任に関する同法第58条の規定が準用されますので（同法128条2項），信託管理人がその任務に違反して信託財産に著しい損害を与えたことその他重要な事由があるときは，裁判所は，委託者又は受益者の申立てにより，信託管理人を解任することができます（同法58条4項）。

以上のような裁判所による信託管理人の選任又は解任の裁判があったときは，裁判所書記官は，信託の変更の登記を登記所に嘱託しなければなりません。

(ウ) 受益者代理人の選任又は解任の裁判

信託行為においては，その代理する受益者を定めて，受益者代理人となるべき者を指定する定めを設けることができることとされています（同法138条1項）。受益者代理人とは，その代理する受益者のために当該受益者の権利に関する一切の裁判上又は裁判外の行為をする権限を有する者をいいます（同法139条1項本文。ただし，信託行為に別段の定めがあるときは，その定めるところによります。同項ただし書）。

受益者代理人がはじめて選任される場合には，上記の信託行為における定めに基づいてのみ選任され，信託管理人のように，利害関係人の申立てに基づく裁判所の裁判によって選任されることはありません（同法138条参照）。しかし，受益者代理人の任務が終了して（同法141条1項において準用する同法56条1項各号に掲げる事由により終了します。），新受益者代理人を選任する場合には，裁判所が関与する余地があります。すなわち，この場合において，信託行為に新たな受益者代理人に関する定めがないときなどには，委託者及び受益者は，その合意により，新受益者代理人を選任することができるとされていますが（同法142条1項，62条1項），その合意に係る協議の状況その他の事情に照らして必要があると認めるときは，裁判所は，委託者又は受益者代理人により代理される受益者の申立てにより，新受益者代理人を選任することができるのです（同法142条1項，62条4項）。

他方，いったん選任された受益者代理人の解任についても，上記(ア)の受託者の解任に関する同法第58条の規定が準

用されますので（同法141条2項），受益者代理人がその任務に違反して信託財産に著しい損害を与えたことその他重要な事由があるときは，裁判所は，委託者又は受益者の申立てにより，受益者代理人を解任することができます（同法58条4項）。

　以上のような裁判所による新受益者代理人の選任又は受益者代理人の解任の裁判があったときは，裁判所書記官は，信託の変更の登記を登記所に嘱託しなければなりません。

㈢　信託の変更を命ずる裁判

　信託行為において定められた事項は，関係者によって変更することができます（信託の変更）。同法第149条に，これに関する定めが置かれており，基本的には，委託者，受託者及び受益者の合意によるのですが（同条1項本文・2項・3項），ここでも裁判所の関与が予定されています。すなわち，信託行為の当時予見することのできなかった特別の事情により，信託事務の処理の方法に係る信託行為の定めが信託の目的及び信託財産の状況その他の事情に照らして受益者の利益に適合しなくなるに至ったときは，裁判所は，委託者，受託者又は受益者の申立てにより，信託の変更を命ずることができるとされているのです（同法150条1項）。

　上記の信託の変更を命ずる裁判があったときは，裁判所書記官は信託の変更の登記を登記所に嘱託しなければなりません。

イ　主務官庁が信託の変更の登記を嘱託すべき場合

　平成18年に現行信託法が制定されたことに伴って，旧信託法の題名は「公益信託ニ関スル法律」と改められました。「公益信託」とは，信託法第258条第1項に規定する「受益者の定めのない信託」のうち，学術，技芸，慈善，祭祀，宗教その他

第1章　信託に関する登記

公益を目的とするものであって,「公益信託ニ関スル法律」第2条の主務官庁の許可を受けたものをいいます（同法1条）。公益信託は主務官庁の監督に属するものとされ（同法3条），その一環として，上記「受益者の定めのない信託」に関する信託法に規定する裁判所の権限（一定のものを除く。）も主務官庁に属することとされています（公益信託ニ関スル法律8条本文）。このため，公益信託における主務官庁は，(i)受託者を解任すること，(ii)信託管理人若しくは受益者代理人を選任し，若しくは解任すること，(iii)信託の変更を命ずることができるのですが，これを受けて，不動産登記法は，主務官庁がこれらの処分をしたときは，遅滞なく，信託の変更の登記を登記所に嘱託しなければならないとしているのです（法102条2項）。

③　受託者の申請により変更の登記がされるもの

信託の変更の登記の第3の類型が，受託者の申請によるものです。法第103条第1項がその定めをしており，上記の法第101条及び第102条に規定するもののほか，信託の登記の登記事項である法第97条第1項各号に掲げる事項について変更があったときは，受託者は，遅滞なく，信託の変更の登記を申請しなければならないとされています。

この規定により受託者が申請すべき信託の変更の登記は，次のとおりです。

ア　委託者，受益者又は信託管理人若しくは受益者代理人の氏名等の変更

委託者，受益者又は信託管理人若しくは受益者代理人の氏名若しくは名称又は住所について変更が生じたときは，受託者は，その信託の登記の当該登記事項の変更の登記を申請しなければなりません。

イ　受益者又は信託管理人若しくは受益者代理人の新設又は変更

　　　　　信託に係る受益者又は信託管理人若しくは受益者代理人が新設され，又は変更された場合にも，受託者は，信託の変更の登記（当該新受益者又は信託管理人若しくは受益者代理人を登記する変更の登記）を申請しなければなりません。
　　ウ　信託の目的，信託財産の管理方法，信託の終了の事由その他の信託の条項の変更
　　　　　上記の変更があった場合には，受託者は，信託の当該関係の登記事項の変更の登記を申請しなければなりません。
(3)　受託者に変更があった場合の登記の取扱いについて
　以上のとおり，信託における受託者は，信託財産に属する財産の管理・処分等をする権限を有する者であって，信託における中核的な存在ということができます。それゆえに，信託法においては，受託者の権限を厳しく制限し，善管注意義務・忠実義務を中心とする重い義務を課しています。そもそも，沿革的には，信託法は，受託者の行為を規制するための法律であったといわれているのです。受託者は，そういう存在ですから，その変更ということは，当該信託において，極めて重大な出来事だといわなければなりません。
　しかし，信託に関する登記の手続を定める不動産登記法においては，従前の受託者の任務が，信託法第56条第1項各号に定める事由によって終了し，新受託者が選任された場合に，当事者の申請によって，受託者の変更があった旨の信託の変更の登記をするという構造を採っていません（受託者が裁判所の裁判によって解任された場合には，裁判所書記官の嘱託により，従前の受託者が解任された旨の信託の変更の登記がされますが（法102条1項），従前の受託者から新受託者への変更があった旨の登記までされるわけではありません。）。不動産登記法では，受託者の任務が終了した場合には，従前の受託者に属していた権利義務は，当然に新受託者に承継されるとする信託法の規定（同法75条1項・2項）を受けて，その権利義務

に不動産に関する権利が含まれている場合には、当該権利の移転の登記をすることとしているのです。その登記の申請は、新受託者と前受託者が共同してするのが原則ですが、受託者の任務の終了が一定の事由によるときは、新受託者が単独ですることができるとされています（法100条1項）。そして、この新受託者の申請によって、登記官が当該不動産に関する権利の移転の登記をしたときは、職権で、受託者が変更した旨の信託の変更の登記をすべきものとしているのです（法101条1号）。

以上の不動産登記法が定める仕組みは、要するに、受託者の変更があった場合には、新受託者に対する当該不動産に関する権利の移転の登記（信託に関する権利の登記）を優先的にすべきものとし、受託者の変更があった旨の信託の変更の登記は、上記の権利移転の登記に付随して、登記官の職権によるべきとする仕組みということができます。これは、信託における受託者の変更が、信託に関する権利義務の移転をもたらすことに焦点を当てて、まず、この点を登記により公示することを重視するという考え方によるものにほかなりません。それゆえに、受託者以外の他の信託関係者（委託者、受益者、信託管理人、受益者代理人）に変更があった場合とは、登記の取扱いが大きく異なっているのです。

## 4 信託の登記の抹消

### (1) 意　義

信託に関する登記の三つめは、「信託の登記の抹消」です。信託の登記は、その登記事項の全部が原始的又は後発的な理由により実体関係と符合しないものとなった場合には、その登記の全部を法律的に消滅させるために抹消されることになります。

信託の登記の登記事項の全部が実体関係と原始的な理由により符合しない場合とは、例えば、信託契約に基づいて、不動産の所有権が、委託者から受託者に移転されて、その旨の登記がされ、これに

伴って信託の登記がされたが、当該信託契約が無効であった場合とか、信託契約において、委託者所有のA不動産を信託財産とすることを約したのに、誤って委託者所有のB不動産について信託による所有権移転の登記がされ、これに伴って、信託の登記がされた場合などをいいます。このような場合には、信託の登記は、当初から実体関係と符合していませんから、最初から効力がないものとして、抹消されるべきです。

　信託の登記の登記事項の全部が実体関係と後発的な理由により符合しなくなった場合は多岐にわたりますが、その主要なものを大きく分ければ、(i)信託財産に属する不動産に関する権利が移転、変更又は消滅により信託財産に属しないことになった場合、(ii)信託が終了した場合の二つです。これらの場合には、信託の登記は、効力を失いますので、抹消されるべきです。以下には、信託の登記が、この後発的な原因により抹消される具体的な場合について、説明することとします。

(2)　信託財産に属する不動産に関する権利が移転、変更又は消滅により信託財産に属しないこととなった場合

　　これらの場合には、当該不動産に関する権利の移転の登記若しくは変更の登記又は当該権利の登記の抹消がされるのですが、これに伴って、当該信託の登記も抹消されることになります（法104条1項は、この場合の信託の登記の抹消の申請は、当該不動産に関する権利の移転の登記等の申請と同時に申請しなければならないとしています。）。

　①　当該権利が移転した場合

　　　信託財産に属していた不動産に関する権利が、第三者に移転した場合で、例えば、信託財産である不動産の所有権やこれに設定された地上権が第三者に売却されたとか、信託財産に属する抵当権付債権が第三者に譲渡されたという場合には、当該不動産の所

有権，地上権又は抵当権は，信託財産に属しないものになります。
② 当該権利が変更された場合
　信託財産に属する不動産に関する権利が変更されて，信託財産に属しない財産になった場合で，例えば，受託者所有のＡ不動産について，その持分の２分の１が信託財産に属し，残りの持分２分の１が固有財産に属しているとします。信託法は，このような場合に，信託行為に定めた方法，受託者と受益者の協議による方法等によって当該不動産を分割することができるとしているのですが（同法19条1項・2項），その分割によって，当該不動産が固有財産に帰属するものとされたときは，信託財産から離脱することになります。

　同様の変更は，受託者が，信託財産に属する不動産に関する権利を固有財産に帰属させた場合（同法31条1項1号）にも生じます。このような受託者の行為は，受益者の利益と相反するものですから無効なのですが（同条4項），受益者が前もって承諾していた場合はもちろん，受益者が事後に追認したときにも当該行為の時にさかのぼって効力を生ずるのです（同条5項）。ここでも，当該不動産に関する権利は，信託財産から離脱します。
③ 当該権利が消滅した場合
　信託財産に属する不動産に関する権利が消滅した場合，所有権以外の権利は，種々の事由によって消滅します。例えば，信託財産に属していた委託者所有の不動産上の地上権や賃借権が，その存続期間の満了によって消滅した場合です。信託財産に属していた委託者所有の不動産上の抵当権付債権について債務の全額が弁済された場合は，抵当権もその附従性により消滅します。

　以上の①から③までの事由が生じた場合には，当該不動産に関する権利の移転の登記若しくは変更の登記又は当該権利の抹消の登記

に伴って，当該信託の登記も抹消されることになります。
(3) 信託が終了した場合

　上記(2)に掲げたのは，信託財産に属する個々の不動産に関する権利が移転，変更又は消滅したことによって信託財産に属さないものになった場合なのですが，信託が終了した場合には，信託財産に属していた財産の全部について，信託による拘束が消滅し，不動産に関する権利も他に移転し，又は消滅することになりますから，これらの権利変動の登記に伴って，当該信託の登記も抹消されることになります。

　信託が終了するのは，(i)同法第163条に定める事由が生じた場合（その詳細は，問4で解説します。），(ii)委託者と受益者との間に信託の終了の合意があった場合（同法164条1項），(iii)信託行為に信託の終了の事由に関する定めがある場合において，その事由が生じたとき（同条3項），(iv)信託の終了を命ずる裁判所の裁判があった場合（同法165条，166条）などです。以下に，主要な場合を掲げておきます。

① 信託の目的を達成した場合（同法163条1号）

　学説などでよく挙げられるのは，寄付を目的とする信託の例です。例えば，不動産を売却して，その代金をある学校に寄付することを目的とする信託の場合には，受託者が，これを売却してその代金を学校に交付したときに，信託の目的を達成しますから，信託は終了します。これにより，信託の登記も抹消されます。

② 信託の目的を達することが不能になった場合（同号）

　上記①とは逆に，信託の目的を達することが不能になった場合にも，信託は終了します。ここでも，しばしば引用されるのは，寄付の例です。例えば，上記①の事例で，寄付の相手方が病院であった場合に，その病院が，廃業してしまったというときです。相手方が存在しなくなったのですから，信託の目的を達することができないことが，明らかです。

第1章　信託に関する登記

③　信託の併合がされた場合（同条5号）

例えば，受託者を同一とするA，B二つの信託がある場合に，これら信託の信託財産の全部を新たなC信託（受託者を同一とするもの）とした場合には，従前のA，B両信託は，終了します。これら従前の信託の信託財産に属していた不動産に関する権利については，信託に関する権利の変更の登記がされるのですが，この権利の変更の登記に伴って，従前の信託についての信託の登記は抹消され，新たな信託についての信託の登記がされることになります（法104条の2第1項前段）。

④　信託財産についての破産手続開始の決定があった場合（信託法163条7号）

信託財産について裁判所による破産手続開始の決定された場合には（破産法2条，15条1項，30条1項，244条の4第1項），当該信託は終了し，当該信託財産に属していた一切の財産は，新たに破産財団を構成することになります（同法244条の5）。不動産に関する権利も破産財団に組み込まれて，破産手続開始の登記がされるのですが，これに伴い信託の登記は抹消されます。

⑤　信託行為において定めた信託の終了事由が発生した場合（信託法163条9号）

信託行為においては，信託の終了する事由を定めることができます。

信託が信託契約の方法による場合には，委託者と受託者が，その信託の終了する事由を任意に定めることができます。例えば，信託の存続期間を定めるとか，委託者が死亡したときは信託が終了するなどの定めをすることです。

## 5　信託目録に記録されている事項の変更

信託に関する登記の残りの一つが，「信託目録の作成及びその記録事項の変更」です。

第二節　信託に関する登記

　信託目録は，信託の登記の登記事項として法第97条第1項各号に掲げられている事項を明らかにするために，登記官が作成するものです（同条3項）。その作成の要領は，不動産登記規則に定めがあり，登記官は，信託の登記をするときは，法第97条第1項各号に掲げる登記事項を記録した信託目録を作成し，当該目録に目録番号を付した上，当該信託の登記の末尾に信託目録の目録番号を記録しなければなりません（規則176条1項）。

　その上で，登記官は，信託の変更の登記をするときは，信託目録の記録を変更しなければならないとされています（同条3項）。信託の変更の登記については上記3で述べたところですが，登記官がその変更の登記をしたときは，既に作成済みの信託目録の内容を，上記の変更後の登記事項と符合するように変更しなければならないのです。

第1章 信託に関する登記

## 4 信託の登記の登記事項

> 問 信託の登記の登記事項は、どのようなものですか。

【答】 権利に関する登記の登記事項の通則である法第59条各号に掲げる事項のほか、信託の登記の固有の登記事項として、法第97条第1項各号に掲げる事項を記録することを要します。

　後者の主なものは、委託者、受託者及び受益者の氏名又は名称及び住所（同項1号）、信託の目的（同項8号）、信託財産の管理方法（同項9号）、信託の終了事由（同項10号）及びその他の信託の条項（同項11号）です。

【解説】
1 信託の登記とは
　(1) 意　義
　　「信託の登記」とは、不動産に関する権利が特定の信託の信託財産に属することを公示するための登記をいいます。この登記は、当該信託に係る権利の保存、設定、移転又は変更の登記と同時にしなければならないもので、両者を併せて1個の登記を形成すると解されています。すなわち、不動産に関する権利の移転等の登記により、当該権利変動が信託に係るものであることを公示し、信託の登記により、当該権利が、現に信託財産に帰属していること、及び当該信託の内容を公示するという機能を営むのです。それゆえに、信託の登記の申請は、当該信託による権利の移転等の登記の申請と同時にしなければならないものとされ（法98条1項）、これらの登記は同一の順位番号を用いて登記記録の権利部の相当区に記録すべきものとされているのです（規則175条1項）。
　(2) 当該信託に係る権利に関する登記との「同時性」
　　ア　法第98条第1項の規定の適用範囲

第二節　信託に関する登記

　法第98条第1項の規定が適用される信託の登記の典型例は，信託行為に基づいて，不動産に関する権利が，委託者から受託者に移転した場合に，その移転の登記に伴ってされる信託の登記です。例えば，委託者甲と受託者乙の間の信託契約において，甲所有のA不動産を信託目的のために乙に移転することが約されたとしますと，A不動産について，乙を登記権利者，甲を登記義務者とし，登記原因を「信託」とする所有権移転の登記がされることになります。この登記は，「当該信託に係る権利の移転の登記」ですから，その申請と同時に，信託の登記も申請されなければなりません。これが法第98条第1項の要請するところで，この申請は，乙が単独でします（同条2項）。

　上記の場合が典型例ですが，さらに，例えば，甲と乙の信託契約において，信託財産とされた財産が金銭であって，受託者乙が，この金銭をもって丙所有のB不動産を買い受けたとしますと，B不動産は，信託財産に属するものになります（信託法16条1号）。この場合，B不動産について，乙を登記権利者，丙を登記義務者とし，登記原因を「売買」とする所有権移転の登記がされることになるのですが，この売買の実質は，「信託財産である金銭による売買」ですから，上記の所有権移転の登記は，法第98条第1項にいう「当該信託に係る権利の移転の登記」にほかなりません。したがって，その申請と同時に，信託の登記（信託財産の処分による信託の登記）も申請されなければならないのです（その申請は乙が単独ですることは，上に述べたとおりです。）。同様のことは，いったんは信託財産に属していた不動産に関する権利が，受託者の権限外の処分や受益者との利益相反行為により，信託財産の外に流出して第三者の手に渡った場合において，受益者が，受託者の当該行為を取り消して，当該不動産に関する権利を信託財産に復旧させるとき（信託法27条1項・2項，31

条6項・7項）にも生じます。例えば，その復旧のために，受託者が，当該第三者から当該不動産に関する権利を買い受けたとしますと，その移転の登記も法第98条第1項にいう「当該信託に係る権利の移転の登記」に該当しますから，その申請と同時に，信託の登記（信託財産の原状回復による信託の登記）も申請されなければならないのです。

イ　「同時申請」によらない信託の登記

以上のように，信託の登記には，信託行為による権利に関する登記と同時に申請すべきもの（これを「典型例」といいます。）と，信託財産の処分又は信託の財産の復旧による権利に関する登記と同時に申請すべきもの（これを「非典型例」といいます。）とがあるのですが，登記実務の運用においては，この二つの類型について，異なる取扱いが，されています。

すなわち，典型例においては，当該信託に係る権利に関する登記の申請は，受託者を登記権利者，委託者を登記義務者としてするものであって，その申請手続上，委託者による監視が働きますから，受託者が，同時にすべき信託の登記の申請を怠るという事態は，通常は，想定できません。また，仮に，当事者が誤って，当該信託に係る権利に関する登記のみを申請したという場合であっても，登記官は，当該申請情報により，当該権利に関する登記が，「信託」を原因とするものであることが分かりますから，同時にすべき信託の登記の申請が欠けていることに気付いて，当該申請を却下することになるものと考えられます（法25条5号参照）。

これに対して，非典型例の場合には，当該信託に係る権利に関する登記の申請は，受託者を登記権利者，第三者（信託財産の処分の相手方である第三者）を登記義務者としてされるものであり，委託者が，手続上関与しませんから，受託者が，法第98条

第1項の規定に違反して，同時にすべき信託の登記の申請を怠るという事態が，考えられます。あるいは，受託者の錯誤により，信託の登記の申請が，欠落しているという場合もあり得るでしょう。そして，登記官も，当該申請情報からは，当該権利に関する登記が，「信託に係る」ものであるかどうか判断することができませんから（その登記原因は，例えば「売買」と表示されるにとどまります。），当該申請が，同時申請の要請に反するものであるのに，これを受理することになります。

　このように，非典型例にあっては，法第98条第1項による同時申請の義務付けにもかかわらず，当該信託に係る権利に関する登記のみがされて，信託の登記が欠けるという登記の瑕疵状態が生じることを，避けることができません。そこで，登記実務では，このような場合に，受託者が，事後に改めて（又は信託の登記の欠落に気付いて），信託の登記のみを申請することを，認めています。これは，この申請により，上記の登記の瑕疵が，事後的に追完されて，「信託に係る権利に関する登記」と「信託の登記」を一体のものとしてするという不動産登記法の要請が，実現されることになるからです。もとより，この場合，法第99条の規定により，受益者又は委託者が，受託者に代位して信託の登記の申請をすることも可能です。むしろ，この法第99条の代位申請の規定は，主として，非典型例において，受託者の故意又は過失により，上記のような登記の瑕疵状態が生じる場合を念頭において，そのような場合に，受益者又は委託者の利益保護のため，その瑕疵を事後的に補正する手段として設けられたものと解することが，できるのではないでしょうか。そのような解釈が可能であれば，信託の登記を事後的に追完することを認める上記の登記実務の取扱いも，法第99条の趣旨から導き出される解釈を根拠とするものとみることができるのです。

第 1 章　信託に関する登記

　　ウ　まとめ
　　　以上のとおり，信託の登記の申請は，当該信託に係る権利の保存，設定，移転又は変更の登記の申請と同時にしなければならないとするのが，不動産登記法の要請するところです。登記実務においても，この要請に適合する登記の申請がされるケースがほとんどであり，したがって，信託に関する登記の大部分は，当該信託に係る権利に関する登記と一体のものとしてされていると思われます。しかし，非典型例においては，この同時申請がされずに，当該信託に係る権利に関する登記のみが先行してされ，信託の登記が，事後に追完される事例も想定されるところです。このような例外的な場合には，信託の登記は，当該信託に係る権利に関する登記とは別個の登記として，されることになります。

## 2　信託の登記の登記事項

　本設問は，信託の登記事項にはいかなるものがあるかを問うものですが，これについては，法第 97 条第 1 項に定められています。この規定では，「信託の登記の登記事項は，第 59 条各号に掲げるもののほか，次のとおりとする。」として，11 個の事項を列記しています。法第 59 条はすべての権利に関する登記に共通する登記事項を，法第 97 条第 1 項は信託の登記に固有の登記事項を，それぞれ定めるものです。以下に，分説します。

(1)　法第 59 条に定める事項
　　法第 59 条は権利に関する登記の通則的な登記事項を定めるものですが，その第 1 号から第 4 号までに列記されているのは，「登記の目的」(同条 1 号)，「申請の受付の年月日及び受付番号」(同条 2 号)，「登記原因及びその日付」(同条 3 号) 及び「登記に係る権利の権利者の氏名又は名称及び住所並びに登記名義人が二人以上であるときは当該権利の登記名義人ごとの持分」(同条 4 号) です。しかし，登記実務では，信託の登記が，当該信託に係る権利に関する登

記と同時に申請されたものである場合（この場合がほとんどであることは，前述のとおりです。）には，当該信託の登記として，上記の登記事項のうち「登記の目的」（「信託」とします。）のみを記録し，その余の記録は，省略する取扱いがされています。これは，同条第2号及び第3号に掲げる事項は，同時にされる信託による権利の移転等の登記におけるそれと同一であり，同条第4号の「権利者」は，当該権利の移転等の登記における権利者である受託者と同一ですから，記録の重複を避けて，その簡素化を図るためです。これに対し，信託の登記が当該信託に係る権利に関する登記と別に申請されたものである場合には，不動産登記法の建前からすれば，信託の登記には，法第59条第1号から第4号までの登記事項が，記録されるべきです。ただし，登記実務では，この場合，信託の登記には，これらの登記事項のうち，「登記の目的」及び「申請の受付の年月日及び受付番号」のみを記録し，その余の事項の記録を省略する取扱いが，されています。これは，その余の登記事項については，当該信託に係る権利に関する登記における同一の登記事項を援用するという便法を認めたものです。

「民法第423条その他の法令の規定により他人に代わって登記を申請した者（中略＝筆者）があるときは，当該代位者の氏名又は名称及び住所並びに代位原因」（同条7号）は，受益者又は委託者が，受託者に代わって，信託の登記を申請した場合に記録されます。信託の登記は，受託者が単独で申請することができるとされているのですが（法98条2項），上記の非典型例の信託の登記にあっては，受託者が，自ら登記の申請をしないというケースが想定されることから，受益者又は委託者による代位申請が，認められているのです。

「権利の順位を明らかにするために必要な事項として法務省令で定めるもの」（法59条8号）としては，規則第147条第1項の規定により，登記事項を記録した順序を示す番号（順位番号）が，記録さ

第1章　信託に関する登記

れます。

　なお，法第59条に掲げる登記事項のうち，登記の目的である権利の消滅に関する定め（同条5号）と共有物分割禁止の定め（同条6号）は，信託の登記事項には，なりません。

　以上のとおり，登記実務上，典型例の信託の登記においては，通常の場合，法第59条各号が定める登記事項のうち登記の目的と順位番号，及び信託目録の目録番号（規則176条1項）のみが，記録されることになります。

(2)　法第97条第1項各号に定める登記事項

　法第97条第1項各号には，信託の登記に固有の登記事項が，定められています。

① 　委託者，受託者及び受益者の氏名又は名称及び住所（同項1号）

　ア　委託者

　　(ｱ)　意　義

　　　　委託者とは，信託法第3条各号に掲げる方法（信託契約，遺言信託，自己信託の書面等の作成）により信託をする者をいいます（同法2条4項）。いわば，新たに信託を設定する者です。実務で最も多用されている信託契約を締結する方法によって信託する場合は，委託者は，受託者に対し，同契約の定めるところに従って，自己に属する財産についての処分をし，その管理又は処分及びその他の信託の目的を達成するために必要な行為を委託します。受託者の処分する財産が不動産に関する権利であるときは，委託者は，受託者のために，その旨の登記（例えば，不動産の所有権を信託に供したときは，所有権移転の登記）をすべき義務を負います。

　　(ｲ)　委託者の制限

　　　　委託者になることができる者については，信託法上，別段の制限は，設けられていません。ただし，委託者が民法上行

為能力を制限されている者（未成年者，成年被後見人，被保佐人又は被補助人）である場合は，その信託のための財産の処分が完全な効力を生ずるには，一定の要件を備えることを要します。すなわち，委託者が未成年者である場合は，法定代理人の同意を得て自らがするか，又は法定代理人の代理によらなければなりません（民法5条，824条，859条）。成年被後見人の場合は，成年後見人の同意を得ても，その処分行為は完全な効力を生じず（取り消しうるものとなります。），結局，成年後見人の代理によることになります（同法8条，9条）。被保佐人の場合は，重要な財産上の行為（不動産に関する権利の処分は，これに含まれます。）をするには，保佐人の同意を要しますし（同法12条，13条），当該信託の委託が保佐人に代理権が付与された法律行為（民法876条の4第1項）に当たるときは，代理によらなければなりません。また，委託者が被補助人である場合には，特定の法律行為について，補助人の同意を要するものとされ（同法16条，17条），又は補助人に代理権が付与されていますから（同法876条の9第1項），信託の委託が当該法律行為に当たるときは，それぞれの規定に従う必要があります。

　もっとも，信託は遺言の方法によってもすることができるとされており（信託法2条から4条まで），遺言については，行為能力の制限に関する民法第5条，第9条，第13条及び第17条の規定を適用しないものとされていますから（同法962条），満15歳に達した未成年者（同法961条），成年被後見人（事理を弁識する能力を一時回復した場合に限ります。同法973条1項参照），被保佐人又は被補助人も，遺言によって，有効に信託をすることができます。

イ　受託者

第1章　信託に関する登記

(ア)　意　義

　　受託者とは，信託行為の定めに従い，信託財産に属する財産の管理又は処分及びその他の信託の目的の達成のために必要な行為をすべき義務を負う者をいいます（信託法2条5項）。信託による財産の管理又は処分という制度の中核を担う者です。

　　受託者が信託のために委託者から処分を受けた財産は，受託者に帰属します。受託者は，委託者に属する財産を管理・処分するのではなく，法律上，自己に属する財産を，信託財産に属する財産として管理・処分するのです（同法26条本文）この点が，民法上の委任契約により委任者の財産の管理・処分を任された受任者と根本的に異なります。ただし，それらの行為については，信託行為で定められた一定の目的の達成のためにすることという制約が，課されています（専ら受託者の利益を図ることを信託の目的にすることはできません。同法2条1項参照）。また，受託者は，受益者として信託の利益を享受する場合を除いて，何人の名義をもってするかを問わず，信託の利益を享受することはできないとされており（同法8条），受託者の職務権限についても，信託行為の定めによって制限することができます（同法26条ただし書）。

(イ)　受託者についての制限

　　受託者になり得る者については，信託法に制限が定められており，未成年者又は成年被後見人若しくは被保佐人は，信託の受託者となることができないとされています（同法7条）。これらの制限能力者は，単独では，完全に効力のある法律行為をすることができませんから，信託目的で委託者から処分を受けた財産の管理・処分をすることを職務とする受託者としては，適任でないと考えられるからです。これに対

して，破産者については制限行為能力者のような資格制限は定められていませんが，受託者が破産手続開始の決定を受けたときは，受託者の任務の終了事由となるとされています（同法56条1項3号）。

他方で，信託の引受けを営業とすることができる者については，業法上の規制があり，内閣総理大臣の免許又は登録を受けた信託会社でなければならないとされています（信託業法2条2項，3条，7条1項参照）。ただし，農業協同組合法により，組合員の事業又は生活に必要な資金の貸付け及び組合員の貯金又は定期積金の受入れの事業を併せ行う農業協同組合においては，組合員の委託を受けて，農地等の不動産につき貸付けの方法による運用又は売却を目的とする信託の引受けを業とすることが認められています（同法10条1項1号・2号，3項，11条の23以下）。

(ウ) 受託者の義務

上記(ア)で説明したように，信託における受託者は，形式的には，委託者から財産権の処分を受けて，その権利を取得するのですが，実質においては，他人の財産を預かって，その管理・処分をするのですから，信託法は，その職務の執行について，厳しい義務を課しています。

すなわち，信託においても，委任契約におけると同様，受託者の中心的義務は善管注意義務ですが（信託法29条1項・2項本文），これと並んで，受益者のために忠実に信託事務の処理その他の行為をすべき義務が，課されています（同法30条）。そのほかに，受託者は，その固有財産と信託財産との間で利益が相反する行為をしてはならず（同法31条1項・2項），信託財産に属する財産と固有財産及び他の信託の信託財産に属する財産とを，法律で定める方法により，分別して

管理すべきであり（同法34条），受益者が2人以上ある信託においては，各受益者のために公平にその職務を行わなければなりません（同法33条）。

そして，受託者がその任務を怠ったことによって信託財産に損失等が生じた場合には，受託者は，受益者に対し，その損失のてん補等をなすべき責任を負うものとされているのです（同法40条）。

(エ) 受託者が数名の場合

受託者の員数は，1人に限られず，2人以上とすることもできます（同法79条以下参照）。そして，受託者が2人以上あるときは，信託財産は，その合有とするとされています（同法79条）。「合有」というのは，数人で財産権を所有する形態の一つですが，民法が定める「共有」とは異なり，各人は，当該財産権について，固有の持分を持たず，これを単独で使用収益し，又は処分することも，その分割を請求することもできません。信託行為で定められた共同の目的のために，各受託者の地位が，制限を受けることになるのです。

受託者が2人以上ある信託においては，信託事務の処理は，受託者の過半数をもって決します（同法80条1項）。ただし，保存行為については，各受託者が単独で決することができます（同条2項）。決せられた信託事務は，各受託者が，これを執行することができます（同条3項）。一方で，第三者の意思表示は，受託者の1人に対してすれば足ります（同条7項本文）。

受託者が2人以上ある信託においては，その1人の任務が終了した場合には，その任務が終了した時に存する信託に関する権利義務は，他の受託者が当然に承継し，その任務は，他の受託者が行うとされています（同法86条4項）。受託者が

１人である信託において，その任務が終了したときは，信託に関する権利義務は新受託者が承継するものとされているのですが（同法75条1項・2項），信託法は，受託者が2人以上ある信託については，同法第75条第1項及び第2項の規定を適用しないとしていますから（同法86条4項），この場合には，後任の新受託者を選任することなく，残る受託者が，信託に関する権利義務を承継することになるものと解されます。その結果，残る受託者が一人であるときは，信託財産に属する財産についての「合有」が解消され，同人の単有に帰することになります。

ウ 受益者

(ｱ) 意　義

受益者とは，受益権を有する者をいいます（同法2条6項）。その「受益権」とは，信託行為に基づいて受託者が受益者に対し負う債務であって信託財産に属する財産の引渡しその他の信託財産に係る給付をすべきものに係る債権及びこれを確保するために信託法の規定に基づいて受託者その他の者に対し一定の行為を求めることができる権利をいうものとされています（同条7項）。

(ｲ) 受益者の指定・変更

委託者は，信託行為において受益者を指定することができます（同法88条1項）。委託者自身を受益者に指定することも，また，委託者が死亡した時に受益者となるべき者を指定することもできます（同法90条1項1号）。この指定行為がされたときは，受益者と指定された者は，民法第537条第2項の規定（第三者のためにする契約に関する規定）による受益の意思表示を要することなく，当然に受益権を取得します（信託法88条1項本文）。委託者が信託行為において受益者を指

定しなかったとき，又は信託行為において上記の指定権を有する者の定めをしなかったときは，委託者自身が受益者を兼ねることになります。

　委託者がした受益者となるべき者の指定は，上記のとおり，当然にその効力が生じますから，同人の生存中に，委託者が，これを変更することはできません。ただし，(i)委託者の死亡の時に受益者となるべき者として指定された者が受益権を取得する旨の定めのある信託，(ii)委託者の死亡の時以後に受益者が信託財産に係る給付を受ける旨の定めがある信託においては，委託者は受益者を変更することができます（同法90条1項柱書本文）。指定された受益者が死亡したときにも，委託者は，新たな受益者を指定することはできません。この場合は，受益者の相続人が，当然に受益権を承継することになります（相続人が承継を放棄することは，もとより自由です。）。

　以上の受益者の指定又は変更は，信託行為に別段の定めがある場合には，その定めに従います（同法88条1項ただし書，90条1項柱書ただし書）。例えば，信託契約において，受益者となるべき者として指定された者が受益権を享受するには，受託者に対して受益の意思表示をすることを要する旨を定めた場合には，その意思表示があったときに，受益権が生じます。信託行為において，委託者が，受益者を変更する権利を有する旨を定めておくこともできますし，受益権を享受できるのは当該指定された受益者に限り，その相続人には承継させない旨を定めることもできます。また，信託行為において，受益者を指定し，又はこれを変更する権利を有する者を定めることもできます。この場合，これらの指定を受けた者は，受託者に対する意思表示又は遺言によって当該権利を行

使することができます (同法89条1項・2項)。

(ウ) 受益者の権利

信託法は，受益者が有する受益権を保護するために，受益者自らが行使することができる権利を，定めています。その権利は，広範で多岐にわたっており，しかも，信託行為によっても受益者によるこれらの権利の行使を禁止することができないとされています (同法92条)。その例示として，ここでは，受益者が受託者の管理・処分行為を監督し，これに介入することができる権限について，概要を紹介します。

信託法では，受益者の受託者に対する監督権限として，信託財産に係る帳簿，信託財産に属する財産の処分に係る契約書等の閲覧又は謄写の請求権が定められていますが (同法38条)，さらに強力な権限として，受託者の行為を是正する権限も認められています。後者は，受益者が，受託者の財産の管理・処分に介入して信託財産の原状復帰を図ることにより，受益権をより確実に保護しようとするものです。その行為是正権は，次の二つの面において発動することができます。一つは，受託者が信託財産のためにした行為が，その権限に属しない場合で，受益者は，一定の要件の下に，受託者の当該行為を取り消すことができます (同法27条1項・2項)。もう一つは，受託者が，受益者との利益相反行為を制限する規定に違反した場合 (同法31条1項) で，受益者は，受託者が第三者との間でした当該違反行為 (双方代理行為など)，又は受託者が上記の規定に違反して信託財産から固有財産に帰属させるなどした財産につき第三者との間でした処分その他の行為を，一定の要件の下に，取り消すことができるとされているのです (同条6項・7項)。

エ 委託者，受託者及び受益者の氏名又は名称及び住所

# 第1章　信託に関する登記

　　　　信託の登記には，信託の主要な関係者である上記の委託者，受託者及び受益者の氏名又は名称及び住所が登記されます（法97条1項1号）。ただし，以下に説明する同項第2号（下記②）から第6号（下記⑥）までに掲げる事項のいずれかを登記したときは，受益者の氏名又は名称及び住所は，登記することを要しないものとされています（同条2項）。

② 受益者の指定に関する条件又は受益者を定める方法の定めがあるときは，その定め（同条1項2号）

　　受益者は，信託行為において，委託者が指定するのが原則ですが，その信託行為に，受益者の指定に関する条件又は受益者を定める方法について別段の定めがあるときは，その定めを登記すべきものとしているのです。「受益者の指定に関する条件」とは，例えば，一定の条件が充足された場合に受益者を指定する旨の定めをいい，「受益者を定める方法」とは，例えば，受益者を指定する権利を有する者を定めることをいいます。

③ 信託管理人があるときは，その氏名又は名称及び住所（同項3号）

　　信託管理人とは，受益者が現に存在しない場合に，受益者のために自己の名をもって受益者の管理に関する一切の裁判上又は裁判外の行為をする権限を有する者をいいます（信託法123条1項，125条1項本文）。信託管理人は，信託行為において，信託管理人となるべき者を指定する定めが設けられているときに，これに基づいて選任されるほか（同法123条1項），利害関係人の申立てによる裁判所の裁判に基づいて選任されることもあります（同条4項）。これらにより選任された信託管理人が現にあるときは，その氏名又は名称及び住所を登記すべきものとされているのです。

④ 受益者代理人があるときは，その氏名又は名称及び住所（法97条1項4号）

受益者代理人とは、その代理する受益者のために当該受益者の権利（一定のものを除く。）に関する一切の裁判上又は裁判外の行為をする権限を有する者をいいます（信託法139条1項本文）。受益者代理人は、信託行為において、その代理する受益者を定めて受益者代理人となるべき者を指定する定めがある場合に、これに基づいて選任されます（同法138条1項。信託管理人と異なり、裁判所によって選任されることはありません。）。受益者が複数である場合に、その一部の者のために受益者代理人を選任することも可能です。これにより選任された受益者代理人が現にあるときは、その氏名又は名称及び住所を登記すべきものとされているのです。

⑤ 信託法第185条第3項に規定する受益証券発行信託であるときは、その旨（法97条1項5号）

信託行為においては、信託法第8章の定めるところにより、一又は二以上の受益権を表示する証券（以下「受益証券」といいます。）を発行する旨を定めることができるとされています（同法185条1項）。これに付随して、当該信託行為において特定の内容の受益権については受益証券を発行しない旨をも定めることができます（同条2項）。信託法は、上記の受益証券を発行する旨の定めのある信託を「受益証券発行信託」と称し（同条3項）、この定めに拘束力を持たせています。すなわち、この定めを信託の変更によって変更することができないとしているのです。併せて、上記の付随的な定めがされた場合には、その定めについても、同様に変更を許さないとしています（同項）。

他方で、信託行為に受益証券を発行する旨の定めのない信託においては、信託の変更によって一又は二以上の受益権について受益証券を発行する旨又は特定の受益権については受益証券を発行しない旨の定めをすることができないとしています（同条4項）。

第1章　信託に関する登記

　　　受益証券の発行の定めは，以上のような法律関係をもたらしますので，不動産登記法は，その定めがあるときは，登記によって公示すべきものとしたのです。

⑥　信託法第258条第1項に規定する受益者の定めのない信託であるときは，その旨（法97条1項6号）

　　　現行の信託法が制定される前の旧信託法においては，学術，技芸，慈善，祭祀，宗教その他公益を目的とする信託を除き，信託行為の時点で受益者が確定する可能性のない信託は，無効であると解されていました。現行信託法は，この制限を撤廃して，公益以外の目的であっても，受益者の定めのない信託をすることを認めました（同法258条1項）。ただし，信託の方法は，契約（同法3条1項）又は遺言（同条2号）によるものに限り，自己信託の方法によることはできないとされています（同法258条1項）。

　　　受益者の定めのない信託においては，信託の変更によって受益者の定めを設けることはできませんし（同条2項），反対に，受益者の定めのある信託においては，信託の変更によって受益者の定めを廃止することができません（同条3項）。これらの点については，当初の信託行為の定めに拘束されるとする趣旨です。このほか，信託法では，遺言によって受益者の定めのない信託をするときは，信託管理人を指定する定めを設けなければならないとし（同条4項），この信託管理人を指定する定めがされていないときに備えて，補充的に信託管理人を選任する方法を定めています（同条5項・6項）。なお，受益者の定めのない信託の存続期間は，20年を超えることができません（同法259条）。

　　　受益者の定めのない信託には，以上のような特色がありますので，不動産登記法では，その定めがある場合には，登記により公示することとしているのです。

⑦　公益信託ニ関スル法律第1条に定める公益信託であるときは，

その旨（法97条1項7号）

　「公益信託」とは，上記の信託法第258条第1項に規定する「受益者の定めのない信託」のうち，学術，技芸，慈善，祭祀，宗教その他の公益を目的とする信託であって，公益信託ニ関スル法律第2条の主務官庁の許可を受けたものをいいます（同法1条）。受託者がこの許可を受けたときに，当該信託の効力が生じます（同法2条）。公益信託は主務官庁の監督に服するものとされており（同法3条），具体的には，主務官庁は，いつでも公益信託事務の処理につき検査をし，かつ，財産の供託その他必要な処分を命ずることができます（同法4条1項）。また，主務官庁は，公益信託の変更又は信託の併合若しくは分割についての許可権限を有していますし（同法6条），上記の受益者の定めのない信託に関して，信託法が規定する裁判所の権限の一部を行使することもできます（同法8条）。他方で，受託者は，毎年1回，一定の時期において信託事務及び財産の状況を公告しなければならないとされています（同法4条2項）。

　このように，公益信託は，主務官庁による監督が作用する特殊な信託ですから，不動産登記法では，その旨を登記によって公示すべきものとしているのです。

⑧　信託の目的（法97条1項8号）

　そもそも「信託」というのは，委託者の処分によって受託者に属することとなった財産を，受託者が，管理・処分するという特殊な仕組みですから，それをするためには，一定の目的が，存在していなければなりません。信託においては，受託者が，当該財産の管理・処分をするについて，従うべき目的が不可欠なのであり，それが「信託の目的」と呼ばれるものです（信託法2条1項参照）。

　信託行為の当事者は，「信託の目的」を，原則として，自由に

定めることができます。特定の個人の利益を目的とする信託（私益信託）が，最も典型的なもので，信託といえば，通常は，この種のものです。もとより，一定の公益を目的とする信託も許容されることは，上記⑦のとおりです。

　ただし，信託の目的が，信託法によって制限されているところもあります。第1に，専ら受託者の利益を図ることを目的とすることはできません（同法2条1項）。本来の信託の趣旨に反するからです。第2に，訴訟行為をさせることを主たる目的とする信託は，許されません（同法10条）。これは，弁護士法等の他の法令に抵触するおそれがあるからです。第3に，法令によりある財産権を享有することができない者を受益者として，その権利を有するのと同一の利益を享受させる信託も禁止されます（同法9条）。信託を用いた脱法行為を防止するためです。

　なお，信託の目的それ自体の制限には当たりませんが，信託法は，委託者がその債権者を害することを知ってした信託（詐害信託）について，民法第424条第1項の規定による取消し及び破産法第160条第1項の規定による否認の特則を設けています（同法11条，12条）。これは，実務上，信託が，往々にして，委託者の債権者を害する態様で行われることにかんがみて，委託者の債権者の保護を強化するための措置です。

⑨　信託財産の管理方法（法97条1項9号）

　信託財産の管理方法は信託行為において定められますが，その管理方法が，登記事項とされているのです。登記実務では，管理方法の詳細は，登記官が作成する信託目録に記録され，信託の登記には，その末尾に当該信託目録の目録番号を記録するという取扱いがされています（規則176条1項）。

⑩　信託の終了事由（法97条1項10号）

　ア　信託行為で定めた終了事由

信託の終了事由を信託行為において定めた場合は，これを登記事項としなければなりません。信託の終了事由は信託法第163条各号に列記されているのですが，その第9号に「信託行為において定めた事由が生じたとき」が，掲げられています。信託は，法定の終了事由のほか，信託行為で定めた事由によっても終了させることができるとするものです。法定の終了事由を重ねて信託行為で定めることも，差し支えありません。

イ　法定の終了事由

　　上記の同法第163条各号に定める事由は，次のとおりです。

(ア)　信託の目的を達成したとき，又は信託の目的を達成することができなくなったとき（同条1号）。

(イ)　受託者が受益権の全部を固有財産で有する状態が1年間継続したとき（同条2号）。

　　受託者も受益者となることができるのですが，受託者が当該受益権を独占して，その状態が1年間継続したときは，当該信託は専ら受託者の利益を目的とするもの（同法2条1項参照）とみなすのが相当と考えられます。このような状態は，信託の本来の趣旨に反しますので，その終了事由にしているのです。

(ウ)　受託者が欠けた場合であって，新受託者が就任しない状態が1年間継続したとき（同法163条3号）。

　　信託の中核である受託者がいない状態が1年間も継続していることは，信託の存続が客観的に期待できないからです。

(エ)　受託者が同法第52条（同法53条2項及び54条4項において準用する場合を含む。）の規定により信託を終了させたとき（同法163条4号）。

　　同法第52条の規定というのは，受託者が信託事務を処理するのに要した費用等の償還等を受けることができない場合

の措置について定めるもので，その概要は次のとおりです。

(i) 信託事務の処理に必要な費用等の償還等

　受託者が，信託事務を処理するに当たって，何らかの費用を生ずることはいうまでもありません。その費用を誰が負担するかですが，同法は，信託財産又は当該信託の受益者が，これを負担すると定めています（同法48条。ただし，信託財産による負担については，信託行為に別段の定めがあるときは，その定めるところによるとしています。）。

　すなわち，受託者は，信託事務を処理するのに必要と認められる費用を固有財産から支出した場合には，信託財産から当該費用及び支出の日以後におけるその利息（以下「費用等」といいます。）の償還を受けることができます（同条1項本文）。自ら立て替えるまでもなく，そのような費用を要するときには，前もって信託財産から支払を受けることもできます（同条2項本文）。受託者が費用等の償還又は費用の前払を受ける方法は，原則として，その額の限度で，信託財産に属する金銭を固有財産に帰属させる方法によります（同法49条1項から3項まで）。

　以上が基本ですが，受託者は，受益者との間の合意があるときは，当該受益者から費用等の償還又は費用の前払を受けることもできます（同法48条5項）。

(ii) 受託者が費用等の償還等を受けることができない場合

　ところが，信託財産に属する財産が乏しいために，受託者が費用等の全額の償還等を受けることができない場合が，あり得ます。その場合の措置を定めるのが，上掲の同法第52条です。この場合，受託者は，委託者及び受益者に対して，次の事項を通知しなければなりません（同条1

項)。

　　a　信託財産が不足しているため費用等の償還又は費用の前払を受けることができない旨（同項1号）
　　b　受託者の定める相当の期間内に委託者又は受益者から費用等の償還又は費用の前払を受けないときは，信託を終了させる旨（同項2号）
　　その上で，受託者は，上記bの相当の期間を経過しても委託者又は受益者から費用等の償還又は費用の前払を受けなかったときは，信託を終了させることができる，とされているのです（同項）。
(iii)　信託の終了
　　上記(ii)の場合に，受託者が委託者及び受益者に対し，信託を終了させる旨の意思表示をしたときは，これによって信託は終了します。これが，同法第163条第4号の趣旨です。

　　なお，同法第52条の規定は，(a)受託者が信託事務を処理するために自己が過失なくして受けた損害の額について，信託財産からその賠償を受けることができる場合（同法53条1項），及び(b)受託者が法令又は信託行為の定めるところにより信託財産から信託報酬を受けることができる場合（同法54条1項）に準用することとされています（前者につき同法53条2項，後者につき同法54条4項）。これにより，受託者は，上記(a)又は(b)の場合において，当該損害額又は報酬の支払を受けるのに信託財産が不足しているときは，委託者及び受益者に対する通知の手続（上記(ii)参照）を経た上で，当該信託を終了させることができます。受託者のその旨の意思表示があったときは，当該信託は終了します。これも，同法第163条第4号が定めるところです。

#### 第1章　信託に関する登記

(オ)　信託の併合がされたとき（同法163条5号）

　　信託の併合とは，受託者を同一とする二以上の信託財産の全部を一の新たな信託の信託財産とすることをいいます（同法2条10項）。株式会社における新設合併と同様，従前の各信託の財産は，信託の清算を経ないで新たな信託財産を構成し，従前の各信託の信託財産責任負担債務も新たな信託財産の信託財産責任負担債務となります。これにより，従前の各信託は，終了することになるのです。

(カ)　同法第165条又は第166条の規定により信託の終了を命ずる裁判があったとき（同法163条6号）

　　信託が，裁判所の裁判によって終了を命じられることもあります。これには，二つの類型があって，一つが，特別の事情による場合，他は，公益確保のために信託の存立が許されない場合です。前者は，信託行為の当時予見することができなかった特別の事情により，信託を終了させることが信託の目的及び信託財産の状況その他の事情に照らして受益者の利益に適合するに至ったことが明らかであるときに，裁判所が，委託者，受託者又は受益者の申立てにより，信託の終了を命じるものです（同法165条1項）。後者は，(i)不法な目的に基づいて信託がされた場合，又は(ii)受託者が，法令若しくは信託行為で定めるその権限を逸脱し若しくは濫用する行為又は刑罰法令に触れる行為をした場合において，法務大臣から書面による警告を受けたにもかかわらず，なお継続的に又は反覆して当該行為をした場合において，公益を確保するため信託の存立を許すことができないと認められるときに，裁判所が，法務大臣又は委託者，受益者，信託債権者その他の利害関係人の申立てにより，信託の終了を命じるものです（同法166条1項）。

(キ)　信託財産について破産手続開始の決定があったとき（同法163条7号）

信託の受託者が支払不能又は債務超過にあるときは，裁判所は，申立てにより，決定で，破産手続を開始します（破産法15条1項，244条の3）。ここに，「支払不能」とは，受託者が，信託財産による支払能力を欠くために，信託財産責任負担債務（受託者が信託財産に属する財産をもって履行する責任を負う債務。信託法2条9項）のうち弁済期にあるものにつき，一般的かつ継続的に弁済をすることができない状態をいい（破産法2条11項），「債務超過」とは，受託者が，信託財産責任負担債務につき，信託財産に属する財産をもって完済することができない状態をいいます（同法244条の3）。信託財産について破産手続開始の申立てをすることができるのは，信託債権を有する者又は受益者のほか，受託者その他一定の信託関係者です（同法244条の4第1項）。その申立てにより破産手続開始の決定があった場合には，破産手続開始の時において信託財産に属する一切の財産は，破産財団とされます（同法244条の5）。開始された破産手続に参加することができるのは，信託債権を有する者と受益者に限られ（同法244条の7），固有財産等責任負担債務（受託者が固有財産又は他の信託財産に属する財産のみをもって履行する責任を負う債務。信託法22条1項）に係る債権を有する者は，破産債権者としてその権利を行使することができません（破産法244条の9）。

このようにして，信託財産について破産手続開始の裁判があったときは，信託財産に属していた財産は，破産財団を構成し，破産手続により清算されることになります。これを受けて，信託法第163条第7号は，上記の裁判があったことを

当該信託の終了事由としているのです。なお，信託財産についての破産は，破産法に特別の定めが置かれているものであって，受託者個人に対する破産手続とは，別個のものです。受託者について破産手続開始の裁判があっても，当該信託の終了事由とはなりません。

(ク) 委託者が破産手続開始の決定，再生手続開始の決定又は更生手続開始の決定を受けた場合において，破産法第53条第1項，民事再生法第49条第1項又は会社更生法第61条第1項（金融機関等の更生手続の特例等に関する法律41条1項及び206条1項において準用する場合を含む。）の規定による信託契約の解除がされたとき（信託法163条8号）

　委託者が，破産手続開始の決定を受けた場合，委託者が受託者との間で締結した信託契約がどうなるかは，破産法第53条第1項の定めるところによります。信託契約は，委託者，受託者の双方が，互いに対価的な意義を有する債務を負担し合う双務契約ですから，委託者及びその相手方である受託者が，破産手続開始の時において，共にまだその履行を完了していないときは，破産管財人は，同契約を解除するか，又は委託者（破産者）の債務を履行して，相手方の債務の履行を請求するかの選択をすることができます。上記の信託法の規定は，破産管財人が，この解除を選択して，受託者に対しその旨の意思表示をしたときは，信託は終了することを定めるものです。

　これと同様に，委託者が，再生手続開始の決定又は更生手続開始の決定を受けた場合にも，再生債務者等又は更生管財人による当該信託契約の解除が，認められています（民事再生法49条1項，会社更生法61条1項（金融機関等の更生手続の特例等に関する法律41条1項及び206条1項において準用する場合を含

む。))。これらの規定による解除があったときも，信託法の上記規定により当該信託は，終了します。

(ケ)　信託行為で定めた事由が生じたとき（信託法163条9号）

　信託行為においては，以上の終了事由のほかに，自由に信託を終了させる事由を定めることができます。例えば，信託の存続期間を定めたり，委託者が死亡したとき，受益者が一定の期間にわたって受益権を享受したときなどに信託が終了する旨を定めることです。このような事由が生じたときは，当該信託は，終了します。

ウ　その他の終了事由

　信託は，上記イの法定の終了事由のほか，委託者及び受益者の合意によって，いつでも，終了させることができます（同法164条1項）。この合意による信託の終了が，受託者に不利な時期に行われて，受託者が損害を被ることもあり得ますが，このことは，当該合意の効力を左右するものではありません（同条2項。委託者及び受益者が受託者に対して損害の賠償義務を負うにとどまります。）。

⑪　その他の信託の条項（法97条1項11号）

　上記の信託の目的，信託財産の管理方法及び信託の終了の事由以外の信託の条項も登記事項とする趣旨です。

第1章　信託に関する登記

## 5　信託に関する登記の申請手続

> 問　信託に関する登記の申請は，どのような手続によってするのでしょうか。

【答】　信託に関する登記の申請手続の要点は，次のとおりです。
(1) 信託の登記について
　① 信託の登記の申請は，当該信託に係る権利の保存，設定，移転又は変更の登記の申請と同時にしなければなりません。これらの登記の申請は，一の申請情報をもってします。
　② 信託の登記の申請は，受託者が単独ですることができます。
　③ 受益者又は委託者は，受託者に代わって信託の登記を申請することができます。
(2) 信託の変更の登記について
　① 信託の変更の登記は，登記官の職権又は裁判所書記官若しくは主務官庁の嘱託によるほかは，受託者の単独申請によってします。
　② 信託の変更の登記のうち，受託者の任務が終了して新受託者が就任したことによる受託者の変更の登記は，信託財産に属する不動産に関する権利が従前の受託者から新受託者に承継されたことによる当該権利の移転の登記をするのに伴って，登記官が職権でします。
(3) 信託の登記の抹消について
　① 信託財産に属する不動産に関する権利が移転，変更又は消滅により信託財産に属しない財産となった場合における信託の登記の抹消の申請は，当該権利の移転の登記若しくは変更の登記又は当該権利の登記の抹消の申請と同時にしなければなりません。これらの登記の申請は，一の申請情報をもってします。

②　信託の登記の抹消の申請は，受託者が単独ですることができます。

③　受益者又は委託者は，受託者に代わって信託の登記の抹消を申請することができます。

【解説】

1　概　説

　設問は，信託に関する登記の申請手続について，問うものです。「信託に関する登記」には，①信託の登記，②信託の変更の登記，③信託の登記の抹消，④信託目録の作成及びその記録事項の変更の４種があります（問３参照）が，このうち④は，登記官が職権でするものですから，当事者の申請によるものは残る三つです。

　これらの登記の申請手続においては，まず，誰が申請の当事者になるのかが，問題になります。特に，①の信託の登記の申請は，当該信託に係る権利の保存，設定，移転又は変更の登記の申請と同時にしなければならないとされていますから（法98条１項），①の登記の申請当事者だけでなく，当該権利に関する登記の申請当事者が誰であるかについても，説明する必要があります。また，③の信託の登記の抹消が，信託財産に属する不動産に関する権利が移転，変更又は消滅により信託財産に属しないこととなった場合にするものであるときは，当該抹消の申請は，当該権利の移転の登記若しくは変更の登記又は当該権利の登記の抹消の申請と同時にしなければならないものとされていますから（法104条１項），同様に，当該権利に関する登記の申請当事者についても，説明する必要があります。

　次に，信託に関する登記の申請手続においては，当事者が，登記所に提出すべき申請情報及び添付情報として，どのようなものがあるかが，問題になります。

　以下に，これらの点について，順次，説明することとします。

第1章　信託に関する登記

## 2　信託の登記の申請手続

(1)　信託の登記の申請構造

「信託の登記」というのは，不動産に関する権利が，当該信託の信託財産に属するものであることを公示する登記です。

ア　当該信託に係る権利に関する登記との同時申請

信託の登記の申請は，当該信託に係る権利の保存，設定，移転又は変更の登記の申請と同時にしなければなりません（法98条1項）。不動産に関する権利を信託財産に帰属させる旨の登記と，信託の登記とを1個の登記として公示することが望ましいとの考えによるものであることは，既に述べました。また，上記の法第98条第1項の適用範囲についても問4の解説（問4の1(2)ア）で述べたところですが，再説しますと，信託の登記の申請は，当該信託行為による権利の移転等の登記が申請される場合（以下，上記の解説に倣って「典型例」といいます。），これと同時にされることを要するのはもとより，信託財産の処分又は信託財産の復旧による権利の移転等の登記の申請がされる場合（これを「非典型例」といいます。）にも，これと同時にされることを要します。ただし，後者の場合に，受託者が同時に信託の登記の申請をしなかったときは，事後的に，受託者又はこれに代位する委託者若しくは受益者の申請により―当該信託に係る権利の移転等の登記とは別個に―信託の登記のみをすることができます。

イ　受託者による単独申請

次に，信託の登記の申請人については，平成19年の信託法の制定に伴う不動産登記法の改正において，根本的な変更が，されました。そこで，まず，上記改正前の不動産登記法の規定について，説明します。

(ｱ)　改正前の不動産登記法における信託の登記の申請人

上記の改正前の不動産登記法においては，その第98条第2

項及び第 3 項において，信託の登記の申請人を定めていました。

このうち，法第 98 条第 2 項は，「委託者から受託者に対し信託財産となるべき不動産に関する権利が処分された場合における信託の登記については，当該受託者を登記権利者とし，当該委託者を登記義務者とする。」としていました。これは，信託行為に基づいて，委託者から受託者に対し不動産に関する権利の処分がされた場合，その処分の登記の申請は，受託者を登記権利者，委託者を登記義務者としてすることになるのですが（法 60 条），これと同時にされるべき信託の登記の申請の当事者も同じとするというものです。すなわち，信託の登記のうち典型例のものは，受託者と委託者との共同申請によるという制度だったのです。

他方で，上記改正前の法第 98 条第 3 項は，「(上記改正前の)信託法第 14 条の規定による信託財産に属する不動産又は同法第 27 条の規定により復旧して信託財産に属する不動産に関する権利についての信託の登記は，受託者が単独で申請することができる。」と定めていました。改正前の信託法第 14 条の規定は，「信託財産ノ管理，処分，滅失，毀損其ノ他ノ事由ニ因リ受託者ノ得タル財産ハ信託財産ニ属ス」と定めるもので，現行信託法では第 16 条第 1 号の規定がこれに相当します。同改正前の信託法第 27 条の規定は，「受託者カ管理ノ失当ニ因リテ信託財産ニ損失ヲ生セシメタルトキ又ハ信託ノ本旨ニ反シテ信託財産ヲ処分シタルトキハ委託者，其ノ相続人，受益者及他ノ受託者ハ其ノ受託者ニ対シ損失ノ填補又ハ信託財産ノ復旧ヲ請求スルコトヲ得」とするもので，このうち信託財産の普及の請求に関する部分については，現行信託法第 27 条及び第 31 条にこれを合理化・具体化した規定が設けられています。すなわち，

改正前の法第98条第3項の規定は，信託の登記のうち非典型例のものは，受託者の単独申請によるという制度を定めるものだったのです。

　非典型例においても，当該信託による権利の移転等の登記と信託の登記とは，同時に申請され，両者が1個の登記として公示されるのが望ましいことは，いうまでもありません。しかし，この類型における信託財産への権利の復旧の登記の申請は，受託者を登記権利者，受託者の不当な処分行為の相手方である第三者を登記義務者としてするものですから，これに伴ってされる信託の登記の申請の当事者を，典型タイプの場合と同様に，受託者と委託者とすべきものとすると，両登記の申請当事者が異なることになり，登記の理屈からすれば，同時申請に親しまないということにならざるを得ません。そこで，両登記の同時申請を可能にするために，信託の登記の申請は，受託者が，単独ですることができるものとしたのです。

　なお，改正前の法においても，信託の登記については，受益者又は委託者が，受託者に代わって申請することができることとされていました（旧法99条。現行法においても同じです。）。これは，非典型例の信託の登記については，受託者が故意又は過失により，その申請を怠る事態が想定されることから，主として，そのような場合に，受益者又は委託者の利益を保護するために設けられたものと解されます。

(イ)　現行不動産登記法における信託の登記の申請人

　平成19年改正による法第98条第2項の規定は，「信託の登記は，受託者が単独で申請することができる。」と書き改められました。典型例，非典型例を通じて，信託の登記は，受託者の単独申請によるという制度に改めたのです。この改正は，次のような理由に基づくものと考えられます。

## 第二節　信託に関する登記

a　信託の登記の性質の見直し

　繰り返しになりますが，信託の登記というのは，不動産に関する権利が，当該信託の信託財産に属するものであることを公示する登記です。権利に関する登記が，一般に，不動産に関する権利の保存，設定，移転，変更，処分の制限又は消滅についてされる（法3条参照）のと多少異なり，信託の登記は，不動産に関する権利が，受託者の固有財産にではなく信託財産に属するという「権利の帰属関係」を示す特殊な登記にほかなりません。したがって，それは，もともと，申請当事者の利害の対立を前提とする登記権利者及び登記義務者による共同申請という構造に親しむ性質のものではなかったと考えられるのです。

　このような信託の登記の性質は，平成19年改正前の不動産登記法の立法者によっても認識されていたのではないかと，推測されます。その根拠は，改正前の法第98条第2項の規定にあります。この規定は，前記のとおり，典型例の信託の登記の申請当事者について，わざわざ受託者を登記権利者，委託者を登記義務者とする旨明文で定めているのですが，このことから，立法者は，信託の登記がされることによって，登記上直接に利益を受けることになるのは受託者なのか，それとも委託者なのか（逆にいえば，それにより，登記上直接に不利益を受けるのは受託者なのか，委託者なのか）が一義的に明らかでないため，法律の規定でこれを定めるほかないと考えていたことが，窺われるのです。すなわち，立法者は，信託の登記が，通常の権利に関する登記とは異なる性質を有するものであることを認識しつつも，その申請の方式を，通常の権利に関する登記の申請の原則である共同申請方式に，いわば強引に，押し込めたのではないかと推測され

# 第1章　信託に関する登記

るのです。

　平成19年の信託法の制定に伴う不動産登記法の改正においては，立法者は，以上のような視点に立って，信託の登記の性質を正しく見直し，これを信託に係る権利の変動を公示する登記ではなく，当該不動産に関する権利が信託財産に帰属する状態を公示する登記として明確に位置付けることを企図したのはないかと，考えられます。

### b　信託の登記の真正担保手段の見直し

　上記aで述べたことと関連しますが，平成19年改正前の不動産登記法が，典型例の信託の登記の申請について，共同申請の方式を採用していたことは，当該登記の真正担保という観点からすると，行き過ぎた方式であったと考えられます。そもそも共同申請方式は，その登記をすることにより，登記上直接に不利益を受ける者（登記義務者）を申請当事者として取り込むことによって，当該登記の真正を担保しようとする方式です。しかし，信託の登記にあっては，上記のとおり，それによって，誰が，登記上直接の利益若しくは不利益を受けることになるのか判然としないのですから，そのような共同申請方式が，有効に作用するものとはいえません。この登記の真正は，通常は，受託者の単独申請に委ねることによっても担保されると考えられるのです。現に，平成19年改正前の不動産登記法においても，非典型例の信託の登記については，受託者の単独申請によることを認めていました。

　そうしますと，現行不動産登記法が，信託の登記について，一律に受託者による単独申請方式を採用したのは，同登記の真正担保の手段を，簡素化・合理化したものとみることができます。

第二節　信託に関する登記

ウ　代位申請

　受益者又は委託者は，受託者に代わって信託の登記を申請することができます（法99条）。信託の登記がされれば，当該不動産に関する権利が信託財産に属することを，第三者に対抗できるわけですから，受益者及び委託者もこれによって利益を享受することができます。このため，受託者が，任意に信託の登記をしない場合に備えて，受益者又は委託者に対し受託者に代わって申請する権限を認めたのです。この代位申請の制度が，主として非典型例の信託の登記が確実にされるための手段として機能することは，既に述べたとおりです。

　以下には，具体的にどのような場合に，代位申請が用いられるかを例示しておきましょう。

(ア)　典型例の場合

　法第98条第1項の規定が適用される信託の登記の典型例は，信託行為に基づいて，不動産に関する権利が，委託者から受託者に移転した場合に，その移転の登記に伴ってされる信託の登記です。例えば，委託者甲と受託者乙の間の信託契約において，甲所有のA不動産を信託目的のために乙に移転することが約されたとしますと，A不動産について，乙を登記権利者，甲を登記義務者とし，登記原因を「信託」とする所有権移転の登記の申請がされることになります。同時に，乙が，単独でA不動産の所有権が信託財産に属するものであることを公示する信託の登記の申請をしなければなりません。

　この場合に，受託者の乙が任意に両登記の申請手続をしないときは，法第99条による受益者丙の代位申請が，機能します。丙は，乙に代位して，信託の登記を申請することができる地位にあるのですが，その登記は，甲から乙への所有権移転の登記の申請と同時にすべきものですから，丙は，その代位権を行使

93

する前提として，乙に代位して，甲とともに，上記の所有権移転の登記を申請し，同時に乙に代位して，単独で信託の登記を申請することができます。

　(イ)　非典型例の場合

　　非典型例の信託の登記の一つは，信託法第16条第1号の規定により，信託財産の処分によって，不動産に関する権利を取得した場合に，その旨の登記の申請と同時に申請される信託の登記です。例えば，甲と乙の信託契約において，信託財産とされた財産が金銭であって，受託者乙が，この金銭をもって，第三者丁所有のB不動産を買い受けたとしますと，B不動産は，信託財産に属するものになります。この場合，B不動産について，乙を登記権利者，丁を登記義務者として，登記原因を「売買」とする所有権移転の登記の申請がされることになり，これと同時に，乙が，単独で信託の登記を申請しなければなりません。

　　この場合に，乙が任意に両登記の申請手続しないときは，やはり受益者丙による代位申請が，可能です。丙は，その代位権を行使する前提として，乙に代位して，第三者丁と共に，上記の所有権移転の登記を申請し，同時に乙に代位して，単独で信託の登記を申請することができます。また，乙が（丁と共に）自己への所有権移転の登記の申請はしたが，信託の登記の申請を怠ったという場合には，受益者丙は，乙に代位して，単独で，信託の登記のみを申請することができるのです。

(2)　信託に係る権利に関する登記の申請人

　以上のように，信託の登記の申請人は受託者なのですが，この申請は，当該信託に係る権利の保存，設定，移転又は変更の登記の申請と同時にしなければなりませんから（法98条1項），こちらの方の登記の申請人が誰であるかも理解しておく必要があります。しかし

ながら，この登記は，不動産に関する権利を信託財産に帰属させる行為を原因としてされるものですから，その種別は，多様であり，その申請人も，また多岐にわたります。ここでは，問3の解説2に整理した信託に係る権利の変動の種別ごとに，主要な事例を掲げておきます。

ア　信託に係る権利の移転の場合

① 信託行為による権利の移転の場合

信託行為に定めるところにより，委託者甲に属する不動産に関する権利（所有権，地上権，永小作権，賃借権，抵当権（債権とともに移転するものに限る。），これらの権利の持分等）が，信託目的で受託者乙に移転した場合，その旨の登記の申請は，乙を登記権利者，甲を登記義務者としてすることは，いうまでもありません。

② 共有不動産の分割による持分の信託財産への移転の場合

例えば，乙と丁が共有するA・B両土地の乙の持分が，同人を受託者とする信託の信託財産に属している場合に，両者間で共有物分割の協議（民法258条1項）が行われ，A土地は乙の，B土地は丁のそれぞれ単独所有とする旨の分割がされたとします。その結果，A土地の丁の持分が乙に移転し，これが信託財産に属することになります（他方で，B土地の乙の持分が，丁に移転します。）。この場合，A土地についての丁から乙への持分の移転の登記の申請は，乙を登記権利者，丁を登記義務者としてします。

③ 信託財産の処分により受託者が得た不動産に関する権利の移転の場合

例えば，受託者乙が信託財産に属する金銭をもって丁が所有する不動産を買い受けた場合には，その不動産は，信託財産に属する財産となります（信託法16条1号）。この場合，丁から乙

への所有権移転の登記の申請は，乙を登記権利者，丁を登記義務者としてします。
④　信託財産に属していた不動産に関する権利が復旧する場合
　　例えば，受託者乙が，その権限を逸脱して，信託財産に属する不動産を丁に売却した場合には，受益者丙は，一定の要件の下に，当該売買契約を取り消すことができます（信託法27条2項）。この取消による原状回復の方法として，例えば，乙と丁との間で，当該不動産について，再売買をする旨の合意がされたときは，信託財産に復旧するための売買による所有権移転の登記がされるのですが，その登記の申請は，乙を登記権利者，丁を登記義務者としてします。
イ　信託に係る権利の設定の場合
　　例えば，信託契約において，委託者甲所有の不動産について，受託者乙のために所有権以外の権利（抵当権，地上権，賃借権など）が設定された場合には，その登記の申請は，乙を登記権利者，甲を登記義務者としてします。
ウ　信託に係る権利の変更の場合
　①　信託の併合又は分割の場合
　　　信託の併合又は分割は，受託者を同一とする信託についてされるものですから，これにより信託財産に属する不動産に関する権利の帰属に変更が生じたとしても，当該権利の登記名義人に変更は生じません。そこで，この場合には，信託の併合又は分割を原因とする権利の変更の登記がされることになります（法104条の2第1項）。この登記の申請は，当該不動産に関する権利が属することとなる信託の受託者及び受益者を登記権利者とし，当該権利が属していた信託の受託者及び受益者を登記義務者としてします（同条第2項前段）。
　②　信託財産の帰属に変更が生じた場合（信託の併合又は分割の

場合を除く。)

　信託財産に属する不動産に関する権利について，その帰属の変更が生ずる場合は，上記の信託の併合又は分割の場合以外にもあります。その帰属変更の類型は，三つです。(i)不動産に関する権利が固有財産に属する財産から信託財産に属する財産となった場合，(ii)不動産に関する権利が信託財産に属する財産から固有財産に属する財産となった場合，(iii)不動産に関する権利が一の信託の信託財産に属する財産から受託者を同一とする他の信託の信託財産に属する財産となった場合です。これらの帰属変更があった場合にも，信託に関する権利の変更の登記をするものとしているのですが（法104条の2第1項後段・2項），その登記の申請当事者は，上記(i)の場合は，受益者が登記権利者で，受託者が登記義務者であり，上記(ii)の場合は，受託者が登記権利者で，受益者が登記義務者です。また，上記(iii)の場合の変更の登記の申請は，当該他の信託の受益者及び受託者を登記権利者とし，当該一の信託の受益者及び受託者を登記義務者としてします。ただし，上記(ii)の場合は，信託の登記については，既存のものを抹消するだけで，新たにこの登記がされることはありません。

③　自己信託の場合

　自己信託に付された財産が不動産に関する権利である場合には，その権利の登記名義人は変わらないのですが，当該権利が，受託者の固有財産に属するものから信託財産に属するものに変わります。そこで，不動産登記法は，この場合にも，信託に関する権利の変更の登記をすることができるものとしています（法104条の2第2項参照）。この登記の申請は，共同申請の例外として，受託者が単独ですることができます（法98条3項）。

(3)　信託の登記の申請情報及び添付情報

第1章　信託に関する登記

　　ア　申請情報
　　　信託の登記の申請は、信託に係る権利の保存、設定、移転又は変更の登記の申請と同時にしなければなりません（法98条1項）。これを受けて、申請手続の細目を定める不動産登記令においては、これら二つの登記の申請は、一の申請情報によってしなければならないとしています（令5条2項）。以下に、この場合の申請情報のうち、特に留意すべきものについて、説明します。
　　　なお、信託の登記が信託に係る権利に関する登記と別個に申請される場合もありますが（問4の解説1⑵イ）、この場合の申請情報及び添付情報についての説明は、省略します。
　　(ｱ)　申請人の氏名又は名称及び住所（令3条1号）
　　　　当該信託に係る権利の保存、設定、移転又は変更の登記の登記権利者及び登記義務者を表示し、併せて、信託の登記権利者である受託者を表示することを要します。ただし、登記の実務では、両者の登記に共通する表示を省略する便法が採られています。
　　　　例えば、信託行為において、受託者のために、委託者所有の不動産の所有権を移転したことによる登記の申請と、信託の登記の申請を同時にする場合には、登記権利者として受託者、登記義務者として委託者を表示します。この場合の登記権利者の表示は、当該所有権移転の登記の申請における登記権利者の表示と、当該信託の登記の申請におけるそれとを兼ねるものです（以下、これを「Ａ事例」といいます。）。
　　　　また、例えば、受託者が、信託財産に属する金銭をもって、第三者から不動産を買い受けた場合には、その不動産は、信託財産に属することになりますので、当該所有権移転の登記の申請と、信託財産の処分による信託の登記の申請を同時にしなければならないのですが、その申請人についても、登記権利者と

第二節　信託に関する登記

して受託者，登記義務者として当該第三者を表示します。この場合の登記権利者の表示が当該信託の登記についての登記権利者の表示をも兼ねることは，いうまでもありません（以下，これを「B事例」といいます。）。

　さらに，例えば，受託者を同一とするa信託及びb信託に属する財産の全部を，新たなc信託の信託財産とする信託の併合がされた場合において，その財産中に不動産に関する権利が含まれているときは，当該不動産について，信託の併合を原因とする権利の変更の登記の申請と，c信託についての信託の登記（a及びb信託については，信託の登記の抹消）の申請を同時にしなければならないのですが，その申請人は，c信託の受益者及び受託者を登記権利者，a及びb信託の受益者及び受託者を登記義務者として表示します。この場合の登記権利者の表示は，c信託についての信託の登記の登記権利者の表示をも兼ねることになります（以下，これを「C事例」といいます。）。

(イ)　登記の目的（同条5号）

　「登記の目的」は，上記のA事例の場合は，「所有権移転及び信託」とします。類似の事例として，委託者が受託者のために自己の不動産に抵当権を設定した場合（セキュリティ・トラスト）は，「抵当権設定及び信託」です。

　上記のB事例の場合は，「所有権移転及び信託財産の処分による信託」とします。類似の事例として，受託者が不当に第三者に対して売却した不動産を，信託財産に取り戻すために，受託者と当該第三者との間に再売買の契約がされた場合，これに係る登記の申請における「登記の目的」は，「所有権移転及び信託財産の原状回復による信託」です。

　また，上記のC事例の場合は，「信託の併合により別信託の目的となった旨の登記，信託抹消の登記及び信託」とします。

第1章　信託に関する登記

(ウ)　登記原因及びその日付（同条6号）

「登記原因及びその日付」として，当該信託に係る権利の変動の原因となった法律行為その他の行為と，これらが効力を生じた日付を表示します。これは，信託の登記の登記原因及びその日付をも兼ねています。

上記のA事例の場合は，信託契約に基づいて，受託者に不動産の所有権が移転されたのですから，「平成何年何月何日信託」と表示します。信託行為において，受託者のために抵当権が設定された事例でも，同様の表示をします。

上記Bの事例の場合の登記原因及びその日付は，厳密にいえば，「平成何年何月何日信託財産である金銭の処分による売買」とすべきですが，登記実務では，単に「平成何年何月何日売買」と表示することで足りるとされています。上記(イ)に掲げた類似の事例の場合も，厳密にいえば，「平成何年何月何日信託財産の原状回復のための売買」なのですが，登記実務では，上記と同じ表示が認められています。

上記C事例の場合の登記原因及びその日付は，「平成何年何月何日信託併合」と表示します。

(エ)　登記名義人となる受託者が複数の場合の持分の表示の要否（同条9号）

令第3条第9号の規定は，権利の保存，設定若しくは移転の登記を申請する場合において，登記名義人となる者が2人以上であるときは，申請情報において当該登記名義人になる者ごとの持分を表示しなければならないとするものです。信託においても，登記名義人となる受託者が2人以上あることがあり得るのですが，その場合，当該不動産に関する権利は，民法第249条以下が定める通常の共有・準共有ではなく，数人に一体として帰属する合有という特殊な関係に服します（信託法79条）。そ

して，合有には，持分という観念が存在しませんから，2人以上の受託者が登記名義人となる信託に係る権利に関する登記を申請する場合には，上記の令第3条第9号の規定は，適用がないことになります。
イ　添付情報

添付情報についても，特に留意すべきものに絞って説明します。

(ｱ)　登記原因を証する情報（法61条，令7条1項6号，令別表65項「添付情報」欄イ・ロ，66の3項）

上記のA事例の場合は，当該信託行為が信託契約又は遺言であるときは，これらの法律行為が成立したことを証する情報を提供することを要します。当該信託行為が自己信託であるときは，信託法第4条第3項第1号に規定する公正証書等（公正証書についてはその謄本）又は同項第2号の書面若しくは電磁的記録及び同号の通知をしたことを証する情報を提供しなければなりません。これらは，当該信託に係る権利に関する登記の登記原因証明情報であると共に，当該信託の登記のそれでもあります。

上記のB事例の場合には，受託者と当該第三者との間に，不動産について売買契約が成立したことを証する情報を提供することを要します。類似の事例として上記ア(ｲ)に掲げた場合も同様です。

上記のC事例の場合は，当該信託の併合が，信託法第151条に定める手続に従って行われたことを証する情報を提供することを要します。信託の併合は，各信託の委託者，受託者及び受益者の合意によってすることができるほか，そのうちの一部の者の意思決定によることや，信託行為で定めた方法によってすることも認められていますので，これらの所定の方法に従って

第1章　信託に関する登記

信託の併合がされたことを証する情報を提供しなければならないのです。

(イ)　信託目録に記録すべき情報（令7条1項6号，令別表65項「添付情報」欄ハ）

　　信託目録は，信託の登記の登記事項の内容を明らかにするために，法務省令の定めるところにより，登記官が作成するものですが（法97条3項），その信託の登記の申請を，書面申請の方法によってするときは，申請人は，規則別記第5号様式に定める用紙に信託目録に記録すべき事項を記載して提出しなければならないとされています（規則附則12条4項）。

(ウ)　添付情報に関するその他の留意事項

　　a　登記義務者の登記識別情報の提供に関する特則

　　　権利に関する登記を申請する場合には，原則として，登記義務者の登記識別情報を提供しなければならないこととされているのですが（法22条本文），上記の信託の併合による権利の変更の登記を申請する場合において，受益者が登記義務者であるときは，その登記識別情報を提供することを要しないとされています（法104条の2第2項後段）。

　　b　信託の併合により別信託の目的となった旨の登記を申請する場合における債権者保護手続に関する情報の提供（令7条1項6号，令別表66の2項「添付情報」欄ハ）

　　　上記のC事例の場合には，信託の併合をしても，従前の信託の信託財産責任負担債務に係る債権を有する債権者を害するおそれのないことが明らかであることを証する情報を提供することを要します。この情報を提供することができないときは，信託法が定める債権者保護手続を執ったことを証する情報を提供しなければなりません（なお，同様の情報は，信託の分割による権利の変更の登記を申請する場合にも提供し

第二節　信託に関する登記

なければなりません。)。

## 3　信託の変更の登記の嘱託手続又は申請手続

(1)　信託の変更の登記の嘱託人又は申請人

ア　概　説

信託の変更の登記とは，既存の信託の登記の登記事項に変更が生じた場合に，その内容を改める登記をいいます。これらの登記事項は，多岐にわたりますから，その変更の種類・内容もまた広範囲に及びます。法は，この変更の登記の種類・内容を，(i)登記官の職権により変更の登記がされるもの，(ii)裁判所又は主務官庁の嘱託により変更の登記がされるもの，(iii)受託者の申請により変更の登記がされるものの三つに分類しています。

イ　登記官の職権による場合

このうち，(i)は法第101条が定めるもので，登記官は，信託財産に属する不動産について，(a)信託法第75条第1項又は第2項の規定による権利の移転の登記（法101条1号），(b)信託法第86条第4項本文の規定による権利の変更の登記（法101条2号），又は(c)受託者である登記名義人の氏名若しくは名称又は住所についての変更の登記又は更正の登記（同条3号）をする場合には，職権で，信託の変更の登記をしなければならないとされています。これらの場合には，信託の変更の登記自体は，登記官の職権でされるものですから，当事者の申請による余地は，ありません。しかし，その信託の変更の登記は，上記(a)から(c)までの信託に係る権利に関する登記をするのに伴ってされるのですから，これらの登記の申請人が誰であるかを，明らかにしておく必要があります。

(ｱ)　上記(a)の登記の申請人

法第101条第1号が引用する信託法第75条第1項及び第2項の規定というのは，大要をいえば，受託者の任務が，同法第56条第1項各号に掲げる事由によって終了した場合において，

第1章　信託に関する登記

新受託者が就任したときは，新受託者は，信託に関する権利義務を前受託者から承継したものとみなすと定めるものです（新受託者がいつの時点における信託に関する権利義務を承継するかは，前受託者の任務終了事由によって異なります。）。いわば，受託者の変更があった場合における権利義務の承継について，定めるものです。この規定により，信託財産に属する不動産に関する権利も前受託者から新受託者に承継されたものとみなされるのですが，不動産登記法は，その承継による権利の移転の登記の申請については，法第60条の共同申請の原則を適用することなく，新受託者が単独で申請することができることとしています（法100条1項）。すなわち，信託財産に属する不動産に関する権利について，新受託者から，受託者の更迭を原因とする移転の登記の申請がされ，登記官が，その登記をするときは，職権で，信託の変更の登記がされる仕組みになっているのです。

(イ)　上記(b)の登記の申請人

　法第101条第2号が引用する信託法第86条第4項本文の規定というのは，受託者が2人以上ある信託においては，同法第75条第1項又は第2項の規定にかかわらず，その1人の任務が同法第56条第1項各号に掲げる事由により終了した場合には，その任務が終了した時に存する信託に関する権利義務は，他の受託者が当然に承継し，その任務は他の受託者が行う旨を定めるものです（ただし，信託行為に別段の定めがあるときは，その定めるところによります。同項ただし書）。この規定により，受託者が2人以上ある場合に，その1人の任務が終了したときは，信託に関する権利義務は―後任の新受託者にではなく―他の受託者に当然に承継されます。したがって，当該権利義務に不動産に関する権利が含まれているときは，新受託者へ

の権利の移転の登記ではなく，当該不動産に関する権利を他の受託者が承継した旨の権利の変更の登記をすることになります。不動産登記法は，この変更の登記の申請についても，法第60条の特例を設けて，他の受託者が単独ですることができるとしています（法100条2項）。そして，この申請に基づいて登記をするときは，登記官は，職権で，受託者の変更があった旨の信託の変更の登記をしなければならないのです。

(ｳ) 上記(c)の登記の申請人

法第101条第3号に規定する「受託者である登記名義人の氏名若しくは名称又は住所についての変更の登記又は更正の登記」の申請は，登記名義人である受託者が，単独ですることができます（法64条）。この申請に基づいて，登記をするときは，登記官は，職権で，信託の登記における受託者の氏名若しくは名称又は住所の変更の登記又は更正の登記をしなければなりません。

ウ　裁判所書記官又は主務官庁の嘱託による場合

上記ア(ii)に掲げた信託の変更の登記は，裁判所の書記官又は主務官庁の嘱託によります。

(ｱ) 裁判所書記官の嘱託による場合

裁判所書記官は，(i)受託者の解任の裁判があったとき，(ii)信託管理人若しくは受益者代理人の選任若しくは解任の裁判があったとき，又は(iii)信託の変更を命ずる裁判があったときは，職権で，遅滞なく，信託の変更の登記を登記所に嘱託しなければなりません（法102条1項）。

(ｲ) 主務官庁の嘱託による場合

公益信託における主務官庁は，(i)受託者を解任する処分，(ii)信託管理人若しくは受益者代理人を選任し若しくは解任する処分，(iii)信託の変更を命ずる処分をした場合には，遅滞なく，信

託の変更の登記を登記所に嘱託しなければなりません（法102条2項）。
		エ　受託者の申請による場合
　　　　信託の変更の登記は，上記(i)の登記官の職権によるもの，及び(ii)の裁判所書記官又は主務官庁の嘱託によるものを除いて，当事者の申請によります（上記ア(iii)）。すなわち，不動産登記法は，法第101条及び第102条に規定するもののほか，法第97条第1項各号に掲げる信託の登記の登記事項について変更があったときは，受託者は，遅滞なく，信託の変更の登記を申請しなければならないとしています（法103条1項）。当該登記は，受託者が単独で申請することができますが，受託者が任意に当該登記の申請をしない場合には，受益者又は委託者が，受託者に代わって申請することができます（同条2項，法99条）。
　　　　受託者が信託の変更の登記を申請すべき場合を大別すると，次のとおりです。
　　　　①　委託者，受益者又は信託管理人若しくは受益者代理人の氏名若しくは名称又は住所について変更が生じた場合
　　　　②　信託に係る受益者又は信託管理人若しくは受益者代理人が新設され，又は変更された場合
　　　　③　信託の目的，信託財産の管理方法，信託の終了の事由その他の信託の条項の変更があった場合
	(2)　信託の変更の登記の申請情報及び添付情報
　　　ここでは，当事者が信託の変更の登記を申請する場合における申請情報及び添付情報について，特に留意すべき事項を取り上げます。
		ア　申請情報
　　　(ｱ)　申請人（令3条1号）
　　　　　申請人である受託者の氏名又は名称及び住所を表示します。

受益者又は委託者が受託者に代わって申請をする場合は，これらの者による代位申請である旨を明示して，その氏名又は名称及び住所を表示し，代位原因として「不動産登記法第103条第2項」と表示します。

(イ) 登記の目的（令3条5号）

当該申請が，信託の登記の登記事項が変更されたことによるものであることを明示します。例えば，「委託者住所変更」，「信託管理人変更」，「信託終了事由変更」のように表示します。

(ウ) 登記原因及びその日付（同条6号）

信託の登記の登記事項について，変更が生じた事由とその年月日を表示します。例えば，委託者の住所の変更であれば「平成何年何月何日住所移転」，信託契約の条項の変更であれば「平成何年何月何日変更」のように表示します。

イ　添付情報

添付情報については，特に留意すべき事項はありません。

## 4　信託の登記の抹消の申請手続

(1) 信託の登記が抹消される場合

信託の登記の抹消とは，信託の登記の登記事項の全部が原始的又は後発的な理由により実体関係と符合しないものとなった場合に，その登記の全部を法律的に消滅させるためにする登記をいいます。

信託の登記の登記事項の全部が実体関係と原始的な理由により符合しない場合とは，例えば，信託契約に基づいて，不動産の所有権が，委託者から受託者に移転されて，その旨の登記がされ，これに伴って信託の登記がされたが，当該信託契約が無効であった場合とか，信託契約において，委託者所有のA不動産を信託財産とすることを約したのに，誤って委託者所有のB不動産について信託による所有権移転の登記がされ，これに伴って信託の登記がされた場合などをいいます。このような場合には，信託の登記は，当初から実体

第1章　信託に関する登記

関係と符合していませんから，最初から効力がないものとして，抹消されるべきです。

　信託の登記の登記事項の全部が実体関係と後発的な理由により符合しなくなった場合は多岐にわたりますが，その主要なものを大きく分ければ，(i)信託財産に属する不動産に関する権利が移転，変更又は消滅により信託財産に属しないことになった場合，(ii)信託が終了した場合の二つです。これらの場合には，信託の登記は効力を失いますので，抹消されるべきです。

(2) 信託の登記の抹消の申請人

　ア　受託者の単独申請

　　信託の登記の抹消は，受託者が単独で申請することができます（法104条2項）。信託の登記が，受託者の単独申請によるとされていることから（法98条2項），その抹消についても，同様の取扱いをするものです。次に述べるように，信託財産に属する不動産に関する権利が移転，変更又は消滅により信託財産に属しないこととなった場合における信託の登記の抹消の申請は，当該権利の移転の登記若しくは変更の登記又は当該権利の登記の抹消の申請と同時にしなければならないのですが（法104条1項），この場合に，受託者の単独申請が認められるだけでなく，信託の終了による信託の登記の抹消の申請についても，受託者が単独ですることができるのです。

　イ　信託に係る権利に関する登記の申請人

　　上に述べた法第104条第1項に規定する場合には，信託の登記の抹消の申請は，当該不動産に関する権利の移転の登記等の申請と同時にしなければなりませんから，これらの権利に関する登記の申請人が誰であるかについても，理解しておく必要があります。そこで，上記の信託財産に属する不動産に関する権利が移転，変更又は消滅により信託財産に属しないこととなった場合と

して問3の解説の4(2)に掲げた類型に従って，当該権利に関する登記の申請当事者を，例示することにします。

① 当該権利が移転した場合

　信託財産に属していた不動産に関する権利が第三者に移転した場合で，例えば，信託財産である不動産の所有権やこれに設定された地上権が第三者に売却されたとか，信託財産に属する抵当権付債権が第三者に譲渡されたという場合には，当該不動産の所有権，地上権又は抵当権は，信託財産に属しないものになりますが，その権利の移転の登記の申請は，当該第三者を登記権利者，受託者を登記義務者としてします。

② 当該権利が変更された場合

　信託財産に属する不動産に関する権利が変更されて，信託財産に属しない財産になった場合で，例えば，受託者所有のA不動産について，その持分の2分の1が信託財産に属し，残りの持分2分の1が固有財産に属している場合において，信託法又は信託行為の定めるところにより当該不動産が分割され（同法19条1項・2項），その分割によって当該不動産が固有財産に帰属するものとされたときは，信託財産から離脱することになります。この場合は権利の変更の登記がされるのですが，その申請は，受託者を登記権利者，受益者を登記義務者としてします（法104条の2第2項）。

　同様の変更は，受託者が信託財産に属する不動産に関する権利を固有財産に帰属させた場合（信託法31条1項1号）にも生じます。この場合の権利の変更の登記の申請当事者も，上記の場合と同じです。

③ 当該権利が消滅した場合

　信託財産に属する不動産に関する権利が消滅した場合で，例えば，信託財産に属していた委託者所有の不動産上の地上権や

賃借権が，その存続期間の満了によって消滅した場合や，信託財産に属していた委託者所有の不動産上の抵当権が被担保債権の全額が弁済されたことにより消滅したという場合です。この場合は，これらの不動産に関する権利の登記が抹消されるのですが，その申請は，委託者を登記権利者，受託者を登記義務者としてします。

④　信託が終了した場合

　上記①から③までに掲げたのは，信託財産に属する個々の不動産に関する権利が移転，変更又は消滅したことによって信託財産に属さないものになった場合なのですが，信託が終了した場合には，信託財産に属していた財産の全部について信託による拘束が消滅し，不動産に関する権利も他に移転し，又は消滅することになりますから，その旨の登記がされることになります。

　例えば，受託者を同一とするＡ，Ｂ二つの信託がある場合に，これら信託の信託財産の全部を新たなＣ信託（受託者を同一とするもの）とする信託の併合をした場合には，従前のＡ，Ｂ両信託は終了します（信託法163条5号）。これら従前の信託の信託財産に属していた不動産に関する権利については，信託に関する権利の変更の登記がされるのですが，その登記の申請は，Ｃ信託の受託者及び受益者を登記権利者，Ａ信託及びＢ信託の受託者及び受益者を登記義務者としてします（法104条の2第1項前段）。

　また，例えば，信託行為において，信託が終了し清算が結了した場合の残余財産の帰属者が定められていた場合には，信託財産に属していた不動産に関する権利はその者に帰属することになりますが（信託法182条，183条参照），その権利の移転の登記の申請は，当該帰属者を登記権利者，清算受託者を登記義務

者としてします。
(3) 信託の登記の抹消の申請情報及び添付情報

　繰り返しになりますが，信託財産に属する不動産に関する権利が移転，変更又は消滅により信託財産に属しないこととなった場合における信託の登記の抹消の申請は，当該権利の移転の登記若しくは変更の登記又は当該権利の登記の抹消の申請と同時しなければなりません（法104条1項）。これを受けて，申請手続の細目を定める不動産登記令においては，これら二つの登記の申請は，一の申請情報によってしなければならないとしています（令5条3項）。以下に，この場合の申請情報のうち，特に留意すべきものについて，説明します。

　なお，信託の登記の抹消の申請が当該信託に係る権利に関する登記と別個にされる場合もありますが，この場合の申請情報及び添付情報についての説明は，省略します。

ア　申請情報
　(ア)　申請人の氏名又は名称及び住所（令3条1号）
　　　信託財産に属する当該不動産に関する権利の移転の登記若しくは変更の登記又は当該権利の抹消の登記の登記権利者及び登記義務者を表示し，併せて，信託の登記の抹消の登記権利者である受託者を表示することを要します。

　　　例えば，信託財産に属する不動産に関する権利が第三者に譲渡されたことにより信託財産に属しないものとなった場合（上記(2)イ①の場合）には，当該権利の移転の登記の申請における登記権利者は当該第三者であり，登記義務者は受託者ですが，受託者は，当該信託の登記の抹消の登記権利者でもありますから，この双方の地位を併せ有する者として，その表示をします。

　(イ)　登記の目的（同条5号）

第1章　信託に関する登記

　　　　例えば，上記(2)イ①の場合の不動産に関する権利が所有権であるときは，登記の目的として「所有権移転及び信託登記抹消」のように表示して，二つの登記の申請を同時にするものであることを明示します。上記(2)イ②に掲げた場合（信託財産に属する不動産に関する権利が，共有物分割により受託者の固有財産となった場合）は，「受託者の固有財産となった旨の登記及び信託登記抹消」のように表示し，上記(2)イ③に掲げた場合（信託財産に属する不動産に関する権利が消滅した場合）は，「何番地上権抹消及び信託登記抹消」と表示します。

　(ｳ)　登記原因及びその日付（同条6号）

　　　　信託財産に属する不動産に関する権利が売却された場合は，「平成何年何月何日売買」と表示します。これが，信託の登記の抹消の登記原因でもあります。共有物の分割により不動産に関する権利が固有財産に帰属した場合は，「平成何年何月何日共有物分割」ですし，信託が終了した場合は，例えば「平成何年何月何日信託財産引継」と表示します。

　イ　添付情報

　　　　上記の共有物分割の場合は，その分割が，信託法第19条第1項各号に定める方法に従って行われたことを証する情報を提供すすることを要します。その分割が裁判によってされたときは（同条2項）は，そのような裁判があったことを証する情報を提供しなければなりません。

　　　　また，信託の終了が，これを命ずる裁判所の裁判による場合（同法165条，166条）も，同様です。

第二節　信託に関する登記

## 第2款　登記手続等

### 1　当　事　者

#### 6　信託における委託者の意義

> 問　信託における委託者とは，どのような者をいうのですか。

【答】「委託者」とは，信託法第3条各号が掲げる方法によって信託をする者をいいます。同法は，委託者に対して，受益者を変更する権利，一定の範囲で信託に属する財産の管理又は変更に関与する権利などのほか，信託終了後の残余財産の帰属者となる地位を付与しています（ただし，信託行為に別段の定めがあるときは，その定めによります。）。

【解説】
1　委託者の意義

　本設問にいう「信託」とは，信託法が定める「信託」であって，それは，同法第3条各号に定める方法のいずれかにより，特定の者が一定の目的（専らその者の利益を図る目的を除く。）に従い財産の管理又は処分及びその他の当該目的の達成のために必要な行為をすべきものとすることをいいます（同法2条1項）。同法第3条各号に定める方法とは，①特定の者（受託者）との間で信託契約を締結する方法（同条1号），②特定の者に対して信託行為をなすべき旨の遺言をする方法（同条2号），③自己を特定の者として信託を設定する方法（同条3号）の三つです（その詳細については，問1の解説4を参照）。「委託者」というのは，上記三つの方法のいずれかによって信託をする者であって（同条4項），①の方法によるときは信託契約の一方の当事者になる者，②の方法によるときは遺言信託をする者，③の方法によるときは自己信

第1章　信託に関する登記

託を設定する者をいいます。

**2　委託者となり得る者**

　委託者になることができる者については、信託法上、別段の制限は設けられていません。原則として、誰でも委託者になることができます。ただし、委託者は、前記1①の信託契約又は②の遺言信託の方法によって信託をするときは、受託者に対し財産の譲渡、担保権の設定その他の財産の処分をしなければなりませんから（信託法3条1号・2号）、その処分をする行為能力又はその財産の処分権限が問題になることがあり得ます。この関係では、民法上の制限行為能力者と破産手続開始等の裁判を受けた者について、説明する必要があります。

(1)　制限行為能力者

　委託者が民法上行為能力を制限されている者（未成年者、成年被後見人、被保佐人又は被補助人）である場合は、その信託のための財産の処分が完全な効力を生ずるには、一定の要件を備えることを要します。すなわち、委託者が未成年者である場合は、法定代理人の同意を得て自らがするか、又は法定代理人の代理によらなければなりません（民法5条、824条、859条）。成年被後見人の場合は、成年後見人の同意を得ても、その処分行為は完全な効力を生じず（取り消し得るものとなります。）、結局、成年後見人の代理によることになります（同法8条、9条）。被保佐人の場合は、重要な財産上の行為（不動産に関する権利の処分は、これに含まれます。）をするには、保佐人の同意を要しますし（同法12条、13条）、当該信託の委託が保佐人に代理権が付与された法律行為（同法876条の4第1項）に当たるときは、代理によらなければなりません。また、委託者が被補助人である場合には、特定の法律行為について、補助人の同意を要するものとされ（同法16条、17条）、又は補助人に代理権が付与されていますから（同法876条の9第1項）、信託の委託が当該法律行為に当たるときは、それぞれの規定に従う必要があります。

もっとも，委託者が前記の遺言信託の方法を採るときは，遺言については，行為能力の制限に関する民法第5条，第9条，第13条及び第17条の規定を適用しないものとされていますから（同法962条），満15歳に達した未成年者（同法961条），成年被後見人（事理を弁識する能力を一時回復した場合に限ります。同法973条1項参照），被保佐人又は被補助人も遺言によって，有効に信託をすることができます。

(2) 破産手続開始等の裁判を受けた者

ア 破産手続開始の裁判を受けた者

破産手続開始の裁判を受けた者は，破産財団に属する財産については，処分権限を失いますから（その処分権限は，裁判所が選任した破産管財人に専属します。破産法78条1項），その財産について，委託者として信託に付する処分をすることはできません（その財産が不動産であるときは，当該処分による権利に関する登記をすることができません。）。もっとも，破産手続開始の裁判を受けた者であっても，当該破産財団に属しない財産（いわゆる自由財産）については，信託のための処分をすることができます。

イ 再生手続開始の裁判を受けた者

再生手続開始の裁判を受けた者（再生債務者）は，再生手続が開始された後であっても，原則として，その業務を遂行し，又はその財産を管理し，若しくは処分する権利を有しています（民事再生法38条1項・2項）。したがって，再生債務者が，自己の財産を信託に付することも，原則として，妨げられません。

ただし，次のような場合には，信託のための処分が，制限を受けることがあります。

(ア) 裁判所が，再生債務者がする財産の処分について，裁判所の許可を得なければならないものとしたとき（同法41条1項1号）

第1章　信託に関する登記

(ｲ)　裁判所が，再生手続開始の申立てがあった場合において，監督委員による監督を命ずる処分をしたとき（同法54条1項）

　　裁判所が上記の監督処分をする場合には，当該監督命令において，1人又は数人の監督委員を選任し，かつ，その同意を得なければ再生債務者がすることができない行為を指定しなければならないとされています（同条2項）。再生債務者の財産を信託に付する行為がこの指定された行為に当たるときは，監督委員の同意を要します。

(ｳ)　裁判所が，再生手続の開始の決定と同時に又はその決定後に，法人である再生債務者の業務及び財産に関し，管財人による管理を命ずる処分をしたとき（同法64条1項）

　　この場合は，同法第38条第1項及び第2項の規定は適用されないとされており（同条3項），再生債務者は自己の財産についての管理処分権を失います。

ウ　更生手続開始の裁判を受けた者

更生手続開始の裁判を受けた会社は，更生会社の事業の経営並びに財産の管理及び処分をする権利を失いますから（裁判所が選任した更生管財人に専属します。会社更生法72条1項），その財産について信託に付する処分をすることができません。

## 3　委託者の地位

(1)　信託法上の地位

いったん信託が成立した後は，それによって専ら利益を受けるのは受益者ですから，信託法は，受託者が信託行為で定められた目的に従って信託財産の管理・処分をしているか否かの監督を，主として受益者に委ねています。ただし，委託者も，自らが設定した信託の目的が達成されることについて，相応の利益を有するのが通常ですから，信託法は，委託者に対して，受益者を変更する権利，一定の範囲で信託に属する財産の管理又は変更に関与する権利などのほ

か，信託終了後の残余財産の帰属者となる地位を付与しています（ただし，信託行為において，委託者に対しこれらの権利の全部又は一部を与えないものとすることができますし，反対に，信託行為において，委託者に対しこれらの権利以外の権利を付与することもできます。信託法145条1項・2項参照）。信託法が定める委託者の権利の主要なものは，次のとおりです。

ア　受益者を変更する権利

次に掲げる信託においては，委託者は，受益者を変更することができます（同法90条1項本文）。

a　委託者の死亡の時に受益者となるべき者として指定された者が受益権を取得する旨の定めがある信託（同項1号）

b　委託者の死亡の時以後に受益者が信託財産に係る給付を受ける旨の定めのある信託（同項2号）

イ　信託事務の処理について報告を受ける権利

受託者に対し，信託事務の処理の状況並びに信託財産に属する財産及び信託財産責任負担債務の状況について報告を求めることができます（同法36条）。

ウ　受託者の変更に関する権利

(ア)　受託者の辞任に対する同意

委託者は，受託者の辞任につき同意を与えることができます（同法57条1項。受益者も同意することにより，辞任の効力が生じます。）。

(イ)　受託者の解任

委託者は，受益者との合意により，いつでも，受託者を解任することができます（同法58条1項）。

(ウ)　新受託者の選任

同法第56条第1項各号に掲げる事由により受託者の任務が終了した場合において，信託行為に新たな受託者（以下「新受

第1章　信託に関する登記

託者」といいます。）に関する定めがないとき，又は信託行為の定めにより新受託者となるべき者として指定された者が信託の引受けをせず，若しくはこれをすることができないときは，委託者は，受益者との合意により，新受託者を選任することができます（同法62条1項）。

エ　信託を変更する権利

(ア)　信託行為の内容の変更

委託者は，受託者及び受益者との合意により，信託行為で定められた信託の内容を変更することができます（同法149条1項）。これが原則ですが，信託の変更が受託者の利益を害しないことが明らかであるときは，委託者は，受託者に対する意思表示によってこれをすることができます（同条3項1号。受益者も同様の意思表示をすることにより，変更の効力が生じます。）。

(イ)　信託の併合

委託者は，信託の併合（受託者を同一とする二以上の信託の信託財産の全部を一の新たな信託の信託財産とすること）に関与します。すなわち，信託の併合は，従前の各信託の委託者，受託者及び受益者の合意によってすることができます（同法151条1項前段）。

(ウ)　信託の分割

委託者は，吸収信託分割（ある信託の信託財産の一部を受託者を同一とする他の信託の信託財産として移転すること）又は新規信託分割（ある信託財産の一部を受託者を同一とする新たな信託の信託財産として移転すること）に関与することができます。すなわち，これらの信託の分割は，委託者，受託者及び受益者の合意によってすることができます（同法155条1項前段，159条1項前段）。

オ　信託が終了した場合の残余財産の帰属

　　信託行為において残余財産の給付を内容とする受益債権に係る受益者となるべき者又は残余財産の帰属すべき者となるべき者（以下「残余財産受益者等」と総称します。）の指定に関する定めがない場合，又は信託行為の定めにより残余財産受益者等として指定を受けた者のすべてがその権利を放棄した場合には，信託行為に委託者又はその相続人その他の一般承継人を帰属権利者として指定する旨の定めがあったものとみなされます（同法182条1項・2項）。

(2)　不動産登記法上の地位

　　以上は，信託法が定める委託者の地位の主要なものですが，信託財産に属する財産に不動産に関する権利があるときは，委託者も不動産登記法が定める手続において，一定の地位を有することになります。

　　例えば，委託者が，信託の目的で，受託者に対し，自己に属する不動産に関する権利を移転若しくは変更し，又は自己に属する不動産に関する権利に新たな権利を設定した場合において，当該信託に係る権利の移転，変更又は設定の登記の申請をするときは，委託者は，登記義務者として（登記権利者は，受託者），申請手続に関与します（法60条）。そして，委託者は，これらの権利に関する登記の申請と同時に申請された信託の登記においては，その氏名又は名称及び住所が，登記事項として記録されます（法97条1項1号）。もっとも，登記実務の取扱いでは，この委託者の表示は，信託目録に記録されます。さらに，委託者は，受託者に代わって信託の登記の申請をすることができる地位も与えられています（法99条）。

## 4　委託者の地位の移転等

(1)　地位の移転

　　委託者は，上に述べたような委託者としての地位を，第三者に移

第1章　信託に関する登記

転することができます（信託法146条）。このような地位の移転が行われるのは，例えば，委託者所有の不動産について設定された地上権が信託財産に属している場合に，委託者が，同不動産の所有権を第三者に譲渡するのに併せて，委託者としての地位も，当該第三者に移転させるというような場合です（もとより，委託者が不動産の所有権は譲渡するけれども，委託者としての地位はそのまま保持するという場合もあり得ます。）。この地位の移転については，受託者及び受益者の同意を得ることを要します（同条1項）。委託者が2人以上あるときは，他の委託者の同意も得なければなりません（同条2項）。ただし，信託行為において，その移転の方法が定められていれば，それに従います（同条1項）。

　委託者の地位が移転した場合には，信託の登記における登記事項に変更が生じたことになりますから，受託者は，遅滞なく，信託の変更の登記を申請しなければなりません（法103条1項）。受託者がその申請をしないときは，新委託者が，代わって申請することができます（同条2項）。

(2)　地位の相続

　委託者が死亡したときは，一般に，委託者の地位が相続人によって承継されるものと解されています。信託法は，次に述べるように，信託が同法第3条第2号に定める方法（遺言信託の方法）によってされた場合には，委託者の相続人は委託者の地位を承継しないものと定めていますが（同法147条本文），信託がその他の方法による場合の委託者の相続人に関しては，特段の定めを置いていませんから，この場合は，一般の相続法理に従う趣旨と解されます。そうとすれば，上記3に述べた委託者の地位は，一身専属的な性質を帯びるものとまではいえませんから，その相続性を肯定してよいと考えられます。

　これに対し，信託が遺言の方法によってされた場合には，委託者

の相続人は委託者の地位を承継しないとされていることは，上記のとおりです。委託者が遺言によってする信託は，往々にして，法定相続分による相続人への財産承継とは異なる遺産分配の結果をもたらすため，委託者の相続人の利益と相反することになるおそれがあります。このような場合には，委託者の相続人が委託者の地位を承継しても，その権利義務を適切に行使することが，定型的に期待できないと考えられます。上記の信託法の規定は，係る点を考慮したものです。ただし，信託行為に以上と異なる定めがされているときは，その定めるところによります（同条ただし書）。

## 7　信託における受託者の意義及び信託財産の合有

> 問　信託における受託者とはどのような者をいうのですか。また，受託者が複数ある場合には，信託財産に属する財産は，どのように受託者に帰属するのでしょうか。

【答】　受託者とは，信託行為の定めに従い，信託財産に属する財産の管理又は処分及びその他の信託の目的の達成のために必要な行為をすべき義務を負う者をいいます。受託者は，形式上は，自己に属する財産の管理・処分をするのですが，実質上は，委託者からの信託を受けて，同人に属する財産の管理・処分をすべき義務を負いますから，信託法においては，受託者の業務執行に関し，善管注意義務，忠実義務，利益相反行為の制限，公平義務，分別管理義務等の各種の重い義務を課しています。

　　受託者が2人以上ある信託においては，信託財産は，各受託者が合有するとされています。これは，信託財産に属する財産の管理・処分が，信託行為で定められた目的に拘束されるものであることから，その所有形態についても，通常の共有とは異なるものとしていることによります。

【解説】
### 1　受託者とは

　　受託者とは，信託行為の定めに従い，信託財産に属する財産の管理又は処分及びその他の信託の目的の達成のために必要な行為をすべき義務を負う者をいいます（信託法2条5項）。信託による財産の管理又は処分という制度の中核を担う者です。

　　受託者が信託のために委託者から処分を受けた財産は，受託者に帰属します。受託者は，委託者に属する財産を管理・処分するのではなく，法律上，自己に属する財産を，信託財産に属する財産として管

理・処分するのです（同法26条本文）。この点が，民法上の委任契約により委任者の財産の管理・処分を任された受任者と根本的に異なります。ただし，それらの行為については，信託行為で定められた一定の目的の達成のためにすることという制約が課されていますし（専ら受託者の利益を図ることを信託の目的にすることはできません。同法2条1項参照），受託者は，受益者として信託の利益を享受する場合を除いて，何人の名義をもってするかを問わず，信託の利益を享受することはできないとされているのです（同法8条）。また，受託者の職務権限は，信託行為の定めによって制限することができます（同法26条ただし書）。

受託者が信託財産のためにした行為が，その権限に属しない場合の効果及び受益者の救済方法については，後述します。

## 2　受託者についての制限

受託者になり得る者については，信託法に制限が定められており，未成年者又は成年被後見人若しくは被保佐人は，信託の受託者となることができないとされています（同法7条）。これらの制限能力者は，単独では，完全に効力のある法律行為をすることができず，信託目的で委託者から処分を受けた財産の管理・処分をすることを職務とする受託者としては，適任でないと考えられるからです。これに対して，破産者は，受託者となることができます。破産者については，破産財団に属する財産の管理・処分権は破産管財人に専属しますが（破産法78条1項），それ以外の財産（自由財産）の管理処分権は有していますから（すなわち，制限行為能力者と異なり，行為能力が一般的に制限されるわけではありません。），受託者としての資格を奪うまでのことはないと考えられたことによるものです。ただし，受託者が破産手続開始の決定を受けたときは，受託者の任務の終了事由となるとされています（信託法56条1項3号）。

他方で，信託の引受けを営業とすることができる者については，業

法上の規制があり，内閣総理大臣の免許又は登録を受けた信託会社でなければならないとされています（信託業法2条2項，3条，7条1項参照）。ただし，農業協同組合法により，組合員の事業又は生活に必要な資金の貸付け及び組合員の貯金又は定期積金の受入れの事業を併せ行う農業協同組合においては，組合員の委託を受けて，農地等の不動産につき貸付けの方法による運用又は売却を目的とする信託の引受けを業とすることが認められています（同法10条1項1号・2号，3項，11条の23以下）。

### 3　受託者の義務

上記1で説明したように，信託における受託者は，形式的には，委託者から財産権の処分を受けて，その権利を取得するのですが，実質においては，他人の財産を預かって，その管理・処分をするのですから，信託法は，その職務の執行について，厳しい義務を課しています。この義務の定めは，民法が規定する委任契約上の受任者のそれに比して，きわめて綿密かつ具体的です。主要なものを掲げると，次のとおりです。

(1) 注意義務・忠実義務

受託者は，信託の本旨に従い，信託事務を処理しなければならず（信託法29条1項），その処理に当たっては，善良な管理者の注意をもって，これをしなければなりません（同条2項本文）。この注意義務の定めは，民法上の受任者に関する規定と同じです（同法644条）。なお，注意義務の程度については，信託行為に別段の定めがあるときは，その定めるところ（例えば，自己の財産に対するのと同一の注意をもってすることで足りるとする定め）に従います（信託法29条2項ただし書）。

また，受託者は，受益者のために忠実に信託事務の処理その他の行為をしなければなりません（同法30条）。信託によって直接に利益を受けるのは受益者ですから，その利益を忠実に守ることを職務

の基本とすべしとするものです。同種の規定として，株式会社の取締役の会社に対する忠実義務を定めるものがあります（会社法355条）。

(2) 利益相反・競合行為の制限

忠実義務の具体的な表れとして，受託者は，自己又はその利害関係人と受益者との利益が相反し，又は競合する行為をしてはならないとされています（信託法31条，32条）。

ア 利益相反行為の制限

　㋐ 内　容

受託者は，次に掲げる行為をしてはなりません（同法31条1項）。

① 信託財産に属する財産（当該財産に係る権利を含む。）を固有財産に帰属させ，又は固有財産に属する財産（当該財産に係る権利を含む。）を信託財産に帰属させること（同項1号）

例えば，信託財産に属する不動産を売買により固有財産に帰属させること，又は，逆に，固有財産に属する不動産を売買により信託財産に帰属させることです。

② 信託財産に属する財産（当該財産に係る権利を含む。）を他の信託の信託財産に帰属させること（同項2号）

例えば，受託者が，信託財産に属する不動産を売買により，自己を受託者とする他の信託の信託財産に帰属させることです。これは，受託者による信託間取引を禁ずるもので，受託者が，信託に属する財産を，他人を受託者とする別の信託財産に帰属させることまで，禁止されるわけではありません。

③ 第三者との間において信託財産のためにする行為であって，自己が当該第三者の代理人となって行うもの（同項3号）

例えば，受託者が，信託財産に属する建物の外装工事を，自己が代表取締役である株式会社に請け負わせる契約を結ぶことです。
④ 信託財産に属する財産につき固有財産に属する財産のみをもって履行する責任を負う債務に係る債権を被担保債権とする担保権を設定することその他第三者との間において信託財産のためにする行為であって受託者又はその利害関係人と受益者との利益が相反することとなるもの（同項4号）

例えば，受託者が，固有財産に属する財産のみをもって履行する責任を負う債務を担保するために，信託財産に属する不動産に抵当権を設定することです。

受託者が以上の①から④までに掲げる行為をしたときは，受益者に対し，当該行為についての重要な事実を通知しなければなりません（同条3項本文）。ただし，信託行為に別段の定めがあるときは，その定めるところによります（同項ただし書）。なお，受託者が上記①から④までに掲げる行為をした場合の効果及び受益者の利益の救済方法については，後述します。

(イ) 例　外

受託者は，上記の制限にかかわらず，次のいずれかに該当するときは，例外として，上記①から④に掲げる行為をすることができます（同条2項）。

① 信託行為に当該行為を許容する旨の定めがあるとき（同項1号）
② 受託者が当該行為について重要な事実を開示して受益者の承認を得たとき（同項2号）

ただし，この定めに該当する場合であっても当該行為をすることができない旨の信託行為の定めがあるときは，この限

りでありません（同項柱書のただし書）。
③　相続その他の包括承継により信託財産に属する財産に係る権利が固有財産に帰属したとき（同項3号）
④　受託者が当該行為をすることが信託の目的の達成のために合理的に必要と認められる場合であって，受益者の利益を害しないことが明らかであるとき，又は当該行為の信託財産に与える影響，当該行為の目的及び態様，受託者の受益者との実質的な利害関係の状況その他の事情に照らして正当な理由があるとき（同項4号）

イ　競合行為の制限
　(ア)　内　容
　　　受託者は，受託者として有する権限に基づいて信託事務の処理としてすることができる行為であってこれをしないことが受益者の利益に反するものについては，これを固有財産又は受託者の利害関係人の計算でしてはならないこととされています（同法32条1項）。
　　　例えば，受託者が，信託財産に属する金銭をもって，優良な不動産を購入することを託されていたところ，将来の値上がりが確実に期待できる不動産を見つけ出したのに，これを信託財産のために購入することをしないで，自己の固有財産として購入するというような場合です。いかなる行為が受益者の利益と競合するかは，個々の具体的な状況に応じて判断することになります。
　(イ)　例　外
　　　信託法第32条第1項が定める上記(ア)の制限も，絶対的なものではありません。次のいずれかに該当するときは，同項が規定する行為を固有財産又は受託者の利害関係人の計算ですることができます（同条2項）。

① 信託行為に当該行為を固有財産又は受託者の利害関係人の計算ですることを許容する旨の定めがあるとき（同項1号）
　　　② 受託者が当該行為を固有財産又は受託者の利害関係人の計算ですることについて重要な事実を開示して受益者の承認を得たとき（同項2号）
　　　　ただし，この定めに該当する場合であっても当該行為を固有財産又は受託者の利害関係人の計算ですることができない旨の信託行為の定めがあるときは，この限りでありません（同項柱書のただし書）。
(3) 公平義務
　　受益者が2人以上ある信託においては，受託者は，各受益者のために公平にその職務を行わなければなりません（同法33条）。受益者が複数ある場合に，受託者が各受益者が公平に信託からの利益を享受できるよう職務執行をすべき義務があることは，受託者の各受益者に対する忠実義務から当然に導き出せるものと考えられるのですが，信託法は，ここでも念を入れて，受託者の公平義務を明文の規定で定めたのです。もっとも，信託行為において，各受益者が受ける給付の内容に差異が設けられている場合（例えば，給付の額が異なるとか，給付に優先，劣後の別がある場合）には，受託者としては，その定めのとおり職務を行うことが，公平義務に適います。
(4) 分別管理義務
　　ア　趣　旨
　　　　受託者は，信託財産に属する財産と固有財産及び他の信託の信託財産に属する財産とを，信託法の定める方法により，分別して管理しなければなりません（同法34条1項）。ただし，信託行為に別段の定めがあるときは，その定めるところによります（同項ただし書）。
　　　　受託者がその職務を適正かつ効率的に行うためには，信託財産

に属する財産が，固有財産及び（受託者を同一とする）他の信託の信託財産に属する財産と明確に区分され，特定されていなければなりません。信託法は，受託者のこの当然の義務を明文で定めました。この分別管理は，特に固有財産に属する財産のみをもって履行する責任を負う債務に係る債権を有する者が信託財産に属する財産に対して強制執行，仮差押え，仮処分若しくは担保権の実行若しくは競売（担保権の実行としてのものを除く。）又は国税滞納処分をしてきたときに実効性を発揮します（同法23条1項参照）。受託者は，このような場合には，異議を主張して強制執行等を排除しなければならないのですが（同条5項・6項），そのためには，日ごろから分別管理が行われていることが，前提要件となるのです。

イ 分別管理の方法

同法第34条第1項が定める分別管理の方法は，財産の区分に応じて，次のとおりです。

(ア) 同法第14条に規定する信託の登記又は登録をすることができる財産（下記(エ)の法務省令で定める財産を除く。）については，当該信託の登記又は登録をする方法（同項1号）

この種の財産の代表は，いうまでもなく不動産で，受託者は，信託財産に属する不動産に関する権利については，信託の登記をすることにより，固有財産又は他の信託の信託財産に属する財産との分別を図らなければなりません。加えて，ここに掲げる財産については，その分別管理の方法について，信託行為に別段の定めがされている場合であっても，受託者は，これらについて登記又は登録する義務を免除されないとされており（同法34条2項），特に厳格な分別管理が求められているのです。

(イ) 金銭以外の動産については，信託財産に属する財産と固有財産及び他の信託の信託財産に属する財産とを外形上区別できる

*129*

第1章　信託に関する登記

　　　　　状態で保管する方法（同項2号イ)
　　　㈦　金銭その他の上記(イ)に掲げる財産以外の財産については，その計算を（帳簿の作成などにより）明らかにする方法（同号ロ）
　　　㈣　法務省令で定める財産については，当該財産を適切に分別して管理する方法として法務省令で定める方法（同項3号）
　(5)　信託事務の処理，財産の状況等についての報告等
　　ア　信託事務の処理状況についての報告義務
　　　受託者は，委託者又は受益者の請求があるときは，信託事務の処理の状況並びに信託財産に属する財産及び信託財産責任負担債務の状況について報告をしなければなりません（同法36条）。
　　イ　帳簿の作成等，報告及び保存の義務
　　　受託者は，信託事務に関する計算並びに信託財産に属する財産及び信託財産責任負担債務の状況を明らかにするため，法務省令で定めるところにより，信託財産に係る帳簿その他の書類又は電磁的記録を作成しなければなりません（同法37条1項）。
　　　これは，受託者が常時負う義務ですが，定期的なものとして，受託者は，毎年1回，一定の時期に，法務省令で定めるところにより，貸借対照表，損益計算書その他の法務省令で定める書類又は電磁的記録を作成しなければなりません（同条2項）。これらの書類又は電磁的記録を作成したときは，その内容について受益者に報告することを要します（同条3項。ただし，信託行為に別段の定めがあるときは，その定めるところによります。同項ただし書）。
　4　受益者による受託者の行為の差止請求又は取消し
　　信託法は，受託者が信託財産のためにした行為（又はしようとしている行為）が法令又は信託行為の定めに違反するものである場合には，一定の要件の下に，受益者に対し，これらの行為を差し止め，又は取り消す権限を与えています。信託によって直接に利益を受ける地

位にある受益者が，受託者の信託の本旨に反する行為に介入することを認めたものです。その概要は，以下のとおりです。
(1) 差止請求
　　受託者が法令若しくは信託行為の定めに違反する行為をし，又はこれらの行為をするおそれがある場合において，当該行為によって信託財産に著しい損害が生ずるおそれがあるときは，受益者は，当該受託者に対し，当該行為をやめることを請求することができます（同法44条1項）。これは，受益者に対し，受託者の信託の本旨に反する行為全般にわたって差止請求を認めるものですが，受益者が2人以上ある信託において，受託者が上記3(3)の公平義務に反する行為をし，又はこれをするおそれがある場合に関しては，特則が設けられています。すなわち，この場合に，受託者のこれらの行為によって一部の受益者に著しい損害が生ずるおそれがあるときは，当該受益者は，当該受託者に対し，当該行為をやめるよう請求することができることとされています（同条2項）。

　　受益者から以上の請求があったときは，受託者は，受益者に対して，当該行為をやめるべき義務を負うことになります。受託者がその義務に違反して当該行為を実行したときは，受益者は，次の(2)若しくは(3)に述べる当該行為の取消し，又は後記5に述べる損害賠償若しくは原状回復の請求をすることができます。
(2) 権限外行為の取消し
　ア　原　則
　　　受託者が信託財産のためにした行為が，その権限に属しないものであった場合に，その行為の効力を法制上どのように取り扱うかについては，種々の考え方があり得るところですが，信託法は，受益者が，一定の要件の下に取り消すことができるものとしました（同法27条1項）。その要件とは，①当該行為の相手方が，当該行為の当時，当該行為が信託財産のためにされたものである

ことを知っていたこと（同項1号），②当該行為の相手方が，当該行為の当時，当該行為が受託者の権限に属しないことを知っていたこと又は知らなかったことにつき重大な過失があったこと（同項2号）の二つです。受益者の利益保護と当該取引の安全との調和を図ったものといえます。

　イ　登記又は登録ができる財産の処分行為についての特則

　　以上が原則なのですが，受託者の当該権限外行為が，信託財産に属する財産であって，同法第14条の規定により信託の登記又は登録ができるものについて権利を設定し又は移転したものである場合には，上記ア①の要件が緩和され，これに代えて，当該行為の当時，当該信託財産に属する財産について同法第14条の信託の登記又は登録がされていたという要件を充たせば足りるとされています（同法27条2項）。例えば，受託者が，その権限の範囲を超えて，信託財産に属する不動産に関する権利を第三者に移転したという場合には，受益者は，当該不動産に関する権利について，信託の登記がされていたこと，及び上記ア②の事実を主張・立証して，当該移転行為を取り消すことができるのです。これは，信託の登記又は登録が可能な財産については，その登記又は登録がされていれば，その財産の処分行為の相手方が，当該行為の当時，当該行為が信託財産のためにされたものであることを知っていたものと推定することによって，取消しを主張する受益者の立証の負担を軽減したものと解されます。

(3)　利益相反行為の取消し

　次に，受託者が上記3(2)アに掲げた受益者との利益が相反する行為をした場合（同(イ)の例外事由がない場合に限ります。）に，その行為の効果はどうなるのでしょうか。また，受益者は，この違反行為にどのように介入できるのでしょうか。信託法の定めは，次のとおりです。

ア　受託者が同法第31条第1項第1号又は第2号に掲げる行為をした場合

　　受託者が，同法第31条第1項の規定に違反して，①信託財産に属する財産（当該財産に係る権利を含む。）を固有財産に帰属させ，又は固有財産に属する財産（当該財産に係る権利を含む。）を信託財産に帰属させる行為（同項1号）をし，又は②信託財産に属する財産（当該財産に係る権利を含む。）を他の信託の信託財産に帰属させる行為（同項2号）をした場合には，その行為は，無効です（同条4項）。これらの行為は，定型的に受益者の利益を害するものですから，最初から，その効力が生じないこととしたのです。ただし，受益者がこれを追認したときは，当該行為の時にさかのぼって，その効力を生じます（同条5項）。

　　問題は，受託者が，これらの違反行為をした上，当該帰属変更に係る財産を第三者に処分した場合に，その処分行為の効力が，どうなるかです。例えば，受託者が，信託財産に属する不動産を固有財産に帰属させた上（同条1項1号に違反する行為），この不動産を第三者に売却したという場合です。この場合，受託者による帰属変更行為は，無効であって，受託者は当該不動産を固有財産に属するものとして売却する権限はないのですが，信託法は，この売却行為を当然には無効とはせず，当該第三者が，同法第31条第1項及び第2項の規定に違反して当該売却行為がされたことを知っていたとき又は知らなかったことにつき重大な過失があったときに限り，受益者が，当該売却行為を取り消すことができることとしているのです（同条6項前段）。これも，受益者と第三者との利益の均衡に配慮した措置です。

　イ　受託者が同法第31条第1項第3号又は第4号に掲げる行為をした場合

　　受託者が，同法第31条第1項の規定に違反して，同項第3号

又は第4号に掲げる受益者との利益相反行為をした場合，当該行為は，同項第1号又は第2号に掲げる行為とは異なり，当然には無効ではありません。同項第3号に掲げる行為は，受託者が，第三者の代理人となって，自己と当該第三者との間で信託財産のためにする行為（いわば双方代理行為）であり，同項第4号に掲げる行為は，固有財産に属する財産のみをもって負担すべき債務の担保として，当該債権者のために信託財産に属する財産に担保権を設定する行為その他第三者との間でされた利益相反行為であって，いずれの行為も，その相手方である第三者の利害に関わりますから，一概にこれを無効とするのは，相当ではありません。信託法は，この点にかんがみて，当該第三者が同法第31条第1項の規定に違反していることを知っていたとき又は知らなかったことにつき重大な過失があったときに限り，受益者は，当該行為を取り消すことができるとしています（同条7項本文）。

### 5 受託者の損失てん補責任

受託者がその任務を怠ったことによって信託財産に損失等が生じた場合には，受益者は，当該受託者に対し，当該損失のてん補を請求することができます（信託法40条1項柱書・同項1号）。また，受託者の任務懈怠により信託財産に変更が生じた場合には，原状の回復を請求することができます（同項2号）。ただし，後者の場合において，原状の回復が著しく困難であるとき，原状の回復をするのに過分の費用を要するとき，その他受託者に原状の回復をさせることを不適当とする特別の事情があるときは，受益者は，原状回復の請求をすることができません（同項柱書ただし書）。

### 6 受託者の不動産登記法上の地位

受託者が，信託財産に属する財産の管理又は処分及びその他の信託の目的の達成のために必要な権限を有すること（信託法26条本文）は，既に述べたところですが，ここでは，信託財産に属する財産に不動産

に関する権利がある場合に、受託者が、その職務上、当該権利に関する登記の手続において、どのような地位を有するかについて、概観しておくことにします。

(1) 信託行為による権利の設定・移転等の登記の申請

信託行為において、委託者が受託者に対し、自己に属する不動産に関する権利を移転若しくは変更し、又は自己に属する不動産に関する権利に新たな権利を設定した場合において、当該信託に係る権利の移転、変更又は設定の登記の申請をするときは、受託者は、登記権利者として（登記義務者は委託者）申請手続に関与します（法60条）。そして、受託者は、これらの権利に関する登記の申請と同時に申請された信託の登記においては、その氏名又は名称及び住所が登記事項として記録されます（法97条1項1号）。もっとも、登記実務の取扱いでは、この信託の登記における受託者の表示は、信託目録に記録されます。

(2) 信託の登記の申請

上記(1)の場合のほか、信託の登記の申請は、当該信託に係る権利の保存、設定、移転又は変更の登記の申請と同時にしなければならないこととされているのですが（法98条1項）、受託者は、この申請を単独ですることができます（同条2項）。

(3) 受託者の変更による変更の登記の申請

ア　受託者の変更による権利の変更の登記の申請

受託者の任務が死亡、後見開始若しくは保佐開始の審判、破産手続開始の決定、法人の合併以外の理由による解散又は裁判所若しくは主務官庁の解任命令により終了し、新たに受託者が選任されたときは、新受託者は、前受託者の任務が終了した時に、その時に存する信託に関する権利義務を前受託者から承継したものとみなされます（信託法75条1項）。したがって、その承継される権利に不動産に関するものがあるときは、その不動産について、受

第1章　信託に関する登記

託者の変更による権利の移転の登記が申請されることになるのですが，新受託者は，法60条の規定にかかわらず，その申請を単独ですることができます（法100条1項）。

　イ　受託者が2人以上ある場合の特則

受託者が2人以上ある場合において，そのうち少なくとも1人の受託者の任務が上記アに掲げる事由により終了したときは，前の受託者に属していた信託に関する権利義務は，他の受託者が当然に承継します（信託法86条4項）。したがって，その承継される権利に不動産に関するものがあるときは，その不動産について，受託者の変更の登記が申請されることになるのですが，他の受託者は，法60条の規定にかかわらず，その申請を単独ですることができます（法100条2項）。

(4)　信託の変更の登記の申請

信託の登記の登記事項（法97条1項各号に掲げるものに限る。）に変更があった場合には，登記官の職権（法101条）又は裁判所若しくは主務官庁の嘱託（法102条）により信託の変更の登記をすべきものとされているもののほかは，受託者が，遅滞なく，信託の変更の登記を申請しなければなりません（法103条1項）。

(5)　信託財産に属する不動産についての権利の変更の登記の申請

信託財産に属する不動産について，次に掲げる権利の変更の登記を申請する場合には，受託者が，申請当事者となります。

　ア　不動産に関する権利が固有財産に属する財産から信託財産に属する財産となった場合（法104条の2第2項の表中一）には，受託者は，登記義務者となります（登記権利者は，受益者）。

　イ　不動産に関する権利が信託財産に属する財産から固有財産に属する財産となった場合（上記表中二）には，受託者は，登記権利者となります（登記義務者は，受益者）。

　ウ　不動産に関する権利が一の信託の信託財産に属する財産から他

の信託の信託財産に属する財産となった場合（上記表中三）には，当該他の信託の受託者が，受益者と共に登記権利者となります（登記義務者は，当該一の信託の受益者及び受託者）。

(6) 信託の登記の抹消の申請

受託者は，単独で，信託の登記の抹消の申請をすることができます（法104条2項）。この抹消の申請のうち，信託財産に属する不動産に関する権利が移転，変更又は消滅により信託財産に属しないこととなった場合においてする抹消の申請は，当該権利の移転の登記若しくは変更の登記又は当該権利の登記の抹消の申請と同時にしなければなりません（同条1項）。

7 受託者の変更

(1) 受託者の任務の終了

受託者の任務は，信託が終了して（その終了事由は，信託法163条及び164条に規定されています。），清算が結了した場合に終了するのは当然のことですが，次に掲げる事由（同法56条1項各号に掲げる事由）が生じたときにも，終了します。後者の事由は，受託者がその任務を継続することが不可能又は不適当となる事由であって，当該信託自体を終了させるものではありません。当該信託に関する事務は，新たに選任された受託者により継続して処理されることになります。

ア 受託者である個人の死亡（同法56条1項1号）

受託者は，信託財産に属する財産の管理又は処分及びその他の信託の目的の達成のために必要な権限を有する者であり（同法26条本文），この地位は，委託者との特別な信頼関係に基づくものです。このため，受託者が自然人である場合には，この地位は，一身専属的なものであって，受託者の死亡によってその任務は終了し，相続人に引き継がれるものではない，とされているのです。

これに対し，受託者である法人が合併をした場合には，合併後

存続する法人又は合併により設立する法人が，受託者の任務を引き継ぐものとされています（同法56条2項前段）。この場合は，法人の継続性により，受託者の任務終了の事由とはならないのです。受託者である法人が分割をした場合における分割により受託者としての権利義務を承継する法人も，同様とされています（同項後段）。

イ　受託者である個人が後見開始又は保佐開始の審判を受けたこと（同条1項2号）

　受託者については，資格制限があり，成年被後見人又は被保佐人は，受託者となることができません（同法7条）。そこで，現に受託者の地位に在る者が家庭裁判所から後見開始又は保佐開始の審判を受けたときは，受託者の任務を継続させるのは，相当でないため，その任務の終了事由とされているのです。

ウ　受託者が破産手続開始の決定を受けたこと（同法56条1項3号）

　裁判所から破産手続開始の決定を受けた者であっても，受託者に選任されることは，妨げられません。その者は，破産財団に属する財産についての管理処分権を失うにすぎず，他の財産（自由財産）に対する管理処分権は，依然として有しているからです。しかし，現に受託者の地位にある者が破産手続開始の決定を受けたときは，その任務を継続させることは，一般的には，相当ではありませんから，任務の終了事由とされているのです。ただし，信託行為に別段の定めがあるときは，その定めるところによります（同項）。

　なお，受託者が法人である場合であって，当該破産手続開始の決定により当該法人が解散することとなるときは，本号（3号）の事由ではなく，次のエに掲げる事由に該当することになります。

エ　受託者である法人が合併以外の理由により解散したこと（同項

4号)

　法人が解散しますと，清算の手続に移行し，当該法人は，清算の目的の範囲内で権利能力を有するに過ぎないことになりますから，このような法人に受託者として任務を継続させるのは，相当ではありません。

　なお，受託者である法人が合併をした場合については，上記アで述べたところです。

オ　同法第57条の規定による受託者の辞任（同法56条1項5号）

　受託者は，委託者及び受益者の同意を得て，辞任することができます（同法57条1項本文。ただし，信託行為に別段の定めがあるときは，その定めるところによります。同項ただし書）。やむを得ない事由があるときは，受託者は，委託者及び受益者の同意が得られない場合であっても，裁判所の許可を得て，辞任することができます（同条2項）。

　以上により，受託者が辞任したときは，その任務が終了します。ただし，辞任した前受託者は，新受託者が信託事務の処理をすることができるに至るまで，引き続き受託者としての権利義務を有することとされています（同法59条4項）。

カ　同法第58条の規定による受託者の解任（同法56条1項6号）

　委託者及び受益者は，いつでも，その合意により，受託者を解任することができます（同法58条1項）。受託者に信託の事務処理を託した委託者と信託により直接に利益を受ける受益者の意見が一致するときは，いつでも，特段の事由がなくても（ただし，同条2項参照），受託者を解任することができるとするものです（ただし，信託行為に別段の定めがあるときは，その定めるところによります。同条3項）。委託者がその任務に違反して信託財産に著しい損害を与えたことその他重要な事由があるときは，裁判所は，委託者又は受益者の申立てにより，受託者を解任することができ

ます（同条4項）。このような重要な事由がある場合でも，委託者及び受益者の合意があれば，受託者を解任することができるのはいうまでもありませんが（同条1項），その合意ができないことも想定されます。この事態を放置するのは，相当ではありませんから，そのときは，裁判所の判断により，受託者を解任できることにしたのです。

　　以上のような委託者及び受益者の合意による解任又は裁判所の裁判による解任があれば，受託者の任務は，終了します。
キ　信託行為に定めた事由（同法56条1項7号）
　　上記のアからカまでに掲げた事由のほか，信託行為において定めた事由が生じたときは，受託者の任務は，終了します。
(2) 新受託者の選任及び権利義務の承継
ア　新受託者の選任
(ア) 信託行為に新受託者となるべき者を指定する定めがあるとき
　　同法第56条第1項各号に掲げる事由により受託者の任務が終了した場合において，信託行為に新受託者となるべき者を指定する定めがあるときは，利害関係人は，新受託者となるべき者として指定された者に対し，相当の期間を定めて，その期間内に就任の承諾をするかどうかを確答すべき旨を催告することができます（同法62条2項本文）。ただし，当該定めに停止条件又は始期が付されているときは，当該停止条件が成就し，又は当該始期が到来した後に限ります（同項ただし書）。上記の催告に対して，新受託者となるべき者として指定された者は諾否の意思表示をすることになるのですが，その者が，定められた期間内に委託者及び受益者に対し確答をしないときは，就任の承諾をしなかったものとみなされます（同条3項）。
(イ) 委託者及び受益者の合意による選任
　　同法第56条第1項各号に掲げる事由により受託者の任務が

第二節　信託に関する登記

終了した場合において、信託行為に新受託者に関する定めがないとき、又は信託行為の定めにより新受託者となるべき者として指定された者が信託の引受けをせず、若しくはこれをすることができないときは、委託者及び受益者は、その合意により、新受託者を選任することができます（同法62条1項）。この場合において、委託者と受益者の合意に係る協議の状況その他の事情に照らして必要があると認めるときは、裁判所は、利害関係人の申立てにより、新受託者を選任することができます（同条4項）。これは、委託者と受益者による新受託者選任の合意の形成が難航している場合等を想定して、裁判所の判断による選任を可能にするものです。

イ　新受託者による権利義務の承継

　同法第56条第1項各号に掲げる事由により受託者の任務が終了し、新受託者が就任したときは、新受託者は、前受託者に属していた信託に関する権利義務を承継します。その承継の時期は、前受託者の任務が終了した事由によって異なります。前受託者の任務の終了が同人の辞任以外の事由によるものであるときは、新受託者は、前受託者の任務が終了した時に、その時に存する信託に関する権利義務を前受託者から承継したものとみなされます（同法75条1項）。一方、前受託者の任務の終了が同人の辞任（同法56条1項5号、57条）によるときは、新受託者は、新受託者が就任した時に、その時に存する信託に関する権利義務を前受託者から承継したものとみなされます（同法75条2項）。この承継の時期の違いは、前者の場合には、前受託者の任務は、当該事由が発生した時に終了するのに対し、後者の場合には、前受託者は、新受託者が信託事務の処理をすることができるに至るまで、引き続き受託者としての権利義務を有するとされていること（同法59条4項）によるものです。

第1章　信託に関する登記

## 8　受託者が2人以上ある信託の特則

　以上のとおり，受託者は，信託による財産の管理又は処分という制度の中核を担う者です。受託者は，1人でその任に当たるのが通常なのですが，2人以上の者が選任されることもあります。信託行為において，複数の受託者を選任するのは，受託者の職務が重責であることにかんがみ，委託者が，これを1人に託するのではなく，複数の者に委託し，その数名による相互の監視と意見交換によって，より合理的な職務執行を期待することにあると考えられます。信託法は，その受託者が数名ある場合について，特別の定めを置いています。

(1)　信託財産に属する財産の帰属形態

　　受託者は，信託財産を自己のものとして管理し，処分するのですが，受託者が2名以上ある場合，その財産の帰属形態はどのようになるのでしょうか。これについて，信託法は，信託財産は，受託者の合有とすると定めました（同法79条）。

　　数人で一つの財産を所有する形態については，学説上は，共有，合有及び総有の三つの形態があるとされています。「共有」とは，数人の所有者の間に団体的な統制がなく，各自が独自の立場を有し，その立場を処分するのも自由であり，また，いつでも目的物を分割して共同所有関係を解消できる形態をいいます。次に，「合有」とは，数人が各自独立の立場を有するが，一定の共同の目的のためにある程度の統制を受け，あるいはその立場を自由に処分することが禁じられ，あるいは目的物の分割を禁じられる形態をいいます。また，「総有」とは，多数人が一つの団体を形成し，目的物の管理処分などは，専ら団体の権限に属し，団体員は，一定の範囲で，各自収益する権利を認められるにとどまる形態をいいます。

　　民法は，物権編第3章第3節において，数人が所有権を有する場合の権利関係について規定し，これを「共有」と称しています。その内容は，各共有者は，共有物について各自の持分を有し（同法249

条),その持分は相等しいものと推定され（同法250条),持分は自由に処分することができ，各共有者は，原則として，いつでも共有物の分割を請求することができる（同法256条）とするもので，上記の学説上の「共有」に相当するものです。一方，民法には「合有」という用語は使用されていませんが，学説では，数人の間で組合契約が締結された場合の組合財産が，この形態に属すると解するのが一般的です（ただし，最高裁の判例は，組合財産についても特別の規定がない限り，共有の規定が適用されるとしています。)。上記の信託法第79条の「合有」については，同法にその具体的な内容が明示されていませんが，概ね上記の学説がいう「合有」に当たるものとみて差し支えないでしょう。これによれば，2人以上の受託者がある信託においては，各受託者は，信託財産に属する個々の財産について固有の持分を持たず，したがって，持分の処分や目的物の分割は禁じられ，また，その財産の管理処分に当たっては，信託行為で定められた目的に拘束されるものと解されます。具体的な権利関係の在り方については，個々の事例ごとに，「信託目的を達成する上での必要性」という観点から判断されるべきでしょう。

　ちなみに，「総有」については，民法第263条にいう「共有の性質を有する入会権」が，これに属することに異論はないようです。

(2) 信託事務の処理の方法

　ア　職務分掌の定めがない場合

　　　受託者が2人以上ある信託においては，信託事務の処理については，受託者の過半数をもって決することとされています（信託法80条1項）。ただし，保存行為については，各受託者が単独で決することができます（同条2項）。

　　　このようにして決せられた信託事務の処理については，各受託者は，単独で執行することができますし（同条3項），他の受託者を代理する権限も有します（同条5項）。

第1章　信託に関する登記

　　イ　職務分掌の定めがある場合
　　　信託行為に受託者の職務の分掌に関する定めがある場合には，各受託者は，その定めに従い，信託事務の処理について決し，これを執行することとされています（同条4項）。例えば，信託行為において，信託財産に属する金銭の管理処分については受託者甲が，不動産の管理処分については受託者乙が，それぞれ決し，かつ執行する旨が定められている場合には，その定めに従うことになります。
(3)　信託事務の処理に係る債務に係る責任
　　職務分掌の定めのない信託においては，ある受託者が信託事務の処理をするに当たって第三者に対し債務を負担した場合には，他の受託者も，連帯して債務を弁済する責任を負います（同法83条1項）。当該他の受託者は，当該ある受託者がその固有財産のみをもって履行の責任を負う債務についても，連帯責任を負うことになります。
　　これに対し，職務分掌の定めがある信託においては，ある受託者がその定めに従い信託事務を処理するに当たって第三者に対し債務を負担したときは，他の受託者は，信託財産に属する財産のみをもってこれを履行する責任を負います（同条2項本文）。ただし，当該第三者が，その債務の負担の原因である行為の当時，当該行為が信託事務の処理としてされたこと及び受託者が2人以上であることを知っていた場合であって，信託行為に受託者の職務の分掌に関する定めがあることを知らず，かつ，知らなかったことにつき過失がなかったときは，当該他の受託者は，これをもって当該第三者に対抗することができません（同項ただし書）。
(4)　受託者の1人の任務が終了した場合の権利義務の承継
　　受託者が2人以上ある信託においては，その1人の受託者の任務が終了した場合，その者に属している信託に関する権利義務は，そ

の任務が終了した時に，残りの受託者に当然に承継されます（同法86条4項本文）。受託者が1人の場合には，その権利義務は新受託者に承継されることになるのですが（同法75条1項・2項），受託者が2人以上あるときは，1人の受託者の任務が終了しても新受託者は選任されず，その権利義務及びその任務はすべて残りの受託者に承継されるとするのが，信託法の建前なのです。ただし，信託行為に別段の定めがあるときは，その定めるところによります（同法86条4項ただし書）。

第1章　信託に関する登記

## 8　信託における受益者及び信託管理人等の意義

> 問　信託における受益者とは，どのような者をいうのですか。
> また，受益者が2人以上ある場合，受益者が現に存在しない場合，受益者が未成年者や高齢者である場合などには，どのような措置が取られるのでしょうか。

【答】（設問前段について）

　信託における受益者とは，受益権を有する者をいいます。「受益権」とは，信託行為に基づいて受託者が受益者に対し負う債務であって信託財産に属する財産の引渡しその他の信託財産に係る給付をすべきものに係る債権及びこれを確保するために信託法の規定に基づいて受託者その他の者に対し一定の行為を求めることができる権利です。

　受益者は，信託行為の定めによる指定又は信託行為で定められた受益者指定権者による指定によって決められます。受益者となり得る者については，法律上別段の制限はありません。なお，受益者の定めのない信託も認められます。

（設問後段について）

(1)　受益者が2人以上ある信託における受益者の意思決定は，すべての受益者の一致によってこれを決するのが原則ですが，その性質上各受益者の単独の意思決定に親しむ権利については，各受益者が決することができます。ただし，すべての受益者の一致によるものについては，信託行為に別段の定めがあるときは，その定めるところによります。

(2)　受益者となり得る者は広範で，胎児も例外的に権利能力が認められます。未成年者，成年被後見人，被保佐人などの制限行為能力者が受益者になり得ることは，いうまでもありません。始期付き又は条件付きで受益者となる者が指定された場合，将来生まれてくる子

が受益者となるべき者として指定された場合など，受益者が，現に存在しないこともあり得ます。さらには，上記のとおり，そもそも受益者の定めのない信託も認められています。

このように，受益者となり得る者がきわめて多様であることにかんがみて，信託法では，受益者のために，又は受益者に代わって，受益者の権利を行使することができる機関を定めています。それが，信託管理人，信託監督人及び受益者代理人の制度です。

【解説】
1 受益者とは

信託における受益者とは，受益権を有する者をいい（信託法2条6項），「受益権」とは，信託行為に基づいて受託者が受益者に対し負う債務であって信託財産に属する財産の引渡しその他の信託財産に係る給付をすべきものに係る債権（以下「受益債権」といいます。）及びこれを確保するために信託法の規定に基づいて受託者その他の者に対し一定の行為を求めることができる権利をいいます（同条7項）。

信託は，一定の者の利益を図る目的の下に，受託者に対し，その目的に従って財産の管理又は処分及びその他の当該目的の達成のために必要な行為をすべきものとすることです（同条1項）。その利益を受ける一定の者を，信託法では，上記のとおり「受益者」と称し，その者の有する権利を「受益権」と称しています。

2 受益者となる者
(1) 信託行為の定めにより受益者となるべき者が指定されている場合

信託行為の定めにより受益者となるべき者が指定されている場合は，その者は，当然に受益権を取得します（同法88条1項本文。ただし，信託行為に別段の定めがあるときは，その定めるところによります。同項ただし書）。指定を受けるのは，第三者（胎児を含みます。）に限られず，委託者又は受託者でも差し支えありません（ただし，受託者のみを指定することはできません。同法2条1項参照）。

第1章　信託に関する登記

２人以上の受益者を指定することもできます。

　この信託行為の定めにより受益者が指定された場合には，委託者は，これを変更することはできません。この指定は，上記のとおり，当然に効力が生じ，それによって，信託の当事者が確定するからです。指定された受益者が死亡したときも，委託者が，新たな受益者を指定することはできません（この場合は，受益者の相続人が，受益権を承継します。）。ただし，次に掲げる信託においては，当該委託者は，受益者を変更する権利を有します（同法90条１項本文）。

① 　委託者の死亡の時に受益者となるべき者として指定された者が受益権を取得する旨の定めのある信託（同項１号）
② 　委託者の死亡の時以後に受益者が信託財産に係る給付を受ける旨の定めのある信託（同項２号）

　これらの信託にあっては，受益者となるべき者として指定された者が，現実に信託による利益を受ける時期が不確定であることから，その時期までに種々の事情変更があり得るため，委託者に変更権が留保されるのです。

　もっとも，受益者は，受託者に対する意思表示によって，受益権を放棄することができます（同法99条１項本文）。受益者がこの意思表示をしたときは，当初から受益権を有していなかったものとみなされます（同条２項本文）。ただし，第三者の権利を害することはできないとされています（同項ただし書）。以上の受益権の放棄は，以下の(2)及び(3)に述べる方法により指定された受益者もすることができます。受益者の受益権を放棄する権利は，信託行為の定めによってもこれを制限することはできません（同法92条17号）。

(2)　信託行為で定められた受益者指定権者による指定がされた場合

　信託行為において，直接受益者を指定しないで，受益者を指定する権利を有する者を定めた場合には，その指定権者は，受託者に対

する意思表示によって，その権利を行使します（同法89条1項）。遺言によって，この権利を行使することも可能です（同条2項）。受益者指定権者のこれらの権利行使によって指定された者は，当然に受益権を取得します（同法88条1項）。

　信託行為においては，いったん指定された受益者を変更する権利を有する者を定めることもできます（同法89条1項）。この変更権の行使も，受託者に対する意思表示又は遺言によってします（同条1項・2項）。これにより，変更後の受益者として指定された者も，当然に受益権を取得します（同法88条1項）。

(3)　受益者の死亡により他の者が新たに受益権を取得する旨の定めがある場合

　信託行為において，受益者の死亡により，当該受益者の有する受益権が消滅し，他の者が新たな受益権を取得する旨の定め（受益者の死亡により順次他の者が受益権を取得する旨の定めを含む。）がある場合には，受益者の死亡により新たに受益権を取得した者が当然に受益者となります（同法91条）。

　なお，上記のような定めは，当該信託がされた時から30年を経過した時以後に現に存する受益者が当該定めにより受益権を取得した場合であって当該受益者が死亡するまで又は当該受益権が消滅するまでの間，その効力を有するものとされています（同条）。

(4)　受益者の定めのない場合

　受益者の定め（受益者を定める方法の定めを含む。）のない信託も，信託契約（同法3条1号）又は遺言信託（同条2号）の方法によってすることができます（同法258条1項）。受益者の定めのない信託においては，信託の変更によって受益者の定めを設けることはできませんし，受益者の定めのある信託においては，信託の変更によって受益者の定めを廃することはできません（同条2項・3項）。受益者の定めのない信託は，存続期間が限られており，20年を超える

ことができません（同法259条）。

### 3 受益権

上記2に述べたところから明らかなように，信託法上の「受益者」とは，受益権という権利を有する者のことです。そこで，受益権とはいかなる内容・性質の権利であるかについて，説明することにします。

(1) 受益権の内容

「受益権」は，前述のように，受益債権（受託者に対して一定の財産的な給付を請求することができる権利）と，これを確保するために法律によって認められた権利（受託者その他の者に対して一定の行為を求め得る権利）の複合体です。前者は，信託における中心的な権利であって，当該信託は，究極的には，この権利を実現するための仕組みということができます。後者は，受益債権を確保するために，受託者を監督し，その行為を差し止め又は取り消し，信託財産に対する強制執行等につき異議を申し立てるなどの権利であって，受益債権にとっての補助的な権利ということができます。以下に，分説します。

ア 受益債権

受益債権の内容は，抽象的には，同法第2条第7項が定めるところで，「信託財産に属する財産の引渡しその他の信託財産に係る給付」です。具体的には，信託行為において，その給付の目的，価額，時期（定期又は不定期），条件などが定められます。

受益債権の債務者である受託者は，信託財産に属する財産のみをもって同債務を履行する責任を負います（同法100条）。受益者の側からすれば，受託者の固有財産に属する財産をもって，受益債権の満足に充てることはできません。

受益債権と受託者が信託財産に属する財産をもって履行する責任を負う他の債務に係る債権との優劣関係については，前者は，

後者に後れるとされています（同法101条）。例えば、受託者が、信託財産に属する金銭をもって第三者から財産を買い受けた場合、受託者は当該第三者に対して売買代金債務を負うことになるのですが、この場合における当該第三者の売買代金債権は、受益者が有する受益債権に優先します。したがって、信託財産に属する財産の額が上記二つの債権を弁済するに足りないときは、受益債権への弁済は、後回しになるのです。

　受益債権の消滅時効は、信託法に特別の定めがある場合を除いて、債権の消滅時効の例によるとされています（同法102条1項。なお、同条2項及び3項参照）。また、受益権は、これを行使することができる時から、20年を経過したときは、消滅するとされています（同条4項）。

イ　補助的な権利

　受益債権を確保するために信託法が受益者に付与している権利（補助的な権利）は、広範にわたります。これらの権利のうち、一部のものについては、信託行為の定めによって、その行使を制限することが可能ですが、そのような制限をすることが許されないものも相当数あります（同法92条）。主要なものを掲げると、次のとおりです。

① 信託財産責任負担債務に係る債権以外の債権に基づいて信託財産に属する財産に対してされた強制執行、仮差押え、仮処分又は担保権の実行若しくは競売又は国税滞納処分につき異議を主張する権利（同条3号）

② 受託者がその権限に属しない行為をした場合又は受託者が受益者との利害が相反する行為をした場合に、これらの行為を取り消すことができる権利（同条5号・6号）

③ 受託者に対し信託事務の処理の状況並びに信託財産に属する財産及び信託財産責任負担債務の状況について報告を求めるこ

とができる権利（同条7号）
④　信託財産に係る帳簿，信託財産に属する財産の処分に係る契約書その他の信託事務の処理に関する書類又は電磁的記録の謄写又は閲覧を請求できる権利（同条8号）
⑤　受託者がその任務を怠ったことにより信託財産に損失又は変更が生じた場合に，受託者に対し当該損失のてん補又は原状の回復を請求できる権利（同条9号）
⑥　受託者が法令若しくは信託行為の定めに違反する行為をし，又はこれらの行為をするおそれがある場合に，受託者に対し当該行為をやめることを請求することができる権利（同条11号）
⑦　同法第103条第1項又は第2項の規定による受益権取得請求権（同条18号）

この権利の内容については，次の(3)で説明します。

(2) 受益権の処分等

　ア　受益権の譲渡

　　(ア)　譲渡性

　　　　受益者は，その有する受益権を譲り渡すことができます（同法93条1項本文）。ただし，その性質がこれを許さないときは，この限りではありません（同項ただし書）。信託行為に別段の定めがあるときは，その定めるところによります（同条2項本文）。ただし，その定めは，善意の第三者に対抗することができません（同項ただし書）。

　　(イ)　対抗要件

　　　　受益権の譲渡は，譲渡人が受託者に通知をし，又は受託者が承諾をしなければ，受託者その他の第三者に対抗することができません（同法94条1項）。この通知又は承諾を受託者以外の第三者に対抗するには，確定日付のある証書によってすることを要します（同条2項）。民法が定める債権の譲渡の対抗要件に倣

ったものです。

　　イ　受益権の質入れ

　　　受益権には，一般に交換価値があると考えられますので，受益者は，原則として，これに質権を設定することができます（信託法96条１項本文）。受益権を目的とする質権は受益者が受託者から信託財産に係る給付として受けた金銭等について及び（同法97条），質権者は，受託者が給付を受けた金銭等を受領し，他の債権者に先立って自己の債権の弁済に充てることができます（同法98条）。

(3)　受益権取得請求権

　　ア　意　義

　　　以上に説明したように，受益者の地位の内容は信託法の規定及び信託行為の定めに従って決められることになるのですが，いったん信託が成立した後に，当該信託に係る一定の重要事項について変更がされ，その結果，受益者が損害を受けるおそれが生ずることが，想定されるところです。例えば，当初は，信託行為に受益権の譲渡を制限する定めがされていなかったのに，後にその制限が加えられた場合とか，受益債権の内容が変更されたというような場合です。このような場合には，受益者は，受託者に対し，自己の有する受益権を公正な価格で取得することを請求することができます（同法103条１項）。会社法における株主の会社に対する株式買取請求権に類似する制度で，信託における受益者保護のための手段です。信託法は，これを受益権取得請求権と称し（同条６項），この権利を生じさせる事由（信託に係る重要事項の変更事由）を同条第１項に列記しています。上記の受益権の譲渡の制限（同項２号）及び受益債権の内容の変更（同項４号）のほかに挙げられているのは，信託の目的の変更（同項１号），受託者の義務の全部又は一部の減免（同項３号），及びその他信託行為にお

いて定めた事項の変更（同項5号）です。さらに，信託の併合又は分割がされる場合にも，受益者が損害を受けるおそれがありますので，同様の権利が受益者に認められています（同条2項）。

　もっとも，重要な信託の変更又は信託の併合若しくは分割の意思決定に関与し，その際に当該重要な信託の変更等に賛成する旨の意思表示をしたときは，当該受益者については，受益権取得請求権は認められません（同条3項）。

　イ　行　使

　　受益者が受託者に対して受益権取得請求をした場合には，その受益権の価格を決定する必要があります。この価格決定は，まず，受託者と受益者との協議によりますが，その協議が調ったときは，受託者は，受益権取得請求の日から60日を経過する日までに，その支払をしなければなりません（同法104条1項）。上記の協議が受益権取得請求の日から30日以内に調わないときは，受託者又は受益者は，その期間の満了の日後30日以内に，裁判所に対し，価格の決定の申立てをすることができます（同条2項）。かくして，受益権の価格の決定は裁判所に委ねられることになるのですが（同条3項から6項まで），この場合，受託者は，裁判所が決定した価格に相当する金銭のほかに，当該価格に対する受益権取得請求の日から60日を経過した日以後の利息をも支払わなければなりません（同条8項）。

　　一方，受託者が受益権取得請求がされた受益権を取得するのは，当該受益権の価格に相当する金銭を支払った時とされています（同条10項）。

**4　受益者が2人以上ある信託における受益者の意思決定の方法**

　次に，受益者が2人以上ある場合の各受益者の意思決定の方法について，信託法では，次のような手当がされています。

(1)　信託法の定め

受益者が2人以上ある信託における受益者の意思決定は，原則として，すべての受益者の一致によってこれを決することとされています（同法105条1項本文）。受益者全員の意見の一致が建前です。ただし，同法第92条各号に掲げる権利（受益債権を確保するために信託法上受益者に認められている権利であって，信託行為によってもこれを制限することができないもの）については，その性質上各受益者の単独の意思決定に親しむものですから，各受益者の意思により決することができます（同項本文）。さらに，上記の受益者全員の一致を要するものについては，信託行為に別段の定めがあるときは，その定めるところによります（同項ただし書）。例えば，信託行為において受益者の多数決による旨の定めがあれば，それに従います。

(2) 受益者集会による決議

これに加えて信託法は，上記(1)の末尾で述べた信託行為における別段の定めとして，受益者集会の多数決による旨が定められた場合に備えた規定を設けています。同法第106条から第122条までの規定がそれで，ここでは，受益者集会の招集，受益者の議決権，決議の要件，議決権の代理行使，受託者の出席，議事録，決議の効力等に関し，会社法の株主総会の規定に準ずる定めがされています。信託行為において，受益者集会の多数決による旨の定めがされた場合は，上記の手続に従って受益者の意思決定がされます（同法105条2項本文）。ただし，信託行為に別段の定めがあるときは，その定める手続によります（同項ただし書）。

5 受益者の利益を保護するための機関

(1) 趣　旨

上記2で述べたように，受益者となる者は，信託行為において指定された者，信託行為において定められた受益者指定権者によって指定された者などですが，その指定を受ける資格について，別段の

制限はありませんから，委託者や受託者とは異なり，広範囲にわたることが想定されます。例えば，胎児も例外的に権利能力が認められます。未成年者，成年被後見人，被保佐人などの制限行為能力者が受益者になり得ることは，いうまでもありません。始期付き又は条件付きで受益者となる者が指定された場合，将来生まれてくる子が受益者となるべき者として指定された場合など，受益者が，現に存在しないこともあり得ます。さらには，そもそも受益者の定めのない信託も認められています。

　このように，受益者となり得る者がきわめて多様であることにかんがみて，信託法では，受益者のために，又は受益者に代わって，受益者の権利を行使することができる機関を定めています。それが，信託管理人，信託監督人及び受益者代理人の制度です。

(2) 信託管理人

　ア　選　任

　　信託行為においては，受益者が現に存在しない場合に信託管理人となるべき者を指定する定めを設けることができます（同法123条1項）。信託行為にこの定めがあるときは，利害関係人は，信託管理人となるべき者として指定された者に対し，相当の期間を定めて，その期間内に就任の承諾をするかどうかを確答すべき旨を催告することができます（同条2項本文）。この催告があった場合において，信託管理人となるべき者として指定された者は，定められた相当の期間内に委託者に対し確答をしないときは，就任の承諾をしなかったものとみなされます（同条3項）。

　　受益者が現に存在しない場合において，信託行為に信託管理人に関する定めがないとき，又は信託行為の定めにより信託管理人となるべき者として指定された者が就任の承諾をせず，若しくはこれをすることができないときは，裁判所は，利害関係人の申立てにより，信託管理人を選任することができます（同条4項）。上

記の裁判所の選任があったときは，当該信託管理人について信託行為に信託管理人となるべき者を指定する定めが設けられたものとみなされます（同条5項）。すなわち，信託管理人の選任は，信託法上は，常に信託行為に基づくものとするという位置付けが与えられているのです。

イ 信託管理人の権利義務

信託管理人は，受益者のために自己の名をもって受益者の権利に関する一切の裁判上又は裁判外の行為をする権限を有します（同法125条1項本文）。信託管理人が2人以上あるときは，これらの者が共同してその権限に属する行為をしなければなりません（同条2項本文）。ただし，いずれも，信託行為に別段の定めがあるときは，その定めるところによります（同条1項ただし書，同条2項ただし書）。

一方，信託管理人は，善良な管理者の注意をもって，受益者のために，誠実かつ公平に，上記の権限を行使すべき義務を負います（同法126条1項・2項）。

ウ 信託管理人の任務の終了

信託管理人の任務の終了については，受託者の任務の終了に関する同法第56条の規定が準用されます（同法128条1項）。また，信託管理人の辞任又は解任についても，受託者の辞任（同法57条）又は解任（同法58条）に関する規定が準用されます（同法128条2項）。

エ 新信託管理人の選任

信託管理人の任務が終了した場合における新信託管理人の選任についても，新受託者の選任に関する同法第62条の規定が準用されます。すなわち，同法第56条第1項各号に掲げる事由により信託管理人の任務が終了した場合において，信託行為に新信託管理人となるべき者を指定する定めがあるときは，その定めによ

ります（同法62条2項本文参照）。信託行為に新たな信託管理人に関する定めがないとき，又は信託行為の定めにより新信託管理人となるべき者として指定された者が信託の引受けをせず，若しくはこれをすることができないときは，委託者及び受益者は，その合意により，新信託管理人を選任することができます（同条1項）。

(3) 信託監督人

ア　意　義

信託監督人とは，受益者が現に存する場合に，受益者のために自己の名をもって同法第92条各号に掲げる権利（受益債権を確保するために信託法上受益者に認められている権利であって，信託行為によってもこれを制限することができないもの）に関する一切の裁判上又は裁判外の行為をする権限を有する者です（同法132条1項本文。ただし，信託行為に別段の定めがあるときは，その定めるところによります。同項ただし書）。受益者が現に存するけれども，未成年者や精神上の障害により判断能力が不十分な成人などであって，受託者の監督を適切に行うことができない場合に，受益者の利益を保護するために置かれる支援機関です。信託監督人は，善良な管理者の注意をもって，受益者のために，誠実かつ公平にその権限を行使しなければなりません（同法133条）。

イ　選任・任務の終了・新信託監督人の選任

信託監督人の選任，任務の終了及び新信託監督人の選任に関しては，信託法に，信託管理人とほぼ同様の規定が設けられています（同法131条，134条，135条）。

(4) 受益者代理人

ア　意　義

受益者代理人とは，その代理する受益者のために当該受益者の権利に関する一切の裁判上又は裁判外の行為をする権限を有する

者です（同法139条1項本文）。信託管理人及び信託監督人が，自己の名をもって受益者のために権利を行使するのに対し，受益者代理人は，受益者の名をもって同人に属する権利を行使するのです。受益者が数人ある場合，その全員のために受益者代理人を選任することができますが，その一部の者のみについて受益者代理人を選任することもできます（同法138条1項参照）。受益者代理人も善管注意義務及び受益者に対する忠実義務を負います（同法140条）。

　受益者代理人が選任された場合には，受益者は自らの権利行使を制限されます。すなわち，受益者は，同法第92条各号に掲げる権利（受益債権を確保するために信託法上受益者に認められている権利であって，信託行為によってもこれを制限することができないもの）及び信託行為において定めた権利を除き，その権利を行使することができません（同法139条4項）。

イ　選任・任務の終了・新受益者代理人の選任

　受益者代理人の選任，任務の終了及び新受益者代理人の選任に関しては，信託法に，信託管理人とほぼ同様の規定が設けられています（同法138条，141条，142条）。

6　受益者の不動産登記法上の地位

　信託財産に属する財産に不動産に関する権利が含まれている場合の信託の登記，信託の変更の登記及び信託の登記の抹消などの手続における受益者の地位は，以下のとおりです。

(1)　信託の登記の登記事項としての受益者

　信託の登記においては，その登記事項の一つとして，受益者の氏名又は名称及び住所を記録すべきものとされています（法97条1項1号）。当該信託において受益権を有する者が誰であるかは，不動産の取引に当たる者にとって，重大な関心事だからです。ただし，法第97条第1項第2号から第6号までに掲げる事項のいずれかを

第1章　信託に関する登記

登記したときは，上記の受益者の表示を登記することを要しないとされています（同条2項）。以下に，この点について，説明します。

ア　同条1項第2号の登記事項は，「受益者の指定に関する条件又は受益者を定める方法の定めがあるときは，その定め」です。この定めが登記されたときは，受益者が，まだ具体的に定まっていないのですから，その表示を登記することを要しないのは，当然です。なお，この定めによって受益者が定められたときは，信託の登記の登記事項について変更があったことになりますから，受託者の申請により，信託の変更の登記として，受益者の表示が登記されます。

イ　同項第3号の登記事項は，「信託管理人があるときは，その氏名又は名称及び住所」です。信託管理人が選任されるのは，受益者が現に存在ないときに限られますから，その表示を登記する必要がないのは，当然です。

ウ　同項第4号の登記事項は，「受益者代理人があるときは，その氏名又は名称及び住所」です。この登記がされたときは，受益者に属する権利は，受益者代理人が行使しますから，受益者の表示を登記するまでもないとする趣旨です。受益者が2人以上ある場合において，一部の受益者のみを代理する受益者代理人が定められたときは，当該受益者についてはその表示を省略することができますが，その他の受益者については，原則どおり，その表示を登記することを要します。

エ　同項第5号の登記事項は，「信託法（平成18年法律第108号）第185条第3項に規定する受益証券発行信託であるときは，その旨」です。受益証券発行信託においては，不特定多数の者を受益者としますから，その表示を登記することを要しないのです。

オ　同項第6号の登記事項は，「信託法第258条第1項に規定する受益者の定めのない信託であるときは，その旨」です。この信託

においては受益者が存在しませんから、その表示を登記する必要がないのは、当然です。

(2) 信託の登記及び信託の変更の登記の代位申請者としての受益者

　信託の登記及び信託の変更の登記の申請は、受託者が単独ですることができるのですが、受託者が任意にその申請をしないときは、受益者は、受託者に代ってその申請をすることができることとされています（法99条、103条）。受益者がこれらの規定に基づいて、信託の登記又は信託の変更の登記の申請をしたときは、代位者としての受益者の氏名又は名称及び住所が、代位原因とともに登記されることになります（法59条7号）。

第1章　信託に関する登記

## 2　信託登記の目的となる不動産

### 9　信託財産に属する不動産について、受託者の債権者による強制執行等が禁止されている理由等

> 問　信託財産に属する不動産（信託財産）について、受託者の債権者が強制執行等をすることは、原則として、禁止されていますが、それはなぜですか。また、強制執行等をすることができるのは、どのような場合ですか。

【答】（設問前段について）

　信託財産は、法律形式の上では受託者に属するものですが、実質的には、信託行為で定められた目的の達成に奉仕すべきものであり、同じく受託者に属する固有財産から独立の存在として位置付けられなければならないものです。この独立性を守るため、信託法は、受託者の固有財産に属する財産のみをもって履行する責任を負う債務に係る債権に基づいて、信託財産に属する財産に対する強制執行等をすることができないという制限をしたのです。そうでないと、信託財産に属する財産が、固有財産に係る債権の満足の用に供されて減少してしまい、本来の信託の目的が達成できなくなるおそれがあるからです。

（設問後段について）

　信託財産責任負担債務に係る債権に基づく場合には、信託財産に属する財産に対して、強制執行等をすることが許されます。また、信託法第3条第3号に定める方法による信託（自己信託）がされた場合において、当該信託が委託者の詐害行為に当たるものであるときは、委託者の債権者は、信託財産に属する財産に対して、強制執行等をすることができます。

第二節　信託に関する登記

【解説】
1　設問前段について
　(1)　設問の趣旨
　　設問前段は，信託財産に属する不動産について，信託法第23条第1項の規定に基づき，受託者の債権者による強制執行等が禁止されている理由について問うものです。同項は，「信託財産責任負担債務に係る債権（中略）に基づく場合を除き，信託財産に属する財産に対しては，強制執行，仮差押え，仮処分若しくは担保権の実行若しくは競売（中略）又は国税滞納処分（中略）をすることができない。」と規定しています。要は，信託財産に属する財産に対しては，受託者の債権者による民事執行法上の強制執行（強制競売・強制管理），担保権の実行若しくは民法，商法その他の法律の規定による換価のための競売，民事保全法上の仮差押え若しくは仮処分，又は国税徴収法上の滞納処分は，原則として，許されないとしているのです。例外として認められるのは，「信託財産責任負担債務に係る債権」による強制執行等で，「信託財産責任負担債務」というのは，「受託者が信託財産に属する財産をもって履行する責任を負う債務」をいいます（信託法2条9項。なお，同法21条1項各号に同債務に該当するものが，列記されています。）。
　(2)　受託者が負う債務の種別
　　同法第3条に定める方法によって信託が設定され，受託者に対する財産の譲渡，担保権の設定その他の財産の処分により信託財産が形成された場合には，受託者は，信託財産に属する財産と固有財産に属する財産とを，信託法又は信託行為の定めるところに従って，分別して管理しなければならなりません（同法34条1項。なお，この分別管理義務は他の信託財産に属する財産との間についても生じるのですが，ここでの説明では触れないことにします。）。法人格としては1個の権利主体である受託者に，あたかもそれぞれ独立した

## 第1章　信託に関する登記

「財産の集団」の観を呈する信託財産と固有財産とが帰属することになるわけですが，このような関係の下で，受託者が負う債務には大きく分けて，三つの種類が存在することになります。

① 信託財産に属する財産のみをもって履行する責任を負う債務

　これに属するのは，信託法又は信託行為にその旨の定めがある債務に限られます（同法21条2項）。代表的なものは，信託における中心的な債権である受益債権に係る債務（信託行為に基づいて受託者が受益者に対して負う債務であって信託財産に属する財産の引渡しその他の信託財産に係る給付をすべきもの）です（同項1号）。受益者は，受託者の固有財産に属する財産をもって，この債権の引当てとすることはできません。

② 信託財産に属する財産及び固有財産に属する財産をもって履行する責任を負う債務

　これに属するのは，基本的には，受託者がした信託事務の処理について生じた債務です。例えば，受託者が，その権限に基づき，信託財産に帰属させるものとして，第三者から不動産を買い受けた場合における売買代金債務が，それです（同条1項5号）。この債務は信託財産に属する財産をもって履行する責任を負うべきものですが，同時に，受託者は，相手方である当該第三者との関係においては，自己の固有財産に属する財産をもって履行する責任をも負わなければなりません。当該第三者からみれば，売買の相手方は，「受託者」という1個の法人格ですから，その代金債務の責任財産が，信託財産に属する財産に限られるとすると，当該第三者が，不測の損害を被るおそれがあるからです。

　このほか，受託者の信託事務の処理について生じた債務の主なものとしては，(i)受託者の権限に属しない行為によって生じた債務であって，当該行為を同法第27条第1項又は第2項の規定により取り消すことができないもの（同法21条1項6号イ），(ii)受託

者が信託財産に属する財産を固有財産に帰属させた場合において，受託者が第三者との間でその財産について処分その他の行為をしたことにより生じた債務であって，当該行為を同法第31条第6項の規定により取り消すことができないもの（同項7号），(iii)受託者が信託事務を処理するについてした不法行為によって生じた債務（同項8号）などがあります（なお，上記(i)及び(ii)については，後記2(1)で詳細に説明します。）。

さらに，信託事務の処理について生じた債務以外の債務であっても，受託者が信託財産に属する財産及び固有財産に属する財産をもって履行する責任を負うべきものがあります。代表的なものは，同法第103条第1項又は第2項の規定による受益者の受益権取得請求権（重要な信託の変更がされることにより損害を受けるおそれがある受益者が受託者に対し自己の有する受益権を公正な価格で取得するよう請求することができる権利）に係る債務（同法21条1項4号）です。ほかに，(iv)信託財産に属する財産について信託前の原因によって生じた権利に係る債務（同項2号），(v)信託前に生じた委託者に対する債権に係る債務であって，受託者が信託財産に属する財産をもって履行する責任を負う旨の信託行為の定めがあるもの（同項3号）があります。

③　固有財産に属する財産のみをもって履行する責任を負う債務

受託者の固有財産のためにした行為から生ずる債務については，受託者は，固有財産に属する財産のみをもって履行する責任を負います。例えば，受託者が，その固有財産に帰属させるものとして，第三者から不動産を買い受けた場合，その代金債務は，固有財産に属する金銭をもって履行されなければなりません。当該第三者は，受託者の信託財産に属する財産をもって，当該売買代金債権の引当てとすることはできないのです。

(3)　信託財産に対する強制執行等が禁止される理由

第1章　信託に関する登記

　信託の受託者が負う上記の三つの債務のうち，信託法が「信託財産責任負担債務」と称しているのは，上記(2)の①及び②の債務です（同法21条1項）。すなわち，信託財産責任負担債務には，受託者が信託財産に属する財産のみをもって履行する責任を負う債務と，この財産だけでなく，固有財産に属する財産をもって履行する責任を負う債務も含まれます。したがって，同法第23条第1項の規定によって，信託財産に属する財産に対する強制執行等が禁止されるのは，受託者が，固有財産に属する財産のみをもって履行する責任を負う債務に係る債権に基づくものということになります。

　このような禁止がされるのは，信託財産の目的・性質に由来します。受託者は，信託財産に属する財産を，自己のものとして，管理・処分をする権限を有するのですが，それは，法律形式上のことです。受託者は，委託者から受けた財産の譲渡，担保権の設定などによって形成された信託財産を，信託行為で定められた一定の目的（主として受益者の利益を図る目的）に従って，財産の管理又は処分及びその他の当該目的の達成のために必要な行為をすべき義務を負うのです。この信託の機能にかんがみれば，信託財産は，法律的には受託者に属するものではありますが，実質的には，上記の「一定の目的」の達成に奉仕すべきものであり，同じく受託者に属する固有財産から独立の存在として位置付けられなければならないものです。この独立性を守るため，信託法は，受託者の固有財産に属する財産のみをもって履行する責任を負う債務に係る債権（以下「固有財産に係る債権」と略称します。）に基づいて，信託財産に属する財産に対する強制執行等をすることができないという制限をしたのです。そうでないと，信託財産に属する財産が，固有財産に係る債権の満足の用に供されて減少してしまい，本来の信託の目的が達成できなくなるおそれがあります。このような帰結は相当ではない，というのが同法第23条第1項の規定の基礎にある考え方なの

です。

(4) 強制執行等を排除する方法

では，固有財産に係る債権を有する者が，同項の規定に違反して，この債権に基づき，信託財産に属する財産に対し強制執行等の手段に訴えてきた場合の排除の方法について，信託法は，次のように定めています。

まず，同項の規定に違反してされた強制執行，仮差押え，仮処分，担保権の実行又は換価のための競売に対しては，受託者又は受益者は異議を主張することができます（同条5項前段）。この異議の主張については，民執法第38条及び民保法第45条の規定が準用されますので（同項後段），受託者又は受益者は，当該固有債権に係る債権者に対し，その強制執行等の不許を求める第三者異議の訴えを提起することになります。

次に，信託法第23条第1項の規定に違反する国税滞納処分に対しても，受託者又は受益者が，異議を主張することができます（同条6項前段）。その異議の主張は，当該国税滞納処分について不服の申立てをする方法によってすべきものとされています（同項後段）。第三者の権利の目的となっている財産について国税債権に基づく滞納処分による差押えがされた場合，当該第三者は，税務署長に対し，一定の要件の下に，差押換えの請求ができることとされており（国税徴収法50条），上記の受託者又は受益者による異議の主張も，この方法によることになります。

2　設問後段について

設問後段は，信託財産に属する財産に対して，強制執行等をすることができるのは，どのような場合であるかを問うものです。

(1) 信託財産責任負担債務に係る債権に基づく場合

ア　信託法第21条第1項に掲げる信託財産責任負担債務

同法第23条第1項は，信託財産責任負担債務に係る債権に基

### 第1章　信託に関する登記

づく場合には，信託財産に属する財産に対して，強制執行等をすることを認めています。その信託財産責任負担債務というのは，上記1(2)の①及び②に示した債務であって，これに属するものは，同法第21条第1項各号に列記されています。その主要なものについては上記1(2)で触れたところですが，ここで，あらためて，その全部を掲げることにしましょう。すなわち，同項は，「次に掲げる権利に係る債務は，信託財産責任負担債務となる。」として，1号から9号までの規定を置いています。

i 受益債権（1号）

ii 信託財産に属する財産について信託前の原因によって生じた権利（2号）

iii 信託前に生じた委託者に対する債権であって，当該債権に係る債務を信託財産責任負担債務とする旨の信託行為の定めがあるもの（3号）

iv 同法第103条第1項又は第2項の規定による受益権取得請求権（4号）

v 信託財産のためにした行為であって受託者の権限に属するものによって生じた権利（5号）

vi 信託財産のためにした行為であって受託者の権限に属しないもののうち，次に掲げるものよって生じた権利（6号）

　イ 同法第27条第1項又は第2項（これらの規定を同法75条4項において準用する場合を含む。ロにおいて同じ。）の規定により取り消すことができない行為（当該行為の相手方が，当該行為の当時，当該行為が信託財産のためにされたものであることを知らなかったもの（信託財産に属する財産について権利を設定し又は移転する行為を除く。）を除く。）

　ロ 同法第27条第1項又は第2項の規定により取り消すことができる行為であって取り消されていないもの

vii 同法第31条第6項に規定する処分その他の行為又は同条第7項に規定する行為のうち，これらの規定により取り消すことができない行為又はこれらの規定により取り消すことができる行為であって取り消されていないものによって生じた権利（7号）

viii 受託者が信託事務を処理するについてした不法行為によって生じた権利（8号）

ix ⅴからⅷまでに掲げるもののほか，信託事務の処理について生じた権利（9号）

以上のうちⅵとⅶについては，若干の説明を要します。ⅵは受託者がその権限に属しない行為をした場合（同法27条）に係るもの，ⅶは受託者が受益者と利益が相反する行為をした場合（同法31条）に係るものです。項を改めて，説明します

イ 若干の説明

(ア) 受託者の権限外行為に係るもの

a 受託者の権限外行為の効力

受託者は，信託行為による特段の制限がないかぎり，信託財産に属する財産の管理又は処分及びその他の信託の目的の達成のために必要な行為をする権限を有するとされています（同法26条）。

そして，信託法は，受託者が信託財産のためにした行為が，その権限に属しない場合，その行為を当然に無効とはせずに，①当該行為の相手方が，当該行為の当時，当該行為が信託財産のためにされたものであることを知っていたこと，②当該行為の相手方が，当該行為の当時，当該行為が受託者の権限に属しないことを知っていたこと又は知らなかったことにつき重大な過失があったことの二つの要件を充たすときは，受益者は，当該行為を取り消すことができるとして，受

益者の利益を保護しています（同法27条1項）。これが原則なのですが，信託法は，これに続いて，当該受託者の権限に属しない行為が同法第14条の信託の登記又は登録をすることができる財産について権利を設定し又は移転したというものであるときは，上記①の要件に代えて，「当該行為の当時，当該信託財産に属する財産について第14条の登記又は登録がされていたこと」という要件を充たせば足りるとしているのです（同法27条2項）。例えば，受託者がその権限の範囲を超えて，信託財産に属する不動産について，その所有権を移転したり，担保権や用益権を設定するなどの行為をした場合においては，当該行為の当時に信託の登記がされていれば，受益者が当該行為を取り消すには，上記②の要件を充たしていれば足りることになります。取消しの要件が緩和されているのです。

b　受託者の権限外行為のうち取り消すことができないもの

　そうとしますと，受託者の権限外行為ではあるが取り消すことができないものとは，同法第27条第1項の原則的な場合についてみますと，受託者の権限外行為の相手方が，③当該行為の当時，当該行為が信託財産のためにされたものであることを知らなかったこと，④当該行為の当時，当該行為が受託者の権限に属しないことを知らず，かつ，知らなかったことにつき重大な過失がなかったことのいずれかに該当するときの当該行為ということになります。ただし，同法第27条第2項の場合，すなわち，受託者の権限外行為が信託の登記等をすることができる財産について権利を設定し又は移転したというものであるときは，⑤当該行為の当時，当該信託財産に属する財産について信託の登記等がされていなかったこと，⑥当該行為の相手方が，当該行為の当時，当該行為が

受託者の権限に属しないことを知らず，かつ，知らなかったことに重大な過失がなかったことのいずれかに該当するときの当該行為ということになります。

c　受託者の権限外行為のうち取り消すことができないものから生じた権利に係る債務

では，受託者の権限外行為のうち同条第１項又は第２項の規定により取り消すことができないものから生じた権利に係る債務は，すべて，受託者において信託財産責任負担債務として信託財産に属する財産（及び固有財産に属する財産）をもって履行する責任を負うべきなのでしょうか。同法第21条第１項第６号イは，そうとはしないで，上記の取り消すことができない行為から，当該行為の相手方が，当該行為の当時，当該行為が信託財産のためにされたものであることを知らなかったもの（上記ｂの③の要件に該当するもの）を除外しています（以下，便宜上「除外要件」と及びます。）。すなわち，当該行為の相手方が信託財産のためにされたものであることを知らなかったというだけでは，当該行為から生じた権利に係る債務を信託財産責任負担債務とはせずに，これを固有財産に属する財産をもって履行する責任を負う債務としているのです。当該相手方は，当該行為の当時，当該行為から生ずる権利に係る債務については，信託財産に属する財産が引当てになるという認識がなかったのですから，係る取扱いをしたとしても，当該相手方に不測の損害をもたらすことはないと考えられます。この結果，受託者の権限外の行為であって，当該行為の相手方が，当該行為の当時，当該行為が受託者の権限に属しないことを知らず，かつ，知らなかったことにつき重大な過失がなかったもの（上記ｂの④の要件に該当するもの）から生じた権利に係る債務が信託財産責任負

担債務となる,ということになります。

　ただし,同号イの規定は,その括弧内で,「信託財産に属する財産について権利を設定し又は移転する行為を除く。」と定めています。この規定は,同法第27条第2項の規定が,受託者の権限外行為が信託の登記等をすることができる財産について権利を設定し又は移転したというものであるときは,上記の除外要件に代えて,「当該行為の当時,当該信託財産に属する財産について第14条の登記又は登録がされていたこと」という要件を充たせば足りるとしていることによるものです。すなわち,受託者の権限外行為が不動産のような財産についての権利の設定又は移転(以下,この項では,便宜上「財産の移転等」と略称します。)であるときは,上記の除外要件は,元々,当該行為の取消しを不可とする事由とならないのです。このため,信託法の規定上で,上記の除外要件に該当する行為には,財産の移転等が含まれないことを注記しておく必要がありました。その注記が,同法第21条第1項第6号イの括弧書部分なのです。

d　準用規定

　なお,同号イの規定中には,同法第27条第1項又は第2項の規定を準用する同法第75条第4項の規定により取り消すことができない行為によって生じた権利に係る債務も,信託財産責任負担債務とする旨の規定も含まれています。

　同条の規定は,受託者の任務が同法第56条第1項各号に掲げる事由により終了し,新受託者が選任された場合における信託に関する権利義務の承継について定めたものですが,その第4項は,「第27条の規定は,新受託者等が就任するに至るまでの間に前受託者がその権限に属しない行為をした場合に準用する」と定めています。すなわち,前受託者の権限

外行為についても，同法第27条第1項又は第2項の規定を準用して，その取消しの可否を決しようとするもので，その結果，これらの規定により取り消すことができない行為（上記の除外要件に該当するものを除きます。）によって生じた権利に係る債務も，信託財産責任負担債務とされることになります。

e　まとめ

以上のように，受託者の権限外行為ではあるが，取り消すことができないものから生じた権利に係る債務のうち，信託財産責任負担債務に当たるものについての信託法の規定はきわめて複雑なのですが，これを整理すると，次のとおりです。

(a)　受託者がその権限の範囲に属しない行為をした場合であって，当該行為が信託の登記等をすることができる財産につき権利を設定し又は移転するものであるときには，(i)当該行為の当時，当該信託財産に属する財産について信託の登記等がされていなかったこと（上記bの⑤の要件に該当するもの），(ii)当該行為の相手方が，当該行為の当時，当該行為が受託者の権限に属しないことを知らず，かつ，知らなかったことに重大な過失がなかったこと（上記bの⑥の要件に該当するもの）のいずれかに該当するときは，受益者において，当該行為を取り消すことができません。そして，上記の(i)又は(ii)のいずれの場合にも，当該取り消すことができない行為により生じた権利に係る債務は，信託財産責任負担債務になります。

(b)　受託者がその権限の範囲に属しない行為をした場合であって，当該行為が信託の登記等をすることができる財産について権利を設定し又は移転するもの以外のものであると

第1章　信託に関する登記

きには，(iii)受託者の権限外行為の相手方が，当該行為の当時，当該行為が信託財産のためにされたものであることを知らなかったこと（上記 b の③の要件に該当するもの），(iv)当該相手方が，当該行為の当時，当該行為が受託者の権限に属しないことを知らず，かつ，知らなかったことにつき重大な過失がなかったこと（上記 b の④の要件に該当するもの）のいずれかに該当するときは，受益者において，当該行為を取り消すことができません。ただし，(iii)の場合には，当該取り消すことができない行為により生じた権利に係る債務は，信託財産責任負担債務とはならず（これは，受託者の固有財産に属する財産のみをもって履行する責任を負う債務となります。），(iv)の場合に限り，当該債務が信託財産責任負担債務となるのです。

　　f　取消しが可能であるのに取り消されていない行為によって生じた権利に係る債務

　　　次に，受託者の権限外行為であって，信託法の上記規定によって取り消すことができるものであるのに，受益者において，その取消しをしていないものから生じた権利に係る債務については，同法第21条第1項第6号ロの規定（上記アのviのロ参照）で，当該行為によって生じた権利に係る債務は，信託財産責任負担債務とされています。受益者において取り消すことができるのに，取り消さないということは，当該債務について，信託財産に属する財産をもって履行の責任を負うことを，受益者が，受忍しているものと考えられるからです。

　(イ)　受託者の受益者との利益相反行為に係るもの

　　a　利益相反行為の意義

　　　信託法は，受託者がその職務を執行するについて，受益者

との間で利益が相反する次のような行為をしてはならないとしています（信託法31条1項各号）。

① 信託財産に属する財産（当該財産に係る権利を含む。）を固有財産に帰属させ，又は固有財産に属する財産（当該財産に係る権利を含む。）を信託財産に帰属させること
② 信託財産に属する財産（当該財産に係る権利を含む。）を他の信託の信託財産に帰属させること
③ 第三者との間において信託財産のためにする行為であって，自己が当該第三者の代理人となって行うもの
④ 信託財産に属する財産につき固有財産に属する財産のみをもって履行する責任を負う債務に係る債権を被担保債権とする担保権を設定することその他第三者との間において信託財産のためにする行為であって受託者又はその利害関係人と受益者の利益が相反することとなるもの

　ただし，受託者に対する以上の利益相反行為の制限は絶対的なものではなく，信託法は，一定の事由があるときは，例外的に受託者がこれらの行為をすることができるとしています（同条2項）。その事由とは，(i)信託行為に当該行為をすることを許容する旨の定めがあるとき，(ii)受託者が当該行為について重要な事実を開示して受益者の承認を得たとき，(iii)相続その他の包括承継により信託財産に属する財産に係る権利が固有財産に帰属したとき，(iv)受託者が当該行為をすることが信託の目的の達成のために合理的に必要と認められる場合であって，受益者の利益を害しないことが明らかであるとき，又は当該行為の信託財産に与える影響，当該行為の目的及び態様，受託者の受益者との実質的な利害関係の状況その他の事情に照らして正当な理由があるときとされています（以下，これらの事由を，便宜上「許容事由」と呼ぶことに

します)。

b　利益相反行為の効果

　受託者が，同法第31条第1項の規定に違反して上記の利益相反行為をした場合であって，同条第2項が規定する許容事由がないときに，当該行為の効果がどうなるかは，利益相反行為の種別によって異なります。

(a)　受託者が上記aの①又は②の行為をした場合には，当該行為は無効です（同条4項）。これらの行為は，定型的に受益者との間で利益が相反するものであり，その程度も重大ですから，効力のないものとされるのです。例えば，受託者が信託財産に属する不動産を自ら買い受けて，その固有財産又は自己を受託者とする別の信託に帰属させ，その旨の登記をしたという場合です。これらの売買は無効ですから，受益者は受託者に対して，直ちに原状回復（所有権移転の登記の抹消）をするよう請求することができます。

　問題は，受託者が原状回復をしないまま，当該不動産を第三者に売却するとか，これに抵当権を設定するなどの処分行為をしたという場合なのですが，信託法は，当該第三者が，同法第31条第1項の規定に違反すること及び許容事由がなかったことを知っていたとき又は知らなかったことにつき重大な過失があったときに限り，受益者は，これらの行為を取り消すことができるとしています（同条6項前段）。受益者の利益保護と第三者にとっての取引の安全に配慮した措置です。

(b)　受託者が上記aの③又は④に掲げる行為をした場合には，当該第三者が，これらの行為が，同法第31条第1項の規定に反すること及び許容事由がないことを知っていたとき又は知らなかったことにつき重大な過失があったとき

に限り，受益者は，当該行為を取り消すことができるとしています（同条7項前段）。これらの行為には，さまざまな内容，態様のものがありますから，一律に無効とはせず，上記の要件の下に，受益者が取り消すことができるとしたものです。

c　受益者が取消しをすることができない場合と当該行為によって生じた権利に係る債務

　以上の説明をとりまとめますと，信託法は，(i)受託者が，同法第31条第1項の規定に違反し，かつ許容事由がないのに，信託財産の帰属を変更する同項第1号又は第2号に掲げる行為をした場合において，受託者が，第三者との間で，当該変更に係る財産について，処分その他の行為をしたときは，受益者は，一定の要件の下に，当該処分その他の行為を取り消すことができるものとし（同条6項本文），また，(ii)受託者が同法第31条第1項の規定に違反し，かつ，許容事由がないのに，同項第3号又は第4号に掲げる行為をした場合には，受益者は，一定の要件の下に，当該行為を取り消すことができるとしている（同条7項本文）ということができます。そこで，今度は見方を変えて，受益者が上記の取消権を行使することができないのは，どのような場合であるかを考えてみますと，上記の説明から，(i)の場合は，当該第三者が同法第31条第1項の規定に違反し，かつ，許容事由がないのに，同項第1号又は第2号に掲げる行為がされたことを知らず，かつ，知らなかったことにつき重大な過失がなかったときであり，(ii)の場合は，当該第三者が，同項の規定に違反し，かつ，許容事由がないのに，同項第3号又は第4号に掲げる行為がされたことを知らず，かつ，知らなかったことにつき重大な過失がなかったときであることが，明らかです。

以上のような理解を前提にして，前記の同法第21条第1項第7号（上記(1)アのvii参照）は，「第31条第6項に規定する処分その他の行為又は同条第7項に規定する行為のうち，これらの規定により取り消すことのできない行為」によって生じた権利に関する債務は，信託財産責任負担債務となるとしているのです。これらの行為は，受託者の利益相反行為又はこれに起因する処分行為なのですが，取引の安全の見地から，取り消すことができないものとされる以上，係る行為によって生じた権利に係る債務は，受託者において，信託財産に属する財産をもって履行する責めを負うのが，相当と考えられたからです。

　なお，取り消すことができる行為であるのに，受益者において取り消されていないものによって生じた権利に係る債務も，信託財産責任負担債務とされています（同法21条1項7号）。

(2)　自己信託の場合

　信託財産に属する財産に対する強制執行等が許されるもう一つの事例が，自己信託の場合において，委託者が，その債権者を害することを知りながら，当該信託をしたときです。

　「自己信託」というのは，同法第3条第3号が定める方法によってする信託で，委託者が，信託財産に属する財産の管理・処分等を自らが受託者として行うというものですから，委託者が，この方法による信託を濫用して，その債権者を害するおそれがあります。そこで，このような濫用を防止して，債権者を保護するために，自己信託がされた場合において，委託者がその債権者を害することを知って当該信託をしたときは，同法第23条第1項の規定にかかわらず，信託財産責任負担債務に係る債権を有する債権者のほか，当該委託者（同時に受託者であるものに限る。）に対する債権で信託前

に生じたものを有する者は，信託財産に属する財産に対し，強制執行，仮差押え，仮処分若しくは担保権の実行若しくは競売又は国税滞納処分をすることができることとされています（同条２項本文）。ただし，受益者が現に存する場合において，その受益者の全部又は一部が，受益者としての指定を受けたことを知った時又は受益権を譲り受けた時において債権者を害すべき事実を知らなかったときは，この限りではありません（同項ただし書）。これは，当該信託に受益者が存在し，かつ，同人が，委託者による債権者詐害の事実について善意である場合に，受益者の保護を図るものです。

なお，委託者の債権者が上記の規定によって信託財産に属する財産についてする強制執行等については，時期の制限があり，当該信託がされた時から２年を経過したときは，することができません（同条４項）。

(3) 詐害信託の場合

上記(2)の場合における強制執行等の許容は，自己信託が委託者の債権者に対する詐害行為として行われるという事態に対処するものですが，信託が，契約又は遺言によってされる場合であっても，当該信託が詐害行為に当たるという事態が，もとより生じ得ます。信託法はこれを詐害信託と呼んで，この場合における債権者の民法第424条第１項による取消権の行使について，特別の規定を置いています。すなわち，委託者がその債権者を害することを知って信託をした場合には，受託者が債権者を害すべき事実を知っていたか否かにかかわらず，債権者は，民法の上記規定による取消しを裁判所に請求することができると定めています（信託法11条１項本文）。この詐害信託取消訴訟において，例えば，債権者が，委託者が信託によって受託者に対して処分した財産につき，その返還を命じる確定判決を得たときは，当該債権者は，同判決に基づく強制執行（当該財産の引渡しの強制執行）をすることができることは，いうまでもあ

第1章 信託に関する登記

りません。

## 3 受託者の破産及び信託財産の破産の場合—補説

　信託財産に属する財産に対する強制執行等の禁止は、信託財産を受託者の固有財産から隔離することによって、これを保全し、当該信託の目的の達成に資するための措置です。同様の措置は、受託者が、破産手続開始の決定を受けた場合にも講じられていますし、さらに、信託財産自体の破産という独自の手続きも設けられています。すなわち、受託者が破産手続開始の決定を受けた場合であっても、信託財産に属する財産は、破産財団に属しないものとされています（信託法25条1項）。ここでも、信託財産は、受託者の固有財産から隔離され、受託者の固有財産責任負担債務に係る債権を有する者は、受託者に対する破産手続において、信託財産に属する財産からは、配当を受けることができないのです。

　他方で、信託財産については、破産法において、破産手続の特則が定められています。それによると、信託財産については、受託者が、信託財産による支払能力を欠くために、信託財産責任負担債務のうち弁済期にあるものにつき、一般的かつ継続的に弁済をすることができない状態にある場合に、裁判所が、申立てにより破産手続開始の決定をすることとされています（同法2条11号、15条1項、30条1項、244条の4第1項）。破産財団を構成するのは、破産手続開始の時において信託財産に属する一切の財産であって（同法244条の5）、固有財産責任負担債務に係る債権を有する者は、この破産財団に対して、破産債権者としての権利を行使することができません（同法244条の9）。

## 10 地目が農地である土地に信託に関する登記をすることの可否

> 問　登記記録上の地目が農地である土地について，信託に関する登記をすることがきますか。また，農地法所定の許可は必要ですか。

【答】　登記記録上の地目が農地である土地については，一般に，信託の引受けにより，所有権，地上権，永小作権，質権，使用貸借による権利，賃借権若しくはその他の使用及び収益を目的とする権利を取得しようとしても，その取得について，農地法所定の許可を得ることができません。したがって，上記の土地については，原則として，信託に関する登記をすることができません。

　ただし，例外として，農業協同組合（農業者を組合員とする法人であって，組合員のためにする農業の経営及び技術の向上に関する指導，農業者の生活の支援等の事業を行うもの）又は農地中間管理機構（農用地の利用の効率化及び高度化の促進を図るための事業を行うことを目的とする一般社団法人又は一般財団法人であって，農地中間管理事業を行う者として都道府県知事の指定を受けたもの）といった特別な法人が，農地法その他の法律の定めるところに従って，その事業として行う信託の引受けにより，（受託者として）農地の所有権を取得し，又は農地について地上権，賃借権その他の利用権の設定若しくはこれらの権利の移転を受けることは可能であって，この場合には，農地法所定の許可を要しません。したがって，上記の例外的な場合に限り，登記記録上の地目が農地である土地についても，農地法所定の許可を得ないで，信託に関する登記をすることができます。

【解説】
1　問題の所在
　現行法制の下では，農地の売却や賃貸借などをすることが制限され

ており、農地法第3条第1項本文は、「農地又は採草放牧地について所有権を移転し、又は地上権、永小作権、質権、使用貸借による権利、賃借権若しくはその他の使用及び収益を目的とする権利を設定し、若しくは移転する場合には、政令で定めるところにより、当事者が農業委員会の許可を受けなければならない。」と規定しています。わが国では、終戦直後から行われた農地改革以後、農地は、その耕作者自らが所有することが最も適当であるという理念の下に、農地法をはじめとする農地関係法令が、制定・整備されてきました。上記の農地法の規定も、まさに、現に農地として耕作の用に供されている土地の所有権が移転され、又はその土地に利用権が設定されることによって、耕作者と所有者が分離してしまう事態を、農業委員会の事前審査によって、極力阻止しようとするものにほかならないのです。

では、信託行為によって農地の所有権を移転し、又はこれに利用権を設定することについても、上記の農地法の規制が働くことになるのでしょうか。例えば、委託者が、信託契約に基づいて、その有する農地の所有権を受託者に移転するという場合、当事者の意図するところは、一定の目的に従って当該土地を管理又は処分及びその他の当該目的の達成のために必要な行為をすること（信託法2条1項参照）にあり、当該土地の所有権の移転は、受託者において、そのような行為をするための法律上の手段なのです。このような、いわば形式的な農地の所有権の移転についても、農業委員会の許可を要するのでしょうか。

この問題については、登記先例があります。昭和29年12月23日民事甲第2727号民事局長通達がそれで、信託による農地の所有権移転にも、農地法第3条第1項の規定による許可を要すると明言しています。形式的であるにせよ、農地の所有権の移転がされる以上、例外とすることはできないというのです。しかし、その後の農地法の改正によって、現在では、信託の引受けによる農地の所有権の取得は、特定の者が、信託事業として行う場合に限り認められ、しかも、この場

合には，農業委員会の許可を要しないものとされており（同法3条1項ただし書14号，14の2号及び14の3号参照），その結果，上記の通達は，先例としての意味を失うに至っています。

そこで，本設問については，上記の通達が発出された当時の農地法第3条の規定を概観した上で，現在の同規定の内容中，信託に係る部分を解説することをもって，解答とすることにします。

## 2　昭和29年当時の農地法第3条の規定

(1)　第3条第1項本文の規定

農地法は，昭和27年に制定・施行された法律で，当時の第1条は，「この法律は，農地はその耕作者みずからが所有することを最も適当であると認めて，耕作者の農地の取得を促進し，その権利を保護し，その他土地の農業上の利用関係を調整し，もって耕作者の地位の安定と農業生産力の増進とを図ることを目的とする」と定めています。上記1の農地政策の理念が，高らかに宣言されているのです。これを受けた同法第3条第1項本文の規定は現行法とほぼ同じですが，許可権限を有する機関は，原則として，都道府県知事とされており，農地の使用貸借による権利若しくは賃借権を設定し，又はこれらの権利を移転する場合に限り，農業委員会が，許可権限者となるとされていました。

(2)　第3条第1項ただし書の規定

第3条第1項ただし書は，本文が定める原則の例外が認められる場合，すなわち，農地の所有権の移転や利用権の設定等について，都道府県知事（又は農業委員会）の許可を要しない場合について定めるもので，「ただし，次の各号のいずれかに該当する場合及び第5条第1項本文に規定する場合は，この限りでない。」としています。

ア　同項ただし書の各号が定める場合

同項ただし書は第1号から第8号までに「許可を要しない場

合」を列記しているのですが，その第1号及び第2号は，国が，自作農創設特別措置法（昭和21年法律第43号。戦後の農地改革の主要な推進力となった法律）に基づいて，地主等から買収した農地を小作人等に売り渡し，又は当該農地に第三者のために利用権を設定する場合です。続く第3号は，同法第3条第1項本文に掲げる権利（以下で，単に「これらの権利」ということがあります。）を取得する者が，国又は都道府県である場合を挙げています。以上は，国策である自作農の創設を実行するため，又は国若しくは都道府県が何らかの行政目的を達成するために行われる措置ですから，都道府県知事等の許可を要しないのは，当然のことです。

　これら国又は地方公共団体が関与する場合を除けば，「許可を要しない場合」というのは，①土地改良法による交換分合によってこれらの権利が設置され，又は移転される場合（4号），②民事調停法による農事調停によってこれらの権利が設定され，又は移転される場合（5号），③土地収用法その他の法律によって農地又は農地に関する権利が収用され，又は使用される場合（6号），④遺産の分割によりこれらの権利が取得される場合（7号），⑤その他省令で定める場合（8号）に限られています。

イ　農地法第5条第1項本文に規定する場合

　農地法第5条というのは，農地の転用のための権利移動を制限する規定です。農地の転用とは，例えば，農地として使用している土地に，建物を建築する目的で，その用途を変更して宅地にすることで，そのための権利の設定又は移転が，制限されるのです。すなわち，農地を農地以外のものにするため，これらの権利を設定し，又は移転する場合には，省令で定めるところにより，当事者が，都道府県知事（一定の場合には農林水産大臣＝筆者注）の許可を受けなければならないとされています（同項本文）。

上記の例でいえば，農地を宅地にするために売却するには，同じ都道府県知事の許可でも，同法第3条第1項本文の許可ではなくて，同法第5条第1項本文の許可を受けなければならないというのです。もっとも，同項のただし書には，例外として，上記の許可を要しない場合が列記され，また，同条第2項には，上記の農地転用のための権利移転等が許可されない場合が，列記されています。

(3) 第3条第2項の規定

第3条第2項は，都道府県知事が同条第1項本文に規定されている農地についての権利の設定又は移転の許可をすることができない場合を，列記しています（1号から8号まで）。ここでは，小作地の所有権を小作農及びその世帯員以外の者が取得しようとする場合（1号），同条第1項本文に掲げる権利を取得する者及びその世帯員がその農地について耕作の事業を行わないと認められる場合（2号）など，農地に関する権利の移転が，自作農の創設による耕作者の地位の安定，農業生産力の増進などの国の政策方針に反する事態をもたらすおそれがあるときは，これを認めないという発想を基本とするものです。ちなみに，信託の引受けにより，農地の所有権，地上権，賃借権等の権利が取得される場合に，これを許可しないとする規定は，昭和29年時点では，まだ存在していませんでした。

(4) 昭和29年の登記先例

前記の昭和29年の登記先例は，ここまでみてきたような当時の同法第3条の規定を前提にして，信託による農地の所有権の移転を，同条第1項本文に定める「農地の所有権の移転」の場合に該当するものと解して，これにつき都道府県知事の許可を要するとしたのです。

3 現在の農地法第3条の規定

(1) 緒　論

第1章　信託に関する登記

　　　農地法は，昭和27年の制定後，その時代の要請に応じて，しばしば改正されたのですが，平成10年代に入ってからは，農地関係法において，休耕地の利用促進を図るなどの方策が，順次導入されていったことなどから，ほぼ毎年のように改正されています。特に，平成21年法律第57号による改正は，新規定を追加するほか，従前の条文を大幅に整理したため，「新農地法」とも称すべき様相を呈するに至っています。そこで，次に，現在（平成27年7月1日時点）の農地法第3条の規定がどのようなものか，そして，農地の信託について，どのような規制がされているかについて，説明することとします。

　　　なお，同法第3条及び5条の条文の構造は，上記の昭和29年当時と全く同じです。

(2)　第3条第1項本文の規定

　　　まず，第1条の目的規定は，「この法律は，国内の農業生産の基盤である農地が現在及び将来における国民のための限られた資源であり，かつ，地域における貴重な資源であることにかんがみ，耕作者自らによる農地の所有が果たしてきている重要な役割も踏まえつつ，農地を農地以外のものにすることを規制するとともに，農地を効率的に利用する耕作者による地域との調和に配慮した農地についての権利の取得を促進し，及び農地の利用関係を調整し，並びに農地の農業上の利用を確保するための措置を講ずることにより，耕作者の地位の安定と国内の農業生産の増大を図り，もって国民に対する食料の安定供給の確保に資することを目的とする。」としています。上記2(1)に掲げた約60年前の規定と比べると，わが国における農地の所有及び利用をめぐる状況が，大きく変化したことが見て取れます。耕作者自らが農地を所有することが，重要な役割を果たしており，農地の転用についての規制が必要であるという従前からの目的は，前提として留保しつつも，農地法の目的が，農地を効率

的に利用できる耕作者が，農地についての権利を取得することを促進するという点に，大きく傾斜していることが窺えます。そして，その根底には，耕作地面積が徐々に減少していく状況の中で，「農地が現在及び将来における国民のための限られた資源」であり，これを守るのが急務であるとする危機感が，存在しているのです。

一方で，同法第３条第１項本文の規定は，約60年前と同じです。ただし，許可の手続の細則は，政令で定めるとされたことと，許可権限を有する者が農業委員会に一元化された点が，変わっています。

(3)　第３条第１項ただし書の規定

第３条第１項ただし書が，「(同項本文の) 許可を要しない場合」を同項ただし書に列記する場合と同法第５条第１項本文に定める場合に限定していることも同じです。もっとも，同項ただし書の各号列記部分の号数は（枝番が付されたものを含めて（ただし，２号は，削除）），19に及んでおり，大幅に増えています。

ア　同項ただし書各号の規定

この中には，農地の信託に関わるものが含まれており，その条文は，次のとおりです。

①　農業協同組合法第10条第３項の信託の引受けの事業又は農業経営基盤強化促進法第７条第２号に掲げる事業（以下これらを「信託事業」という。）を行う農業協同組合又は農地中間管理機構が信託事業による信託の引受けにより所有権を取得する場合及び当該信託の終了によりその委託者又はその一般承継人が所有権を取得する場合（14号）

②　農地中間管理機構が，農林水産省令で定めるところによりあらかじめ農業委員会に届け出て，農地中間管理事業（農地中間管理事業の推進に関する法律第２条第３項に規定する農地中間管理事業をいう。）の実施により農地中間管理権を取得する場合

# 第1章　信託に関する登記

(14号の2)

③　農地中間管理機構が引き受けた農地貸付信託（農地中間管理事業の推進に関する法律第2条第5項第2号に規定する農地貸付信託をいう。）の終了によりその委託者又はその一般承継人が所有権を取得する場合（14号の3）

　イ　第5条第1項本文の規定

　　この規定は，前記の昭和29年当時のものとほぼ同じで，農地転用のための権利の移動につき，都道府県知事の許可（一定の場合は農林水産大臣）を得るための手続の根拠規定が，省令から政令に格上げされた点だけが，変わっています。同項ただし書において，上記の許可を要しない場合が列記され，同条第2項で，その許可をすることができない場合が列記されている点も，同じです。

(4)　第3条第2項の規定

　同項は，農業委員会が前項本文による許可をすることができない場合として，第1号から第7号までの規定を置いています。それらの事由を通覧すると，総じて，農地について所有権又は地上権，賃借権その他の利用権を取得する者が，その農地を効率的に利用して耕作を行うと認められない場合には許可をしないというもので，その一つとして掲げられているのが，「信託の引受けにより第1号に掲げる権利が取得される場合」（3号）です。この規定は，農地法制定から10年を経過した昭和37年の同法の一部改正によって，導入されました。すなわち，信託により，受託者が，農地の所有権又は地上権，賃借権その他の利用権を取得しても，一般には，農地の効率的な利用に資するものではないから，これを認めないとしているのです。

(5)　まとめ

　以上の現行農地法第3条及び第5条の規定上，農地の信託につい

## 第二節　信託に関する登記

ての規制が，どのようになっているかを整理すると，次のとおりです。

ア　信託により，農地を農地として管理・処分等をする目的で，その農地の所有権を移転し，又はその農地について地上権，賃借権その他の利用権を設定し，若しくはこれらの権利を移転することについては，同法第3条第1項本文の農業委員会の許可を得ることができない。

イ　次に掲げる信託による農地に関する権利の移動については，上記の農業委員会の許可を要しない（当該信託の終了による当該農地に関する権利の委託者又はその一般承継人への復帰についても許可を要しないとされているが，ここでは取り上げないことにします。）。

　(ア)　農業協同組合が信託事業による信託の引受けにより農地の所有権を取得する場合

　(イ)　農地中間管理機構が，①あらかじめ農林水産省令で定めるところに従って農業委員会に届け出て，農地中間管理事業の実施により農地中間管理権を取得する場合，②信託事業による信託の引受けにより所有権を取得する場合

ウ　農業協同組合及び農地中間管理機構以外の者が，信託により，農地を農地以外のものとして管理・処分等をする目的でその農地の所有権を移転し，又はその農地について地上権，賃借権その他の利用権を設定し，若しくはこれらの権利を移転する場合には，同法第5条第1項本文の都道府県知事の許可を得ることを要する。

　まとめますと，現行農地法第3条の下では，信託により，農地の所有権を移転し，又は農地について地上権，賃借権その他の利用権を設定し若しくはこれらの権利を移転することについては，農業委員会の許可を得ることができず，信託行為において，そのような権

利移転等の定めをしても，効力を有しません。ただし，農業協同組合（農業者を組合員とする法人であって，組合員のためにする農業の経営及び技術の向上に関する指導，農業者の生活の支援等の事業を行うもの。農業協同組合法3条1項，5条，10条1項参照）又は農地中間管理機構（農用地の利用の効率化及び高度化の促進を図るための事業を行うことを目的とする一般社団法人又は一般財団法人であって，農地中間管理事業を行う者として都道府県知事の指定を受けたもの。農地中間管理事業の推進に関する法律4条参照）といった特殊な法人が，その事業として行う信託の引受けにより，（受託者として）農地の所有権を取得し，又は農地について地上権，賃借権その他の利用権の設定若しくはこれらの権利の移転を受けることは有効であって，この場合には，農業委員会の許可も要しないのです。

　なお，農地を農地として管理・処分等をするために，信託により，これに関する権利の移転等をするのではく，農地を農地以外のものとして管理・処分等をするために，信託によりこれに関する権利を移転等する行為は，農地法第3条ではなく，同法第5条による規制（原則として，都道府県知事の許可）を受けることになります。

4　農地の信託が認められる場合
　そこで，農業協同組合又は農地中間管理機構が行う農地の信託とは，どのような形態・内容のものなのかについて，その概要を説明します。
(1)　農業協同組合が行う農地の信託
　ア　農業協同組合法の規定
　　　農業協同組合は，農業協同組合法に基づく法人で，同法人が一般的に行うことができる事業については，同法第10条第1項（1号から15号まで）に列記されています。その内容は，上記のとおり，組合員のためにする農業の経営及び技術の向上に関する指

導，組合員の生活支援及び福利厚生に関する事業が，主要なものです。これに加えて，同法第10条第3項では，同条第1項第2号に掲げる事業（組合員の事業又は生活に必要な資金の貸付け）及び同項第3号に掲げる事業（組合員の貯金又は定期積金の受入れ）を併せ行う農業協同組合は，次に掲げる不動産を貸付けの方法により運用すること又は売り渡すことを目的とする信託の引受けを行うことができるとしています。その不動産というのは，次のとおりです。

① 信託の引受けを行う際その委託をする者の所有に係る農地又は採草放牧地（同条3項1号）

② ①に規定する土地に併せて当該信託をすることを相当とする農林水産省令で定めるその他の不動産で信託の引受けを行う際その委託をする者の所有に係るもの（同項2号）

イ　具体例

　例えば，農業協同組合法に基づくA農業協同組合（以下「A組合」といいます。）は，その事業として，組合員の事業又は生活に必要な資金の貸付け及び組合員の貯金又は定期積金の受入れを行っているものとします。A組合の組合員であるBは，その所有する農地を他に貸し付けて，賃料の支払を受ける方法で運用したい意向を持っているのですが，自らが貸主となるよりは，A組合に貸主になってもらう方が何かと便宜であり，有利であると考えました。そこで，B（委託者）は，A組合（受託者）との間で信託契約を結び，これに基づいて，当該農地の所有権をA組合に移転しました。このような信託は有効であって，これに基づく所有権の移転については，農業委員会の許可を要しません（農地法3条1項ただし書14号）。A組合は，農地の所有権を取得した上で，C（組合員とは限らない。）にこれを賃貸して賃料を収受し，これをBに還元することになります。

また，例えば，A組合の組合員であるDが，その所有する農地を他に売り渡す目的で，A組合との間で信託契約を締結し，当該農地の所有権をA組合に移転することも可能です。その所有権移転についても，農業委員会の許可を要しません。A組合は，受託者の権限に基づいて，当該農地をEに売却し，代金債権を取得しますが，その代金相当額が，Dに配当されることになります。

　なお，上記の各事例において，A組合が，信託による所有権の移転を受けた農地について他への貸付け又は売却をしないでいる間に，当該信託が終了した場合には，その所有権は委託者又はその一般承継人に復帰することになりますが，この復帰（移転）についても，農業委員会の許可を要しません（同項ただし書14号）。

(2) 農地中間管理機構が行う農地の信託
　ア　農地中間管理機構とは
　　農地中間管理機構とは，農用地の利用の効率化及び高度化の促進を図るための事業を行うことを目的とする一般社団法人又は一般財団法人（一般社団法人にあっては地方公共団体が総社員の議決権の過半数を有しているもの，一般財団法人にあっては地方公共団体が基本財産の額の過半を拠出しているものに限る。）であって，農地中間管理事業の推進に関する法律（以下「事業推進法」といいます。）第4条の規定により，農地中間管理事業を行う者として，都道府県に一を限って，各知事の指定を受けたものです。

　　そもそも事業推進法は，平成25年に制定されたもので，その目的は，「農地中間管理事業について，農地中間管理機構の指定その他これを推進するための措置等を定めることにより，農業経営の規模の拡大，耕作の事業に供される農用地の集団化，農業への新たに農業経営を営もうとする者の参入の促進等による農用地の利用の効率化及び高度化の促進を図り，もって農業の生産性の

向上に資すること」(同法1条) にあります。同法の題名にある農地中間管理事業とは，農用地の利用の効率化及び高度化を促進するため，都道府県の区域（農業振興地域の整備に関する法律第6条第1項の規定により指定された農業振興地域の区域内に限る。）を事業実施地域として次に掲げる業務を行う事業をいいます（事業推進法2条3項）

① 農用地等について農地中間管理権を取得すること（同項1号）
② 農地中間管理権を有する農用地等の貸付け（貸付けの相手方の変更を含む。）を行うこと（同項2号）
③ 農地中間管理権を有する農用地等の改良，造成又は復旧，農業用施設の整備その他当該農用地等の利用条件の改善を図るための業務を行うこと（同項3号）
④ 農地中間管理権を有する農用地等の貸付けを行うまでの間，当該農用地等の管理（当該農用地等を利用して行う農業経営を含む。）を行うこと（同項4号）
⑤ ①から④までに掲げる業務に附帯する業務を行うこと（同項5号）

この①から⑤までに掲げる事業は，上記の農地中間管理機構に限り，行うことができるものなのですが（同条3項），同機構が有することになる「農地中間管理権」については，同法第2条第5項にその定義が定められており，農用地等について同法第2章第3節で定めるところにより貸し付けることを目的として，農地中間管理機構が取得する次の権利，すなわち，(i)賃借権又は使用貸借による権利（同項1号），(ii)所有権（農用地等を貸付けの方法により運用することを目的とする信託の引受けにより取得するものに限る。）（同項2号），(iii)農地法第43条第1項に規定する利用権（同項3号）とされています。

　上記の(i)及び(ii)の権利については説明の必要はないと思われま

すが，上記(iii)の利用権については，若干の説明を要するところです。

　すなわち，農地法は，農業委員会が，毎年１回，その区域内にある農地の利用の状況についての調査を行わなければならないとしています（同法30条１項。これとは別に，農業委員会は，必要があると認めるときは，いつでも，上記の利用状況調査を行うことができます。同条２項）。これらの調査の結果，(a)現に耕作の目的に供されておらず，かつ，引き続き耕作の目的に供されないと見込まれる農地，又は(b)その農業上の利用の程度がその周辺の地域における農地の利用の程度に比し著しく劣っていると認められる農地（以下，これらの土地を「遊休農地等」といいます。）があるときは，農業委員会は，遊休農地等の所有者等に対し，同土地等の農業上の利用の意向についての調査を行わなければなりません（同法32条１項）。そして，その遊休農地等の所有者等を確知することができないときは，農業委員会は，同条第３項が定める事項を公示するものとされています（同項）。その公示事項の中核となるのは，「その農地の所有者等は，公示の日から起算して６月以内に，農林水産省令で定めるところにより，その権原を証する書面を添えて，農業委員会に申し出るべき旨」（同項３号）です。そして，上記の公示に示された期限内に当該遊休農地等の所有者等からその権原についての申出がないときは，農業委員会は，農地中間管理機構に対し，その旨を通知するものとし（同法43条１項前段），この場合において，農地中間管理機構は，当該通知の日から起算して４月以内に，農林水産省令で定めるところにより，都道府県知事に対し，当該遊休農地等を利用する権利の設定に関し裁定を申請することができるものとされています（同項後段）。この申請に基づく都道府県知事の裁定の手続については，同法第38条及び第39条の規定が，準用されます（同法43条２項

前段)。その結果，都道府県知事が農地中間管理機構のために遊休農地等について利用権を設定する旨の裁定をし，その旨の公告をしたときは，農地中間管理機構と当該遊休農地等の所有者等との間に当該遊休農地等についての農地中間管理権の設定に関する契約が締結されたものとみなされることになります（同法40条1項・2項）。同法第43条第1項に規定する農地の利用権とは，以上のような権利です。

イ　農地中間管理機構が農地中間管理事業として行う農地の信託
　(ア)　農地中間管理機構が行う農地中間管理事業の概要

　　農地中間管理機構が行う事業の主たるものは，同機構が，農地中間管理権を有する農用地を他に貸し付けることです。その貸付けの対象となる農用地は，次の3種のもので，①農地中間管理機構が，所有者等から賃借権又は使用貸借の権利の設定又は移転を受けた農用地，②農地中間管理機構が，その所有者から貸付けの方法により運用する目的で，信託による所有権の移転を受けた農用地，③農地中間管理機構が，上記の農地法第40条第2項の規定により，その所有者等との契約によって，利用権の設定を受けたものとみなされる農用地が，それです。

　　農地中間管理機構は，その事業を実施するため，農林水産省令の定めるところにより，定期的に，同省令で定める基準に従い農地中間管理機構が定める区域ごとに，当該区域に存する農用地等について借受けを希望する者を募集するものとされています（事業推進法17条1項）。その上で，農地中間管理機構は，農地中間管理権を有する農用地等について賃借権又は使用貸借による権利の設定又は移転を行おうとするときは，農林水産省令で定めるところにより，農用地利用配分計画を定め，都道府県知事の認可を受けなければなりません（同法18条1項）。都道府県知事がその認可をしたときは，遅滞なく，その旨を，農業

第1章　信託に関する登記

委員会に通知するとともに，公告をしなければなりません（同条5項）。この公告があったときは，その公告があった農用地利用配分計画の定めるところによって賃借権又は使用貸借による権利が設定され，又は移転する効力が生じます（同条6項）。

　(ｲ)　農地中間管理権を取得するための信託の引受け

　　　以上に概説したように，農地中間管理機構は，農地中間管理事業を実施するために，農用地等につき，農地中間管理権を取得するのですが，その取得については，あらかじめ農林水産省令で定めるところにより農業委員会に届出をすれば，同委員会の許可を要しないものとされています（農地法3条1項ただし書14号の2）。その農地中間管理権を取得する方法の一つが，農用地等の所有者から貸付けの方法によって運用する目的で信託によりその所有権の移転を受ける方法です。例えば，農用地等を所有するＡが，これを自ら耕作をするのではなく，農地中間管理機構を通じて，他に賃貸して賃料を収受する方法で運用したいと考えた場合には，当該都道府県知事から指定を受けた農地中間管理機構Ｂとの間で信託契約を締結し，これに基づいて，当該農地の所有権をＢに移転することができます（ただし，Ｂは，当該信託による農用地等の所有権の取得について，あらかじめ農業委員会に届出をしておく必要があります。）。受託者となったＢは，当該農地をＣに賃貸し，賃料の支払を受け，その相当額をＡに還元することになるのです。

　ウ　農地中間管理機構が農業経営基盤強化促進法第7条第2号に掲げる信託事業としてする農地の信託

　　(ｱ)　同法の目的及び農業経営基盤の強化を促進するための基本方針

　　　　同法の目的は，「我が国農業が国民経済の発展と国民生活の安定に寄与していくためには，効率的かつ安定的な農業経営を

育成し，これらの農業経営が農業生産の相当部分を担うような農業構造を確立することが重要であることにかんがみ，育成すべき効率的かつ安定的な農業経営の目標を明らかにするとともに，その目標に向けて農業経営の改善を計画的に進めようとする農業者に対する農用地の利用の集積，これらの農業者の経営管理の合理化その他の農業経営基盤の強化を促進するための措置を総合的に講ずることにより，農業の健全な発展に寄与すること」にあります（同法１条）。この目的規定にいう農業経営基盤の強化を促進するための基本方針（以下「基本方針」といいます。）は，都道府県知事が，政令の定めるところによって，定めるべきものとされ（同法５条１項），基本方針においては，都道府県の区域又は自然的経済的社会的諸条件を考慮して都道府県の区域を分けて定める地域ごとに，地域の特性に即し，次に掲げる事項を定めるものとされています（同条２項）。

① 農業経営基盤の強化の促進に関する基本的な方向
② 効率的かつ安定的な農業経営の基本的指標
③ 新たに農業経営を営もうとする青年等が目標とすべき農業経営の基本的指標
④ 効率的かつ安定的な農業経営を営む者に対する農用地の利用の集積に関する目標
⑤ 効率的かつ安定的な農業経営を育成するために必要な次に掲げる事項
　(i) 農業経営基盤強化促進事業の実施に関する基本的な事項
　(ii) 農地利用集積円滑化事業の実施に関する基本的な事項

(イ)　農地中間管理機構の事業の特例としての信託

　　上記(ア)に掲げた事項が都道府県知事の定める基本方針に盛り込まれるべき事項なのですが，同条第３項は，これに加えて都道府県知事は，効率的かつ安定的な農業経営を育成するために

第1章　信託に関する登記

　　農業経営の規模の拡大，農地の集団化その他農地保有の合理化を促進する必要があると認めるときは，基本方針に，上記①から⑤までに掲げる事項のほか，当該都道府県の区域（農業振興地域の整備に関する法律第6条第1項の規定により指定された農業振興地域の区域内に限る。）を事業実施地域として農地中間管理機構が行う農業経営基盤強化促進法第7条各号に掲げる事業の実施に関する事項を定めるものとする，と定めています。その上で，同法第7条は，都道県知事が，基本方針において，上記の同法第5条第3項に規定する事項を定めたときは，農地中間管理機構は，農地中間管理事業のほか，次に掲げる事業を行うことができるとしています。
(ⅰ)　農地売買等事業（農用地等の借受けを除く。）（同法7条1号）
(ⅱ)　農用地等を売り渡すことを目的とする信託の引受けを行い，及び当該信託の委託者に対し当該農用地等の価格の一部に相当する金額の貸付けを行う事業（同条2号）
　　（以下の3号及び4号は，省略します。）
　　以上のように，農地中間管理機構が行う事業は，本来は，事業推進法第2条第3項に掲げる農地中間管理に限られるのですが，農業経営基盤強化促進法に基づいて，都道府県知事が定める基本方針において，農地中間管理機構が行う同法第7条各号に掲げる事業の実施に関する事項が定められたときは，特例として，同事業を実施することができます。すなわち，この場合，農地中間管理機構は，農用地等を売り渡すことを目的とする信託の引受けを行い，及び当該信託の委託者に対し当該農用地等の価格の一部に相当する金額の貸付けを行う事業をすることができるのです。例えば，Aが，その所有する農用地等を売却したいと考えている場合，その目的を達成する手段として，

農地中間管理機構Bとの間で信託契約を締結して，Bに当該農地の所有権を移転することができます。この移転については，農地法第3条第1項の農業委員会の許可を得ることを要しません（同項ただし書14号）。Bは，売却を受託された当該農用地等を自己の所有物として他に売却し，その売買代金相当額を委託者Aに交付することになるのですが，その売却前であっても，見込まれる売買代金の一部に相当する金額をAに貸し付けることもできるのです。

エ　農地中間管理機構が事業として行う信託が終了した場合における所有権の移転

　　農地中間管理機構が上記のイ又はウで説明した事業の実施として行った信託が終了した場合には，信託の目的となった農地の所有権は，当該信託の委託者又はその一般承継人に復帰（移転）します。当該信託の目的は，もともと当該農地を貸付けの方法により運用することにあったのですから，当然のことです。この委託者又は一般承継人への所有権の移転については，同法第3条第1項の農業委員会の許可を要しません（同項ただし書14号の3）。

オ　補説─農地中間管理機構が同法第37条から第40条までの規定によって農地中間管理権の設定を受ける場合について─

　　ところで，同法第3条第1項ただし書3号は，同法第37条から第40条までの規定によって農地中間管理権が設定される場合には，農業委員会の許可を要しないと規定しています。

　　上記(2)アで説明したように，農地法は，農業委員会が，毎年1回又は必要があると認めるときは，その区域内にある農地の利用の状況について調査を行わなければならないとしています（同法30条）。この農業委員会による定期調査又は随時調査の結果，遊休農地等があるときは，農業委員会は，これらの遊休農地等の所有者等に対し，同土地等の農業上の利用の意向についての調査を

# 第1章　信託に関する登記

行わなければなりません（同法32条1項）。その上で，農業委員会は，この調査の対象となった遊休農地等の所有者等にその農地の農業上の利用を行う意思がないとき（同法36条1項3号），その他当該遊休農地等について農業上の利用の増進が図られないことが確実であると認められるとき（同項5号）は，当該所有者等に対し，農地中間管理機構による農地中間管理権の取得に関し当該農地中間管理機構と協議すべきことを勧告するものとされています（同項本文）。

そして，農業委員会による上記の勧告がされた場合において，当該勧告があった日から起算して2月以内に当該勧告を受けた者との協議が調わず，又は協議を行うことができないときは，農地中間管理機構は，当該勧告があった日から起算して6月以内に，農林水産省令で定めるところにより，都道府県知事に対し，当該勧告に係る遊休農地等について，農地中間管理権（賃借権に限る。）の設定に関し裁定を申請することができます（同法37条）。この申請を受けて，都道府県知事が，農地中間管理権を設定すべき旨の裁定をし（同法39条1項・2項），同裁定について公告（同法40条1項）があったときは，当該裁定の定めるところにより，農地中間管理機構と当該遊休農地等の所有者等との間に当該遊休農地等についての農地中間管理権の設定に関する契約が締結されたものとみなされます（同条2項）。

以上に説明したとおり，同法第37条から第40条までの規定によって，都道府県知事が，その裁定により，農地中間管理機構のために設定することができる農地中間管理権というのは，賃借権に限られ，都道府県知事の裁定によっても，当該遊休農地等を貸付けにより運用することを目的とする信託を設定し，その所有権を農地中間管理機構に移転させることまでは，できないのです。したがって，同法第3条第1項ただし書第3号の規定により農地

の信託が生ずる余地は，ありません。

　ちなみに，農業委員会による遊休農地等の利用に関する意向調査において，所有者等から，当該遊休農地等について農地中間管理事業を利用する意思がある旨の表明があったときは，農業委員会は，農地中間管理機構に対し，その旨を通知するものとされており（同法35条1項），この通知を受けた農地中間管理機構は，当該所有者等との間で，農地中間管理権の取得について協議をすることができます（同条2項）。その協議において，両者間に，当該遊休農地等を貸付けの方法により運用することを目的とする信託を設定する旨の合意が成立すれば，これに基づいて，農地中間管理機構が，当該遊休農地等の所有権の移転を受けることができます。この信託は，上記(2)イ(イ)で説明した信託そのもので，農地中間管理機構が，農地中間管理事業の一環として行うものですから，同信託による遊休農地等の所有権の移転については，農業委員会の許可を要しません（農地法3条1項ただし書14号の2）。

第1章 信託に関する登記

## 11 「譲渡担保」を登記原因とする所有権移転の登記若しくは差押えの登記がされている不動産に信託に関する登記をすることの可否

> 問 「譲渡担保」を登記原因とする所有権移転の登記がされている不動産について，信託に関する登記をすることができますか。また，差押えの登記のされている不動産については，どうですか。

【答】「譲渡担保」を原因とする所有権移転の登記がされている不動産について，信託に関する登記をすることができます。

　差押えの登記がされている不動産についても，同様です。ただし，当該不動産について，強制競売又は担保権の実行としての競売の手続において売却許可決定がされ，買受人が，代金を納付して，目的不動産の所有権を取得したときは，当該差押えの登記に後れてされた信託による権利の設定又は移転は，その効力を失いますから，当該不動産に関する権利は，信託財産に属する財産ではなくなります。

【解説】

1　設問前段について

　設問前段は，譲渡担保によって取得した不動産について，信託に関する登記をすることができるかを問うものです。

(1)　譲渡担保とは

　ア　意　義

　　民法上の約定担保権である質権及び抵当権（根抵当権を含む。）は，担保に供すべき権利（主に所有権）は，設定者の許に留保しておき，その上に担保の作用を有する制限物権を設定するという制度です。これに対し，担保に供しようとする権利自体を債権者にいったん（又は仮に）取得させ，一定の期間内に債務を弁済すれば，これを返還させるという類型の担保制度があります。後者

は，民法上の質権・抵当権との対比で非典型担保と呼ばれており，実際には様々な態様のものがあるのですが，その代表的なものが譲渡担保と仮登記担保です。譲渡担保は，形の上では，目的物を債権者に移転する方式で，沿革的には，主として，動産を目的とする担保として発展してきましたが，不動産についても，広範に利用されています。仮登記担保権は，債務の不履行を条件として，目的物を債権者に移転する方式で，その条件付権利を保全する方法が整備されている不動産について，専ら利用されています。この両者とも，長年にわたる判例・学説の努力によって，その権利関係の解明・合理化が図られてきましたが，仮登記担保権については，昭和53年に，それまでの判例・学説を集大成した立法がされ（仮登記担保契約に関する法律），同法の採用した法理が，いわば非典型担保の標準的な事例として，譲渡担保をはじめとする他の非典型担保にも大きな影響を与えるに至っています。

　ところで，譲渡担保には，①権利の移転のために売買の形式を借用するが，受戻権を認めるもの，②専ら債権の担保のために権利を移転するものの二つがあります。特定の契約がいずれの類型に属するかは，当事者の意思解釈により決せられるべきですが，一般には，後者と推定するのが適当であると解されています。担保という目的からいえば，被担保債権が存在する後者の類型の方が，合理的だからです。そこで，現在の判例・学説が一般に「譲渡担保」と呼んでいるのは，「形の上では担保に供しようとする権利自体を債権者に移転し，債務者に債務不履行があった場合には，債権者が目的たる権利を売却して換価し，又はその権利を自ら取得して，被担保債権の弁済に充てるという形態の担保権」のことです。

イ　譲渡担保の法律構成

　譲渡担保の法律構成をどのように考えるかについては，学説の

見解は，多岐に分かれています。主要な見解を挙げますと，①担保の目的のために所有権を信託的に譲渡したとみるもの，②担保のための権限が授与されたとみるもの，③債権者には所有権が一応移るが，設定者にも担保の目的とすることができない所有権が残るとみるもの，④抵当権の設定と同視するもの，⑤譲渡担保権者には所有権移転についての期待権があるとみるものなどです。いずれも，債権者に完全に所有権が帰属するのではなく，担保目的により制約された権利であるとする点においては，一致しています。

ウ 譲渡担保の設定

譲渡担保は，譲渡担保権者と設定者との間の，担保のために権利を移転する契約により，設定されます。設定者は債務者であるのが通常ですが，物上保証人でもよいことは，いうまでもありません。移転する権利は，担保の目的である権利自体で，主として所有権ですが，目的物が不動産であるときは，地上権，永小作権，賃借権のような用益的権利も含まれます。

譲渡担保の成立を第三者に対して主張するためには，目的物の種類・性質に応じて，対抗要件を備えなければなりません。目的物が不動産であれば，権利の移転の登記を要します。登記の実務では，登記原因を「譲渡担保」と表示することは認めていますが，被担保債権を表示することまでは，認めていません。実態は譲渡担保であるが，担保であることが公示されるのを嫌って，登記原因を「売買」とする例も多数あるといわれています。

エ 譲渡担保の実行

譲渡担保が設定されている場合に，債務者が，期限に債務を完済すれば，被担保債権は消滅し，譲渡担保権も消滅しますから，目的物は，設定者に返還されなければなりません。

しかし，債務者が債務の履行を遅滞した場合には，譲渡担保権

者は，譲渡を受けた権利から弁済を受ける権利を有します。譲渡担保権の性質上当然のことですが，その方法は，譲渡を受けた権利の譲渡担保権者への帰属の形態によって大きく二つに分かれ，それぞれの型の中で，清算の要否を基準として，さらに二つの型に分かれます。

a 当然帰属型

債務の不履行があれば，目的物の権利は，当然に，確定的に譲渡担保権者に帰属するという型です。これが，さらに清算型と流担保型に分かれます。前者では，譲渡担保権者が，当該権利を第三者に売却して換価するか，客観的な価格を評価して，差額があれば，設定者に返還しなければなりません（最高裁昭和46年3月25日判決・民集25巻2号208頁）。不足があるときは，債務者に差額の支払を請求することができます。

これに対し，流担保型は，そのような清算をしないというものですが，これは，目的物の権利の価格が，被担保債権の元利を大幅に超過しない場合に，例外的に認められます。

b 請求帰属型

債務の不履行があれば，譲渡担保権者が，目的物の占有が設定者にある場合には，その引渡しを請求することにより，自分が占有している場合には，これをもって弁済に充てる旨の意思表示をすることにより，目的である権利が，確定的に，譲渡担保権者に帰属するという型です。この型の中に清算型と流担保型があるのは，当然帰属型と同じです。

以上の点に関して学説では，請求帰属型で，かつ清算型が，原則的な形態であり，特別の意思表示又は特段の事情がある場合に限り，当然帰属型になったり，流担保型になるとする見解が，有力です。担保として必要にして，かつ十分の権能を認めることが合理的であり，また，当事者の普通の意思にも適する

ことを根拠とするものです。一方，この点についての判例の見解は，必ずしも明らかではありませんが，現在では，清算型を原則とするという考え方を採っているものと理解されています。
(2) 設問前段についての検討
以上の説明を前提にして，設問前段について，検討します。
ア　設問の趣旨
譲渡担保の目的物が不動産である場合，登記実務では，「譲渡担保」を登記原因とする所有権移転の登記をすることが認められていることは，上記(1)ウで述べたとおりですが，設問前段は，その登記がされた不動産について，信託の登記をすることができるかを問うものです。

譲渡担保においては，形の上では担保に供される権利自体を債権者に移転する形式が採られるのですが，その実質は，担保権にほかなりませんから，譲渡担保の目的物を信託に供する場合として先ず考えられるのは，譲渡担保の被担保債権とともに目的物を信託に供することです。例えば，甲が，乙に対する金銭債務を担保するため，その所有するA不動産について譲渡担保権を設定し，「譲渡担保」を登記原因として甲から乙への所有権移転の登記がされている場合に，乙が委託者となって，受託者丙との間で信託契約を締結し，これに基づいて，乙の甲に対する金銭債権を丙に移転するという場合です。信託に供される目的物の本体は債権なのですが，譲渡担保権もその随伴性により丙に移転しますから，これにより，担保権の信託が，生ずることになります。

しかし，このように，譲渡担保権を担保権そのものとして信託に供することができるのは，当然のことであって，これについて，特段の問題はありません。設問前段で問われているのは，そうではなくて，「譲渡担保」を登記原因とする所有権移転の登記

がされている不動産について，その所有権の登記名義人が，当該所有権を信託に供することができるかにあると解されます。上記の具体例に即していえば，所有権の登記名義人乙が委託者となって，受託者丙との間で信託契約を締結し，これに基づいて，A不動産につき，乙から丙への信託を登記原因とする所有権移転の登記をすることができるかという問題です。係る疑問が生じてくるのは，「譲渡担保」を登記原因とする所有権移転の登記が，当該不動産の所有権の移転が未確定である権利状態だけでなく，確定的である状態をも公示するという機能を有することに由来するのです。この点について，項を変えて説明します。

イ 「譲渡担保」の登記がされた不動産についての権利関係

(ｱ) 譲渡担保を登記原因とする所有権移転の登記がされるのは，通常は，譲渡担保契約が締結された時です。この時点では，被担保債権の弁済期は到来していませんから，債務者による債務の弁済の成否は未確定であり，もとより目的不動産の所有権の移転も確定的なものではありません。上記の登記は，このような不確定な権利状態を公示するものです。

(ｲ) 時が経過して被担保債権の弁済期が到来した後には，譲渡担保を登記原因とする所有権移転の登記が，確定的な所有権の移転を公示するものになることがあります。当該譲渡担保が，当然帰属型であれば，債務者の債務不履行があった時に，当然に，かつ確定的に，目的不動産の所有権は，譲渡担保権者に移転します。請求帰属型であれば，譲渡担保権者が，目的不動産の引渡しを請求した時（設定者が，これを占有している場合），又は目的不動産をもって弁済に充てる旨の意思表示をした時（譲渡担保権者が，占有している場合）に，所有権が，確定的に移転します。これらの時以後は，上記の所有権移転の登記により公示される権利状態が，変わることになります。

(ウ) 債務者に債務不履行がある場合には，上記(イ)のとおり，譲渡担保権が実行されることになるのですが，当該譲渡担保が清算型であるときは，譲渡担保権者が，目的不動産を第三者に売却して換価するか，客観的な価格を評価して，差額があれば設定者に返還しなければなりません。しかしながら，その清算が完了していない（例えば，譲渡担保権者が，債務者に対して清算金の一部を支払っていない）という状態においては，譲渡担保を登記原因とする所有権移転の登記は，所有権の確定的な移転を公示するものか，不確定的な移転を公示するにとどまるのか，必ずしも明らかではありません。このような場合，所有権の移転は，確定したわけではなく，債務者には，債務を弁済して目的不動産を受け戻す余地があるとする見解も成り立ち得るところでしょう。

(エ) さらに，被担保債権の弁済期が到来し，債務者が，約定の債務を完済して譲渡担保権が消滅したのに，譲渡担保を原因とする所有権移転の登記が抹消されることなく，放置されていることもあり得ます。この場合，上記の登記が実体的な権利関係と符合しないものであることは，いうまでもありません。

ウ　譲渡担保の登記がされた不動産の信託

設問前段の趣旨は，譲渡担保を登記原因とする所有権移転の登記がされた不動産について，信託に関する登記をすることの可否を問うものですが，実体法的な観点からすれば，上記のような所有権の登記名義人から信託による所有権移転の登記を受けた受託者が，その権利をもって第三者に対抗することができるか否かを問うものです。そして，そのような所有権の登記がされた不動産についての権利関係は，画一的・固定的なものではなく，時の経過とともに変化するものであることは，上記イに述べたとおりです。

このうち，上記イ(イ)に掲げた場合，すなわち譲渡担保の目的不動産の所有権が確定的に移転した場合に，その所有権の登記名義人が当該不動産を信託を原因として受託者に移転することができることは，いうまでもありません。そして，その旨の登記をすれば，受託者は，その有する所有権を第三者に対抗することができます。

他方，上記イ(ア)の場合，すなわち，被担保債権の弁済期前に，信託による所有権の移転がされた場合は，譲渡担保権者は目的物の権利そのものを取得しますが，設定者に対しては，担保の目的を超えてその権限を行使しないという義務を負うものと解されていますから，譲渡担保権者が，弁済期の到来前に，目的物を第三者に処分することは，譲渡担保権者の義務違反となることが，明らかです。そのような処分行為でも有効かが問題なのですが，これまでの判例及び学説の伝統的な見解は，このような場合でも，第三者は，その善意・悪意を問わずに，完全な権利を取得すると解しています。もとより，信託による不動産の所有権の移転があった場合も，受託者は，有効に所有権を取得し，その旨の登記をすれば第三者に対抗することができます。上記イ(ウ)の場合，すなわち，譲渡担保における清算が未了の段階で，信託による処分がされた場合にも，同様に取り扱われることになります。なお，上記イ(エ)の場合，すなわち，譲渡担保権が消滅したのに，登記が放置されている間に，当該不動産について，信託による処分がされたという場合は，民法第177条が適用される典型的な事例の一つで，先に登記を備えた方が，所有権を主張することができることになります。

以上の伝統的な判例・学説の見解に対して，近時の学説の多くは，悪意の第三者に対しては，譲渡担保関係を対抗することができると解しています。この見解を採ると，譲渡担保の目的物が不

第1章 信託に関する登記

　　　　動産であるときは，信託による所有権移転の登記がされていれ
　　　ば，第三者は，背信的悪意者に当たらない限り，善意・悪意を問
　　　わずに，その権利を取得することができると解することになりま
　　　す。もっとも，設問前段のように，「譲渡担保」を登記原因とす
　　　る登記がされているときは，設定者は，譲渡担保関係を主張し
　　　て，弁済期が到来するまでは，目的物の引渡しを拒否することが
　　　できますし，弁済期到来後は，上記イ(ウ)に掲げた場合を含め，被
　　　担保債権を弁済して受け戻すことができると解することになると
　　　考えられます。
2　設問後段について
　　設問後段は，差押えの登記がされている不動産について，信託に関
　する登記をすることができるかを問うものです。
　(1)　差押えの登記とは
　　ア　強制執行・競売
　　　　登記実務で多用されている差押えの登記には，民執法による強
　　　制執行又は担保権の実行としての競売の手続においてされるもの
　　　と，国税徴収法による滞納処分の手続においてされるものとがあ
　　　ります。ここでは，専ら前者を取り上げることにし，その登記が
　　　された不動産について，信託に関する登記をすることの可否を説
　　　明する前提として，民執法に定める強制執行と担保権の実行とし
　　　ての競売の意義について概説しておきます。
　　　　強制執行とは，執行裁判所又は執行官が，債権者の有する給付
　　　請求権を強制的に実現するもので，この給付請求権が金銭の支払
　　　いを目的とするものである場合の強制執行（いわゆる金銭執行。民
　　　執法43条以下）と，金銭の支払を目的としない請求権（物の引渡
　　　しや意思表示を求めるものなど）についての強制執行（いわゆる
　　　非金銭執行。同法168条以下）とに大別されます。金銭執行のうち，
　　　不動産に対する強制執行には，目的不動産を差し押さえて，これ

を換価し，代金を債権者に配当する強制競売の方法（同法45条以下）と，目的不動産を差し押さえて，これを管理人に管理させ，収益を債権者に配当する強制管理の方法（同法93条以下）の２種類が，規定されています（同法43条１項）。強制執行は，国家権力を発動して，債務者の意思に反してでも給付請求権の実現を図る制度ですから，給付請求権の存在と範囲を確証する法定の文書（判決，公正証書など。これを債務名義といいます。）の提出が，不可欠とされています（同法22条）。

　担保権の実行としての競売（同法第３章。以下「競売」といいます。）とは，執行裁判所が，債権者の有する担保権の目的物を処分して，被担保債権を強制的に実現する手続です。担保権の目的物が不動産である場合の競売が，実務上大きな比重を占めていることは，いうまでもありません。競売では，債務名義に代えて，担保権の存在を証する一定の法定文書を提出することが要件とされていますが（同法181条１項），国家が強制的に債権者の給付請求権の実現を図る点では，強制執行と共通しているため，その手続については，強制執行の規定が準用されています（同法188条など）。

　以下，不動産に対する強制執行と不動産を目的とする競売を併せて「不動産執行等」と呼ぶことにします。

イ　不動産執行等の申立て・開始決定

　不動産執行等の手続は，債権者が，執行裁判所に書面による申立てをすることにより，始まります（同法２条）。申立書の提出があると，執行裁判所がこれを審査し，申立てが適法であると認めると，不動産執行等の開始決定がされます。この開始決定においては，不動産執行等の手続を開始する旨と，目的不動産を債権者のために差し押さえる旨の宣言がされます（同法45条１項）。開始決定は，これを債務者に送達しなければなりませんが（同条２

第1章　信託に関する登記

項)，差押えの登記がされる前に送達がされると，債務者が差押えを免れるために，目的不動産を処分してしまうおそれがありますので，実務上，執行裁判所は，差押えの登記がされたことを確認した上で（同法48条2項参照），開始決定の送達をする運用がされています。

ウ　差押えの登記の嘱託・実行

　開始決定がされると，裁判所書記官は，直ちに，登記所に対し，その開始決定に係る差押えの登記を嘱託しなければなりません（同法48条1項）。差押えの登記は，目的不動産が差し押さえられたことを公示し，後述の差押えの処分制限効を第三者に対抗するためのもので（民法177条），処分の制限の登記に属します（法3条）。

　嘱託による登記手続については，原則として，申請による登記に関する規定が準用されますから（法16条2項），嘱託情報には，登記の目的，登記原因及びその日付，登記権利者及び登記義務者，目的不動産を識別する事項等を記載する必要があります（法18条，令3条）。登記の目的は，「差押え」とします。登記原因は，「何地方裁判所（何支部）強制競売（又は競売）開始決定」とし，登記原因の日付は，当該開始決定がされた日を記載します（昭和55年8月28日民三第5267号民事局長通達）。登記権利者は申立債権者，登記義務者は当該不動産の所有者です。

　登記官は，差押えの登記の嘱託に却下事由（法25条）がなければ，これを受理し，登記を実行します。

エ　差押えの効力

(ｱ)　効力発生の時期

　差押えの効力は，開始決定が債務者に送達された時に生じます（民執法46条1項本文）。ただし，差押えの登記が開始決定の送達前にされたときは，その登記がされた時に生じます（同項

ただし書)。債務者以外の第三者に対する差押えの効力の対抗力も，登記によって生じます。

(イ) 処分制限効

　差押えは，目的不動産の交換価値を把握するため，当該不動産に対する債務者の処分権を制限し，国家が，これを取得する行為であり，差押えの効力発生に伴って，債務者は処分行為を禁止されることになります（処分制限効）。しかし，債務者が，通常の用法に従って当該不動産を使用収益することは，妨げられません（同法46条2項）。差押さえの目的は，当該不動産の交換価値が減少しない限り，達することができるからです。

　そこで，債務者が，差押えの処分制限効に反して目的不動産を処分した場合における当該処分行為の効力については，処分行為の当事者間で有効であることについては異論がありませんが（明治27年5月15日民刑第171号民刑局長回答），差押えに係る執行手続との関係については，かつては争いがあり，民執法施行前の判例は，差押債権者及び当該処分行為に先立って執行手続に参加した者に対しては，その効力を対抗することができないが，当該処分行為に後れて執行手続に参加した者に対しては，その効力を対抗することができるとする見解（個別相対効説）を採っていました（仮差押えの効力につき最高裁昭和39年9月29日判決・民集18巻7号1541頁）。しかし，民執法は，差押えの処分制限効に反する処分行為は，差押債権者のほか，当該差押えに基づく執行手続に参加するすべての債権者に対して，その効力を対抗することができないとする見解（手続相対効説）を採用しました。これによると，差押えの登記後に所有権移転の登記がされても，当該執行手続上の債務者に対する他の債権者は，配当要求をすることができますし（同法87条1項2号参照），差押えの登記後に設定された担保権については，当該差押えが

第1章　信託に関する登記

失効しない限り，配当等を受けることができないとされています（同条2項・3項）。また，当該執行手続によって目的不動産が売却されると，差押えの登記に後れる目的不動産に係る権利の取得は，その効力を失い（同法59条2項），仮に売却後に剰余が生じたとしても，剰余金は，当該執行手続上の債務者に交付されることになります（同法84条2項）。

オ　代金納付による差押えの登記の抹消

差押えの登記がされた後，不動産執行等の手続が進行して，目的不動産が売却され，買受人が代金を納付して，その所有権を取得すると（同法79条），目的不動産の上に存する先取特権，使用及び収益をしない旨の定めのある質権並びに抵当権は，消滅します（同法59条1項）。この規定により消滅する権利を有する者，差押債権者又は仮差押債権者に対抗することができない不動産に係る権利の取得は，売却によりその効力を失います（同条2項。仮処分の失効については同条3項）。差押えの登記後にされた所有権移転行為も，差押債権者に対抗することができませんから，この規定により効力を失います。

このため，裁判所書記官は，買受人が代金を納付したときは，次に掲げる登記及び登記の抹消を嘱託しなければならないとされています（同法82条1項）。

①　買受人の取得した権利の移転の登記（同項1号）
②　売却により消滅した権利又は売却により効力を失った権利の取得若しくは仮処分に係る登記の抹消（同項2号）
③　差押え又は仮差押えの登記の抹消（同項3号）

上記の嘱託に基づいて，買受人のために所有権移転の登記がされ，差押えの登記後にされた所有権移転の登記は，抹消されることになります。

(2)　設問後段についての検討

第二節　信託に関する登記

　以上の説明を前提にして，設問後段について検討しましょう。
ア　設問の趣旨
　　設問後段は，差押えの登記がされた不動産について，信託に関する登記をすることができるかを問うものです。例えば，甲所有のA不動産について，甲の債権者である乙が，強制競売開始の申立てをし，その開始決定がされて，差押えの登記がされた場合において，甲が，丙と信託契約を締結し，これに基づいて，A不動産の所有権を信託により丙に移転することができるか，という問題です。執行裁判所により差押えがされますと，上記(1)エ(イ)で述べたとおり，A不動産について処分制限効が働きますから，そもそも所有者甲が，同不動産を信託により丙に移転することができるのか，できるとしても，後にA不動産について売却手続が実行され，買受人丁がこれを買い受けたときには，信託の効力はどうなるのか，が問われているのです。
イ　差押え登記がされた不動産の債務者による処分
　　既に述べたように，差押えの登記がされた不動産についても，所有者による処分が，禁止されるわけではありません。上記アの事例の甲は，差押え後のA不動産を丙に売却し，若しくは丙に信託して所有権を移転し，又はA不動産について，丙のために抵当権を設定することもできます。それらの処分行為は，少なくとも当事者である甲と丙との間では有効であって，その旨の登記の申請も受理されます。
　　しかしながら，一方で，乙の申立てによって開始されたA不動産についての強制競売手続は，上記のような差押えの処分制限効に反する甲の処分行為がされ登記がされたことを全く無視して進行されます。これが，上に述べた手続相対効の現れにほかなりません。そして，強制競売手続が進行して，A不動産について売却許可決定がされ，丁が買受人となって代金を納付しますと，同不

動産の所有権は，丁に移転します。そして，この売却により，差押債権者に対抗することができない権利の取得は，効力を失いますから，差押えの登記後にされたＡ不動産の所有者甲の処分行為による丙の権利の取得は，すべて効力を失います。信託による所有権の取得についても同じで，その登記も，裁判所書記官の嘱託により抹消されます。仮に，信託の受託者である丙がＡ不動産を占有していた場合には，丙は，買受人である丁に，これを引き渡さなければなりません。

ただし，売却許可決定により代金が納付される前に，不動産執行の申立てが取り下げられたとき，又は強制競売若しくは競売の手続を取り消す旨の決定が効力を生じたとき（例えば，当該不動産執行の手続を進めても剰余を生ずる見込みがない場合において，一定の要件が充たされるとき。同法63条参照）には，当該差押えの効力も失われますから，その登記後にされた債務者の処分行為も当該差押えの拘束を免れることができます。

## 12 工場財団の所有権に信託に関する登記をすることの可否

> **問** 工場財団の所有権を信託により移転して、信託に関する登記をすることができますか。

【答】 設問のような信託に関する登記は、することができません。

【解説】

### 1 工場財団とは

(1) 意義・沿革

「工場財団」とは、工場抵当法に規定する財団であって、工場に属する土地・建物及びこれらに備え付けられた機械、器具その他工場の用に供する物並びに工場に係る権利等により構成され、抵当権の目的とするために設定されるものです。

工場抵当法は、明治38年に制定された法律（同年第54号）で、その立法の主要な趣旨は、明治31年に制定された民法における抵当権の成立の範囲が極めて狭いという問題を解消することにあったといわれています。すなわち、明治38年当時のわが国は、資本主義の勃興期にあり、製造業を中心に設立された諸企業において、近代的な工場設備の整備が漸く進展し、その組織財産全体が、特別な経済価値を保有するに至るようになったことから、各企業が金融を得るに当たっては、工場の設備を一体として担保の目的とすることが有利となる状況が、生まれてきたのです。ところが、民法においては、抵当権の及ぶ範囲を、その目的物本体のほかは、従物（同法87条）及び付加物（同法370条）に限定したため、工場の土地・建物に設定された抵当権は、これらに備え付けられた機械、器具には及ばないという不都合が生じていました。この不都合を解消するために制定されたのが工場抵当法で、同法では、まず、工場に属する土地・建物の上に抵当権が設定されると、その抵当権の効力は、これ

らの不動産に「備え付けられた機械，器具その他工場の用に供する物」に及び，それらの動産が抵当権者の同意なしに工場から持ち出されても，抵当権者がこれを追及できるとして，民法の不備を補いました（現行工場抵当法2条，3条，5条参照）。その上で，同法は，工場の所有者が，工場を構成する財産の中から特定のものを選んで財団を設定し，特別の登記簿に記載して公示をすれば，その工場を「1個の不動産」とみなすこととする新しい制度を創設しました。これが，工場財団の制度です。この財団に属する動産は，財団目録に記載され，これに抵当権の効力が及びます。財団に属する個々の不動産については，それぞれの登記簿に財団に属した旨が記載されるという仕組みです（その詳細については，次に説明します。）。

　　工場抵当法に基づく工場財団の制度は，同じ明治38年に同様の目的をもって制定された鉄道抵当法（同年法律第53号）に基づく鉄道財団，及び鉱業抵当法（同年法律第55号）に基づく鉱業財団の各制度と並んで，爾後の大正・昭和の時代を通じて，わが国の企業が，外国を含む広い市場から資金を求める手段として，広範に利用され，興隆期を迎える資本主義を推進した功績は，多大なるものと評されています。

(2)　工場財団の設定・性質・機能

　ア　工場の定義

　　　工場抵当法の基本となる概念は「工場」ですが，工場抵当法は，その冒頭に定義を設けています。それによると，工場とは，営業のため物品の製造若しくは加工又は印刷若しくは撮影の目的に使用する場所をいいます（同法1条1項）。これを基本として，同法は，営業のため電気若しくはガスの供給又は電気通信役務の提供の目的に使用する場所は，これを工場とみなすとし（同条2項前段），さらに，営業のため放送法にいう基幹放送又は一般放送（有線電気通信設備を用いてテレビジョン放送を行うものに限

る。）の目的に使用する場所も，同じとするとして（同項後段），工場の概念を拡張しています。

イ　工場財団の設定

　工場を所有する者は，抵当権の目的とするため1個又は数個の工場につき工場財団を設けることができます（工場抵当法8条1項前段）。ただし，数個の工場財団を設ける場合には，それぞれの財団は独立したものでなければならず，A工場財団に属する財産を同時にB工場財団に属させることはできません（同条2項）。

　工場財団の設定は，所有者が，登記所に備える工場財団登記簿に所有権保存の登記をする方法によってします（同法9条，18条）。工場財団を組成することができる財産は，工場に属する土地及び工作物，機械・器具・電柱・電線・配置諸管，軌条その他の付属物，地上権・賃借権（賃貸人の承諾があるものに限る。），工業所有権及びダム使用権とされていますが（同法11条），所有者の選択によって，その一部を財団財産から除外することもできます。他方で，他人の権利の目的である財産又は差押え，仮差押え若しくは仮処分の目的である財産は，工場財団に属させることができません（同法13条1項）。工場財団の独立性・単一性の要請に反するからです。

　なお，工場財団の所有権保存の登記は，上記のように財団の成立の要件ですが，その効力には，期間の制限があります。すなわち，その登記後6か月以内に抵当権設定の登記がされないときは，効力を失うとされています（同法10条）。成立要件である登記の効力が失われれば，当該工場財団は，消滅することになります（同法8条3項参照）。

ウ　工場財団の性質・機能

　工場財団は1個の不動産とみなされます（同法14条1項）。ただし，これを所有権及び抵当権以外の権利の目的とすることはでき

第1章　信託に関する登記

ません（抵当権者の同意があれば賃貸することはできます。同条2項）。財団を組成する財産は，これを分離して第三者に処分することはできず，また，第三者がこれに対して差押え，仮差押え若しくは仮処分の目的とすることは許されません（同法13条2項）。もっとも，抵当権者の同意を得れば，財団に属する財産を財団から分離することができ，この場合は，当該財産については抵当権が消滅しますし（同法15条），財団の設定後に所有者が獲得した財産が，当然に財団に組み込まれるわけではありません。

エ　工場財団の登記

(ア)　所有権保存の登記の前提としての登記

工場財団の所有権保存の登記を申請するには，その前提として，工場財団の表題部の登記を申請することを要します。表題部の登記の登記事項は，(i)工場の名称及び位置，(ii)主たる営業所，(iii)営業の種類，(iv)工場財団を組成するもの（同法21条1項）ですが，登記官は，上記(iv)に掲げる事項を明らかにするため，法務省令で定めるところにより，これを記録した工場財団目録を作成することができます（同条2項）。もう一つ，所有権保存の登記を申請する前提として，工場に属する土地又は建物であって所有権の登記のないものがある場合には，その所有権保存の登記をすることを要します（同法12条）。

(イ)　所有権保存の登記

次に，所有権保存の登記には，申請情報に併せて，工場財団目録に記録すべき情報を提供しなければなりません（同法22条）。これは，登記官が工場財団目録を作成する際の資料とするものです。そして，登記官は，所有権保存の登記の申請があったときは，その財団に属すべきものであって登記のあるものについては，職権で，その登記記録中権利部に工場財団に属すべきものとしてその財団につき所有権保存の登記の申請があっ

た旨，申請の受付の年月日及び受付番号を記録しなければなりません（同法23条1項）。この記録がされた後は，工場財団に属すべき財産であって登記のあるものは，これを譲渡し又は所有権以外の権利の目的とすることができません（同法29条）。また，この記録がされた後にされた差押え，仮差押え若しくは仮処分の登記又は先取特権保存の登記は，次に述べる抵当権の登記があったときは，その効力を失います（同法31条）。

　かくして，登記官が所有権保存の登記をしたときは，その財団に属したものの登記記録中権利部に工場財団に属した旨を記録しなければなりません（同法34条1項）。

(ウ)　抵当権設定の登記

　抵当権設定の登記は，工場財団の登記の中核を成すものです。上記の表題部の登記も，所有権保存の登記も，この抵当権設定の登記の基礎としてされるものにほかなりません。その申請者は，抵当権者（登記権利者）と所有者（登記義務者）であることは，いうまでもありません（法60条）。工場財団についての抵当権設定の登記の申請は，法第25条に掲げる場合のほか，その所有権保存の登記がされてから6か月を経過した後にされた場合には，前記の期間の制限に抵触するものとして，却下されます（工場抵当法36条）。

オ　工場財団の分割・併合

　工場の所有者は，数個の工場について設定した1個の工場財団を分割して，数個の工場財団とすることができます（同法42条の2第1項）。既に抵当権の目的となっている甲工場財団を分割して，その一部を乙工場財団とするときは，その抵当権は，乙工場財団については消滅します（同条2項）。この場合の分割は，抵当権者が，乙工場財団について抵当権の消滅することを承諾しなければ，することができません（同条3項）。

第1章　信託に関する登記

　　　他方，工場の所有者は，数個の工場財団を合併して1個の工場財団とすることができます（同法42条の3第1項本文）。ただし，合併しようとする工場財団の登記記録に所有権及び抵当権の登記以外の登記があるとき又は合併しようとする数個の工場財団のうち2個以上の工場財団について既登記の抵当権があるときは，合併をすることができません（同項ただし書）。工場財団を合併したときは，抵当権は，合併後の工場財団の全部に及びます（同条2項）。
　　　上記の工場財団の分割又は合併は，その登記をすることによって効力を生じます（同法42条の4）。
　　カ　工場財団の消滅
　　　工場財団について抵当権の登記が全部抹消されたとき，又は抵当権が同法第42条の2第2項の規定（抵当権が設定された甲工場財団を分割して，その一部を乙工場財団とするときは，その抵当権は，乙工場財団について消滅する旨を定める規定。以下，この規定による抵当権の消滅を「工場財団の分割による消滅」といいます。）により消滅したときは，所有者は，工場財団の消滅の登記を申請することができます（同法44条の2本文）。この申請に基づいて工場財団の消滅の登記がされたときは，その工場財団は，消滅します（同法8条3項）。また，工場財団について抵当権の登記が全部抹消された後，若しくは抵当権が工場財団の分割により消滅した後，6か月内に新たな抵当権設定の登記がされないときは，工場財団の消滅登記の登記がされなくても，当該工場財団は，消滅します（同項）。
2　設問についての検討
(1)　信託による工場財団の所有権の移転の可否
　　　上記1の冒頭で述べたように，工場財団は，工場に属する土地及び工作物のほか，工場に備え付けられた機械，器具その他工場の用

に供する物，さらには工業所有権，地上権，賃借権など工場に係る権利をもって組成され，それらが有機的に一体となった組織財産として，特別の経済的価値を有するものですから，当該工場財団の所有者が，その運用（経営）によって収益を得ることを目的として，信託により当該財団の所有権を第三者に移転し，その管理及び処分を委ねるという方法を講じることは，理論的には可能なもののように考えられます。

そこで，現行の工場抵当法の下で，工場財団の信託が可能かどうかについて，結論を先にいえば，同法は，工場財団をそのような目的で利用することを全く想定しておらず，工場財団を専ら抵当権の設定を目的とするものとして構成しているとみるべきです。そのことは，前述した次の諸点から，明らかです。

① 第1に，工場財団の所有権保存の登記は，その登記後6か月以内に抵当権設定の登記がされないときは，効力を失うとされていることです（同法10条）。この規定の趣旨は，工場財団について所有権保存登記がされたのに，登記後6か月を経過してもなお抵当権設定の登記がされないという事態は，所有者において，抵当権を設定する意思がない（又は見込みがない）ものと推定され，所有権保存の登記は結局無意味であったのだから，その効力を失わせるというにあるものと解されます。

② 第2に，工場財団は1個の不動産とみなされるのですが（同法14条1項），これを所有権及び抵当権以外の権利の目的とすることができないと明定されていることです（同条2項。抵当権者の承諾があるときは，賃貸借の目的とすることはできます。）。この規定と上記①で述べた所有権保存の登記の効力の制限とを併せ考えれば，工場財団の所有権というのは，専ら抵当権を設定するための基礎として作用するにとどまり，通常の所有権が有している広範な使用・収益の作用を営むことは予定されていないとみること

ができます。

③　第3に，工場財団について，抵当権の登記が全部抹消された後，若しくは抵当権が工場財団の分割により消滅した後，6か月内に新たな抵当権設定の登記がされないときは，当該工場財団は，消滅するとされていることです（同法8条3項）。この規定の趣旨は，いったん設定した抵当権が全て消滅した後，6か月を経過したのに新たな抵当権設定の登記がされないという事実からは，工場財団の所有者には，最早，新たな抵当権を設定する意思がない（あるいは見込みがない）と推定されるというにあるものと解されます。また，工場財団について抵当権の登記が全部抹消された場合，又は抵当権が工場財団の分割により消滅した場合において，所有者の申請により工場財団の消滅の登記がされたときに工場財団が消滅するとされているのも（同項），所有者が，最早，工場財団に抵当権を設定する意思がないことを，対外的に明らかにしたことによるものと解されます。

　上記に指摘した工場抵当法の制度上の特徴のうち，設問と直接に関係するのは，②の点です。すなわち，設問は，工場財団の所有権の権能として，これを信託により第三者に移転して，同人に管理・処分させることが認められるかを問うものですが，上記②のとおり，工場抵当法は，工場財団の所有権の作用を専ら抵当権を設定するための基礎となることに止めており，設問のような工場財団の信託は，同法の規制の範囲を超えるものであって，許されないといわなければなりません。実際問題としても，工場の所有者が自らその工場を運用（経営）するよりも第三者に委ねる方が得策だと考える場合には，経営手腕のある第三者との委任契約によって，その運用を任せるとか，会社を設立して工場の施設及びこれに係る権利を出資し，会社にこれを運用させるという方法を採れば足りるのであって，わざわざ工場財団を設定して，信託によりその所有権を第三者

に移転するという手段を採るまでもないと考えられるのです。

　以上のとおりですから，設問に対する解答は，「消極」ということになります。

(2)　工場財団を目的とする抵当権の信託

　他方で，工場財団について設定された抵当権自体を信託財産とすることは，可能です。

　まず，委託者が第三者に対して有する債権が，工場財団について設定された抵当権によって担保されるものである場合に，当該債権を信託により受託者に移転したときは，その抵当権もこれに随伴して，信託財産に属することになります。これは，被担保債権が信託財産となる場合に，当然に生ずる現象です。

　次に，信託により工場財団に抵当権が設定される場合は，委託者（債務者又は物上保証人）が，当該債権者を受益者として，受託者のために工場財団を目的とする抵当権を設定するというものです。抵当権を債権から分離して信託財産に帰属させ，受託者が債権者のために管理するという信託の方式で，平成18年に制定された現行信託法によって明文化されたものです（いわゆるセキュリティ・トラスト。同法3条1項1号・2号）。この場合は，工場財団の所有者である委託者が，受託者のために抵当権を設定するのであって，所有権は，委託者に留保されていますから，設問の場合とは，権利関係を異にします。なお，工場財団のセキュリティ・トラストの方式としては，上記のほかに，まず債務者・物上保証人が，債権者のために工場財団について抵当権を設定し，債権者が，これを債権と分離して受託者に対し，信託による移転をするという方式を踏むものもあります。

　以上の場合には，工場財団について，信託による抵当権の設定又は移転の登記をすることができます。

第1章　信託に関する登記

## 3　権利の保存・設定・移転の登記と信託に関する登記

### 13　信託財産である土地を担保にして借り受けた資金により普通建物が新築された場合，及び信託契約により委託者から受託者に譲渡された信託財産が委託者名義の表題登記のみがされている敷地権付き区分建物である場合の当該建物についての信託に関する登記手続

問　委託者甲と受託者乙のとの間で，甲所有のＡ土地について，甲自身を受益者とする信託契約を締結し，同土地が乙に譲渡された後，乙が金融機関に同土地を抵当に入れて借り受けた資金をもってＢ建物（普通建物とします。）を新築した場合，Ｂ建物については，誰が，どのような登記を申請することになりますか。上記の信託契約において，乙に譲渡された財産が甲名義の表題登記のみがされている敷地権付き区分建物（Ｃ建物といいます。）であった場合は，どうですか。

【答】　（設問前段について）

　　受託者乙が，単独で，Ｂ建物について，所有権保存の登記を申請し，同時に信託財産の処分による信託の登記を申請します。これらの登記の申請は，一の申請情報をもってすることを要し，その申請情報における登記の目的は，「所有権保存及び信託財産の処分による信託」と表示します。

　　（設問後段について）

　　受託者乙が，単独で，Ｃ建物について，信託を登記原因とする所有権保存の登記を申請することができ，これと同時に信託の登記を申請します。これらの登記の申請は，一の申請情報をもってすることを要し，その申請情報における登記の目的は，「所有権保存及び信託」と

し，登記原因は，「平成年月日信託」とします。
【解説】
1 信託を原因とする登記の仕組み

設問は，不動産に関する権利について信託を原因として変動が生じた場合に，その変動を第三者に対抗するためには，誰が，どのような登記を申請することを要するのかを問うものです。信託を原因とする不動産登記の構造については問3の解説で詳述したところですが，ここでは，設問の検討をする前提として，その基本的な部分について，再掲します。

(1) 信託契約の方法による信託

信託とは，信託法第3条各号に掲げる方法のいずれかにより，特定の者が一定の目的に従い財産の管理又は処分及びその他の当該目的の達成のために必要な行為をすることです（同法2条1項）。同法第3条各号に掲げる方法のうち，代表的なものは，信託契約を締結する方法で，この契約は，特定の者との間で，当該特定の者に対し財産の譲渡，担保権の設定その他の財産の処分をする旨並びに当該特定の者が一定の目的に従い財産の管理又は処分及びその他の当該目的の達成のために必要な行為をすべき旨を内容とするものです。この契約の当事者は，契約締結を主導する委託者と上記の規定にいう「特定の者」である受託者の両名です。設問における信託も，信託契約を締結する方法による場合が取り上げられていますので，ここでも，専らこの方法による信託を念頭に置いて，説明することとします。

(2) 信託契約による不動産に関する権利の変動

上記のとおり，信託契約においては，委託者から受託者に対して，まず，財産の譲渡，担保権の設定その他の財産の処分をする旨が約されるのですが，その財産が不動産に関する権利である場合には，当該約定による権利変動を第三者に対抗するためには，不動産

第1章　信託に関する登記

登記法の定めるところにより登記をしなければならないことは、いうまでもありません（民法177条）。委託者所有の不動産を受託者に移転する場合であれば、信託を登記原因とする所有権移転の登記を、委託者所有の不動産に受託者のための抵当権を設定する場合であれば、信託を登記原因とする抵当権設定の登記を、それぞれすることを要します。

　以上は民法の要請するところなのですが、信託法は、これに加えて、信託の登記というもう一つ別の登記をすることを求めています。同法第14条の規定がそれで、登記をしなければ権利の得喪及び変更を第三者に対抗することができない財産については、信託の登記をしなければ、当該財産が信託財産に属することを第三者に対抗することができないとしています。すなわち、信託によって不動産に関する権利が受託者に移転され、又は受託者のために設定された場合、それらの権利は、受託者の固有財産にではなく、これと分別して管理される信託財産という特別の財産に属するものになるのですが、このことを第三者に対抗するためには、その旨を公示する信託の登記を要するというのです。いわば、信託による権利の変動の登記と信託の登記が不可分一体のものとしてされることをもって、信託関係を第三者に対抗するための要件としているのです。

(3)　信託を登記原因とする登記手続

　ア　登記申請の当事者

　　　上記(2)の信託を登記原因とする登記のうち、信託による権利変動の登記手続については、不動産登記法第4章第3節の第1款（権利に関する登記の通則）の規定のほか、変動を生ずる権利の種別に応じて第2款（所有権に関する登記）、第3款（用益権に関する登記）又は第4款（担保権等に関する登記）の規定が適用されます。この権利変動の登記は、委託者から受託者に対する不動産に関する権利の設定・移転等についてされるものですから、

その登記の申請は，受託者を登記権利者，委託者を登記義務者として，両者が共同してすることになります（法60条）。

　他方，信託を原因とする登記のうち，信託の登記については，不動産登記法第4章第3節の第5款（信託に関する登記）に，その固有の登記事項のほかに，登記申請手続の特則が定められています。それによると，信託の登記の申請は，受託者が単独ですることができるとされています（法98条2項）。信託の登記は，信託による権利変動そのものではなく，当該不動産に関する権利が信託財産に属するという権利状態を公示するものですから，その申請については，権利に関する登記の申請の原則形態である共同申請方式によらずに，受託者の単独申請によるものとされているのです。ただし，受託者が任意に信託の登記の申請をしない場合に備えて，受益者又は委託者が，受託者に代わってこれを申請することができるとしています（法99条）。

イ　同時申請・一括申請

　上記信託の登記については，その申請の時期及び方式について不動産登記法に特則が設けられています。信託の登記の申請は，信託による権利変動の登記（当該信託に係る権利の保存，設定，移転又は，変更の登記）と同時にしなければなりません（法98条1項）。信託による権利変動の登記と信託の登記は，上記のとおり，別個の登記ではありますが，両者が不可分一体のものとして，当該不動産に関する権利が信託財産に属するものであることを公示する機能を果たします。このことを登記の申請手続の上にも反映させるものとして，「同時申請」が求められているのです。そして，不動産登記法のこの規定を受けた不動産登記令では，その同時申請の方式として，信託の登記の申請と当該信託による権利変動の登記の申請とは，一の申請情報によってしなければならないとしています（令5条2項）。一般に，登記の申請情報は，登

第1章　信託に関する登記

記の目的及び登記原因に応じて，一の不動産ごとに作成して提供するのが原則なのですが（1件1申請主義。法18条，令4条本文），上記の信託の登記と信託による権利変動の登記については，不動産登記令自らが，その例外（一括申請）を認めているのです。

2　設問前段についての検討

以上の説明に基づいて，設問について，検討することにします。

(1)　設問前段の事案について

この事案では，最初に，信託契約により，委託者甲所有のA不動産が，受託者乙に移転されたのですから，同不動産について，甲から乙への信託を登記原因とする所有権移転登記がされ，これと同時に当該不動産が，乙の信託財産に属することを公示する信託の登記がされることになります。

次に，事案では，受託者乙が，A不動産に抵当権を設定して，金融機関から資金を借り受け，これをもってB建物を新築したというのです。乙としては，このB建物を他に賃貸する方法で運用し，その賃料収入を委託者甲にもたらして，同人の利益を図ろうとしているものと考えられるのですが，では，B建物は，誰の所有に属することになるのでしょうか。B建物の建築資金は，信託財産に属するA不動産について抵当権の設定という処分をして，金融機関から借り受けたことにより取得したものですから，信託財産に属します（信託法16条1項1号）。その資金を使って乙が建築したB建物も，信託財産に属する金銭を処分して受託者が得たものですから，やはり信託財産に属します（同号）。所有の形態でいえば，受託者乙が，同建物の所有権を原始的に取得したことになります。

(2)　登記の申請

受託者乙がB建物の所有権を原始的に取得したという物権変動は，所有者である乙の単独申請による所有権保存の登記（法74条1項1号）によって公示されます。ただし，所有権保存の登記におい

ては，次の３に述べる敷地権付き区分所有建物についての，いわゆる転得者保存の登記の場合を除いて，登記原因を登記することを要しないとされていますから（法76条１項本文），普通建物であるＢ建物については，乙が信託を原因としてこれを取得したものであることは，表示されません。

　一方，Ｂ建物が信託財産に属するものであることを公示する信託の登記も，受託者乙の単独申請によってされるのですが，その申請情報における登記の目的は，単に「信託」とするのではなく，「信託財産の処分による信託」とするのが，実務の取扱いです。Ｂ建物が信託財産に属することになったのは，信託契約そのものによるのではなく，信託財産に属する他の財産が処分されたことによるものですから，その関係を登記上明示するのが望ましいと考えられるのです。

　以上の二つの登記は，前記のとおり，一の申請情報をもってされなければなりません。その申請情報における登記の目的（令３条５号）は，「所有権保存及び信託財産の処分による信託」と表示します。この申請に基づいて登記がされるときは，二つの登記は同一の順位番号を用いて記録されますから（規則175条１項），当該所有権保存の登記が信託財産についてされたものであることが，外形的に明らかにされることになります。

## 3　設問後段についての検討

### (1)　設問後段の事案について

　設問後段の事案は，委託者甲・受託者乙間の信託契約により，甲から乙に譲渡された財産が，甲名義の表題登記のみがされている敷地権付き区分建物（Ｃ建物）であるというものです。甲から乙へ目的物の所有権が移転するのですから，登記の原則からすれば，甲が，Ｃ建物について所有権保存の登記をした上，甲と乙の共同申請により，乙への所有権移転の登記を申請するという手順を踏むべき

第1章　信託に関する登記

ことになるのですが，周知のように，敷地権付き区分建物については，原始取得した者による所有権保存の登記を省略して，転得者が，直接，この登記（いわゆる転得者保存の登記）をすることができるとされています（法74条2項。その理由についての説明は，省略します。）。ただし，この転得者による所有権保存の登記は，その実質においては，所有権移転の登記ですから，権利に関する登記の通則に戻って，登記原因及びその日付を登記しなければなりません（法59条3号，76条1項ただし書）。

(2) 登記の申請

そこで，設問後段の場合には，信託による権利変動の登記として，乙が，単独で，C建物の所有権保存の登記を申請することができます（もとより，甲が，所有権保存の登記をした上で，甲と乙の共同申請により，所有権移転の登記をすることもできます。）。その登記原因は，甲乙間の信託契約そのものですから，申請情報における登記原因及びその日付（令3条6号括弧書）は，「平成年月日信託」と表示します。

信託の登記も，乙が，単独で，申請することができます。その申請情報における登記の目的は，端的に「信託」とします。C建物が信託財産に帰属することになったのは，信託契約によるからです。

以上の二つの登記の申請は，一の申請情報をもってされなければなりません。その申請情報における登記の目的は，「所有権保存及び信託」と表示します。登記原因及びその日付は，上記のとおり，「平成年月日信託」とします。

## 14 信託契約（受託者が2人の場合）及び遺言信託に基づく信託の登記を申請する場合に提供する申請情報及び添付情報

> 問　委託者が所有する不動産を信託財産とする信託契約に基づく登記を申請する場合には，どのような申請情報及び添付情報を提供することを要しますか。受託者が1人の場合と2人の場合とでは，申請情報の表示又は添付情報に違いがあるでしょうか。また，遺言をする方法による信託に基づく登記を申請する場合には，どのような申請情報及び添付情報を提供することを要しますか。

【答】（設問前段について）
(1) 申請情報

　この場合の申請情報は，まず，申請人として，信託による所有権移転の登記の登記権利者であり，信託の登記の登記権利者でもある受託者の氏名又は名称及び住所を表示し，かつ，上記の所有権移転の登記の登記義務者である委託者の氏名又は名称及び住所を表示します。受託者が2人以上ある場合には，当該不動産は，受託者らの合有に属し，各受託者は，持分を有しませんから，これを表示することを要しません。

　次に，登記の目的として，「所有権移転及び信託」と表示します。受託者が2人以上あるときは，特に「所有権移転（合有）及び信託」と表示します。

　登記原因及びその日付として，信託契約の成立の年月日を特定して，「平成年月日信託」と表示します。

(2) 添付情報

　登記原因を証する情報として，信託契約が成立したことを証する情報を提供することを要します。また，登記官が信託目録を作成す

るため，同目録に記録すべき情報も提供することを要します。
　　（設問後段について）
(1)　申請情報

　　この場合の申請情報は，まず，申請人として，遺言信託による所有権移転の登記の登記権利者であり，信託の登記の登記権利者でもある受託者の氏名又は名称及び住所を表示し，かつ，上記の所有権移転の登記の登記義務者である遺言執行者の氏名又は名称及び住所を表示します。

　　次に，登記の目的として，「所有権移転及び信託」と表示します。

　　登記原因及びその日付として，遺言信託の効力が生じた日（遺言者が死亡した日）を特定して，「平成年月日遺言信託」と表示します。

(2)　添付情報

　　登記原因を証する情報として，遺言信託が存在することを証する情報（すなわち当該遺言書）を提供することを要します。上記の設問前段についての(2)と同様，信託目録に記録すべき情報も提供することを要します。

【解説】

1　前提となる説明

　　設問は，前段・後段を通じて，信託契約又は遺言信託による信託の登記を申請する場合に，申請人が登記所に提供すべき申請情報及び添付情報の内容について問うものですから，設問の趣旨についての説明は，不要と考えます。ただし，信託における受託者が2人の場合に，そのことが申請情報の表示や添付情報に影響するかが問われていますので，受託者が複数の場合の法律関係の要点について，説明をしておきます。また，これまで信託契約に基づく信託の登記の手続については各所で説明してきましたが，遺言信託によって信託がされた場合の登記の申請手続—特に申請当事者が誰か—については，触れるところ

がありませんでしたので，ここで取り上げて説明することにします。
(1) 受託者が2名以上の場合の法律関係―信託財産の合有

　受託者は，信託による財産の管理又は処分という制度の中核を担う者です。受託者は，1人でその任に当たるのが通常なのですが，2人以上の者が選任されることもあります。信託行為において，複数の受託者を選任するのは，受託者の職務が重責であることにかんがみ，委託者がこれを1人に託するのではなく，複数の者に委託し，その数名による相互の監視と意見交換によって，より合理的な職務執行を期待することにあると考えられます。

　受託者が数名ある場合の法律関係として最も特徴的なものは，信託財産の帰属の形態にあります。信託において，受託者は，信託財産を自己のものとして管理し，処分するのですが，受託者が2人以上ある場合の信託財産の帰属については，信託法は，受託者の「合有」とすると定めているのです（同法79条）。「合有」とは，何でしょうか。

　数人で一つの財産を所有する形態について，民法は，「共有」が基本的なものとみて，これについて詳細な規定を置いています（同法249条から264条まで）。共有においては，数人の所有者の間に団体的な統制がなく，各自が独自の立場を有し，その立場を処分するのも自由であり，また，いつでも目的物を分割して共同所有関係を解消することができます。これに対して，「合有」という用語は民法では使用されていないのですが，学説では，数人の間で組合契約が締結された場合の組合財産が，この形態に属すると解するのが一般です（ただし，最高裁の判例は，組合財産についても特別の規定がない限り，共有の規定が適用されるとしています。）。上記の信託法第79条の「合有」については，同法にその具体的な内容が明示されていませんが，概ね上記の学説がいう「合有」に当たるものとみて差し支えないでしょう。これによれば，2人以上の受託者がある

第1章　信託に関する登記

　　信託においては，各受託者は，信託財産に属する個々の財産について，固有の持分を持たず，したがって，持分の処分や目的物の分割は禁じられ，また，その財産の管理処分に当たっては，信託行為で定められた目的に拘束されるものと解されます。具体的な権利関係の在り方については，個々の事例ごとに，「信託目的を達成する上での必要性」という観点から判断されるべきでしょう。
　　なお，信託法は，受託者が数名ある場合の法律関係に関し，受託者の信託事務の処理の方法（同法80条1項・2項），受託者の職務の分掌（同条4項），信託事務の処理に係る債務についての責任（同法83条1項・2項），受託者の1名の任務が終了した場合の権利義務の承継（同法86条4項）などについて，特別の定めを設けています。
(2)　遺言信託の方法による信託の場合の登記手続
　ア　遺言信託の意義
　　　これは，特定の者に対し財産の譲渡，担保権の設定その他の財産の処分をする旨並びに当該特定の者が一定の目的に従い財産の管理又は処分及びその他の当該目的の達成のために必要な行為をすべき旨の遺言をする方法です（同法3条2号）。財産の所有者が，遺言により，受託者となるべき者に対して，財産を処分する旨の意思表示をし，一定の目的を達成するために必要な行為をすべき旨を指示します。この場合の信託は，遺言の効力の発生によって効力を生じます（同法4条2項）。
　イ　受託者の選任・引受け
　　　上記の遺言における「受託者となるべき者」は，当該遺言にこれを指定する定めがない場合と，そのような定めがある場合とがあります。前者であれば，裁判所が，利害関係人の申立てにより受託者を選任することができます（同法6条1項）。後者であれば，受託者となるべき者として指定された者が信託の引受けの諾否を自由に決することができることは，いうまでもありません。同人

が諾否を決めないときは，利害関係人は，その者に対し，相当の期間を定めて，その期間内に信託の引受けをするかどうかを確答すべき旨を催告することができます（同法5条1項本文）。この催告があった場合において，その者が上記の期間内に委託者の相続人に対して確答しないときは，信託の引受けをしなかったものとみなされます（同条2項）。受託者となるべき者として指定された者が信託の引受けをせず，又は引受けをすることができない場合には，その指定がなかった場合と同様，裁判所は，利害関係人の申立てにより，受託者を選任することができます（同法6条1項）。

ウ　遺言執行者

　遺言信託の効力が発生した後にその内容を実現する方法について，遺言信託においては，上記のとおり，受託者となるべき者に対し財産の譲渡，担保権の設定その他の財産の処分をする旨が遺言の内容になりますから，必ずこれを執行する必要があります。このような財産処分は，特定遺贈等と同様に，委託者の相続人がこれを行ってもよい性質のものなのですが，信託法は，委託者の相続人は，信託行為に別段の定めがある場合を除き，委託者の地位を相続により承継しないと定めていますから（同法147条），相続人は，原則として，執行に当たることができません。このため，遺言信託については，民法の定めるところに従って，その執行者を別に選任する必要があります。その概要は，次のとおりです。

　遺言者は，遺言で1人又は数人の遺言執行者を指定し，又はその指定を第三者に委託することができます（民法1006条1項）。指定の委託を受けた者は，遅滞なく，その指定をして，相続人にその旨を通知することを要します（同条2項）。指定の委託を受けた者は，この委託を辞することができるのですが，その場合には，遅滞なく，その旨を相続人に通知しなければなりません（同条3

項)。遺言で直接指定を受けた遺言執行者又は遺言で指定の委託をされた第三者から指定を受けた遺言執行者が，就職を承諾したときは，直ちにその任務を行わなければなりません（同法1007条）。遺言執行者が就職未定のままでその態度を明らかにしないときは，相続人その他の利害関係人は，遺言執行者に対し，相当の期間を定めて，その期間内に就職を承諾するかどうかを確答すべき旨の催告をすることができます（同法1008条前段）。その期間内に，遺言執行者が相続人に対して確答をしないときは，就職を承諾したものとみなされます（同条後段）。

　遺言執行者がはじめから指定されていないとき，又は指定はあったものの就職する者がなくなったときは，家庭裁判所は，利害関係人の請求によって，遺言執行者を選任することができます（同法1010条）。

　上記のいずれの場合にも，遺言者の相続人が遺言執行者に選任されることは，差し支えありません。相続人は，相続人の地位においてではなく，遺言執行者の地位において，職務を行うことになります。なお，この関係で，民法は遺言執行者を相続人の代理人とみなすとしているのですが（同法1015条），信託の委託者の相続人は，原則として，相続人によってその地位を承継しないとされていますから，遺言信託の執行者については，この規定は，当てはまらないことになります。

エ　遺言信託による登記の申請

　遺言信託により委託者が有する不動産に関する権利が処分された場合に，登記権利者として登記を受けることになるのは，上記イの受託者であり，登記義務者としてこの登記をするのは，上記ウの遺言執行者です（法60条参照）。遺言信託による受託者のための不動産の所有権の移転，不動産を目的とする担保権や用益権の設定，不動産担保権付き金銭債権の移転などを原因とする登記の

申請は，いずれも，この当事者の共同申請によって行われます。
　これらの権利変動の登記と同時にされるべき信託の登記の申請は，受託者が，単独ですることができます（法98条2項）。
2　設問前段についての検討
　設問前段の信託契約により委託者所有の不動産を受託者に移転する登記の申請をする場合における申請情報及び添付情報について，権利に関する登記の申請に共通する事項は省略して，特に留意すべき事項は，次のとおりです。
(1)　申請情報
　ア　申請人の氏名又は名称及び住所（令3条1号）
　　申請人として，信託による所有権移転の登記の登記権利者であり，信託の登記の登記権利者でもある受託者の氏名又は名称及び住所を表示し，かつ，上記の所有権移転の登記の登記義務者である委託者の氏名又は名称及び住所を表示します。
　　なお，受託者が2人以上であるときは，上記の所有権移転の登記の登記名義人が2人以上となりますので，不動産登記令の原則からすれば，登記名義人ごとの持分をも表示すべきものとされるのですが（同条9号），この規定は，数人で目的物を所有する形態が通常の共有である場合を念頭に置いたものです。信託において受託者が2人以上の場合の目的物の所有形態は，上記のとおり「合有」であって，ここでは受託者ごとの持分という観念が存在しませんから，申請情報にこれを表示することを要しないのです。
　イ　登記の目的（同条5号）
　　登記の目的として，「所有権移転及び信託」と表示します。ただし，受託者が2人以上あるときは，目的不動産は，受託者らの合有に属することになりますので，そのことを申請情報上明らかにするために，「所有権移転（合有）及び信託」と表示します。

第1章　信託に関する登記

　　　ウ　登記原因及びその日付（同条6号）
　　　　登記原因は信託契約であり，その日付は同契約の成立の日です。よって「平成年月日信託」と表示します。
　(2)　添付情報
　　　ア　登記原因を証する情報（令7条1項6号，令別表65項「添付情報」欄）
　　　　信託契約が成立したことを証する情報を提供することを要します（同欄ロ）。通常は，当該信託契約書が提供されることになりましょう。
　　　イ　信託目録（同欄ハ）
　　　　上記の一括申請方式により申請される登記のうち，信託の登記の登記事項は法第97条第1項に規定されているところですが，登記官は，これらの事項を明らかにするため，法務省令で定めるところにより，信託目録を作成することができるとされています（同条3項）。これを受けた不動産登記令では，信託の登記を申請するには，信託目録に記録すべき情報を提供しなければならないとしているのです。この情報は，登記官が信託目録を作成する際に利用されるものです。
3　設問後段についての検討
　　設問後段の遺言信託により委託者（遺言者）所有の不動産の所有権を受託者に移転する登記を申請する場合における申請情報及び添付情報について，特に留意すべき事項は，以下のとおりです。
　(1)　申請情報
　　　ア　申請人の氏名又は名称及び住所（令3条1号）
　　　　申請人として，遺言信託による所有権移転の登記の登記権利者であり，信託の登記の登記権利者でもある受託者の氏名又は名称及び住所を表示し，かつ，上記の所有権移転の登記の登記義務者である遺言執行者の氏名又は名称及び住所を表示します。

イ　登記の目的（同条5号）

　　　登記の目的として，「所有権移転及び信託」と表示します。
　　ウ　登記原因及びその日付（同条6号）

　　　登記原因は遺言信託であり，その日付は，同遺言が効力を生じた日（遺言者が死亡した日）です。よって「平成年月日遺言信託」と表示するのが，実務の取扱いです。
(2)　添付情報

　　ア　登記原因を証する情報（令7条1項6号，令別表65項「添付情報」欄）

　　　遺言信託の存在することを称する情報として，当該遺言書を提供することを要します。
　　イ　信託目録（同欄ハ）

　　　信託目録に記録する情報を提供すべきことは，前記の2(2)イの場合と同様です。

第1章　信託に関する登記

## 15　信託財産に属する金銭で購入した不動産の登記手続

> 問　受託者甲が，信託財産に属する金銭をもって乙所有のA不動産を購入した場合，当該不動産については，誰が，どのような申請をすることになりますか。

【答】　設問の場合には，A不動産について，乙から甲への売買を原因とする所有権移転の登記を申請し，これと同時に，信託の登記を申請します。前者の登記の申請人は甲（登記権利者）と乙（登記義務者）であり，後者の登記の申請人は甲（単独）です。これらの登記の申請は，一の申請情報をもってしなければなりません。

【解説】
### 1　信託財産に属する財産

　問13では，信託財産に属する不動産を抵当に入れて，金融機関から借り受けた資金をもって建物を新築した場合に，どのような登記の申請をするのかという問題を取り上げました。本設問は，当初から信託財産に属していたのは，不動産ではなく金銭であるところ，その金銭をもって不動産を購入したという場合に，どのような登記を申請することになるかを問うものです。そこで，問13におけると同様，まず，購入された不動産が，信託財産に属するものか否かの検討を要することになります。

　いかなる財産が信託財産に属するかについては，信託法第16条に定められています。信託行為において，信託財産に属すべきものと定められた財産（同条柱書）が，最初に信託の財産を構成するものになることはいうまでもありません。後に信託行為（遺言信託を除きます。）の変更によって信託財産に属するとされた財産も，これに含まれます。信託財産に属する財産の管理，処分，滅失，損傷その他の事由により受託者が得た財産（同条1号）も，信託財産に属します。例

えば，信託財産である不動産を賃貸したことにより得た賃料，信託財産である金銭をもって購入した不動産，信託財産である建物が火災により滅失したことにより得た火災保険金などが，これに当たります。信託財産に属する財産が，別の財産に形を変えても，信託財産であるという属性は，変わらないとするもので，信託財産の「物上代位性」と呼ばれています。

そうとすると，本設問の場合，受託者甲が信託財産に属する金銭をもって乙から買い受けたA不動産が，信託財産に属するものであることは明らかです。では，この場合，どのような登記を申請することになるのでしょうか。

## 2 設問についての検討

(1) 信託を原因とする登記の手続の構造

信託を原因とする登記手続の構造については，これまで繰り返し説明してきましたし，問13の解説においても，要点を述べたところです。すなわち，その典型例は，信託行為により不動産に関する権利の処分がされた場合に，その権利変動についての登記をし（民法177条），併せて，信託の登記をするというものです（信託法14条）。この二つの登記を経なければ，当該不動産に関する権利が信託財産に属することを，第三者に対抗することができないとされているのです。そして，これらの二つの登記が，不可分一体のものとして上記のような対抗力を有することにかんがみて，不動産登記法は，「信託の登記の申請は，当該信託に係る権利の保存，設定，移転又は変更の登記の申請と同時にしなければならない」（法98条1項）と規定し，これを受けて不動産登記令は，これらの登記の申請は，一の申請情報をもってしなければならないとしているのです（令5条2項）。

本設問では，信託行為によって信託財産に属するものとされた財産は，金銭であり，A不動産は，受託者が，その金銭をもって購入

したものです。このように，A不動産は，信託行為そのものによって信託財産に属することになったのではありませんが，信託財産である金銭が，これをもってされた売買により形を変えたものとして，信託財産に属することになったものですから，この売買を登記原因とする受託者甲への所有権移転の登記も，上記の法第98条第1項の規定にいう「当該信託に係る……権利の移転……の登記」にほかなりません。したがって，本設問の場合における信託の登記の申請も，上記の売買による所有権移転の登記の申請と同時に（いわゆる一括申請の方法により）されることを要するのです。

なお，上記の乙から甲への所有権移転の登記は，通常の売買を登記原因とする所有権移転の登記と同じ内容のものですから，それが信託に係る登記であることは，その外形自体からは，判然とはしません。そのことは，同時にされる信託の登記によって明らかにされるわけで，この場合の信託の登記は，A不動産が，信託財産に属するものであることを公示するだけでなく，乙から甲への所有権の移転が，信託に係るものであることを公示する機能をも営むと解されます。

(2)　登記申請の当事者，申請情報及び添付情報

上記のように，設問のA不動産についての乙から甲への所有権移転の登記は，信託行為を登記原因とするものではなく，売買を登記原因とするものです。その登記の申請の当事者は，買主である甲が登記権利者，売主である乙が登記義務者であることは，いうまでもありません（法60条）。一方，信託の登記の申請は，受託者甲が，単独ですることができます（法98条2項）。

ア　申請情報

(ア)　申請人の氏名又は名称及び住所（令3条1号）

申請人として，売買による所有権移転の登記の登記権利者であり，信託の登記の登記権利者でもある受託者甲の氏名又は名

称及び住所を表示し，かつ，上記の所有権移転の登記の登記義務者である第三者乙の氏名又は名称及び住所を表示します。

(イ)　登記の目的（同条5号）

登記の目的は，「所有権移転及び信託財産の処分による信託」と表示します。A不動産は，信託財産に属する金銭の処分により，これに代わって信託財産に属することになったものですから，信託の登記の目的において，そのことを明確にするため，単に「信託」とするのではなく，上記のように表示するのが，実務の取扱いです。

(ウ)　登記原因及びその日付（同条6号）

登記原因は，甲乙間の売買契約であり，その日付は，同契約の成立の日です。よって「平成年月日売買」と表示します。

イ　添付情報

(ア)　登記原因を証する情報（令7条1項6号，令別表65項「添付情報」欄）

甲乙間に売買契約が成立したことを証する情報を提供することを要します（同欄ロ）。通常は，当該売買契約書が提供されることになります。

(イ)　信託目録（同欄ハ）

上記の一括申請方式により申請される登記のうち，信託の登記の登記事項は法第97条第1項に規定されているところですが，登記官は，これらの事項を明らかにするため，法務省令で定めるところにより，信託目録を作成することができるとされています（同条3項）。これを受けた不動産登記令では，信託の登記を申請するには，信託目録に記録すべき情報を提供しなければならないとしているのです。この情報は，登記官が信託目録を作成する際に利用されるものです。

第1章　信託に関する登記

## 16　所有権の一部に信託の登記がされている2筆の土地について，共有物分割がされた場合の登記の申請手続

> 問　A土地及びB土地は甲が所有していたのですが，甲は，両土地の所有権の一部（2分の1）をいずれも信託により乙に移転し，両土地について，所有権一部移転の登記及び信託の登記を経ました。その後，甲乙間の共有物分割の協議により，A土地は甲が，B土地は乙がそれぞれ単独で所有する旨定められた場合には，誰が，どのような登記をすることになりますか。

【答】　(1)　A土地について

　乙持分（信託に供されている持分）の全部を甲に移転する旨の登記の申請と，同持分についての信託の登記の抹消の申請を同時にします。これらの登記の申請は，一の申請情報をもってしなければなりません。申請人は，乙持分の移転の登記の申請の登記権利者である甲，及び同申請の登記義務者であり同持分についての信託の登記の抹消の申請人である受託者乙です。

　上記申請の申請情報における登記の目的は，「乙持分全部移転及び信託登記抹消」と表示します。登記原因及びその日付は，持分の移転については，「平成年月日共有物分割」のように表示し，信託の登記の抹消については，「信託財産の処分」と表示します。

　添付情報である登記原因を証する情報として，共有物分割協議が成立したことを証する情報を提供することを要します。

(2)　B土地について

　甲持分（信託に供されていない持分）の全部を乙に移転する旨の登記の申請と，同持分についての信託の登記の申請を同時にします。これらの登記の申請は，一の申請情報をもってしなければなりません。申請人は，甲持分の移転の登記の申請の登記権利者であり

同持分についての信託の登記の申請人でもある受託者乙，及び同持分の移転の登記の申請の登記義務者である甲です。

上記申請の申請情報における登記の目的は，「甲持分全部移転及び信託財産の処分による信託」と表示します。登記原因及びその日付は，「平成年月日共有物分割」のように表示します。

添付情報である登記原因を証する情報として，共有物分割協議が成立したことを証する情報を提供することを要します。また，信託目録に記録すべき事項についての情報をも提供することを要します。

## 【解説】

### 1　設問の趣旨

設問のA・B両土地には，いずれも持分2分の1について甲を権利者とする所有権の登記が，残りの持分2分の1について乙を受託者とする信託を原因とする所有権の一部移転の登記がされています。A・B両土地についての乙の所有権は，甲から信託により移転を受けたものですから，両土地は，実質上は，甲の単独所有に属するものと考えられます。しかし，登記の形式上は，甲と乙の共有ですから，この両名が，両土地について共有物分割の協議をしたことにより，権利変動が生じたものとして登記の申請がされれば，却下事由（法25条）がない限り，受理されることになります。

甲乙間で設問のような共有物分割の協議がされる理由には様々なものがあり得ますが，通常考えられるのは，甲が，2筆の土地を信託に供している現状を改めて，権利関係を簡明にするため，信託に供する土地を1筆に絞り，他の1筆は，信託の対象外とすることを意図している場合です。乙にも異存がなければ，このような共有物分割が生じることになるのですが，では，その場合に，誰がどのような登記を申請するのか。それが設問で問われているところです。

第1章　信託に関する登記

## 2　設問の共有物分割における権利変動の内容

設問の共有物分割がされた場合には，どのような権利変動が生じ，どのような登記を要することになるのでしょうか。

(1) 所有権の関係

所有権の関係では，A土地についての乙の持分（信託に供されている部分。以下「A土地旧持分」といいます。）が甲に，B土地についての甲の持分（以下「B土地旧持分」といいます。）が乙に，それぞれ移転し，A土地は甲の，B土地は乙の単独所有となります。これらの権利変動の対抗要件としては，両土地について，それぞれ上記の持分の移転の登記をすることを要します。

(2) 信託の関係

次に，信託の関係ですが，A土地旧持分が甲に移転することにより，同持分は，信託財産に属しないものとなります。この権利状態を第三者に対抗するには，同持分についての信託の登記を抹消することを要するのですが，その抹消の申請は，同持分の甲への移転の登記の申請と同時に（法104条1項），かつ，一括申請の方法により（令5条3項），しなければなりません。

他方，B土地旧持分は，乙の固有財産にではなく，その信託財産に属するものとするというのが甲乙両者の意思なのですが，そのことを可能にする法的根拠は，何でしょうか。甲乙間に成立した上記の共有物分割の協議内容は，実質的にみれば，A土地旧持分とB土地旧持分を交換したものであることが，明らかです。上記の両持分が，対価関係に立つものとして，これらを互いに移転したものであり，したがって，乙に移転したB土地旧持分は，信託財産に属するA土地旧持分の処分により，受託者である乙が取得したものとみることができます。そうすると，この場合は，信託法第16条第1号の規定（信託財産の物上代位性を定めた規定）が適用され，B土地旧持分は，A土地旧持分に変わるものとして，信託財産に属するこ

とになると解することができるのです。この権利状態を第三者に対抗するには、B土地旧持分についての信託の登記をすることを要するのですが、その登記の申請は、同持分の乙への移転の登記の申請と同時に（法98条1項），かつ，一括申請の方法により（令5条2項），しなければなりません。

3　登記の申請手続
(1)　申請人
　上記2のとおり，設問の事案において申請すべき登記は，次のとおりです。
①　A土地については，乙の持分全部を甲に移転する旨の登記及び同持分についての信託の抹消の登記です。
　これらの登記の申請人は，上記持分移転の登記にあっては甲（登記権利者）と乙（登記義務者）であり（法60条），上記の信託の抹消の登記にあっては受託者乙です（単独申請。法104条2項）。
②　B土地については，甲の持分全部を乙に移転する旨の登記及び同持分についての信託の登記です。
　これらの登記の申請人は，上記持分移転の登記にあっては乙（登記権利者）と甲（登記義務者）であり（法60条），上記の信託の登記にあっては受託者乙です（単独申請。法98条2項）。
(2)　提供すべき申請情報及び添付情報
　上記①及び②の各2個の登記の申請は，一の申請情報をもってすることを要します。この場合に，申請人が登記所に提供すべき申請情報及び添付情報に関して，特に留意すべき事項は，以下のとおりです。
ア　A土地について
　(ア)　申請情報
　　(a)　申請人の氏名又は名称及び住所（令3条1号）
　　　申請人として，乙持分の移転の登記の登記権利者である甲

# 第1章　信託に関する登記

の氏名又は名称及び住所を表示し，かつ，上記の所有権移転の登記の登記義務者であり，同持分についての信託の登記の抹消の申請人である受託者乙の氏名又は名称及び住所を表示します。

(b) 登記の目的（同条5号）

登記の目的として，「乙持分全部移転及び信託登記抹消」と表示します。

(c) 登記原因及びその日付（同条6号）

乙持分移転の登記の登記原因は，共有物分割であり，その日付は，分割協議の成立した日です。「平成年月日共有物分割」のように表示します。信託の登記の抹消の登記原因は，「信託財産の処分」と表示します。

(イ) 添付情報

登記原因を証する情報（令7条1項6号，令別表65項「添付情報」欄）として，共有物分割協議が成立したことを証する情報を提供することを要します（同欄ロ）。通常は，当該分割協議書が提供されることになります。

イ　B土地について

(ア) 申請情報

(a) 申請人の氏名又は名称及び住所

申請人として，甲持分の移転の登記の登記権利者であり，同持分についての信託の登記の申請人である受託者乙の氏名又は名称及び住所を表示し，かつ，上記の持分移転の登記の登記義務者である甲の氏名又は名称及び住所を表示します。

(b) 登記の目的（同条5号）

登記の目的として，「甲持分全部移転及び信託財産の処分による信託」と表示します。後半の部分は，同持分が信託財産に属することになったのは，信託財産に属していたA土地

旧持分が処分（交換）されたことによるものですから，その趣旨を明らかにするものです。
 (c) 登記原因及びその日付（同条6号）

　　甲持分移転の登記の登記原因は，共有物分割であり，その日付は，分割協議の成立した日です。「平成年月日共有物分割」のように表示します。信託の登記の登記原因は，「信託財産の処分」と表示します。
(イ)　添付情報
 (a) 登記原因を証する情報（令7条1項6号，令別表65項「添付情報」欄ロ）

　　登記原因を証する情報として，共有物分割協議が成立したことを証する情報を提供することを要します。通常は，当該分割協議書が提供されることになります。
 (b) 信託目録（同「添付情報」欄ハ）

　　信託の登記の登記事項は法第97条第1項に規定されているところですが，登記官は，これらの事項を明らかにするため，法務省令で定めるところにより，信託目録を作成することができるとされています（同条3項）。これを受けた不動産登記令では，信託の登記を申請するには，信託目録に記録すべき情報を提供しなければならないとしているのです。この情報は，登記官が信託目録を作成する際に利用されるものです。

## 17 信託による抵当権の設定及び移転に基づく登記の申請手続

> **問** 信託による抵当権の設定に基づく登記は，誰がどのような申請をすることになりますか。また，信託による抵当権の移転に基づく登記の申請については，どうでしょうか。

【答】（設問前段について）

　受託者を登記権利者とし，委託者（抵当権の設定者）を登記義務者として，信託による抵当権設定の登記の申請をします。登記原因を証する情報として，当該抵当権の被担保債権の発生原因である法律行為が成立したこと，及びこれを担保するため信託による抵当権が設定されたことを証する情報を提供することを要します。なお，当該抵当権の被担保債権の債権者は，当該信託における受益者となりますが，上記の登記申請手続に関与することはありません。

　上記の抵当権設定の登記の申請と同時に，当該抵当権が信託財産に属する旨の信託の登記の申請をすることを要します（法98条1項）。申請人は受託者（単独）です。これら二つの登記の申請は，一の申請情報をもってしなければなりません。

（設問後段について）

　受託者を登記権利者とし，委託者（当該抵当権の登記名義人）を登記義務者として，信託による抵当権移転の登記を申請します。登記原因を証する情報として，当該抵当権の移転の発生原因である法律行為が成立したこと，及び当該信託契約が成立したことを証する情報を提供することを要します。この申請に基づく抵当権移転の登記は，付記登記によってされます。

　上記の抵当権移転の登記の申請と同時に，当該抵当権が信託財産に属する旨の信託の登記の申請をすることを要します（法98条1項）。申

請人は受託者（単独）です。これら二つの登記の申請は，一の申請情報をもってしなければなりません。

## 【解答】

1　設問の趣旨

(1)　設問前段について

　　設問前段は，「信託による抵当権の設定」の登記の申請手続について，問うものです。信託による抵当権の設定とは，委託者（債務者・物上保証人）が債権者を受益者として，受託者のために抵当権を設定することをいいます。これは，抵当権を債権から分離して信託財産に帰属させ，受託者が，債権者のために管理するという信託の方式です。

　　平成 18 年に現行の信託法が制定される以前の旧信託法の下では，このような信託の方式が認められるか否か明確でなかったのですが，現行信託法では，明文で認めました（いわゆるセキュリティ・トラスト。同法3条1項1号・2号）。その効用は，次の点にあります。例えば，数個の金融機関が協調して債務者に融資をし，これらの貸付債権を1個の抵当権で担保する融資形態においては，個々の貸付債権が譲渡されると，これに抵当権が随伴することになるのですが，その譲渡が，重ねて転々とされる事態になりますと，抵当権の管理がきわめて煩瑣になります。そこで，抵当権を被担保債権から分離して受託者に信託し，多数の債権者のために，一元的に管理する上記の仕組みを採用するのが，効率的なのです。これに加えて，信託法では，抵当権の受託者に，当該抵当権の実行の申立てをし，売却代金の配当又は弁済金の交付を受けることができる権限を与えて，債権者（受益者）の便宜を図っています（同法 55 条）。

　　なお，根抵当権も特殊な形態の抵当権ですから，これについてセキュリティ・トラストが認められることは，いうまでもありません（信託法3条1項・2項の規定も，単に「担保権の設定」としてい

ます。）。登記実務においても，信託による根抵当権の設定がされた事例がありますし，登記先例もこれを認めています（平成24年4月26日民二第1085号民事局民事第二課長通知）。

(2) 設問後段について

　　設問前段は，委託者が受託者のために直接抵当権を設定する方式なのですが，抵当権を信託にする方法としては，このほかに，まず債務者・物上保証人が，債権者のために抵当権を設定し，債権者が委託者として，これを債権と分離して受託者に対し信託による移転をするという方式を採るものもあります。設問後段は，このような信託による抵当権が移転の方式を採る場合の登記の申請手続について問うものです。

　　なお，抵当権の移転により信託が生ずる場合としては，委託者の有する抵当権付債権が信託により受託者に移転され，抵当権もその随伴性によって移転して信託財産に属することになる場合があります。しかし，設問が問題にするのは，抵当権が被担保債権と分離して設定され，又は移転されるという事例ですから，ここでは，上記の抵当権が債権とともに移転する事例は，取り上げないことにします。

## 2　設問前段についての検討—信託による抵当権の設定がされた場合の登記の申請手続

(1) 登記申請の構造

　　例えば，甲が丙，丁及び戊の3名から融資を受け，これらの債権を担保するために，甲所有のA不動産について，乙を受託者とする信託による1個の抵当権を設定する場合，当該抵当権の設定の当事者は，受託者乙（抵当権者）と委託者甲（所有者）です（甲に対する債権者である丙，丁及び戊は，当事者ではありません。）。当該設定契約に基づく抵当権設定の登記は，乙（登記権利者）と甲（登記義務者）の共同によりされます（法60条）。この登記の登記原因（令

3条6号)には,当該抵当権の被担保債権の発生原因である法律行為を特定した上で,これを担保するため信託による抵当権が設定された旨を表示します。設例のように,被担保債権が数個あるときは,いずれもその発生原因を特定表示します。

　上記の抵当権設定の登記の申請と同時に,同抵当権が信託財産に属する旨の信託の登記の申請をすることを要します(法98条1項)。申請人は,受託者である乙(単独)です。これら二つの登記の申請は,一の申請情報をもってしなければなりません(令5条2項)。債権者丙,丁及び戊は,抵当権者ではありませんから,上記の抵当権設定の登記において,権利者として表示されることはありませんが,信託の登記においては,受益者(各自の債権を担保する抵当権を乙の下で一元的に管理してもらう利益を享受する者)として,その氏名又は名称及び住所が,登記事項となります(登記実務では,信託目録に記録されます。)。

(2)　申請情報及び添付情報

　上記の抵当権設定の登記及び信託の登記を申請する場合に,登記所に提供すべき申請情報及び添付情報に関し,特に留意すべき事項は,以下のとおりです。

　ア　申請情報

　　(ア)　申請人の氏名又は名称及び住所(令3条1号)

　　　　申請人として,信託による抵当権設定の登記の申請における登記権利者であり,当該抵当権についての信託の登記の申請人でもある受託者乙の氏名又は名称及び住所を表示し,かつ,上記の抵当権設定登記の申請における登記義務者である委託者甲の氏名又は名称及び住所を表示します。

　　(イ)　登記の目的(同条5号)

　　　　登記の目的として,「抵当権設定及び信託」と表示します。

　　(ウ)　登記原因及びその日付(同条6号)

第1章　信託に関する登記

　　登記原因は抵当権の信託ですが，その抵当権を特定するために被担保債権を特定する必要があり，そのためには当該債権の成立年月日を特定することを要します。そこで，例えば，「平成年月日金銭消費貸借平成年月日信託」のように表示します。これは，被担保債権が1個の場合の表示ですが，設例のように，これが3個（丙，丁及び戊の各債権）である場合には，例えば，「(あ)平成年月日金銭消費貸借，(い)平成年月日金銭消費貸借，(う)平成年月日金銭消費貸借平成年月日信託」のように表示します。

　イ　添付情報
　　(ア)　登記原因を証する情報（令7条1項6号，令別表65の項「添付情報」欄）
　　　信託による抵当権の設定がされたことを証する情報を添付することを要します（同欄ロ）。通常は，当該信託契約書が提供されることになります。
　　(イ)　信託目録（同欄ハ）
　　　上記の一括申請方式により申請される登記のうち，信託の登記の登記事項は法第97条第1項に規定されているところですが，登記官は，これらの事項を明らかにするため，法務省令で定めるところにより，信託目録を作成することができるとされています（同条3項）。これを受けた不動産登記令では，信託の登記を申請するには，信託目録に記録すべき情報を提供しなければならないとしているのです。この情報は，登記官が信託目録を作成する際に利用されるものです。設例でいえば，債権者である丙，丁及び戊の氏名又は名称及び住所は，登記の実務においては，この信託目録に記録すべき情報として，登記所に提供されることになります。

## 3　設問後段についての検討—信託による抵当権の移転がされた場合の登記の申請手続

(1)　登記申請の構造

　　例えば，丙が甲に融資をし，その債権を担保するために甲所有の不動産に抵当権を設定して，その旨の登記をし，その後，当該抵当権を被担保債権から分離して，これを信託により受託者乙に移転した場合には，まず，丙を権利者とする抵当権設定の登記がされ，その登記には，登記原因及びその日付（法59条3号）として，当該抵当権設定契約がその成立年月日をもって特定されて表示され，被担保債権の債権額（法83条1項1号）が記録されます。その後，丙（委託者）と乙（受託者）との間に信託契約が成立し，これに基づいて，丙の抵当権が乙に移転されているのですが，この移転の登記は，乙を登記権利者，丙を登記義務者とし，双方が共同して申請します（法60条）。登記原因は，丙乙間の信託契約で，その成立の年月日により特定されて表示されます。この移転の登記は，上記の抵当権設定の登記の付記登記によってします（規則3条5号）。

　　上記の抵当権移転の登記の申請と同時に，同抵当権が信託財産に属する旨の信託の登記の申請をすることを要します（法98条1項）。申請人は，受託者である乙（単独）です。これら二つの登記の申請は，一の申請情報をもってしなければなりません（令5条2項）。

(2)　申請情報及び添付情報

　　上記の抵当権移転の登記及び信託の登記を申請する場合に，登記所に提供すべき申請情報及び添付情報に関し，特に留意すべき事項は，以下のとおりです。

　ア　申請情報

　　(ア)　申請人の氏名又は名称及び住所（令3条1号）

　　　　申請人として，信託による抵当権の移転の登記の申請における登記権利者であり，当該抵当権についての信託の登記の申請

人でもある受託者乙の氏名又は名称及び住所を表示し，かつ，上記の抵当権移転登記の申請における登記義務者である委託者甲の氏名又は名称及び住所を表示します。

(イ)　登記の目的（同条5号）

登記の目的として，「抵当権移転及び信託」と表示します。

(ウ)　登記原因及びその日付（同条6号）

登記原因は，乙と丙との間の信託契約ですから，「平成年月日信託」のように表示します。

イ　添付情報

(ア)　登記原因を証する情報（令7条1項6号，令別表65項「添付情報」欄ロ）

信託による抵当権の移転がされたことを証する情報を提供することを要します（同欄ロ）。通常は，当該信託契約書が提供されることになります。

(イ)　信託目録（同欄ハ）

信託の登記の登記事項を明らかにするため，登記官が作成する信託目録に記録する情報を提供することを要します。

## 4　権利の変更の登記と信託に関する登記

### 18　信託の併合及び分割の意義とその登記の申請手続

> 問　信託の併合とは，どのようなものをいうのですか。信託の併合があった場合において，従前の信託の信託財産に不動産に関する権利が含まれていたときは，誰が，どのような登記を申請するのですか。
> 　また，信託の分割とは，どのようなものをいうのですか。信託の分割があった場合において，分割により移転する信託財産に不動産に関する権利が含まれていたときは，誰が，どのような登記を申請するのですか。

【答】　(設問前段について)

　(1)　信託の併合とは，受託者を同一とする二以上の信託の信託財産の全部を一の新たな信託の信託財産とすることをいいます。

　(2)　信託の併合があった場合において，従前の信託の信託財産に不動産に関する権利が含まれていたときは，信託の併合による当該権利の変更の登記を申請し，併せて，これと同時に，当該権利に係る従前の信託についての信託の登記の抹消，及び当該新しい信託についての信託の登記の申請をしなければなりません。以上の登記の申請は，一の信託情報をもってすることを要します。申請人は，上記権利の変更の登記にあっては，新たに設定される信託の受益者及び受託者が登記権利者，従前の各信託の受益者及び受託者が登記義務であり，上記の信託に関する登記にあっては，受託者(単独)です。

　(設問後段について)

　(1)　信託の分割とは，ある信託の信託財産の一部を受託者を同一とする他の信託の信託財産として移転することです。当該他の信託が既

第1章　信託に関する登記

存のものである場合を「吸収信託分割」といい，新たに成立するものである場合を「新規信託分割」といいます。
(2) 信託の分割があった場合において，ある信託の信託財産から当該他の信託の信託財産に移転する財産に不動産に関する権利が含まれていたときは，信託の分割による当該権利の変更の登記を申請し，併せて，これと同時に，当該権利に係る当該ある信託についての信託の登記の抹消，及び当該他の信託についての信託の登記の申請をしなければなりません。以上の登記の申請は，一の信託情報をもってすることを要します。申請人は，上記権利の変更の登記にあっては，当該他の信託の受益者及び受託者が登記権利者，当該一の信託の受益者及び受託者が登記義務者であり，上記の信託に関する登記にあっては，受託者（単独）です。

【解説】
1　設問前段について
　(1)　信託の併合
　　ア　意　義
　　　信託の併合とは，受託者を同一とする二以上の信託の信託財産の全部を一の新たな信託の信託財産とすることをいいます（信託法2条10項）。例えば，乙が，X信託及びY信託の受託者の地位にある場合において，これらの各信託に属する財産の全部を新たなZ信託（受託者が，乙であるものに限ります。）の信託財産とすることです。併合により，従前のX・Y信託は終了するのですが（同法163条5号），清算手続を要することなく（同法175条），その全財産が，新たなZ信託に帰属することになりますし，従前の信託財産責任負担債務であった債務は，Z信託の債務となります（同法153条，154条）。会社法上の会社の新設合併（これは，当該会社の全部が解散し，これらの会社の権利義務の全部が，清算手続を経ることなく，新設会社に一般承継されるという効果を持ち

ます。）に倣った法的仕組みを信託にも取り入れて，信託の機能を拡大・充実させることを目的とするものです。
イ　併合の方法

信託法は，信託の併合をする方法として，次の３つを定めています。

① 従前の各信託の委託者，受託者及び受益者の合意による方法（同法151条1項柱書）

これが，原則的な方法で，信託の関係当事者のうち，主要な地位を占める三者の間に合意が成立すれば，信託の併合をすることができるとするものです。三者が揃っていることが，要件ですから，委託者が現に存在しない場合には，この方法によることはできません（同条4項前段）。

上記の併合の合意は，以下の事項を明らかにしてすることを要します。

　ⅰ　信託の併合後の信託行為の内容
　ⅱ　信託行為において定める受益権の内容に変更があるときは，その内容及び変更の理由
　ⅲ　信託の併合に際して受益者に対し金銭その他の財産を交付するときは，当該財産の内容及びその価額
　ⅳ　信託の併合がその効力を生ずる日
　ⅴ　その他法務省令で定める事項

② 一部の関係当事者の行為による方法（同条2項）

これは，さらに二つの方法に分かれます。

　a　信託の併合が信託の目的に反しないことが明らかであるときは，受託者と受益者の合意のみで，これをすることができます（同項1号）。この場合には，受託者は委託者に対して，遅滞なく，上記に掲げる事項を通知しなければなりません（同項柱書）。

　　　　　b　信託の併合が信託の目的に反しないこと及び受益者の利益に適合することが明らかであるときは，受託者は，書面又は電磁的記録によってする意思表示によって，単独で，これをすることができます（同項2号）。この場合には，受託者は委託者及び受益者に対して，遅滞なく，上記に掲げる事項を通知しなければなりません（同項柱書）。
　　　③　信託行為で定める方法（同条3項）
　　　　以上の信託法の規定にかかわらず，従前の各信託行為に信託の併合に関して別段の定めがあるときは，その定めるところによります。
　ウ　債権者保護の手続
　　信託の併合は，上記のとおり，受託者を同一にする二以上の信託の信託財産を新たな信託の信託財産とすることです。このことは，従前の各信託の信託財産責任負担債務（受託者が信託財産に属する財産をもって履行する責任を負う債務をいいます。同法2条9項）に係る債権者（以下，ここでは単に「債権者」といいます。）にとっては，自己の債権の弁済の資となる受託者の財産的基礎が，変わってしまうことを意味しますから，信託の併合は，場合によって，債権者に損害を与えるおそれがあります。そこで，信託法は，債権者の利益を保護するための手続を設けています。それが同法第152条の規定です。
　　㋐　債権者の異議
　　　信託の併合をする場合には，債権者は，受託者に対し，信託の併合について異議を述べることができます（同条1項）。ただし，信託の併合をしても当該債権者を害するおそれのないことが明らかであるときは，この限りでありません（同項ただし書）。
　　㋑　受託者による公告・各別の催告
　　　a　原　　則

債権者の全部又は一部が異議を述べることができる場合（すなわち，信託の併合をしても当該債権者を害するおそれがないことが明らかとはいえない場合）には，受託者は，次に掲げる事項を官報に公告し，かつ，債権者で知れているものに対しては，各別にこれを催告しなければなりません（同条2項）。

　ⅰ　信託の併合をする旨（同項1号）
　ⅱ　上記(ア)の債権者が一定の期間内に異議を述べることができる旨（同項2号）
　　なお，この「一定の期間」は，1か月を下ることができないとされています（同項ただし書）。
　ⅲ　その他法務省令で定める事項（同項3号）

b　特　則

　このように，受託者は知れている債権者に対しては各別の催告を要するのが建前ですが，受託者が法人であるときは，これについて，特則が，認められています。すなわち，受託者は，次に掲げる方法によってする公告をもって各別の催告に代えることができるとされています（同条3項）。

　ⅰ　時事に関する事項を掲載する日刊新聞紙に掲載する方法（同項1号）
　ⅱ　電子公告（公告の方法のうち，電磁的方法（会社法2条34号に規定する電磁的方法をいう。）により不特定多数の者が公告すべき内容である情報の提供を受けることができる状態に置く措置であって，同号に規定するものをとる方法をいう。）（同項2号）

(ウ)　公告及び催告の効果

　上記(イ)の公告及び各別の催告がされた場合において，債権者が異議を述べることができるとされた一定の期間内に異議を述

べなかったときは，当該債権者は，当該信託の併合を承認したものとみなされます（同条4項）。

(エ) 異議を述べた債権者に対する保護措置

債権者が，上記の期間内に異議を述べたときは，受託者は，当該債権者に対し，弁済し，若しくは相当の担保を提供し，又は当該債権者に弁済を受けさせることを目的として信託会社等（信託会社及び信託業務を営む金融機関（金融機関の信託業務の兼営等に関する法律1条1項の認可を受けた金融機関）をいう。）に相当の財産を信託しなければなりません（同条5項本文）。

ただし，当該信託の併合をしても当該債権者を害するおそれがないときは，このような保護措置をすることを要しません（同項ただし書）。

エ　信託の併合後の信託財産責任負担債務の範囲等

信託の併合があった場合には，従前の信託の信託財産に属した財産の全部は，一の新たな信託の信託財産となります（同法2条10項）。

他方，従前の信託の信託財産責任負担債務であった債務は，信託の併合後の信託の信託財産責任負担債務となります（同法153条）。この債務のうち信託財産限定責任負担債務（受託者が信託財産に属する財産のみをもって履行する責任を負う信託財産責任負担債務をいう。）は，信託の併合後の信託の信託財産限定責任負担債務となります（同法154条）。このことから明らかなように，従前の信託の信託財産責任負担債務のうち信託財産限定責任負担債務以外の債務については，受託者は，信託の併合後も，新たな信託財産に属する財産だけでなく，自己の固有財産に属する財産をもって履行する責任を負うことになります。

(2) 信託の併合の登記

信託の併合において，従前の信託の信託財産に不動産に関する権利が含まれていた場合には，当該権利の帰属に変更が生じます。この場合の登記の申請手続は，以下のとおりです。
ア　申請する登記
　信託の併合があった場合において，従前の信託の信託財産に不動産に関する権利が含まれていたときは，当該権利は，新たな信託の信託財産に属することになります。例えば，X信託の信託財産にA不動産の所有権，Y信託の信託財産にB不動産の所有権が，含まれていた場合において，新たに設定されたZ信託への信託の併合がされたときは，これらの不動産の所有権は，Z信託の信託財産に帰属することになります。しかし，従前のX・Y信託，新規のZ信託のいずれも，受託者は，同一人ですから，信託の併合によってA・B両不動産の所有権が，移転するわけではありません。受託者（所有者）を同一とする信託という枠組みの中で，信託財産に属する財産としての当該所有権の帰属先に変更が生ずるにすぎないのです。このため，不動産登記法は，上記の例のような不動産に関する権利に係る信託の併合があった場合には，まず，信託の併合を原因とする権利の変更の登記の申請をすべきこととしています（法104条の2第1項前段）。
　もう一つ必要なのは，信託に関する登記です。信託の併合においては，従前の信託は終了し（信託法163条5号），新たな信託が設定されるからです。上記の例についていえば，X・Y両信託は終了しますから，A・B両不動産の所有権に係るこれらの信託についての信託の登記は抹消され，他方で，新たに設定されるZ信託についての信託の登記を要することになります。そして，不動産登記法は，これらの信託に関する登記の申請は，上記の信託の併合による権利の変更の登記の申請と同時にしなければならないとし（法104条の2第1項前段），これを受けた不動産登記令は，以

第1章　信託に関する登記

上の登記の申請は，一の申請情報をもってしなければならないとしています（令5条4項）。

イ　申請人

信託の併合による権利の変更の登記の申請人については，不動産登記法に特則が定められています（法104条の2第2項前段）。それによれば，新たに設定される信託の受益者及び受託者を登記権利者，従前の各信託の受益者及び受託者を登記義務者として，双方が共同して申請します（法104条の2第2項前段，60条）。

他方，信託の登記の抹消及び信託の登記の申請人は，受託者（単独）です（法104条2項，98条2項）。

ウ　申請情報・添付情報

申請情報における登記の目的（令3条5号）は，「信託併合により別信託の目的となった旨の登記，信託登記の抹消及び信託」と表示するのが，登記実務の取扱いです。登記原因及びその日付（同条6号）は，上記の権利の変更の登記及び信託の登記については，「平成年月日信託併合」と表示するのが，登記実務の取扱いです。その日付は，信託の併合が効力を生じた日です。他方，信託の登記の抹消については，単に「信託併合」と表示します。

添付情報のうち，信託の併合の登記に固有のものとしては，債権者保護手続が適法に行われたことを証する情報（令別表66の2項「添付情報」欄ハ）及び信託目録に記録すべき事項に関する情報（同表65項「添付情報」欄ハ）があります。なお，上記のとおり，信託の併合による権利の変更の登記にあっては，従前の各信託の受益者が受託者と並んで登記義務者となるのですが，この受益者については，登記識別情報を提供することを要しません（法104条の2第2項後段，22条本文）。受益者が当該信託に係る権利に関する登記の登記名義人となることは，通常は，ないからです。

## 2 設問後段について
### (1) 信託の分割
#### ア 意　義

　　信託の分割とは，ある信託の信託財産の一部を受託者を同一とする他の信託の信託財産として移転することです。当該他の信託が既存のものである場合を「吸収信託分割」といい，新たに成立するものである場合を「新規信託分割」といいます（信託法2条11項）。例えば，前者は，受託者を乙とするA信託及びB信託がある場合に，A信託の信託財産の一部をB信託の信託財産として移転することであり，後者は，上記のA信託の信託財産の一部を受託者を乙として新たに設定するC信託の信託財産として移転することです。会社法が定める株式会社の吸収分割（株式会社がその事業に関して有する権利義務の全部又は一部を分割後他の会社に承継させること。会社法2条29号）及び新設分割（一又は二以上の株式会社がその事業に関して有する権利義務の全部又は一部を分割により設立する株式会社に承継させること。同条30号）に倣った法的仕組みを信託にも採り入れて，信託の信託財産の（全部ではなく）一部についても，弾力的・効率的な活用を図ることを目的とするものです。

　　以下には，吸収信託分割について，その概要を説明します（新規信託分割もほとんどこれと同様です。）。

#### イ 信託の方法

　　信託法が定める吸収信託分割の方法は，信託の併合の場合と同様の三つです（同法155条1項から3項まで）。

　　ここでも，原則的な方法は，委託者，受託者及び受益者の三者の合意によるというもの（同条1項）ですが，信託の併合の場合と異なるのは，その合意において，①移転する財産の内容（同項5号）及び②吸収信託分割によりその信託財産の一部を他の信託

に移転する信託（以下「分割信託」という。）の信託財産責任負担債務でなくなり，分割信託からその信託財産の一部の移転を受ける信託（以下「承継信託」という。）の信託財産責任負担債務となる債務がある場合においては，当該債務に係る事項（同項6号）を定めなければならないとされていることです。
　ウ　債権者保護手続
　　(ｱ)　債権者の異議
　　　　吸収信託分割をする場合には，分割信託又は承継信託の信託財産責任負担債務に係る債権を有する債権者（以下，単に「債権者」といいます。）は，受託者に対し，吸収信託分割について異議を述べることができるとされています（同法156条1項本文）。財産を移転する分割信託の債権者だけでなく，当該財産の移転を受ける承継分割の債権者も異議を申し立てることができるとしているのです。吸収信託分割により，承継信託側の債務負担能力が弱体化することもあり得ることを考慮したものです。したがって，吸収信託分割をしても当該債権者を害するおそれのないことが明らかであるときは，当該債権者は，異議を述べることができません（同項ただし書）。
　　(ｲ)　受託者による公告・各別の催告及び異議を述べた債権者に対する保護措置
　　　　上記の債権者の全部又は一部が異議を述べることができる場合において，受託者がなすべき公告及び知れた債権者に対する各別の催告の手続及びその効果については，信託の併合の場合と同じです（同条2項から4項まで）。
　　　　異議を述べた債権者に対して採るべき保護措置の内容も，同様です（同条5項）。
　　(ｳ)　吸収信託分割後の分割信託及び承継信託の信託財産責任負担債務の範囲

吸収信託分割により，いかなる債務が，分割信託の信託財産責任負担債務でなくなり，承継信託の信託財産責任負担債務となるかは，上記のとおり，吸収信託分割をすることができる関係者の定めるところによります（同法157条前段，155条1項6号）。この場合において，分割信託の信託財産限定責任負担債務であった債務は，承継信託の信託財産限定責任負担債務となります（同法157条後段）。

ただし，吸収分割前からの分割信託又は承継信託の債権者であって，受託者に知れていたものが，上記の各別の催告を受けなかった場合には，当該債権者は，受託者に対して，当該債権の弁済の資となる信託財産を指定することもできるとされています（同法158条）。すなわち，分割信託の債権者は，当該債権が吸収信託分割後の承継信託の信託財産責任負担債務と定められていない場合であっても，受託者に対し，当該承継信託の信託財産に属する財産をもって当該債権に係る債務を履行することを請求することができます（同条1号）。また，承継信託の債権者は，元々，承継信託の信託財産をもって当該債権に係る債務の履行を請求することができたのですが，そのほかに，受託者に対し，吸収信託分割後の分割信託の信託財産に属する財産をもって当該債務を履行するよう請求することができます（同条2号）。

本来，吸収信託分割前からの分割信託又は承継信託の債権者は，吸収信託分割について，受託者から各別の催告を受けることができたはずでした。しかるに，それを受けないままに吸収信託分割が行われたのですから，これらの債権者は，吸収信託分割について，異議を述べる機会が与えられなかったことになります。そのような債権者の救済のために，上記のような措置が，設けられているのです。

第1章 信託に関する登記

(2) 信託の分割の登記

　信託の分割において，分割信託の信託財産に属していた不動産に関する権利が承継信託の信託財産となる場合には，当該権利の帰属に変更が生じます。この場合の登記の申請手続は，以下のとおりです。

　ア　申請する登記

　　吸収信託分割により不動産に関する権利の帰属に変更が生じた場合にも，信託の併合の場合と同様，当該権利の変更の登記をすることになります（法104条の2第1項前段）。信託法の規定では，吸収信託分割においては財産が「移転する」との表現が用いられているのですが（同法155条1項5号），これは，吸収信託分割が，受託者を同一とする信託という枠組みの中で行われるものであることを前提にして，当該財産の帰属が，分割信託の信託財産から承継信託の信託財産に「異動する」ことを意味するものです。当該財産の所有権が，「移転する」ものではありません。

　　信託に関する登記も必要です。当該不動産に関する権利に係る分割信託についての信託の登記は抹消され，他方で，承継信託についての信託の登記を要することになります。そして，不動産登記法は，これらの信託に関する登記の申請は，上記の吸収信託分割による権利の変更の登記の申請と同時にしなければならないとし（法104条の2第1項前段），これを受けた不動産登記令は，以上の登記の申請は，一の申請情報をもってしなければならないとしています（令5条4項）。

　イ　申請人

　　吸収信託分割による権利の変更の登記の申請は，承継信託の受益者及び受託者を登記権利者，分割信託の受益者及び受託者を登記義務者として，双方が共同して申請します（法104条の2第2項前段，60条）。

他方，信託の登記の抹消及び信託の登記の申請人は，受託者（単独）です（法104条2項，98条2項）。
　ウ　申請情報・添付情報
　申請情報における登記の目的（令3条5号）は，「信託分割により別信託の目的となった旨の登記，信託登記の抹消及び信託」と表示するのが，登記実務の取扱いです。登記原因及びその日付（同条6号）は，上記の権利の変更の登記及び信託の登記については，「平成年月日信託分割」と表示するのが，登記実務の取扱いです。その日付は，吸収信託分割の効力が生じた日です。分割信託についての信託の登記の抹消については，単に「信託分割」と表示します。
　添付情報のうち，信託の分割の登記に固有のものについては，上記の信託の併合の登記の申請をする場合と同様です。登記義務者となる受益者の登記識別情報の提供を要しないことも，同じです。

第1章　信託に関する登記

19　1　不動産に関する権利が，共有物の分割により，固有財産に属する財産から信託財産に属する財産となった場合及び信託財産に属する財産から固有財産に属する財産となった場合の登記の申請手続
　　2　受託者に属する不動産に関する権利が，信託財産と他の信託財産とに属する場合において，共有物の分割により，一の信託の信託財産に属するものから当該他の信託の信託財産に属するものとなった場合の登記の申請手続

> 問　受託者に属する不動産に関する権利について，その共有持分が信託財産と固有財産とに属する場合において，共有物の分割により，固有財産に属する共有持分が信託財産に属するものとなったとき，又は信託財産に属する共有持分が固有財産に属するものとなったときは，誰が，どのような登記を申請することになりますか。
> 　受託者に属する不動産に関する権利について，その共有持分が信託財産と他の信託財産とに属する場合において，共有物の分割により，一の信託の信託財産に属する共有持分が他の信託の信託財産に属するものとなったときは，誰が，どのような登記を申請することになりますか。

【答】（設問前段の不動産に関する権利の持分が固有財産に属する財産から信託財産に属する財産となった場合について）
　(1)　申請する登記
　　　当該持分に係る権利の変更の登記を申請し，併せて，この申請と同時に，当該持分についての信託の登記を申請することを要します。これらの登記の申請は，一の申請情報をもってしなければなりません。

(2) 申請人

上記の権利の変更の登記の申請は，受益者を登記権利者，受託者を登記義務者として，双方が共同してします。他方，信託の登記の申請は，受託者が単独でします。

(3) 申請情報・添付情報

申請情報における登記の目的は，「受託者何某持分何分の何（順位何番で登記した持分）が信託財産となった旨の登記及び信託」と表示します。また，申請情報における登記原因及びその日付は，権利の変更の登記及び信託の登記を通じて，「平成年月日共有物分割」と表示します。

添付情報として，登記原因を証する情報及び信託目録に記録すべき情報を提供することを要します。


（設問後段の不動産に関する権利の持分が信託財産に属する財産から固有財産に属する財産となった場合について）

(1) 申請する登記

当該持分に係る権利の変更の登記を申請し，併せて，この申請と同時に，当該持分についての信託の登記の抹消を申請すること要します。これらの登記の申請は，一の申請情報をもってしなければなりません。

(2) 申請人

上記の権利の変更の登記の申請は，受託者を登記権利者，受益者を登記義務者として，双方が共同してします。他方，信託の登記の抹消の申請は，受託者が単独でします。

(3) 申請情報及び添付情報

申請情報における登記の目的は，「受託者何某持分何分の何（順位何番で登記した持分）が固有財産となった旨の登記及び信託登記の抹消」と表示するのが，登記実務の取扱いです。また，申請情報

における登記原因及びその日付は，権利の変更の登記については，「平成年月日共有物分割」と表示し，信託の登記の抹消については，単に「共有物分割」と表示します。

　添付情報として，登記原因を証する情報を提供することを要します。なお，登記義務者である受益者の登記識別情報を提供する必要はありません。

（設問後段の受託者に属する不動産に関する権利の共有持分が信託財産と他の信託財産とに属する場合において，共有物の分割により，一の信託の信託財産に属するものから当該他の信託の信託財産に属するものとなった場合について）
(1) 申請する登記
　当該持分に係る権利の変更の登記を申請し，併せて，この申請と同時に，当該持分に係る当該一の信託についての信託の登記の抹消及び当該他の信託についての信託の登記を申請することを要します。これらの登記の申請は，一の申請情報をもってしなければなりません。
(2) 申請人
　上記の権利の変更の登記の申請は，当該他の信託の受益者及び受託者を登記権利者，当該一の信託の受益者及び受託者を登記義務者として，双方が共同してします。他方，当該一の信託についての信託の登記の抹消及び当該他の信託についての信託の登記の申請は，受託者が単独でします。
(3) 申請情報及び添付情報
　申請情報における登記の目的は，「受託者何某持分何分の何（順位何番で登記した持分）が他の信託財産となった旨の登記，信託登記の抹消及び信託」と表示します。また，申請情報における登記原因及びその日付は，権利の変更の登記及び信託の登記については，

「平成年月日共有物分割」とし，信託の登記の抹消については，「共有物分割」と表示します。

　添付情報として，登記原因を証する情報及び信託目録に記録すべき情報を提供することを要します。なお，登記義務者である当該一の信託の受益者の登記識別情報を提供する必要はありません。

【解説】
1　設問前段について
(1)　設問の趣旨

　問16においては，委託者と受託者の共有に属する2筆の土地を，共有物分割により，委託者，受託者それぞれが単独所有する土地とする場合に，どのような登記をすることになるかという問題を取り上げました。同問の事案では，当該2筆の土地は，元々，委託者が単独で所有していたものだったのですが，信託契約により，その所有権の各一部が，受託者に移転されて，両者の共有となったという経緯がありましたから，実質上は，両地の所有者は，委託者と目されるものでした。しかし，登記の形式上は，委託者と受託者の共有ですから，この両名が，両地について共有物分割の協議をしたことにより，権利変動が生じたものとして登記の申請がされれば，却下事由（法25条）がない限り，受理されることになるのは，当然の理です。このような共有物分割は，現行の信託法が制定される前の信託法の下でも，認められていました。

　しかし，現行信託法は，さらに一歩進めて，受託者に属する特定の財産について，その共有持分が，信託財産と固有財産とに属する場合にも，一定の方法により当該財産の分割をすることを認めました（同法19条1項・2項）。例えば，受託者が所有するA土地について，その所有権の一部（持分）が信託財産に属し，他の持分が受託者の固有財産に属する場合にも，これを共有物として分割することを認めたのです。上記のような場合は，法形式上は，A土地は，受

託者が単独所有するものですから,「共有物」とはいえないのですが,信託財産に属する持分は,その管理・処分が一定の目的(主として受益者の利益の実現)によって拘束される特殊な財産であるため,その実質上の帰属主体は,受益者とみなして,「共有物の分割」を認めたものと解されるのです。

設問前段は,受託者に属する不動産に関する権利について,上記のような共有物の分割が行われたことにより,信託財産に属する共有持分又は固有財産に属する共有持分について,帰属の変更が生じたときに,誰が,どのような登記をすることになるかを問うものです。

そこで,設問前段について解説する前提として,このような共有物の分割の方法及び態様について,以下に,簡潔に説明します。

(2) 信託財産と固有財産に属する財産についての共有物の分割

 ア 分割の方法

  信託法が認める分割の方法は三つです(同法19条1項)。

  ① 信託行為において定めた方法(同項1号)

  ② 受託者と受益者(信託管理人が現に存する場合にあっては,信託管理人)との協議による方法(同項2号)

   信託管理人とは,受益者が現に存在しない場合に,受益者のために自己の名をもって受益者の権利に関する一切の裁判上又は裁判外の行為をする権限を有する者をいいます(同法123条1項,125条1項)。信託行為の定めに基づく指名又は裁判所の選任を受けた者が,この職務に就任します。

  ③ 分割をすることが信託の目的の達成のために合理的に必要と認められる場合であって,受益者の利益を害しないことが明らかであるとき,又は当該分割の信託財産に与える影響,当該分割の目的及び態様,受託者の受益者との実質的な利害関係の状況その他の事情に照らして正当な理由があるときは,受託者が

決する方法（同法19条1項3号）

　以上三つの方法のいずれかによるのですが，上記②の協議が調わないときその他上記の各方法による分割をすることができないときは，受託者又は受益者（信託管理人が現に存する場合にあっては，信託管理人）は，裁判所に対し，共有物の分割を請求することができます（同条2項）。

　イ　分割の態様

　　共有物の分割は，共有状態を解消するためにするものですから，その態様には，①固有財産に属する持分を信託財産に属する持分とするもの，②信託財産に属する持分を固有財産に属する持分とするものの二つがあることになります。

(3)　分割による登記申請の手続

　上記の分割の対象となる共有物が不動産に関する権利である場合には，共有物の分割による権利変動を第三者に対抗するためには，その旨の登記をすることを要します。その登記の申請手続の概要は，次のとおりです。

　ア　不動産に関する権利の持分が固有財産に属する財産から信託財産に属する財産となった場合

　　(ア)　申請する登記

　　　受託者に属する不動産の持分の帰属状態（信託財産か，固有財産か）に変更が生じますから，当該持分に係る権利の変更の登記を申請することになります。併せて，この申請と同時に，当該持分についての信託の登記を申請することを要し（法104条の2第1項後段），これらの登記の申請は，一の申請情報をもってしなければなりません（令5条4項）。

　　(イ)　申請人

　　　上記の当該持分に係る権利の変更の登記の申請は，受益者を登記権利者，受託者を登記義務者として，双方が共同してしま

277

第1章　信託に関する登記

す（法104条の2第2項前段，60条）。他方，信託の登記の申請は，受託者が単独でします（法98条2項）。

(ウ)　申請情報及び添付情報

　a　申請情報

　　申請情報における登記の目的（令3条5号）は，「受託者何某持分何分の何（順位何番で登記した持分）が信託財産となった旨の登記及び信託」と表示するのが，登記実務の取扱いです。上記の括弧の部分は，受託者が当該不動産の共有持分を固有財産として取得した時の登記を引用して，信託財産となる当該持分を特定するものです。

　　申請情報における登記原因及びその日付（同条6号）は，権利の変更の登記及び信託の登記を通じて，「平成年月日共有物分割」と表示するのが，登記実務の取扱いです。その日付は，共有物分割の効力が生じた日です。当該共有物分割が信託行為に定める方法によって行われたとき（信託法19条1項1号）は，その方法が採られた日，受益者と受託者の協議という方法で行われたとき（同項2号）は，その協議が成立した日，受託者が決定する方法で行われたとき（同項3号）は，その決定の日です。

　b　添付情報

　　登記原因を証する情報（令別表65項「添付情報」欄ロ）として，上記の登記原因となる法律行為又は事実の存在を証明する情報を提供しなければなりません。通常は，共有物の分割協議書が提供されることになります。

　　また，信託の登記に関する添付情報として，信託目録に記録すべき情報（同欄ハ）を提供することを要します。

イ　不動産に関する権利の持分が信託財産に属する財産から固有財産に属する財産となった場合

(ア) 申請する登記

　受託者の信託財産に属する不動産の持分が同人の固有財産に属することになりますから、当該持分に係る権利の変更の登記を申請します。併せて、この申請と同時に、当該持分についての信託の登記の抹消を申請することを要し（法104条の2第1項後段）、これらの登記の申請は、一の申請情報をもってしなければなりません（令5条4項）。

(イ) 申請人

　上記の当該持分に係る権利の変更の登記の申請は、受託者を登記権利者、受益者を登記義務者として、双方が共同してします（法104条の2第2項前段、60条）。

　他方、上記の当該持分に係る信託の登記の抹消の申請は、受託者が単独でします（法104条2項）。

(ウ) 申請情報及び添付情報

　a　申請情報

　　申請情報における登記の目的（令3条5号）は、「受託者何某持分何分の何（順位何番で登記した持分）が固有財産となった旨の登記及び信託登記の抹消」と表示するのが、登記実務の取扱いです。上記の括弧の部分については上記ア(ウ)aで説明したとおりです。登記原因及びその日付（同条6号）は、権利の変更の登記については、「平成年月日共有物分割」と表示し、信託の登記の抹消については、単に「共有物分割」と表示するのが、登記実務の取扱いです。

　b　添付情報

　　登記原因を証する情報については、上記ア(ウ)bで説明したところと同じです。信託目録に記録すべき情報は、提供することを要しません。

　　また、この場合は、受益者が登記義務者となるのですが、

第1章　信託に関する登記

　　　　同人の登記識別情報も提供することを要しません（法104条の2第2項後段）。
2　設問後段について
　(1)　趣旨の趣旨
　　　設問前段は，受託者に属する不動産に関する権利について，その共有持分が信託財産と固有財産とに属する場合における共有物分割による登記の申請手続について問うものでした。同様の問題は，受託者に属する不動産に関する権利について，その共有持分が信託財産と他の信託財産に属する場合にも生ずるのですが，信託法は，このような場合にも共有物の分割を認めています（同法19条3項）。例えば，乙を受託者とするX信託（受益者を甲とします。）とY信託（受益者を丙とします。）が存在しており，乙所有の不動産の持分の一部がX信託の信託財産に，残りの持分がY信託の信託財産にそれぞれ属している場合に，共有物分割によって，共有状態を解消することを認めているのです。この共有物分割の方法も，前記1(2)アで述べたところと同じです（同条4項）。また，共有状態を解消する態様として，①X信託の信託財産に属する持分をY信託の信託財産とするもの，②Y信託の信託財産に属する持分をX信託の信託財産とするものの二つがあることは，いうまでもありません。
　(2)　分割による登記の申請手続
　　ア　申請する登記
　　　　上記(1)の①の事例についていえば，受託者乙に属する不動産の持分の帰属が，X信託の信託財産からYの信託の信託財産に変わりますので，当該持分に係る権利の変更の登記を申請することになります。併せて，この申請と同時に，当該持分に係るX信託についての信託の登記の抹消及びY信託についての信託の登記を申請することを要し（法104条の2第1項後段），これらの登記の申請は，一の申請情報をもってしなければなりません（令5条4項）。

イ　申請人

　　上記の当該持分に係る権利の変更の登記の申請は，Y信託の受益者丙及び受託者乙を登記権利者，X信託の受益者甲及び受託者乙を登記義務者として，双方が共同してします（法104条の2第2項前段）。他方，X信託についての信託の登記の抹消及びY信託についての信託の登記の申請は，受託者が単独でします（法104条2項，98条2項）。

ウ　申請情報及び添付情報

　(ア)　申請情報

　　　申請情報における登記の目的（令3条5号）は，「受託者何某持分何分の何（順位何番で登記した持分）が他の信託財産となった旨の登記，信託登記の抹消及び信託」と表示するのが，登記実務の取扱いです。上記の括弧の部分の意味については，既に述べました。

　　　申請情報における登記原因及びその日付（令6号）は，権利の変更の登記及び信託の登記については，「平成年月日共有物分割」とし，信託の登記の抹消については，「共有物分割」とします。

　(イ)　添付情報

　　　登記原因を証する情報（令別表65項「添付情報」欄ロ）として，上記の登記原因となる法律行為又は事実の存在を証明する情報を提供しなければなりません。通常は，共有物の分割協議書が提供されることになります。

　　　また，信託の登記に関する添付情報として，信託目録に記録すべき情報（同欄ハ）を提供することを要します。

## 5　現行信託法によって変更され又は認められた信託に関する登記

### 20　自己信託の意義及び登記の申請手続

> 問　いわゆる自己信託とは，どのようなものをいうのですか。また，自己信託の場合，誰がどのような申請をすることになりますか。

【答】　(1)　自己信託とは

　　自己信託とは，信託法が定める信託の一種であって，特定の者が一定の目的に従い自己の有する一定の財産の管理又は処分及びその他の当該目的の達成のために必要な行為を自らすべき旨の意思表示を公正証書その他の書面又は電磁的記録ですることにより設定されるものをいいます。

(2)　自己信託による不動産に関する権利についての登記の申請

　　不動産に関する権利が，自己信託の対象である場合において，この信託が設定されたことを第三者に対抗するには，当該権利について自己信託による権利の変更の登記を申請し，併せて，その申請と同時に，当該権利に係る信託の登記を申請しなければなりません。これらの登記の申請は，一の申請情報をもってすることを要します。

　　上記の権利の変更の登記及び信託の登記の申請は，いずれも受託者が単独ですることができます。

【解説】

1　自己信託とは

(1)　趣　旨

　　「信託」とは，信託法第3条各号に掲げる方法のいずれかにより，特定の者が一定の目的に従い財産の管理又は処分及びその他の当該

目的の達成のために必要な行為をすべきものとすることをいいます（同法２条１項）。同法第３条に掲げる方法というのは，信託契約を締結する方法（同条１号），遺言信託をする方法（同条２号）及びいわゆる自己信託の方法（同条３号）です。このうち，前の二つは，現行信託法が制定される前の信託法においても認められていた方法ですが，自己信託は，現行信託法により，初めて認められたものです。

　自己信託は，委託者が信託財産に属する財産の管理処分等を自らが受託者として行うことで，委託者自らが，その旨の意思表示をすることによって設定されます。その意思表示をする方法は限定されていて，公正証書その他の書面又は電磁的記録（電子的方式，磁気的方式その他人の知覚によっては認識することができない方式で作られる記録であって，電子計算機による情報処理の用に供されるものとして法務省令で定めるものをいう。）で当該目的，当該財産の特定に必要な事項その他の法務省令で定める事項を記載し又は記録する方法に限られます（同条３号。以下，法務省令で定めるこれらの事項を「自己信託に関する事項」と呼び，その詳細は次の(2)で述べることにします。）。

　自己信託の方法が，どのような場合に利用されるかといいますと，例えば，多数の抵当権付金銭債権を有する甲株式会社が，これらの債権を不特定多数の投資家に売却して利益を得るための手段として，まず，これらの財産をもって信託財産を構成し，自らが受託者となって管理・処分等をするという場合です。この信託において，甲社は，当初は自らが受益者となり，次にその受益権を投資家に譲渡して利益を確保し，その後は，当該債権を回収して，その譲受人らに配当することになるのです。

(2) 自己信託に関する事項

　委託者が自己信託を設定する意思表示において定めるべき事項は，信託法施行規則第３条に定めがあります。列記しますと，次の

とおりです。
① 信託の目的
② 信託をする財産を特定するために必要な事項
③ 自己信託をする者の氏名又は名称及び住所
④ 受益者の定め（受益者を定める方法の定めを含む。）
⑤ 信託財産に属する財産の管理又は処分の方法
⑥ 信託行為に条件又は期限を付すときは，条件又は期限に関する定め
⑦ 信託法第163条第9号の事由（当該事由を定めない場合にあっては，その旨）
⑧ 前各号に掲げるもののほか，信託の条項

なお，⑦の「信託法第163条第9号の事由」というのは，信託行為において定められた信託終了の事由をいいます。信託は，同条第1号から第8号までに掲げる事由のほか，信託行為に定めた事由によっても終了することとされているのです。

(3) 信託の効力の発生する時期

自己信託の効力がいつ発生するかは，当該信託を設定する意思表示の方法によって異なります。その意思表示が公正証書又は公証人の認証を受けた書面若しくは電磁的記録（以下「公正証書等」といいます。）によってされる場合は，当該公正証書等が作成されたときに，信託の効力が生じます（同法4条3項1号）。これに対し，公正証書等以外の書面又は電磁的記録によってされる場合は，受益者となるべき者として指定された第三者（当該第三者が二人以上ある場合にあっては，その一人）に対する確定日付のある証書による当該信託がされた旨及びその内容の通知がされたときに，効力が生じます（同項2号）。

以上が，自己信託の概要です。以下に項を変えて，設問後段（自己信託の登記）について，説明することとします。

## 2　自己信託の登記

　自己信託は，上記のとおり，委託者が，自己の有する一定の財産をもって信託財産を構成することとし，自らが受託者として，その財産の管理・処分をすべき旨の意思表示を公正証書等によってすることによって設定される信託です。この信託財産に不動産に関する権利が含まれている場合に，どのような権利変動が生じ，どのような登記をすべきかが，設問後段で問われています。

(1)　申請する登記

　自己信託にあっては，委託者と受託者が同一人ですから，信託の設定によって，両者間で，不動産に関する権利が移転することは，ありません。また，同一人間で，所有権以外の新たな権利を設定するという場合も極めて限定されていますから，考慮の外に置いていいでしょう。ただし，ここでは，当該不動産に関する権利の帰属が，固有財産から信託財産（一定の目的に従って管理・処分等をすべき財産）に移るという変更が生じます。この点を捉えて，登記実務では，当該不動産に関する権利についての変更の登記をすべきものとしています（平成19年9月28日民二第2048号民事局長通達第2の5(1)）。なお，不動産の所有権を自己信託の対象とした場合における権利の変更の登記は，付記登記によらず，主登記によることとされています（同通達第2の5(1)）。これは，この権利の変更の登記が，所有権の内容の変更を意味するものではなく，当該所有権の帰属に変更（固有財産に属する財産から信託財産に属する財産への変更）を示すものであって，所有権移転の登記と性質を同じくするものと解されるからです。

　これに加えて，当該不動産に関する権利が信託財産に属するものとなったことを公示する信託の登記も必要です。そして，不動産登記法は，この信託の登記の申請は，上記の自己信託による権利の変更の登記の申請と同時にすべきものとし（法98条1項），これを受け

第1章　信託に関する登記

た不動産登記令では，これらの登記の申請は，一の申請情報をもってすることを要するとしています（令5条2項）。

(2) 申請人

　　自己信託による権利の変更の登記の申請当事者については，不動産登記法に特則が設けられており，受託者が単独で申請することができるとされています（法98条3項）。不動産登記における権利の変更の登記の申請は，一般的には，当該変更の登記によって登記上直接の利益を受ける者を登記権利者，登記上直接の不利益を受ける者を登記義務者として，両者が共同してするのが原則ですが（法60条），自己信託にあっては，委託者が受託者でもありますから，上記のような共同申請方式により登記の真正を担保することに適しません。そこで，不動産登記法は，当該権利の変更の登記の申請自体は，受託者が単独ですることを認め，その申請の真正担保は，不動産登記令が定める後記(3)イに掲げる添付情報（(エ)に掲げるものを除く。）をもって図ることにしているのです。

　　他方，上記の信託の登記の申請は，受託者が単独ですることができるとされています（法98条2項）。

　　以上により，自己信託による権利の変更の登記及び信託の登記の申請（一括申請）は，いずれも受託者が単独ですることができます。

(3) 申請情報及び添付情報

　ア　申請情報

　　　申請情報における登記の目的（令3条5号）は，「信託財産となった旨の登記及び信託」とするのが，登記実務の取扱いです。登記原因及びその日付（同条6号）は，「平成年月日自己信託」とします。その日付は，自己信託の効力が発生した日です。

　イ　添付情報

　　(ア)　申請人の登記識別情報

自己信託による権利の変更の登記の申請人である受託者の登記識別情報を提供することを要します（令8条1項8号）。この場合の受託者は，登記権利者であって，登記義務者ではないのですが，同人が，当該不動産に関する権利の登記名義人であり，当該変更の登記の申請権限があることを担保するために，同人の登記識別情報を提供すべきものとしたのです。

(イ)　申請人の電子証明書又は印鑑証明書

　　　自己信託による権利の変更の登記を申請する場合には，電子申請の方法によるときは申請人の電子証明書を，書面申請によるときは申請人の印鑑証明書（作成後3か月以内のもの）をそれぞれ提供することを要します（令12条，14条，16条，規則42条，43条，47条3号イ(4)）。この場合の申請は単独でするものではありますが，登記名義人が，登記義務者となって権利に関する登記を申請する場合と同様に，申請人の登記申請が，真正であることを担保する必要があるものとして，電子証明書又は印鑑証明書の提供が，求められているのです。

(ウ)　登記原因を証する情報

　　　当該自己信託が信託法第4条第3項第1号に規定する公正証書等によってされたものである場合には，当該公正証書等（公正証書については，その謄本）を，当該自己信託が公正証書以外の書面又は電磁的記録によってされたものである場合には，当該書面又は電磁的記録及び同項第2号の通知をしたことを証する情報を提供しなければなりません（令別表65項「添付情報」欄イ，同別表66の3項「添付情報」欄）。

(エ)　信託目録に記録すべき情報

　　　登記官が信託目録を作成する際の資料とするため，信託目録に記録すべき情報を提供することを要します（令65項「添付情報」欄ハ）。

第1章　信託に関する登記

## 21　裁判所書記官から信託の変更の登記が嘱託された場合の登記手続

> 問　裁判所が次に掲げる裁判をした場合において，裁判所書記官から，登記所に対して，信託の変更の登記の嘱託がされたときは，登記官は，どのような登記をすることになりますか。
> ①　受託者の解任の裁判
> ②　信託管理人の選任又は解任の裁判
> ③　受益者代理人の選任又は解任の裁判
> ④　信託の変更を命ずる裁判

【答】　設問の裁判所書記官による嘱託があったときは，登記官は，いずれも当該信託目録の記録を変更することによって，信託の変更の登記をします。その概要は，次のとおりです。

①　受託者の解任の裁判があった場合

当該信託目録の「受託者に関する事項」欄における従前の受託者の氏名又は名称及び住所を抹消し，同欄の下部に，受託者が裁判所の裁判によって解任された旨の記録をします。

②　信託管理人の選任又は解任の裁判があった場合

信託管理人の選任の裁判があった場合には，当該信託目録の「受益者に関する事項等」の欄に，裁判所の裁判により信託管理人が選任された旨，並びに同信託管理人の氏名又は名称及び住所を記録します。

信託管理人の解任の裁判があった場合には，当該信託目録の「受益者に関する事項等」欄における上記の信託管理人選任の際にされた記録のうち，信託管理人の氏名又は名称及び住所を抹消し，同欄の下部に，信託管理人が裁判所の裁判によって解任された旨を記録します。

③　受益者代理人の選任又は解任の裁判があった場合

　　受益者代理人の選任又は解任があった場合に登記官がする登記の内容は，上記②の信託管理人の選任又は解任があった場合に準じます。

④　信託の変更を命ずる裁判があった場合

　　当該信託目録の「信託条項」欄にされている従前の信託条項の記録のうち変更に係る部分を抹消し，同欄の下部に，裁判所の裁判によって信託条項の変更がされた旨及び変更後の条項の内容を記録します。

【解説】

1　設問の趣旨

　設問は，裁判所書記官から，登記所に対して，信託の登記の変更の嘱託がされた場合において，登記官がすべき登記の内容について，問うものです。

　信託の変更の登記というのは，既存の信託の登記の登記事項に変更が生じた場合に，その内容を実体に合うよう改める登記をいいます。その詳細については問3の解説3で述べたところですが，信託の登記の登記事項とはどのようなものであったかについて，改めて確認しておきます。その登記事項の定めは法第59条と第97条第1項にまたがって定められているのですが，そのうち主要なもの及び本設問に関係するものを掲げると，次のとおりです。

①　登記の目的（法59条1号）
②　委託者，受託者及び受益者の氏名又は名称及び住所（法97条1項1号）
③　信託管理人があるときは，その氏名又は名称及び住所（同項3号）
④　信託の目的（同項8号）
⑤　信託財産の管理方法（同項9号）
⑥　信託の終了の事由（同項10号）

第 1 章　信託に関する登記

⑦　その他の信託の条項（同項 11 号）

これらの事項が現に登記されている場合に，その内容に変更が生じたときは，これを実体に合わせる登記をする必要があるのですが，その変更の登記を誰がするのかについて不動産登記法は三つの場合を規定しています。(a)登記官が職権でする場合（法 101 条），(b)裁判所書記官又は主務官庁の嘱託に基づいてする場合（法 102 条），(c)受託者の申請に基づいてする場合（法 103 条）です。本設問は，上記(b)のうち法第 102 条第 1 項の規定により，裁判所書記官の嘱託によって変更の登記をする場合について，問うものです。

## 2　前提となる説明

まず，設問に掲げられている裁判所の裁判とは，どのようなものなのでしょうか。

(1)　受託者の解任の裁判

信託における受託者は，信託行為の定めに従い，信託財産に属する財産の管理又は処分及びその他の信託の目的の達成のために必要な行為をすべき義務を負う者（信託法 2 条 5 項）ですが，その信託をするのは，委託者（同条 4 項）であり，その信託から受益を受けるのは，受益者（同条 6 項）です。このため，委託者及び受益者は，いつでも，その合意により，受託者を解任することができることとされています（同法 58 条 1 項）。しかし，その解任について，委託者と受益者との間で意見が一致しない場合や，その一方が意思表示をすることができない場合もあると考えられます。特に，受託者が，その任務に違反して，信託財産に著しい損害を与えたことその他重要な事由があるのに，上記の委託者と受益者の合意による解任ができず，受託者がその任務を継続している事態は，好ましくありません。そこで，信託法は，受託者に上記の事由があるときは，裁判所は，委託者又は受益者の申立てにより，受託者を解任することができるとしました（同法 58 条 4 項）。これが受託者の解任の裁判です。

(2) 信託管理人の選任又は解任の裁判

　信託行為においては，受益者が現に存在しない場合に信託管理人となるべき者を指定する定めを設けることができます（同法123条1項）。信託管理人とは，受益者のために自己の名をもって受益者の権利に関する一切の裁判上又は裁判外の行為をする権限を有する者をいいます（同法125条1項本文。ただし，信託行為に別段の定めがあるときは，その定めるところによります。同項ただし書）。信託管理人は，上記の信託行為における定めに基づいて選任されるほか，信託行為にその定めがないとき，又はその定めにより信託管理人となるべき者として指定された者が就任の承諾をせず，若しくはこれをすることができないときには，利害関係人の申立てに基づいて，裁判所の裁判により選任されます（同法123条4項）。

　他方，いったん選任された信託管理人の解任については，上記(1)の受託者の解任に関する同法第58条の規定が準用されますので（同法128条2項），信託管理人がその任務に違反して信託財産に著しい損害を与えたことその他重要な事由がある場合には，裁判所は，委託者又は受益者の申立てによって，信託管理人を解任することができます（同法58条4項）。

(3) 受益者代理人の選任又は解任の裁判

　信託行為においては，その代理する受益者を定めて，受益者代理人となるべき者を指定する定めを設けることができることとされています（同法138条1項）。受益者代理人とは，その代理する受益者のために当該受益者の権利に関する一切の裁判上又は裁判外の行為をする権限のある者をいいます（同法139条1項本文。ただし，信託行為に別段の定めがあるときは，その定めるところによります。同項ただし書）。

　受益者代理人がはじめて選任される場合には，上記の信託行為における定めに基づいてのみ選任され，信託管理人のように，利害関

第1章　信託に関する登記

係人の申立てに基づく裁判所の裁判によって選任されることはありません（同法138条参照）。しかし，受益者代理人の任務が終了して（同法141条1項において準用する同法56条1項各号に掲げる事由により終了します。），新受益者代理人を選任する場合には，裁判所が関与する余地があります。すなわち，この場合において，信託行為に新たな受益者代理人に関する定めがないときなどには，委託者及び受益者は，その合意により，新受益者代理人を選任することができるとされていますが（同法142条1項，62条1項），その合意に係る協議の状況その他の事情に照らして必要があると認めるときは，裁判所は，委託者又は受益者代理人により代理される受益者の申立てにより，新受益者代理人を選任することができるのです（同法142条1項，62条4項）。

　他方，いったん選任された受益者代理人の解任についても，上記(1)の受託者の解任に関する同法第58条の規定が準用されますので（同法141条2項），信託行為又は裁判所の裁判によって選任された受益者代理人が，その任務に違反して信託財産に著しい損害を与えたことその他重要な事由があるときは，裁判所は，委託者又は受益者の申立てにより，受益者代理人を解任することができます（同法58条）。

(4)　信託の変更を命ずる裁判

　信託行為において定められた事項は，関係者によって変更することができます（信託の変更）。同法第149条に，これに関する定めが置かれており，基本的には，委託者，受託者及び受益者の合意によるのですが（同条1項本文・2項・3項），ここでも裁判所の関与が予定されています。すなわち，信託行為の当時予見することのできなかった特別の事情により，信託事務の処理の方法に係る信託行為の定めが信託の目的及び信託財産の状況その他の事情に照らして受益者の利益に適合しなくなるに至ったときは，裁判所は，委託者，

受託者又は受益者の申立てにより，信託の変更を命ずることができるとされているのです（同法150条1項）。

### 3　裁判所書記官の嘱託に基づく登記

上記2(1)から(4)までに掲げる裁判があったときは，裁判所書記官は，職権で，遅滞なく，信託の変更の登記を登記所に嘱託しなければなりません（法102条1項）。実務の取扱いでは，この嘱託は，いずれも信託目録の記録の変更を嘱託するという内容のものとしてされます。この嘱託に基づいて，登記官がすべき登記は，次のとおりです。

(1)　受託者の解任の裁判があった場合

受託者の解任の裁判があった場合において，裁判所書記官からの嘱託に基づいて，信託の変更の登記をするときは，登記官は，信託目録の「受託者に関する事項」欄における従前の受託者の氏名又は名称及び住所を抹消し（抹消の記号を付する。），同欄の下部に，次のように記録します。

「受託者解任

平成○年○月○日

第○号

原因　平成○年○月○日○○地方裁判所解任」

なお，平成19年法務省令第57号による改正前の規則第177条では，登記官は，受託者を解任する裁判があった場合において，法第102条の規定による嘱託に基づき信託の変更の登記をするときは，「職権で，当該信託に係る権利の移転又は保存若しくは設定の登記についてする付記登記によって，受託者を解任した旨及び登記の年月日を記録しなければならない。」と定められていました。受託者の任務終了の事由が解任であったことを，当該信託の登記の原因となった権利に関する登記の付記登記により明示すべきこととされていたのです。しかしながら，この規定に対しては，受託者の任務終了の事由が裁判所による解任であるという事実は，当該信託に係る

第1章　信託に関する登記

権利の変動とは関わりを持たないものであって，そのような事実を当該権利の移転若しくは保存又は設定の登記の登記事項とする必要性・実益がどこにあるかという疑問が，従前から言われていました。そこで，この規定は，上記の法務省令の改正によって削除され，現在では，登記官の職権によって権利の登記へ付記する手続は，廃止されています。

(2) 信託管理人の選任又は解任の裁判があった場合

　信託管理人を選任する裁判があった場合には，登記官は，信託の変更の登記として，信託目録の「受益者に関する事項等」の欄に，次のように記録します。

　「信託管理人選任
　平成○年○月○日
　第○号
　原因　平成○年○月○日○○地方裁判所選任
　信託管理人　○○市○○町○番地
　　　　　　　甲某」

　信託管理人を解任する裁判があった場合には，登記官は，信託目録の「受益者に関する事項等」欄における上記の信託管理人選任の際にされた記録のうち，信託管理人の氏名又は名称及び住所を抹消し，次に，同欄の下部に，次のように記録します。

　「信託管理人解任
　平成○年○月○日
　第○号
　原因　平成○年○月○日○○地方裁判所解任」

(3) 受益者代理人の選任又は解任の裁判があった場合

　受益者代理人の選任又は解任があった場合に登記官がする登記の内容は，上記(2)の信託管理人の選任又は解任があった場合に準じます。

(4) 信託の変更を命ずる裁判があった場合

　信託の変更を命ずる裁判，例えば，信託財産の管理方法の変更を命ずる裁判があった場合には，登記官は，当該信託目録の「信託条項」欄にされている従前の信託財産の管理方法の記録を抹消し，同欄の下部に，次のように記録します。

　「信託財産管理方法変更
　平成○年○月○日
　第○号
　原因　平成○年○月○日○○地方裁判所の変更
　信託財産の管理方法
　○○」

　最後の「○○」の部分には，変更後の信託財産の管理方法を具体的に記録することになります。

第1章　信託に関する登記

## 22　受託者が死亡若しくは合併又は辞任した場合の受託者の地位

> 問　受託者が死亡若しくは合併し又は辞任した場合，新たに受託者となるのは誰ですか。また，この場合，誰がどのような登記を申請することになりますか。
> 　受託者が2人以上あるときは，どうなりますか。

【答】　（設問前段について）
(1)　受託者が死亡し又は辞任した場合には，信託法の定めるところにより，後任の新受託者が，選任されます。法人である受託者が合併した場合には，合併により存続する法人又は合併により設立する法人が，当然に，新受託者になります。
(2)　上記(1)の各場合には，前受託者に属していた信託に関する権利義務は，新受託者に，当然に，承継されます。当該権利義務に不動産に関する権利が含まれているときは，その承継を第三者に対抗するには，受託者の変更により，当該不動産に関する権利が，新受託者に移転した旨の登記をすることを要します。

　これらの登記の申請は，前受託者が辞任した場合は，新受託者を登記権利者，前受託者を登記義務者として，両者が共同してしなければなりませんが，その他の場合には，新受託者が，単独ですることができます。
(3)　登記官は，上記(2)の登記をするときは，職権で，信託の変更の登記として，受託者が変更した旨の登記をしなければなりません。
　（設問後段について）
(1)　受託者が2人以上いる信託において，受託者の1人が死亡し又は辞任した場合には，その受託者の任務は，他の受託者が引き継ぎます。受託者の1人である法人について合併があった場合には，合併

により存続する法人又は合併により設立する法人が，当然に，新受託者になります。
(2) 上記(1)の各場合における前受託者から新受託者への信託に関する権利義務の承継，並びにその権利義務に不動産に関する権利義務が含まれているときに対抗要件として必要となる登記及びその登記の申請人は，上記１(2)と同じです。
(3) 登記官が，上記(2)の登記をするときは，職権で，信託の変更の登記として，受託者が変更した旨の登記をしなければならないことは，上記１(3)と同様です。

【解説】
1 設問前段について
(1) 受託者の死亡若しくは合併又は辞任
　設問前段では，まず，自然人である受託者が死亡し若しくは法人である受託者が合併した場合，又は（自然人，法人を問わず）受託者が辞任をした場合には，受託者の地位はどうなるのか，また，誰が新たな受託者の地位に就くのかが，問われています。これらの問題は，既に問７の解説７で詳細に述べたところですが，ここでは，要点を再説します。
ア　受託者が死亡した場合
　(ｱ)　受託者の任務の終了
　　　受託者は，信託財産に属する財産の管理又は処分及びその他の信託の目的の達成のために必要な権限を有する者であり（信託法26条本文），この地位は，委託者との特別な信頼関係に基づくものです。このため，受託者が自然人である場合には，この地位は，一身専属的なものであって，受託者の死亡によってその任務は終了し（同法56条１項１号），相続人に引き継がれるものではない，とされています。
　　　ただし，受託者の相続人が，その任務を引き継がないという

第1章　信託に関する登記

ことになりますと，次の(イ)で述べる新たな受託者が選任されるまでの間は，受託者の事務を処理する者がいないことになりますから，その期間が長引いてしまうと，信託財産の保全を図ることができないおそれがあります。そこで，信託法は，受託者である個人の死亡により受託者の任務が終了した場合には，信託財産は法人とするという規定を設けています（同法74条1項）。信託財産自体を法人とした上で，必要があると認めるときは，裁判所が，利害関係人の申立てにより，信託財産法人管理人による管理を命ずる処分をすることができることとして（同条2項），新受託者が選任されるまでの間における信託財産の管理に遺漏がないようにしているのです。

(イ)　新たな受託者の選任

では，死亡した受託者の後任者は，誰が，選任するのでしょうか。

信託行為に新受託者となるべき者を指定する定めがあるときは，利害関係人は，新受託者となるべき者として指定された者に対し，相当の期間を定めて，その期間内に就任の承諾をするかどうかを確答すべき旨を催告することができます（同法62条2項本文）。上記の催告に対して，新受託者となるべき者として指定された者が，定められた期間内に委託者及び受益者に対し確答をしないときは，就任の承諾をしなかったものとみなされます（同条3項）。

信託行為に新受託者に関する定めがないとき，又は信託行為の定めにより新受託者となるべき者として指定された者が信託の引受けをせず，若しくはこれをすることができないときは，委託者及び受益者は，その合意により，新受託者を選任することができます（同法62条1項）。この場合において，委託者と受益者の合意に係る協議の状況その他の事情に照らして必要があ

ると認めるときは，裁判所は，利害関係人の申立てにより，新受託者を選任することができます（同条4項）。これは，委託者と受益者による新受託者選任の合意の形成が難航している場合等を想定して，裁判所の判断による選任を可能にするものです。

(ウ) 新受託者の権利義務の承継

上記(イ)により死亡した受託者の後任者が選任された場合，新受託者は，前受託者の任務が終了した時（すなわち，前受託者が死亡した時）に，その時に存する信託に関する権利義務を前受託者から承継したものとみなされます（同法75条1項）。

イ 受託者の合併

受託者である法人が合併をした場合には，合併後存続する法人又は合併により設立する法人が，受託者の任務を引き継ぐものとされています（同法56条2項前段）。この場合は，法人の継続性により，受託者の任務終了の事由とはならず，受託者の任務を引き継いだ法人が，合併の時に存する信託に関する権利義務の全部を承継することになります。

ウ 受託者の辞任

(ア) 受託者の任務の終了

受託者は，委託者及び受益者の同意を得て，辞任することができます（同法57条1項本文。ただし，信託行為に別段の定めがあるときは，その定めるところによります。同項ただし書）。やむを得ない事由があるときは，受託者は，委託者及び受益者の同意が得られない場合であっても，裁判所の許可を得て，辞任することができます（同条2項）。

以上により，受託者が辞任したときは，その任務が終了します。ただし，辞任した前受託者は，新受託者が信託事務の処理をすることができるに至るまで，引き続き受託者としての権利

第1章　信託に関する登記

義務を有することとされています（同法59条4項）。
　(イ)　新たな受託者の選任
　　　前受託者が辞任した場合の新たな受託者の選任については，前受託者が死亡した場合と同じです（上記ア(イ)）。
　(ウ)　新受託者の権利義務の承継
　　　前受託者が辞任した場合の後任者は，その地位に就任した時に，その時に存する信託に関する権利義務を前受託者から承継したものとみなされます（同法75条2項）。この場合は，上記のとおり，前受託者は，新受託者が信託事務の処理をすることができるに至るまで，引き続き受託者としての権利義務を有するとされていますので（同法59条4項），後任者は，その地位に就いた時点における信託に関する権利義務を承継するものとみなされます。
(2)　対抗要件としての登記
　ア　受託者の変更による権利の移転の登記
　　(ア)　意　義
　　　このように，受託者が死亡若しくは合併し，又は辞任した場合には，前受託者の地位を引き継いだ者が，前受託者に属していた信託に関する権利義務を承継することになります。その承継する権利義務に不動産に関する権利が含まれているときは，その承継を第三者に対抗するには，登記をしなければなりません（民法177条）。例えば，その不動産に関する権利が，所有権であれば，受託者の変更による所有権移転（前受託者から新受託者への移転）の登記が，されることになります。
　　(イ)　申請人
　　　この受託者の変更による権利の移転の登記の申請については，原則として，法第60条の規定が適用されますから，新受託者を登記権利者，前受託者を登記義務者として，双方が共同

してするのが建前です。ただし，設問前段に掲げる場合のうち，この共同申請の原則が適用されるのは，前受託者が辞任した場合だけです。法人である前受託者が合併をした場合については，法第63条第2項に特則があって，登記権利者が，単独で申請することができます。また，前受託者が死亡した場合についても，法第100条第1項に特則が定められていて，同様の単独申請が認められています。前受託者の死亡の場合には，登記義務者となるべき者が存在しなくなりますし，相続による登記申請義務の承継もありませんので，特例が認められているのです。

(ウ) 登記の目的・登記原因及びその日付

　受託者の変更による権利の移転の登記の申請情報においては，「登記の目的」（令3条5号）は，当該不動産に関する権利が所有権であれば「所有権移転」ですし，地上権であれば「地上権移転」です。また，共有持分であれば，例えば「○某持分全部移転」です。

　申請情報における「登記原因及びその日付」は，前受託者が死亡した場合には，その死亡の日（前受託者の任務の終了の日）を特定して，「○年○月○日受託者死亡」とします。前受託者が辞任した場合には，同じくその任務が終了した日を特定して，「平成○年○月○日受託者変更」とします。これらの場合に前受託者の任務終了の日が記録されるのは，その日が，前受託者に属していた当該信託に関する権利義務が，新受託者に承継したものとみなされる日として意味を有するからです（信託法75条1項・2項）。法人である受託者の合併の場合には，当該合併の効力が生じた日に，新受託者が，当該権利義務を承継しますので，その日を記録します。

イ　登記官の職権による受託者の変更の登記

第1章　信託に関する登記

　　　　上記のような受託者の変更による権利の移転の登記の申請があった場合において，登記官がその登記をするときは，職権で，受託者に変更があった旨の信託の変更の登記をしなければならないとされています（法101条1号）。この職権登記によって，新受託者が，信託の登記において明らかにされることになるのです。

## 2　設問後段について

(1) 受託者が2人以上ある信託において，その1人が死亡又は合併し又は辞任した場合

　設問後段は，受託者が2人以上ある場合に，そのうちの1人が死亡若しくは合併し又は辞任した場合に，新たに受託者となるのは誰か，また，その場合は，誰がどのような登記を申請することになるのかを問うものです。

　信託における受託者は，1人でその任に当たるのが通常なのですが，信託行為において，2人以上の者が受託者に定められることがあります。信託法は，その場合における信託財産に属する財産の帰属形態，信託事務の処理の方法などについて，特則を設けているのですが，受託者のうちの1人の任務が終了した場合の権利の承継についても特則を設けて，その任務が終了した時に存する信託に関する権利義務は他の受託者が当然に承継し，その任務は他の受託者が行うと定めています（同法86条4項）。この規定振りからすれば，信託法は，受託者が2人以上ある場合にその1人の任務が終了した場合には，その後任者を選任することを予定していないものとみることができます。その結果，残る受託者が1人となるときは，信託財産に属する財産についての「合有」が解消されて，同人の単有に帰することになります。

　なお，受託者が2人以上ある信託において，その1人の法人である受託者について合併があったときは，合併後存続する法人又は合併により設立する法人が，当該受託者の任務を引き継ぐものとされ

ています（同法56条2項前段）。
(2) 対抗要件としての登記
　ア　受託者の変更による権利の移転の登記
　　(ア)　意　義
　　　　上記(1)で説明したように，受託者が2人以上ある信託において，そのうちの1人が死亡した場合には，その者に属した権利義務は他の受託者が当然に承継します。当該1人が辞任した場合も同じです。当該1人の法人である受託者について合併があった場合には，合併後存続する法人又は合併により設立する法人が，当該受託者の権利義務を承継します。
　　　　以上により承継される権利義務に不動産に関する権利が含まれているときは，対抗要件として，当該権利の移転の登記を要することになります。
　　(イ)　申請人
　　　　この受託者の変更による権利の移転の登記の申請人は，前記1(2)ア(イ)で述べたところと同じです。すなわち，共同申請の原則（法60条）が適用されるのは，受託者の1人が辞任した場合で，他の受託者を登記権利者，辞任した受託者を登記義務者とする共同申請によります。法人である受託者の1人が合併をした場合については，他の受託者が，登記権利者として，単独で申請することができます（法63条2項）。また，前受託者が死亡した場合については，法第100条第2項に特則が定められていて，同様の単独申請が認められています。この場合には，登記義務者となるべき者が存在しなくなりますし，相続による登記申請義務の承継もないからです。
　　(ウ)　登記の目的・登記原因及びその日付
　　　　上記(イ)の登記の申請をする場合において，申請情報に表示すべき「登記の目的」並びに「登記原因及びその日付」は，上記

303

第1章　信託に関する登記

　　　1(2)ア(ウ)で述べたところと同じです。
　イ　登記官の職権による受託者の変更の登記
　　　上記のような受託者の変更による権利の移転の登記の申請があった場合において，登記官がその登記をするときは，職権で，受託者に変更があった旨の信託の変更の登記をしなければなりません（法101条1号）。

## 23　受益者の定めのない信託の意義及びその登記手続

> 問　受益者の定めのない信託とは，どのようなものをいうのですか。また，受益者の定めのない信託であることは，信託の登記の登記事項となりますか。

【答】（設問前段について）

　受益者の定めのない信託（受益者を定める方法の定めのない信託を含む。）とは，信託財産に係る給付を受ける特定の者（受益者）の存在を予定していない信託をいいます。この類型の信託は，現行の信託法（平成18年法律第108号）によって初めて導入されたもので，その方法は，契約又は遺言に限定され，受益者不在の下での受託者の職務を厳格に監督する措置，信託の存続期間の制限の定めがあるなど，受益者のある信託とは異なる規制が，されています。また，このような制度を導入する経過措置として，別に法律で定める日までの間，受益者の定めのない信託の受託者の資格を制限することとしています。

　（設問後段について）

　受益者の定めのない信託の信託財産に属する財産に不動産に関する権利が含まれているときは，当該信託が，受益者の定めのない信託である旨を当該信託の登記の登記事項とします。

【解説】

1　受益者の定めのない信託

　(1)　意　義

　　信託法に定める信託とは，契約，遺言などによって，特定の者が一定の目的に従い財産の管理又は処分及びその他の当該目的の達成のために必要な行為をすべきものとすることをいいます（同法2条1項，3条）。この「一定の目的」は，信託行為で定められた者の利益を図ることとされるのが通常で，信託法は，この者を受益者と称

し（同法2条6項），その者の権利（受益権）を保護するために詳細な規定を設けています（同法第4章）。その一方で，信託法は，受益者の定めのない信託，又は受益者を定める方法の定めのない信託（以下，これらを総称して「受益者の定めのない信託」といいます。）をも認めています（同法11章）。この受益者の定めのない信託は，平成18年法律第108号をもって制定された現行の信託法によって，初めて認められたものです。

　上記の信託法が制定される前の旧信託法の下においては，学説上，受益者の定めのない信託が認められるか否かについて，議論が分かれており，当時の通説的見解は，学術，技芸，慈善，祭祀，宗教その他公益を目的とする信託（公益信託）を除き，信託行為の時点において受益者が特定され，現存していることまでは要しないが，受益者を確定する可能性があることが必要であり，その可能性のない信託は無効であるとする見解を採っていました。しかしながら，現行信託法の制定の過程においては，受益者の存在が予定されていない信託であっても，その目的が明確に定められていれば，受託者が職務を遂行する上で従うべき規範に欠けるところはなく，このような信託を無効とするまでの要はないとの見解が支配的であったことに加えて，現実の社会生活に照らしてみれば，信託の利益を受ける者を具体的に定めることが困難な事例や，公益を目的とするとも評し難い事例などが想定され，受益者の定めのない信託についても相応の必要性があると考えられたことから，上記のような立法上の手当がされたものです。当時想定された信託の例としては，例えば，①ある大学で行われている特定の分野の研究活動を支援するための信託，②相続人のない者が自己の死亡後におけるペットの世話を第三者に委託し，その事務に要する費用を出捐するための信託などがあります。

　ただし，信託法は，このような特殊な形態の信託が濫用される事

態を未然に防止するため，受益者の定めのない信託をする方法を限定し，受益者不在の下での受託者の職務を厳格に監督する措置を定め，受益者の定めのない信託の存続期間を制限するなどの規制をしています。また，このような制度を導入する経過措置として，別に法律で定める日までの間，受益者の定めのない信託の受託者の資格を制限することとしています。以下には，このような規制の概要を説明することとします。

(2) 信託の方法の制限

　受益者の定めのない信託は，契約又は遺言の方法（同法3条1号又は2号に掲げる方法）に限ってすることができます（同法258条1項）。いわゆる自己信託（同法3条3号に掲げる方法）を設定する方法によっては，することができません。受益者が存在する通常の信託にあっては，受託者の職務に対する監督は主として委託者と受益者が分担して担うのですが，受益者の定めのない信託にあっては，その監督は，専ら委託者が担うことになります。しかるに，自己信託では，委託者自らが受託者になるのですから，委託者による監督の実効性を期待することが，困難です。このため，受益者の定めのない信託は，自己信託の設定による方法では，許されないのです。

(3) 信託の変更による受益者の定めの変更の禁止

　受益者の定めのない信託においては，信託の変更によって受益者の定めを設けることはできません（同法258条2項）。反対に，受益者の定めのある信託においては，信託の変更によって受益者の定めを廃止することはできません（同条3項）。信託の変更という方法によって，受益者の定めのある信託から受益者の定めのない信託に転換し，又はその逆の転換をすることができないのです。受益者の定めのない信託は，受益者の権利保護及び受益者による受託者の監督という措置を必要としない信託であって，この面において，受益者が存在する信託とは，体系を異にするものといわなければなりませ

ん。このような二つの形態の信託について，信託の変更という簡易な手段を用いて「相互乗入れ」をすることを認めると，法律関係が錯綜して，混乱が生ずるおそれがあるため，これを許さないこととしたのです。受益者の定めのない信託から，その定めのある信託に転換するためには，いったん信託を終了させ，清算手続をした上で，新たに受益者の定めのある信託を設定するほかありません。

(4) 受益者の定めのない信託の存続期間

　受益者の定めのない信託の存続期間には制限があり，20年を超えることができないとされています（同法259条）。

　受益者の定めのない信託は，特定の者に信託財産に係る給付をすること以外の事項を目的として設定されるのですが，その設定後20年を経過しても，このような目的を達成することができないような場合には，さらに継続して信託の仕組みを利用することを認める実益に乏しいと考えられます。のみならず，一定の財産をそのような目的のために長期間信託財産として固定することになると，当該財産を他の目的のために有効利用することが妨げられて，社会経済上の損失も生じかねません。このような事情を考慮して，上記のような存続期間の制限が設けられたものと解されます。

(5) 受益者の定めのない信託における委託者の権利

　信託法は，随所に信託において委託者が有する権利について定めているのですが，これに加えて，信託法上，受益者の権利として定められているものの一部についても，信託行為の定めるところにより，委託者がこれを有するものとすることができるとしています（同法145条2項。以下「付加権限」と略称します。）。ところで，既に述べたように，受益者の定めのない信託においては，受託者の職務執行を監督する役割は，専ら委託者が担うことになりますから，その監督の実を上げるためには，委託者において，上記のような付加権限をも行使できることが望ましいということができます。そこ

で，信託法は，信託契約によってされた受益者の定めのない信託においては，委託者が，この付加権限を有する旨の信託行為の定めがあるものとみなすとしています（同法260条1項前段）。その上で，信託法は，このようにみなされた場合には，信託の変更によってこれを変更することができないとして（同条後段），信託行為による自治に縛りを掛けているのです。同様に，信託法は，受託者が受益者に対して負うものと定めている一定の通知，報告又は承認を求めるべき義務について，信託行為の定めにより，委託者に対してもこれを負うべき旨を定めることができるとしているのですが（同法145条4項），信託契約によりされた受益者の定めのない信託にあっては，信託行為にその旨の定めが設けられたものとみなすとしています（同法260条1項前段）。これも，委託者の受託者に対する監督権限を強化するための措置にほかなりません。

(6) 遺言による受益者の定めのない信託についての規制

　ア　趣　旨

　　受益者の定めのない信託は，契約の方法だけでなく，遺言によってもすることができます（同法258条1項）。ただし，後者の方法による場合は，信託の効力が生じた時点では，遺言者が存在しませんから，同人に代わって受託者を監督する者を置く必要があります。そこで，信託法は，遺言によって受益者の定めのない信託をするときは，信託管理人を指定する定めを設けなければならないとしています（同条4項前段）。信託管理人は，本来は，受益者のために自己の名をもって受益者の権利に関する一切の裁判上又は裁判外の行為をする権限を有する者なのですが（同法125条1項），受益者の定めのない信託においては，自己の名をもって信託法が定める受益者の権利を行使して，受託者の職務を監督する役割を担うことになります。そして，この監督機能を実効あるものとする措置として，信託法は，遺言によって受益者の定めのな

い信託をする場合には，信託管理人の権限のうち同法第145条第2項各号に掲げるもの（受託者の行為を取り消し又は差し止める権利，受託者の行為によって信託財産に生じた損失のてん補又は原状回復を請求する権利等）を行使する権限を制限する定めを設けることを禁止しています（同法258条4項後段）。

　以上のとおり，受益者の定めのない信託にあっては，信託管理人が，必須の機関です。このため，信託管理人が欠けた場合であって，信託管理人が就任しない状態が1年間継続したときは，当該信託は，終了するとされています（同条8項）。

イ　信託管理人を指定する定めがない場合

　このように，遺言によって受益者の定めのない信託をする場合には信託管理人を置くべきものとするというのが，この場合における信託法の規制の要諦なのですが，では，遺言に信託管理人を指定する定めがなかったときは，どうするのでしょうか。信託法の定めるところは，次のとおりです。

(ア)　遺言執行者による選任

　遺言に遺言執行者の定めがあるときは，当該遺言執行者は，信託管理人を選任しなければなりません（同法258条5項前段）。この場合において，当該遺言執行者が信託管理人を選任したときは，当該信託管理人について信託行為に信託管理人を指定する定めが設けられたものとみなされます（同項後段）。

(イ)　裁判所による選任

　遺言に遺言執行者の定めがないとき，又は遺言執行者となるべき者として指定された者が信託管理人の選任をせず，若しくはこれをすることができないときは，裁判所は，利害関係人の申立てにより，信託管理人を選任することができます（同法258条6項前段）。この場合において，信託管理人の選任の裁判があったときは，当該信託管理人について信託行為に信託管理人を

指定する定めが設けられたものとみなされます（同項後段）。

ウ　信託管理人の権利

上記イ(ア)又は(イ)により，受益者の定めのない信託において，当該信託管理人につき信託管理人を指定する旨の定めが設けられたものとみなされた場合には，信託の変更によって信託管理人の権限のうち同法第145条第2項各号に掲げるものを行使する権限を制限することはできません（同法260条2項）。前記の同法第258条第4項後段の規定と同様，受益者の定めのない信託における信託管理人の監督を実効あるものとするための措置です。

(7)　受益者の定めのない信託に関する経過措置

受益者の定めのない信託の制度は，前記のとおり，現行信託法の制定により導入されたものですが，同法の附則において経過措置が設けられています。すなわち，この制度は，公益信託（学術，技芸，慈善，祭祀，宗教その他公益を目的とする信託）を除き，別に法律で定める日までの間，当該信託に関する信託事務を適正に処理するに足りる財産的基礎及び人的構成を有する者として政令で定める法人以外の者を受託者としてすることができません（同法附則3項）。また，この「別に法律で定める日」については，受益者の定めのない信託のうち学術，技芸，慈善，祭祀，宗教その他公益を目的とする信託に係る見直しの状況その他の事情を踏まえて検討するものとし，その結果に基づいて定めるものとするとされています（同法附則4項）。立法者が，受益者の定めのない信託の導入には積極的であったものの，同制度の弊害に配慮して，その具体的な実施については，きわめて慎重な態度を採っていることが窺えます。

2　受益者の定めのない信託に関する登記

受益者の定めのない信託の信託財産に属する財産に不動産に関する権利が含まれている場合，当該信託に係る権利関係を第三者に対抗するためには，当該不動産に関する権利についての信託を原因とする保

存，設定，移転又は変更の登記（民法177条）のほかに，信託の登記（信託法14条）をすることを要します。設問後段は，この信託の登記における登記事項について，問うものです。

まず，この信託の登記においては，当該信託が，受益者の定めのない信託である旨を登記事項としなければなりません（法97条1項6号）。受益者の定めのない信託は，上記のとおり，受託者に対する監督の措置，その存続期間等の点で受益者の定めのある信託とは異なる別個の体系の信託ですから，その旨を公示することによって，利害関係人に注意を喚起する必要があるのです。

また，遺言によってされる受益者の定めのない信託にあっては，信託管理人の指定についての定めをすることが要件とされているところ，信託管理人がある場合には，その氏名又は名称及び住所が当該信託の登記の登記事項とされています（同項3号）。

なお，受益者の定めのない信託の登記にあっては，受益者の氏名又は名称及び住所（同項1号）を登記することを要しないことは，いうまでもありません（同条2項）。

## 6　公益信託の登記

### 24　公益信託の意義及びその登記手続

> 問　公益信託とは，どのようなものをいうのですか。また，公益信託の登記は，誰がどのような申請をし，その登記記録には，どのように記録されるのですか。

【答】（設問前段について）

　　公益信託とは，受益者の定めのない信託のうち，学術，技芸，慈善，祭祀，宗教その他公益を目的とするものであって，「公益信託ニ関スル法律」所定の許可を受けたものをいいます。受益者の定めのない信託ですから，基本的には信託法の規定の適用を受けますが，主として信託の監督の面においては，「公益信託ニ関スル法律」の適用を受けます。

　　（設問後段について）

　　公益信託の登記の申請は，受託者が単独ですることができます。その申請の際には，所定の申請情報及び添付情報のほか，公益信託について主務官庁の許可があったことを証する情報を提供することを要します。

　　公益信託の登記においては，当該信託が公益信託である旨が記録され，信託管理人があるときは，その氏名又は名称及び住所が記録されます。

【解説】
1　公益信託とはなにか
　(1)　意義・沿革
　　　公益信託とは，受益者の定めのない公益信託のうち，学術，技芸，慈善，祭祀，宗教その他公益を目的とするものであって，「公

益信託ニ関スル法律」第2条の許可を受けたものをいいます（同法1条）。すなわち，公益信託は信託法が定める受益者の定めのない信託の一つの類型なのですが，「公益を目的とする」という点において，特殊な規制が必要とされるため，その規制部分を，信託法とは別の「公益信託ニ関スル法律」において定めているのです。

　公益信託に関する立法の沿革をたどってみますと，我が国における信託に関する最初の統一法典は，大正11年に制定された信託法（同年法律第62号。以下「旧信託法」といいます。）で，この法律においては，公益信託についても，主務官庁の監督に関する規定が，数箇条盛り込まれていました。その旧信託法が定めていた制度は，平成18年に制定された現行の信託法（同年法律第108号）によって，抜本的に改められることになったのですが，旧信託法自体は，同年制定の「信託法の施行に伴う関係法律の整備等に関する法律」によって，その題名が「公益信託ニ関スル法律」と改称され，その内容も従前の公益信託に関する規定に若干の修正を加えた条文（12箇条）のみによって構成するものに改められました。その結果，現行の公益信託に関する規制は，基本的には，信託法が定める受益者の定めのない信託に関する規定の適用を受けつつ，主務官庁による監督に関しては，「公益信託ニ関スル法律」の規定に服するという二本建てになっているのです。

(2)　公益信託の特徴

　ア　受益者の定めのない信託としての規制

　　上記のように，公益信託も信託法の定める受益者の定めのない信託の一類型ですから，①これを設定する方法は，信託契約又は遺言に限られ（同法258条1項），②信託の変更によって受益者の定めを設けることは許されず（逆に，受益者の定めのある信託を信託の変更によって公益信託とすることも許されない。同条2項・3項），③委託者による受託者の監督を実効あるものとするた

め，本来は受益者に属する権利の一部が委託者に付与され（同法260条1項），④遺言により設定された公益信託については，信託管理人の定めを設けることが要件とされる（同法258条4項から8項まで）などの規制を受けます。

イ 公益信託の特徴

他方で，「公益信託ニ関スル法律」が定める公益信託の特徴は，次のとおりです。

(ｱ) 効力の発生

公益信託は，当事者の信託行為のみによっては，効力を生じません。受託者が，主務官庁の許可を受けることによって，効力が，生ずるものとされています（公益信託ニ関スル法律2条1項）。

(ｲ) 存続期間

信託法では，受益者の定めのない信託の存続期間は，20年を超えることができない，とされているのですが（同法259条），公益信託については，この存続期間の制限は，適用されません（公益信託ニ関スル法律2条2項）。公益信託にあっては，受益者の定めのない信託一般についてみられる弊害の生じることが少ないと考えられるからです。

(ｳ) 受託者の公告義務

公益信託の受託者は，毎年1回，一定の時期に信託事務及び財産の状況を公告しなければなりません（同法4条2項）。信託事務及び財産の状況を定期的に不特定多数の人々に知ってもらうための措置です。

(ｴ) 主務官庁による監督

公益信託は，主務官庁の監督に属します（同法3条）。その監督権は，一般的には，いつでも公益信託事務の処理につき検査をし，かつ財産の供託その他必要な処分を命ずるという形で発

動されるのですが(同法4条1項)，なお，次のような場面においても発現します。

　　a　信託条項の変更

　　　公益信託について，信託行為の当時予見することができなかった特別の事情が生じたときは，主務官庁は，信託の本旨に反しない限り，信託の変更を命じることができます(同法5条1項)。この規定があるため，裁判所が，特別の事情がある場合に信託の変更を命ずる裁判をすることができるとする信託法第150条の規定は，公益信託については適用しないものとされています(公益信託ニ関スル法律5条2項)。

　　b　その他の信託の変更

　　　公益信託につき信託の変更(上記の信託条項の変更を除く。)又は信託の併合若しくは信託の分割をするには，主務官庁の許可を受けなければなりません(同法6条)。

　　c　受託者の辞任

　　　公益信託の受託者は，やむを得ない事由がある場合に限り，その任務を辞することができるのですが，その辞任は，主務官庁の許可を受けなければ，効力を生じません(同法7条)。

　　d　主務官庁による裁判所の権限の代行

　　　信託法は，受益者の定めのない信託に関する規定中に，裁判所の権限について定める規定を多数設けているのですが，公益信託については，これらの規定中の一定のものを除いて，主務官庁が，当該権限を行使することができるとしています(同法8条)。公益信託については，司法機関である裁判所よりは，行政機関である主務官庁の関与を高める方が適切と考えられるからです。

　(オ)　公益信託終了の場合の信託の継続

公益信託が終了した場合において、信託財産の帰属権利者の指定に関する定めがないとき、又は帰属権利者がその権利を放棄したときは、主務官庁は、信託の本旨に従い、類似の目的のために信託を継続させることができるとされています（同法9条）。主務官庁の権限によって、公益性の高い公益信託の継続を図ろうとするものです。

## 2　公益信託に関する登記

(1)　設問の趣旨

公益信託の概要は以上のとおりですが、この公益信託の信託財産に属する財産に不動産に関する権利が含まれている場合に、当該信託に係る当該権利変動を第三者に対抗するためには、不動産登記法が定めるところによる登記を要することになります（民法177条、信託法14条）。設問は、その登記について、誰がどのような申請をし、どのような登記記録がされることになるのかを問うものですが、登記の申請手続及び登記記録に関しては、公益信託であることの特殊性は、ほとんどありません。これまでの設問において解説してきたところが、ほぼそのまま妥当します。ただし、若干の留意すべき点がありますので、その点に絞って説明します。

(2)　登記の申請手続

ア　信託の登記の申請

(ア)　申請人

公益信託を原因として不動産に関する権利の保存、設定、移転又は変更がされ、その旨の登記を申請する場合には、これと同時に、当該不動産に関する権利について信託の登記の申請がされなければならず（法98条1項）、しかも両申請は、一の申請情報をもってされることを要します（令5条2項）。前者の信託に係る権利に関する登記の申請は、登記権利者（受託者）と登記義務者（委託者等）が共同してしますが（法60条）、後者の

信託の登記の申請は，受託者が単独ですることができます（法98条2項）。

(イ) 申請情報

a 公益信託である旨の表示

当該信託が公益信託であることは信託の登記の登記事項です（法97条1項7号）から，申請情報にその旨を表示します。

b 信託管理人の氏名又は名称及び住所

信託管理人があるときは，その氏名又は名称及び住所は，信託の登記の登記事項です（法97条1項3号）から，申請情報にこれらの情報を表示します。

公益信託において信託管理人が置かれるのは，まず，遺言によって公益信託がされた場合です。この場合は，その遺言において，信託管理人を指定する定めを設けなければなりません（信託法258条4項前段）。その定めがない場合についても，補充的に信託管理人を定める方法が定められています（同条5号・6号）。次に，契約によって公益信託がされる場合にも，同契約に信託管理人となるべき者を指定する定めを（任意に）設けることができます（同法123条1項）。信託契約に信託管理人の定めがないとき，又は信託契約により信託管理人となるべき者として指定された者が就任の承諾をせず，若しくはこれをすることができないときは，主務官庁が，職権で，信託管理人を選任することができます（同条4項。公益信託ニ関スル法律8条柱書）。

(ウ) 添付情報

a 登記原因である公益信託の設定について，主務官庁が許可したことを証する情報を提供することを要します（令7条1項5号ハ）。公益信託は，上記の許可によってその効力を生ずるからです。

　　　　b　信託目録（法97条3項）に記録すべき情報を提供すること
　　　を要します（令7条1項6号，令別表65項「添付情報」欄ハ）。
　イ　主務官庁による公益信託の変更の登記の嘱託
　　　主務官庁は，受託者を解任したとき，信託管理人若しくは受益
　者代理人を選任し若しくは解任したとき（公益信託ニ関スル法律8条
　参照），又は信託の変更を命じたとき（同法5条1項）は，遅滞な
　く，信託の変更の登記を登記所に嘱託しなければなりません（法
　102条2項）。これらの嘱託をする場合には，主務官庁による当該
　処分があったことを証する情報を提供することになります。
　　　なお，上記の「信託管理人若しくは受益者代理人を選任し」と
　は，既に信託の登記がされた後に，主務官庁が，利害関係人の申
　立てにより，又は職権でこれらの者を選任した場合を意味します
　（当初の信託の登記の申請をするときに，既に信託管理人又は受
　益者代理人が選任されていたときは，その氏名又は名称及び住所
　は，その申請情報に表示されます。）。
(3)　公益信託の登記の登記事項
　　登記官は，上記(2)による申請又は嘱託に基づいて，信託の登記又
　は信託の変更の登記をします。
　　信託の登記においては，当該信託が公益信託である旨を記録しま
　す（法97条1項7号）。信託管理人があるとき（遺言により公益信託
　がされた場合，又は契約による信託がされた場合であって，信託管
　理人となるべき者を指定する定めがあるとき）には，その信託管理
　人の氏名又は名称及び住所を記録します（同項3号）。登記の実務で
　は，上記の事項を含め，信託の登記において登記すべき事項（法59
　条各号及び97条1項各号に掲げる事項。ただし，59条1号の「登記の目的」
　を除く。）は，信託目録に記録する取扱いが，されています。
　　また，信託の変更の登記をするときは，信託目録の記録を変更し
　なければなりません（規則176条3項）。

## 7 信託の仮登記

### 25 所有権移転仮登記又は所有権移転請求権仮登記の申請と同時に信託の仮登記を申請することの要否とその登記手続

> 問　不動産について信託契約を原因とする所有権移転仮登記（法105条1号）の申請をする場合，これと同時に，信託の仮登記の申請をすることができますか。できるとすれば，誰がどのような登記の申請をし，その登記記録には，どのように記録されるのでしょうか。
>
> 　また，信託予約を原因とする所有権移転請求権仮登記（同条2号）の申請をする場合は，どうでしょうか。

【答】　（設問前段について）

　当該所有権移転仮登記の申請と同時に，信託の仮登記の申請をすることを要し，かつ，これらの登記の申請は，一の申請情報をもってしなければなりません。

　この信託の仮登記の申請は，受託者が単独ですることができます。申請情報における登記の目的は「所有権移転仮登記及び信託仮登記」と表示し，登記原因及びその日付は「平成○年○月○日信託」と表示します。

　上記の申請に基づいてする信託の仮登記には，登記の目的のほか，信託目録の番号を表示するのが，登記実務の取扱いです。

（設問後段について）

　信託予約を登記原因とする所有権移転請求権仮登記の申請と同時に，信託の仮登記の申請をすることは，できません。

　この場合には，当該所有権移転請求権仮登記の本登記がされた後に，これとは別個の登記として，信託の登記の申請をすることになり

ます。
【解説】
1　前提となる説明
　設問は，信託に係る所有権移転仮登記又は所有権移転請求権仮登記を申請する場合に，これと同時に，信託の仮登記の申請をすることができるか，できるとすれば，誰がいかなる登記の申請をし，その登記記録には，どのような記録がされるかを問うものです。そこで，解説の前提として，「信託の登記」及び「仮登記」のそれぞれの意義について，説明しておきます。
(1)　信託の登記
　ア　意　義
　　　信託の登記というのは，信託法第14条第1項が定める登記です。この規定は，「登記又は登録をしなければ権利の得喪及び変更を第三者に対抗することができない財産については，信託の登記又は登録をしなければ，当該財産が信託財産に属することを第三者に対抗することができない。」と定めるものです。不動産に関する権利の得喪及び変更は，不動産登記法その他の登記に関する法律の定めるところに従いその登記をしなければ，第三者に対抗することができないことは，民法第177条が明定するところですから，信託を原因として不動産に関する権利について保存，設定，移転又は変更が生じたときは，その旨の登記をしなければ，当該信託を原因とする物権変動を第三者に対抗することが，できません。これに加えて，上記の信託法第14条は，信託の登記をしなければ，当該不動産に関する権利が，その帰属者の固有財産に属するものではなく，信託財産という一定の目的に服する特殊な財産に属するものであることを，第三者に対抗することができないとしているのです。つまり，信託に係る権利の登記と信託の登記とが一体となって，信託を原因とする権利変動の対抗要件と

第1章　信託に関する登記

なる仕組みが採られているのです。

イ　信託の登記の申請

このように，信託を原因とする不動産に関する権利の変動の対抗要件は，2個の登記の組合わせによることが民法及び信託法で定められていることを受けて，不動産登記法においては，上記の各登記の一体性をその申請の段階から確保するために，次のような手続を定めています。

まず，信託の登記の申請は，当該信託に係る権利の保存，設定，移転又は変更の登記の申請と同時にしなければならないとされています（法98条1項）。例えば，甲を委託者，乙を受託者とする信託契約において，甲所有のA不動産の所有権を信託のために乙に移転する旨の定めがされ，同不動産について，当該契約を原因として，甲から乙への所有権移転の登記を申請する場合には，これと同時に，同不動産について，信託の登記を申請しなければならないのです。前者の登記の申請人は，いうまでもなく乙（登記権利者）と甲（登記義務者）ですが（法60条），後者の登記の申請は，受託者乙が単独ですることができるとされています（法98条2項）。

これに加えて，上記の二つの登記の申請は，一の申請情報をもってしなければならないとされています（令5条2項）。2個の登記は別個の登記ではありますが，各別に申請することを認めず，両者を一括して申請しなければならないとされているのです。

以上の法令が適用される結果，上記の事例における登記の申請は，乙を信託に係る権利の登記の登記権利者兼信託の登記の登記権利者とし，甲を信託に係る権利の登記の登記義務者としてします。申請情報における登記の目的（令3条5号）は「所有権移転及び信託」とし，登記原因及びその日付（同条6号）は「平成〇年〇月〇日信託」（年月日は信託契約の成立の日）とするのが，登

記実務の取扱いです。
　ウ　信託の登記
　　一括申請された２個の登記の申請は，同一の受付番号をもって受け付けられ，同一の順位番号で登記されます。上記の例でいえば，登記記録の権利部の甲区に，乙に対する所有権移転の登記がされ，受託者である乙の氏名又は名称及び住所が，記録されます。他方，信託の登記は，上記の所有権移転の登記に続いて記録されるのですが，その登記の目的は「信託」とし，「権利者その他の事項」には，信託の登記の登記事項（法59条及び97条１項）を明らかにするために登記官が作成する信託目録（法97条３項）の番号を表示する（規則176条１項）に止めるのが，登記実務の取扱いです。
(2)　仮登記
　　仮登記とは，本登記に先立ってされる予備登記の一種であって，法第105条の規定により認められるものです。それは，本登記をするための手続的要件又は実体的要件を具備しない場合に，将来されるべき本登記の順位をあらかじめ保全するための登記です。これには，二つの種類があります。
　　一つは，法第105条第１号の仮登記で，物権変動は既に生じている場合において，本登記を申請するために申請情報と併せて登記所に提供しなければならないとされている情報（これらは，不動産登記法又はこれに基づく命令若しくはその他の法令の規定により個別に定められています。）のうち法務省令で定めるものを提供することができないときに，することができるものです。すなわち，この仮登記は，登記すべき権利変動は生じているけれども，本登記を申請するための手続上の要件が具備しない場合にされるもので，この規定を受けた法務省令（不動産登記規則）は，登記識別情報又は第三者の許可，同意若しくは承諾を証する情報を提供することができ

ない場合がこれに当たると定めています（規則178条）。登記実務上，「１号仮登記」と呼ばれます。

　もう一つの法第105条第２号の仮登記は，権利の設定，移転，変更又は消滅に関する請求権（始期付き又は停止条件付きのものその他将来に確定することが見込まれるものを含む。）を保全するために，することができるものです。すなわち，登記すべき権利変動はまだ生じていないけれども，将来その権利変動を生ぜしめる請求権は既に発生している場合，又は当該権利変動が始期付き若しくは停止条件付きその他将来に確定することが見込まれる場合にされるものです。登記実務上，「２号仮登記」と呼ばれています。

2　設問前段についての検討

　以上の説明を前提にして，設問について検討します。

(1)　信託に係る権利の仮登記の申請

　例えば，委託者甲と受託者乙との信託契約において，甲所有のA不動産の所有権を，信託目的で乙に移転する旨が定められた場合には，甲から乙への信託を原因とする所有権移転の登記が申請されることになるのですが，登記義務者である乙の登記識別情報を提供することができないために，その登記（本登記）を申請することができないときは（法22条本文），既に実体上は信託による所有権移転の効力が生じており，本登記に必要な手続上の要件が具備されていないだけですから，当事者は，所有権移転仮登記の申請をすることができます（法105条1号，規則178条）。上記の事例で，甲乙間の信託契約の効力の発生について，第三者の許可，同意又は承諾を要するとされている場合において，その許可等を取得したが，これを証する情報を提供することができないというときも，同様に，所有権移転仮登記を申請することができます。これらの仮登記をすることによって，将来の本登記の順位が保全されることになります。

(2)　信託の仮登記の申請の要否

上記(1)の仮登記を申請する場合の信託の登記の申請については，信託の登記は，信託に係る不動産に関する権利の変動の登記ではなく，当該権利が，受託者の信託財産に帰属するという権利状態を公示するものであり，この点を重視すれば，信託の登記の性質は，常に本登記であって，その仮登記は存在し得ない，という考え方も成り立つように思います。この考え方を採れば，設問前段のケースで，不動産につき，所有権移転仮登記の申請をすると同時に信託の仮登記を申請することを要しない（というよりは，申請することができない）ことになります。信託の登記の申請は，当該所有権移転仮登記の本登記がされた後に，これとは別個の登記（順位番号を異にする登記）として，することができるという帰結になります。

しかしながら，登記実務では，設問前段のケースにおいても，法第98条第1項の規定（同時申請を義務付ける規定）が適用され，所有権移転仮登記の申請と同時に，信託の仮登記の申請をしなければならないとする取扱いがされています。この取扱いは，信託に係る権利の登記と信託の登記の一体性を，仮登記の段階から確保しようとするもので，設問前段のケースでは，①当該信託契約の効力は，既に生じており，当該不動産の所有権が，受託者の信託財産に帰属するという権利状態も生じているから，信託の登記を申請することが，可能である，②ただし，これと同時に（しかも一括して）申請すべき信託に係る権利の登記が所有権移転仮登記であるから，信託の登記の申請も仮登記の形式でせざるを得ない，という二つの考え方を基礎とするものと解されます。したがって，この取扱いにおいては，上記の申請に基づき，所有権移転仮登記及び信託の仮登記がされた後に，当該仮登記の本登記を申請するときは，同時に信託の本登記をも申請しなければなりません。これらの申請に基づく登記がされることによって，当該信託に係る権利関係の対抗要件が具備されることになるのです。

第1章　信託に関する登記

(3)　信託の仮登記の申請手続及び登記事項
　ア　信託の仮登記の申請手続
　　　設問前段のケースでは，所有権移転仮登記の申請と同時に，信託の仮登記の申請をすることを要します（法98条1項）。しかも，これら二つの登記の申請は，一の申請情報をもってしなければなりません（令5条2項）。
　　　信託の仮登記の申請人は，受託者（単独）です。申請情報における登記の目的（令3条5号）は，「所有権移転仮登記及び信託仮登記」とします。登記原因及びその日付（同条6号）は，当該信託契約が効力を生じた日を特定して，「平成〇年〇月〇日信託」と表示します。併せて，信託目録に記録すべき情報を提供しなければなりません（令7条1項6号，令別表65項「添付情報」欄ハ）。
　イ　登記事項
　　　登記記録の権利部の甲区に，受託者に対する所有権移転の仮登記がされます。登記の目的（法59条1項）は「所有権移転仮登記」，登記原因及びその日付（同条3号）は「平成〇年〇月〇日信託」，登記に係る権利の権利者（同条4号）として，受託者の氏名又は名称及び住所が，表示されます。他方，信託の登記は，上記の所有権移転の登記に続いて記録されるのですが，その登記の目的は「信託」とし，「権利者その他の事項」には，登記官が作成する信託目録の番号を表示します。
3　設問後段についての検討
　設問後段は，信託に係る登記が，所有権移転請求権仮登記である事例に関するものです。
(1)　信託に係る権利の仮登記申請
　　　例えば，甲と乙との間で，甲を委託者，乙を受託者とする信託予約が締結され，その本契約が成立したときは，甲所有のA不動産の所有権を，信託目的で乙に移転する旨が定められたとします。この

場合，乙は，上記の信託予約上の権利に基づいて，所有権移転請求権仮登記（2号仮登記）をすることにより，本契約が成立したときにする所有権移転の登記の順位を保全することができます。

このように，信託予約に基づく請求権（債権）に基づいて，所有権に関する仮登記をすることができるのですから，甲と乙との間に，（信託の予約ではなく）始期付き又は停止条件付きの信託契約が締結された場合には，同契約を原因とする始期付き又は停止条件付きの所有権移転仮登記（いずれも2号仮登記）をすることができることは，いうまでもありません。

(2) 信託の仮登記の申請の要否

では，設問後段のケースにおいて，所有権移転請求権仮登記の申請と同時に，信託の仮登記を申請することを要するのでしょうか。

上記2(2)の冒頭で示した信託の登記の性質についての考え方を採れば，信託の登記に仮登記は存在し得ませんから，答は消極ということになります。同所に示した登記実務の見解に依っても，設問後段のケースでは，当該不動産の所有権は，まだ受託者の信託財産に属しているわけではなく，将来帰属する可能性があるというにすぎませんから，信託の登記はすることができない（同所で述べた①の要件を充たさない）ことになります。のみならず，信託の登記の機能という面からみても，将来，当該不動産の所有権が，受託者の信託財産に帰属する財産となる可能性があるという不確定な権利状態を，仮登記によって公示する実益があるのか，疑問と言わざるを得ません。当該不動産の所有権を目的とする信託の成否が不確定であることは，同不動産についてされている所有権移転請求権仮登記の存在によって公示されているのですから，これに加えて信託の仮登記によって利害関係者に警告を与えるまでの必要はないと考えられるのです。そうとすると，設問後段のケースでは，所有権移転仮登記の申請と同時に，信託の仮登記の申請をすることはできないとい

# 第1章　信託に関する登記

わざるを得ません。では，信託の登記の申請はどうするのか。それは，当該所有権移転請求権仮登記の本登記がされるのを待って，その後に，これとは別個の登記（順位番号を異にする登記）として申請することができるということになります。

　以上のことは，当該信託に係る権利の登記が，始期付き又は停止条件付き所有権移転仮登記である場合にも，同様に当てはまるというべきです。これらの場合には，始期付き又は停止条件付きであるにせよ，信託契約が既に締結されているのですから，信託関係の基礎は成立しており，したがって，一般に，将来，当該信託契約の効力が生ずる蓋然性が高い，とみることができます。しかし，いまだ当該不動産の所有権が，受託者の信託財産に帰属するという権利状態が生じているわけではなく，そのような不確定な権利状態を，仮登記によって公示する実益に疑問があることには，変わりがありません。要するに，信託に係る権利の登記が２号仮登記である場合には，その登記原因が何であるかを問わず，その申請と同時に信託の仮登記の申請をすることはできない，と解すべきことになります。

## 26　根抵当権設定仮登記の申請と同時に信託の仮登記を申請することの要否及びその登記手続

> **問**　信託契約を原因とする根抵当権設定仮登記（法105条1号）の申請をするのと同時に，信託の仮登記の申請をすることができますか。できるとすれば，誰がどのような登記の申請をし，その登記記録には，どのように記録されるのですか。

**【答】**　（設問前段について）

　　信託を原因とする根抵当権設定仮登記（法105条1号）の申請をする場合には，これと同時に信託の仮登記の申請をすることを要し，しかも，これらの申請は，一の申請情報をもってしなければなりません。

　　（設問後段について）

　　この場合の信託の仮登記の申請人は，受託者（単独）です。申請情報における登記の目的は，「根抵当権設定仮登記及び信託仮登記」とし，登記原因及びその日付は，当該信託契約が成立した日を特定して，「平成○年○月○日信託」のように表示します。併せて，登記官が作成する信託目録に記録すべき情報も提供しなければなりません。

　　上記の申請に基づいてされる信託の登記には，登記の目的として「信託仮登記」と記録されるほかは，信託目録の番号を記録するにとどめるのが，登記実務の取扱いです。

**【解説】**

1　前提としての説明

　　設問前段は，信託契約を原因とする根抵当権設定の仮登記の申請と同時に信託の仮登記の申請をすることの可否を問うものです。信託による抵当権（根抵当権を含みます。）の設定の意味については問3で，その（本）登記の申請手続については問17で，それぞれ説明したところですので，詳細は，各同所を参照してください。ここでは，本問

第1章　信託に関する登記

の説明の前提として，これらの要点を再説しておきます。
(1)　信託による抵当権の設定

　　信託による担保権の設定とは，委託者（債務者・物上保証人）が，債権者を受益者として，受託者のために担保権を設定することをいいます。これは，担保権を債権から分離して信託財産に帰属させ，受託者が，債権者のために管理するという信託の方式です。平成18年に現行の信託法が制定される以前の旧信託法の下では，このような信託の方式が認められるか否か明確でなかったのですが，新法では明文で認知しました（いわゆるセキュリティ・トラスト。信託法3条1項1号・2号）。その効用は，次の点にあります。例えば，数個の金融機関が協調して債務者に融資をし，これらの貸付債権を1個の抵当権で担保する場合において，個々の貸付債権が譲渡されると，これに抵当権が随伴することになるのですが，その譲渡が，転々とされる事態になりますと，担保権の管理が，きわめて煩瑣になります。そこで，担保権を受託者に信託して，多数の債権者のために，一元的に管理する上記の仕組みを採用するのが，効率的なのです。これに加えて，信託法では，抵当権の受託者に，当該担保権の実行の申立てをし，売却代金の配当又は弁済金の交付を受けることができる権限を与えて，債権者（受益者）の便宜を図っています（同法55条）。

　　このような信託による抵当権が設定されて，その旨の登記がされるときは，これに伴って，当該抵当権が，信託財産に属する旨の信託の登記がされることになります。

　　なお，上に述べたのは，委託者が受託者のために直接抵当権を設定する方式（以下「直接設定方式」といいます。）ですが，このほかに，抵当権を信託する方法としては，まず債務者・物上保証人が，債権者のために抵当権を設定し，債権者が，これを債権と分離して，受託者に対し，信託による移転をするという方式（以下「二

段階設定方式」といいます。）を踏むものもあります。この場合，信託による抵当権の登記がされるときには，これに伴って，当該抵当権が，信託財産に属する旨の信託の登記がされます。

(2) 信託による抵当権設定の登記の申請

　　直接設定方式による場合には，受託者を登記権利者とし，委託者を登記義務者として，信託による抵当権設定の登記の申請をします。登記原因証明情報として，当該抵当権の被担保債権の発生原因である法律行為が成立したこと，及びこれを担保するため信託による抵当権が設定されたことを証する情報を提供することを要します。なお，当該抵当権の被担保債権の債権者は，当該信託における受益者となりますが，上記の登記申請手続に関与することはありません。この抵当権設定の登記の申請と同時に，当該抵当権が，信託財産に属する旨の信託の登記の申請をすることを要します（法98条1項）。申請人は，受託者（単独）です（同条2項）。これら二つの登記の申請は，一の申請情報をもってしなければなりません（令5条2項）。

　　なお，二段階設定方式による場合には，受託者を登記権利者とし，委託者（当該抵当権の登記名義人）を登記義務者として，信託による抵当権移転の登記を申請します。登記原因証明情報として，当該信託契約が成立したことを証する情報を提供することを要します。この申請に基づく抵当権移転の登記は，付記登記によってされます（規則3条5号）。この抵当権移転の登記の申請と同時に，当該抵当権が，信託財産に属する旨の信託の登記の申請をすることを要します（法98条1項）。申請人は，受託者（単独）です。これら二つの登記の申請は，一の申請情報をもってしなければなりません。

2　設問前段についての検討

　　前問前段では，信託による所有権移転仮登記（法105条1号の仮登記）の申請と同時に信託の仮登記の申請をすることの要否という問題を採

第1章　信託に関する登記

り上げましたが，本設問前段についても，同所で述べたことが，そのまま当てはまります。
(1) 信託による根抵当権設定仮登記
　　例えば，委託者甲と受託者乙との信託契約において，甲の債権者丙を受益者として，受託者乙に対し，当該債権を担保するための根抵当権を設定したという場合には，信託を原因とする受託者乙のための根抵当権設定の登記の申請がされることになるのですが，登記義務者である甲の登記識別情報を提供することができないために，その登記（本登記）を申請することができないときは（法22条本文），既に，実体上は，信託による根抵当権設定の効力が生じており，本登記に必要な手続上の要件が具備されていないだけですから，当事者は，根抵当権設定仮登記の申請をすることができます（法105条1号，規則178条）。上記の事例で，甲乙間の根抵当権設定契約の効力の発生について第三者の許可，同意又は承諾を要するとされている場合において，その許可等を取得したが，これを証する情報を提供することができないというときも，同様に，根抵当権設定仮登記を申請することができます。これらの仮登記をすることによって，将来の本登記の順位が保全されることになります。
(2) 信託の仮登記の申請の要否
　　上記(1)の根抵当権設定仮登記の申請をする場合に，信託の登記の申請をどうすべきかについて，登記実務では，この場合も法第98条第1項の規定（同時申請を義務付ける規定）が適用され，根抵当権設定仮登記の申請と同時に信託の仮登記の申請をしなければならないとする取扱いがされています。この取扱いは，信託に係る権利の登記と信託の登記の一体性を，仮登記の段階から確保しようとするもので，設問のケースでは，①当該信託契約の効力は，既に生じており，当該不動産に設定された根抵当権が，受託者の信託財産に帰属するという権利状態も生じていることから，信託の登記を申請

することが，可能である，②ただし，これと同時に（しかも一括して）申請すべき信託に係る権利の登記が根抵当権設定仮登記であるから，信託の登記の申請も仮登記の形式でせざるを得ない，という二つの考え方を基礎とするものと解されます。したがって，この取扱いにおいては，上記の申請に基づき，根抵当権設定仮登記及び信託の仮登記がされた後に，前者の仮登記の本登記を申請するときは，同時に後者の仮登記の本登記をも申請しなければなりません。これらの申請に基づく登記がされることによって，当該信託に係る権利関係の対抗要件が具備されることになるのです。

### 3　設問後段についての検討

(1)　信託の仮登記の申請手続

上記2(2)の信託の仮登記の申請は，同(1)の根抵当権設定仮登記の申請と同時に（法98条1項），しかも，双方の仮登記につき，一の申請情報をもってしなければなりません（令5条2項）。後者の登記の申請人は，受託者（登記権利者）と委託者（登記義務者）であり（法60条），前者の登記の申請人は，受託者（単独）です（法98条2項）。

申請情報における登記の目的（令3条5号）は「根抵当権設定仮登記及び信託仮登記」とし，登記原因及びその日付（同条6号）は，当該信託契約が成立した日を特定して，「平成○年○月○日信託」のように表示します。

併せて，登記原因証明情報を提供することを要します（令7条1項6号，令別表65項「添付情報」欄ロ）。通常は，信託契約書が提供されることになります。登記官が作成する信託目録（法97条3項）に記録すべき情報も提供しなければなりません（令7条1項6号，令別表65項「添付情報」欄ハ）。

(2)　信託の仮登記の登記記録

上記の申請に基づいてされる信託の登記には，登記の目的（法59

条1号）として「信託仮登記」と記録されるほかは，信託目録の番号を記録する（規則176条1項）にとどめるのが，登記実務の取扱いです。

**4　補説―信託により設定された根抵当権における被担保債権の範囲等について**

(1)　問題の所在

　　平成18年制定の現行信託法において初めて認められた，いわゆるセキュリティ・トラストの効用は，冒頭の1(1)で説明したように，主として，転々譲渡される多数の債権の債権者のために，担保権を受託者に信託して，一元的かつ効率的に管理することにあると考えられます。そして，そのような目的で根抵当権を用いたセキュリティ・トラストを設定する場合，当事者が留意すべき事項が，二つあります。

　　その一つは，当該根抵当権の被担保債権の範囲の定め方を工夫することです。いわゆるセキュリティ・トラストにおいては，被担保債権は受益者に属し，担保権が受託者に属することになりますから，前者が譲渡されても，後者がこれに随伴することはなく，したがって，前者の譲渡により根抵当権をめぐる法律関係が複雑になるという問題は，生じません。ただし，根抵当権にあっては，被担保債権の譲渡によって，当該債権が，契約で定められた根抵当権の担保すべき範囲を逸脱してしまうことになると面倒です。譲渡された債権を依然として根抵当権で担保するためには，譲渡の都度，根抵当権の担保すべき範囲を変更しなければならないからです（民法398条の4第1項前段）。この煩瑣を避けるためには，あらかじめ，転々譲渡される債権が，いつでも根抵当権の担保すべき債権の範囲に含まれることになるよう，その範囲の定め方を工夫する必要があります。

　　もう一つは，当該信託の受益者の地位と被担保債権の債権者の地

位とが，常に一体のものであることを担保する仕組みを設けることです。セキュリティ・トラストにおいては，被担保債権の受益者となって，受託者による担保権の一元的な管理のメリットを享受するのですが，仮に信託契約において，債権者が，受益者の地位を留保したまま，当該債権だけを譲渡すること，さらには，残った受益者の地位を別の第三者に譲渡することが認められるとしますと，この両者の地位が分離されることになって，根抵当をめぐる権利関係が錯綜します。この事態を避けるためには，信託契約において，被担保債権の譲渡には，必ず受益者の地位の譲渡が伴うこと（両者の地位が不可分であること）を定める必要があるのです。

(2) 登記先例

　上記(1)のような観点から，信託による根抵当権が設定され，その仮登記の申請と併せて信託仮登記の申請がされた事案において，これらの申請の受否につき判断を示した登記先例があります。平成24年4月26日民二第1085号民事局民事第二課長通知がそれです。珍しい事案ですので，以下にその概要を紹介しておきます（この事案における根抵当権の被担保債権は多種・多岐にわたっているのですが，この点は，単純化して説明することにします。）。

　上記の信託契約においては，次のような定めが，されています。

ア　根抵当権の被担保債権の範囲について

　根抵当権の被担保債権の範囲には，次の二つのグループの債権が含まれるものと，定められています。

① 債権者と債務者間の継続的金銭消費貸借契約（以下「基本契約」という。）に基づく取引によって生ずる不特定の債権

　なお，この基本契約は，数個の金融機関が，債務者に対し，それぞれ一定の融資枠内において協調して貸付けをするという形態の契約と解されます。

② 基本契約に基づく取引によって生じた債務者に対する個別の

特定債権であって，当初の債権者から第三者に譲渡されたもの（以下「特定債権」という。）

イ　受益者の定めについて

一方，当該信託契約において，誰が受益者になるかは，次のように定められています。

受益者は，その時々における，①基本契約の貸付人としての地位を有する者（地位の譲渡により当該地位を譲り受けた者を含む。），②特定債権を有する者（債権譲渡により債権を譲り受けた者を含む。）とする。

以上の信託行為の定めによれば，上記先例の事案の信託にあっては，(ア)ある時点において基本契約に基づく取引によって生じた債権及び同時点に存在する特定債権は，いずれも当該根抵当権が担保すべき債権に含まれる旨の定めがされており，この関係は，これらの債権が譲渡されても変わりはないこと，(イ)当該信託における各受益者は，基本契約の貸付人としての地位と特定債権の債権者としての地位を一体として併せ有しており，これらの地位を譲渡したときは，受益権もこれらに随伴して移転するという関係にあることがわかります。そうしますと，上記の先例の事案においては，上記(1)で述べた信託による根抵当権を設定する当事者が留意すべき事項について配慮された定めがされているものということができ，これらの定めに基づく根抵当権設定仮登記及び信託仮登記の申請がされた場合には，法第25条所定の却下事由がなければ，その申請は受理すべきものと考えられます。上記の登記先例も，同様の結論を採っています。

第二節　信託に関する登記

## 8　信託登記の抹消

### 27　信託の終了により信託財産の残余財産である不動産が帰属権利者に引き継がれた場合の登記手続

> 問　信託契約によって設定された信託の終了事由が生じたことにより，信託財産に属する残余財産中の不動産に関する権利が，帰属権利者に引き継がれた場合，誰が，どのような登記の申請をすることになりますか。

【答】　設問の場合には，当該不動産に関する権利について，信託の終了による引継ぎを登記原因とする当該帰属権利者への移転の登記を申請します。この登記の申請人は，当該帰属権利者（登記権利者）と清算受託者（登記義務者）です。併せて，この権利に関する登記の申請と同時に，当該不動産に関する権利についての信託の登記の抹消の申請をすることを要します。この抹消の登記の申請は，清算受託者が，単独ですることができます。なお，これら二つの登記の申請は，一の申請情報をもってしなければなりません

　例えば，当該不動産に関する権利が所有権である場合には，所有権移転の登記を申請すると同時に当該信託の登記の抹消を申請します。この場合には，申請情報における登記の目的は，「所有権移転及び信託登記抹消」と表示し，登記原因及びその日付は，所有権移転の登記については「平成○年○月○日引継」とし，信託の登記の抹消については「信託財産引継」とします。

【解説】
1　信託の終了
　(1)　終了の事由
　　信託の終了とは，信託財産の継続的な管理又は処分その他の行為

第1章　信託に関する登記

を中核とする法律関係が，その存続すべき根拠を失い，将来に向かって消滅することをいいます。信託が終了する事由として信託法が掲げるものは，次のとおりです（この点についての詳細は，問4の解説2(2)⑩を参照してください。）。

ア　信託の目的を達成したとき，又は信託の目的を達成することができなくなったとき（信託法163条1号）

イ　受託者が受益権の全部を固有財産で有する状態が1年間継続したとき（同条2号）

ウ　受託者が欠けた場合であって，新受託者が就任しない状態が1年間継続したとき（同条3号）

エ　受託者が同法第52条（同法53条2項及び54条4項において準用する場合を含む。）の規定により信託を終了させたとき（同法163条4号）

　　同法第52条は，受託者が信託事務を処理するのに要した費用等を委託者又は受益者から償還等を受けることができない場合に，受託者が信託法の定める一定の手続を採った上で，信託を終了させることができる旨を定める規定です。受託者の側から，信託における信頼関係が失われたことを理由として，信託を終了させることを認めるものです。

オ　信託の併合がされたとき（同法163条5号）

　　信託の併合がされますと，従前の各信託の財産は，信託の清算を経ないで新たな信託財産を構成し，従前の各信託の信託財産責任負担債務も新たな信託財産の信託財産責任負担債務となります。これにより，従前の各信託は，終了することになるのです。

カ　同法第165条又は第166条の規定により信託の終了を命ずる裁判があったとき（同法163条6号）

　　同法第165条は特別の事情がある場合に，同法第166条は公益確保のために信託の存立が許されない場合に，それぞれ，裁判所

が，信託の終了を命ずることができると定めるものです。
キ　信託財産について破産手続開始の決定があったとき（同法163条7号）

　信託財産について破産手続開始の決定があったときは，その開始の時において信託財産に属する一切の財産は，破産財団を構成し（破産法244条の5），信託債権を有する者及び受益者のために清算されることになります。これを受けて，信託法第163条第7号は，上記の裁判があったことを当該信託の終了事由としているのです。

　なお，信託財産についての破産は，破産法に特別の定めが置かれているものであって，受託者個人に対する破産手続とは，別個のものです。受託者について破産手続開始の裁判があっても，当該信託の終了事由とはなりません。

ク　委託者が破産手続開始の決定，再生手続開始の決定又は更生手続開始の決定を受けた場合において，破産法第53条第1項，民事再生法第49条第1項又は会社更生法第61条第1項（金融機関等の更生手続の特例等に関する法律41条1項及び206条1項において準用する場合を含む。）の規定による信託契約の解除がされたとき（信託法163条8号）

　上記に掲げた法律の規定のうち，破産法第53条第1項は，委託者が破産手続開始の決定を受けた場合に，委託者が受託者との間で締結した信託契約がどうなるかを定めるものです。信託契約は委託者，受託者の双方が，互いに対価的な意義を有する債務を負担し合う双務契約ですから，委託者及びその相手方である受託者が，破産手続開始の時において，共にまだその履行を完了していないときは，破産管財人は，同契約を解除するか，又は委託者（破産者）の債務を履行して，相手方の債務の履行を請求するかの選択をすることができます。上記の信託法の規定は，破産管財

第1章　信託に関する登記

人が，この解除を選択して，受託者に対し，その旨の意思表示をしたときは，信託は，終了することを定めるものです。

また，上記の民事再生法第49条第1項及び会社更生法第61条第1項は，委託者が再生手続開始の決定又は更生手続開始の決定を受けた場合に，上記の破産手続におけるのと同様，再生債務者等又は更生管財人において当該信託契約を解除することができる旨を定める規定です。これらの規定による解除があったときも，信託法の上記規定により，当該信託は，終了します。

ケ　信託行為で定めた事由が生じたとき（同法163条9号）

以上の終了事由のほかに，信託行為において，自由に信託を終了させる事由を定めることができます。例えば，信託の存続期間を定めたり，委託者が死亡したとき，受益者が一定の期間にわたって受益権を享受したときなどに信託が終了する旨を定めることです。このような事由が生じたときは，当該信託は，終了します。

コ　その他の終了事由

信託は，上記アからケまでに掲げる事由のほか，委託者及び受益者の合意によって，いつでも，終了させることができます（信託法164条1項）。また，信託契約において，当事者の一方が解除権を有する旨の定めがあるとき，又は当事者の一方に債務不履行があるときは，民法第540条の規定により信託契約を解除することができ，これによっても，信託は，終了します。

(2) 信託が終了した場合の信託財産の帰属

信託が終了した場合において，信託財産になお残余財産があるとき，その財産が誰に帰属するかについての信託法の定めは，次のとおりです。

まず，残余財産は，①信託行為において残余財産の給付を内容とする受益債権に係る受益者となるべき者として指定された者（同法

182条1項1号），及び②信託行為において残余財産の帰属すべき者となるべき者として指定された者（同項2号）に帰属します。②の者は，信託行為に別段の定めがある場合を除き，当然に残余財産の給付をすべき債務に係る債権を取得します（同法183条1項）。ただし，①の者も②の者もその権利を放棄することができることは，いうまでもありません。なお，以下では，①の者を「残余財産受益者」と，②の者を「帰属権利者」とそれぞれ称し，両者を総称するときは「残余財産受益者等」といいます。

　以上が第1順位の帰属者についての規定ですが，信託法は，これらを補完するものとして，残余財産受益者等の指定に関する定めがない場合又は信託行為の定めにより残余財産受益者等として指定を受けた者のすべてがその権利を放棄した場合には，信託行為に委託者又はその相続人その他の一般承継人を帰属権利者として指定する旨の定めがあったものとみなすとしているのです（同法182条2項）。かくして，委託者又はその相続人その他の一般承継人が，第2順位の帰属者です。

　この第2順位者がいない場合又はこれらの者がその権利を放棄した場合には，残余財産は，清算事務を行う受託者に帰属するとされています（同条3項）。

(3)　残余財産の引継ぎ

　信託財産の残余財産の帰属者が定まれば，その者に対して，清算受託者から，当該財産の引継ぎがされます。この引継ぎによって，残余財産は，残余財産受益者等に移転し，信託財産としての拘束から解放されることになります。

2　信託の終了による登記

　そこで，設問の検討に入ることにします。

　信託が終了した場合において，信託財産の残余財産に不動産に関する権利が含まれているときは，上記1で説明した引継ぎによって，そ

第1章　信託に関する登記

の権利が帰属権利者に帰属したことを第三者に対抗するためには、不動産登記法の定めるところに従って、登記をする必要があります（民法177条）。設問は、この場合に、誰が、どのような登記を申請することになるかを問うものです。

(1)　必要な登記

　　信託の終了による引継ぎを原因として、信託財産に属していた不動産に関する権利が帰属権利者に移転したことを第三者に対抗するには、当該権利の移転の登記をすることを要します。例えば、信託財産に属していた不動産に関する権利が、所有権であれば所有権移転の登記を、抵当権付債権であれば抵当権移転の登記を要します。また、信託の終了により、当初受託者のために委託者所有の不動産上に設定された権利（抵当権、地上権等）が消滅したことを第三者に対抗するためには、当該権利の登記を抹消することを要します。これらの登記の申請は、帰属権利者を登記権利者、清算受託者を登記義務者として、双方が共同してします（法60条）。

　　他方、引継ぎにより、帰属権利者に移転する当該不動産に関する権利は、信託財産に属する財産ではなくなりますから、当該不動産についてされている信託の登記（当該不動産に関する権利が信託財産に帰属していることを公示する登記）は、抹消されるべきことになります。信託の終了により、当該不動産に関する権利が消滅する場合は、信託財産そのものが存在しなくなるのですから、当該登記は、抹消されるべきです。この抹消の申請は、受託者が単独ですることができるのですが（法104条2項）、上記の信託の終了による引継ぎを登記原因とする権利の移転の登記の申請又は権利の消滅を原因とする当該登記の抹消の申請と同時にしなければならず（法104条1項）しかも、これらの申請は、一の申請情報をもってすることを要します（令5条3項）。

(2)　申請情報及び添付情報

## 第二節　信託に関する登記

ア　申請情報

　申請情報における登記の目的（令3条5号）は，例えば，引継ぎによる所有権移転の場合には，「所有権移転及び信託登記抹消」と表示し，登記原因及びその日付（同条6号）は，所有権移転の登記については「平成〇年〇月〇日信託財産引継」とし，信託の登記の抹消については「信託財産引継」と表示するのが，登記実務の取扱いです。また，例えば，信託の終了により信託財産である地上権が消滅した場合には，登記の目的は「〇番地上権抹消及び信託登記抹消」とし，登記原因及びその日付は，地上権の登記の抹消については「平成〇年〇月〇日解除」とし，信託の登記の抹消については「信託財産消滅」とします。

イ　添付情報

　登記原因証明情報を提供することを要します（法61条，令7条1項5号ロ）。この情報は，引継ぎによる所有権移転の登記及び信託の登記の抹消を申請する場合には，信託が終了した事由及びそれが生じた年月日並びに当該引継ぎがあった年月日を明らかにするほか，帰属権利者が信託行為において指定された者であるときは，その旨をも明らかにした情報であることを要します。

　なお，信託の終了事由が信託法第165条又は第166条の規定による裁判所の終了命令である場合には，当該裁判所の命令書を提供することを要します。

第1章　信託に関する登記

## 28　自己信託の終了により信託財産の残余財産である不動産が帰属権利者に引き継がれた場合の登記手続

> 問　自己信託によりA不動産の所有者（委託者）甲が自ら受託者となり，同不動産を信託財産に属する財産として管理していたが，信託の終了事由が発生したことにより，当該不動産に関する権利が，甲に引き継がれた場合，誰が，どのような登記の申請をすることになりますか。

【答】　A不動産に関する権利について，信託に係る権利の変更の登記を申請します。この申請は，受託者甲が，単独ですることができます。この申請と同時に，A不動産に関する権利について信託の登記の抹消を申請しなければなりません。この申請は，受託者甲が，単独ですることができます。以上の二つの登記の申請は，一の申請情報をもってすることを要します。

　　上記の申請の申請情報における登記の目的は，「所有権の固有財産となった旨の登記及び信託登記抹消」と表示します。登記原因及びその日付は，権利の変更に係る登記については「平成○年○月○日信託財産引継」とし，信託の登記の抹消については「信託財産引継」とするのが，登記実務の取扱いです。

　　また，登記原因証明情報として，信託の終了事由及びその年月日，信託財産であった所有権の引継ぎの年月日及びその所有権が委託者甲に引き継がれたことを明らかにした情報を提供することを要します。

【解説】
1　前提となる説明

　　前問では，信託契約によって設定された信託が終了したことにより，信託財産に属していた不動産に関する権利が帰属権利者に引き継がれた場合における登記の申請手続の問題を採り上げました。本設問

は，信託法第3条第3号が定める方法によって設定された信託（自己信託）が終了した場合において，登記の申請手続がどうなるかを問うものです。

そこで，本設問について検討する前提として，前問の場合とは異なる留意点について，いくつかの説明をしておくことにします。

(1) 自己信託とは

　自己信託は，平成18年に制定された現行信託法において，契約及び遺言の方法による信託と並ぶものとして導入された新しい制度です。委託者が，信託財産に属する財産の管理処分等を，自らが受託者として行うことで，委託者自らが，その旨の意思表示をすることによって設定されます（信託法2条1項・2項，3条3号）。その意思表示をする方法は限定されていて，公正証書その他の書面又は電磁的記録により，当該目的，当該財産の特定に必要な事項その他の法務省令で定める事項を記載し又は記録する方法に限られます（同法3条3号）。自己信託の効力が，いつ発生するかについても，当該信託を設定する意思表示の方法ごとに，異なる時期の定めがされています（同法4条3項）。

(2) 自己信託における登記

　ア　信託に係る権利の変更の登記

　　自己信託において，信託の目的に供される財産が不動産に関する権利である場合には，その権利関係を第三者に対抗するには，登記を必要とします。もっとも，自己信託にあっては，委託者と受託者が同一人ですから，信託の設定によって，両者間で不動産に関する権利が移転することは，ありません。また，同一人間で所有権以外の新たな権利を設定するという場合も，極めて限定されていますから，考慮の外に置いていいでしょう。

　　ただし，自己信託にあっては，当該不動産に関する権利の帰属が，固有財産から信託財産（一定の目的に従って管理・処分等を

第1章　信託に関する登記

すべき財産）に移るという変更が生じます。不動産登記法は，この点を捉えて，当該不動産に関する権利についての変更の登記をすべきものとしています（法104条の2第2項。平成19年9月28日民二第2048号民事局長通達第2の5(1)参照）。この変更の登記の申請人についても特則が定められており，受託者が，単独ですることができます（法98条3項）。

　なお，不動産の所有権を自己信託の対象とした場合における権利の変更の登記は，付記登記によらず，主登記によることとされています（同通達第2の5(1)）。これは，この権利の変更の登記が，所有権の内容の変更を意味するものではなく，当該所有権の帰属の変更（固有財産に属する財産から信託財産に属する財産への変更）を示すものであって，所有権移転の登記と性質を同じくするものと解されるからです。

　イ　信託の登記

　これに加えて，当該不動産に関する権利が，信託財産に属するものとなったことを公示する信託の登記も必要です。そして，不動産登記法は，この信託の登記の申請は，上記の自己信託による権利の変更の登記の申請と同時にすべきものとし（法98条1項），これを受けた不動産登記令では，これらの登記の申請は，一の申請情報をもってすることを要するとしています（令5条2項）。

(3)　信託の終了

　信託の終了事由を定める信託法第163条の規定は，自己信託についても適用されます。ただし，ここでは，委託者と受託者が同一人ですから，上記の信託法に定める終了事由のうちのいくつかは，その性質上又は事実上適用されないと考えられます（例えば，同条2号，3号及び4号に定める事由）。自己信託における終了の事由は，信託の目的の達成又は不達成（同条1号）を別にすれば，委託者と受益者の合意によるもの，又は自己信託の設定行為で定めた事由によ

るもの（同法164条参照）が多いと考えられます。

(4) 信託の終了による引継ぎ

　信託契約により設定された信託が終了した場合においては，残余財産である不動産に関する権利の引継ぎは，前問でみたように，清算受託者から帰属権利者への権利の移転の形式で行われます。しかし，自己信託が終了した場合にあっては，残余財産である不動産に関する権利は，もともと受託者に属していたものですから，引継ぎによる権利の移転は，生じません。受託者の信託財産に属していた当該権利の帰属が，その固有財産に属するものに変更されるだけです。そこで，自己信託の設定時とは逆方向の権利の変更の登記をすることになります。この権利の変更の登記の申請について，受託者が，単独ですることができるとする特則が設けられていることは，既に述べたとおりです（法98条3項）。

　もう一つ，上記の権利の変更の登記の申請と同時に，当該不動産に係る信託の登記の抹消を申請をしなければなりません（法104条1項）。この登記の申請は，受託者が，単独でできることも（同条2項），既に述べたとおりです。

2　設問についての検討

以上の説明を前提にして，設問について，検討することにします。

設問の事案は，甲が自己信託を設定して，その所有するA不動産を信託財産として管理していたところ，信託の終了事由が発生したため，当該不動産の引継ぎをしたというものです。この権利変動を第三者に対抗するための登記の申請手続が，問われています。

(1) 必要な登記

　信託財産に属していたA不動産の所有権が，信託の終了によって甲の固有財産に属するものに復帰したのですから，信託に係る権利の変更の登記を申請します（法104条の2第2項）。この申請は，受託者甲が，単独ですることができます（法98条3項）。他方で，A不動

第1章　信託に関する登記

　　　産の所有権が信託財産に属する財産でなくなったのですから，同不動産に係る信託の登記の抹消を申請します（法104条1項）。この登記の申請は，受託者（すなわち甲）が，単独で申請することができます（同条2項）。

　　　これらの登記の申請は，同時にしなければなりません（法104条1項）。しかも，一の申請情報をもってすることを要します（令5条3項）。

　(2)　申請情報及び添付情報

　　ア　申請情報

　　　申請情報における登記の目的（令3条5号）は，「所有権の固有財産となった旨の登記及び信託登記抹消」と表示します。登記原因及びその日付（同条6号）は，権利の変更に係る登記については「平成〇年〇月〇日信託財産引継」とし，信託の登記の抹消については「信託財産引継」とするのが，登記実務の取扱いです。上記の日付は，自己信託が終了した日ではなく，所要の清算事務が終了して，信託財産であったA不動産の所有権が，甲の固有財産として引き継がれた日です。

　　イ　添付情報

　　　登記原因証明情報（法61条，令7条1項5号ロ，令別表26項「添付情報」欄ホ）として，信託の終了事由及びその年月日，信託財産であった所有権の引継ぎの年月日及びその所有権が委託者甲に引き継がれたことを明らかにした情報を提供することを要します。

## 29 信託財産に属する財産を受託者の固有財産に帰属させることの可否及びその登記手続

問　信託契約に基づき受託者甲が信託に属する財産として管理していたA不動産を，受託者甲の固有財産として帰属させることができますか。できるとした場合，誰が，どのような登記の申請をすることになりますか。

【答】　（設問前段について）

　甲が，信託財産に属するA不動産を，自己の固有財産に属するものとすることについて，信託契約にこれを許容する旨の定めがある場合，甲が，受益者に対し，重要な事実を開示してその承諾を得た場合等信託法に定める一定の事由がある場合には，これをすることができます。

（設問後段について）

　A不動産について，信託に係る権利の変更の登記を申請します。この変更の登記の申請は，受託者甲を登記権利者，受益者を登記義務者としてします。他方で，A不動産についてされている信託の登記の抹消を申請します。この登記の申請は，受託者甲が，単独で申請することができます。これらの登記の申請は同時にしなければならず，しかも，一の申請情報をもってすることを要します。

　上記の申請をする場合の申請情報における登記の目的は，「受託者の固有財産となった旨の登記及び信託登記抹消」と表示します。登記原因及びその日付は，権利の変更に係る登記については「平成○年○月○日信託財産引継」とし，信託の登記の抹消については「信託財産引継」とするのが，登記実務の取扱いです。

　登記原因証明情報として，A不動産を甲の固有財産に属する財産とした根拠事実を明らかにすることを要します。なお，この申請におい

第1章　信託に関する登記

ては，登記義務者である受益者の登記識別情報を提供する必要は，ありません。

【解説】
1　設問前段について

　設問前段は，信託財産に属する財産を，受託者の固有財産に帰属させることの可否を問うものですが，これは，一定の要件の下に認められています。信託法は，様々な場面において，このような態様の信託財産の帰属先の変更だけでなく，受託者の固有財産に属する財産を信託財産に帰属させること，及び一の信託財産に属する財産を他の信託財産に帰属させることも認めています。そこで，ここでは，上記のような帰属の変更が生じる主要な場合を，まとめて説明します（設問前段の答についての説明は，この項の最後にします。）。

(1)　信託財産・固有財産間で帰属の変更が生じる場合

　ア　信託の併合及び分割の場合

　　(ア)　意　義

　　　　信託の併合とは，受託者を同一とする二以上の信託の信託財産の全部を一の新たな信託の信託財産とすることをいいます（同法2条10項）。信託の併合によって，従前の各信託は終了するのですが，その財産は，清算されることなく，新たな信託の信託財産を構成します。従前の各信託の信託財産責任負担債務も新たな信託の信託財産責任負担債務となります（同法153条）。信託の併合は，従前の各信託の委託者，受託者及び受益者の合意によってすることができるほか，そのうちの一部の者の意思決定によること，信託行為で定めた方法によってすることなども認められています（同法151条）。

　　　　信託の分割とは，ある信託の信託財産の一部を受託者を同一とする他の信託の信託財産として移転することをいいます。当該他の信託が既存のものである場合を吸収信託分割，新たに成

立するものである場合を新規信託分割と称しています（同法2条11項）。それらの手続等は，基本的に信託の併合の場合と同様です（同法155条，156条，159条，160条）。

(イ) 信託の併合又は分割による権利の変更の登記に伴う信託の登記

　以上のように，信託の併合又は分割がされますと，信託財産に属する財産について，帰属の変更が生じることになります。この財産が不動産に関する権利である場合に，この帰属の変更を登記の上でどのように公示するかについては，不動産登記法に特則が設けられており，信託の併合又は分割による権利の変更の登記をするものとされています（法104条の2第1項前段）。当該不動産に関する権利については，従前の信託から他の信託にその帰属が変わるのですが，それらの信託の受託者は同一人ですから，当該権利の登記名義人に変更が生ずるわけではありません。そこで，不動産登記法は，当該不動産に関する権利について，移転の登記ではなく信託に関する権利の変更の登記をすべきものとしたのです。この権利の変更の登記に伴って，従前の信託についての信託の登記は抹消され，当該他の信託についての信託の登記がされることになります（同項前段）。

イ　共有物の分割の場合

　(ア)　意　義

　　受託者に属する特定の財産について，その共有持分が信託財産と固有財産とに属する場合には，次に掲げる方法により，当該財産の分割をすることができるとされています（信託法19条1項）。分割の方法は，信託行為において定めた方法（同項1号）及び受託者と受益者との協議による方法（同項2号）のほかに，一定の要件を充たす場合には，受託者が決する方法によってもすることができます（同項3号）。

　　　　　また，受託者に属する特定の財産について，その共有持分が一の信託財産と他の信託の信託財産とに属する場合には，上記と同様の方法により，当該財産を分割することができるとされています（同条3項）。

　(イ)　共有物の分割による変更の登記に伴う信託の登記

　　　　　上記の共有物の分割の対象が不動産に関する権利である場合には，当該権利の帰属の変更についての公示は，上記(1)の場合と同じく，当該分割による権利の変更の登記によるものとされています（法104条の2第2項前段）。例えば，受託者所有のA不動産は，その持分の2分の1が信託財産に属し，残りの持分2分の1が固有財産に属しているという場合に，共有物の分割により，信託財産に属していた共有持分2分の1が固有財産に属するものとなったときは，信託に係る権利の登記の変更の登記をし，これに併せて，当該持分についてされていた信託の登記を抹消することになります。反対に，共有物の分割により，受託者の固有財産に属していた共有持分2分の1を信託財産に属する財産としたときは，信託に係る権利の変更の登記に併せて，当該持分につき信託の登記をすることになります。

　ウ　利益相反行為の制限に反しない場合

　　　　信託の仕組みの中核にある受託者は，信託の本旨に従い，信託事務を処理しなければならず（信託法29条1項），特に，受益者のため忠実に信託事務の処理その他の行為をしなければなりません（同法30条）。この基本的な義務の具体的な現れとして，受託者は，①信託財産に属する財産を固有財産に帰属させ，又は固有財産に属する財産を信託財産に帰属させる行為，②信託財産に属する財産を他の信託財産に帰属させる行為のいずれもしてはならないとされています（同法31条1項1号・2号）。これらの行為は，受託者と受益者との間に利益相反を生じさせるおそれがある典型的

な行為だからです。

　ただし，次のように事由がある場合には，利益相反による制限規定は働かず，受託者は上記①及び②に掲げる行為をすることができます（同条2項）。

(i)　信託行為に当該行為をすることを許容する旨の定めがあるとき（同項1号）
(ii)　受託者が当該行為について重要な事実を開示して受益者の承諾を得たとき（同項2号）

　　ただし，この事由に該当する場合でも当該行為をすることができない旨の信託行為の定めがあるときは，この限りではありません（同項柱書）。

(iii)　相続その他の包括承継により信託財産に属する財産に係る権利が固有財産に帰属したとき（同項3号）
(iv)　受託者が当該行為をすることが信託の目的の達成のために合理的に必要と認められる場合であって，受益者の利益を害しないことが明らかであるとき，又は当該行為の信託財産に与える影響，当該行為の目的及び態様，受託者の受益者との実質的な利害関係の状況その他の事情に照らして正当な理由があるとき（同項4号）

(2)　設問の場合の帰属先変更

　以上のようにみてきますと，設問においては，A不動産の帰属先の変更が，信託の併合・分割，共有物分割等の特段の事由によるものである旨の限定がありませんから，甲は，上記ウで説明した利益相反行為が例外的に許容される場合に当たるものとして，A不動産を同人の固有財産に属する財産にしようとしているものと考えられます。具体的には，例えば，委託者が，受託者甲に対する信託報酬を支払うことができないため，A不動産を甲に譲渡して，その債務を免れる場合，A不動産を処分して換価する必要があるが，適当な

第1章　信託に関する登記

買い手が見つからないため，とりあえず甲が買い受ける場合などが，想定されます。このような場合には，甲の取得行為が上記ウの(i)から(iv)までのいずれかの要件を充たしているときには，有効にすることができます。

そして，甲が設問前段のような信託財産の帰属の変更をし，この権利関係を第三者に対抗するためには，上記ア(イ)及びイ(イ)で説明したのと同様の登記をすることを要します。

2　**設問後段について**

設問後段は，同前段の事例において必要とされる登記及びその申請手続について，問うものです。

(1)　必要な登記

受託者を甲とする信託の信託財産に属していたA不動産の所有権が，甲の固有財産に属するものとなったのですから，同不動産について，信託に係る権利の変更の登記を申請します（法104条の2第2項前段）。この変更の登記の申請人については，不動産登記法に特則が設けられており，受託者甲を登記権利者，受益者を登記義務者とすると定められています（同項前段に掲げる表）。他方で，A不動産の所有権が，信託財産に属する財産でなくなったのですから，同不動産に係る信託の登記の抹消を申請します（法104条1項）。この登記の申請は，受託者甲が単独で申請することができます（同条2項）。

これらの登記の申請は同時にしなければなりません（同条1項）。しかも，一の申請情報をもってすることを要します（令5条3項）。

(2)　申請情報・添付情報

ア　申請情報

申請情報における登記の目的（令3条5号）は，「受託者の固有財産となった旨の登記及び信託登記抹消」と表示します。登記原因及びその日付（同条6号）は，権利の変更に係る登記については「平成〇年〇月〇日信託財産引継」とし，信託の登記の抹消に

第二節　信託に関する登記

ついては「信託財産引継」とするのが、登記実務の取扱いです。上記の日付は、自己信託が終了した日ではなく、所要の清算事務が終了して、信託財産であったＡ不動産の所有権が、甲の固有財産として引き継がれた日です。

イ　添付情報

　登記原因証明情報（法61条、令7条1項5号ロ、令別表26項「添付情報」欄ホ）として、Ａ不動産を甲の固有財産に属する財産とした根拠事実を明らかにすることを要します。具体的には、当該取得が信託行為の定めに基づくものである場合にはその定めに従ったものである旨を、当該取得が受益者に重要な事実を開示してその承諾を得たことによるものである場合にはその旨を、それぞれ明らかにすることを要します。

　なお、この申請においては、登記義務者である受益者の登記識別情報を提供する必要はありません（法104条の2第2項後段）。受益者は当該不動産に関する権利の登記名義人の地位にはないのが、通常だからです。

## 9　信託目録の記録の変更

### 30　受益者又は委託者が変更した場合の登記手続及び信託目録の記録の変更方法

> 問　受益権が売買されたことにより，受益者が変更した場合には，誰が，どのような登記の申請をすることになりますか。委託者の地位が移転した場合（一般承継による地位の移転の場合を除きます。）は，どうですか。
> 　また，上記の各場合，信託目録の記録の変更は，どのように行われるのですか。

【答】(1)　受益権の売買があった場合

　　受益権が売買されたことにより，受益者が変更した場合には，受託者は，遅滞なく，信託の変更の登記を申請しなければなりません。

　　この申請の申請情報における登記の目的は「受益者変更」とし，登記原因及びその日付は「平成〇年〇月〇日売買」と表示するのが，登記実務の取扱いです。また，変更後の登記事項として，新受益者の氏名又は名称及び住所を表示します。

(2)　委託者の地位の移転があった場合

　　委託者の地位の移転があった場合（一般承継による地位の移転の場合を除きます。）には，受託者は，遅滞なく，信託の変更の登記を申請しなければなりません。

　　この申請の申請情報における登記の目的は「委託者変更」とし，登記原因及びその日付は「平成〇年〇月〇日変更」と表示するのが，登記実務の取扱いです。この日付は，当該移転が受託者及び受益者の同意を得てされたものである場合には，当該同意のあった日

です。また，変更後の登記事項として，新委託者の氏名又は名称及び住所を表示します。

添付情報として，上記の受託者及び受益者の同意があったことを証する情報を提供することを要します。

(3) 信託目録の記録の変更

上記(1)の申請があった場合において，登記官がその登記をするときは，信託目録中の「受益者に関する事項等」欄に受益者変更の登記をします。登記事項は，登記の目的，申請の受付の年月日及び受付番号，登記原因及びその日付並びに新受益者の氏名又は名称及び住所です。従前の受益者の氏名又は名称及び住所の記録については，これを抹消する記号を記録します（規則150条）。

上記(2)の申請があった場合において，登記官がその登記をするときは，信託目録中の「委託者に関する事項」欄に委託者変更の登記をします。その登記事項の記録及び従前の委託者の表示の抹消については，上記の受益者変更の場合に準じます。

【解説】

1 前提となる説明―信託の関係者の登記及びその変更

設問は，受益者又は委託者が変更した場合に，誰が，どのような登記の申請をすることになるのか，その申請に基づく信託目録の記録の変更の方法はどうするのかを，問うものです。そこで，説明の前提として，信託の登記において信託の主要な関係者である委託者，受託者及び受益者がどのように取り扱われるかについて，概説しておきます。

(1) 登記事項としての委託者，受託者及び受益者

信託の登記においては，法第59条各号に掲げる事項（権利に関する登記に共通するもの）のほか，法第97条第1項各号に掲げる事項（信託の登記に固有なもの）を登記事項としなければならないとされています（法97条1項柱書）。委託者，受託者及び受益者の氏

第1章　信託に関する登記

名又は名称及び住所も，その登記事項の一つとされています（同項1号。ただし，受益者については，一定の場合にその表示を登記することを要しません。同条2項）。

その上で，不動産登記法は，登記官において，上記の信託の登記に固有な登記事項を明らかにするために，法務省令で定めるところにより，信託目録を作成することができるとしています（同条3項）。この法の規定を受けたのが規則第176条で，これは，「登記官は，信託の登記をするときは，法第97条第1項各号に掲げる登記事項を記録した信託目録を作成し，当該目録に目録番号を付した上，当該信託の登記の末尾に信託目録の目録番号を記録しなければならない。」と定めています。

すなわち，現行の不動産登記法の下では，信託の登記に固有の登記事項は，信託目録に記録され，その信託目録の目録番号が，登記記録の権利部の各区にされる信託の登記の末尾に記録されるという取扱いになっているのです（登記実務では，信託の登記には，登記の目的（法59条1号）と信託目録の目録番号のみが記録されます。）。

(2)　登記された委託者，受託者及び受益者の変更

　ア　委託者について

　　(ｱ)　変更の原因

　　　　登記された委託者に変更が生ずることが，あります。

　　　　その一つは，委託者について，一般承継があった場合です。自然人である委託者が死亡したときは，相続人が，その地位を承継します。ただし，信託が信託法第3条第2号に定める方法（遺言信託）によってされた場合には，委託者の相続人は，委託者の地位を承継しないとされています（同法147条本文）。委託者の地位と相続人の地位とは，利害が相反することがあり得るからです（ただし，信託行為に別段の定めがあるときは，それに従います。同条ただし書）。また，法人である委託者が合併

をしたときは，承継法人又は新設法人が，委託者の地位を承継します。

　もう一つは，委託者の地位が，第三者に移転された場合です。この地位の移転は，受託者及び受益者の同意を得て，又は信託行為において定めた方法に従って，することができます（同法146条1項）。委託者が数人あるときは，その他の委託者の同意も要します（同条2項）。これに関連して，委託者と受益者が同一人である場合に，受益者の地位が受益権の譲渡等によって移転したときは，委託者の地位も当然に移転するのかという問題があります。信託行為に当然に移転する旨の定めがあれば，これに従うことになりますが，そのような定めがなければ，当然には移転せず，別個の移転行為を要するものと解されています。

(イ)　変更の登記

　委託者の変更があったときは，受託者は，遅滞なく，信託の変更の登記を申請しなければなりません（法103条1項）。

　この申請に基づいて，登記官が信託の変更の登記をするのですが，その方法は，信託目録における委託者の記録を変更することによります。もっとも，委託者は，当該信託に係る権利の登記名義人ではありませんから，この変更の登記は対抗要件のとしての意味を持たず，単に公示上の便宜を提供するにとどまります。

イ　受託者について

(ア)　変更の原因

　受託者がその任務を終了し，辞任し又は裁判所若しくは主務官庁により解任された場合（信託法56条1項，57条，58条，公益信託ニ関スル法律8条）において，後任者が選任されたときは，受託者の変更が生じます。

第1章　信託に関する登記

(イ)　変更の登記

　　上記(ア)の変更があった場合には信託の変更の登記がされることになるのですが，その手続については，①登記官の職権によるもの（法101条），②裁判所又は主務官庁の嘱託によるもの（法102条），③受託者の申請によるもの（法103条）に分かれます。

　　このうち，登記実務上最も比重が高いのは，①の登記官の職権によるものです。それは，次のような仕組みが採られていることによります。すなわち，受託者が交替した場合には，前受託者に属していた不動産に関する権利は，新受託者に承継されることになります（信託法75条1項・2項）。その権利の移転の登記の申請は新受託者と前受託者とが共同して（一定の場合には新受託者が単独で）することになるのですが，登記官がこの申請に基づいて当該権利の移転の登記をするときは，職権で，受託者の変更があった旨の信託の変更の登記をしなければならないこととされているのです（法101条1号）。このような仕組みが採られているため，受託者の変更の登記の大部分は，登記官の職権によりされることになります。なお，上記の新受託者に対する権利の移転の登記は対抗要件にほかなりませんが，受託者の変更による信託の登記の変更は，対抗要件ではなく，単に，公示上の便宜のためにされるものです。

　　この変更の登記も，信託目録の記録を変更する方法で行われます。

ウ　受益者について

(ア)　変更の原因

　　受益者とは，受益権を有する者をいいます（信託法2条6項）。その受益権というのは，信託行為に基づいて受託者が受益者に対して負う債務であって信託財産に属する財産の引渡しその他

の信託財産に係る給付をすべきものに係る債権及びこれを確保するために信託法の規定に基づいて受託者その他の者に対し一定の行為を求めることができる権利をいいます（同条7項）。したがって，受益者の変更は，受益者の地位そのものの変更若しくは移転により，又は受益権の譲渡に伴って生ずることになります。このような受益者の変更が生ずる原因には，様々なものがあります。主要なものは，次のとおりです。

a　信託行為の変更

　信託行為における受益者に関する定めを変更して既存の受益者を替えたり，新たな受益者を追加することは，もとより可能です。

b　一般承継

　受益者が自然人である場合には，その死亡により，受益者の地位は，相続人に承継されます。信託法には，受益者の相続を制限する規定は，設けられていませんから，信託行為において，受益者の地位の相続を否定する定めを置いても，その定めは，効力を有しないというべきです。

　受益者が法人である場合に，その法人が合併したときは，承継法人又は新設法人が，受益者の地位を承継します。この場合，受託者も法人であって，その法人が，承継法人又は新設法人であるときにも，信託が当然に終了することはなく，受益者の変更が生ずるだけです（受託者も受益者となることができることについて，同法8条参照）。

c　受益権の譲渡

(a)　譲渡性

　受益権は，上記のように受託者に対する債権ですから，原則として，これを譲渡することができます（同法93条1項）。信託行為において，譲渡を禁ずる定めがされている

ときは，それが許されないのですが（同条2項），この定めに反してされた譲渡も，善意の第三者に対する関係では，有効です（同項ただし書）。

受益権の譲渡は，譲渡人が受託者に通知をし，又は受託者が承諾をしなければ，受託者その他の第三者に対抗することができません（同法94条1項）。この通知及び承諾は，確定日付のある証書によってしなければ，受託者以外の第三者に対抗することができません（同条2項）。この対抗要件は，民法の債権譲渡に関する規定と同じです。

(b) 受益権の譲渡による受益者の地位の移転

受益権が譲渡されると，受益者の地位が移転し，受益者の変更が生じます。受益権の一部を譲渡することも可能で，この場合は，受益者が追加されることになります。受益権が，譲渡担保や信託の目的に供された場合にも，その権利の帰属者が変わりますから，受益者の変更が生じます。

(イ) 変更の登記

受益者の変更があったときは，受託者は，遅滞なく，信託の変更の登記を申請しなければなりません（法103条1項）。

この申請に基づいて登記官がする信託の変更の登記は，委託者及び受託者の変更の場合と同様，信託目録における受益者の記録を変更することによります。

なお，受益者の変更の登記は，受益権の譲渡の対抗要件としての意味を有するものではありません（その対抗要件は，前述のとおり，受託者に対する通知又は受託者の承諾に限ります。）。また，受益者の変更の登記は，受益権の譲渡があった場合にされるものであって，受益権が質入れされたり，又は受益権が差し押えられたにとどまる場合などには，することができ

ません。

2 設問についての検討

以上の説明に基づいて，設問について，検討することにします。

信託の登記の登記事項としての受益者又は委託者に変更があった場合，誰が，どのような登記の申請をするのか，その登記として信託目録には，どのように記録されるのかが設問で問われているところです。

(1) 受益権の譲渡があった場合の登記の申請

設問では，受益権が売買により第三者に譲渡されたというのですから，受益者の地位もこれに伴い移転します。このため，受託者は，遅滞なく，信託の変更の登記の申請をしなければなりません（法103条1項）。受託者が任意に申請をしないときは，受益者又は委託者が，受託者に代わって申請することができます（同条2項，法99条）。

上記の申請の申請情報における登記の目的（令3条5号）は「受益者変更」とし，登記原因及びその日付（同条6号）は「平成○年○月○日売買」と表示するのが，登記実務の取扱いです。上記の年月日は，受益権の売買契約が成立した日です。また，変更後の登記事項（令7条1項6号，令別表25項「申請情報」欄）として，新受益者の氏名又は名称及び住所を表示します。

添付情報として，登記原因証明情報を提供しなければなりません（法61条，令7条1項6号，令別表25項「添付情報」欄イ）。受益者（譲渡人）が作成した受益権の譲渡証明書又は受益権の売買があったことを証する書面が用いられるのが，通常です。なお，信託行為において，受益権の譲渡につき当事者以外の第三者（特に受託者）の同意を要する旨の定めがあるときは，その同意があったことを証する情報をも提供することを要します（令7条1項5号ハ）。

(2) 委託者の地位の移転があった場合の登記の申請

第1章　信託に関する登記

　　　設問では，委託者の地位が一般承継以外の原因によって移転した場合の登記申請の手続が，問われています。そうしますと，委託者が，受託者及び受益者の同意を得て，又は信託行為の定める方法に従って，その地位を移転した場合ということになります（信託法146条1項）。これらの場合，受託者が，遅滞なく信託の変更の登記の申請をすべきこと，受益者又は受託者による代位申請も可能であることは，上記(1)で述べたところと同様です。

　　　上記の申請の申請情報における登記の目的（令3条5号）は「委託者変更」とし，登記原因及びその日付（同条6号）は「平成〇年〇月〇日変更」と表示するのが，登記実務の取扱いです。この日付は，当該移転が受託者及び受益者の同意を得てされたものである場合には，当該同意のあった日であり，当該移転が信託行為に受益権の譲渡により委託者の地位も当然に移転する旨の定めがある場合にされた受益権の譲渡によるものである場合には，当該譲渡のあった日です。また，変更後の登記事項として，新委託者の氏名又は名称及び住所を表示します（令7条1項6号，令別表25項「申請情報」欄）。

　　　添付情報として，登記原因証明情報を提供しなければなりません（法61条，令7条1項6号，令別表25項「添付情報」欄イ）。委託者の地位の移転が受託者及び受益者の同意を得てされたものである場合には，当該地位の移転の合意の成立を証する情報を提供することを要します。併せて，当該同意があったことを証する情報も必要です（令7条1項5号ハ）。委託者の地位の移転が上記の信託行為の定めがある受益権の譲渡による場合には，当該譲渡行為があったことを証する情報を提供することを要します。

(3)　信託目録の記録の変更

　　　上記(1)の申請があった場合において，登記官がその登記をするときは，信託目録中の「受益者に関する事項等」欄に受益者変更の登記をします。登記事項は，登記の目的（法59条1号），申請の受付の

年月日及び受付番号（同条2号），登記原因及びその日付（同条3号）並びに新受益者の氏名又は名称及び住所です。従前の受益者の氏名又は名称及び住所の記録は効力を失いますので，これを抹消する記号を記録します（規則150条）。

　上記(2)の申請があった場合において，登記官がその登記をするときは，信託目録中の「委託者に関する事項」欄に委託者変更の登記をします。その登記事項の記録及び従前の委託者の表示の抹消については，上記の受益者変更の場合に準じます。

第1章　信託に関する登記

## 31　法人の合併による受託者の変更，受益者又は委託者の表示の変更，信託条項の変更があった場合の登記手続

> 問　①法人の合併により受託者に変更があった場合，②受益者又は委託者の氏名若しくは名称又は住所に変更があった場合，③信託の目的，信託財産の管理方法，信託終了の事由その他信託の条項を変更した場合，誰が，どのような登記の申請をすることになりますか。また，その場合の信託目録の記録の変更は，どのように行われるのですか。

【答】　(1)　法人の合併により受託者に変更があった場合
　　ア　必要な登記及びその申請人
　　　　受託者である法人が合併をしたことにより受託者が変更した場合には，新受託者は，当該信託の信託財産に属する不動産に関する権利について，単独で，自己への移転の登記の申請をすることができます。これとは別に，新受託者は，遅滞なく，信託の変更の登記を申請しなければなりません。
　　イ　申請情報及び添付情報
　　　　新受託者が上記アの登記の申請をする場合，その申請情報における登記の目的は「受託者変更」とし，登記原因及びその日付は「平成○年○月○日受託者合併による変更」と表示するのが，登記実務の取扱いです。また，変更後の事項として，新受託者の商号及び本店の所在地を表示することを要します。
　　　　登記原因証明情報として，受託者の合併を証する公務員が職務上作成した情報を提供することを要します。新受託者である法人の登記事項証明書（合併の記載があるもの）が用いられるのが，通常です。
　　ウ　信託目録の記録の変更

　　　　上記の申請があった場合において，登記官がその登記をするときは，信託目録中の「受託者に関する事項」欄に受託者変更の登記をします。従前の受託者に係る商号又は本店の所在地の記録については，これを抹消する記号を記録します。
(2) 受益者又は委託者の表示に変更があった場合
　ア　必要な登記及びその申請人
　　　受益者又は委託者の氏名若しくは名称又は住所について変更が生じた場合には，受託者は，遅滞なく，信託の変更の登記を申請しなければなりません。
　イ　申請情報及び添付情報
　　　例えば，受益者が法人であって，その本店を移転し，商号を変更した場合には，当該申請の申請情報における登記の目的は「受益者の本店，商号変更」とし，登記原因及びその日付は「平成○年○月○日本店移転　平成○年○月○日商号変更」と表示するのが，登記実務の取扱いです。また，変更後の事項として，受益者の移転後の本店の所在地及び新商号を表示することを要します。
　　　登記原因証明情報として，当該変更を証する公務員が職務上作成した情報を提供することを要します。受益者又は委託者が法人であれば，本店及び商号の変更の記載がある登記事項証明書が，自然人であれば，住民票の写しが用いられるのが，通常です。
　ウ　信託目録の記録の変更
　　　上記の申請があった場合において，登記官がその登記をするときは，信託目録中の「受益者に関する事項等」欄又は「委託者に関する事項」欄に受益者又は委託者の表示の変更の登記をします。従前の受益者又は委託者に係る当該変更された事項の記録については，これに抹消する記号を記録します。
(3) 信託の条項の変更があった場合
　ア　必要な登記及びその申請人

信託の条項に変更があった場合にも，受託者は，遅滞なく，信託の変更の登記を申請しなければなりません。
イ　申請情報及び添付情報
　　上記の申請の申請情報における登記の目的は，例えば，「信託の目的，信託財産の管理方法，信託の終了事由，その他信託条項の変更」とし，登記原因及びその日付は「平成○年○月○日変更」と表示するのが，登記実務の取扱いです。この年月日は，当該信託の変更が委託者，受託者及び受益者の合意によってされたものであるときは，その合意が成立した日です。また，変更後の事項として，変更された信託行為の内容を具体的に表示することを要します。
　　添付情報として登記原因証明情報を提供しなければなりません。当該信託の変更が委託者，受託者及び受益者の合意によるものであるときは，この三者間に合意が成立したことを明らかにする情報であることを要します。
ウ　信託目録の記録の変更
　　上記の申請があった場合において，登記官がその登記をするときは，信託目録中の「信託条項」欄に信託条項の変更の登記をします。従前の信託条項の記録については，これに抹消する記号を記録します。

【解説】
1　設問の趣旨
　前問では，信託の登記事項である受益者及び委託者に変更があった場合に，誰が，どのような登記の申請をし，その申請に基づいてどのような登記がされるのかという問題を取り上げました（受託者の変更についても解説しました。）。いずれも，受託者が，単独で信託の変更の登記を申請すべきであり，その申請に基づいて，登記官が信託目録に変更の記録をするというのが，回答の要旨でした。

本設問も前問と趣旨を同じくするもので，①法人である受託者が合併により変更した場合，②受益者又は委託者の表示に変更があった場合，③信託の条項に変更があった場合を採り上げています。③の信託の条項は信託行為で定められるもので，その内容は，信託の目的，信託財産の管理方法，信託の終了の事由など多岐にわたり，それらがすべて信託の登記の登記事項とされています（法97条1項8号から11号まで）。登記の実務では，信託の条項はその他の登記事項（同条1号から7号まで）とともに信託目録に記録する方法によって登記されていますので，これについて変更が生じたときは，信託目録の記録の変更を要することになるのです。

2　設問についての検討
(1)　法人の合併により受託者に変更があった場合
　ア　必要な登記及びその申請人

受託者である法人が合併をした場合には，受託者の任務は終了することなく，合併後存続する法人又は合併により設立する法人が，その任務を引き継ぎます。前受託者に属していた信託に関する権利義務も，合併の時に新受託者である法人に承継されます。その承継される権利に不動産に関する権利が含まれているときは，新受託者は，単独で，当該権利の移転の登記を申請することができます（法63条2項）。そして，新受託者は，これとは別に，遅滞なく，信託の変更の登記を申請しなければなりません（法103条）。新受託者がこの登記の申請をしないときは，受益者又は委託者も，新受託者に代わってこの信託の変更の登記を申請することができます（同条2項）。

以上の信託の変更の登記の手続は，受託者の任務が終了したことによって受託者が交替した場合の手続とは，異なります。後者の場合の手続は，次のとおりです。受託者の任務が終了して，後任の受託者が選任されますと，信託法第75条第1項又は第2項

### 第1章 信託に関する登記

の規定により，前受託者に属していた信託に関する権利義務が，新受託者に承継されたものとみなされます。そこで，このうち不動産に関する権利については，新旧受託者による共同申請（前受託者の任務の終了が一定の事由によるものであるときは，新受託者の単独申請が認められます。法100条1項）によって，移転の登記がされることになるのですが，登記官は，この登記をするときは，職権で，受託者の変更を内容とする信託の変更の登記をしなければならないとされています（法101条1号）。すなわち，後者の場合の信託の変更の登記は，当事者の申請を要しないのに対し，前者の場合は，これを要するとされるのです。この違いがなぜ生ずるのかですが，前者の場合の当該権利の承継による移転の登記の申請は，新受託者が，単独ですることができるものですから，当事者の負担は，一般にはさほど重いものではなく，したがって，これとは別に信託の変更の登記の申請の負担を求めても，過重にはならないとの判断によるものと考えられます。

イ　申請情報及び添付情報

設問の新受託者が上記アの登記の申請をする場合，その申請情報における登記の目的（令3条5号）は「受託者変更」とし，登記原因及びその日付（同条6号）は「平成○年○月○日受託者合併による変更」と表示するのが，登記実務の取扱いです。年月日は，法人合併の効力が生じた日です。また，変更後の事項（令3条1項13号，令別表25項「申請情報」欄）として，新受託者の商号及び本店の所在地を表示することを要します。

登記原因証明情報（法61条，令7条1項6号，令別表22項「添付情報」欄）としては，法人の合併を証する公務員が職務上作成した情報を提供することを要します。新受託者である法人の登記事項証明書（合併の記載があるもの）が用いられるのが，通常です。

ウ　信託目録の記録の変更

上記の申請があった場合において，登記官がその登記をするときは，信託目録中の「受託者に関する事項」欄に受託者変更の登記をします。登記事項は，登記の目的（法59条1号），申請の受付の年月日及び受付番号（同条2号），登記原因及びその日付（同条3号）並びに新受託者の商号及び本店の所在地です。従前の受託者に係る商号及び本店の所在地の記録については，これを抹消する記号を記録します（規則150条）。
(2) 受益者又は委託者の表示に変更があった場合
　ア　必要な登記及びその申請人
　　　受益者又は委託者自身に変更が生じた場合については，前問で採り上げました。ここでは，受益者又は委託者の氏名若しくは名称又は住所について変更が生じた場合の登記手続が問われているのですが，これらの場合も，信託の登記の登記事項に変更が生じたのですから，受託者は，遅滞なく，信託の変更の登記を申請しなければなりません（法103条1項）。受益者又は委託者も受託者に代わってこの登記を申請することができます（同条2項，99条）。
　　　ちなみに，受託者の表示の変更の登記手続については，不動産登記法に特則が定められており，「登記官は，受託者である登記名義人の氏名若しくは名称又は住所についての変更の登記をするときは，職権で，信託の変更の登記をしなければならない。」とされています（法101条3号）。すなわち，当該信託に係る権利の変更の登記として，登記名義人である受託者（当該信託に係る不動産に関する権利の帰属者）について，表示の変更の登記がされるときには，これに連動して，登記官の職権で，当該信託の登記における受託者の表示についても変更の登記がされる仕組みになっているのです。しかしながら，受益者又は委託者は当該信託に係る権利の登記の登記名義人ではありませんから，権利に関する登記手続において，その表示の変更の登記をする場面がありませ

第1章　信託に関する登記

ん。そのため，原則どおり，法第103条第1項の規定に従って，受託者が，信託の変更の登記の申請をすべきことになるのです。
　　イ　申請情報及び添付情報
　　　　例えば，受益者が法人であって，その本店を移転し，商号を変更した場合には，当該申請の申請情報における登記の目的（令3条5号）は「受益者の本店，商号変更」とし，登記原因及びその日付（同条6号）は「平成〇年〇月〇日本店移転　平成〇年〇月〇日商号変更」と表示するのが，登記実務の取扱いです。また，変更後の事項（令3条1項13号，令別表23項「申請情報」欄）として，受益者の移転後の本店の所在地及び新商号を表示することを要します。
　　　　登記原因証明情報（法61条，令7条1項6号，令別表23項「添付情報」欄）としては，当該変更を証する公務員が職務上作成した情報を提供することを要します。受益者又は委託者が法人であれば，本店又は商号の変更の記載がある登記事項証明書が，自然人であれば，住民票の写しが用いられるのが，通常です。
　　ウ　信託目録の記録の変更
　　　　上記の申請があった場合において，登記官がその登記をするときは，信託目録中の「受益者に関する事項等」欄又は「委託者に関する事項」欄に受益者又は委託者の表示の変更の登記をします。登記事項は，登記の目的（法59条1号），申請の受付の年月日及び受付番号（同条2号），登記原因及びその日付（同条3号）並びに変更後の受益者又は委託者の氏名若しくは名称又は住所です。従前の受益者又は委託者に係る当該変更された事項の記録については，これを抹消する記号を記録します（規則150条）。
(3) 信託の条項の変更があった場合
　　ア　信託の条項の変更
　　　　信託関係者は，信託行為に定められた条項の内容を変更するこ

とができます。信託法は，これを「信託の変更」と呼んでいます。その要件は，次のとおりです。

(ア) 原　則

信託の変更は，委託者，受託者及び受益者の合意によってすることができます（同法149条1項前段）。信託の主要な関係者である上記三者の合意があれば，自由に信託の変更ができるとするもので，これが変更の原則的な要件です。この場合には，変更後の信託行為の内容を明らかにしてしなければなりません（同項後段）。

(イ) 特　例

信託の変更は，一定の場合には，一部の信託関係者のみによってすることができます。これには，変更の主導を受託者が執る場合と受益者が執る場合とがあります。

　a　受託者主導の変更

信託の変更が信託の目的に反しないことが明らかである場合には，受託者は，受益者の同意を得て，その変更をすることができます（同法149条2項1号）。また，信託の変更が信託の目的に反しないこと及び受益者の利益に適合することが明らかである場合には，受託者は，書面又は電磁的記録によってする単独の意思表示により，その変更をすることができます（同項2号）。受託者は，前者の場合には委託者に対し，後者の場合には委託者及び受益者に対し，遅滞なく，変更後の信託行為の内容を通知することを要します（同項柱書後段）。

　b　受益者主導の変更

信託の変更が受託者の利益を害しないことが明らかである場合には，受益者は，委託者の同意を得て，受託者に対する意思表示をすることによって，その変更をすることができます（同条3項1号）。また，信託の変更が信託の目的に反しな

第1章　信託に関する登記

いこと及び受託者の利益を害しないことが明らかである場合には、受益者が、単独で受託者に対する意思表示をすることによって、その変更をすることができます（同項2号）。受託者は、後者の場合には、委託者に対し、遅滞なく、変更後の信託行為の内容を通知することを要します（同項柱書後段）。

(ウ)　信託行為の定めがある場合

信託の変更について、信託行為に別段の定めがあるときは、上記(ア)又は(イ)にかかわらず、その定めに従います（同条4項）。

(エ)　裁判所の命令による変更

信託行為の当時予見することのできなかった特別の事情により、信託事務の処理の方法に係る信託行為の定めが信託の目的及び信託財産の状況その他の事情に照らして受益者の利益に適合しなくなるに至ったときは、裁判所は、委託者、受託者又は受益者の申立てにより、信託の変更を命ずることができるとされています（同法150条1項）。

イ　必要な登記及びその申請

信託目録に記録された信託の条項に変更があった場合にも、受託者は、遅滞なく、信託の変更の登記を申請しなければなりません（法103条1項）。受託者が任意にこの申請をしないときは、受益者又は委託者が、これに代わって申請することができます（同条2項、99条）。

上記の申請の申請情報における登記の目的（令3条5号）は、例えば、「信託の目的、信託財産の管理方法、信託の終了事由、その他信託条項の変更」とし、登記原因及びその日付（同条6号）は「平成〇年〇月〇日変更」と表示するのが、登記実務の取扱いです。この年月日は、当該信託の変更が委託者、受託者及び受益者の合意によってされたものであるときは、その合意が成立した日です。当該信託の変更が、その他の方法によってされたとき

も，同様に，上記ア(イ)から(エ)までに掲げる規定が定める関係者の合意又は意思表示がされた日です（ただし，上記(エ)の裁判所の命令による変更については，当該裁判が確定した日となります。）。また，変更後の事項（令3条1項13号，令別表23項「申請情報」欄）として，変更された信託行為の内容を具体的に表示することを要します。

　添付情報として登記原因証明情報を提供しなければなりません（法61条，令7条1項6号，令別表22項「添付情報」欄）。当該信託の変更が委託者，受託者及び受益者の合意によるものであるときは，この三者間に合意が成立したことを明らかにする情報であることを要します。

ウ　信託目録の記録の変更

　上記の申請があった場合において，登記官がその登記をするときは，信託目録中の「信託条項」欄に信託条項の変更の登記をします。登記事項のうち登記の目的（法59条1号）は「信託条項変更」と表示し，変更後の事項は，「信託の目的」，「信託財産の管理方法」，「信託終了の事由」及び「その他の信託条項」の各事項に分けて表示するのが，登記実務の取扱いです。また，従前の信託条項の記録については，これを抹消する記号を記録します（規則150条）。

第1章 信託に関する登記

## 10　信託登記に係る登録免許税

### 32　所有権に関する信託登記に係る登録免許税

> 問　所有権に関する信託登記に係る登録免許税の税額は，どのようになりますか。

【答】（1）信託に関する登記については，①信託財産に属する不動産についての物権変動を公示するところの「権利の保存，設定，移転又は変更の登記並びに権利の登記の抹消」の登記と，②当該不動産が，受託者が管理・処分等をすべき信託の信託財産に帰属していることを公示するところの「信託の登記及び信託の登記の抹消の登記」の両者の同時申請が義務付けられていることから，複数の登記を同時に申請し，2以上の登記を受ける場合に当たり，この場合には，原則として各登記を基準にして算出した税額の合計金額とする登免税法第18条の適用を受けることとなります。

　なお，信託に関する登記に係る登録免許税には，登免税法及び租特法にいくつかの非課税又は軽減規定が，置かれています。

（2）所有権の信託の登記の登録免許税

　登録免許税の課税標準及び税率は，登記の区分に応じ，登免税法別表第一に掲げる一般的な税率に従うこととされています（同法9条）。

　所有権の信託の登記の登録免許税は，不動産の価額の1,000分の4（同法別表第一の一(十)イ）です。

【解説】

1　概　説

　登録免許税は，登記を受けることにより登記名義人が享受する利益に着目し，その登記の種類，登記の原因，享受する利益の態様等を考

慮して，それぞれの登記について課されるものです。

　信託に関する登記に係る登録免許税も，一般の登記と同様に，登免税法及び租特法等の適用を受けます。

　信託に関する登記については，①信託財産に属する不動産についての物権変動を公示するところの「権利の保存，設定，移転又は変更の登記並びに権利の登記の抹消」（以下「権利の移転等の登記」といいます。）の登記と，②当該不動産が，受託者が管理・処分等をすべき信託の信託財産に帰属していることを公示するところの「信託の登記及び信託の登記の抹消の登記」の両者の同時申請が義務付けられていることから，複数の登記を同時に申請し，2以上の登記を受ける場合に当たり，この場合には，原則として，各登記を基準にして算出した税額の合計金額とする登免税法第18条の適用を受けることとなります。

　なお，信託に関する登記に係る登録免許税には，登免税法及び租特法にいくつかの非課税又は軽減規定が置かれています。

## 2　所有権の信託の登記の登録免許税

(1)　原　　則

　登録免許税の課税標準及び税率は，登記の区分に応じ，登免税法別表第一に掲げる一般的な税率に従うこととされています（同法9条）。

　所有権の信託の登記の登録免許税は，不動産の価額の1,000分の4の額（同法別表第一の一(十)イ）です。

(2)　土地の所有権の信託の登記の税率の軽減（租特法72条1項2号）

　個人又は法人が，平成25年4月1日から平成29年3月31日までの間に，土地に関する所有権の信託の登記を受ける場合の登録免許税の税率は，上記(1)の原則の不動産の価額の1,000分の4から1,000分の3に軽減されます（租特法72条1項2号）。

(3)　信託財産の登記等の課税の特例（登免税法7条）

　信託のために所有権を委託者から受託者に移転する場合，信託の

第1章　信託に関する登記

　　終了により受託者から委託者（承継人）に信託財産引継を原因として所有権を移転する場合（一定の要件があります。），及び受託者の変更により新たな受託者に所有権を移転する場合の登録免許税については，次のとおりです。
　ア　信託による所有権移転の登記で，次のいずれかに該当するものについては，登録免許税は，非課税となります（同条1項）。
　　①　委託者から受託者に信託のために所有権を移す場合における所有権移転の登記（1号）
　　②　信託の効力が生じた時から引き続き委託者のみが信託財産の元本の受益者である信託の信託財産を受託者から当該受益者（当該信託の効力が生じた時から引き続き委託者である者に限る。）に移す場合における所有権移転の登記（2号）
　　③　受託者の変更に伴い受託者であった者から新たな受託者に信託財産を移す場合における所有権移転の登記（3号）
　イ　信託財産を受託者から受益者に移す場合であって，かつ，当該信託の効力が生じた時から引き続き委託者のみが信託財産の元本の受益者である場合において，当該受益者が当該信託の効力が生じた時における委託者の相続人（当該委託者が合併により消滅した場合にあっては，当該合併後存続する法人又は当該合併により設立された法人）であるときは，当該信託による所有権移転の登記を相続（当該受益者が当該存続する法人又は当該設立された法人である場合にあっては，合併）による所有権移転の登記とみなして，相続を登記原因とする所有権移転の登記と同様に，不動産の価額を課税標準として，それに1,000分の4（同法別表第一の一□イ）の税率を乗じて算出した額が，登録免許税となります（同法7条2項）。
3　所有権に関する信託の登記の申請の類型による登録免許税
（1）信託行為による権利の保存，設定，移転の登記と信託の登記

ア　所有権保存と信託の登記
　①　所有権保存の登記の登録免許税は，不動産の価額の1,000分の4の額（同法別表第一の一㈠）
　②　信託の登記の登録免許税は，不動産の価額の1,000分の4の額（同法別表第一の一㈩イ）
イ　受託者名義の敷地権付き区分建物の保存と信託の登記
　①　所有権保存の登記の登録免許税は，不動産の価額の1,000分の4の額（同法別表第一の一㈠）
　②　敷地権の所有権移転の部分については，非課税（同法7条1項1号）
　③　信託の登記の登録免許税は，建物及び敷地権とも，不動産の価額の1,000分の4の額（同法別表第一の一㈩イ）
　　ただし，個人又は法人が，平成25年4月1日から平成29年3月31日までの間に，土地に関する所有権の信託の登記を受ける場合の登録免許税の税率は，不動産の価額の1,000分の3に軽減（租特法72条1項2号）
ウ　所有権移転と信託の登記
　①　所有権移転の登記の登録免許税は，非課税（登免税法7条1項1号）
　②　信託の登記の登録免許税は，不動産の価額の1,000分の4の額（同法別表第一の一㈩イ）
エ　所有権移転の仮登記と信託の仮登記
　①　所有権移転の仮登記の登録免許税は，非課税（同法7条1項1号）
　②　信託の仮登記の登録免許税は，不動産の価額の1,000分の2の額（同法別表第一の一（十二）ニ(1)）
オ　受託者が信託財産である金銭をもって不動産を買い受けたことによる所有権移転の登記と信託財産の処分による信託の登記

第1章　信託に関する登記

　　① 所有権移転の登記の登録免許税は，不動産の価額の 1,000 分の 20 の額（同法別表第一の一㈡ハ）

　　　 ただし，土地に関する売買による所有権移転の登記の税率については，平成 25 年 4 月 1 日から平成 29 年 3 月 31 日までの間は，不動産の価額の 1,000 分の 15 に軽減（租特法 72 条 1 項 1 号）

　　② 信託の登記の登録免許税は，不動産の価額の 1,000 分の 4 の額（登免税法別表第一の一㈩イ）

　　　 ただし，個人又は法人が，平成 25 年 4 月 1 日から平成 29 年 3 月 31 日までの間に，土地に関する所有権の信託の登記を受ける場合の登録免許税の税率は，不動産の価額の 1,000 分の 3 に軽減（租特法 72 条 1 項 2 号）

カ 共有持分を目的とする信託の登記がされている 2 筆の土地について，当該 2 筆の土地をそれぞれ受託者と他の共有者の単独所有とする場合における次の登記

　㈦ 受託者の単独所有となる土地についての共有物分割を原因とする共有持分全部移転の登記及び信託財産の処分による信託の登記

　　① 所有権移転の登記の登録免許税は，不動産の価額の 1,000 分の 4 の額（登免税法別表第一の一㈡ロ）

　　　 なお，同法第 7 条第 1 項第 1 号の非課税規定の適用はありません。

　　② 信託の登記の登録免許税は，不動産の価額の 1,000 分の 4 の額（同法別表第一の一㈩イ）

　　　 ただし，個人又は法人が，平成 25 年 4 月 1 日から平成 29 年 3 月 31 日までの間に，土地に関する所有権の信託の登記を受ける場合の登録免許税の税率は，不動産の価額の 1,000 分の 3 に軽減（租特法 72 条 1 項 2 号）

(イ) 他の共有者の単独所有となる土地についての共有物分割を原因とする共有持分全部移転の登記及び信託財産の処分による信託の登記の抹消
① 所有権移転の登記の登録免許税は，不動産の価額の1,000分の4の額（登免税法別表第一の一㈡ロ）
② 信託の登記の抹消の登録免許税は，不動産1個につき1,000円（同法別表第一の一（十五））

(2) 権利の変更の登記と信託の登記
ア 自己信託による所有権の信託財産となった旨の登記及び信託の登記
① 権利の変更の登記の登録免許税は，不動産1個につき1,000円（同法別表第一の一（十四））
なお，同法第7条第1項第1号の非課税規定の適用はありません。
② 信託の登記の登録免許税は，不動産の価額の1,000分の4の額（同法別表第一の一㈩イ）
ただし，個人又は法人が，平成25年4月1日から平成29年3月31日までの間に，土地に関する所有権の信託の登記を受ける場合の登録免許税の税率は，不動産の価額の1,000分の3に軽減（租特法72条1項2号）

イ 信託の併合（分割）により別信託の目的となった旨の登記，信託の登記の抹消及び信託の登記
① 権利の変更の登記の登録免許税は，不動産1個につき1,000円（登免税法別表第一の一（十四））
なお，同法第7条第1項第1号の非課税規定の適用はありません。
② 信託の登記の抹消の登録免許税は，不動産1個につき1,000円（同法別表第一の一（十五））

第1章　信託に関する登記

③　信託の登記の登録免許税は，不動産の価額の1,000分の4の額（同法別表第一の一(十)イ）

信託の併合がされた場合には，信託の終了事由となり，新たに不動産に関する権利が属することとなる権利の変更の登記（法104条の2第1項）と信託の登記をする必要があり，信託の併合又は分割後に属することとなる新たな信託についての信託の登記については，登免税法別表第一の一(十)イに該当し，不動産の価額を課税標準とし，1,000分の4により算出した額とされています（登記研究「質疑応答」728号244頁）。

ただし，個人又は法人が，平成25年4月1日から平成29年3月31日までの間に，土地に関する所有権の信託の登記を受ける場合の登録免許税の税率は，不動産の価額の1,000分の3に軽減（租特法72条1項2号）

ウ　固有財産と信託財産の共有物分割
(ア)　固有財産に属する財産を共有物分割を原因として信託財産に属する財産に帰属させる権利の変更の登記及び信託の登記
①　権利の変更の登記の登録免許税は，不動産1個につき1,000円（登免税法別表第一の一（十四））

なお，同法第7条第1項第1号の非課税規定の適用はありません。

②　信託の登記の登録免許税は，不動産の価額の1,000分の4の額（同法別表第一の一(十)イ）

ただし，個人又は法人が，平成25年4月1日から平成29年3月31日までの間に，土地に関する所有権の信託の登記を受ける場合の登録免許税の税率は，不動産の価額の1,000分の3に軽減（租特法72条1項2号）

(イ)　信託財産に属する財産を共有物分割を原因として固有財産に属する財産に帰属させる権利の変更の登記及び信託の登記の抹

消
　①　権利の変更の登記の登録免許税は，実質的には共有物分割による所有権の移転の登記であることから，不動産の価額の1,000分の20の額（登免税法別表第一の一(二)ハ）

　　ただし，共有物である土地を分筆し，共有者が，分筆後の土地を，それぞれ単独所有するために，当該分筆後の土地について，それぞれの持分移転をする場合（同法施行令9条参照）には，不動産の価額の1,000分の4の額

　②　信託の登記の抹消の登録免許税は，不動産1個につき1,000円（同法別表第一の一（十五））

(ウ)　一の信託財産に属する財産を共有物分割を原因として受託者を同一とする他の信託の信託財産に属する財産に帰属させる権利の変更の登記，信託の登記の抹消及び信託の登記

　①　権利の変更の登記の登録免許税は，不動産1個につき1,000円（同法別表第一の一（十四））

　　なお，同法第7条第1項第1号の非課税規定の適用はありません。

　②　信託の登記の抹消の登録免許税は，不動産1個につき1,000円（同法別表第一の一（十五））

　③　信託の登記の登録免許税は，不動産の価額の1,000分の4の額（登免税法別表第一の一(十)イ）

　　ただし，個人又は法人が，平成25年4月1日から平成29年3月31日までの間に，土地に関する所有権の信託の登記を受ける場合の登録免許税の税率は，不動産の価額の1,000分の3に軽減（租特法72条1項2号）

(3)　信託の登記の抹消

　ア　信託の終了による受益者（帰属権利者）への信託財産引継による所有権の移転の登記と信託の登記の抹消

第1章　信託に関する登記

　　① 所有権移転の登記の登録免許税は，不動産の価額の1,000分の20の額（登免税法別表第一の一㈡ハ）
　　　ただし，受益者に信託財産を引き継ぐ場合であって，信託の効力を生じた時から引き続き委託者のみが信託財産の元本の受益者であるときには，非課税（同法7条1項2号）
　　　なお，この場合にあって，当該受益者が当該信託の効力が生じた時における委託者の相続人（合併承継法人）であるときは，当該信託による財産権の移転の登記を相続（合併）による財産権の移転の登記とみなして，登録免許税は，不動産の価額の1,000分の4となる（同法7条2項，同法別表第一の一㈡イ）。
　　② 信託の登記の抹消の登録免許税は，不動産1個につき1,000円（同法別表第一の一（十五））
　イ　自己信託された不動産が信託の終了により，委託者（受託者）の固有財産になった旨の権利（所有権）の変更の登記と信託の登記の抹消
　　① 権利の変更の登記の登録免許税は，不動産1個につき1,000円（同法別表第一の一（十四））
　　　なお，同法第7条第1項第2号の適用はありません。
　　② 信託の登記の抹消の登録免許税は，不動産1個につき1,000円（同法別表第一の一（十五））
　ウ　信託財産処分による売買を原因とする所有権の移転の登記と信託の登記の抹消
　　① 所有権移転の登記の登録免許税は，不動産の価額の1,000分の20の額（同法別表第一の一㈡ハ）
　　　ただし，土地に関する売買による所有権の移転の登記の税率については，平成25年4月1日から平成29年3月31日までの間は，不動産の価額の1,000分の15に軽減（租特法72条1項1号）

② 信託の登記の抹消の登録免許税は，不動産1個につき1,000円（登免税法別表第一の一（十五））
　エ　委付を原因として信託財産に属する財産を受託者の固有財産とした旨の登記と信託の登記の抹消
　　① 権利の変更の登記の登録免許税は，実質的には委付（その他の原因）による所有権の移転の登記であることから，不動産の価額の1,000分の20の額（同法別表第一の一㈡ハ）
　　② 信託の登記の抹消の登録免許税は，不動産1個につき1,000円（同法別表第一の一（十五））
(4) 受託者の変更の登記及び合有登記名義人の変更の登記
　ア　受託者の変更による所有権の移転の登記（受託者1人）
　　登録免許税は，非課税（同法7条1項3号）
　イ　受託者の変更による所有権の合有登記名義人の変更の登記（受託者2人以上）
　　登録免許税は，非課税（同法7条1項3号）

第1章 信託に関する登記

## 33 所有権以外の権利に関する信託登記に係る登録免許税

> 問　所有権以外の権利に関する信託登記に係る登録免許税の税額は，どのようになりますか。

【答】　所有権以外の信託の登記の登録免許税の課税標準及び税率は，原則として，登記の区分に応じ，登免税法別表第一に掲げる一般的な税率に従うこととされており（同法9条），先取特権，質権又は抵当権の信託の登記の登録免許税は，債権金額又は極度金額の1,000分の2の額（同法別表第一の一(十)ロ）であり，その他の権利の信託の登記の登録免許税は，不動産の価額の1,000分の2の額（同法別表第一の一(十)ハ）です。

【解説】

1　設問の趣旨

　前問においては，所有権に関する信託登記に係る登録免許税の算出方法，登免税法及び租特法に基づく非課税若しくは軽減規定について，説明しました。本設問は，所有権以外の権利に関する登録免許税の上記事項について，問うものです。

　以下，順次，説明します。

2　所有権以外の信託の登記の登録免許税

(1)　原　則

　登録免許税の課税標準及び税率は，登記の区分に応じ，登免税法別表第一に掲げる一般的な税率に従うこととされています（同法9条）。

(2)　先取特権，質権又は抵当権の信託の登記

　債権金額又は極度金額の1,000分の2の額（同法別表第一の一(十)ロ）

(3)　その他の権利の信託の登記

　不動産の価額の1,000分の2の額（同法別表第一の一(十)ハ）

(4)　共同担保の関係にある抵当権等につき信託の登記を受ける場合の

第二節　信託に関する登記

課税標準及び税率

　同一債権のために数個の不動産等に関する権利を目的とする先取特権，質権又は抵当権の保存若しくは設定，移転又は信託の登記（以下「抵当権等の設定登記」といいます。）を受ける場合において，当該抵当権等の設定登記の申請が最初の申請以外のものであるときは，当該抵当権等の設定登記に係る登録免許税の課税標準及び税率は，当該抵当権等の設定登記が登免税法第13条第2項の規定に該当するものであることを証する財務省令で定める書類を添付して当該抵当権等の設定登記の申請をするものに限り，当該抵当権等の設定登記に係る不動産等に関する権利の件数1件につき1,500円とする（同法13条2項）ものとされています。

　なお，抵当権等の信託の登記に同条の規定の適用があるかについては，通達において，同条の規定に基づく取扱いとして差し支えないとされています（平成20年10月28日民二第2861号民事局民事第二課長通知）。

(5)　信託財産の登記等の課税の特例（同法7条）

　信託のために抵当権等を委託者から受託者に移転する場合，信託の終了により受託者から委託者（承継人）に信託財産引継を原因として抵当権等を移転する場合（一定の要件があります。），及び受託者の変更により新たな受託者に抵当権等を移転する場合の登録免許税については，次のとおりです。

　ア　信託による抵当権等の移転の登記で，次のいずれかに該当するものについては，登録免許税は，非課税となります（同条1項）。

　　①　委託者から受託者に信託のために抵当権等を移す場合における抵当権等の移転の登記（1号）

　　②　信託の効力が生じた時から引き続き委託者のみが信託財産の元本の受益者である信託の信託財産を受託者から当該受益者（当該信託の効力が生じた時から引き続き委託者である者に限

る。）に移す場合における抵当権等の移転の登記（2号）

③　受託者の変更に伴い受託者であった者から新たな受託者に信託財産を移す場合における抵当権等の移転の登記（3号）

イ　信託財産を受託者から受益者に移す場合であって，かつ，当該信託の効力が生じた時から引き続き委託者のみが信託財産の元本の受益者である場合において，当該受益者が当該信託の効力が生じた時における委託者の相続人（当該委託者が合併により消滅した場合にあっては，当該合併後存続する法人又は当該合併により設立された法人）であるときは，当該信託による抵当権等の移転の登記を相続（当該受益者が当該存続する法人又は当該設立された法人である場合にあっては，合併）による抵当権等の移転の登記とみなして，相続を登記原因とする抵当権等の移転の登記と同様に，債権金額を課税標準として，それに1,000分の2（同法別表第一の一㈢ロ）の税率を乗じて算出した額が，登録免許税となります（同法7条2項）。

3　所有権以外の権利に関する信託の登記の申請の類型による登録免許税

(1)　信託行為による権利の保存，設定，移転の登記と信託の登記

ア　抵当権設定の登記及び信託の登記（セキュリティ・トラスト）

①　抵当権設定の登記の登録免許税は，債権金額の1,000分の4の額（同法別表第一の一㈤）

②　信託の登記の登録免許税は，債権金額の1,000分の2の額（同法別表第一の一㈩ロ）

「担保権の設定の登記」は，同法第7条第1項第1号の非課税規定の適用は受けません。信託により，受託者は，委託者から不動産に関する権利を，その移転を原因として取得することになりますが，受託者は，受益者として信託の利益を享受する場合を除き，何人の名義をもってするかを問わず，信託の利益

を享受することができない（信託法8条）とされていることから，受託者による所有権の取得は，信託の目的を達成するためにされる形式的なものにすぎないと評価することができるため，信託による財産権の移転については，登録免許税が非課税とされたものと考えられます。しかし，「設定の登記」は，形式的には，「移転の登記」には該当せず，実質的にも，新たな担保権の発生という点において権利の変動があったものであり，その権利の変動について第三者に対する対抗力を取得させることにかんがみれば，担保権の設定の登記が信託の目的を達成するためにされる形式的なものにすぎないと評価することは相当でないと考えられたことによるものとされています（登記研究「カウンター相談」717号185頁）。

イ　抵当権設定の登記完了後，他管轄登記所にする追加抵当権設定の登記と信託の登記

　①　抵当権設定の登記の登録免許税は，不動産等に関する権利の件数1件につき，1,500円（登免税法13条2項）

　②　信託の登記の登録免許税は，不動産等に関する権利の件数1件につき，1,500円（同法13条2項）

ウ　抵当権移転と信託の登記

　①　抵当権移転の登記の登録免許税は，非課税（同法7条1項1号）

　②　信託の登記の登録免許税は，債権金額の1,000分の2の額（同法別表第一の一(十)ロ）

エ　抵当権移転の登記完了後，他管轄登記所にする抵当権移転の登記と信託の登記

　①　抵当権移転の登記の登録免許税は，非課税（同法7条1項1号）

　②　信託の登記の登録免許税は，不動産等に関する権利の件数1

第1章　信託に関する登記

　　　　件につき，1,500円（同法13条2項）
　　オ　地上権移転と信託の登記
　　　①　地上権移転の登記の登録免許税は，非課税（同法7条1項1号）
　　　②　信託の登記の登録免許税は，不動産の価額の1,000分の2の額（同法別表第一の一(十)ハ）
(2) 権利の変更の登記と信託の登記
　　ア　自己信託による抵当権の信託財産となった旨の登記及び信託の登記
　　　①　権利の変更の登記の登録免許税は，不動産1個につき1,000円（同法別表第一の一（十四））
　　　　なお，同法第7条第1項第1号の非課税規定の適用はありません。
　　　②　信託の登記の登録免許税は，債権金額の1,000分の2の額（同法別表第一の一(十)ロ）
(3) 信託の登記の抹消
　　ア　信託の終了による受益者（帰属権利者）への信託財産引継による抵当権の移転の登記と信託の登記の抹消（セキュリティ・トラスト方式の抵当権設定の登記及び信託の登記がされている不動産）
　　　①　抵当権移転の登記の登録免許税は，債権金額の1,000分の2の額（同法別表第一の一(六)ロ）
　　　　この場合には，当初委託者（借入人）と当初受益者（貸付人）が同一でないため，同法第7条第1項第2号の非課税規定の適用はありません。
　　　②　信託の登記の抹消の登録免許税は，不動産1個につき1,000円（同法別表第一の一（十五））
　　イ　信託の終了による受益者（帰属権利者）への信託財産引継によ

る抵当権の移転の登記と信託の登記の抹消（抵当権移転と信託の登記がされている不動産）

① 抵当権移転の登記の登録免許税は，債権金額の1,000分の2の額（同法別表第一の一(六)ロ）

　ただし，受益者に信託財産を引き継ぐ場合であって，信託の効力を生じた時から引き続き委託者のみが信託財産の元本の受益者であるときには，非課税とされています（同法7条1項2号）。

　なお，この場合にあって，当該受益者が当該信託の効力が生じた時における委託者の相続人（合併承継法人）であるときは，当該信託による抵当権の移転の登記を相続（合併）による抵当権の移転の登記とみなして，登録免許税は，債権金額の1,000分の1の額となります（同法7条2項，同法別表第一の一(六)イ）。

② 信託の登記の抹消の登録免許税は，不動産1個につき1,000円（同法別表第一の一（十五））

ウ　自己信託された不動産が，信託の終了により，委託者（受託者）の固有財産になった旨の権利（抵当権）の変更の登記と信託の登記の抹消

① 権利の変更の登記の登録免許税は，不動産1個につき1,000円（同法別表第一の一（十四））

　なお，同法第7条第1項第2号の非課税規定の適用はありません。

② 信託の登記の抹消の登録免許税は，不動産1個につき1,000円（同法別表第一の一（十五））

## 34 信託の終了により信託財産が受益者等に引き継がれた場合，信託財産が処分された場合，信託財産に属する財産が受託者の固有財産となった場合の信託に関する登記の登録免許税

> 問　①信託の終了により，信託財産が受益者等へ引き継がれた場合の信託に関する登記，②信託財産が処分されたことによる信託に関する登記，③信託財産に属する財産を受託者の固有財産としたことによる信託に関する登記に係る登録免許税の税額は，どのようになりますか。

【答】　①　信託の終了により，信託財産が受益者等へ引き継がれた場合の信託に関する登記に係る登録免許税の税額は，権利の移転の登記の登録免許税と信託の登記の抹消の登録免許税を合算した額です。

　　　　　ただし，受益者に信託財産を引き継ぐ場合であって，信託の効力が生じた時から引き続き委託者のみが信託財産の元本の受益者であるときには，非課税とされています（登免税法7条1項2号）。

　　　　　なお，この場合にあって，当該受益者が当該信託の効力が生じた時における委託者の相続人（合併承継法人）であるときは，当該信託による財産権の移転の登記を相続（合併）による財産権の移転の登記とみなして（同条2項），登免税法の規定を適用した税率を乗じて算出した額が登録免許税となります。

　　　②　信託財産が処分されたことによる信託に関する登記に係る登録免許税の税額は，信託財産処分による売買を原因とする所有権移転の登記と信託の登記の抹消の場合には，所有権移転の登記の登録免許税と信託の登記の抹消の登録免許税を合算した額です。

　　　　　なお，土地に関する売買による所有権移転の登記の税率については，平成25年4月1日から平成29年3月31日までの間は，不動

産の価額の1,000分の15に軽減されています（租特法72条1項1号）。

③　信託財産に属する財産を受託者の固有財産としたことによる信託に関する登記に係る登録免許税の税額は，委付を原因として信託財産に属する財産を受託者の固有財産とした旨の登記と信託の登記の抹消の場合には，権利の変更の登記の登録免許税と信託の登記の抹消の登録免許税を合算した額です。

なお，権利の変更の登記の登録免許税は，実質的には，委付（その他の原因）による所有権移転の登記であることから，不動産の価額の1,000分の20の額です。

【解説】
1　概　説

本設問においては，①信託の終了により信託財産が受益者等に引き継がれた場合，②信託財産が処分された場合，③信託財産に属する財産が受託者の固有財産となった場合の信託に関する登記の登録免許税の税額が，問われています。

以下，順次，説明します。

2　設問の検討

(1)　信託の終了により，信託財産が受益者等へ引き継がれた場合の信託に関する登記に係る登録免許税の税額

ア　信託の終了及び残余財産の帰属

信託の終了事由及び信託が終了した場合の信託財産の帰属については，問27の解説1で説明しました。

信託が，信託法第163条等の規定に基づいて終了した場合において，信託財産に残余財産があるときは，当該残余財産は，①信託行為において残余財産の給付を内容とする受益債権に係る受益者となるべき者として指定された者（同法182条1項1号。残余財産受益者），及び②信託行為において残余財産の帰属すべき者と

第1章　信託に関する登記

なるべき者として指定された者（同項2号。帰属権利者）に帰属します（以下，①及び②の両者を総称して「残余財産受益者等」といいます。）。②の帰属権利者は，信託行為に別段の定めがある場合を除き，当然に残余財産の給付をすべき債務に係る権利を取得します（同法183条1項）。

　以上が，第1順位の帰属者についての規定ですが，信託法は，残余財産受益者等の指定に関する定めがない場合又は信託行為の定めにより残余財産受益者等として指定を受けた者のすべてがその権利を放棄した場合には，信託行為に委託者又はその相続人その他の一般承継人を帰属権利者として指定する旨の定めがあったものとみなす（同法182条2項）として，委託者又はその相続人その他の一般承継人が，第2順位の帰属者になる旨を規定しています。

　この第2順位者がいない場合又はこれらの者がその権利を放棄した場合には，残余財産は，清算事務を行う受託者に帰属するとされています（同条3項）。

　残余財産が帰属権利者へ引き継がれた場合の登記手続については，問27の解説2を参照してください。

イ　信託の終了による信託に関する登記の申請と登録免許税

　(ア)　信託の終了による受益者（帰属権利者）への信託財産引継による所有権移転の登記と信託の登記の抹消

　　①　所有権移転の登記の登録免許税は，不動産の価額の1,000分の20の額（登免税法別表第一の一(二)ハ）

　　　ただし，受益者に信託財産を引き継ぐ場合であって，信託の効力を生じた時から引き続き委託者のみが信託財産の元本の受益者であるときには，非課税（同法7条1項2号）

　　　なお，この場合にあって，当該受益者が当該信託の効力が生じた時における委託者の相続人（合併承継法人）であると

きは，当該信託による財産権の移転の登記を相続（合併）による財産権の移転の登記とみなして，登録免許税は，不動産の価額の1,000分の4（同法7条2項，同法別表第一の一㈡イ）

② 信託の登記の抹消の登録免許税は，不動産1個につき1,000円（同法別表第一の一（十五））

㈣ 自己信託された不動産が信託の終了により，委託者（受託者）の固有財産になった旨の権利（所有権）の変更の登記と信託の登記の抹消

① 権利の変更の登記の登録免許税は，不動産1個につき1,000円（同法別表第一の一（十四））

なお，同法第7条第1項第2号の非課税規定の適用はありません。

② 信託の登記の抹消の登録免許税は，不動産1個につき1,000円（同法別表第一の一（十五））

㈦ 信託の終了による受益者（帰属権利者）への信託財産引継による抵当権の移転の登記と信託の登記の抹消（セキュリティ・トラスト方式の抵当権設定の登記及び信託の登記がされている不動産）

① 抵当権移転の登記の登録免許税は，債権金額の1,000分の2の額（同法別表第一の一㈥ロ）

この場合には，当初委託者（借入人）と当初受益者（貸付人）が同一でないため，同法第7条第1項第2号の非課税規定の適用はありません。

② 信託の登記の抹消の登録免許税は，不動産1個につき1,000円（同法別表第一の一（十五））

㈡ 信託の終了による受益者（帰属権利者）への信託財産引継による抵当権の移転の登記と信託の登記の抹消（抵当権移転と信託の登記がされている不動産）

① 抵当権移転の登記の登録免許税は，債権金額の1,000分の2の額（同法別表第一の一㈥ロ）

ただし，受益者に信託財産を引き継ぐ場合であって，信託の効力を生じた時から引き続き委託者のみが信託財産の元本の受益者であるときには，非課税（同法7条1項2号）

なお，この場合にあって，当該受益者が当該信託の効力が生じた時における委託者の相続人（合併承継法人）であるときは，当該信託による財産権の移転の登記を相続（合併）による財産権の移転の登記とみなして，登録免許税は，債権金額の1,000分の1となります（同法7条2項，同法別表第一の一㈥イ）。

② 信託の登記の抹消の登録免許税は，不動産1個につき1,000円（同法別表第一の一（十五））

㈥ 自己信託された不動産が信託の終了により，委託者（受託者）の固有財産になった旨の権利（抵当権）の変更の登記と信託の登記の抹消

① 権利の変更の登記の登録免許税は，不動産1個につき1,000円（同法別表第一の一（十四））

なお，同法第7条第1項第2号の非課税規定の適用はありません。

② 信託の登記の抹消の登録免許税は，不動産1個につき1,000円（同法別表第一の一（十五））

(2) 信託財産が処分されたことによる信託に関する登記に係る登録免許税の税額

不動産の処分を目的とする信託にあっては，信託財産である不動産を処分し，信託の目的を達成した場合には，その財産は，信託財産でなくなり信託の登記を抹消することとなりますが，この場合の信託の登記の抹消の申請は，当該権利の移転の登記若しくは変更の

登記又は当該権利の登記の抹消の申請と同時にしなければなりません（法104条1項）。

ア　信託財産処分による売買を原因とする所有権の移転の登記と信託の登記の抹消

①　所有権移転の登記の登録免許税は，不動産の価額の1,000分の20の額（登免税法別表第一の一㈡ハ）

　　ただし，土地に関する売買による所有権の移転の登記の税率については，平成25年4月1日から平成29年3月31日までの間は，不動産の価額の1,000分の15に軽減（租特法72条1項1号）

②　信託の登記の抹消の登録免許税は，不動産1個につき1,000円（同法別表第一の一（十五））

(3)　信託財産に属する財産を受託者の固有財産としたことによる信託に関する登記に係る登録免許税の税額

ア　信託財産に属する財産を受託者の固有財産に属する財産に帰属させること（自己取引）は，原則，利益相反行為に当たるものとして禁止されていますが，信託行為に許容する旨の定めがあるとき又は受益者の承諾が得られる場合には，許容されることになります。

　　例えば，信託財産に属する財産を受託者の固有財産に属する財産に帰属させる事例としては，委託者（受益者）が信託債務の弁済に代えて，受託者が支出した費用等の支払いを信託財産で行ったとき，又は委託者（受益者）が受託者に一定の報酬を支払うべき場合に，その支払いができず，信託財産そのものを受託者に与えることによって対処するような場合にあっては，受託者は「委付」を原因として当該信託財産を取得することとなり，また，信託財産である不動産を処分する必要があるが，適当な買手がいない場合等にあって，やむを得ず受託者に売り渡すことが最善であ

る場合においては、受託者は「売買」を原因として当該信託財産を取得することになります。

イ　権利の変更の登記と信託の登記の抹消の登記申請

「信託財産に属する財産を受託者の固有財産に属する財産に帰属させる」事案においては、その権利は、受託者に属するものである点は変わらず、権利の移転は伴いませんが、受託者の信託財産に属する財産から固有財産に属する財産となる点で、権利の変更に該当し、当該権利が「固有財産になった旨」の権利の変更の登記をすることになります（法98条1項）。

この「固有財産になった旨」の権利の変更の登記については、その申請人についての特例が設けられており、不動産に関する権利が信託財産に属する財産から受託者の固有財産に属する財産となった場合には、受託者を登記権利者、受益者を登記義務者とする共同申請によるものとされています（法104条の2第2項前段）。この場合、登記義務者である受益者については、登記識別情報（登記済証）の提供は要しないとされています（同項後段）。

なお、不動産に関する権利が信託財産に属する財産から受託者の固有財産に属する財産となったことによる信託の登記の抹消は、受託者が、単独で申請することになりますが、当該抹消の登記は、「固有財産になった旨」の権利の変更の登記と同時に（法104条1項・2項）、かつ、一の申請情報によってしなければなりません（令5条3項）。

ウ　信託財産に属する財産を受託者の固有財産としたことによる信託に関する登記の登録免許税

(ア)　委付を原因として信託財産に属する財産を受託者の固有財産とした旨の登記と信託の登記の抹消

① 権利の変更の登記の登録免許税は、実質的には委付（その他の原因）による所有権移転の登記であることから、不動産

の価額の1,000分の20の額（登免税法別表第一の一㈡ハ）

② 信託の登記の抹消の登録免許税は，不動産1個につき1,000円（同法別表第一の一（十五））

(イ) 売買を原因として信託財産に属する財産を受託者の固有財産とした旨の登記と信託の登記の抹消

① 権利の変更の登記の登録免許税は，実質的には売買による所有権移転の登記であることから，不動産の価額の1,000分の20の額（同法別表第一の一㈡ハ）

ただし，土地に関する売買による所有権の移転の登記の税率については，平成25年4月1日から平成29年3月31日までの間は，不動産の価額の1,000分の15（租特法72条1項1号）。

② 信託の登記の抹消の登録免許税は，不動産1個につき1,000円（同法別表第一の一（十五））

# 第2章

## 判決による登記

第一節　総　　説

## 第1款　通　　則

### 35　登記権利者又は登記義務者の一方による単独申請

> 問　不動産の権利に関する登記の申請は，原則として，登記権利者及び登記義務者が共同してすることになりますが，登記義務者が当該登記の申請に協力しないときは，登記権利者は，どのような方法によって，当該登記をすることになりますか。また，登記権利者が登記の申請に協力しないときは，どうですか。

【答】　不動産の権利に関する登記について，登記義務者が当該登記の申請に協力しないときは，登記権利者は，登記義務者に対し，当該登記手続の履行を求める訴訟を提起し，その登記手続をすべきことを命ずる確定判決を得て，単独で当該登記の申請をすることができます。また，登記権利者が登記の申請に協力しないときは，登記義務者は，登記権利者に対し，当該登記手続をすべきことを命ずる確定判決を得て，単独で当該登記の申請をすることができます。

【解説】

1　権利に関する登記と共同申請の原則

　　法第60条は，「権利に関する登記の申請は，法令に別段の定めがある場合を除き，登記権利者及び登記義務者が共同してしなければならない。」と規定して，不動産の権利に関する登記について共同申請の原則を定めています。これは，当該登記により登記上直接利益を受ける者（登記権利者）と登記上直接不利益を受ける者（登記義務者）との共同申請構造を採ることによって，登記の真実性を確保し，かつ，迅速な処理を図ることとしたものであると説明されています。

## 2 例外としての確定判決による登記

(1) 前述のように，権利に関する登記における共同申請主義は，不真正な登記を防止するために採用された原則ですから，当事者の一方のみの申請によっても，不真正な登記の生ずるおそれがない場合には，例外的にこれを認めて差し支えないものと考えられます。

その一つとして，法第63条第1項は，「第60条，第65条又は第89条第1項（同条第2項（第95条第2項において準用する場合を含む。）及び第95条第2項において準用する場合を含む。）の規定にかかわらず，これらの規定により申請を共同してしなければならない者の一方に登記手続をすべきことを命ずる確定判決による登記は，当該申請を共同してしなければならない者の他方が単独で申請することができる。」と規定しています（これを一般に「判決による登記」と呼んでいます。）。そこで，甲が，乙から同人所有名義の不動産を買い受けてその所有権を取得したが，乙が甲への所有権移転の登記の申請に応じない場合には，買主甲は，売主乙を被告として，所有権移転登記手続請求訴訟を提起し，請求認容の勝訴判決を得て，これが確定したときは，甲単独で，乙から甲への所有権移転の登記を申請することができます。

(2) このように，確定判決による登記は，不動産の権利に関する登記について登記権利者及び登記義務者が共同して申請しなければならない場合において，その一方が登記の申請に協力しないときに，その他方が，一方に対して登記手続をすべきことを命ずる確定判決を得て，これを一方の登記申請行為（意思表示）に代えることにより，単独で登記の申請をすることができるというものです。複数の登記名義人が共同して申請すべきものとされている共有物分割禁止の定めの登記（法65条），抵当権の順位の変更の登記（法89条1項）等について，その一部の者が登記申請に協力しない場合も，他の者が，一部の者に対して登記手続を命ずる確定判決を得て，単独で申

請することができます。

(3) 登記手続を命ずる確定判決による単独申請を規定する法第63条第1項の趣旨は，次のとおりです。

　すなわち，権利に関する登記は，登記権利者の登記申請の意思と登記義務者の登記申請の意思とが合致した一つの申請行為によってされることを基本としていますので，例えば，不動産の買主（登記権利者）と売主（登記義務者）との間に売買代金や履行条件などをめぐる問題が生じ，売主が登記の申請に応じないという事態に至った場合でも，当該登記手続が可能となる仕組みを用意しておく必要があります。

　ところで，登記申請行為は，個人又は法人が登記官に対し，一定内容の登記をすべきことを求める手続法上の意思表示ですので，当事者が共同して登記を申請すべき場合において，その一方が他方に対して負う登記義務の内容は，いわゆる意思表示をすべき債務といわれるものに属します。そして，この意思表示をすべき債務を負担する者が，任意にこれを履行しない場合の強制履行の方法について，民法第414条第2項ただし書は，「法律行為を目的とする債務については，裁判をもって債務者の意思表示に代えることができる。」と規定し，その執行手続を定める民執法第174条第1項本文は，「意思表示をすべきことを債務者に命ずる判決その他の裁判が確定し，又は和解，認諾，調停若しくは労働審判に係る債務名義が成立したときは，債務者は，その確定又は成立の時に意思表示をしたものとみなす。」こととしています。

　したがって，不動産の売主が登記の申請に協力しない場合には，その買主は，売主を被告として所有権移転登記手続請求訴訟を提起し，同人に対し所有権移転の登記手続をすべきことを命ずる勝訴判決を得れば，売主は，その判決が確定した時に登記申請の意思表示をしたものとみなされますので，これをもって売主の登記申請行為

に代え，買主の単独申請によることとしても，登記の真正の確保が損なわれることはありません。

　法第63条第1項は，民法及び民執法の規定を前提として，当事者が共同して登記を申請すべき場合において，その一方に対して登記手続をすべきことを命ずる確定判決を得たときは，共同申請主義を採用する法第60条の規定にかかわらず，他方による単独申請ができることを明らかにしたものです。

(4)　法第63条第1項の確定判決による登記は，登記義務者が登記の申請に協力しない場合のみならず，登記権利者が登記の申請に協力しない場合において，登記義務者が登記権利者に対し，登記手続をすべきことを命ずる確定判決を得たときも，登記義務者自らが単独で当該登記の申請をすることができます。

　旧法第27条は，判決による登記は登記権利者のみで申請することができる旨を規定するにとどまっていましたが，判例（最高裁昭和36年11月24日判決・民集15巻10号2573頁）及び学説の多数は，登記権利者が登記手続に協力しない場合，登記義務者は登記権利者に対する登記手続請求訴訟（いわゆる登記引取請求訴訟）を提起することができるとし，登記実務も，これを積極に解していました。

　そこで，改正後の法第63条第1項は，判例の考え方や登記実務の取扱い等を踏まえ，「申請を共同してしなければならない者の一方に登記手続をすべきことを命ずる確定判決による登記は，当該申請を共同してしなければならない者の他方が単独で申請することができる。」と規定して，登記権利者が登記の申請に協力しない場合においても，登記義務者が登記権利者に対し，登記手続を命ずる確定判決を得たときは，登記義務者が単独で登記の申請ができる旨を明らかにしています。

(5)　以上述べたように，確定判決による登記については，権利に関する登記の共同申請主義の例外として，当事者の一方による単独申請

が認められています。その余の事項については、特段の規定がない限り、一般の申請と同様に取り扱われます。この点に関し、東京地裁昭和60年12月26日判決（判時1181号91頁）は、旧法第27条の判決による登記の申請につき、特別の定めのない限り、登記義務者の現実の申請行為が不要とされる点を除き、共同申請の手続において必要とされる手続をすべて履践することを要するものと解すべきであると判示しています。

〔参考文献〕

　小池信行「判決による登記」新・不動産登記講座総論Ⅲ 72頁〔日本評論社〕

　細川清「判決による登記の基礎」登記研究557号3頁

　青山正明編著「新訂民事訴訟と不動産登記一問一答」137頁〔テイハン〕

　清水響編著「一問一答新不動産登記法」174頁〔商事法務〕

第2章 判決による登記

## 36 判決による登記の対象となる登記とならない登記

> 問　法第63条第1項に規定する確定判決を得てすることができる登記（判決による登記の対象となる登記）とは，どのような登記ですか。また，権利に関する登記のうち，判決による登記の対象とならない登記には，どのような登記がありますか。

【答】　不動産の権利に関する登記のうち，登記権利者及び登記義務者が共同して申請すべきものとされている登記（法60条）並びに複数の登記名義人が共同して申請すべきものとされている登記（法65条，89条，95条2項）が判決による登記の対象となります。権利に関する登記であっても，単独申請によるべきものとされている所有権保存の登記（法74条），相続又は合併による権利移転の登記（法63条2項），登記名義人の氏名若しくは名称又は住所の変更又は更正の登記（法64条）等は，判決による登記の対象とはなりません。

【解説】
　法第63条第1項は，「第60条，第65条又は第89条第1項（同条第2項（第95条第2項において準用する場合を含む。）及び第95条第2項において準用する場合を含む。）の規定にかかわらず，これらの規定により申請を共同してしなければならない者の一方に登記手続をすべきことを命ずる確定判決による登記は，当該申請を共同してしなければならない者の他方が単独で申請することができる。」と規定して，判決による登記の対象を明確にしています。

1　登記権利者及び登記義務者の共同申請による登記

　法第63条第1項に規定する判決による登記は，当事者が共同して権利に関する登記の申請をしなければならない場合において，当事者の一方がこれに応じないときに，その他方が一方に対し，登記手続をすべきことを命ずる確定判決を得たときは，単独で当該登記の申請を

することができるというものですから，その対象となるのは，まず，登記権利者及び登記義務者が共同して申請すべきものとされている権利に関する登記です。

　権利に関する登記は，法令に別段の定めがある場合を除き，登記権利者及び登記義務者が共同して申請すべきものとされています（法60条）ので，例外的に単独申請によるべきものとされている所有権保存の登記（法74条），相続又は合併による権利移転の登記（法63条2項），登記名義人の氏名若しくは名称又は住所の変更又は更正の登記（法64条）などの一部を除き，判決による登記の対象となります。仮登記についても，原則として，仮登記の登記権利者及び登記義務者の共同申請によるべきものとされていますので，判決による登記の対象となるものと考えられます。ただし，法第105条第1号の仮登記は，その性質上判決による登記の対象とはならないと解されています（直接本登記手続を求めれば足ります。）。

　なお，表示に関する登記は，不動産の所有者（法36条，47条），表題部所有者若しくは所有権の登記名義人（法37条，39条等）又はこれらの者の一般承継人（法30条）が単独で申請すべきものとされ，そもそも権利に関する登記について共同申請主義の原則を規定する法第60条は適用されませんから，その特則である法第63条第1項の判決による登記の対象とはなりません。

2　複数の登記名義人の共同申請による登記

　次に，複数の登記名義人が共同して申請すべきものとされている共有物分割禁止の定めの登記（法65条），抵当権の順位の変更（法89条1項）又は共有根抵当権の優先の定め（同条2項）等の登記及び質権又は転質の登記（法95条2項）も，法第63条第1項の判決による登記の対象となります。これらの登記は，登記権利者及び登記義務者を明確に区別することができないため，共有の登記名義人全員や順位変更に係る各抵当権の登記名義人など，複数の登記名義人による共同申請（い

わゆる合同申請）によるべきものとされています。

　旧法第27条は，登記権利者及び登記義務者による共同申請の場合における登記権利者の単独申請を規定するにとどまっていましたが，登記実務は，抵当権の順位の変更の登記等につき，同条の類推適用を認めていました。改正後の法第63条第1項は，いわゆる合同申請の場合にも，申請人の一部の者が登記申請に応じないときは，他の申請人は，その者に登記手続をすべきことを命ずる確定判決を得て，単独で当該登記の申請ができる旨を明らかにしています。

### 3　所有権保存の登記の抹消についての類推適用

　法第77条は，「所有権の登記の抹消は，所有権の移転の登記がない場合に限り，所有権の登記名義人が単独で申請することができる。」と規定して，所有権移転の登記がない場合，すなわち所有権保存の登記のみがある場合には，その抹消は当該所有権の登記名義人の単独申請によるべきものとしています。しかし，例えば，甲所有の建物について，無権利者乙が自己名義の表題登記をした上，所有権保存の登記を経由した場合において，乙が任意にその保存登記の抹消に応じなければ，甲は，どのような手段をとることができるのかという問題があります。

　この点については，甲は，乙に対し，同人名義の所有権保存の登記の抹消登記手続を訴求することができるとするのが判例の立場です（最高裁昭和41年3月18日判決・民集20巻3号464頁）ので，甲は，乙を被告としてその抹消登記手続を求める訴えを提起し，その勝訴の確定判決を得ることができます。

　次に，甲が所有権保存の登記の抹消登記手続を命ずる確定判決に基づいて当該保存登記を抹消するためには，どのような登記手続によるべきかという点ですが，登記実務は，法第63条第1項（旧法27条）の規定を類推適用して，甲は，単独で当該所有権保存の登記の抹消を申請することができるとしています（昭和28年10月14日民事甲第1869号

民事局長通達等)。

　なお，この類推適用説に対しては，所有権保存の登記の抹消の申請適格者が当該登記名義人に限られていることから，債権者代位の手続により保存登記の抹消を申請するのが相当であるとする考え方も有力です(注)。

(注)　香川保一「不動産登記法逐条解説(14)」登記研究 627 号 71 頁，細川清「判決による登記の基礎」登記研究 557 号 19 頁

第2章　判決による登記

## 第2款　判決の意義

### 37　所有権を確認する判決による所有権移転の登記の単独申請の可否

> 問　甲は，乙から同人所有名義のＡ不動産を買い受けたが，売買契約の効力をめぐって紛争が生じたため，乙に対し所有権確認の訴えを提起し，「原告甲と被告乙との間において，Ａ不動産が原告の所有であることを確認する。」との勝訴判決を得て，これが確定した場合，甲は，当該判決に基づき，乙から甲への所有権移転の登記を単独で申請することができますか。

【答】　設問の判決は，Ａ不動産が甲の所有に属することを確認するにとどまり，乙に対して登記手続をすべきことを命じた判決ではありませんので，甲は，当該判決に基づき，乙から甲への所有権移転の登記を単独で申請することはできません。

【解説】
1　確定判決の意義

　　法第63条第1項は，権利に関する登記について共同申請の原則を定める法第60条等の規定にかかわらず，「これらの規定により申請を共同してしなければならない者の一方に登記手続をすべきことを命ずる確定判決による登記は，当該申請を共同してしなければならない者の他方が単独で申請することができる。」と規定しています。したがって，その文言からも明らかなように，同項にいう「確定判決」は，登記権利者及び登記義務者が共同して権利に関する登記を申請すべき場合又は複数の登記名義人が共同して権利に関する登記を申請するいわゆる合同申請の場合において，その主文で，当事者の一方に登記手続をすべきことを命じた給付判決でなければならず，単に実体法上又

は手続法上の権利関係を確認し，あるいは形成するにとどまる判決は，これに該当しません。

旧法第 27 条は，「判決……ニ因ル登記」と規定するのみで，当該判決がどのような種類・内容のものであるかを特に明らかにしていませんでしたが，従前から，同条にいう「判決」は，その主文において，登記義務者に対し特定の登記手続を命じた給付判決であることを要し，単に実体上の権利関係を確認し，又は形成するだけの判決は，これに含まれないとするのが判例及び登記実務の立場でした（大審院明治 44 年 12 月 22 日判決・民録 17 輯 877 頁，大審院大正 15 年 6 月 23 日判決・民集 5 巻 536 頁，明治 33 年 9 月 24 日民刑第 1390 号民刑局長回答）。改正後の法第 63 条第 1 項は，「登記手続をすべきことを命ずる確定判決」と規定して，これを明確にしたものです（問 35 参照）。

2　給付判決以外の判決

判決の主文において，当事者の一方に登記手続をすべきことを命じたものではない場合，すなわち当事者の一方の登記申請の意思表示が擬制されない場合には，たとえ当該判決の理由中から，その者の登記義務の存在が明らかであったとしても，法第 63 条第 1 項所定の確定判決には該当しません。例えば，甲は，乙所有の A 不動産を買い受けたが，乙が登記申請に応じないので，判決を得て登記をしようという場合には，その判決は，「乙は，甲に対し，年月日売買を原因とする所有権移転登記手続をせよ。」という登記手続を命じたものでなければなりません。設問のように，A 不動産について所有権確認の訴えを提起し，「甲の所有であることを確認する。」との判決を得たとしても，当該判決は，実体上の権利関係の存在を確認したものであって，乙に対し所有権移転登記手続を命じたものではありませんから，この判決に基づき，甲が，単独で所有権移転の登記を申請することはできません。

なお，従前の登記先例をみると，和解調書や調停調書に記載された

第2章　判決による登記

条項が当事者の一方に登記手続を命じたものであるかどうかが問題となったものが散見され，例えば，単に「所有権移転登記手続に必要な書類を交付する」旨が記載されているにすぎない和解調書は，登記義務者の登記申請の意思表示を欠くとされています（昭和56年9月8日民三第5483号民事局第三課長回答）。

### 3　仮執行宣言による登記の可否

まだ確定していない給付判決について，確定した場合と同様の効力（判決の内容を実現する効力）を与えることを仮執行といいます（民訴法259条）。敗訴した当事者が上訴をすると，判決の確定が妨げられるのに対抗して，勝訴者に権利を早期に実現する途を開くものです。この仮執行の宣言を付した判決によって，登記手続を命ずることができるか否かという問題がありますが，この点については，問40で説明します。

## 38 確定判決による登記を申請する場合の確定判決と同一の効力を有するものの意義

問　判決による登記を申請する場合の添付情報として，令第7条第1項第5号ロ(1)は，「執行力ある確定判決の判決書の正本（執行力のある確定判決と同一の効力を有するものの正本を含む。）」を提供しなければならないと規定していますが，この「確定判決と同一の効力を有するもの」とは，どのようなものをいうのですか。

【答】　裁判上の和解調書又は請求の認諾調書（民訴法267条），調停調書（民事調停法16条），家庭裁判所の審判（家事事件手続法75条）又は調停調書（同法268条）など，民訴法その他の法令の規定により確定判決と同一の執行力を有するとされているものをいいます（民執法174条1項参照）。

【解説】

　　民執法第174条第1項本文は，「意思表示をすべきことを債務者に命ずる判決その他の裁判が確定し，又は和解，認諾，調停若しくは労働審判に係る債務名義が成立したときは，債務者はその確定又は成立の時に意思表示をしたものとみなす」こととしています。したがって，法第63条第1項にいう「確定判決」の意義についても，登記手続をすべきことを命ずるという点で確定判決と同一の執行力を有するこれらの債務名義をも含むと解すべきであり，令第7条第1項第5号ロ(1)は，これを当然の前提としたものということができます。

1　裁判上の和解調書

　　裁判上の和解には，「訴訟上の和解」（民訴法89条，265条）と「訴え提起前の和解」（同法275条）があり，前者は，訴訟係属中に，裁判所において当事者が訴訟を終了させる目的をもって訴訟物である権利又は法律関係について相互に譲歩して争いを解決する合意であり，裁判

所書記官がこれを調書に記載すると，確定判決と同一の効力を有し，その内容に従い執行力を有します（民訴法267条，民執法174条1項）。後者の訴え提起前の和解の場合も同様です。そこで，裁判上の和解調書に，一方の当事者の登記申請手続に関する意思表示の記載がある場合には，他方は，当該和解調書の正本を提供して，単独で登記の申請をすることができます（大審院昭和9年11月26日決定・民集13巻2171頁，明治33年1月17日民刑局長回答，明治35年7月1日民刑第637号民刑局長回答）。

和解条項においては，当事者一方の登記申請手続に関する個別具体的な意思表示が明確にされている必要があり，また，その文言も，判決主文における給付文言である「登記手続をせよ」に対応して，端的に「登記手続をする」との給付文言にする必要があります。例えば，単に「所有権移転登記手続に必要な書類を交付する」旨が記載されているにすぎない和解調書は，登記義務者の登記申請の意思表示を欠き，旧法第27条（現行法63条1項）の判決には該当しないとされています（昭和56年9月8日民三第5483号民事局第三課長回答）。また，「原告又は原告の指定する者に対し，所有権移転登記手続をする」旨の和解調書に基づき，原告の指定を受けたと称する者から単独で所有権移転の登記の申請があった事案につき，当該和解条項には，債務者の給付義務の内容が個別的かつ具体的に表示されていないから，原告又はその指定を受けた者であっても，単独で登記を申請することはできないとされています（昭和33年2月13日民事甲第206号民事局長通達）。

2　認諾調書

請求の認諾は，口頭弁論，弁論準備手続又は和解の期日において，被告が，訴訟物たる権利又は法律関係について原告の請求に理由があることを認める旨の訴訟上の陳述であり（民訴法266条1項），裁判所書記官がこれを調書に記載すると，確定判決と同一の効力を有し，その内容に従い執行力を生じます（民訴法267条，民執法174条1項）。そこで，原告が被告に対し，一定の登記手続をすべきことを求める訴訟を

提起し，被告が請求に理由があると認めて，調書に当該請求を認諾する旨の記載がされると，その時に被告の登記申請の意思表示が擬制されますので，原告は，当該認諾調書の正本を提供して，単独で登記の申請をすることができます。

3　調停調書

　民事調停法による調停調書及び調停に代わる決定は，裁判上の和解と同一の効力を有するものとされています（同法16条，17条，18条5項）。裁判上の和解が確定判決と同一の効力を有するものとされていることは前述したとおりですので，これらも確定判決と同一の効力を有し，その内容に従い執行力を生じます。

　調停調書についても，和解調書と同様，当該調停条項において，当事者一方の登記申請手続に関する個別具体的な意思表示が明示されていることを要します。登記先例は，「甲は乙所有の不動産を取得し，甲が第三者に転売した場合には，乙はその第三者へ所有権移転登記手続をする」旨の条項がある調停調書につき，乙が直接甲に対し所有権移転登記手続をすべき旨の裁判所の更正決定を得ない限り，甲が，自己への所有権移転の登記を単独で申請することはできないとしています（昭和34年9月9日民事三発第807号民事局第三課長心得回答）。

　なお，登記先例の中には，農地について，「当事者双方協力して，農地法の規定による都道府県知事の所有権移転の許可を受ける手続をとり，その許可があり次第所有権移転の登記手続をする」旨の調停調書に基づく登記権利者の単独申請による所有権移転の登記は，執行文の付与された調停調書の正本を登記原因証書として申請した場合には，便宜受理して差し支えないとしたものがありますが（昭和36年10月12日民事甲第2546号民事局長指示），一方当事者の登記申請の意思表示は，その者の登記申請行為に代わるものですから，一方による単独申請を可能にしようとする場合には，端的に「○○は○○に対し，……登記手続をする。」と表示するのが相当であり，「双方協力して登記手

続をする。」あるいは「登記手続に協力する。」などの表現は避けるべきです（注1）。上記先例は，文字どおり便宜的な取扱いを示したものにすぎないと理解すべきでしょう。

### 4 家庭裁判所の審判又は調停調書

家事事件手続法による確定した家庭裁判所の審判のうち，金銭の支払，物の引渡し，登記義務の履行その他の給付を命ずる審判は，執行力のある債務名義と同一の効力を有し（同法75条），また，家庭裁判所の調停調書の記載又は調停に代わる審判については，確定判決と同一の効力を有するものとされています（同法268条，287条）。そこで，登記申請の一方の当事者に対し，一定の登記手続をすべきことを命ずる審判が確定したとき，又は調停調書において一方の当事者の登記申請の意思表示が記載されているときは，その者の登記申請の意思表示が擬制され（民執法174条1項），他方は，単独で当該登記の申請をすることができます。

審判又は調停調書においては，当事者の一方に一定の登記手続をすべきことを命じ，又は一定の登記申請手続をする旨の意思表示が明確に表示されている必要があります。登記先例には，この点について明言しているものがあります（昭和37年2月8日民事甲第267号民事局長回答）。事案は，遺産分割審判書の主文に「A不動産は相続人甲が取得する」旨の記載があるところ，A不動産については，既に共同相続人らのために相続の登記がされているというものでした。遺産分割協議の対象となった不動産について，共同相続の登記がされている場合には，当該分割の結果，当該不動産を取得した相続人は，単独で相続の登記を申請することはできず，他の相続人との共同申請により，各人の持分移転の登記をしなければなりません（昭和28年8月10日民事甲第1392号民事局長電報回答）。ところが，上記の昭和37年の登記先例の事案では，遺産分割審判書の主文には「A不動産は相続人甲が取得する」との記載があるだけで，他の相続人が，Aのために，各人の持分

の移転登記手続をすべき旨を命ずる記載がなかったことから，この点を捉えて，Ａが自己所有名義の登記を得るには，他の相続人との共同申請によるほかないとの判断を示したのです。この登記先例にかんがみれば，共同相続登記が経由されている相続不動産に係る遺産分割事件においては，その審判の主文又は調停の条項に，遺産分割による所有権の帰属に関する条項に加え，所要の登記手続に関する条項をも掲げておくのが相当でしょう（注2）。

　なお，相続不動産について相続登記がされていなければ（被相続人名義のまま），遺産分割の審判又は調停に基づき，直接，単独取得者名義に「相続」による所有権移転の登記の申請をすることができますので，その場合には，登記手続条項の有無は問題となりません。

5　仲裁判断，外国判決
(1)　仲裁判断
　　仲裁法は，仲裁合意（既に生じた民事上の紛争又は将来において生ずる一定の法律関係に関する民事上の紛争の全部又は一部の解決を仲裁人にゆだね，かつ，その判断に服する旨の合意。同法2条1項）に基づき，仲裁人がした仲裁判断は，当事者間において確定判決と同一の効力を有すると規定していますが（同法45条1項本文），この仲裁判断に基づく民事執行をするためには，確定した裁判所の執行決定を要します（同法45条1項ただし書，46条，民執法22条6号の2）。すなわち，仲裁判断のみでは執行力がなく，裁判所の執行決定があってはじめて執行力を生じます。なお，仲裁法施行前の公示催告手続及ビ仲裁手続ニ関スル法律及び旧民訴法においては，裁判所の執行判決を要するものとされていました（旧民訴法802条）。

　　そこで，登記申請手続を命ずる仲裁判断にも，執行決定（旧民訴法においては執行判決）を要するか否かという点ですが，判例及び登記実務は，従前からこれを積極に解しています（大阪高裁昭和53年3月30日判決・訟務月報24巻3号679頁及びその上告審の最高裁昭和54

年1月25日判決・判時917号52頁，昭和29年5月8日民事甲第938号民事局長回答）。したがって，仲裁判断に基づいて登記の申請をする場合には，その前提として，裁判所の執行決定を得る必要があります。

(2) 外国判決

次に，外国裁判所の確定判決についても，我が国の裁判所の確定した執行判決があれば執行力を生じますので（民執法24条，22条6号），仲裁判断と同様に解することができます。ただし，法の適用に関する通則法第13条第1項は，不動産に関する物権その他登記すべき権利は，その目的物の所在地法によるものとしており，国際私法上，これを目的とする訴訟は，所在地国の裁判権に専属するのが通例とされていますので，実際上，外国判決の例はないものと思われます。

## 6 確定判決に準ずることができないもの

(1) 公正証書

公証人の作成する公正証書は，金銭の一定の額の支払又はその他の代替物若しくは有価証券の一定の数量の給付を目的とする請求に係るもので，債務者が直ちに強制執行に服する旨の陳述が記載されているもの（これを「執行証書」といいます。）に限って執行力を有し，強制執行の債務名義となります（民執法22条5号）。したがって，上記以外の場合には，執行力を有しません。例えば，代物弁済契約公正証書中に，「乙は甲に対し，A不動産について平成○年○月○日代物弁済を原因とする所有権移転登記手続をする」旨の条項があっても，法第63条第1項所定の「確定判決」と同一の効力を有するものとして，当該公正証書により，甲が単独で登記の申請をすることはできません。

(2) 登記手続を命ずる仮処分又は家庭裁判所の保全処分

民保法に基づく仮処分命令（同法23条，24条）や家事事件手続法に基づく審判前の保全処分（同法105条）は，いずれも暫定的な処分

であって，所有権移転の登記手続や抵当権抹消の登記手続のような終局的執行としての登記手続を命ずることはできないと解されています（注3）。従前の裁判例には，これを命じた仮処分決定も見られるようですが，登記実務上，仮に，裁判所が登記手続を命ずる仮処分命令を発しても，当該命令に基づく登記の申請は受理すべきではないとされています（昭和47年12月8日民事三発第996号民事局第三課長回答，昭和57年10月26日民三第6326号同課長回答）。

(注1) 事例研究・登記先例解説集9巻9号103頁〔清水湛発言〕
(注2) 梶村太市「登記実務家のための相続法読本⒁」登記研究619号50頁
(注3) 吉野衛「注釈不動産登記法総論」上巻569頁［きんざい］，小池信行「判決による登記」新・不動産登記講座総論Ⅲ 79頁［日本評論社］

第2章　判決による登記

## 39　確定判決による登記を申請する場合の登記原因証明情報となる確定判決の判決書等の主文等の内容

> 問　確定判決による登記を単独で申請する場合には，執行力のある確定判決の判決書の正本（執行力のある確定判決と同一の効力を有するものの正本を含む。）を添付情報として提供することになりますが，これが登記原因証明情報として認められるためには，判決書等の主文等に，どのような事項が明示されていることを要しますか。

【答】　登記手続をすべきことを命ずる確定判決の主文等においては，原則として，その目的不動産が特定され，当事者（登記権利者及び登記義務者）の氏名又は名称及び住所，登記の目的，登記原因及びその日付その他当該登記の申請に必要な事項（登記申請情報）が個別具体的に明示されていることを要します。

【解説】

　登記の申請は，不動産を識別するために必要な事項，申請人の氏名又は名称，登記の目的その他の登記の申請に必要な事項として政令で定める申請情報を提供してしなければならず（法18条），当該申請情報と併せて登記原因証明情報を提供しなければなりません（法61条）。

　判決による登記は，確定判決等によって擬制された一方当事者の登記申請の意思表示を，その者の登記申請行為に代えるものであって，申請情報として提供すべき事項は，一般の共同申請の場合と特に異なるところはありません。そして，当該意思表示の効力が及ぶのは，基本的には確定判決の主文（裁判上の和解又は調停の場合には，和解条項又は調停条項）に掲げられている事項に限られますから（民訴法114条参照），確定判決の主文等においては，原則として，目的不動産が特定され，当事者（登記権利者及び登記義務者）の氏名又は名称及び住所，登記の目的，登記原因及びその日付その他当該登記の申請に必要

第一節　総　説

な事項が個別具体的に明示されていることを要するものと解するのが相当であるというべきです。

1　目的不動産の特定

　判決による登記の申請に当たっては，申請情報の内容である不動産と登記記録とが合致しないとき（法25条6号）又は登記原因証明情報である判決書等の正本の不動産の表示とが合致しないとき（法25条8号）は，当該申請は却下されます。登記手続請求訴訟の場合，証拠資料として登記事項証明書等が提出されるのが通例ですので，両者が合致しないのは例外的なものと考えられますが，両者が合致しない場合その他の取扱いについては，問51を参照してください。

2　当事者（登記権利者及び登記義務者）の特定

　確定判決の主文等においては，当事者（登記権利者及び登記義務者）が特定されていなければなりません。登記先例は，①「被告は，被告又は原告の指定する者に対し，所有権移転登記手続をする」旨の和解調書につき，債務者の給付義務の内容が個別的かつ具体的に表示されていないことから，原告又はその指定を受けた者であっても，単独で所有権移転の登記の申請をすることはできないとし（昭和33年2月13日民事甲第206号民事局長通達），②また，「甲は，乙所有の不動産を取得し，甲が第三者に転売した場合には，乙はその第三者へ所有権移転登記をする」旨の調停調書につき，具体的に甲への所有権移転登記手続が明示されていないから，乙が直接甲に対して所有権移転登記手続をすべき旨の更正決定を得ない限り，甲が自己への所有権移転の登記を単独で申請することはできないとしています（昭和34年9月9日民事三発第807号民事局第三課長心得回答）。

　次に，当事者（登記権利者及び登記義務者）の氏名又は名称及び住所については，登記手続上，申請情報の内容である登記義務者の表示が登記記録と合致しないときは却下事由となり（法25条7号），また，申請情報の内容が登記原因証明情報の内容と合致しないときも同様で

す（同条8号）。したがって，確定判決の判決書等の正本に掲げられた登記義務者の氏名又は名称及び住所が登記記録上の氏名又は名称及び住所と合致しないときは，あらかじめ，これらについて変更又は更正の登記をする必要があります。両者が合致しない場合その他の取扱いについては，問50を参照してください。

### 3 登記原因及びその日付

(1) 当該確定判決の主文等で明示されていることの要否

　　従前，主として議論が存したのは，申請情報及び登記事項の一つである「登記原因及びその日付」について，当該確定判決の主文等において明示されていることを要するかという点です。登記原因とは，登記の原因となる事実又は法律行為をいい（法5条2項），その日付は，当該登記原因たる事実が発生し，又は法律行為の効力が生じた日をいいます。不動産登記法上，登記原因及びその日付が申請情報及び登記事項とされているのは，登記される権利関係を特定し，権利変動の過程，態様を正確に公示するためのものであること，確定判決等による登記の申請情報として提供すべき事項は，一般の共同申請の場合と特に異なるところはないこと，一方当事者の登記申請の意思表示の効力が及ぶのは，基本的には確定判決の主文（裁判上の和解又は調停の場合には，和解条項又は調停条項）に掲げられている事項に限られること等から，登記原因及びその日付は，確定判決の主文等において明示されていることが必要であるというべきです。

　　この点に関し，大審院判例の中には，判決の主文に登記原因の日付が明記されていない場合であっても，その判決全体に徴し，その日付を知ることができれば足りるとしたものがあり（大審院昭和4年1月28日判決・法律新聞2988号12頁），最高裁判所の判例にも，売買による所有権移転登記手続を命じる場合には，その売買の日付は必ずしも主文に表示する必要はなく，理由中に明示されていれば足り

るとしたものがあります（最高裁昭和32年9月17日判決・民集11巻9号1555頁）。しかしながら，これらはいわば救済判決であって，これを一般化するのは適当ではなく，現在では，その主文において登記原因及びその日付を明示するのが大勢であると考えられます。

　また，従前の登記先例にも，判決書に登記すべき権利の変動の原因の記載があればそれに従い，その記載がないときは「判決」とするといったものがありますが（昭和29年5月8日民事甲第938号民事局長回答），登記手続をすべきことを命ずる判決は，当事者一方の登記申請の意思表示を擬制するにとどまり，登記原因である権利変動事実を当該判決によって創設するものではありません。当該先例は，判決書の記載（理由中の判断を含みます。）から，登記原因が明らかでない場合であっても，判決によって裁判所の判断が示され，一定の登記手続が命じられている以上，これを尊重すべきとの立場から，便宜的な取扱いを示したものと理解すべきでしょう。ちなみに，平成12年1月5日民三第16号民事局第三課長回答は，抵当権の抹消登記請求を行う場合において，その主文は，「被告は，別紙物件目録記載の土地について，別紙登記目録記載の抵当権設定登記の抹消登記手続をせよ。」としてよいかとの照会に対し，「被告は，原告に対し，別紙目録記載の土地について，○○法務局○○出張所平成何年何月何日受付第何号（又は別紙登記目録記載の）抵当権設定登記の平成何年何月何日○○を原因とする抹消登記手続をせよ。」との主文が相当であるとしています（注）。

(2) 「真正な登記名義の回復」を登記原因とすることの可否

　次に，問題とされたのは，判決による登記において，その登記原因を「真正な登記名義の回復」とすることが妥当かどうかということです。この点について，昭和36年10月27日民事甲第2722号民事局長回答は，所有権登記名義人以外の者から買い受けた不動産につき，当該登記名義人を相手方として所有権移転登記手続をすべき

第2章　判決による登記

旨の裁判上の和解が成立した場合には，当該和解調書に基づく登記の申請は受理して差し支えないものとし，登記申請書には「真正なる登記名義の回復」を登記原因として記載すべきであるとしています。この登記先例の事案では，当該当事者間に所有権の移転という物権変動は生じておらず，前述した意味での登記原因は存在しませんから，同先例の取扱いは，権利に関する登記について登記原因及びその日付を登記事項とし，かつ，申請情報の内容とすべき旨を規定する不動産登記法令の趣旨には合致しないものといわざるを得ません。ただし，この先例は，裁判例が，古くから権限のない者によってされた登記の抹消に代えて「真正な登記名義の回復」を原因とする所有権移転の登記を認める取扱いをしてきたため，やむなくその取扱いに妥協したもの（登記手続上，登記原因の記載を欠くことはできません。）と解されます。その後の裁判例では，主文において，『被告は，原告に対し，「真正な登記名義の回復」を原因とする所有権移転登記手続をせよ。』としているのが通例です。

(3)　まとめ

　以上のように，登記原因及びその日付が申請情報及び登記事項とされている趣旨等を考慮すると，登記手続を命ずる判決の主文には，登記原因及びその日付を明示するのが相当であるというべきです。特に，和解調書や調停調書の場合には，判決の理由（裁判所の判断）に相当するものがありませんので，和解条項や調停条項においては必ず，登記原因及びその日付を明記すべきでしょう。

（注）　本回答に関する民事月報55巻4号233頁以下の担当官解説参照

〔参考文献〕
　　　小池信行「判決による登記」新・不動産登記講座総論Ⅲ 75頁［日本評論社］
　　　青山正明編著「新訂民事訴訟と不動産登記一問一答」86頁［テイハン］
　　　林久「判決による登記」不動産登記制度と実務上の諸問題上 320頁［テイハン］
　　　裁判所職員総合研修所監修「執行文講義案（改訂版）」174頁［司法協会］

## 40 仮執行宣言付き判決による登記の単独申請の可否

問　民訴法第259条に規定する仮執行宣言が付された判決があったときは，当該判決が確定する前でも，登記権利者は，権利に関する登記を単独で申請することができますか。

【答】　登記義務者に対して登記手続をすべきことを命ずる判決は，その確定の時に登記申請の意思表示が擬制されますので，その性質上，仮執行宣言を付することはできず，仮に仮執行宣言が付された判決があったとしても，その確定前に，登記権利者が，単独で権利に関する登記を申請することはできません。

【解説】
1　確定判決による登記

民執法第174条第1項本文は，「意思表示をすべきことを債務者に命ずる判決その他の裁判が確定し，又は和解，認諾，調停若しくは労働審判に係る債務名義が成立したときは，債務者は，その確定又は成立の時に意思表示をしたものとみなす。」と規定していますので，当事者の一方に対し登記手続をすべきことを命ずる判決は，その確定の時に当該意思表示をしたものとみなされます。したがって，当該判決の確定前においては，まだその意思表示をしたものとはみなされませんので，他方が，単独で当該登記の申請をすることはできません。法第63条第1項は，「登記手続をすべきことを命ずる確定判決による登記」と規定して，この点を明確にしています。

2　仮執行宣言付き判決による登記の可否

ところで，民執法に基づく強制執行は，通常，確定判決により行われますが（同法22条1号），金銭の給付など財産権上の請求に関する判決については，裁判所は，判決の主文において仮執行宣言を付することができ（民訴法259条1項），その場合には，当該判決の確定を待た

ずに即時に執行力を生じ，直ちに強制執行に着手することができるものとされています（民執法22条2号，25条）。敗訴した当事者が上訴をすると，判決の確定が妨げられるのに対抗して，勝訴者に権利を早期に実現する途を開く措置です。

　そこで，登記手続請求訴訟は一般に財産権上の請求に属するものと解されていること，旧法第27条は単に「判決」と規定していたことから，登記手続を命ずる判決の主文において仮執行宣言を付することができるのではないかという問題が古くから提起されていたのですが，この問題は，一般に消極に解されていました。仮執行が当該請求が財産権上の請求に属する場合に限って認められているのは，仮に，上訴審において判決が取り消されたとしても，その事後処理が困難ではないからなのですが，登記手続を求める訴えのように，意思表示を求める請求は原状回復が困難であるため，仮執行を付すのに適さないと考えられているのです。判例（大審院明治45年4月12日判決・民録18輯377頁）も同様の見解を採っています。

　したがって，誤って裁判所が仮執行宣言を付し，登記権利者が当該判決に基づき，単独で登記の申請をしてきても，確定判決でない限り，登記官はこれを受理することができません（昭和25年7月6日民事甲第1832号民事局長通達）。ただし，判例は，登記官も誤ってこれを受理し，登記を完了した場合には，当該判決の確定後は，その登記の違法は治癒され，これを有効と解して差し支えないと解しています（最高裁昭和41年6月2日判決・判時464号25頁）。

　以上に引用した判例及び登記先例は，いずれも単に「判決」と規定していた旧法の下におけるものですが，登記手続をすべきことを命ずる判決に仮執行宣言を付することができないとする点については，従前から格別の異論はなく，また，現行法第63条第1項は，「確定判決」であることを明確にしていますので，今後，この点が特に問題となることはないものと考えられます。

## 第3款　執行文の付与

### 1　事実到来（条件成就）執行文の付与

#### 41　執行文の意義及びその付与の申立手続

> 問　債権者が債務者に対し，その債務名義により強制執行する場合の執行文とは，どのようなものですか。また，執行文付与の申立てをするには，どのような手続を要しますか。

【答】　強制執行を申し立てるためには，原則として，執行文が付された債務名義の正本が必要であり（民執法25条），執行文とは，執行文付与機関（裁判所書記官又は公証人）が，当該債務名義の執行力が現に存すること及びその執行力が及ぶ範囲を公証した文書をいいます。執行文付与の申立ては，債権者となるべき者が，公証人の作成する執行証書以外の債務名義（確定判決や和解調書など）については，その事件記録を保管している裁判所の裁判所書記官に対して行い，執行証書については，その原本を保管している公証人に対して行います。

【解説】
1　執行文の意義及び機能

　強制執行は，確定判決等の債務名義によって行われますが（民執法22条），実際に強制執行を行うためには，原則として，当該債務名義の正本に執行文が付されていなければなりません（同法25条本文）。

　すなわち，強制執行を実施するためには，債務名義が現に執行力を有するものでなければならず，また，誰との関係で，どの範囲で執行力を有するのかを明らかにする必要があります（例えば，債務名義が判決であれば，それが確定していること，加えて反対給付の履行などの条件が付されていれば，その条件が成就していなければなりませ

ん。)。

　したがって，強制執行をするには債務名義が現に執行力を有しているか否か等の調査・判断が必要となるので，民執法は，この調査・判断を債務名義の記録を保管している機関にさせることとし，現に執行力が存在すること及びその執行力が及ぶ範囲の証明として，債務名義の正本の末尾に執行力がある旨の証明文言を付することとしています（同法26条2項)。この証明文言を「執行文」といい，この制度によって，執行機関は，容易・迅速に手続を進めることができるようになります。

## 2　執行文の種類

　執行文には，①単純執行文（民執法26条)，②事実到来（条件成就）執行文（同法27条1項)，③承継執行文（同法27条2項）の三つがあります。

(1)　単純執行文

　単純執行文とは，給付命令等の内容が単純に給付を命ずるだけで，債権者が証明すべき事実や不確定期限が付かず，債務名義上の当事者にも変動がない場合に付される基本的な執行文をいいます。例えば，「被告乙は，原告甲に対し，金100万円を支払え。」という確定判決を得た甲が，乙に対して強制執行をしようとする場合には，「債権者甲は，債務者乙に対し，この債務名義により強制執行をすることができる。」旨の単純執行文が付与されることになります。

(2)　事実到来（条件成就）執行文

　事実到来（条件成就）執行文は，債務名義上の給付請求権が反対給付の履行や農地法所定の都道府県知事の許可など債権者の証明すべき事実の到来に係っている場合に付与されるものです。例えば，「1　原告甲は被告乙に対し，平成○年○月○日限り，金500万円を支払う。2　被告が前項の支払を受けたときは，被告は原告に対

し，別紙物件目録記載の建物を明け渡す。」旨の裁判上の和解が成立した場合に，甲が建物明渡しの強制執行を求めるためには，甲においてその事実が到来したこと（金500万円を乙に支払ったこと）を文書で証明する必要があります。この場合には，「債権者甲は，この債務名義第2項記載の事実の到来したことを証明したので，債務者乙に対し，この債務名義により強制執行をすることができる。」旨の事実到来執行文が付与されることになります。

(3) 承継執行文

　承継執行文は，債権者又は債務者の一般承継人など債務名義に表示された当事者以外の者を債権者又は債務者とする場合に付与されるものです。債権者又は債務者が債務名義の成立後に死亡し，相続人がその権利又は義務を承継した場合（一般承継）のほか，債権者から給付請求権の譲渡を受けた場合（特定承継）等がこれに該当し，執行文付与の申立てに当たっては，当該承継の事実を文書により証明する必要があります。この場合には，例えば，「丙は，債権者甲の承継人であることを証明したので，債務者乙に対し，この債務名義により強制執行をすることができる。」旨の承継執行文が付与されることになります。

3　執行文付与の申立て

　執行文の付与は，執行証書以外の債務名義については裁判所書記官が行い，執行証書については公証人が行いますので，債権者は，前者については，その事件記録を保管している裁判所（原則として第1審の受訴裁判所）の裁判所書記官に，後者については，その執行証書を保管している公証人に対して申し立てます（民執法26条1項）。

　申立ては，所定の事項を記載した申立書により行い，債務名義の正本のほか，事実到来執行文や承継執行文の付与を申し立てる場合には，その証明文書等を添付する必要があります。執行文の付与は，債務名義の正本の末尾に付記する方法によって行われますが（同条2項，

## 第2章　判決による登記

民執規17条），実務上は，末尾に掲げたような別葉の執行文用紙を用い，所定の事項を記載した上で裁判所書記官が記名押印し，債権者が提出した債務名義の正本の最終丁の次に合綴して契印し交付する方法が採られています。

〈執行文の例〉

| 債務名義の事件番号 | 平成○○年(ワ)第○○○号 | |
|---|---|---|
| 執　行　文 | | |
| 債権者は，債務者に対し，この債務名義により強制執行をすることができる。<br><br>　　　平成○○年○○月○○日<br>　　　　　○○地方裁判所民事部<br>　　　　　裁判所書記官　　○　○　○　○　　　印 | | |
| 債　権　者<br>〔　原　告　〕 | 甲　野　太　郎 | |
| 債　務　者<br>〔　被　告　〕 | 乙　野　次　郎 | |
| 債務名義に係る請求権の一部について強制執行をすることができる範囲 | | |
| ○○県知事の許可の日　平成○○年○○月○○日 | | |
| 付　与　の　事　由 | | |
| ア　証明すべき事実の到来を証する文書を提出（民執法27 Ⅰ）<br>イ　承継などの事実が明白（民執法27 Ⅱ）<br>ウ　承継などを証する文書を提出（民執法27 Ⅱ）<br>エ　特別の事情等を証する文書を提出（民執法27 Ⅲ）<br>オ　付与を命ずる判決<br>　　（該当する符号を右の欄に記載する。） | ア | |
| 再　度　付　与 | | |

※　本文例は，農地法所定の許可を条件として所有権移転登記手続が命ぜられた場合における事実到来（条件成就）執行文の例です。

第一節　総　説

## 42　登記手続を命ずる確定判決により登記を単独で申請する場合の執行文の付与の要否

> **問**　登記手続を命ずる確定判決（執行力のある確定判決と同一の効力を有するものを含みます。）により登記を単独で申請する場合には，必ず執行文の付与を必要とするのですか。執行文の付与を必要とする場合と必要としない場合があるとすれば，それぞれどのような理由によるのですか。

【答】　債務者（共同申請の一方当事者）に対し，登記手続をすべきことを命ずる判決は，その確定の時（和解，認諾又は調停に係る債務名義の場合は，その成立の時）に，その者の登記申請の意思表示があったものとみなされ（民執法174条1項本文），その執行が完了しますので，債権者（確定判決を得た他方当事者）が，当該確定判決（執行力のある確定判決と同一の効力を有するものを含みます。以下同じ。）により登記を単独で申請する場合には，執行文の付与を要しません。ただし，債務者の登記申請の意思表示が，①債権者の証明すべき事実の到来に係るとき，②反対給付との引換えに係るとき，③債務の履行その他の債務者の証明すべき事実のないことに係るときは，執行文が付与された時に登記申請の意思表示があったものとみなされますので（同条1項ただし書），執行文の付与を要します。

【解説】
1　原則として不要

　強制執行は執行文が付与された債務名義の正本に基づいて実施されるのが原則ですが（民執法25条本文），原告が被告に対して登記手続を求める請求は，被告の登記申請という意思表示を求める請求ですから，その請求に基づいて，被告に対し一定の登記手続をすべきことを命じた判決は，その確定の時に，被告の登記申請の意思表示が擬制さ

れ（同法174条1項本文），判決の執行が完了しますので，特段の執行手続を要しません（最高裁昭和41年3月18日判決・民集20巻3号464頁）。すなわち，被告の登記義務については，執行機関が債務名義の内容を強制的に実現するという意味での本来の執行の余地はありませんので，改めて登記申請の際に，執行文の付与を要しないものというべきです。

したがって，確定判決の主文において，被告の登記申請の意思表示が一定の事実の到来等に係るものではなく，端的に「登記手続をせよ。」と命じられている限り，執行文の付与を要しません。

## 2　執行文の付与を要する場合

登記手続をすべきことを命ずる判決であっても，債務者の登記申請の意思表示が，①債権者の証明すべき事実の到来に係るとき，②反対給付との引換えに係るとき，③債務の履行その他の債務者の証明すべき事実のないことに係るときは，執行文が付与された時に債務者の登記申請の意思表示があったものとみなされますので（民執法174条1項ただし書），これらの場合には，執行文の付与を要します（昭和55年8月28日民三第5267号民事局長通達）。

(1)　登記申請の意思表示が債権者の証明すべき事実の到来に係るとき

登記手続を命ずる確定判決において，債務者の登記申請の意思表示が債権者の証明すべき事実の到来に係る場合には，債権者がその事実の到来したことを証する文書を提出したときに限り，執行文が付与され（民執法27条1項），その付与の時に登記申請の意思表示があったものとみなされます（同法174条1項ただし書）。

民執法第174条第1項ただし書にいう「債務者の意思表示が，債権者の証明すべき事実の到来に係るとき」とは，債権者による金員の先給付（例えば，債権者が金〇〇万円を平成〇年〇月〇日までに支払ったとき），債権者の催告，不確定期限の到来（例えば，何某が死亡したとき），第三者の許可（例えば，農地法所定の都道府県

知事又は農業委員会の許可があったとき）などのように，債務者の意思表示が一定の事実の到来を条件としている場合であって，しかも，その条件が判決主文に明示され，かつ，債権者がその事実の到来について挙証責任を負うものをいいます。

　従前の登記先例として，①遺産分割の代償として，農地につき知事の許可を条件として申立人に贈与し，その登記手続をする旨の調停調書に基づき所有権移転の登記を申請する場合，②農地法第3条の知事の許可を条件として所有権移転登記手続を命ずる判決に基づき所有権移転の登記を申請する場合には，いずれも執行文の付与を要するとしたものがあります（①につき昭和40年6月19日民事甲第1120号民事局長回答，②につき昭和48年11月16日民三第8527号民事局第三課長回答）。これらの場合には，執行文の付与がない確定判決の正本と都道府県知事の許可書を提出して単独の申請をしても受理されません（前掲昭和48年回答）。また，判決確定後の登記申請前に，既に宅地への地目変更の登記がされている場合でも，執行文の付与を要します（水戸地裁昭和37年2月1日判決・訟務月報8巻4号630頁）。

　なお，債務者の登記申請の意思表示が確定期限の到来に係る場合，例えば，「被告は，原告に対し，平成○○年○月○日限り，同年○月○日売買を原因とする所有権移転登記手続をする。」との調停調書に基づき，原告が単独で当該登記の申請をする場合には，執行文の付与を要せず，原告は，その期限の到来後に，単独で登記の申請をすることができます（昭和32年7月29日民事甲第1413号民事局長通達参照）。

(2)　登記申請の意思表示が反対給付との引換えに係るとき

　登記手続を命ずる確定判決において，債務者の登記申請の意思表示が債権者又は第三者からの反対給付との引換えに係る場合には，債権者が反対給付の履行又はその提供をしたことを証する文書を提出したときに限り，執行文が付与され（民執法174条2項），その付

与の時に登記申請の意思表示があったものとみなされます（同条1項ただし書）。

　登記申請の意思表示が反対給付との引換えに係るときは，必ず執行文の付与された確定判決の判決書の正本を提供すべきであって，執行文の付与のない確定判決の正本と反対給付の履行を証する領収証明書を提供して，単独で当該登記の申請をしても受理されません（昭和36年3月25日民事甲第737号民事局長電報回答）。

(3)　登記申請の意思表示が債務者の証明すべき事実がないことに係るとき

　登記手続をすべきことを命ずる確定判決において，債務者の登記申請の意思表示が債務の履行その他の債務者の証明すべき事実のないことに係る場合も，執行文が付与された時に登記申請の意思表示があったものとみなされます（民執法174条1項ただし書）。

　例えば，「被告が原告に対し平成〇年〇月〇日までに金〇〇万円を支払わないときは，被告は，原告に対し，平成〇年〇月〇日売買を原因とする所有権移転登記手続をする」旨の和解調書に基づき，原告が単独で所有権移転の登記を申請する場合です（昭和47年1月26日民事三発第76号民事局第三課長回答）。この場合，被告の登記申請の意思表示は所定の期限までに一定の金額の支払をしないという事実に係っているのですが，民事訴訟における立証責任の分配法則によれば，この事実は原告が立証することを要するのではなく，逆に，被告がその事実のあったことを立証して，原告の判決による執行を阻止すべきものとされています。すなわち，上記の和解調書の条項の趣旨は，被告において当該債務の弁済の事実を立証しない限り，原告による単独の所有権移転の登記の申請が許されるということにあるのです。

　この見解に基づいて，民執法は，債権者としては単純な執行文付与の申立てをすれば足りるとし（同法26条1項，民執規157条），債権

者から申立てがあった場合には，裁判所書記官は，債務者に対し，一定の期間を定めて債務履行の事実を証明する文書の提出を催告し，債務者がその期間内に当該文書を提出しないときは，債務者の証明すべき事実がないものとして執行文を付与することとされ（民執法174条3項），その付与の時に債務者の意思表示があったものとみなすこととしています（同条1項ただし書）。

〔参考文献〕
　　吉野衛「注釈不動産登記法総論」上巻554頁［きんざい］
　　清水湛「不動産登記手続からみた民事執行法」登記先例解説集20巻10号14頁［金融財政事情研究会］

## 43 一定の金員を期限までに支払わないときは登記手続をする旨の裁判上の和解が成立した場合の登記申請について，執行文付与の要否

問 「乙が甲に対し金○○万円を平成○年○月○日までに支払わないときは，乙は甲に対し，別紙目録記載の不動産について平成○年○月○日売買を原因とする所有権移転登記手続をする。」との裁判上の和解が成立した場合において，甲が単独で所有権移転の登記を申請するときは，執行文の付与を要しますか。

【答】 乙の登記申請の意思表示は，民執法第174条第1項ただし書中の「債務の履行その他の債務者の証明すべき事実のないことに係るとき」に該当しますので，当該和解調書に基づき，甲が単独で所有権移転の登記を申請するときは，執行文の付与を要します。

【解説】

1 執行文の付与を要する場合―民執法第174条第1項ただし書の場合

問42で述べたように，登記手続をすべきことを命ずる確定判決（執行力のある確定判決と同一の効力を有するものを含みます。以下同じ。）に基づき，原告が単独で当該登記の申請をする場合において，執行文の付与を要する例外の一つとして，債務者の登記申請の意思表示が，債務の履行その他の債務者の証明すべき事実のないことに係るときがあります（民執法174条1項ただし書）。ここに「債務の履行その他の債務者の証明すべき事実のないこと」とは，例えば，「乙が甲に対し金100万円を平成○年○月○日までに支払わないときは，乙は甲に対し，……所有権移転登記手続をする。」という場合です。乙が期限までに金100万円を支払ったとすれば（債務履行の事実があれば），甲の単独申請を許すべきではなく，金100万円の支払がないとき（債

務履行の事実がないとき）に許されるべきものですが，民事訴訟における立証責任の分配法則によれば，この場合，甲が乙の債務不履行の事実（期限までに支払がないこと）を証明すべきものではなく，乙自らが債務を履行した事実（期限までに支払ったこと）を証明すべきものとされています。

そこで，民執法は，債務者の意思表示が同法第174条第1項ただし書中の「債務の履行その他の債務者の証明すべき事実のないことに係るとき」は，原告は，裁判所書記官に対し，単純執行文の付与の申立てをすれば足り（同法26条1項，民執規157条），原告の申立てがあると，裁判所書記官において，被告に対し，一定の期間を定めて債務の履行の事実を証明する文書の提出を催告し，被告がその期間内に領収証書等の証明文書を提出しないときは，被告の証明すべき事実がないものとして執行文を付与することとし（民執法174条3項），その執行文が付与された時に被告の意思表示があったものとみなすこととしています。

このように，設問の場合，乙の登記申請の意思表示は，民執法第174条第1項ただし書にいう「債務の履行その他の債務者の証明すべき事実のないことに係るとき」に該当しますので，甲が当該和解調書に基づき，単独で登記の申請をするときは，執行文の付与された和解調書の正本を提供する必要があります（昭和36年9月21日民事甲第2371号民事局長指示，昭和47年1月26日民事三発第76号民事局第三課長回答）。

2　立法の経緯

ところで，民執法第174条第1項ただし書中の「債務の履行その他の債務者の証明すべき事実のないことに係るとき」との部分及び同条第3項は，昭和54年の民執法制定の際に，新たに追加されたものです。同法制定前の執行実務においては，設問に掲げるような主文による判決があった場合に，当該登記の申請に際して執行文の付与を要するか否かにつき，裁判所の大方の取扱いは執行文の付与を要しないと

## 第2章　判決による登記

いう見解を採っていたのに対し、登記実務は執行文の付与を要するという見解を示していたため（前掲昭和36年指示、前掲昭和47年回答）、実務上不都合が生じていました。上記の民執法における追加事項は、この不都合を解消するため、登記申請の意思表示が債務者の証明すべき事実のないことに係るときも執行文の付与を要すること、及びその場合の手続を明確にしたものであると説明されています（注）。

(注)　清水湛「不動産登記手続からみた民事執行法」登記先例解説集20巻10号14頁［金融財政事情研究会］

## 2 承継執行文の付与

### 44 承継執行文の意義及びその付与の申立手続

> 問 承継執行文とは、どのようなものをいうのですか。また、承継執行文付与の申立てをするには、どのような手続を要しますか。

【答】 強制執行は、債務名義成立後の承継人など一定の要件を満たすときは、債務名義に表示された当事者以外の者に対し、又はその者のためにすることができるとされており（民執法23条）、その場合に付与される執行文のことを「承継執行文」と呼んでいます（同法27条2項）。承継執行文の付与の申立ては、申立権者が、債務名義の事件記録の存する裁判所の裁判所書記官（執行証書については、その原本を保存する公証人）に対し（同法26条1項）、所定の事項を記載した申立書に債務名義の正本及び承継の事実を証する文書を添付して行います（民執規16条）。

【解説】
1 承継執行文の意義及び範囲

　承継執行文とは、債務名義に表示された当事者以外の者を債権者又は債務者とする執行文です。債務名義に表示された当事者以外に執行力が及ぶ場合において、その者に対し、又はその者のために付与される執行文のことを実務上「承継執行文」と呼んでいるのです。

　民執法第23条は、強制執行をすることができる者の範囲を、執行証書以外の債務名義による強制執行（同条1項）と執行証書による強制執行（同条2項）とに分けて定めています。これによれば、強制執行は、第一次的には、前者では当該債務名義に表示された当事者（同条1項1号）に対し、又はその者のために、後者にあっては当該執行証書に表示された当事者（同条2項）に対し、又はその者のために、

それぞれすることができることはいうまでもありませんが，第二次的には，これらの当事者以外の者に対し，又はその者のためにもすることができることとされています。その上で，民執法は，上記の各債務名義（執行証書以外の債務名義及び執行証書）に表示された当事者が執行当事者となる場合には，単純執行文を付与し，それ以外の者が執行当事者となる場合には，その者と当該債務名義に表示された当事者との関係を明確にするために，承継執行文を付与するという仕組みを採っているのです。以下に，このような承継執行文が付与されることとなる者について概説することにします。

(1) 執行証書以外の債務名義による強制執行の場合

　ア　債務名義に表示された当事者が他人のために当事者となった場合のその他人（民執法23条1項2号）

　　　ある人が他人のために当事者となるという例は，破産管財人や遺言執行者などのように職務上他人のために訴訟行為などをする者にみることができます。例えば，遺言執行者が相続財産に属する財産を無権限で占有している者に対して，当該財産の引渡しを求める訴えを提起し，勝訴の確定判決を得た場合には，本来の権利の帰属主体である相続人（民法1015条によれば，遺言執行者は相続人の代理人とみなされます。）も，当該債務名義に基づく強制執行をすることができます。

　イ　債務名義に表示された当事者又は上記アに掲げる他人の債務名義成立後の承継人（民執法23条1項3号）

　　　強制執行は，当該債務名義が成立した後に，当該債務名義に表示された当事者又は上記アに掲げる他人から当該権利義務を承継した者に対し，又はその者のためにもすることができます。債務名義の代表例である確定判決についていえば，その承継は，最終の事実審の口頭弁論終結後に生じたものに限ります。承継の形態は，一般承継，特定承継のいずれでも差し支えありません。

例えば，債務名義において債務者が債権者に対して不動産を引き渡すべき旨が命じられている場合に，債務者について相続・合併などの一般承継が生じたときは，債権者は，当該承継人に対して強制執行をすることができます。債権者の側に一般承継が生じた場合には，当該承継人が債務者に対して強制執行をすることができます。また，上記の事例で，債権者が当該不動産を第三者に売却したときは，当該第三者は，債務者に対して強制執行をすることができます。これに対し，債務者から当該不動産の占有を承継した者や当該不動産の所有権を取得した者に対する強制執行の可否については，訴訟物理論の対立も絡んで見解が分かれるところですが，少なくとも当該明渡請求権が物権的請求権であれば，債権者が強制執行をすることができることについて異論はありません（債権的請求権であるときは，債権者が当該第三者に対して明渡訴訟を提起した場合に認容判決が得られのであれば，当該第三者は承継人であると述べるにとどめます。）。

ウ　債務名義に表示された当事者，上記アの他人又は上記イの債務名義成立後の承継人のために請求の目的物を所持する者（民執法23条3項）

例えば，債務名義において債務者が債権者に対し特定の動産を引き渡すべき旨が命じられている場合に，債務者から当該動産の寄託を受けて，これを占有している者がこれに当たります。

(2)　執行証書による強制執行の場合

執行証書による強制執行は，執行証書作成後の当事者の承継人に対し，又はその承継人のためにもすることができます（民執法23条2項）。

## 2　承継執行文付与の申立て

承継執行文の付与の申立ては，確定判決や和解調書など執行証書以外の債務名義については，事件記録の存する裁判所の裁判所書記官に

対して行い，執行証書については，原本を保存する公証人に対して行います（民執法26条1項）。

　申立権者は，執行証書以外の債務名義に基づく場合は，債務名義に表示された当事者，他人のために当事者となった場合の他人，又はこれらの者の債務名義成立後（確定判決の場合は最終の事実審の口頭弁論終結後）の承継人であり，執行証書に基づく場合は，当事者又は執行証書作成後の承継人に限られます。

　承継執行文の付与の申立ては，債務名義の正本，承継の事実を証する書面等を添付して，所定の事項を記載した申立書を提出して行います（民執規16条）。

## 45 所有権移転登記の抹消手続を命ずる判決が確定したが，当該訴訟の口頭弁論終結後に登記権利者又は登記義務者の地位の承継があった場合の登記手続

> 問　原告を甲，被告を乙とする甲から乙への所有権移転登記の抹消登記手続を命ずる判決が確定したが，その訴訟の口頭弁論終結後に，当該不動産が丙に売り渡されその登記が完了し，更に，原告甲が死亡し，その権利を相続人丁が承継しているときは，「被告の承継人丙に対する強制執行のため原告の承継人丁にこれを付与する。」旨の執行文の付与を受けて，丁が，単独で乙の所有権移転登記の抹消と，その登記の前提として，丙の所有権移転登記の抹消を申請することができますか。

【答】　甲及びその相続人丁が，自己の所有権をもって丙に対抗できるときは，丙に対する承継執行文の付与を受けて，丁が，単独で乙の所有権移転登記の抹消と，その前提として（乙に代位して），丙の所有権移転登記の抹消をも申請することができますが，甲及び丁が丙に対抗できないときは，丙に対する承継執行文の付与を受けることはできません。承継執行文の付与の可否は，執行文付与機関の判断に関わる問題です。登記実務としては，設問については，丁が丙に対する承継執行文が付与された確定判決の正本を提供すれば，所問の登記の申請をすることができるとの取扱いをすることになります。

　なお，丁は，自己のために承継執行文を受ける必要はなく，相続を証する情報を提供して申請すれば足ります。

【解説】

1　乙・丙間の権利移転が売買等の特定承継による場合と丙に対する承継執行文の付与の可否

　債務名義が確定判決である場合，その執行力は，最終の事実審の口

頭弁論終結後の承継人に及び、その承継人に対し、承継執行文の付与を受けることができますが（民執法23条1項3号）、設問の場合、当該訴訟の口頭弁論終結後に、乙から売買による所有権移転の登記を受けた丙が、民執法第23条第1項第3号にいう「口頭弁論終結後の承継人」に当たるか否かは、甲が、自己の所有権をもって丙に対抗できるか否かによって決せられます。

この点に関する通説的な考え方は、以下に述べるように、甲が、その所有権を丙に対抗できる場合に限って、丙に対する承継執行文の付与を受けた上で、甲・乙間の所有権移転登記の抹消の前提として、乙に代位して、乙・丙間の所有権移転登記の抹消をも単独で申請することができ、甲がその所有権を丙に対抗できないときは、丙に対する承継執行文の付与を受けることはできないというものです。

まず、甲が、甲・乙間の売買契約等の不存在、意思無能力などによる絶対的無効を主張して、甲・乙間の所有権移転登記の抹消登記手続を訴求し、裁判所が当該事実を認定して勝訴の確定判決を得たが、その口頭弁論終結後、乙から丙への売買による所有権移転の登記が経由されたという場合には、登記に公信力がない結果、甲は、丙に対しても、乙が無権利者であることを主張できる関係にありますから、丙も口頭弁論終結後の承継人として、甲・乙間の判決の効力を受けることになります。そこで、甲としては、最終の目的である自己の所有名義を回復するためには、登記手続上、まず、乙・丙間の所有権移転の登記を抹消する必要がありますので、当該確定判決について丙に対する承継執行文の付与を受けて、乙に代わって（登記手続上の登記権利者は乙です。）、乙・丙間の所有権移転登記の抹消を単独で申請した上、甲・乙間の所有権移転登記の抹消を申請することができます（注1）。

次に、通謀虚偽表示による無効（相対的無効）又は詐欺による取消し（いずれも善意の第三者には対抗できません。）、あるいは契約の解除等を原因として、乙に対し、甲・乙間の所有権移転登記の抹消登記

手続が命じられたが，当該訴訟の口頭弁論終結後，乙から丙への売買による所有権移転の登記が経由された場合には，先に登記を受けた丙が優先しますので，甲・乙間の判決の効力は丙には及ばず，丙に対する承継執行文の付与を受けることはできません(注2)。他方，甲が，丙に対抗できるとき（例えば，甲・乙間の通謀虚偽表示につき，丙が悪意であるとき）は，甲・乙間の判決の効力は丙に及ぶことになりますので，甲は，丙に対する承継執行文の付与を受けて，乙・丙間の所有権移転登記の抹消をも単独で申請することができると考えられます(最高裁昭和54年1月30日判決・判時918号67頁)。もっとも，執行文付与機関において，丙の善意・悪意を判断するのは，実際上困難を伴いますので，執行文付与の訴えによって決着せざるを得ないでしょう。

　以上のような考え方に対しては，有力な消極説があります（注3）。これは，甲としては，改めて丙を被告として，乙・丙間の所有権移転登記の抹消登記手続を訴求して，その勝訴判決を得なければならないとする見解です。その理由とするところは，①登記申請の意思表示は，判決の確定により直ちに効力を生じ，執行は終了するのであるから，登記義務の承継はあり得ないのではないか，②丙が，甲・乙間の登記の抹消登記義務を承継するとしても，甲・乙間の登記の抹消登記手続を命ずる判決が当然に乙・丙間の抹消登記手続をも命じているものと解することはできないのではないか，③第三者に対しては，処分禁止の仮処分制度の利用で対処できたのではないか等々の点にあります。

　上記の通説的な見解，消極説のいずれを採るべきかは難しい問題ですが，ここでは，当事者の負担の軽減という観点から，債務名義に表示された債権者の権利が当該第三者に対抗できる場合には承継を認める前説に従うことにします。登記実務の取扱いにおいても，執行文付与の可否は執行文付与機関の判断に関わる問題ですから，設問の事案で，甲が丙に対する承継執行文が付与された確定判決の正本を提供し

た場合には，①甲・乙間の所有権移転登記の抹消の前提として，甲が乙に代わってする乙・丙間の所有権移転登記の抹消の単独申請，及び②甲・乙間の所有権移転登記の抹消の単独申請のいずれも認められることになるものと考えられます（昭和32年5月6日民事甲第738号民事局長通達）。

## 2 登記権利者の地位に承継があった場合と承継執行文の要否

債務名義が確定判決である場合，その執行力は，最終の事実審の口頭弁論終結後の承継人に及び，その承継人のために承継執行文の付与を受けることができますが（民執法23条1項3号），設問のように，登記義務者に登記手続を命ずる判決が確定したが，その登記をしない間に登記権利者の地位に承継があった場合には，その承継が，相続等の一般承継であるか，売買等の特定承継であるかを問わず，承継執行文の付与を受ける必要はありません（前掲昭和32年通達）。

すなわち，設問のように，登記権利者である原告甲が死亡し，その権利を相続人丁が承継したときは，丁は，甲の一般承継人として，戸籍謄本等の相続を証する情報を提供して，当該確定判決に基づき，甲・乙間の所有権移転登記の抹消登記を単独で申請することができ（法62条，令7条1項5号イ），また，丁が売買等による特定承継人である場合には，債権者代位により，代位原因証明情報を提供して，甲・乙間の所有権移転登記の抹消登記を単独で申請することができます（民法423条，令7条1項3号）。したがって，当該訴訟の口頭弁論終結後に登記権利者の地位に承継があっても，承継執行は問題とならず，承継執行文の付与を受ける必要はありません。

(注1) 清水湛「意思表示義務の執行」実務法律大系7 強制執行・競売732頁〔青林書院新社〕，細川清「判決による登記の基礎」登記研究557号34頁，小池信行「判決による登記」新・不動産登記講座総論Ⅲ 78頁〔日本評論社〕，鎌田薫＝寺田逸郎編「新基本法コンメンタール不動産登記法」198頁〔安永正昭〕〔日本評論社〕

(注2) 細川清「判決による登記の基礎」登記研究557号33頁，前掲小池「判決

による登記」新・不動産登記講座総論Ⅲ 78 頁のほか, 所有権移転登記義務に係る最高裁昭和 48 年 6 月 21 日判決・民集 27 巻 6 号 712 頁参照

(注3) 裁判所職員総合研修所監修「執行文講義案（改訂版）」230 頁〔司法協会〕, 梶村太市ほか編「登記・登録訴訟法」205 頁〔大山涼一郎〕〔青林書院〕, 青山正明編著「新訂民事訴訟と不動産登記一問一答」184 頁〔田中康久〕〔テイハン〕

第2章 判決による登記

## 46 所有権以外の権利に関する登記の抹消手続を命ずる判決の確定後に登記権利者の地位の承継があった場合の承継執行文の付与の有無

問　原告甲所有の不動産について，被告乙を権利者とする所有権以外の権利に関する登記の抹消手続を命ずる判決が確定したが，その登記をする前に，①甲が死亡し，当該不動産について丙が相続登記をしている場合，又は，②当該不動産について甲から丁への売買により，丁が所有権移転の登記をしている場合に，丙又は丁は，承継執行文の付与を受けて，乙の所有権以外の権利に関する登記の抹消を単独で申請することができますか。

【答】　当該登記の抹消について，登記権利者となる現在の所有権登記名義人丙又は丁は，承継執行文の付与を受ける必要はありません。また，登記義務者乙は，当該判決が確定した時に，当該抹消の登記をする旨の意思表示をしたものとみなされますから，丙又は乙は，単独で，当該抹消の登記を申請することができます。

【解説】
1　設問についての説明

　　設問の甲所有の不動産については，乙を権利者とする所有権以外の権利，例えば，抵当権，地上権，賃借権などの登記がされています。その権利が何らかの理由（抵当権であれば被担保債権の弁済，地上権や賃借権であれば期間の満了や契約の解除）で消滅したため，甲が乙に対して当該権利の登記の抹消を求めたものと思われます。しかしながら，乙が任意に応じなかったため，甲は訴訟に持ち込んで，勝訴の確定判決を得ました。これで，甲は，単独で当該権利の登記の抹消の申請することができることになったのですが，その申請をする前に，当該不動産について権利変動が生じました。

一つは，甲が死亡して，相続人丙が相続の登記をしたというのです。この場合，丙が単独で乙の当該権利の登記の抹消を申請するには，甲が得た確定判決について承継執行文の付与を要するのか，これが最初の設問です。

　もう一つは，甲に一般承継が生じたのではなく，甲が丁に当該不動産を売り渡して，所有権移転の登記をしたというのです。このような場合，甲としては，まず確定判決に基づいて，乙の当該権利の登記を抹消し，登記上第三者の権利の負担がないものとして，丁に当該不動産の移転の登記をするのが通常の手順ですが，甲がその抹消の申請をしないまま当該不動産を丁に売り渡して所有権移転の登記をしたため，新しい所有権の登記の登記名義人である丁が，甲が得た確定判決に承継執行文の付与を受けて，単独で当該登記の抹消を申請することができるのか，これが次に問われているのです。

## 2　判決の確定後に登記権利者の地位の承継があった場合

　まず，権利に関する登記の抹消登記手続を命ずる判決の確定後に，登記権利者の地位に承継があった場合には，その承継が相続等の一般承継であるか，売買等の特定承継であるかを問わず，承継執行は問題とはなりませんから，その承継人のために承継執行文の付与を受ける必要はありません。例えば，原告甲が，被告乙に対し，甲から乙への所有権移転登記の抹消登記手続を求める訴えを提起し，甲勝訴の判決を得てこれが確定した後，甲が死亡したときは，その相続人丙は，甲の一般承継人として，戸籍謄本等の相続を証する情報を提供して，当該確定判決に基づき，甲・乙間の所有権移転登記の抹消登記を単独で申請することができます。また，当該判決の確定後に，甲から売買により当該不動産を取得した丁は，甲に代位することにより，代位原因証明情報を提供して，甲・乙間の所有権移転登記の抹消登記を単独で申請することができますので，承継執行は問題とならず，承継執行文の付与を受ける必要はありません（昭和32年5月6日民事甲第738号民事

局長通達参照)。以上の各場合と同様，不動産の所有権の登記名義人が当該不動産についてされた抵当権，地上権，賃借権など所有権以外の権利に関する登記の抹消手続を命ずる確定判決を得た後に，当該登記権利者としての地位に承継(一般承継又は特定承継)が生じた場合にも，当該承継人は，承継執行文の付与を受けることを要さず，単独で，当該所有権以外の権利に関する登記の抹消を申請することができます。

## 3 特定承継の被承継人(前の所有権登記名義人)による抹消申請の可否

上記1で触れたところですが，不動産の所有権の登記名義人が，当該不動産についてされた所有権以外の権利に関する登記の抹消を命ずる確定判決を得た後に，当該不動産を第三者に売り渡す場合には，まず，確定判決に基づいて当該所有権以外の権利の登記を抹消した上で，第三者に対し所有権移転の登記をするのが通常の手順です。ところが，設問②の事例では，所有権の登記名義人甲は，乙の当該権利の登記の抹消を申請しないまま，丁に対して所有権移転の登記をしています。では，この場合，新しい所有権の登記名義人(承継人)である丁だけでなく，前の所有権登記名義人である甲も，乙の当該権利の登記の抹消を申請することができるのでしょうか。

登記実務では，上記のような事例における権利の登記の抹消の権利者は，抹消の原因発生の時期と所有権移転登記の時期の先後関係にかかわりなく，現在の所有権登記名義人に限るとする取扱いが確立しています(明治32年8月1日民刑第1361号民刑局長回答，昭和30年2月4日民事甲第226号民事局長通達，昭和43年1月26日民事甲第241号民事局長回答，昭和56年1月27日民三第678号民事局第三課長回答)。この問題の典型的な事例は，例えば，甲所有の不動産につき乙を抵当権者とする抵当権設定の登記がされているが，当該抵当権は被担保債権が弁済されたことなどにより消滅しているという場合において，当該登記が抹消される

前に，当該不動産につき甲から丙への所有権移転の登記がされたという事例です。この場合，実体法上誰が当該登記の抹消請求権を有するのかについては議論があるところですが，登記実務においては，上記のとおり，現在の所有権登記名義人である丙に限るとしているのです。これは，当該登記の抹消について最も利害関係を有するのは現在の所有権登記名義人丙ですから，端的に丙を抹消請求権者とするのが簡明であって，設定当時の登記義務者である甲を登記権利者とし，丙が甲に代位して抹消の申請をするという迂遠な方法を採るまでもないとする考え方に基づくものと思われます（ちなみに，甲から丙への所有権移転が相続等の一般承継による場合，丙が登記権利者となるという点については，特に異論はないでしょう。）。

4 まとめ

上記の2及び3で述べたところをまとめますと，設問の場合，登記実務の取扱いにおいては，乙を権利者とする所有権以外の権利に関する登記の抹消についての登記権利者は，現在の所有権登記名義人である丙又は丁であるということになります。したがって，設問の場合には，そもそも承継執行ということを考える必要はないのです。もっとも，そうすると，残る問題がもう一つあります。設問の訴訟は，甲が原告となって被告乙を名義人とする所有権以外の権利に関する登記の抹消手続を求めたものであって，甲が，乙に対して抹消手続を命じる確定判決を有しているにすぎず，丙又は丁が，乙に対して抹消手続を命じる確定判決を有しているわけではありません。そうであるのに，丙又は丁が，単独で，乙名義の権利に関する登記の抹消を申請することができるのはなぜか，という問題です。この点については，次のように説明することができるものと考えられます。すなわち，設問の訴訟における被告乙は，当該判決が確定した時に，当該登記を抹消する旨の意思表示をしたものとみなされます（民法414条2項ただし書，民執法174条1項）。その意思表示は原告甲に対するものですが，その内容

は不動産登記事務を司る国家機関である登記官に対して登記の抹消の申請行為をするというものにほかなりません。したがって，丙又は丁が当該確定判決の判決書の正本を提供して，乙が上記のような意思表示をしている旨を証明すれば，単独で，当該抹消の申請することができるのです。

### 第4款　共同訴訟（通常共同訴訟，必要的共同訴訟）

### 47　数人共有の不動産を買い受けたが，共有者のうち一部の者が持分全部移転の登記に応じない場合の訴えの提起方法

> 問　甲は，乙，丙及び丁が共有する不動産を買い受けたが，この共有者の乙又は乙及び丙が，共有者持分全部移転の登記に応じない場合において，甲が，登記手続を命ずる確定判決を得て，単独で登記を申請するには，当該共有者の乙，丙及び丁全員を被告として訴えを提起する必要がありますか。

【答】　設問の場合，甲は，共有者持分全部移転の登記の申請に応じない乙又は乙及び丙を被告として，同時若しくは順次に訴えを提起すれば足り，当該共有者の乙，丙及び丁全員を被告として訴えを提起する必要はないものと考えます。なお，任意の登記申請に応じる者との間では，共同申請の形をとれば足ります。

【解説】
　1　設問の趣旨
　　設問の甲は，乙，丙及び丁の3名が共有する不動産を買い受けたのですが，共有者の一部が所有権移転登記の申請手続に応じないというのです。甲としては，任意に応じない乙又は乙及び丙との関係では，同人らに対する確定判決を得て，単独で登記を申請することになるのですが，設問で問われているのは，その場合に，当該登記の申請手続に協力する意向を示している丁をも相手方として確定判決を得る必要があるのか，ということです。すなわち，設問の趣旨は，共有不動産の買主が，これについて，確定判決による所有権移転登記の申請手続をするには，常に共有者全員を相手方として訴訟を提起し，全員に対

して勝訴の確定判決を得なければならないのか、というにあるのです。この問題は、民訴法が定める共同訴訟（一つの訴訟手続の当事者の一方又は双方の側に数人の当事者がいる形態をいいます。）の類型及びその要件に関わるものです。同法が定める共同訴訟の形態には、各共同訴訟人について判決が区々になっても差し支えないもの（通常共同訴訟）と、各人につき判決が区々になることが許されず合一にのみ確定されることが要請されるもの（必要的共同訴訟）とがあるのですが、共有関係にある財産に関する訴訟については、それが前者に当たるのか、それとも後者に属するのかをめぐって、判例及び学説の見解が多岐にわたっています。設問で問われている問題も、その一環をなすものにほかなりません。

そこで、設問を検討する前提として、上記の共同訴訟の概要について、説明しておくこととします。

## 2　前提としての説明—通常共同訴訟と必要的共同訴訟

(1) 多数当事者紛争と訴訟

民訴法は、訴訟の基本型が一人の原告と一人の被告との間で進められるものであることを予定して、様々な手続を定めています。しかしながら、社会経済の「グローバル化」が進展している現代にあっては、人の営む生活や取引がますます複雑になってきており、これに伴って社会に生じる紛争も多様化し、複数の当事者が関わるものが多くなってきています。このような状況を反映して、実際に裁判所に提起される訴訟には、当事者の一方又は双方が数人という形態のものが極めて多く、訴訟事件全体の半数に達するとみられています。このような、複数の者が訴訟の原告又は被告になっている現象を「共同訴訟」と呼んでいます。複数の紛争主体の間の訴えが併合されて審理・裁判されることから、「訴えの主観的併合」とも呼ばれます。共同訴訟には、数個の訴訟を併合して同一の手続内で進行することにより、口頭弁論や証拠調べの重複を避けることがで

き，効率的な紛争解決に資するという利点があります。
(2) 通常共同訴訟

　共同訴訟のうち，各共同訴訟人と相手方との間で一律に勝敗を決する必要性のないものを「通常共同訴訟」といいます。元々，別々の訴訟で解決されても差し支えない性質の紛争が一つの手続に併合されているにすぎないものです。この訴訟形態では，共同訴訟人が，それぞれ独立の立場で係争の権利又は利益を処分する権能が認められており，訴訟の追行においても，各自に独立の権能が与えられています。

　共同訴訟が認められるための要件は，民訴法第38条に定められています。これは，数個の事件を併合して審理することが妥当，かつ合理的である場合を類型化したもので，次の三つが掲げられています。

① 訴訟の目的である権利義務が共通であるとき。例えば，数人の連帯債務者や保証人に対する請求，数人に対する同一物の所有権の確認，共有者による共有の目的物の引渡請求又は数人に対するその占有物の引渡請求など。

② 訴訟の目的である権利義務が同一の事実上及び法律上の原因に基づくとき。例えば，土地の不法占拠者と同地上の建物の占有者に対する明渡請求，同一事故に基づく数人の被害者の損害賠償請求，主たる債務者及び保証人に対する請求など。

③ 訴訟の目的である権利義務が同種であって，事実上及び法律上同種の原因に基づくとき。例えば，数通の手形の各振出人に対する各手形金の請求，同種の売買契約に基づく数人の買主に対してする代金請求，家主が数人の借家人に対してする家賃請求など。

　以上の要件は，共同訴訟が，各共同訴訟人の請求又はこれらの者に対する請求相互の間に一定の共通性・関連性がある場合に認められるものであることを意味します。そのような場合にこそ，上記の

第2章　判決による登記

併合審理の利点が発揮されることになると考えられるからです。
(3)　必要的共同訴訟
　ア　意　義
　　　共同訴訟のうち、各共同訴訟人について判決が区々となることが許されず、合一にのみ確定されることが要請される類型を「必要的共同訴訟」といいます（民訴法40条）。この訴訟類型においても、各共同訴訟人は、独立の立場で、係争の権利又は利益を処分する権能が認められているのですが、訴訟を追行する上においては、判決の合一確定の要請から、各人の訴訟行為は、全員の利益においてのみその効力を生ずるとされています（同条）。

　　　では、いかなる紛争形態が必要的共同訴訟に当たるのかについては、ほとんどは解釈に委ねられており、その解釈上、必要的共同訴訟には、基本的に二つの類型があると考えられています。一つは、他人間の権利関係の形成又は変動をもたらす訴訟であり、もう一つは、訴訟物である権利・利益が共同でのみ処分できる場合に生じた紛争に係る訴訟です。

　　　前者の典型例は、第三者が提起する婚姻無効又は取消しの訴えで、この訴訟は、夫婦を共同被告としなければなりません。この場合、夫婦の一方のみを被告とすることで足りるとすると、判決によってその地位に重大な影響を受ける夫婦の他方が、訴訟から除外されてしまうことになって、著しく正義に反します。反対に、当該夫婦の一方には判決の効力が及ばないものとすると、実効性のある紛争解決が阻まれることになります。

　　　後者は、数人が共同して管理処分すべき財産に関する訴訟で、その典型例は、数人の受託者がある信託財産に関する訴訟、数人の破産管財人のいる破産財団に関する訴訟などです。この関係で実務上最も問題になるのは、共有関係にある財産について訴訟をする場合に、共有者全員が訴え、又は訴えられなければならない

かですが，この点については，項を改めて説明します。
イ　共有関係と必要的共同訴訟

　共有関係にある財産に関する訴訟のうちでも，例えば，共有者の一人が共有物の分割の訴えを提起する場合には，共有者全員について画一的な処理をする必要がありますから，他の共有者全員を相手方としなければなりません。数人がある財産を共有しているという権利関係について，第三者との間で争いがある場合に，当該第三者を相手方として提起する共有関係確認訴訟は，共有者全員が原告となることを要します。これらの点は，判例及び学説において，ほぼ異論のないところです。しかし，その他の共有財産をめぐる紛争については，様々な形態があるところですから，そのいずれが必要的共同訴訟に当たるのか，その理由付けをどうするかについて，見解が多岐に分かれており，帰一するところがありません。このため，これらの見解を逐一紹介することは，紙幅の関係で困難ですので，ここでは，判例の傾向について，一言するにとどめることにします。

　この問題について，判例は，伝統的に，実体法上の管理処分権が共同的に帰属するか否かを基準にして，必要的共同訴訟の要否を判定する立場を採ってきたものと解されています。そして，かつての判例は，財産の管理処分権が，合有的又は総有的に帰属する場合だけでなく，各共有者が，民法上の管理処分権を有している場合にも，幅広く必要的共同訴訟となる旨の判断をしてきました。しかしながら，近時の判例は，通常の共有関係にある財産をめぐる訴訟については，次第に必要的共同訴訟の範囲を縮小し，共有者が，単独でする訴訟を広く認める傾向にあるとみられています。その場合の単独訴訟を認める根拠として，判例が用いているのが，各共有者の持分権に基づく訴訟と構成する手法であり，あるいは不可分債権・債務や保存行為の理論を援用する手法で

す。この点については，後に設問に対する検討の中で，詳しく紹介することにします。
　ウ　類似必要的共同訴訟
　　上に述べてきた必要的共同訴訟は，民訴法第40条が定めるもので，全員が訴え，又は訴えられることを要する訴訟形態です。しかし，近時の学説は，本来は，共同で訴え，又は訴えられる必要はないけれども，共同で訴え，又は訴えられた以上は，全員について，判決が合一にのみ確定することを要するという訴訟形態を認めています。このような訴訟形態を認めるのは，次のような理由によるものです。例えば，会社の株主は各自が独立に株主総会決議の無効又は取消しの訴えを提起することができるのですが，たまたま株主甲及び乙の両名が，共同原告となってこれらの訴えを提起したとします。この場合に，判決を区々にすることができるとして，甲については勝訴，乙については敗訴の判決がされますと，問題が生じます。乙は，自らは敗訴したのですが，他方で甲の勝訴判決の既判力が乙にも及びますから（判決の対世効），結果的に二つの矛盾衝突する判決の効力を受けることになるからです。同様の不都合は，数人が提起した会社設立無効の訴え，数人の株主が提起した代表訴訟，数人の債権者が提起した債権者代位権に基づく訴訟，数人の差押債権者が提起した取立訴訟等においても生じます。このため，本来は，単独訴訟が可能な紛争形態のうち一定のものについては，共同訴訟として提起された以上，共同訴訟人全員について，合一にのみ確定すべきものとし，その一人の訴訟行為は，全員の利益においてのみその効力を生ずるものとする必要があるのです。
　　学説は，このような訴訟の形態を「類似必要的共同訴訟」と呼び，民訴法第40条が定める共同訴訟を「固有必要的共同訴訟」と呼んでいます。

3 設問についての検討
(1) 共有者に対する請求の場合
　設問では，甲は，乙，丙及び丁が共有する不動産を買い受けたというのですから，その対抗要件としての登記は，乙ほか2名の各持分を甲に移転する旨の登記をすることになります。この場合，乙らは，各自の持分については，原則として自由に処分することができ，他の共有者と共同する必要はありませんから，前述の判例の傾向にかんがみれば，甲の登記請求権は，各共有者の持分についてのものと構成すれば足ります。甲が訴訟に持ち込む場合も，必要的共同訴訟には当たらないということになります。したがって，甲は，任意に持分移転の登記に応ずる共有者丁との間においては，同人との共同申請により持分移転の登記の申請をし（法60条），任意に持分移転の登記に応じない共有者（乙又は乙及び丙）との間においては，その者に対し，その持分の移転登記手続を命ずる確定判決を得て，これに基づき，単独で持分移転の登記の申請をすることができます。すなわち，甲は，乙ほか2名の共有者全員を相手方とする共有持分全部移転の登記手続を求める訴訟を提起する必要はありません。
(2) 数人の登記義務の承継者に対する請求の場合
　このように，設問の事例は，各共有者に対する持分移転登記の請求に分解して解決できるものなのですが，事例を変えて，甲が，乙所有の不動産を買い受けたのに，その旨の登記をしない間に乙が死亡し，丙及び丁の両名が相続をした場合について考えてみましょう。この場合，乙は，甲に対して，所有権移転登記手続をすべき義務を負っており，その義務を丙及び丁が承継したとみることができるのですが，では，丙が任意にその登記申請手続に応じないときには，甲は，丙・丁両名を相手取って訴訟を提起しなければならないのでしょうか。

第2章　判決による登記

　　最高裁昭和36年12月15日判決（民集15巻11号2865頁）は，「本件は，昭和18年12月30日丙の次男乙から本件宅地をその地上建物とともに買い受けた甲が，同24年1月1日乙の死亡による相続によって乙の売買契約上の債務を承継した丙に対し，右契約にもとづき本件宅地の所有権移転の登記を請求する訴訟であることは記録上あきらかである。すなわち，甲の本訴において請求するところは，丙が相続によって承継した乙の所有権移転登記義務の履行である。かくのごとき債務は，いわゆる不可分債務であるから，たとえ丙主張のごとく，丙の外に共同相続人が存在するとしても，甲は丙一人に対して右登記義務の履行を請求し得るものであって，所論のごとく必要的共同訴訟の関係に立つものではない。」と判示しています（これと同趣旨の判決に最高裁昭和44年4月17日判決（民集23巻4号785頁）があります。）。すなわち，判例は，不可分債務の理論を用いて，原告が，被相続人から登記義務を承継した相続人の一人のみに対して訴訟を提起することを認めているのです（注）。したがって，上記の事例では，甲は，丁との関係では同人との共同申請により，丙との関係では同人に対する勝訴の確定判決に基づく単独申請によって，所有権移転の登記をすることができるのです。

(3)　補足説明——共有者に対する抹消登記請求についての最高裁判決の趣旨

　　上記のとおり，設問は，共有者に対する持分移転登記請求に係るものであって，必要的共同訴訟の領域に属しない問題なのですが，最高裁の判決には，不動産の共有者に対する所有権移転登記の抹消登記手続を請求する訴えについて，必要的共同訴訟である旨を判示したものがあります。最高裁昭和38年3月12日判決（民集17巻2号310頁）です。これは，一見すると，上記(2)で紹介した最高裁判例と異なる見解に立つもののようにも思えます。そこで，本設問における補足の説明として，上記昭和38年判決の趣旨について，若

## 第一節　総説

干触れておくこととします。

　この判決の事案の概要は，甲所有のＡ不動産について，乙を権利者とする所有権移転請求権保全の仮登記がされていたのですが，甲の債権者乙の申立てによって強制競売の手続が行われ，その結果，丙及び丁の両名が買受人となり，両名に対する所有権移転の登記（丙・丁共有の登記）が経由されたところ，その後，上記仮登記に基づく本登記を備えた乙が，丙・丁両名に対して，上記の競売による所有権移転の登記の抹消を訴求したというものです（なお，本件は昭和 35 年法律第 14 号による改正前の不動産登記法が適用される事案であり，当時の同法の下では，所有権に関する仮登記に基づく本登記をする場合に，登記官の職権で当該仮登記に後れてされた権利に関する登記を抹消する旨の規定（現行法 105 条に相当する規定）が存在しなかったため，矛盾衝突する登記が併存する不自然な状態が出現することになり，これを解消するには，当該所有権の本登記の名義人が，当該仮登記に後れる権利に関する登記の抹消を請求しなければならないこととされていました。）。この事案について，最高裁の判決は，「本件建物につき所有権移転請求権保全の仮登記にもとづき所有権移転の本登記を経由した乙から，右建物につき丙及び丁が共同して競落したことを原因として所有権移転登記を経由した丙及び丁に対し，右共有名義の所有権移転登記の抹消登記手続を請求する訴訟であることは記録上あきらかであるところ，右訴訟は必要的共同訴訟であると解すべきである。」と判示しているのです。

　この事案における丙及び丁は，競落によるＡ不動産の所有権の取得をもって，先順位の所有権移転請求権保全の仮登記に基づく本登記を備えた乙に対抗することができません（民法 177 条）。丙及び丁は，乙との関係においては無権利者なのですから，(2)に掲げた最高裁昭和 36 年 12 月 15 日判決が採用した不可分債務の理論を適用す

463

れば，乙は，丙又は丁のいずれに対しても順次，各別に当該登記の全部の抹消を求める訴訟を提起することができると解すべきことになるものと考えられます。すなわち，上記事案の乙は，それぞれ単独訴訟を提起することが可能な丙及び丁に対する訴えを共同訴訟の形で提起したことになり，そうである以上，前述（上記2(3)ウ）の「類似必要的共同訴訟」の理論が適用されて，判決の合一確定が必要ということになります。昭和38年判決は，以上のような解釈・理解を暗黙の前提にして，乙は，本来丙又は丁に対し不可分債務として当該登記の抹消を訴求することができるとの判断は示さないままに，単に係属している訴訟が「類似必要的共同訴訟」に当たる旨を判示したにすぎないものとも解されます。そのように解せば，上記の昭和38年判決も，判例の主流に矛盾・抵触するものではないということができます。

(4) 登記実務における申請手続

最後に，設問の場合における登記申請手続について，登記実務の取扱いを説明します。

登記の申請は，登記の目的及び登記原因に応じ，一の不動産ごとに申請情報を提供してするのが原則ですが（令4条本文），同一の不動産について申請する二以上の権利に関する登記（同一の登記名義人の氏名若しくは名称又は住所についての変更の登記又は更正の登記は，除きます。）の登記の目的並びに登記原因及びその日付が同一であるときは，例外として，いわゆる一括申請によることができるとされています（令4条ただし書，規則35条9号）。

設問の場合，甲と丁間，甲と乙又は乙及び丙間で，それぞれすべき登記は，いずれも持分移転の登記ですから，登記の目的は，同一であるといえます。しかし，それぞれの持分移転は，一方の当事者である登記権利者（甲）は同じですが，他方の当事者である登記義務者（丁と乙又は乙及び丙）が，異なります。また，任意に持分移

転の登記に応ずる丁の持分移転の登記は，甲と丁の共同申請（法60条）であるのに対して，任意に持分移転の登記に応じない乙又は乙及び丙の持分移転の登記は，確定判決に基づき，甲が，単独で申請するものです（法63条1項）から，登記の申請構造が異なることになります。したがって，設問の場合における持分移転の登記は，甲と丁との共同申請による丁持分全部移転と，甲の単独申請による乙又は乙・丙持分全部移転の二つの登記申請によるべきであると考えられることから，上記(1)及び(2)においては，その旨説明したところです。

　しかし，甲が，乙，丙及び丁の持分を同日付けの売買で取得した場合のように，原因行為の種類が同一であり，しかも同一日付であるときは，規則第35条第9号に準ずる場合として，一括申請を認めてよいと考えられます。登記実務においても，数人の共有する不動産を共有者以外の者が共有者全員から取得した場合，又は共有者の一人が他の共有者の持分の全部若しくは一部を取得した場合は，その移転する持分に処分制限の登記等の第三者の権利に関する登記がされていない限り，便宜，同一の申請情報により，1個の登記で所有権移転の登記又は持分移転の登記をすることが認められています（昭和37年1月11日民事甲第2号民事局長回答，昭和37年1月23日民事甲第112号民事局長通達）。したがって，設問の場合は，登記の目的を「共有者全員持分移転（又は，単に「所有権移転」）」，登記原因を「○年○月○日売買」，登記権利者甲，登記義務者乙，丙及び丁として，甲・丁間の売買契約書若しくは報告的な登記原因証明情報，及び乙又は乙及び丙に対する持分移転登記手続を命ずる確定判決の判決書の正本を提供して，一括して申請することができるものと考えられます。

　なお，乙又は乙及び丙に対する持分移転を命ずる確定判決の主文又は理由中に，上記の「○年○月○日売買」を登記原因として持分

移転の登記をする旨の記載がないために，登記原因を「○年○月○日判決」としなければならない場合には，甲・丁間，甲・乙又は乙及び丙間のそれぞれの持分移転の登記原因が異なることになりますから，一括申請は認められないことになります。

（注） 青山正明編著「新訂民事訴訟と不動産登記一問一答」55頁〔南敏文〕〔テイハン〕，塩崎勤「登記請求権事例解説集」173頁〔新日本法規出版〕

## 48 数人の者が共同して買い受けた不動産について、売主が所有権移転登記手続に応じない場合に訴えを提起する方法

> **問** 乙、丙及び丁が共同して不動産を甲から買い受けたが、売主甲が当該不動産の所有権移転の登記に応じない場合において、共同購入者が登記手続を命ずる確定判決を得て登記を申請するには、当該共同購入者全員が原告として訴えを提起する必要がありますか。

【答】 共同購入者である乙、丙及び丁が売主甲に対し、それぞれ自己が取得した共有持分の移転登記請求ではなく、同人らが共同して有する1個の所有権（共有権）に基づき、所有権移転登記手続を求める場合には、その全員が共同原告となって訴えを提起する必要があるものと考えます。

【解説】

1 設問の趣旨

前問では、共有不動産の買主が当該共有者らに対して持分全部の移転登記手続を請求するという事例を取り上げ、任意に登記申請に応じない共有者に対して提起する訴訟の形態はどのようなものか、当該訴訟では誰を被告とすべきか、勝訴の確定判決を得た場合の登記の申請手続はどのようにするかなどの論点について説明しました。その前提として、民訴法が定める共同訴訟の類型（通常共同訴訟・必要的共同訴訟）の概要、共有関係にある財産をめぐる紛争の訴訟類型、これに関する判例の動向などについても説明したところです。

本問は、前問のいわば続編に当たるもので、数人の者が共同して買い受けた不動産について当該共有者の側から売主に対して所有権移転登記請求をするという事例を取り上げています。ここにも、前問と同様の論点が存在しますので、順次説明することとします。

### 2 判例の動向

共有関係にある財産をめぐる紛争の訴訟形態をどのようにみるかについて判例及び学説の見解が混沌としていることは，前問の解説で述べたところですので，本問についても，判例の見解を中心に据えて説明することとします。

まず，本設問と関連する事案についての判例の動向をみることにします。

(1) 不動産の共有者から所有権の登記名義人に対する真正な登記名義の回復を原因とする所有権移転登記の請求（最高裁昭和46年10月7日判決・民集25巻7号885頁）

この判例の事案の概要は，次のとおりです。

甲と乙は夫婦で，その間に子丙をもうけていました。甲・乙両名は，共同して，丁が所有していたA不動産を買い受けたのですが，その登記については，便宜上，長男である丙名義で所有権移転の登記を経由しました。ところが，後に，丙は，自分がA不動産の真実の所有者であると主張して争うに至ったのです。そこで，甲と乙は，共同原告となって，丙に対し，A不動産は原告らの共有に属するものであることの確認と，丙名義の所有権移転の登記の抹消に代えて，甲及び乙への真正な登記名義の回復を原因とする所有権移転登記手続を訴求したというものです。

この事案について最高裁は，次のように判示しました。「思うに，一個の物を共有する数名の者全員が，共同原告となり，いわゆる共有権（数人が共同して有する一個の所有権）に基づき，その共有権を争う第三者を相手方として，共有権の確認を求めているときは，その訴訟の形態はいわゆる固有必要的共同訴訟と解するのが相当である（大審院大正11年(オ)第821号同13年5月19日判決，民集3巻211頁参照）。けだし，この場合には，共有者全員の有する一個の所有権そのものが紛争の対象となっているのであって，（中略）共有者全員

が法律上利害関係を有するから，その判決による解決は全員に矛盾なくなされることが要請され，かつ，紛争の合理的解決をはかるべき訴訟制度のたてまえからするも，共有者全員につき合一に確定する必要があるというべきだからである。また，これと同様に，一個の不動産を共有する数名の者全員が，共同原告となって，共有権に基づき所有権移転登記手続を求めているときは，その訴訟の形態も固有必要的共同訴訟と解するのが相当であり（大審院大正 11 年(オ)第 256 号同年 7 月 10 日判決，民集 1 巻 386 頁参照），その移転登記請求が真正な所有名義の回復の目的に出たものであったとしても，その理は異ならない。」(注 1)

(2) 不動産の共同相続人の一人から所有権の登記名義人に対する抹消登記請求（最高裁昭和 31 年 5 月 10 日判決・民集 10 巻 5 号 487 頁）

　この判決は，「ある不動産の共有権者の一人がその持分に基き当該不動産につき登記簿上所有名義者たるものに対してその登記の抹消を求めることは，妨害排除の請求に外ならずいわゆる保存行為に属するものというべく，従って，共同相続人の一人が単独で本件不動産に対する所有権移転登記の全部の抹消を求めうる」と判示しています（組合員の一人が単独で所有権移転登記の全部の抹消を求めた事案について同旨の判決をしたものとして，最高裁昭和 33 年 7 月 22 日判決（民集 12 巻 12 号 1805 頁）があります。）。

(3) 要役地の共有者の一人から承役地の所有者に対する地役権設定登記請求（最高裁平成 7 年 7 月 18 日判決・民集 49 巻 7 号 2684 頁）

　この判決は，「要役地が数人の共有に属する場合，各共有者は，単独で共有者全員のため共有物の保存行為として，要役地のために地役権設定登記手続を求める訴えを提起することができるというべきであって，右訴えは固有必要的共同訴訟には当たらない。」と判示しています。

　以上に掲げた最高裁判決にかんがみますと，判例の動向は，共有者

が第三者に対して提起する登記請求訴訟のうち，共有関係の存否を争う者などに対して共有権に基づいてするものは固有必要的共同訴訟であるが，共有者全員のための共有物の保存行為に当たるものはこれに当たらない，というにあると解することができます。

### 3　登記実務の取扱い
(1)　登記実務における保存行為による単独申請

　このように，判例においては，共有者が提起する登記請求訴訟が共有者全員のための保存行為に当たるか否かが，当該訴訟の形態を判断する上で重要な指標になっているのですが，登記の実務において，この保存行為を理由とする登記の単独申請がどのように取り扱われているかをみてみますと，かなり広範に許容されていることが分かります。いくつかの具体例を挙げましょう。

①　未登記の共有土地の共有者の一人は，各自の持分について所有権保存の登記を申請することはできないが，民法第252条ただし書により共有物全部について所有権保存の登記を申請することができる（明治33年12月18日民刑第1661号民刑局長回答）。

②　不動産の共同相続人中の一人は，自己の相続分のみについて相続登記を申請することはできないが，相続人全員のためにそれぞれの法定相続分による相続登記を申請することができる（昭和30年10月15日民事甲第2216号民事局長電報回答参照）。

③　不動産の買主がその旨の登記をしないままに死亡した場合，その共同相続人の一人は，売主と共同して，当該売買を原因とする被相続人名義への所有権移転の登記を申請することができる（カウンター相談・登記研究644号81頁参照）。

④　不動産の買主が数人である場合，その買主の一人は，売主と共同して，買主全員のために当該売買を原因とする所有権移転の登記を申請することができる（香川保一編著「新訂不動産登記書式精義」上巻1389頁［テイハン］）。

以上のように，登記実務においては，共有不動産に関する権利の登記について，共有者の一人が保存行為として申請することを多くの場面で認めています。特に，上記④の事案は，本設問と同旨のもので，共有者全員が買主となる売買契約を原因とする所有権移転の登記についても，その共有者の一人が全員のために登記権利者として申請することを認めているのです。

　このような登記実務の取扱いは，上記①の登記先例が端的に述べているように，登記自体を当該不動産に関する権利の保存行為とみる見解を根拠とするもののように思われます。すなわち，不動産の権利に関する登記は，既に生じた物権の得喪・変更を第三者に対抗するための手段であって，新たな権利・利益を形成するものではなく，それ自体が当該権利の維持・保全の役割を果たすにすぎないから，登記を申請する行為自体が，当該権利についての民法第252条ただし書にいう保存行為に当たるという理解に立っているものと考えられるのです。このほかに，保存行為を理由とする共有者の一人の単独申請を認めれば，申請する側の手続的負担が軽減するとの配慮もあるものと考えられますが，それはもとより付随的な理由です。

　登記実務の以上の取扱いを前提にするならば，本設問の事例において，不動産の共同購入者の一人が売主に対し所有権移転登記手続を求める訴えを提起した場合であっても，その訴訟は認められるべきことになります。その訴訟における請求は，目的不動産の共有権（数人が共同して有する1個の所有権）に基づく登記請求ではありますが，それは，当該不動産の共有者全員のために共有不動産の保存行為としての請求であって，上記の民法の規定により単独ですることができるものだからです。したがって，登記実務の取扱いにおいては，本設問の事例で，仮に，共有者の一人が単独で提起した訴訟について原告勝訴の判決がされ，これに基づいて登記の申請がさ

れた場合には，その申請を受理することができる（その判決が共有者全員を当事者としないものであって，全員につき合一に確定することができないという理由でその申請を却下することはしない。）というべきです。

(2) 昭和46年判決についての検討

上記(1)でみたとおり，登記実務の取扱いの論拠と思われる「登記＝保存行為」の理論を推していくと，共有権（数人が共同して有する1個の所有権）に基づく登記請求訴訟であっても，共有者の一人がこれを提起できるという帰結に至ることになりそうです。そうすると，この登記実務の取扱いは，一見すると，上記2(1)に引用した昭和46年10月7日の最高裁判決（以下「昭和46年判決」といいます。）の見解と抵触するかのようです。果たしてそうなのか，検討を要します。そこで，改めて昭和46年判決がどのような理由づけによって共有権に基づく登記請求訴訟につき固有必要的共同訴訟に属するとの判断を下したのか，事案の内容に立ち入って検証してみることにします。この観点からすると，次の二つの点が注目されます。

ア 共有権確認訴訟が併合されている点について

第一は，昭和46年判決の事案は，原告らが主張する不動産の共有権の存否自体に争いがあったため，その確認訴訟と共有権に基づく登記請求訴訟とが併合（訴えの客観的併合）されていたことです。前者の訴訟が固有必要的共同訴訟に当たることについては，従前から判例・学説に異論はなく，昭和46年判決もこれを確認しています。その理由の論旨は，前述のとおりです。そして，同判決は，この論旨を共有権に基づく登記請求訴訟についてもそのまま援用しています。「また，これと同様に，一個の不動産を共有する数名の者全員が，共同原告となって，共有権に基づき所有権移転登記手続を求めているときは，その訴訟の形態も固

有必要的共同訴訟と解するのが相当であ（る）」というのです。

　この判旨からは，同判決が共有権に基づく登記請求訴訟の訴訟形態についての判断においても，当該共有関係自体に争いがある場合であることを前提にしていることがうかがわれます。すなわち，同判決は，共有関係の存否が紛争の対象になっている場合の事例に関する判決であって，そのような紛争が存在せず，単に共有権に基づく登記請求権の存否が争われているにすぎない場合に関して判断したものではないとみることができるのです。

　そうすると，登記実務の取扱い（ここでは，登記の申請は共有関係の存否の争いが存在しないことを前提にしてされる。）が昭和46年判決の見解と抵触するとまでは断定できないということになります。

イ　抹消登記に代わる真正な登記名義の回復を原因とする所有権移転登記請求がされている点について

　もう一つの点は，昭和46年判決の事案では，共有者らから不動産の所有権の登記名義人に対して，当該登記の抹消に代えて，真正な登記名義の回復を原因とする所有権移転登記手続をすべき旨の請求がされていることです。この事例で，仮に，共有者らが各自の持分に基づいて本来の抹消登記の請求をしていたとすれば，上記2(2)で引用した昭和31年5月10日の最高裁判決が判示しているように，その請求は保存行為に当たり，元々各共有者が単独で訴訟提起ができるものとの判断がされていたはずです。ところが，昭和46年判決の事案では，共有者らが抹消登記に代えて真正な登記名義の回復を原因とする所有権移転登記手続を訴求し，これが共有権に基づくものと認定されたため，固有必要的共同訴訟に当たるとの判断がされたものです。

　真正な登記名義の回復を原因とする所有権移転の登記は，実体上の登記原因を伴うものではなく，したがって物権変動の過程に

473

符合しない，単に抹消登記手続を回避するための便法としてされるものにすぎません。そのような便法としての登記を訴訟上請求する場合の請求原因は，被告名義の登記について抹消すべき理由があることを基礎づける事実であって，それは抹消登記請求訴訟における請求原因と同じです。すなわち，形式的には所有権移転登記請求訴訟ではあっても，その実質は妨害排除請求としての抹消登記請求訴訟にほかならないのです。そうだとすれば，上記の昭和31年の最高裁判決の論理に従って，各共有者は，全共有者のための保存行為（又は不可分債権の履行）として，単独で，真正な登記名義の回復を原因とする所有権移転登記請求訴訟を提起することができると解するのが均衡の取れた解釈論であり，かつ簡明であると考えられます（注2）。

この観点からすれば，昭和46年判決の上記判断の合理性には疑いがあるというべきです。

**4　結　論**

以上のとおり，どのような紛争の類型が民訴法第40条の定める固有必要的共同訴訟に当たるかは，多くの場合解釈に委ねられており，その解釈は最終的には裁判所の判断で決まります。したがって，本設問の事例における訴訟が固有必要的共同訴訟になるのか否かの解答は，差し当たり，昭和46年判決を拠り所にしなければなりません。上に述べたように，この判決は，共有関係の存否自体が争われている事案に関するものと理解することも可能ですが，判決自体がそのことを明言しているわけではありません。そのような限定的な解釈は許されず，およそ共有権（数人が共同して有する1個の所有権）に基づく登記請求訴訟はすべて固有必要的共同訴訟とする趣旨だというのが正解かも知れません。また，この判決が，共有者による真正な登記名義の回復を原因とする所有権移転登記訴訟をも固有必要的共同訴訟に当たるとする点は，再考の余地があるものと考えますが，その後の裁判

## 第一節　総説

例でこの点に論及するものは見当たりません。

そこで，本設問の解答としては，慎重を期して，昭和46年判決の射程距離を長いものと捉え，共同購入者らが売主に対して共同して有する1個の所有権に基づいて所有権移転登記手続を求める訴訟は必要的共同訴訟となり，共有者全員が訴訟を提起することを要するとしておきます。もとより，その訴訟の趣旨が，各共有者がその持分に基づいて各自の持分の移転登記手続を求めるにあるときは，これに当たらないことは，いうまでもありません。

(注1) その趣旨については，最高裁判所判例解説昭和46年度民事編585頁〔小倉顕〕以下を参照してください。
(注2) 各共有者が保存行為として共有者全員のために所有権移転の登記を請求することができないとする見解として，塩崎勤「登記請求権事例解説集」33頁〔新日本法規出版〕があります。

## 第二節　確定判決による登記

### 第1款　登記の申請手続

#### 1　登記の申請情報

**49　判決による登記を申請する場合において提供すべき申請情報**

> 問　被告に対し登記手続を命ずる確定判決に基づいて，原告が，単独で登記を申請する場合には，通常，どのような申請情報を提供することになりますか。

【答】　登記権利者である原告が，登記義務者である被告に対し，登記手続を命ずる確定判決に基づき，原告が，単独で当該登記を申請する場合には，通常，登記の目的（令3条5号），登記原因及びその日付（同条6号），申請人の氏名又は名称及び住所（同条1号），登記義務者の氏名又は名称及び住所（同条11号イ），代理人の氏名又は名称及び住所（同条3号），土地の所在，地番，地目及び地積（同条7号）又は建物の所在及び地番，家屋番号，建物の種類，構造及び床面積（同条8号）等を申請情報として提供する必要があります。

【解説】　登記の申請は，不動産を識別するために必要な事項，申請人の氏名又は名称，登記の目的その他の登記の申請に必要な事項として政令で定める情報（以下「申請情報」といいます。）を提供してしなければなりません（法18条）。申請情報の具体的な内容は，令第3条各号及び別表の各登記の申請情報欄に掲げられています。以下，登記手続を命ずる確定判決に基づき，登記権利者である原告が，単独で登記を申

請する場合において，通常，必要とされる申請情報の内容について，一般的な書式例に沿って説明します。

1 登記の目的

登記の目的は，権利に関する登記の登記事項であり（法59条1号），登記の対象となる権利と権利の変動の内容等を端的に示すもの（例えば，「所有権移転」，「抵当権設定」など）として，申請情報の内容となります（令3条5号）。既存の登記を変更，更正，抹消等する登記を申請するときは，当該既存の登記を特定する事項（受付年月日及び受付番号又は順位番号など）をその一部として申請情報の内容とする必要があります。

2 登記原因及びその日付

登記原因及びその日付は，申請情報の内容とされ（令3条6号），かつ，登記事項とされています（法59条3号）。登記原因及びその日付が申請情報の内容とされるのは，登記原因証明情報の必要的提供とあいまって，不動産に関する物権変動が実体に合致したものであるか否かを登記官をして確認させ，不真正な登記を防止しようとするものであり，また，これを登記事項とすることにより，当該登記に係る権利変動の態様を正確に公示しようとするものです。

(1) 登記原因

登記原因とは，登記の原因となる事実又は法律行為をいいます（法5条2項）。例えば，所有権移転の登記であれば，前者に属するものとして，相続，時効取得等があり，後者に属するものとして，売買，贈与，交換等が挙げられます。

登記手続を命ずる確定判決による登記については，その登記原因をどのように表示すべきか（判決それ自体か，判決によって確認された権利の変動原因か）が議論になることがありますが，判決による登記といっても，特段の規定がない限り，共同申請の場合と異なるところはありませんので，基本的には，①既存の権利変動等の原

## 第2章　判決による登記

因事実（例えば，売買や贈与，時効取得）が判決によって確認され，これに基づいて登記手続の履行が命じられる場合には，既存の権利変動等の原因事実が登記原因となり（その効果発生の日が登記原因の日付），②詐害行為の取消判決（民法424条）や共有物分割の判決（同法258条）など判決によって初めて権利変動が生じ，これに基づき登記手続の履行が命じられる場合，あるいは当事者の互譲の結果として所有権の移転自体を約し，その登記手続をする旨の裁判上の和解や調停が成立した場合など，権利変動そのものが判決又は和解・調停等によって生じたときは，当該判決の請求原因となった実体的原因事実（詐害行為取消し，共有物分割など），和解又は調停自体が登記原因となり，その日付は，判決の確定又は和解・調停の成立の日ということになります。

なお，不動産登記法上，「登記原因及びその日付」が申請情報及び登記事項とされている趣旨・目的に照らすと，「登記原因及びその日付」は，判決の主文において明示するのが相当であるというべきです。この点については，問39を参照してください。

(2) 登記原因の日付

登記原因の日付とは，登記原因となる法律事実が発生し，又は法律行為の効果が発生した日付をいいます。例えば，所有権の移転は，原則として，売買，贈与等の契約の成立と同時に，その効果が生じますから，当該契約の日が登記原因の日付となりますが，所有権移転の時期について特約（例えば，売買代金の支払時）があるときは，その特約で定められた日が，あるいは農地の売買のように法定条件として官公署の許可等を要するときは，その許可等の日が，登記原因の日付となります。

なお，確定判決において，権利変動の原因は明らかであるが，その日付が判決の主文又はその理由中に明示されていないときは，「年月日不詳売買」，「昭和30年月日不詳売買」等の例によります

（昭和34年12月18日民事甲第2842号民事局長回答）。

3 申請人の氏名又は名称及び住所

　申請人が自然人であるときは，その氏名及び住所が申請情報の内容となり，申請人が会社その他の法人であるときは，その名称及び住所（本店又は主たる事務所の所在地）が申請情報の内容となります（令3条1号）。

　権利に関する登記は，登記権利者及び登記義務者による共同申請が原則ですので，共同の申請人である登記権利者及び登記義務者の氏名又は名称及び住所が申請情報の内容となりますが，確定判決による登記は，当事者の一方（通常は，登記権利者である原告）のみが申請人となりますので，その一方の氏名又は名称及び住所が令第3条第1号の申請情報となり，他方（通常は，登記義務者である被告）の氏名又は名称及び住所は，同条第11号イ所定の申請情報となります。また，民法第423条その他の法令の規定に基づく代位登記や法第62条の一般承継人による申請の場合には，代位者や一般承継人が申請人となりますので，これらの氏名又は名称及び住所が令第3条第1号の申請情報となります。

　なお，申請人が法人であるときは，その代表者の氏名も申請情報の内容になります（令3条2号）。

4 代理人の氏名又は名称及び住所

　代理人によって登記を申請するときは，その代理人の氏名又は名称及び住所並びに代理人が法人であるときはその代表者の氏名が申請情報となります（令3条3号）。

5 不動産を識別するために必要な事項

　登記の申請に係る不動産が土地である場合は，その所在，地番，地目及び地積が申請情報の内容となり（令3条7号），建物である場合は，その所在及び地番，家屋番号，建物の種類，構造及び床面積等が申請情報の内容となります（同条8号）。

なお，不動産番号（規則90条）を申請情報の内容としたときは，当該不動産の所在等を申請情報の内容とすることを要しません（令6条1項，規則34条2項）。

## 6 その他の申請情報

(1) 代位登記の場合

民法第423条その他の法令の規定により債務者等の他人に代わって登記を申請するときは，①申請人が代位者である旨，②被代位者の氏名又は名称及び住所，③代位原因が申請情報となります（令3条4号）。①については，代位による「申請人の氏名又は名称及び住所」は，令第3条第1号に規定されていますので，具体的には，同条第4号と併せて，「申請人（代位者）○市○町○丁目○番○号　何某」の例によります。

(2) 持　分

権利の保存，設定又は移転の登記（根質権，根抵当権及び信託の登記を除く。）を申請する場合において，登記名義人となる者が2人以上であるときは，登記名義人となる者ごとの持分が申請情報となります（令3条9号）。

(3) その他

その他，確定判決に基づき登記権利者となる原告が，単独で登記を申請する場合には，上記に掲げる事項のほか，令第3条第11号，第13号及び別表の申請情報欄に掲げる事項，規則第34条第1項に掲げる任意的な事項が申請情報となります。

〔参考文献〕
　　河合芳光「逐条不動産登記令」31頁以下［金融財政事情研究会］
　　小宮山秀史「逐条解説不動産登記規則1」298頁以下［テイハン］

## 50　判決書等に表示された登記義務者の氏名若しくは名称又は住所と登記記録上の表示が符合しない場合の登記申請の方法

問　確定判決（和解，調停等を含みます。）に基づき原告が単独で登記を申請する場合において，判決書等に表示された登記名義人（登記義務者）の氏名若しくは名称又は住所と登記記録上の登記名義人（登記義務者）の表示が符合しないときは，どのようにして登記を申請するのですか。

【答】　当該確定判決（和解，調停等を含みます。以下同じ。）に基づく登記をする前提として，登記義務者である登記名義人の氏名若しくは名称又は住所の変更の登記を要します。判決書等に登記義務者の氏名又は名称及び住所と登記記録上の氏名又は名称及び住所が併記されている場合も同様です。ただし，所有権以外の権利の登記の抹消を申請する場合において，当該権利の登記名義人の氏名若しくは名称又は住所が変更しているときは，その変更を証する書面を提供すれば，その氏名若しくは名称又は住所の変更の登記を便宜省略して差し支えないものとされています。

【解説】
　登記手続上，申請情報の内容である登記義務者の氏名若しくは名称又は住所が登記記録上の登記名義人（登記義務者）の氏名若しくは名称又は住所と合致しないときは却下事由となり（法25条7号），また，申請情報の内容が登記原因証明情報の内容と合致しないときも却下事由となります（法25条8号）。したがって，確定判決に基づき，原告が単独で登記を申請する場合において，判決書や和解調書等の正本に表示された被告たる登記名義人（登記義務者）の氏名若しくは名称又は住所と登記記録上の登記名義人（登記義務者）の氏名若しくは名称又

第2章　判決による登記

は住所とが合致しないときは，当該登記の申請は却下されることになりますので，その前提として両者を合致させるよう是正する必要があります。

**1　登記義務者の氏名若しくは名称又は住所の変更又は更正の登記がされていない場合**

　まず，登記記録上の登記名義人（登記義務者）が氏名若しくは名称を変更し，又は住所を移転し，あるいはその氏名若しくは名称又は住所が誤っているにもかかわらず，その旨の登記をしていないため，判決書等の登記名義人（登記義務者）の氏名若しくは名称又は住所と登記記録上の登記名義人（登記義務者）の氏名若しくは名称又は住所とが合致しないときは，その前提として，債権者代位による登記名義人の氏名若しくは名称又は住所の変更又は更正の登記の申請をする必要があります（注1）。この場合，当該判決書等の正本又は謄本を代位原因証明情報として提供するほか，当該登記名義人の氏名若しくは名称又は住所について変更又は錯誤・遺漏があったことを証する住民票の写し又は戸籍の附票等を提供する必要があります（令別表23項「添付情報」欄）。

　判決書等に登記記録上の氏名若しくは名称又は住所が併記されている場合であっても，その前提として登記名義人の氏名若しくは名称又は住所の変更又は更正の登記を要します（注2）。この点は，共同申請によって権利移転等の登記を申請する場合において，登記名義人（登記義務者）の氏名若しくは名称又は住所の変更又は更正を証する情報を提供して，氏名若しくは名称又は住所の変更又は更正の登記を省略することができない（昭和43年5月7日民事甲第1260号民事局長回答）のと同様です。

　なお，所有権以外の権利の登記の抹消を申請する場合において，当該権利の登記名義人の氏名若しくは名称又は住所が変更しているときは，その変更を証する書面を提供すれば，その氏名若しくは名称又は

住所の変更の登記を便宜省略して差し支えないとされています（昭和31年10月17日民事甲第2370号民事局長事務代理通達）。

2　判決書等に誤記等の明白な誤りがある場合

次に，判決書等に誤記等の明白な誤りがあるため，判決書等の登記名義人（登記義務者）の氏名若しくは名称又は住所と登記記録上の登記名義人（登記義務者）の氏名若しくは名称又は住所とが合致しないときは，裁判所への申立てにより，その更正決定を得る必要があります。

(注1)　登記研究276号69頁，登記研究383号91頁
(注2)　登記研究429号120頁，登記研究476号140頁

第2章　判決による登記

## 51　判決書等に表示された不動産の表示と登記記録上の表示が符合しない場合の登記申請の方法

> 問　確定判決（和解，調停等を含みます。）に基づき，原告が単独で登記を申請する場合において，判決書等に表示された目的不動産の表示（土地の地番，地目及び地積，又は建物の所在，種類，構造及び床面積等）と登記記録上の不動産の表示が符合しないときは，どのような登記を申請するのですか。

【答】　登記実務上，判決書等に表示された目的不動産の表示と登記記録上の不動産の表示とが合致しない場合であっても，その同一性が認められる限り，受理して差し支えないものとされています。

【解説】

1　登記の申請に当たって，申請情報の内容である不動産の表示（土地の地番，地目及び地積，又は建物の所在，種類，構造及び床面積等の不動産識別情報）が登記記録と合致しないとき（法25条6号），また，申請情報の内容である不動産の表示と判決書等の正本（登記原因証明情報）に表示された目的不動産の表示が合致しないとき（同条8号）は，当該登記の申請は受理できません。

2　これを厳格に解すれば，判決書等に表示された目的不動産の表示と登記記録上の不動産の表示とが一致しない場合には，①当該判決書等における目的不動産の表示に誤りがあるときは，その更正決定を得るか，②登記記録上の表示が当該不動産の現況（判決書等の不動産の表示）と異なるときは，当該登記の前提として，土地の所在，地目等や建物の所在，種類，構造等の変更又は更正の登記を債権者代位により申請する必要があるということになります。しかし，ここに「合致しない」とは，内容的に一致しないことをいい（鎌田薫＝寺田逸郎編「新基本法コンメンタール不動産登記法」95頁〔小林昭彦〕［日本評論社］，従前の登

記先例においても，その同一性が認められる限り，受理して差し支えないものとされていました（昭和37年8月8日民事甲第2235号民事局長回答）。この先例は，登記済証の制度が採用されていた旧法の下における取扱いを示したものですが，改正後の新法では，登記済証の制度が廃止され，当該確定判決の判決書の正本については，登記原因証明情報としての適格性を判断すれば足りますから，当該不動産の表示について，両者の間に多少の不一致があっても，内容的に同一性が認定できれば，受理して差し支えないものというべきでしょう。

　登記手続請求訴訟の場合，証拠資料として当該不動産の登記事項証明書等が提出されるのが通例であり，また，登記記録上の表示とその現況とが異なるときは，両者を併記するのが通例と思われますので，その受否が問題となる事例は例外的なものと考えられますが，訴訟の提起，追行に当たっては，当該不動産の表示について，登記事項証明書等により確認しておく必要があります。

3　なお，1筆の土地の一部について所有権移転登記手続を命じた判決の場合には，その前提として，代位による分筆登記手続を経ない限り，当該所有権移転の登記をすることはできません。また，登記上の地目は農地（田，畑又は採草放牧地）であるが，現況は農地又は採草放牧地以外の土地であって，農地法の規定による権利変動の制限の対象とならない土地について，農地法所定の許可を条件としないで所有権移転登記手続が命じられている場合には，その前提として，代位による地目変更の登記を要します（平成6年1月17日民三第373号民事局第三課長回答）。

## 2　添付情報としての登記原因証明情報

### 52　確定判決により単独で登記の申請する場合における確定判決の判決書の正本及びその確定証明書の提供の要否

> 問　確定判決により，原告が単独で登記を申請する場合には，確定証明書の提供を要しますか。また，確定判決の判決書の「正本」に代え，「謄本」を提供することができますか。

【答】　確定判決により，原告が単独で登記を申請する場合には，登記原因証明情報として，当該判決書の正本のほか，確定証明書の提供を要します。また，提供すべき登記原因証明情報は，当該判決書の「正本」に限定されていますから，「正本」に代えて，「謄本」を提供することはできません。

【解説】

#### 1　確定証明書の提供の要否

　　被告に対し，登記手続をすべきことを命ずる判決は，その判決が確定した時に被告の登記申請の意思表示があったものとみなされますので（民執法174条1項），登記官としては，その確定の有無を確認する必要があります。したがって，当該判決の判決書の正本のほか，その確定証明書を提供する必要があります（注1）。判決の更正決定があったときは，それが確定したことを証する書面の提供も必要です。

　　もっとも，執行文が付与された判決書の正本を提供すべき場合（民執法174条1項ただし書），執行文は確定判決について付与されるものですので，当該判決の確定した日を登記原因の日付とするものでない限り，執行文が付与された判決書の正本を提供すれば足り，改めて確定証明書の提供を要しないものと考えます（注2）。

## 2 判決書の「正本」に代わる「謄本」の提供の可否

　確定判決により，原告が単独で登記を申請する場合に提供すべき登記原因証明情報は，執行力のある確定判決の判決書の「正本」に限定されています（令7条1項5号ロ(1)）。したがって，当該確定判決の判決書の「正本」に代えて，「謄本」を提供することはできません（注3）。

　なぜ「正本」でなければならないのかという点については，登記手続をすべきことを命ずる判決は，申請人の登記官に対する登記申請という公法上の意思表示に代わるべきものであり，判決による登記が国家権力の行使により，その判決により意思表示をしたとみなされたものの効果を実現するという性格から，広義の執行と観念することができるところ，強制執行は，債務名義の正本に基づいて実施するものとされている（民執法25条本文）からであると説明されています（注4）。

　このように，確定判決により原告が単独で登記を申請する場合には，登記原因証明情報として，必ず判決書の「正本」を提供する必要があり，判決書の「謄本」をもってこれに代えることはできません。

　なお，判決書が代位原因証明情報や第三者の許可等証明情報，利害関係人の承諾証明情報等となる場合がありますが，これらの場合には，「正本」に限定されていませんので，「謄本」を提供すれば足ります（令7条1項3号，5号ハ，別表25項「添付情報」欄ロ及び26項「添付情報」欄ヘ等参照）。

（注1）　質疑応答・登記研究170号101頁，同417号104頁
（注2）　民執法174条1項ただし書の規定は，判決により命じられた被告の登記申請の意思表示が，債権者の証明すべき事実の到来に係るときは，同法27条1項の規定により執行文が付与された時に，反対給付との引換え又は債務の履行その他の債務者の証明すべき事実のないことに係るときは，同法174条2項又は3項の規定により執行文が付与された時に，それぞれ意思表示をしたものとみなす旨定めるものです。
（注3）　判決書の「正本」も「謄本」も，原本の全部の写しであるという点で共通しますが，正本は，その作成権限を有する裁判所の裁判所書記官が「正本」と明示して作成した写しのことをいいます（民訴規33条）。
（注4）　河合芳光「逐条不動産登記令」66頁［金融財政事情研究会］

## 53 所有権移転請求権保全の仮登記の登記原因とその本登記手続を命ずる確定判決における登記原因が異なる場合の登記申請の方法

> 問　所有権移転請求権保全の仮登記の登記原因を，債務不履行による「代物弁済の予約」とすべきところ，誤って「売買予約」として登記した後，代物弁済による所有権移転登記手続を命ずる判決が確定した場合，原告は，当該判決に基づき，仮登記の本登記を申請することができますか。できるとすれば，この登記は，どのようにして申請するのですか。

【答】　当該確定判決に基づき，仮登記の本登記を申請する前提として，仮登記の登記原因を「代物弁済予約」とする更正の登記をする必要があります。この更正の登記は，当該確定判決に基づいて，仮登記名義人（原告）が単独で申請することはできず，仮登記義務者（被告）の協力が得られないときは，改めて仮登記原因の更正登記手続を求める訴えを提起して，これを命ずる確定判決を得る必要があります。

【解説】
1　仮登記の登記原因とその本登記の登記原因

　仮登記に基づく本登記を申請する場合には，その本登記の申請情報の内容は，登記記録上の仮登記の登記事項と合致していることを要しますから，本登記の登記原因は，当該仮登記の登記原因と抵触しないこと，すなわち，仮登記に基づく本登記の登記原因は，当該仮登記をするに至った法律関係（仮登記の登記原因）と関連したものであることが必要です。

　例えば，仮登記の登記原因が売買予約であるときは，その本登記の登記原因は，当該売買予約に基づく売買でなければならず，別個の法律行為によって発生した所有権の移転を，当該仮登記に基づく本登記

をもってすることはできません。

## 2 仮登記の登記原因とその本登記手続を命ずる判決における登記原因が異なる場合

(1) 登記先例

登記先例は，設問のように，「売買予約」を登記原因とする所有権移転請求権の仮登記がされている場合において，「代物弁済」を登記原因とする本登記手続を命じた確定判決に基づく本登記の申請は，当該仮登記の登記原因を更正しない限り，受理することはできないとしています（昭和34年11月13日民事甲第2438号民事局長通達，昭和55年9月19日民三第5618号民事局長回答）。

これらの登記先例がその理由とするところは，実体上の法律関係とは相違する登記原因をもってされた仮登記自体は直ちに無効とはいえず，実体上原告は本登記手続請求権を有するといえますが，登記上の権利関係と実体上の権利関係に不一致があり，当該仮登記の登記原因である「売買予約」と本登記の登記原因である「代物弁済」との間には，関連性を認めることはできませんから，当該仮登記の登記原因を更正しない限り，その申請を受理することはできないというにあるものと解されます。判決による登記といえども，当事者の一方による単独申請を可能とする点を除いては，一般の共同申請と同様に扱われるべきものですから，このような場合には，併せて仮登記原因の更正登記手続をも求めておくのが相当でしょう。

(2) 判例の見解についての検討

ア 問題の所在

上記のように，登記先例の取扱いにおいては，設問の事案については，当該確定判決に基づいて当該仮登記の本登記を申請する前提として，仮登記の登記原因の更正登記をすべきことになります。では，この問題に関する判例の見解はどうでしょうか。

その手掛かりは，上記の昭和55年9月19日付け登記先例（以

下「昭和55年登記先例」といいます。）の事案に登場する福岡地裁昭和54年6月29日判決（判例集未登載）です。この判決は「売買予約」を登記原因とする所有権移転請求権仮登記がされている場合に，「代物弁済」を登記原因とする本登記手続を命じたものですが，その理由において，「原，被告は本件不動産について停止条件付代物弁済契約を締結したのに，登記原因を売買予約とする所有権移転請求権仮登記を経ているのであるが，このような場合でも，後日停止条件が成就して仮登記の目的である不動産の所有権が仮登記権利者に移転したときは，仮登記権利者は仮登記義務者に対し，右仮登記の本登記手続を請求し得るものと解するのが相当である」と説示した上で，この判断が従前の判例の見解に沿うものであるとして，最高裁昭和37年7月6日判決（民集16巻7号1452頁）を引用しているのです。この判決理由は，要するに，仮登記に記録された登記原因が実体関係と相違する場合であっても，仮登記権利者は，仮登記義務者に対して当該仮登記に基づく本登記手続を請求し得る実体上の権利を有するとするもので，その判決が確定した場合の登記の申請手続については何ら触れるところがありません。

　ところで，昭和55年登記先例の事案の登記申請人は，上記の確定判決に基づいて，直ちに，仮登記の登記原因の更正登記を経由することなく，当該仮登記の本登記を申請することができる（そのことは，上記の判決自体も，また，最高裁の判決も認めています。）と理解したものと推測されます。果たして，この推測は正しいのでしょうか。換言すれば，判例の見解は，昭和55年登記先例の見解とは異なるのでしょうか。これが問題です。

　イ　最高裁判決の事案の検討

　　そこで，上記福岡地裁の判決が引用する昭和37年の最高裁判決の事案に立ち入って検討することにします。

この事案は，原・被告間に，被告の原告に対する金銭消費貸借上の債務について債務不履行があったときは，被告所有の不動産を原告に移転する旨の停止条件付代物弁済契約が締結されたのに，この原告の権利を保全するためにされた仮登記の登記原因には「売買予約」と記載された（登記原因の日付についても1日の差異がありました。）というものです。これについて，原審（福岡高裁昭和33年12月5日判決・判タ87号109頁）は，「以上の認定事実から推知されるように，仮登記申請書に，仮登記原因の日付として，昭和24年1月28日と記載すべきところを，同年同月27日と記載し，仮登記の原因として，昭和24年2月10日までに，元金30万円の支払がないことを条件とする停止条件付代物弁済契約による所有権移転とすべきところを，売買予約による所有権移転請求権の保全と記載したため，右申請書の記載に対応する仮登記の記載がない場合においても，仮登記原因の日時において僅か1日の差異の存することは，仮登記の効力を左右するものではなく，後日停止条件が成就し，仮登記の目的たる不動産所有権が仮登記権利者に移転したときは，仮登記権利者は，仮登記義務者に対し，仮登記の原因及び日付について更正登記を求める請求とともに，あるいは，更正登記を求める請求を併合しないで，仮登記に基いて本登記を請求しうるものと解すべきで，これは，更正登記並びに仮登記の効力性質に照らし，むしろ当然である。」と判示しました。

　この原審判決の説示には，若干分かり難い部分があるのですが，同判決が，当該仮登記の本登記をするには，その前提として仮登記の更正登記をすることを要するとの見解を採っていることは明らかです。その上で，同判決は，この両方の登記を実現する手続についても言及しているのです。すなわち，上記の判決文中「仮登記の原因及び日付について更正登記を求める請求とともに，

……仮登記に基づいて本登記を請求しうる」とある部分は，仮登記の本登記手続を求める訴えと更正登記手続を求める訴えを併合して同時に提起することができるという意味であり，「あるいは，更正登記を求める請求を併合しないで，仮登記に基づいて本登記を請求しうる」とある部分は，併合請求をしないで，仮登記の本登記手続を求める訴えだけを提起することもできるが，更正登記手続を求める訴えも別に提起する必要があるという意味なのです。

そして，最高裁判決は，上記の原審の判示部分の要旨を述べた上で，「右判断は前段説明の趣旨に照し是認し得るところである」として原審の判断を維持しました。

3 仮登記名義人（原告）の単独申請による仮登記原因の更正の可否

前述したように，当該確定判決に基づき仮登記の本登記を申請する前提として，仮登記の登記原因を「代物弁済予約」とする更正の登記をする必要がありますが，当該更正の登記は，仮登記名義人と仮登記義務者との共同申請によるか，あるいは仮登記義務者の承諾を証する情報を提供して仮登記名義人の単独申請による（法107条1項。昭和42年8月23日民事甲第2437号民事局長回答は，仮登記の変更・更正につき同項（旧法32条）の適用を肯定しています。）ことになります。

そこで，検討するに，設問の判決は，代物弁済による所有権移転登記手続を命ずるにとどまり，その主文において，仮登記義務者に対して，当該仮登記の登記原因の更正登記手続をも命じたものではなく，また，仮登記原因の更正登記手続についての承諾を命じたものでもありませんので，当該判決に基づき，仮登記名義人が，単独でその更正登記の申請をすることはできません（前掲昭和34年通達）。

したがって，仮登記名義人としては，仮登記義務者の協力が得られるときは，同人との共同申請により，あるいは仮登記義務者の承諾を

証する情報を提供して単独申請により仮登記原因の更正をすることになります。仮登記義務者の協力が得られないときは，改めて仮登記原因の更正登記手続を求める訴えを提起して，これを命ずる確定判決を得る必要があります。

第2章　判決による登記

## 3　その他の添付情報

### 54　確定判決による登記の申請において，登記原因についての第三者の許可等証明情報又は登記上の利害関係を有する第三者の承諾証明情報の提供の要否

> 問　登記を申請する場合において，登記原因について第三者の許可，同意又は承諾を要するときは，当該第三者が許可し，同意し又は承諾したことを証する情報を提供することになりますが，確定判決に基づき，原告が単独で登記を申請する場合にも，これらの情報の提供を要しますか。また，権利の変更又は更正並びに抹消の登記を申請する場合において，登記上の利害関係を有する第三者が存するときの当該第三者が承諾したことを証する情報の提供については，どうですか。

【答】

1　確定判決に基づき，原告が単独で登記を申請する場合においても，登記原因について第三者の許可，同意又は承諾を要するときは，添付情報として，当該第三者が許可し，同意し又は承諾したことを証する情報の提供を要します。

2　確定判決に基づき，付記登記によってする権利の変更又は更正の登記を申請する場合（法66条）並びに権利に関する登記の抹消を申請する場合（法68条）においても，登記上の利害関係を有する第三者が存するときは，添付情報として，当該第三者が承諾したことを証する情報の提供を要します。

【解説】

1　登記原因についての第三者の許可等証明情報

権利に関する登記の登記原因について第三者の許可，同意又は承諾

を要するときは，添付情報として，当該第三者が許可し，同意し，又は承諾したことを証する情報（以下「第三者の許可等証明情報」といいます。）を提供する必要があり（令7条1項5号ハ），これに該当するものとしては，農地法第3条又は第5条の規定に基づく農業委員会又は都道府県知事の許可，未成年者の法律行為に対する民法第5条第1項の規定に基づく法定代理人（親権者又は未成年後見人）の同意，会社・取締役等間の取引に関する会社法第356条第1項又は第365条第1項の規定に基づく株主総会又は取締役会の承認等があります。

　確定判決に基づき，原告が単独で権利に関する登記を申請する場合においても，登記原因について第三者の許可，同意又は承諾を要するときは，この第三者の許可等証明情報を提供する必要があります。旧法第35条第2項は，登記原因を証する書面が執行力ある判決であるときは，第三者の許可等を証する書面の提出を要しない旨を規定していましたが，現行法は，これに相当する特段の規定を置いていませんので，確定判決に基づく単独の申請であっても，第三者の許可等証明情報の提供が当然に不要となるわけではありません。

　もっとも，第三者の許可等証明情報については，当該情報の作成者は限定されていませんので，これらを「証する」情報といえるものであれば，当該第三者が作成したもの以外の情報，例えば，第三者が許可等をしたことを証する判決書の謄本でもよく，また，判決理由中の判断でも足りるものと解されていますので，通常は，確定判決による登記の登記原因証明情報となる判決書等の正本が第三者の許可等証明情報を兼ねることになると考えられます。すなわち，登記原因について第三者の許可等を要する場合において，既に当該第三者の許可等があったときは，当該判決の理由中においてその許可等があった事実が認定され，これがないときは，判決の主文でその許可等を条件とする登記手続が命じられ，その後の執行文の付与によって条件成就の事実を確認することができますので，改めて第三者の許可等証明情報を提

供する必要はないものというべきでしょう。当該判決の理由中の判断でも第三者の許可等があった事実が明らかでないとき，あるいは判決の理由に対応するものがない裁判上の和解や調停の条項中に第三者の許可等があった事実に関する記載がないときは，別途，その提供を要しますので，登記原因について第三者の許可等を既に得ていたときは，訴訟当事者や裁判所において，これを明示しておくのが相当でしょう。

## 2　登記上の利害関係人の承諾証明情報

登記手続上，権利の変更又は更正の登記を主登記ではなく，付記登記によってこれを申請する場合（法66条）において，登記上の利害関係を有する第三者があるときは，当該第三者の承諾を証する当該第三者が作成した情報又は当該第三者に対抗することができる裁判があったことを証する情報が添付情報となります（令別表25項「添付情報」欄）。ただし，所有権の更正の登記については，常に付記登記によってすべきものとされています（不動産登記記録例235の（注）参照）ので，登記上の利害関係を有する第三者があるときは，必ず当該第三者の承諾を得なければなりません。

また，権利に関する登記の抹消を申請する場合（法68条）において，登記上の利害関係を有する第三者があるときは，当該第三者の承諾を証する当該第三者が作成した情報又は当該第三者に対抗することができる裁判があったことを証する情報の提供を要します（令別表26項「添付情報」欄）。

権利に関する登記の変更若しくは更正又は抹消につき，登記上の利害関係を有する第三者とは，当該変更若しくは更正又は抹消の登記により登記の形式上直接に不利益を受けることになる登記名義人をいい，例えば，甲単有名義を甲・乙共有名義に更正する場合における甲の所有権を目的とする抵当権の登記名義人，所有権登記を抹消する場合における当該所有権の登記名義人を設定者とする抵当権の登記名義

人等がこれに該当します。実体上，その者が当該登記に係る権利を有するかどうかを問いません。

　次に，権利の変更若しくは更正又は抹消の登記を申請する場合において必要とされる第三者の承諾を証する情報については，前記１の第三者の許可等証明情報とは異なり，必ず「当該第三者が作成した情報」でなければなりません。書面申請において，登記申請に提供する第三者の承諾書については，当該第三者が記名押印し，押印に係る印鑑証明書の添付を要します（令19条）。

　登記上の利害関係を有する第三者の任意の承諾が得られない場合には，当該第三者に対し，権利の変更若しくは更正又は抹消の登記をすることについての承諾を求める訴訟を提起し，これを認容する確定判決を得たときは，当該第三者に対抗することができる裁判があったことを証する情報として，当該判決の判決書の謄本（この場合は正本に限られず，謄本で足ります。）を提供します。同一の判決で，乙に対しては所有権移転登記の抹消登記手続を，抵当権者たる第三者丙に対しては所有権移転登記の抹消登記手続についての承諾が命じられているときは，当該判決の判決書の正本が登記原因証明情報と第三者に対抗することができる裁判があったことを証する情報を兼ねることになります。

　なお，ここにいう「第三者の承諾」とは，抹消の場合についていえば，自己名義の登記が抹消されることに対する承諾ではなく，当該登記の存立の基礎となっている登記が抹消されることについての承諾を意味します。例えば，乙の所有権を目的として抵当権の登記を有する第三者丙がある場合において，甲が乙の所有権の登記を抹消しようとするときは，自己の抵当権の登記が抹消されることについての承諾ではなく，乙の所有権の登記が抹消されることについての承諾です（丙の抵当権の登記は，乙の所有権登記の抹消の際，登記官が職権で抹消します。）。この場合，甲が丙に対しても，丙の抵当権の登記の抹消登

## 第2章 判決による登記

記手続を請求し，裁判所がそのまま認容することも考えられますが，このような判決を提供して，乙の所有権の登記の抹消を申請してきた場合であっても，これを丙の承諾を証する情報（第三者に対抗することができる裁判があったことを証する情報）の提供があったものとして，当該申請を受理して差し支えないと考えられます。

〔参考文献〕

小池信行「判決による登記」新・不動産登記講座総論Ⅲ 96 頁 ［日本評論社］

河合芳光「逐条不動産登記令」79 頁以下 ［金融財政事情研究会］

## 55 売主の相続人に対し所有権移転登記手続を命ずる確定判決を得て、買主が単独で登記を申請する場合における相続を証する情報の提供の要否

> 問　甲は、乙所有の不動産を売買により取得したが、その登記をする前に乙が死亡したため、乙の相続人丙（丙以外に相続人が存在するか否かは不明）を被告として所有権移転登記手続を命ずる訴訟を提起し、その確定判決に基づき、甲が単独で当該不動産について所有権移転の登記を申請する場合、乙の相続を証する情報の提供を要しますか。

【答】　設問の場合、乙の相続を証する情報（丙が乙の相続人であること及び他に相続人がないことを証する戸籍・除籍の謄本等）を提供する必要があります。なお、確定判決の理由中において、相続人は被告のみである旨の認定があるなど、当該訴訟に相続人全員が参加していることが明らかであるときは、当該確定判決の判決書の正本をもって相続を証する情報とすることができます。

【解説】
1　登記義務者の相続人が申請人となる場合と相続を証する情報の提供
　(1)　登記義務者の相続人が申請人となる場合
　　　設問の場合、甲の乙に対する所有権移転登記請求権に対応する乙の登記義務は、その相続人がこれを承継することになりますので、乙から甲への所有権移転の登記をするときは、甲を登記権利者、乙を登記義務者として、甲と乙の相続人が共同の申請人となって申請することになります。法第62条は、「登記権利者、登記義務者又は登記名義人について相続その他の一般承継があったときは、相続人その他の一般承継人は、当該権利に関する登記を申請することができる。」と規定して、この点を明らかにしています。

第2章　判決による登記

　　では，乙の相続人が任意に登記の申請手続に応じない場合には，どうすればよいでしょうか。甲は，乙の相続人に対する訴訟を提起し，登記手続を命ずる確定判決を得て，単独で登記の申請をすることになるのですが（法63条1項），この場合，乙の相続人が数人いるときは，その全員に対して訴訟を提起することを要するかという問題があります。この問題について，判例は，当該訴訟において甲が請求するところは，乙の相続人が相続により承継した乙の所有権移転登記義務の履行であり，このような債務は，不可分債務であるから，甲は，相続人の一人に対して，上記の登記義務の履行を請求し得るものであって，相続人全員を共同の被告として，合一に確定すべき必要的共同訴訟には当たらないと解しています（最高裁昭和36年12月15日判決・民集15巻11号2865頁，最高裁昭和44年4月17日判決・民集23巻4号785頁）。設問では，丙以外に乙の相続人が存在するか否か不明ということですが，上記判例の見解によれば，甲が，丙のみを相手取って提起した訴訟も適法であって，甲は，丙に対する関係では，この訴訟で得た確定判決に基づいて，単独で登記を申請することができます。ただし，丙以外の相続人がいるときは，その者に対しても同様の判決を得る必要があり，もし，その者が任意に登記手続に応ずるのであれば，その者との関係では，共同申請によることになります（問47の解説3(2)を参照してください。）。

(2)　(1)の場合における相続を証する情報の提供

　　法第62条の規定により権利に関する登記を申請する場合には，令第7条第1項第5号イに規定する「相続その他の一般承継があったことを証する市町村長，登記官その他の公務員が職務上作成した情報」（以下「一般承継証明情報」といいます。）を提供する必要があり，この規定は，登記権利者が登記義務者の相続人に対して登記手続を命ずる確定判決に基づき，単独で登記を申請する場合にも適用されることはいうまでもありません。同号イは，旧法第42条に

相当するものですが，判例は，判決による登記の申請について同条の適用の有無が争われた事案につき，その適用を除外する規定はなく，登記義務者の相続人に対し登記手続を命ずる判決に基づき，登記権利者が単独で当該登記を申請する場合においても，当該相続人が登記義務者の相続人であることを証する書面の添付を要するものと解すべきであるとしています（横浜地裁昭和61年2月19日判決・登記先例解説集29巻10号113頁及びその上告審の最高裁平成元年7月14日判決・登記先例解説集29巻10号106頁，東京地裁昭和60年12月26日判決・判時1181号91頁）。また，登記実務も，売主の相続人に対して所有権移転登記手続を命ずる確定判決の正本を添付して，買主が単独で当該登記の申請をする場合には，旧法第42条の規定による相続を証する書面の添付を要するものとしていました（昭和52年12月15日民三第6043号民事局長回答）。

## 2　登記義務者の相続人に対し登記手続を命ずる確定判決の正本の相続を証する情報としての適格性

ところで，法第62条の規定により，登記義務者の相続人が権利に関する登記を申請するときは，相続人全員（相続放棄者は含まれません。）が登記義務の承継人として申請人となる必要がありますから（昭和27年8月23日民事甲第74号民事局長回答），この場合の令第7条第1項第5号イ所定の一般承継証明情報（相続を証する情報）としては，申請人らが登記義務者の相続人であって，かつ，申請人ら以外に他に相続人が存在しないことを証するに足りるものであることを要します。そこで，登記実務においては，原則として，被相続人（登記義務者）の出生から死亡までの戸籍・除籍等の謄本の提出を求めていますが，相続を証する情報としては，必ずしも戸籍・除籍等の謄本に限らず，その他の公務員が職務上作成した情報であっても差し支えありませんから，確定判決の理由中において，例えば，登記義務者乙の相続人が丙のみである旨の認定判断があるなど，当該訴訟に相続人全員

が参加していることが明らかであるときは，当該確定判決の判決書の正本を相続を証する情報とすることができます（平成11年6月22日民三第1259号民事局第三課長回答参照）。

　もっとも，これは当該確定判決が相続を証する情報としての適格性を有していると認められる場合に妥当するものであるところ，前記のとおり，不動産の買主が売主の相続人に対して所有権移転登記手続を求める訴訟は，その相続人が数人いるときでも，相続人全員を共同の被告として合一に確定すべき必要的共同訴訟には当たらないと解されていますから，裁判所としては，被告が登記義務者の相続人であることを認定すれば足り，進んで他に相続人がいるかどうかの認定までは要しません。

　設問の場合，当該確定判決の理由中で，丙が乙の相続人である旨が認定されていても，丙以外に相続人が存在するか否かは明らかでないということですから，当該確定判決の判決書の正本をもって，令第7条第1項第5号イ所定の相続を証する情報の提供があったものとして取り扱うことはできません。したがって，丙が唯一の相続人である場合にも，甲が当該確定判決に基づき単独で登記を申請するときには，乙の相続を証する情報として，改めて戸籍・除籍等の謄本の提供を要します（質疑応答・登記研究497号141頁）。また，丙のほかに相続人がある場合において，甲が丙との関係での確定判決による申請と併せて，丙以外の相続人と共同して登記の申請をするときに，乙の相続を証する情報の提供が必要であることは，いうまでもありません。

## 第2款　所有権移転の登記

### 1　申請人

**56**　買主乙の共同相続人の一人が売主甲に対し，乙への所有権移転登記手続を命ずる確定判決を得た場合の登記申請手続

> **問**　甲所有の不動産を売買により取得した乙が，その登記をする前に死亡したため，乙の共同相続人の一人である丙が甲に対し，乙への所有権移転登記手続を求める訴えを提起し，丙勝訴の判決が確定したときは，丙は，単独で甲から乙への所有権移転の登記を申請することができますか。

【答】　設問の場合，乙の共同相続人の一人である丙が，甲に対して乙への所有権移転登記手続を求める訴えを提起すること，及びその勝訴の確定判決に基づいて甲から乙への所有権移転の登記を申請することは，いずれも民法第252条ただし書所定の保存行為に該当しますので，丙は，単独で甲から乙への所有権移転の登記を申請することができます。

【解説】
1　登記権利者の相続人が申請人となる場合

　　甲所有の不動産を売買により取得した乙が，その登記をする前に死亡した場合，その相続人は，乙の甲に対する所有権移転登記請求権を承継することになりますので，甲と共同して，乙への所有権移転の登記を申請することができます（法62条）。

　　甲が任意の共同申請に応じない場合には，乙の相続人は，甲に対し，乙への所有権移転登記手続を求める訴えを提起し，その請求を認

容する判決を得てこれが確定すると，甲の登記申請の意思表示が擬制されますので，法第63条第1項の規定に基づき，単独で当該登記の申請をすることができます。

## 2　相続人の一人による訴訟の提起及び登記の申請の可否

不動産の買主が，その売買による所有権移転の登記をする前に死亡した場合において，買主の相続人が数人あるときは，その全員が被相続人の売主に対する所有権移転登記請求権を共同で相続することになりますが，共同相続人が売主に対し，被相続人名義への所有権移転登記手続を請求するのは，民法第252条ただし書所定の保存行為に属するものと解されますので，共同相続人の全員が原告となって訴えを提起する必要はなく，その一人が当該訴えを提起することも差し支えありません（青山正明編著「新訂民事訴訟と不動産登記一問一答」210頁〔南敏文〕〔テイハン〕）。

この場合，原告（共同相続人の一人）の請求を認容して被相続人への所有権移転登記手続を命じた確定判決に基づく所有権移転の登記の申請についても，同様に民法第252条ただし書所定の保存行為に属しますので，共同相続人全員が申請人となる必要はなく，原告のみが申請人となって，当該登記の申請をすることができます。したがって，申請人以外の他の共同相続人の氏名及び住所を申請情報とする必要はなく（カウンター相談・登記研究644号81頁），また，令第7条第1項第5号イの相続を証する情報としては，申請人が登記権利者（被相続人）の相続人であることを証する情報のみを提供すれば足ります。そして，登記権利者の共同相続人中の一人が登記義務者に対し，被相続人への所有権移転登記手続を命ずる確定判決を得て，当該相続人がその登記を申請する場合には，当該確定判決の理由中において，同人が相続人の一人であることが認定されていますので，登記原因証明情報として提供する当該確定判決の判決書の正本をもって相続を証する情報とすることができ，改めて戸籍謄本等の提供を要しません。

## 3 まとめ

　以上のとおり，設問の場合，丙は，当該確定判決に基づき，単独で，甲から乙への所有権移転の登記を申請することができ，また，登記原因証明情報として提供する当該確定判決の判決書の正本をもって相続を証する情報とすることができますので，改めて戸籍謄本等の提供を要しません。

## 57 不動産の買主と売主の共同相続人の一人との間に所有権移転登記手続をする旨の裁判上の和解が成立した場合における買主による所有権移転登記の単独申請の可否

> 問 不動産の売主が，所有権移転の登記をしないまま死亡した場合において，買主が，売主の共同相続人の一人を相手方として訴えを提起し，被告は原告に対し，売主名義の不動産の所有権移転登記手続をする旨の裁判上の和解が成立したときは，原告は，単独で，当該不動産の所有権移転の登記を申請することができますか。できないとすれば，どのようにして申請することになりますか。

【答】 設問の場合，登記義務者である売主の共同相続人全員が申請人となる必要がありますので，共同相続人の一人を相手方として裁判上の和解が成立したとしても，当該和解のみに基づき，原告が，単独で所有権移転の登記を申請することはできません。原告としては，更に他の共同相続人を相手方として，当該不動産の所有権移転登記手続を求める訴えを提起し，請求認容の確定判決（裁判上の和解を含みます。）を得た上で，単独で当該登記の申請をするか，あるいは任意の共同申請に応じる者があるときは，その者とは共同申請の形をとって当該登記の申請をすることになります。

【解説】

### 1 共同相続における登記義務の承継

設問のように，不動産の売主が，所有権移転の登記をしないまま死亡した場合，売主の登記義務は，その相続人の全員（相続放棄者は含まれません。）が承継することになり，法第62条の規定に基づき，売主（登記義務者）の相続人が権利に関する登記を申請する場合には，その全員が登記義務の承継人として申請人となる必要があります（昭和27年8月23日民事甲第74号民事局長回答）。したがって，共同相続人中

の一人を登記義務の承継人として記載した和解調書に基づいて登記の申請があった場合には，これを却下すべきものとされています（昭和33年5月29日民事甲第1086号民事局長心得回答）。

2 相続人の一人に対する訴訟の提起及び当該判決に基づく登記の申請の可否

ところで，判例は，不動産の売主の相続人が相続によって承継した所有権移転登記義務はいわゆる不可分債務であるから，不動産の買主がその売主の相続人に対し，契約上の義務の履行として所有権移転登記手続を請求する訴訟は，その相続人が数人いるときでも，全員を共同の被告としなければならない必要的共同訴訟ではないとしています（最高裁昭和36年12月15日判決・民集15巻11号2865頁，最高裁昭和44年4月17日判決・民集23巻4号785頁）。

したがって，不動産の買主は，その売主の共同相続人の全員ではなく，設問のように，そのうちの一人を相手方として，所有権移転登記手続を請求する訴訟を提起し，当該登記手続を命ずる確定判決を得ること又は裁判上の和解を成立させることができますが，これをもって売主の共同相続人全員について登記申請の意思表示があったものとすることはできませんので，当該確定判決又は和解調書のみに基づき，買主が単独で申請することはできません。

3 判決（裁判上の和解を含む。）に基づく申請又は共同申請

そこで，買主としては，どのようにして申請すればよいかという点ですが，この場合，登記手続を命ずる確定判決（裁判上の和解を含みます。）を得た共同相続人の一人を除く他の共同相続人全員に対しても，順次又は同時に所有権移転登記手続を請求する訴訟を提起し，請求認容の確定判決を得るか，あるいは裁判上の和解を成立させる必要があります。そして，これらが得られたときは，売主の共同相続人全員について登記申請の意思表示が擬制されますので，買主は，これらの確定判決の判決書の正本又は和解調書の正本を提供して，単独で当

該所有権移転の登記の申請をすることができるようになります。

　他の共同相続人の中に，任意の共同申請に応ずる者がいるときは，訴訟を提起するまでもなく，同人との間では共同申請の形をとって申請すれば足ります（質疑応答・登記研究195号74頁，同413号95頁参照）。

## 2 農地の所有権移転の登記

### 58 登記記録の地目が農地である土地について所有権移転登記手続を命ずる確定判決に基づく登記の申請と農地法所定の許可書等の提供の要否

> 問　登記記録の地目が農地（田，畑又は採草放牧地）とされている土地について所有権移転登記手続を命ずる判決が確定し，当該判決に基づく所有権移転の登記を申請する場合，農業委員会等の許可書を提供する必要がありますか。また，判決の理由中で，当該土地の地目が宅地と認定されている場合，「非農地である。」旨の農業委員会等が作成した情報を提供する必要がありますか。

【答】　当該判決の理由中で，既に農地法所定の許可がある旨の認定がされているときは，改めて農業委員会等の許可書を提供する必要はありませんが，仮に，当該許可があった旨の事実の認定がないときは，農業委員会等の許可書を提供する必要があります。また，判決の理由中で，当該土地の地目が宅地と認定されている場合には，当該判決に基づく所有権移転の登記の申請に先立って地目変更の登記をすることを要し，農業委員会等のいわゆる非農地証明書を提供して直ちに所有権移転の登記を申請することはできません。

【解説】

　判決において，登記記録の地目が農地（田，畑又は採草放牧地。以下同じ。）である土地につき，農地法所定の農業委員会又は都道府県知事（以下「農業委員会等」といいます。）の許可を条件としないで，所有権移転登記手続が命じられることがあります。そのような判決がされる場合には，その理由中の判断において，①当該所有権の移転につき既に農業委員会等の許可を得ている旨が認定されているか，②当

該土地の現況が農地以外の土地であって，農地法所定の権利移転の制限の対象とならない旨が認定されていることが多いのですが，その判決が確定したときに，これに基づく所有権移転の登記の申請手続をどのようにするかについては，上記①の場合と②の場合に分けて考える必要があります。

## 1 農地法所定の許可を得ている旨の認定がある場合

まず，登記記録の地目が農地である土地について，所有権移転登記手続を命ずる確定判決の主文において，農地法所定の農業委員会等の許可が条件とされず，その判決の理由中で，既に当該許可を得ている旨の事実が認定されているときは，直ちに所有権移転の登記の申請をすることができます。この場合には，登記原因証明情報兼第三者の許可を証する情報として，当該確定判決の判決書の正本を提供すれば足り，改めて農業委員会等の許可書を提供する必要はありません。

この点につき，旧法上は，登記原因を証する書面が執行力ある判決の場合には，登記原因について第三者の許可等を証する書面の添付を要しないとされ（旧法35条2項），また，地目が農地である土地について所有権移転登記手続を命ずる判決の理由中に農地法所定の許可がされている旨の認定がされているときは，申請書に農地法所定の許可を証する書面の添付を要しないとされていました（平成6年1月17日民三第373号民事局第三課長回答）。これに対し，現行法では，これに相当する規定を置いていないため，確定判決による登記の申請であっても，令第7条第1項第5号ハ所定の「登記原因について第三者の許可，同意又は承諾を要するときは，当該第三者が許可し，同意し，又は承諾したことを証する情報」の提供が当然に不要となるものではないと解されています。ただし，登記実務の取扱いでは，当該第三者の許可等を証する情報としては，その者以外の者が作成した情報でも足り，例えば，判決書の記載（理由中の判断で足ります。）によっても，これを証することができるとされています（注1）。したがって，当該判決

の理由中において，農地法所定の許可がされている旨の認定がされているときは，登記原因証明情報として提供される当該判決の判決書の正本をもって，第三者の許可を証する情報とすることができますので，改めて農業委員会等の許可書の提供を要しません。

なお，冒頭で述べたとおり，裁判所は，実体上権利の変動について第三者の許可等がその効力発生要件となっている場合において，既に当該第三者の許可等があったときは，判決の理由中で当該事実を認定した上，主文で単純な登記義務の履行を命じ，他方，第三者の許可等がないときは，主文で当該許可等を条件として登記義務の履行を命ずることになります。これが常道なのですが，仮に，登記記録上の地目が農地である土地について農地法所定の許可を条件としないで登記手続を命じているにもかかわらず，判決の理由中において，当該許可があった旨の事実の認定がないときは，当該判決の判決書の正本をもって第三者の許可を証する情報とすることはできませんので，改めて農業委員会等の許可書を提供する必要があります。

2 農地以外の土地である旨の認定がある場合

次に，登記記録の地目が農地である土地について，所有権移転登記手続を命ずる確定判決の主文において，農地法所定の許可が条件とされておらず，その判決の理由中で，当該土地が現に農地以外の土地であって，農地法第3条又は第5条の規定による権利移動の制限の対象ではない旨の認定がされているときは，当該確定判決に基づく所有権移転の登記の申請に先立って，地目変更の登記をすることを要します（前掲平成6年回答）。登記権利者たる原告としては，まず，当該判決の判決書の正本（又は謄本）を代位原因証明情報として，所有権の登記名義人である被告に代位して地目変更の登記を申請することを要し，その登記を了した上，次いで，当該判決の判決書の正本を登記原因証明情報として，自己への所有権移転の登記を単独で申請することになります。

この場合，農業委員会等が作成したいわゆる非農地証明書を提供し

て，直ちに所有権移転の登記を申請することはできません。当該判決が，当該土地について農地法所定の権利移動の制限の対象となるものではない旨を認定している場合であっても，登記記録の地目が農地である以上，登記官としては，これを前提とした取扱いをせざるを得ないからです（注2）。加えて法第63条第1項の確定判決による登記といえども，特段の規定のない限り，通常の共同申請の場合と異なるところはなく，通常の共同申請においては，農業委員会等のいわゆる非農地証明書を提供して直ちに所有権移転の登記の申請があっても，これを受理すべきではなく，その前提として，まず地目変更の登記をすべきこととされているのですから（昭和31年2月28日民事甲第431号民事局長回答），確定判決による申請の場合も，この取扱いに従うべきです。形式的にみても，農業委員会等のいわゆる非農地証明書が令第7条第1項第5号ハ所定の第三者許可等証明情報に該当しないことは明らかでしょう。

　ちなみに，古い登記先例の中には，「登記簿上農地であるものについて所有権移転登記手続を命ずる判決を得た場合において，判決理由中に当該土地が宅地である旨認定されているときは，登記の申請書に非農地の旨の証明書を別に添付することを要しない」とするものがありますが（昭和22年10月13日民事甲第840号民事局長回答），これが仮に地目変更の登記を要しないで直ちに当該所有権移転の登記を申請することができるとの趣旨であるとすれば，その後の取扱い（前掲昭和31年回答）及び前掲平成6年1月17日民三第373号回答に示された現在の取扱い（地目変更の登記をした上で所有権移転の登記手続をする。）によれば，当該先例は，既に変更されたものというべきです（注3）。

（注1）　河合芳光「逐条不動産登記令」79頁以下［金融財政事情研究会］
（注2）　前掲平成6年1月17日民三第373号回答に係る民事月報49巻9号167頁以下の担当官解説参照
（注3）　細川清「判決による登記の基礎」登記研究557号8頁以下参照

第二節　確定判決による登記

## 59　農地法所定の許可を条件として所有権移転登記手続を命ずる確定判決に基づく登記の申請及び登記原因の日付

> 問　「1 被告乙は，乙所有の土地につき農地法第3条の許可申請手続をせよ。2 被告乙は，原告甲に対し，前項の許可を得たときは，本件土地について所有権移転登記手続をせよ。」との判決が確定した場合において，甲が単独で所有権移転の登記を申請するには，どのような申請をすることになりますか。判決の確定後に当該土地が農地でなくなったときは，その地目の変更を証する情報を提供する必要はありませんか。また，この場合の登記原因の日付は，いつですか。

【答】　乙に対し，農地法所定の許可を条件として所有権移転登記手続をすべきことを命ずる確定判決に基づき，甲が単独で所有権移転の登記を申請する場合には，必ず執行文の付与された判決書の正本を提供することを要します。当該判決の確定後に当該土地が農地でなくなったときもこれと同様で，地目変更の事実を証する情報を提供する必要はありません。また，この場合の登記原因の日付は，所有権移転の効力が生じた農地法所定の許可の日となります。

【解説】

1　農地法所定の許可を条件として所有権移転登記手続を命ずる判決と執行文の要否

　農地の所有権を移転する場合には，原則として，農業委員会又は都道府県知事（以下「農業委員会等」といいます。）の許可を要し（農地法3条1項，5条1項），この許可は物権変動の効力発生要件とされています（同法3条7項，5条3項）。市街化区域内の農地の転用移転については，農業委員会への届出の受理が効力発生要件となります（同法5条1項5号）。

したがって，農地につき当事者間に売買契約が成立しても，農地法所定の許可（市街化区域内の転用移転については届出の受理）がない限り，その移転登記手続をすることはできませんが，許可があれば，直ちに所有権移転の効力を生じますので，買主は，将来の給付の訴えとして，売主に対し，当該許可を条件とする所有権移転登記手続を求めることができます（最高裁昭和39年9月8日判決・民集18巻7号1406頁）。そして，当該判決の主文において，農業委員会等の許可を条件として所有権移転登記手続が命じられた場合には，その執行文が付与された時に，被告である売主（登記義務者）の登記申請の意思表示があったものとみなされますので（民執法174条1項ただし書），原告は，農地法所定の農業委員会等の許可を受けた上（設問のように，農地法所定の許可申請手続も命じられているときは，原告単独で許可申請ができます（農地法施行規則10条1項2号）。），当該事件の記録を保存している裁判所の裁判所書記官に，当該許可のあったことを証する書面を提出して，当該判決の判決書の正本に執行文の付与を受けなければなりません（民執法27条1項）。

その後の登記の申請に当たっては，登記原因証明情報として，この執行文の付与された当該判決の判決書の正本を提供する必要があります（令7条1項5号ロ(1)）。なお，地目変更の事実等を証する情報の提供を要しないことはいうまでもありません。

## 2 農地法所定の許可を条件として所有権移転登記手続を命ずる判決の確定後に当該土地が農地でなくなった場合と執行文の要否

農地法所定の許可を条件として所有権移転登記手続を命ずる判決の確定後，当該土地が農地でなくなった場合（例えば，当該土地の現況が既に宅地に変更されていた場合や登記記録の地目が宅地に変更されていた場合）であっても，当該確定判決が農地法所定の許可を条件としている以上，執行文の付与があった時に，登記義務者の登記申請の意思表示が擬制されるものというべきですから，登記官としては，執

行文の付与がない限り，登記義務者の登記申請の意思表示があったもの，すなわち登記権利者による単独申請が許容されるものと判断することはできません。したがって，設問において，乙に対し，農地法所定の許可を条件として所有権移転登記手続をすべきことを命じた判決の確定後に，当該土地が農地でなくなった場合でも，当該確定判決に基づき，甲が単独で所有権移転の登記を申請するときは，必ず執行文の付与された判決書の正本を提供することを要します。執行文の付与を受けずに，地目変更の事実等を証する情報を提供して当該登記の申請をすることはできず，また，執行文の付与された判決書の正本のほかに，地目変更の事実等を証する情報の提供がそもそも問題となることもありません（水戸地裁昭和 37 年 2 月 1 日判決・訟務月報 8 巻 4 号 630 頁，昭和 48 年 11 月 16 日民三第 8527 号民事局第三課長回答，質疑応答・登記研究 562 号 133 頁)。

### 3 登記原因の日付

農地法所定の許可を条件として所有権移転登記手続を命じた確定判決に基づき，所有権移転の登記を申請する場合の登記原因の日付は，所有権移転の効力が生じた日である農地法所定の許可の日となります。登記先例は，判決の主文において，市街化区域内の農地につき，農地法所定の転用届出を条件として所有権移転登記手続を命じながら，その登記原因の日付として当事者間の売買の日付が表示されている場合には，当該判決による登記の申請は受理すべきではないとしています（昭和 61 年 8 月 20 日民三第 6437 号民事局第三課長回答)。判決主文の更正決定を要するものというべきでしょう。

なお，この場合に付与される条件成就執行文には，問 41 の解説末尾に掲げた執行文例のように，農地法所定の許可の日が記載される取扱いですので，改めて当該許可書の提供を要しませんが，執行文の記載から許可の日が明らかでないときは，当該許可書の提供を要します。

第2章　判決による登記

## 3　中間省略の登記

**60　不動産の買主が死亡した場合において，直接その相続人への所有権移転登記手続を命じた確定判決に基づく登記の申請の可否**

> 問　甲名義の不動産を売買により取得した乙が，その登記をする前に死亡したため，乙の相続人丙が甲に対し，甲から丙への所有権移転登記手続を求める訴えを提起し，「被告甲は原告丙に対し，別紙目録記載の不動産につき平成○年○月○日売買を原因とする所有権移転登記手続をせよ。」との判決が確定したときは，丙は，直接自己の名義で所有権移転の登記を申請することができますか。

【答】　設問の場合，その主文において，登記原因及びその日付を明示して，甲から丙への所有権移転登記手続を命じた判決が確定している以上，丙は，直接自己の名義で所有権移転の登記を申請することができるものと考えられます。なお，設問の事案については，丙は，被相続人乙名義への所有権移転登記手続を求めて訴えを提起し，甲から乙への所有権移転の登記を経由した後，丙への相続による所有権移転の登記をすべきものであって，裁判所としては，原告丙に対し釈明を求めて，訴状の請求の趣旨の訂正を促す措置をとるのが相当であったと考えます。

【解説】
1　不動産の買主が死亡した場合の登記手続

　設問のように，甲名義の不動産を売買により取得した乙が，その登記をする前に死亡した場合，乙の相続人丙としては，まず，甲との共同申請により，被相続人乙名義への売買による所有権移転の登記を申請し（法64条），次いで，丙への相続による所有権移転の登記を申請

することを要します。設問の不動産については，甲から乙への売買による所有権の移転，次いで，乙の相続による丙への所有権の移転という物権変動があったのですから，この物権変動の過程に符合した登記がされるべきです。したがって，甲が任意の共同申請に応じないときは，丙は，被相続人乙名義への所有権移転登記手続を求めるべきであって，甲と丙との間には，登記の原因となる法律行為は存在しませんから，直接丙名義への所有権移転登記手続を求めることは相当でないというべきです。

　この点につき，裁判例の中には，不動産の贈与を受けた受贈者が所有権移転の登記を経由しないまま死亡し，受贈者の相続人らが贈与者に対し，直接相続人ら名義への所有権移転登記手続を求めた事案につき，相続人らは，贈与者に対し，直接相続人ら名義に所有権移転登記手続を求めることは許されず，まず，贈与者に対し，受贈者（被相続人）名義への所有権移転登記手続を求めて受贈者名義とし，次いで，相続人ら名義に相続登記をすべきものであるとして，相続人らの請求をそのまま認容して，直接相続人ら名義への所有権移転登記手続を命じた原判決の主文を更正し，改めて受贈者名義への所有権移転登記手続を命じたものがあります（東京高裁昭和 57 年 2 月 25 日判決・判タ 470 号 131 頁）。

　設問については，本来，丙としては，甲に対し，被相続人乙名義への所有権移転登記手続を求めるべきものであって，直接自己への所有権移転登記手続を求めることは相当でないという点を，まず明確にしておく必要があります。

## 2　登記原因及びその日付を明示して直接相続人名義への移転登記手続を命じた判決が確定した場合

　その上で，設問のように，相続人丙が甲に対し，直接甲から丙への所有権移転登記手続を求める訴えを提起し，「被告甲は原告丙に対し，別紙目録記載の不動産につき平成〇年〇月〇日売買を原因とする所有

権移転登記手続をせよ。」との判決が確定し，これに基づいた登記の申請がされたときは，登記官としては，どう対応すべきでしょうか。

この点につき，登記先例は，被相続人乙が昭和24年6月1日甲から買い受けた不動産につき，乙の相続人丙が甲に対し，直接丙名義への所有権移転の登記を請求する訴えを提起し，判決の主文において，甲は，丙に対し，昭和24年6月1日売買を原因とする所有権移転登記手続をすべき旨を命じる判決があったときは，丙は，当該判決の正本を添付して，直接自己名義に所有権移転の登記を申請することができるとしています（昭和35年2月3日民事甲第292号民事局長回答）。また，その趣旨については，「所有権の登記名義人から直接相続人に移転の登記をなすべき旨の判決がなされ，しかも主文において，その登記原因が記載されている以上，仮に判決理由中において所有権の登記名義人から直接相続人に所有権が移転したものではないことが判明する場合であっても，判決主文どおりの登記をすべきであろう。」と説明されています（登記先例解説集2巻3号135頁〔香川保一〕）。

すなわち，この先例は，いわゆる中間省略の登記請求（問61の解説参照）そのものを認めたものではなく，判決の主文において，登記申請の際に申請人が提供すべき申請情報であり，かつ，登記事項とされている登記原因及びその日付を明示して登記手続が命じられ，これが確定している以上，登記官としては，これを拒否できないとしたものです。当該事案の場合，丙が訴訟上の請求をするには，前掲東京高裁昭和57年判決が説示するように，乙名義への所有権移転登記手続を求めるべきであったのですから，裁判所としては，安易に丙名義への移転登記請求を認めるべきではなく，請求の趣旨の訂正を求めるべきであったというのが正当でしょう（青山正明編著「新訂民事訴訟と不動産登記一問一答」108頁〔大内俊身〕〔テイハン〕）。

### 3　まとめ

このように，設問については，その主文において，登記原因及びそ

の日付を明示して，甲から丙への所有権移転登記手続を命じた判決が確定している以上，当該確定判決に基づいて，甲から丙への所有権移転の登記の申請があったときは，その理由中の認定判断いかんにかかわらず，登記官としては，登記手続上これを拒否できないと考えられます。もっとも，甲と丙との間には，登記の原因となる法律行為は存せず，登記手続上，丙は，被相続人乙名義への所有権移転登記手続を求めて乙名義とし，その後に丙への相続登記をすべきものですから，裁判所としては，丙に対し釈明を求めて，請求の趣旨の訂正を促す措置をとるのが相当であったという点を付言しておきます。

## 61 中間省略による所有権移転登記手続を命ずる確定判決に基づく登記の申請の可否

> 問 「甲は丁に対し，A不動産につき平成○年○月○日売買を原因とする所有権移転登記手続をせよ。」との判決が確定したが，当該判決の理由中において，当該不動産の所有権が甲から乙，乙から丙，丙から丁へと順次売買により移転していることが明らかであり，甲，乙，丙が合意により，登記原因の日付を丙から丁に移転した日としている場合，当該判決の正本を登記原因証明情報として，丁が，単独で所有権移転の登記を申請することができますか。この場合において，中間又は最終に相続，遺贈又は死因贈与を登記原因として取得した者があるときは，どうですか。

【答】 設問については，判決の主文において，登記原因及びその日付を明示して，所有権移転登記手続をすべきことが命じられている以上，丁は，当該確定判決の判決書の正本を登記原因証明情報として，単独で所有権移転の登記を申請することができるものと考えます。その中間及び最終に相続，遺贈又は死因贈与を原因として取得した者がある場合も，同様です。

【解説】
1 中間省略登記請求権

いわゆる中間省略の登記とは，例えば，不動産の所有権が，甲から乙，乙から丙へと順次移転した場合において，その権利変動の過程に符合する登記をしないで，中間者乙への登記を省略し，直接甲から丙への所有権移転の登記をすることをいいます。

不動産登記制度は，不動産の権利関係を公示することにより，国民の権利の保全を図り，もって取引の安全と円滑に資することを目的とするものですから（法1条），その趣旨・目的に加え，登記原因（登記

の原因となる事実又は法律行為）及びその日付を申請情報及び登記事項とするなど不動産登記法令所定の権利に関する登記手続の構造等に照らすと，権利に関する登記については，本来個々の物権変動ごとに行うべきものです。

　すなわち，不動産の所有権が甲から乙，乙から丙へと順次移転した場合には，その権利変動の過程に応じて，まず，甲から乙への所有権移転の登記，次いで，乙から丙への所有権移転の登記をすべきであり，これをしないで，直接甲から丙への所有権移転の登記をすることは，権利変動の実態と異なるものであり，かつ，登記法令の定める手続に反することは明らかです。したがって，実体的な権利変動の過程と異なる所有権移転の登記を請求する権利は当然には発生せず，甲から乙，乙から丙へと順次に所有権が移転したのに，登記名義は依然として甲にある場合において，丙が甲に対し，直接自己名義に所有権移転登記手続を請求することは許されないものといわなければなりません。

2　中間省略登記請求権に関する判例の立場

　判例は，当初，所有権移転の経過に適合しない中間省略登記の請求は許されないとしていましたが（大審院明治44年5月4日判決・民録17輯260頁），その後登記名義人及び中間者の合意がある場合に限って中間省略登記の請求を認め，その合意に基づく登記を有効としており，これが確立した判例となっています。

　すなわち，大審院大正5年9月12日判決（民録22輯1702頁）は，不動産が甲→乙→丙と順次譲渡されたが，登記名義は甲のままであった場合において，当事者間の特約に基づき，甲から直接丙に譲渡した旨の登記をしても，その登記は事実に適合しない無効な登記とはいえず，このような登記といえども現在の真実の権利関係を公示し，登記の立法上の目的を達するに足りるから，法の許容するところである旨判示しており，その後相次いで同様の判断が示されました。

第2章　判決による登記

　　さらに，最高裁昭和40年9月21日判決（民集19巻6号1560頁）も，「実体的な権利変動の過程と異なる移転登記を請求する権利は，当然には発生しないと解すべきであるから，甲乙丙と順次に所有権が移転したのに登記名義は依然として甲にあるような場合に，現に所有権を有する丙は，甲に対し直接自己に移転登記すべき旨を請求することは許されないというべきである」としつつ，「中間省略登記をするについて登記名義人および中間者の同意がある場合は別である。」と判示して，これを維持しています。

3　共同申請による中間省略登記の許否に関する登記実務の取扱い

　　前述した中間省略登記請求権に関する判例の立場に従えば，甲→乙→丙と順次に所有権が移転した場合，甲乙丙の三者間において，甲から丙に直接所有権移転の登記をする旨の合意，あるいは甲・丙間の合意と乙の同意があれば，丙は，甲に対して中間省略登記請求権を有するということになります。しかし，登記実務は，このような場合，添付情報として，甲・乙間及び乙・丙間の各売買契約書と三者間の中間省略登記の合意書又は乙の同意書を提供して，丙及び甲の共同申請により，直接甲から丙への所有権移転の登記を申請することは許されず，後述するように，確定判決によって中間省略登記手続が命じられている場合に限って，これを認めるという立場に立っています。

　　その理由としては，不動産に関する物権変動の過程をそのまま登記に反映させようとする登記制度の趣旨に合致しないということのほかに，法の定める手続に照らしても，直接甲から丙への所有権移転の登記の申請は認められないという点にあります（注1）。

　　新法施行後の事案に係る最近の裁判例（東京地裁平成19年6月15日判決・登記情報549号30頁及びその控訴審の東京高裁平成20年3月27日判決・登記情報567号24頁）も，登記権利者を丙，登記義務者を登記名義人甲として，その所有権が甲から乙，乙から丙へと移転したこと及び甲乙丙は登記権利者を丙，登記義務者を甲として売買による登記をするこ

とに異議なく同意した旨の書面を登記原因証明情報として提供した所有権移転の登記の申請を却下した登記官の処分に違法はないとして，これを維持しています。

4　確定判決により中間省略登記が命じられている場合の取扱い

前述したように，登記実務は，当事者の任意の共同申請による中間省略の登記は受理すべきでないとしていますが，確定判決により中間省略登記手続が命じられている場合の取扱いについては，①判決の主文において，登記原因及びその日付を明示して，甲から丙への所有権移転登記手続をすべきことを命じているときは，その理由中から，甲から乙，乙から丙に所有権が移転していることが明らかであっても，当該確定判決による登記の申請は受理して差し支えないとし（昭和35年7月12日民事甲第1580号民事局長回答及び昭和35年7月12日民事甲第1581号民事局長回答。以下「昭和35年回答」といいます。），②判決の主文に登記原因が明示されていなくても，その理由中から，中間者の合意があること，中間及び最終の登記原因に相続又は遺贈若しくは死因贈与が含まれていないこと，最終の移転原因を登記原因及びその日付としたものであることが認められるときは，当該判決による登記の申請は受理して差し支えないとしています（昭和39年8月27日民事甲第2885号民事局長通達。以下「昭和39年通達」といいます。）。

まず，昭和35年回答の趣旨については，判例において中間省略登記を是認している以上，かかる判例理論が修正されない限り，実務的には，前述のごとき判決がされた場合，その登記方法を考えざるを得ないので，判決主文中に「甲は丙に対し年月日売買を原因として所有権移転登記をせよ」と登記原因及び其の日附を明示して甲から丙への所有権移転登記を命じている場合には，たとえその判決理由から，実体上権利変動は甲→乙→丙となされており，主文中に掲げられた権利変動とその日付が乙→丙間のそれであることが判明しても，その登記申請を受理し，判決主文どおり甲から丙への所有権移転登記をする取

第2章　判決による登記

扱いが妥当であろう，と説明されています（注2）。

　次に，昭和39年通達が発出された背景には，所有権が順次移転した場合において，判決で中間省略の登記を命ずるときは，従前から，主文に登記原因及びその日付を明示しない例が多く，昭和35年回答の取扱いでは，実際の中間省略登記を命じた判決に対応できなかったという事情があったといわれています。この点については，既に昭和35年回答が出された当時において，「判決主文中に登記原因及びその日付の記載がないときは，それらを判決理由中の記載をもって補充することが認められているが，中間省略登記のように登記原因及びその日付を補充することができないものについては，判例と登記実務の調整を検討すべきであろう。」との指摘がされていました（注2）。したがって，昭和39年通達は，判決の主文に登記原因が明示されていない場合における取扱いについて，再度判例の立場との調整を図ったものと考えられます。一方，昭和39年通達については，中間及び最終の登記原因に相続等が介在している場合には認められないとしたことに合理的な理由を見い出し難いとする指摘もあります。しかしながら，昭和39年通達が，昭和35年回答と同様に，登記理論からすれば許すべきでない中間省略登記であっても，裁判所がこれを命じた判決が確定している以上，登記実務としては，当該判決に基づく申請を受理するのもやむを得ないとの立場を基本としていることは明らかであって，この立場を推せば，昭和39年通達中，上記の論者が指摘する部分も，当該判決の理由中の判断から中間及び最終の登記原因に相続等が介在していることが認められる場合には，当該判決に基づく登記申請を必ず却下すべきであるとする趣旨ではなく，そのような事実関係が認められる場合にまで中間省略登記を許容することは，登記理論に反し，公示上好ましくないという警告を登記関係者に対して発するもののように思われます。

## 5 まとめ

以上のような登記実務の取扱いに照らすと，設問については，当該確定判決は，その主文において，登記原因及びその日付を明示して，甲から丙への所有権移転登記手続を命じたものですので，そうである以上（昭和35年回答の趣旨に照らし），判決理由中の記載いかんにかかわらず（中間又は最終に相続，遺贈又は死因贈与が含まれている場合でも），丁は，当該確定判決の判決書の正本を登記原因証明情報として，単独で甲から丁への所有権移転の登記を申請することができるものと考えられます。

(注1) その詳細については，河合芳光「逐条不動産登記令」77頁以下［金融財政事情研究会］
(注2) 香川保一「担保権の登記に関する先例の総観㈣」登記先例解説集2巻3号134頁［金融財政事情研究会］

## 4　真正な登記名義の回復

**62**　共同相続人甲，乙及び丙のうち甲名義に相続登記がされたが真実の相続人は乙である場合に，乙が，「甲は乙に対し，所有権移転登記手続をせよ」との確定判決を得た場合の登記手続

> 問　共同相続人甲は，他の相続人乙及び丙が相続放棄をしたとして，相続不動産につき甲名義に相続による所有権移転の登記を申請し，その旨の登記を経由しましたが，実際には，乙の相続放棄はなく，当該不動産は，遺産分割協議により乙が取得することとされていた場合，乙が提起した訴訟において，「甲は乙に対し，所有権移転登記手続をせよ。」との判決が確定し，その理由中において，乙が相続により取得したのを誤って甲名義で所有権移転の登記をしたものであることが明らかなときは，乙は，登記原因を「真正な登記名義の回復」として，単独で所有権移転の登記を申請することができますか。

【答】　乙は，当該確定判決に基づき，登記原因を「真正な登記名義の回復」として，単独で所有権移転の登記を申請することができます。

【解説】
### 1　真正な登記名義の回復による所有権移転の登記

　所有権移転の登記が真実に反し無効である場合に，これを真正な権利者の登記名義に是正する方法としては，①真正な権利者が従前の所有権の登記名義人であるときは，無効な登記である現在の所有権の登記を抹消して真正な権利者の登記名義を回復し（例えば，甲から乙への所有権移転の登記が通謀虚偽表示により無効であるときは，乙名義の登記を抹消して甲の所有名義を回復する。），②現在の所有権の登記

名義人の権利取得の原因が真正な権利者からの権利移転によるものではないときは，現在の無効な登記を抹消し，改めて真正な権利者のために所有権移転の登記をする（例えば，甲から乙への所有権移転の登記がされているが，真実は甲から丙に所有権が移転したものであるときは，乙名義の登記を抹消した上，甲から丙への所有権移転の登記をする。）というのが権利変動の過程に対応した本来の手続です。

ところが，事案によっては，本来の手続である抹消登記の方法をとることができない場合があります。典型的な例として，甲から乙への売買による所有権移転の登記が通謀虚偽表示により無効とされる場合において，当該不動産上に，乙を設定者として抵当権設定の登記を経由した善意の第三者Aがあるときは，甲はAに対し，その無効を主張することができないため（民法94条2項），Aの任意の承諾が得られない限り，乙の登記を抹消して自己の登記名義を回復することができません（法68条参照）。そこで，甲としては，Aの登記は残しながらも，自己の登記名義を回復するため，乙から甲への所有権移転の登記をする方法を採らざるを得ないという問題が生じます。

このように，真正な登記名義の回復による所有権移転の登記とは，甲から乙への所有権移転の登記がされているが，その登記原因が不存在又は無効である場合において，その無効な登記の抹消に代えて，乙から真正な権利者（甲又は甲から所有権の移転を受けた第三者丙）のために所有権移転の登記をする方法によって，真正な権利者の登記名義を回復する登記をいいます。

2　判例の考え方

判例は，早くから登記上の所有名義人は，真正な所有者のためにその所有権の公示に協力すべき義務を有し，また，真正な所有者は，所有権に基づき登記上の所有名義人に対し，その協力義務の履行として登記の抹消又はこれに代わる所有権移転の登記を請求することができるとしており（大審院昭和16年6月30日判決・民集20巻888頁，最高裁昭和

30年7月5日判決・民集9巻9号1002頁等），これが確立した判例となっています。

　その理由とするところは，このような所有権移転の登記による方法も，不動産に関する現在の真実の権利状態を公示するものであり，登記制度の目的を達成するに足るという点にあります。これに対して，学説は，概ね批判的であるといわれており，また，従前の裁判例や和解調書等において，安易に真正な登記名義の回復を原因として所有権移転登記手続を命ずる傾向がみられ，その中には，抹消登記に代えて所有権移転登記手続を命ずるというのではないものが含まれているとの指摘もありました（吉野衛「注釈不動産登記法総論」上巻564頁［金融財政事情研究会］）。

　なお，最近の最高裁平成22年12月16日判決（民集64巻8号2050頁）は，「不動産の所有権が，元の所有者から中間者に，次いで中間者から現在の所有者に，順次移転したにもかかわらず，登記名義がなお元の所有者の下に残っている場合において，現在の所有者が元の所有者に対し，元の所有者から現在の所有者に対する真正な登記名義の回復を原因とする所有権移転登記手続を請求することは，物権変動の過程を忠実に登記記録に反映させようとする不動産登記法の原則に照らし，許されないものというべきである。」と判示しています。この判例の事案は，従前の裁判例が「真正な登記名義の回復を原因とする所有権移転の登記」を許容してきた範囲を明らかに逸脱するものであり，最高裁としても，この種の登記の安易な認容に釘を刺したものとみることができます。

## 3　登記実務の取扱い

　甲から乙，乙から丙へと順次所有権移転の登記がされているが，甲乙間の移転が無効であるため，各移転登記が無権利の登記として抹消すべきものである場合において，当該各登記の抹消に代えて，直接丙から甲への所有権移転の登記をする方法により甲名義の登記を回復す

る方法は，本来甲丙間には所有権の移転という権利変動はなく，登記原因（登記の原因となる事実又は法律行為）が存在しないというべきですから，権利に関する登記について，登記原因及びその日付を登記事項とし，かつ，申請情報の内容とすべき旨を規定する不動産登記法令の趣旨には合致しません。他方，前述のように，判例は，早くから無権利の登記上の所有名義人といえども，真正な所有者に対し，その所有権の公示に協力すべき義務があり，真正な所有者は，その所有権に基づき，当該登記上の所有名義人に対する所有権移転登記手続請求権を有するとしています。

　そこで，登記実務では，上記の判例の姿勢との調和を図るため，裁判所が確定判決（裁判上の和解，調停等確定判決と同一の効力を有するものを含みます。）をもって，抹消登記手続に代わる所有権移転登記手続を命じている場合において，当該判決に基づく所有権移転の登記の申請があったときは，これを受理して差し支えないとする取扱いがされています。すなわち，昭和36年10月27日民事甲第2722号民事局長回答は，申立人が所有権の登記名義人以外の者から買い受けた不動産につき，当該登記名義人を相手方として所有権移転登記手続を請求し，相手方は申立人に対し，所有権移転登記手続をする旨の裁判上の和解が成立した場合において，当該和解調書に基づき，申立人から単独で所有権移転の登記の申請があったときは，これを受理して差し支えないものとし，申請書には，「真正なる登記名義の回復」を登記原因として記載すべきであるとしています。また，昭和53年3月15日民三第1524号民事局第三課長依命回答は，設問と同様，相続不動産について共同相続人甲，乙，丙及び丁のうち甲が，乙，丙及び丁の相続放棄を証する書面を添付して，甲単独の相続による所有権移転の登記をしたが，乙は相続放棄をしておらず，当該相続不動産は，甲乙間の協議により乙が相続することになっていたとして，甲乙間の訴訟において，その主文に「甲は乙に対し，所有権移転登記手続をせ

よ。」との何ら登記原因の記載のない判決を得た場合の取扱いにつき，『所問の判決は，登記手続上問題があるが，判決理由中において乙が相続により取得したのを誤って甲名義で所有権移転登記がされたものであることが明らかであるときは，登記義務者を甲のみとし，登記原因を「真正な登記名義の回復」として，判決による乙の単独申請により所問の登記をすることができる。』としています。

　なお，登記実務は，確定判決による場合だけでなく，一般の共同申請による「真正な登記名義の回復」を登記原因とする所有権移転の登記の申請があった場合にも，これを受理して差し支えないとしていますが（昭和39年2月17日民事三発第125号民事局第三課長回答，昭和39年4月9日民事甲第1505号民事局長回答），添付情報となる登記原因証明情報の内容については，登記記録上の登記名義人が実体上は無権利者であること，申請人（登記権利者）が真正な権利者であること等を証することができる適切なものとすべきことが求められるでしょう。

## 63 被相続人甲所有の不動産が生前から法定相続人の一人である丁の所有名義になっていた場合において，真正な登記名義の回復を原因とする丁から甲への所有権移転の登記の可否

> **問** 被相続人甲が生前から所有していた不動産が，法定相続人の一人である丁の所有名義に登記がされている場合において，他の法定相続人乙及び丙が丁を相手方として申し立てた調停手続において，「1 当該不動産が甲の所有であることを確認する。2 相手方丁は甲のため，真正な登記名義の回復を原因として，当該不動産につき所有権移転登記手続を行うこと。」との調停が成立した場合には，当該調停調書に基づき，乙又は丙が単独で，当該不動産について真正な登記名義の回復を登記原因とする甲名義への所有権移転の登記を申請することができますか。

【答】 被相続人甲の相続人である乙又は丙は，当該調停調書に基づき，その保存行為として，単独で真正な登記名義の回復を登記原因とする丁から甲への所有権移転の登記を申請することができます。

【解説】
　被相続人が不動産に関する権利を取得した場合において，当該権利に関する移転の登記を経由しないまま相続が開始したときは，その相続人は，被相続人が有する登記手続上の権利を承継しますので，被相続人を登記権利者とする権利に関する登記を申請することができます（法62条）。また，この登記の申請は，民法第252条ただし書のいわゆる保存行為に該当するものと解されますので，共同相続人の一人が申請人となることができます。登記義務者が任意の共同申請に応じない場合は，共同相続人の一人は，登記義務者に対し，被相続人への移転登記手続を請求することができ，請求認容の確定判決を得たときは，

当該確定判決に基づき，単独で被相続人への権利移転の登記を申請することができます。

これは，設問のように，被相続人甲が生前から所有していた不動産につき，法定相続人の一人である丁の所有名義に登記がされている場合において，他の法定相続人らが丁を相手方として，真正な登記名義の回復を原因として，真正な権利者である甲への所有権移転登記手続を請求する場合も同様です。すなわち，登記先例は，被相続人の死亡により相続が開始したが，その生前から被相続人所有の不動産につき，登記上の所有名義が相続人名義となっていた場合において，被相続人名義にする真正な登記名義の回復を原因とする所有権移転の登記をする旨の調停が成立したときは，当該登記の申請は受理して差し支えないものとし（昭和57年3月11日民三第1952号民事局第三課長回答），また，不動産の所有権を取得した甲が，妻乙名義で所有権移転の登記をした後，これを子丙に贈与したところ，その登記未了の間に甲が死亡し，さらに乙も死亡した場合において，丙が他の共同相続人らに対し，①真正な登記名義の回復を原因とする被相続人甲への所有権移転の登記，②贈与を原因とする甲から丙への所有権移転の登記の各手続を訴求し，その請求を認容する判決を得てこれが確定したときは，丙は，当該判決に基づき，単独でこれらの登記の申請をすることができるとしています（平成13年3月30日民二第874号民事局民事第二課長回答）。

なお，設問の場合，当該調停調書に基づく甲への所有権移転の登記の申請は，上記のとおり，民法第252条ただし書のいわゆる保存行為に該当するものと解されますので，乙及び丙が共同の申請人となって，単独で当該登記の申請をすることはもちろん，乙又は丙のみが申請人となって，単独で申請することもできます。

## 5 その他の原因による所有権移転の登記

### 64 甲及び乙の共同相続登記がされている土地を分割し,分割後の各土地につき遺産分割による持分移転登記手続を命じた審判が確定した場合の登記手続

> **問** 甲及び乙の共同相続により各持分2分の1の所有権移転の登記がされているA土地について,家庭裁判所の遺産分割の審判において,「1 A土地をA―1,A―2の土地に分割し,分割後のA―1土地を甲,A―2土地を乙所有とする。2 相手方乙は,申立人甲に対し,A―1土地につき遺産分割による持分全部移転の登記手続をせよ。」との審判が確定したときは,甲は,どのような登記を申請することになりますか。

【答】　まず,甲及び乙が共同して,A土地をA―1,A―2の各土地に分割する分筆の登記を申請し(乙が分筆の申請に応じないときは,甲が乙に代位し,申請人兼代位申請人として申請することになります。),次いで,甲は,分筆後のA―1土地につき,「遺産分割」を登記原因とする乙持分全部移転の登記を単独で申請することになります。

【解説】
#### 1 数人共有の土地を現物分割した場合の分筆登記手続

　設問のように,数人の共有に属する1筆の土地を分割して数個の土地とし,分割後の各土地を一部の者の単有又は共有とする現物分割が成立した場合の登記手続は,分筆の登記をした後でなければすることができないものとされ,また,その登記は,持分移転の方法によるものとされています(明治33年2月12日民刑第126号民刑局長回答,昭和36年1月17日民事甲第106号民事局長回答,最高裁昭和42年8月25日判決・民集21巻7号1729頁)。したがって,設問の場合,甲が,当該確定審判に基

づき，A―1土地につき，乙持分の全部移転の登記を申請するためには，その前提として，A土地をA―1，A―2の各土地に分割する分筆の登記を申請する必要があります。

　ところで，土地の分筆の登記は，当該土地が数人の共有に属するときは，その全員が申請人となることを要し，その一部の者のみからの申請は認められません（昭和37年3月13日民事三発第214号民事局第三課長電報回答参照）。しかし，1筆の土地の一部について所有権を取得した者は，その部分についての所有権移転登記請求権を保全するため，債権者代位による分筆登記の申請をすることができるのと同様，数人が共有する1筆の土地を数筆に分割し，分割後の土地をそれぞれ共有名義人の一部の者の単有又は共有とする旨の共有物分割の判決が確定し，又は裁判上の和解が成立した場合において，当該土地の分筆の登記をするについて他の共有名義人らの協力が得られないときは，当該土地の一部を取得することとなった者は，当該確定判決又は和解調書の正本若しくは謄本を代位原因証明情報として，他の共有名義人に代位して（申請人兼代位申請人として），分筆の登記を申請することができます（平成6年1月5日民三第265号民事局第三課長回答）。同様に，共同相続の登記がされた後，当該土地を数筆に分割し，分割後の土地をそれぞれ相続人らの一部の者の単有又は共有とする旨の遺産分割の審判が確定し，又は調停が成立した場合において，当該土地の分筆の登記をするについて，他の相続人らの協力が得られないときは，当該土地の一部を取得することとなった者は，当該確定審判又は調停調書の正本若しくは謄本を代位原因証明情報として，他の相続人らに代位して（申請人兼代位申請人として），分筆の登記を申請することができます（平成2年4月24日民三第1528号民事局第三課長回答）。

　なお，上記の各事例における判決又は審判の手続において，分筆登記手続も併せて請求することができないかが問題になりますが，分筆の登記は，表示に関する登記であって，権利に関する登記ではありま

せんから，そのような請求をするのは相当ではありません。仮に，当該判決又は審判の主文において，分筆登記手続が命じられていても，法第63条第1項の適用はなく，やはり債権者代位の方法によらなければなりません。

## 2　共有物分割の裁判又は遺産分割の審判と登記手続条項

共有不動産又は共同相続登記がされた不動産に係る共有物分割の裁判又は遺産分割の審判は，いわゆる形成的効力を有するにとどまり，それ自体，直接登記手続をすべきことをも命ずるものではありませんので，単に共有物を分割するにとどまるものは，法第63条第1項所定の判決には該当しません（裁判上の和解又は遺産分割の調停が成立した場合も同様です。）。したがって，分割された後の一部の土地を取得した者が，当該土地について単独で他の共有名義人らの持分移転の登記を申請しようとする場合には，分割取得条項に加えて，登記義務者となる他の共有名義人らに対して持分移転登記手続を命ずる条項が必要であり，この登記手続条項がないときは，当事者双方の共同申請によらなければなりません（昭和37年2月8日民事甲第267号民事局長回答，前掲最高裁昭和42年判決）。

当該裁判又は審判の確定後，登記手続について相手方の協力が得られないという事態を避けるためにも，登記手続条項を加えておくことが肝要でしょう。

## 3　まとめ

以上のように，設問の場合には，まず，甲及び乙が共同の申請人となって，A土地をA—1，A—2の各土地に分割する分筆の登記を申請しなければなりません。もし乙が分筆の申請に応じないときは，甲は，当該確定審判の正本又は謄本を代位原因証明情報として乙に代位し，申請人兼代位申請人として当該分筆の登記を申請し，その登記を了した後，次いで，甲は，自己が単独所有することとなった分筆後のA—1土地について，当該確定審判の正本を登記原因証明情報とし

て,「遺産分割」を登記原因とする乙持分全部移転の登記を, 単独で申請することになります。

　なお, 乙においても, 自己が単独所有することとなった分筆後のA―2土地について, 単独申請による甲持分全部移転の登記を可能とするためには, 上記各条項に加え,「3 申立人甲は, 相手方乙に対し, A―2土地につき遺産分割による持分全部移転の登記手続をせよ。」との条項が必要となります。

## 第3款　所有権の更正の登記

### 65　遺贈を原因として共同相続人甲の単有とする所有権移転の登記がされている場合に，他の共同相続人が更正登記手続を求める判決を得たときの更正の登記の方法

> **問**　共同相続人甲，乙，丙及び丁のうち甲が，被相続人名義の不動産について遺贈を原因とする甲単独名義の所有権移転の登記をしたが，乙が当該遺贈の効力を争って，当該登記の更正を求める訴訟を提起したところ，裁判所は，丙及び丁の持分には触れずに，甲の持分を4分の3，乙の持分を4分の1とする更正登記手続を命ずる判決をし，これが確定しました。この場合，乙は単独で，甲の持分を4分の3，乙の持分を4分の1とする更正の登記を申請することができますか。

【答】　設問の場合，乙が甲に対して請求できるのは，自己の持分のみについての更正登記手続に限られるところ，判決の主文では，甲持分を4分の3，乙持分を4分の1とする更正登記手続が命じられていますので，当該判決が確定した場合，乙は単独で，甲の持分を4分の3，乙の持分を4分の1とする更正の登記を申請することができます。

【解説】
　不動産の所有者がこれを遺贈する旨の遺言をしたが，何らかの理由でその遺言が効力を生じない場合（例えば，遺言者が意思無能力であったとか，遺言が法定の方式に従うものでなかったなど。）には，当該不動産の所有権は，相続人に帰属します（民法995条本文）。設問の場合，甲に対する遺贈が効力のないものであるときは，当該不動産は，共同相続人甲，乙，丙及び丁の共有に属することになります。したがって，甲の単独所有としてされた所有権移転の登記は，実体上の

権利関係に合致しないということになりますが、この登記を実体上の権利関係に合致させる方法としては、その全部の抹消ではなく（甲の持分権に関する限り実体関係に合致します。）、更正の登記の方法によるべきであり、また、この場合に、他の共有者である乙、丙及び丁が、その共有持分に対する妨害排除として、当該登記を実体関係に合致させるため単有名義人である甲に対して請求することができるのは、それぞれ自己の持分のみに係る一部抹消としての更正登記手続に限られます（最高裁昭和 38 年 2 月 22 日判決・民集 17 巻 1 号 235 頁）。

判例は、遺贈により 5 名の共有（持分各 5 分の 1）に属した不動産につき、共有者の一人である甲単独名義で所有権移転の登記がされたため、他の共有者の一人である乙が甲に対してその登記の是正を訴求したという事案で、原審が、甲に対し当該登記を共有者 5 名の持分を各 5 分の 1 とする所有権移転の登記に更正登記手続をするよう命じたのに対し、最高裁は、乙が請求することができるのは、自己の持分についてのみの一部抹消（更正）登記手続であると解するのが相当であるとして、原判決を変更し、乙の持分を 5 分の 1、甲の持分を 5 分の 4 とする所有権移転の登記に更正登記手続をするよう命じています（最高裁昭和 59 年 4 月 24 日判決・判時 1120 号 38 頁）。最近の最高裁平成 22 年 4 月 20 日判決（判時 2078 号 22 頁）も、乙及び丙共有の不動産につき、甲、乙及び丙を共有者とする所有権移転の登記がされている場合において、乙が甲に対して求めることができるのは、自己の持分についての更正登記手続であって、丙の持分についての更正登記手続までも求めることはできないと判示しています。

また、登記先例も、設問と同様、遺贈を原因として共同相続人の一人である甲の単独名義で所有権移転の登記がされている不動産につき、他の共同相続人 5 名のうちの一人乙が、甲に対し、遺贈の効力の未発生を理由に、自己の共有持分が 6 分の 1 であることの確認及びその旨の更正登記手続を求める訴えを提起した上、これを認容した判決

に基づき，乙から，甲持分6分の5，乙持分6分の1とする所有権更正の登記の単独申請があった場合には，受理して差し支えないとしています（昭和39年12月23日民事甲第4023号民事局長回答）。

　上記の判例及び登記先例のいずれも，共有者の一人である甲の持分につき実体に合致しない登記手続を命じているかのようですが，そもそも乙が甲に対して請求することができるのは自己の持分についてのみであって，訴訟当事者となっていない他の共有者の持分の登記手続をも請求することはできず，裁判所もこれらの他の共有者の持分について判決をすることはできません。また，当該訴訟は，共有持分に基づく請求ですから，当事者全員が訴訟当事者となるべき固有必要的共同訴訟には当たらず（最高裁昭和60年11月29日判決・集民146号197頁），他の共有者全員が訴訟当事者となることを要しません。

　このように，設問の場合，乙が甲に対して請求できるのは，自己の持分についてのみの更正登記手続に限られますから，判決の主文では，甲持分を4分の3，乙持分を4分の1とする更正登記手続が命じられ，これが確定したときは，乙は，単独で甲の持分を4分の3，乙の持分を4分の1とする更正の登記を申請することができます。

　なお，裁判所が更正登記手続を命ずる場合，判決の主文では，更正後の事項として，当該更正により各当事者に帰属する持分を明確に記載する必要がありますので，設問の場合には，乙の持分4分の1のみでなく，残余の共有持分4分の3が甲に帰属することをも明記されることになります（最高裁昭和56年9月29日判決・判時1023号51頁参照）。

## 66 甲から乙，丙及び丁に各持分3分の1とする所有権移転の登記がされたが，乙の持分について抹消登記手続を命ずる判決が確定した場合の登記手続

問　甲から乙，丙及び丁に各持分3分の1とする不動産の所有権移転の登記が一の申請情報によりされたが，甲，乙間の持分3分の1の移転は無効であるとして，甲を原告，乙を被告とし，当該所有権移転登記の一部（乙の持分取得に係る部分）の抹消登記手続を求める訴訟が提起され，原告勝訴の判決が確定したときは，どのような登記を申請することになりますか。また，乙の共有持分が，当該判決の確定後に戊に移転しているときは，どうですか。

【答】　設問の場合，甲は，当該判決に基づき，乙持分の抹消の登記ではなく，当該所有権移転の登記について，登記の目的を所有権一部移転とし，共有者を丙及び丁（各持分3分の1）とする所有権更正の登記を申請することになります。また，乙の共有持分が，当該判決の確定後に戊に移転しているときは，更正の登記の前提として，戊への共有持分移転登記の抹消の登記を申請する必要があります。

【解説】
### 1　共有名義の登記の一部抹消を命ずる判決があった場合の登記手続

　設問のように，甲所有名義の不動産について，一の申請情報により，甲から乙，丙及び丁の持分を各3分の1とする所有権移転の登記がされた場合において，当該登記を抹消するには，登記手続上，その全部を抹消すべきであって，その一部（例えば，乙持分のみ）の抹消の登記は認められません。また，甲は，甲乙間の持分3分の1の移転が無効であるとして，乙のみを被告として訴えを提起しているにすぎませんから，そもそも一の申請情報に基づき一の登記としてされた乙，丙及び丁の持分を各3分の1とする所有権移転の登記の全部の抹

## 第二節　確定判決による登記

消を請求することは許されません。

したがって，設問の場合，甲としては，乙持分の抹消登記手続ではなく，乙持分についての抹消の実質を有する所有権の更正の登記，すなわち，甲から乙，丙及び丁への所有権移転の登記を，甲から丙及び丁への所有権一部移転（各持分3分の1）の登記に更正する旨の登記手続を請求するのが相当であったというべきです。

そこで，甲が乙を被告として，乙持分について所有権移転登記の抹消登記手続を求める訴訟を提起し，裁判所が，そのまま当該請求を認容して乙持分の抹消登記手続を命ずる判決があり，これが確定した場合，登記手続上，どのように取り扱うべきかという問題が生じます。

乙持分のみの抹消登記の申請が許されないのは前述したとおりですが，他方，当該判決が確定し，甲乙間の紛争について裁判所による解決が図られている以上，登記手続上許されないとしてこれを拒否するのも当事者の利益を損なうことになり，問題があると思われます。さらに，登記理論としても，当該判決が命じている乙持分の抹消登記手続をもって，実質的に，本件所有権移転の登記を，丙及び丁への所有権一部移転の登記に更正する旨の登記手続を命じているものと解することもできると考えられます。

この点につき，登記先例は，甲から乙及び丙のための調停による所有権一部移転の登記が1個の登記でされている場合において，甲が乙のための持分移転につき，調停無効に基づく持分移転登記の抹消登記手続を命ずる確定判決を得たときは，当該判決に基づき，所有権一部移転登記の更正の登記を申請するのが相当であるとしています（昭和44年9月9日民事甲第1823号民事局長回答）。

したがって，設問の場合，甲は，当該判決が命じている乙持分の抹消登記手続をもって，甲から乙，丙及び丁への所有権移転の登記について，甲から丙及び丁に対する所有権一部移転（各持分3分の1）の登記に更正する登記手続を命じているものとして，乙を登記義務者と

して，その更正の登記（具体的には，登記の目的を所有権一部移転と更正し，共有者を丙及び丁，その持分を各3分の1とする所有権更正の登記。不動産登記記録例241参照）を単独で申請することができます。

## 2　判決確定後に乙の共有持分が移転している場合

次に，乙の共有持分が当該判決の確定後に戊に移転しているときは，当該更正の登記の前提として，乙から戊への共有持分移転登記の抹消の登記を申請する必要があります。

この登記の申請は，登記手続上，乙を登記権利者，戊を登記義務者とし，乙と戊の共同申請によるべきものですが，乙に対して登記請求権を有する甲が乙に代位して戊との共同申請によりすることもできます。ただし，戊が任意の共同申請に応じない場合は，甲が，当該確定判決について戊に対する承継執行文の付与を受け，乙に代位して，戊への共有持分移転登記の抹消の登記をも単独で申請することができるかどうかという，民事執行法上の承継執行の問題が生じます。すなわち，確定判決の効力は，事実審の口頭弁論終結後の承継人に及び（民訴法115条1項），また，確定判決による強制執行は，当該判決に表示された当事者のほか，事実審の口頭弁論終結後の承継人に対し，又はその者のためにすることができるとされています（民執法23条1項3号）。設問の場合，乙から戊への持分移転が相続その他の一般承継によるときは，承継執行文の付与を受けて，戊への持分移転登記の抹消をも申請することができるとする点については，ほぼ異論がないと思われます。一方，乙から戊への持分移転が売買その他の特定承継による場合において，承継執行文の付与を受けることができるか否かについては，見解の分かれるところです。通説的な見解は，甲がその持分（乙に移転していないとされる持分）を有することを丙に対抗することができる場合に限って，丙に対する承継執行文の付与を受けた上で，甲・乙間の持分移転登記の抹消の前提として，乙に代位して，乙・丙間の持分移転の登記の抹消をも単独で申請することができる

が，甲がその持分を丙に対抗できないときは，丙に対する承継執行文の付与を受けることができないとしています。もっとも，甲が丙に対抗できるか否かの判断を執行文付与機関においてすることは，実際上困難を伴いますので，結局は，執行文付与の訴えによらざるを得ないものと考えられます（問45の解説参照）。

　登記実務においても，承継執行文の付与を受けることができたときは，甲は，当該更正登記の前提として，戊への共有持分移転登記の抹消の登記をも単独で申請することができるとの取扱いがされています（昭和32年5月6日民事甲第738号民事局長通達参照）。しかし，これが得られないときは，甲は，改めて戊に対する共有持分移転登記の抹消登記手続を求める訴えを提起せざるを得ません。このような事態を避けるためには，乙に対する訴訟の提起に併せて，処分禁止の保全処分の措置を執っておくのが相当であるというべきでしょう。

第2章　判決による登記

## 第4款　所有権移転の登記の抹消

### 67　競落無効を登記原因とする所有権移転の登記の抹消の可否

> 問　原告を甲，被告を乙として，①甲から乙への不動産の売買による所有権移転登記の抹消を求める判決が確定したが，その登記をする前に，当該不動産が競落により乙から丙に所有権移転の登記がされたため，②甲は，更に丙を被告として競落による所有権移転登記の抹消登記手続を求める訴えを提起し，勝訴の判決が確定しました。この場合，乙から②の確定判決の判決書（判決の理由中に①の判決が明示されています。）を提供して，競落無効を登記原因とする丙の所有権移転登記の抹消を単独で申請することができますか。

【答】　乙は，丙に対して競落による所有権移転の登記の抹消登記手続を命じた②の確定判決の判決書の正本を提供して，競落無効を登記原因とする丙の所有権移転登記の抹消を単独で申請することができます。

【解説】

1　競落による所有権移転登記の抹消の許否

　競落による所有権移転の登記は，裁判所の嘱託によって行われ，その抹消についても，原則として，裁判所の嘱託によるのが相当であって，当事者の任意の共同申請による抹消は許されないものと考えられます。登記先例は，競落による所有権移転の登記につき，現在の所有権登記名義人（競落者）と前所有権登記名義人とが共同して，合意解除，錯誤又は競落無効を登記原因として，その抹消を申請してきたとしても，これを受理すべきではないとしています（昭和36年6月16日民事甲第1425号民事局長回答，昭和40年10月28日民事甲第2971号民事局長回答）。

第二節　確定判決による登記

　他方，登記先例は，競落による所有権移転の登記を無効と認めて，その抹消登記手続をすべきことを定めた訴訟上の和解調書を提供して，登記原因を競落無効として，前所有権登記名義人から当該抹消登記の単独申請があったときは，受理して差し支えないとしています（昭和 37 年 10 月 26 日民事甲第 3099 号民事局長通達）。また，設問の事案につき，乙から②の判決を提供して（①の判決があった旨が理由中に明示されています。），競落無効を登記原因として当該所有権移転登記の抹消の申請があったときは，受理して差し支えないとしています（昭和 44 年 5 月 21 日民事三発第 553 号民事局第三課長回答）。これらの登記先例の意味するところは，執行力のある確定判決又はこれと同一の効力を有するものの正本において競落の無効が確認又は認定され，当該所有権移転の登記の抹消が命じられ，又は約されている場合には，前所有権の登記名義人は，それらの正本を提供して，単独で，当該登記の抹消を申請することができるとするにあるものと解されます。

## 2　甲・丙間の確定判決に基づく乙の単独申請の可否

　ところで，②の訴訟は，甲が，丙を被告として競落による所有権移転登記の抹消登記手続を求める訴えを提起したものであって，乙が原告となったものではありませんから，前掲昭和 44 年 5 月 21 日回答が，当該判決の原告ではない乙が同判決に基づいてする単独申請を受理して差し支えないとした根拠について触れておく必要があります。すなわち，当該事案において，実体上，甲が，丙に対して所有権に基づく妨害排除請求権としての抹消登記請求権を有し，これを認容する判決があった場合でも，登記手続上，丙の所有権移転登記の抹消の登記権利者は，当該抹消によって直接登記上の利益を受ける乙であり，甲が自らその申請をするには，債権者代位の方法によるべきこと，したがって，登記手続の観点からすれば，当該訴訟は，甲が乙に代位して提起したものとみることができること，そして，債権者代位訴訟における確定判決の効力は被代位者に及ぶこと（大審院昭和 15 年 3 月 15 日

545

判決・民集19巻587頁）にあると考えられます。前掲昭和44年の登記先例は，このような考え方から，乙が当該判決に基づき，丙の所有権移転登記の抹消を単独で申請することができると解したものと考えられます（登記先例解説集9巻8号28頁）。

　設問の場合，②の確定判決を得た甲が，乙に代位して丙の所有権移転の登記の抹消を申請してくるのが通例と考えられますが，当該判決の効力が乙に及ぶと解される限り，登記手続上の登記権利者である乙からの単独申請も認めて差し支えないものと考えられます。

## 68 甲から乙，乙から丙へと順次所有権移転の登記がされている場合において，各移転登記の抹消登記手続を命ずる判決があった場合の登記手続

> 問　甲から乙，乙から丙へと順次売買を登記原因とする所有権移転の登記がされている不動産について，原告を甲，被告を乙及び丙とする訴訟で，当該不動産は甲の所有であることを確認した上で，「1　乙は，同不動産につき乙名義の所有権移転登記の抹消登記手続をせよ。2　乙及び丙は，同不動産につき丙名義の所有権移転登記の抹消登記手続をせよ。」との判決が確定したときは，甲は，どのような登記を申請することになりますか。

【答】　甲は，当該確定判決に基づき，まず，乙に代位して，乙から丙への所有権移転の登記の抹消を単独申請し，次いで，甲から乙への所有権移転の登記の抹消を単独申請することになります。

【解説】

1　数次の所有権移転登記の抹消の方法

　　甲から乙，乙から丙へと順次売買を原因とする所有権移転の登記がされたが，甲・乙間の売買が不存在又は無効であるという場合，原則として，乙・丙間の移転も効力を生じません。そこで，甲が，当該各登記を抹消して自己名義の登記を回復するためには，まず，登記権利者乙（又は乙に代位する甲）及び登記義務者丙の共同申請により，乙・丙間の所有権移転の登記を抹消し，次いで，登記権利者甲及び登記義務者乙の共同申請により，甲・乙間の所有権移転の登記を抹消すべきものとされています（昭和51年10月15日民三第5415号民事局第三課長回答）。いわゆる巻き戻しの方法により順次抹消すべきもので，丙の承諾があっても，丙の所有権登記を抹消しないまま，乙の所有権登記を抹消することはできません。乙及び丙が抹消登記の申請に応じない

ため，甲が乙及び丙を相手方として，その抹消登記手続を請求する場合も同様です。

## 2 丙に対して所有権移転登記の抹消を命ずる判決に基づく登記手続

ところで，甲から乙，乙から丙へと順次所有権移転の登記がされている場合において，甲がこれらの登記を抹消して自己の所有名義を回復するためには，前述したように，いわゆる巻き戻しの方法により，まず，乙・丙間の所有権移転の登記を抹消し，次いで，甲・乙間の所有権移転の登記を抹消することになります。この場合，甲・乙間の所有権移転の登記の抹消についての登記権利者は甲ですが，乙・丙間の所有権移転の登記の抹消については，これを抹消することによって登記上直接に利益を受けるのは乙ですから，登記手続上，その登記権利者は乙であって，甲は登記権利者となることはできません。したがって，甲が，丙名義の所有権移転の登記を抹消するには，登記手続上，乙に代位して丙名義の所有権移転の登記の抹消を申請するという方法を採らなければなりませんので，登記手続の観点からいえば，甲は，①乙に対しては，甲・乙間の所有権移転登記の抹消登記手続を，②丙に対しては，乙を代位する甲に対して乙・丙間の所有権移転登記の抹消登記手続をそれぞれ請求し，その主文において，「①乙は，甲に対し，甲・乙間の所有権移転登記の抹消登記手続をせよ。②丙は，乙を代位する甲に対し，乙・丙間の所有権移転登記の抹消登記手続をせよ。」とする判決を得るのが相当であると考えられます（注1）。

他方，甲は，所有権に基づく妨害排除請求権の行使として，乙に対して甲・乙間の所有権移転登記の抹消登記手続の請求ができるだけでなく，丙に対しても，直接乙・丙間の所有権移転登記の抹消登記手続を請求することができると解されていますから（最高裁昭和36年4月28日判決・民集15巻4号1230頁），甲が，乙及び丙に対し，この妨害排除請求権の行使として，上記の各所有権移転登記の抹消登記手続を請求した場合には，「①乙は，甲に対し，甲・乙間の所有権移転登記の抹

消登記手続をせよ。②丙は，甲に対し，乙・丙間の所有権移転登記の抹消登記手続をせよ。」との判決がされることになります。設問の判決もこれに属します（注2）。

　そこで，設問の判決が確定した場合，甲としては，どのような登記を申請することになるのかという点について検討します。

　前述したように，甲は，乙・丙間の所有権移転の登記を抹消するについて登記権利者となることはできませんから，登記手続上，乙に代位して申請するという方法を採らなければなりません。設問の確定判決に基づき，甲が乙に代位して，乙・丙間の所有権移転の登記の抹消を単独で申請できるかという点については，見解が分かれるところですが，当該判決により，丙の登記申請の意思表示は擬制されていますので，当該判決をもって，登記手続上，乙を代位する甲のために，乙・丙間の所有権移転登記の抹消登記手続を命じたものと善解し，乙を代位する甲の単独申請による乙・丙間の所有権移転の登記の抹消を肯定して差し支えないものと考えられます。登記先例も，設問の判決に基づき，乙及び丙名義の各所有権移転の登記を抹消するには，甲は，まず乙に代位して乙・丙間の所有権移転の登記の抹消を単独申請し，次いで，甲・乙間の所有権移転の登記の抹消を単独申請するのが相当であるとしています（昭和43年5月29日民事甲第1830号民事局長回答。なお，質疑応答・登記研究305号75頁）。

（注1）　細川清「判決による登記の基礎」登記研究557号24頁以下
（注2）　山野目章夫「不動産登記法」525頁［商事法務］は，乙・丙間の所有権移転登記の抹消につき，乙を被告に加えることは相当でないとしています。

## 69 甲から乙への贈与による所有権移転の登記が，甲の債権者丙の詐害行為取消訴訟によって抹消登記手続が命じられ，その判決が確定した場合の登記の申請方法

> 問　甲から乙への贈与による所有権移転の登記がされている不動産について，甲の債権者丙が，乙を被告とする詐害行為取消訴訟で，当該贈与を取り消し，甲・乙間の所有権移転登記の抹消登記手続を命ずる判決が確定した場合において，丙が当該登記の抹消を申請しない場合，甲又は乙が，単独で当該判決に基づき，甲・乙間の所有権移転の登記の抹消を申請することができますか。

【答】　甲の債権者丙が受益者乙に対して有する詐害行為取消権の行使による取消しの効果は，当該訴訟の当事者である丙と乙との関係にとどまる相対的なものですので，丙が当該登記の抹消を申請しないからといって，当該判決に基づき，甲が，自ら単独で甲・乙間の所有権移転の登記の抹消を申請することはできません。また，当該判決は，乙の登記申請の意思表示を擬制するものであって，甲の登記申請の意思表示を擬制するものではありませんので，乙が，自ら単独でその抹消を申請することはできません。

【解説】

### 1　詐害行為取消権行使の効果が及ぶ範囲

　債権者は，債務者がその債権者を害することを知ってした法律行為の取消しを裁判所に請求することができます（民法424条1項）。この詐害行為取消権の法的性質について，判例は，詐害行為を取り消し，かつ，それを根拠として逸出した財産の取戻しを請求する権利であるとし，また，その取消しの効果は，一般の法律行為の取消しとは性質を異にし，その効力は相対的なものであって，裁判所が債権者の請求に基づき債務者の法律行為を取り消したときは，その法律行為は訴訟

の相手方に対しては無効に帰すべきであるが，その訴訟に干与しない債務者，他の受益者又は転得者に対しては依然として存立することを妨げないとしています（大審院明治44年3月24日判決・民録17輯117頁）。

したがって，詐害行為取消訴訟においては，債務者を訴訟の相手方とする必要はなく，受益者又は転得者を相手方とすれば足ります。例えば，丙が甲に対して金銭債権を有しているところ，甲は経済的な破綻状態にあるのに，唯一の財産である不動産を乙に贈与し，乙も甲の債権者を害することを知ってこれを受け，その旨の所有権移転の登記を経由したという場合，設問のように，債権者丙は，受益者乙を被告として，当該贈与を詐害行為として取り消し，かつ，甲・乙間の所有権移転登記の抹消登記手続を求める訴えを提起することができます。その結果，乙に対し，当該贈与の取消しと甲・乙間の所有権移転登記の抹消登記手続を命ずる判決を得て，これが確定したときは，丙は，甲に代位して（登記手続上の登記権利者は甲です。），甲・乙間の所有権移転の登記の抹消を単独で申請することになります。登記先例は，詐害行為取消判決を得た債権者（原告）が，その主文で，受益者たる抵当権者（被告）に命じられた抵当権設定登記の抹消登記手続を，登記権利者として直接単独で申請することの可否が問われた事案につき，この場合の登記権利者は当該不動産の所有名義人（債務者）であるから，債権者（原告）は，当該所有名義人（債務者）に代位して申請すべきであるとしています（昭和38年3月14日民事甲第726号民事局長回答）。

## 2 債務者甲による抹消登記申請の可否

設問の事案においては，丙が，当該確定判決に基づき，その判決書の正本を登記原因証明情報及び代位原因証明情報として，甲に代位して，甲・乙間の所有権移転登記の抹消を単独で申請することになりますが，何らかの事情により，丙がその抹消登記の申請をしないからといって，甲が当該判決に基づき，自ら甲・乙間の所有権移転の登記の

抹消を単独で申請することはできません。

前述したように，詐害行為取消しの効果は相対的なものであって，設問の場合には，丙と乙との間で取消しの効果が生ずるにすぎず，甲と乙との間では，依然として有効と取り扱われるからです（注1）。

**3　受益者乙による抹消登記申請の可否**

権利に関する登記は当事者の共同申請によるのが原則ですが，その例外として，法第63条1項は，共同で申請しなければならない当事者の一方に登記手続をすべきことを命ずる確定判決による登記は，その他方が単独で申請することができる旨を規定しています。これは，当該判決の確定により，登記手続を命じられた者の登記申請の意思表示が擬制されることから，他方による単独申請を許容したものです。

設問の判決は，被告である受益者乙に対し，甲・乙間の所有権移転登記の抹消登記手続を命ずるものですので，これによって乙の登記申請の意思表示を擬制するにとどまり，登記権利者である甲の登記申請の意思表示を擬制するものではありません。

したがって，丙が何らかの事情で，当該判決に基づく登記の申請をしないからといって，当該判決に基づき，抹消登記手続を命じられた乙自らが，単独で自己の登記の抹消を申請することはできません（注2）。丙が抹消の申請をしないまま放置していることによって，乙が何らかの不利益を被るおそれがある場合（例えば，固定資産税の負担など）には，乙は，甲との共同申請によって甲・乙間の所有権移転の登記を抹消するか，甲が応じないときは，同人に対し，その抹消登記手続を求める訴えを提起し，これを認容する確定判決を得て，単独で当該登記の抹消を申請することになります。

(注1)　青山正明編著「新訂民事訴訟と不動産登記一問一答」157頁〔田中康久〕〔テイハン〕

(注2)　質疑応答・登記研究484号121頁

## 第5款　所有権保存の登記の抹消

**70**　真実の所有者でない者によってされた建物の所有権保存の登記につき，真実の所有者であることの確認とその抹消登記手続を命ずる確定判決に基づく登記の申請方法

> 問　甲所有の建物について，乙が所有権保存の登記をしたため，甲が乙に対し，当該建物が甲の所有であることの確認と，乙の所有権保存登記の抹消登記手続を求める訴えを提起し，甲勝訴の判決が確定したときは，甲は，単独で当該所有権保存の登記の抹消の登記を申請することができますか。

【答】　設問の場合には，法第63条第1項の規定を類推適用して，甲は，当該確定判決に基づき，単独で当該所有権保存の登記の抹消を申請することができます。

【解説】

1　所有権保存の登記の抹消の方法

　法第77条は，「所有権の登記の抹消は，所有権の移転の登記がない場合に限り，所有権の登記名義人が単独で申請することができる。」と規定して，所有権移転の登記がない場合の所有権の登記，すなわち所有権保存の登記の抹消は，当該所有権の登記名義人が単独で申請することができる旨を明らかにしています。当該所有権の登記名義人の単独申請によるべきものとされているのは，所有権保存の登記が抹消されると，原則として，登記記録が閉鎖され，登記手続上，登記権利者の存在を考えることができないからであると説明されています。

2　所有権保存の登記の抹消を命ずる確定判決に基づく登記の申請方法

　このように，所有権保存の登記の抹消は，当該登記名義人の単独申請によるものとされていますので，甲所有の建物について，乙が所有

権保存の登記をした場合において、乙が自らその抹消を申請しないときは、甲は、どのような手続をとることができるのかという問題が生じます。

この点について、判例は、甲が、当該建物について、自己の名義で所有権保存の登記をするためには、その前提として、乙名義の所有権登記を抹消する必要があるから、甲は、乙に対し、同人名義の所有権登記の抹消登記手続を請求することができるとしています（最高裁昭和41年3月18日判決・民集20巻3号464頁）。

次に問題となるのは、乙に対し、所有権保存登記の抹消登記手続を命ずる判決が確定した場合、甲が、当該判決に基づき、乙名義の所有権保存の登記を抹消するためには、どのような登記手続をとるのが適当かという点です。登記先例は、「乙は甲のために乙名義の所有権保存登記を抹消せよ」との判決を得た場合には、甲は、単独で当該保存登記の抹消を申請することができるとしています（昭和28年10月14日民事甲第1869号民事局長通達）。この先例は、代位申請によるべきか、単独申請によるべきかとの照会に対し、単独申請によるべき旨を回答したもので、その後の先例（昭和40年7月20日民事三発第572号民事局第三課長回答）も、同旨の判断を示しています。登記実務上は、法第63条第1項（旧法27条）の類推適用による単独申請の取扱いが定着しているものと考えられます（注1）。

したがって、設問の場合、甲は、登記実務の取扱いに従い、当該確定判決に基づき、単独で乙名義の所有権保存の登記の抹消を申請することができます。

なお、類推適用説に対しては、債権者代位の手続によって抹消の申請をするのが相当であるとする考え方も有力です（注2）。

（注1）　清水響編著「一問一答新不動産登記法」174頁［商事法務］
（注2）　香川保一「不動産登記法逐条解説(14)」登記研究627号71頁、細川清「判決による登記の基礎」登記研究557号19頁

## 第6款　所有権以外の権利に関する登記の抹消

71　甲から乙，乙から丙への各所有権移転の登記，さらに丁の所有権移転請求権の仮登記及び根抵当権設定の各登記をいずれも抹消する判決が確定したが，その訴訟の口頭弁論終結前に，丙から戊への所有権移転の登記がされていた場合において，上記の確定判決に基づき各登記の抹消を申請することの可否

> 問　甲から乙，乙から丙への各所有権移転の登記，さらに丁の所有権移転請求権の仮登記及び根抵当権設定の登記が順次されたところ，①原告を甲とし，被告を乙及び丙とする各所有権移転登記の抹消，並びに，②原告を甲とし，被告を丁とする所有権移転請求権仮登記及び根抵当権設定登記の各抹消を求める訴訟が提起され，いずれについても甲勝訴の判決がされ確定しました。ところが，上記各訴訟の口頭弁論が終結する前に，丙から戊への所有権移転の登記がされていたため，別途，③原告を甲とし，被告を戊とする所有権移転登記の抹消を求める訴訟が提起され，現に係属しています。この場合，甲は，上記①及び②の判決に基づいて丁の所有権移転請求権仮登記及び根抵当権設定登記の各抹消を申請することができますか。

【答】　甲は，当該仮登記については，①及び②の判決に基づき，当該仮登記がされた当時の所有権登記名義人である丙に代位して，その抹消を申請することはできますが，当該根抵当権設定登記については，その抹消を申請することができません。

【解説】
1　丁の所有権移転請求権仮登記の抹消について
　　仮登記の抹消の申請についても，法第60条の規定が適用されます

555

から，原則として，登記権利者と登記義務者（仮登記名義人）との共同申請によることになりますが，登記義務者の協力が得られないときは，登記権利者は，当該仮登記の抹消登記手続を命ずる確定判決を得て，単独で，その抹消を申請することができます（法63条1項）。ちなみに，仮登記の抹消については，法第110条に特則があり，仮登記の登記名義人又は仮登記名義人の承諾を得た当該仮登記の登記上の利害関係人が，それぞれ単独で申請できる旨定められていますが，設問の事案については，これらの特則が適用される余地がないものと考えられますので，ここでは不問とします。

　そこで，設問のように，仮登記後に所有権移転の登記がされている場合の当該仮登記の抹消の登記権利者は誰かという点ですが，登記実務では，仮登記当時の所有権登記名義人又は現在の所有権登記名義人のいずれでも差し支えないとしています（昭和37年8月9日民事甲第2234号民事局長一部変更認可）。

　したがって，設問のように，甲から乙，乙から丙へと順次所有権移転の登記がされ，さらに，丁の所有権移転請求権の仮登記及び根抵当権設定の各登記がされた後，①原告を甲，被告を乙及び丙とする各所有権移転登記の抹消を請求する訴訟，②原告を甲，被告を丁とする所有権移転請求権仮登記及び根抵当権設定登記の各抹消登記を請求する訴訟が提起され，いずれも甲勝訴の判決が確定したが，これらの訴訟の口頭弁論終結前に，丙から戊に所有権移転の登記がされたため，新たに，③原告を甲，被告を戊とする訴訟が提起され，その訴訟が係属中である場合，当該仮登記の抹消の登記権利者は，仮登記当時の所有権登記名義人である丙又は現在の所有権登記名義人である戊となります。したがって，甲は，①の乙及び丙に対する判決をもって登記権利者である丙に代位し，②の登記義務者丁に対する判決をもって当該仮登記の抹消を単独で申請することができます（昭和56年1月27日民三第678号民事局第三課長回答）。甲は，その所有権に基づく妨害排除として，

丁に対して当該仮登記の抹消を命ずる確定判決を得ているのですが，登記手続上は，その抹消の申請の登記権利者は丙（又は戊）ですから，甲自らがこの判決に基づいて登記を申請するには，債権者代位の方法によらなければならないのです。

## 2 丁の根抵当権設定登記の抹消について

登記実務上，抵当権（根抵当権を含みます。以下同じ。）設定登記の抹消の登記義務者は，その登記名義人であり，登記権利者は，現在の所有権登記名義人に限られます。抵当権設定の登記後に所有権移転の登記がされた場合には，抵当権の消滅の原因が当該移転前に生じたものであっても，登記権利者は，現在の所有権登記名義人だけであって，抵当権設定当時の所有権登記名義人は登記権利者とはなりません（明治32年8月1日民刑第1361号民刑局長回答，昭和30年2月4日民事甲第226号民事局長通達）。

したがって，設問の場合，丁の根抵当権設定登記の抹消の登記権利者は，現在の所有権登記名義人である戊です。甲は，丁に対し当該根抵当権設定登記の抹消を命ずる判決を得ているのですが（②の判決），①の判決は乙及び丙に対するものですから，登記申請手続の場面では，この判決に基づいて，登記権利者である戊に代位することはできず，当該根抵当権設定登記の抹消を単独で申請することはできません（前掲昭和56年回答）。甲としては，乙及び丙に対する訴訟提起に先立って，両名に対し処分禁止の仮処分の手段を講じておくのが相当であったというべきでしょう。

## 72 詐害行為取消しによる抵当権設定登記の抹消登記手続を命ずる確定判決に基づく登記手続

> 問　所有者を丙とする不動産に，乙が抵当権設定の登記をしたが，丙の債権者甲が提起した乙を被告とする詐害行為取消訴訟において，乙・丙間の金銭消費貸借契約及び抵当権設定契約を取り消した上で，「乙は，当該不動産の抵当権設定登記の抹消登記手続をせよ。」との判決が確定した場合，甲が，乙の抵当権設定の登記を抹消するには，どのような登記を申請することになりますか。

【答】　設問の詐害行為取消訴訟において，乙に対し，抵当権設定登記の抹消登記手続を命ずる判決が確定した場合でも，登記手続上，当該抵当権設定登記の抹消の登記権利者は丙であって，丙の債権者である甲ではありませんから，甲としては，当該確定判決の判決書の正本を登記原因証明情報及び代位原因証明情報として，丙に代位して，当該抵当権設定登記の抹消を単独で申請することになります。

【解説】
　債権者は，債務者がその債権者を害することを知ってした法律行為の取消しを裁判所に請求することかできますが（民法424条1項），この詐害行為取消権の性質について，判例は，詐害行為を取り消し，かつ，それを根拠として逸出した財産の取戻しを請求する権利であるとし，また，その取消しの効果は当該訴訟の当事者である債権者と受益者又は転得者との関係にとどまる相対的なものであるとしています（大審院明治44年3月24日判決・民録17輯117頁）。

　したがって，詐害行為取消訴訟においては，債務者を被告とする必要はありませんので，設問の場合には，当該不動産を所有する債務者丙の債権者甲は，抵当権設定の登記を受けた受益者乙を被告として，乙・丙間の金銭消費貸借契約及び抵当権設定契約を詐害行為として取

り消し、かつ、乙の抵当権設定登記の抹消登記手続を求める訴えを提起することができます。この訴えは、丙の債権者である甲が、自己の名において、自己のために、乙に対して抹消登記手続をせよと請求するものですから、甲勝訴の判決がされた場合には、裁判所は、甲が乙に対し、実体上その抵当権設定登記の抹消登記手続請求権を有することを認定した上、これに基づき、乙に対して当該抵当権設定登記の抹消登記手続を命じたものと考えることができます。

しかし、登記手続上、登記権利者とは、権利に関する登記をすることにより、登記上直接に利益を受ける者をいうとされ（法2条12号）、乙の抵当権設定登記の抹消によって登記上直接に利益を受けるのは所有権登記名義人である丙ですから、当該確定判決に基づき、乙の抵当権設定登記の抹消を申請する場合の登記権利者は丙であって、甲ではありません。したがって、甲は、当該確定判決に基づき、自己を登記権利者とする当該抵当権設定登記の抹消を申請することはできませんが、詐害行為取消判決が確定し、かつ、乙に対し当該抵当権設定登記の抹消登記手続が命じられていますので、甲としては、民法第423条第1項の債権者代位権に基づき、当該確定判決の判決書の正本を代位原因証明情報及び登記原因証明情報として提供し、登記手続上の登記権利者である丙に代位して、当該抵当権設定登記の抹消を単独で申請する方法をとることになります。

登記先例は、設問と同旨の事実関係において、甲自身が登記権利者として申請をすることができるか、あるいは丙に代位して申請をすることができると解すべきかが問われた事案につき、本来の登記権利者である所有権登記名義人（債務者）丙に代位して申請すべきであるとしています（昭和38年3月14日民事甲第726号民事局長回答）。

第2章　判決による登記

## 第7款　所有権保存の登記

### 73　所有権確認の確定判決に基づく所有権保存の登記の申請の可否

> 問　乙及び丙を表題部所有者（共有者）とする表題登記のみがされている不動産について，甲を原告，乙及び丙を被告とする所有権確認訴訟が提起されたところ，当該不動産が甲の所有であることを確認する旨の判決がされ，これが確定しました。この場合，甲は，法第74条第1項第2号の規定により所有権保存の登記の申請をすることができますか。また，甲は，乙又は丙の一方を被告とする勝訴判決が確定したときでも，所有権保存の登記の申請をすることができますか。

【答】　甲は，乙及び丙の両名を被告として，当該不動産が甲の所有であることを確認した確定判決に基づき，所有権保存の登記をすることができます。この場合，乙又は丙の一方を被告とする勝訴判決が確定したとしても，当該判決のみでは，所有権保存の登記を申請することはできません。

【解説】
1　法第74条第1項第2号の確定判決の意義

　法第74条第1項は所有権保存の登記の申請をすることができる資格者を規定しており，その第2号には，「所有権を有することが確定判決によって確認された者」が掲げられています。

　旧法においても，第100条第1項第2号で，「判決ニ依リ自己ノ所有権ヲ証スル者」が所有権保存の登記の申請をすることができると規定していましたが，同号にいう「判決」の意義については，従前から，当該不動産が申請人の所有に属するものであることを明らかにす

る確定判決であれば，確認判決であると，給付判決であると，又は形成判決であるとを問わず（大審院大正15年6月23日判決・民集5巻536頁），また，判決の主文で所有権が確認されている場合に限らず，その理由中で所有権が確認されている場合（例えば，判決の理由中で原告の所有権の取得を認めて，主文で原告への所有権移転登記手続を命じ，あるいは当該不動産の明渡しを命じている場合）であっても差し支えないと解されていました（注1）。この点については，新法においても変わりはないとみられますので，法第74条第1項第2号の「確定判決」とは，当該不動産について，申請人が所有権を有することを確認したものであれば，確認，給付又は形成のいずれの判決でもよく，また，理由中の判断において所有権の存在を確認したものでも差し支えないと解することができます（注2）。

2　訴訟の相手方

法第74条第1項第2号にいう「確定判決」（旧法100条1項2号の「判決」）の意味については，もう一つ，表題部に所有者として記録されている者（その相続人その他の一般承継人を含みます。以下同じ。）を相手方とする訴訟に係る判決に限られるか否かという問題があるところですが，登記先例は，設問と同様，乙及び丙を共有者とする表題登記のみがある不動産について，甲が，旧法第100条第1項第2号（現行法74条1項2号）の規定により自己名義で所有権保存の登記を受けるために提供すべき判決は，乙及び丙の両名が被告であることを要し，表題部に記録されていない者を被告とした判決はもとより，甲又は乙のいずれか1名のみを被告とした判決も含まないものと解するのが相当であるとしています（平成10年3月20日民三第552号民事局第三課長通知。以下「平成10年通知」といいます。）（注3）。

また，平成10年通知は，いわゆる記名共有地（登記簿・台帳一元化作業により旧土地台帳から移記した登記簿の表題部の所有者欄に「甲外何名」と記載されているが，共同人名簿が移管されなかった等

の理由により「外何名」の氏名住所が明らかでない土地）に関する所有権保存の登記の取扱いをも示していますが，この記名共有地に関する取扱いの適否が争われた名古屋地裁平成13年5月30日判決（判タ1084号159頁）は，一般論として，旧法第100条第1項第2号所定の判決に該当するためには，表題部に所有者として記録された者又はその相続人が当該争訟手続上の当事者たる地位を認められ，現実に自己の利益を防御する機会を与えられた上で形成されたことが必要であるから，表題部所有者として複数の共有者が表示されているときは，表示された共有者全員又はその承継人を被告として提起されたものであることを要すると判示しています。この点については，平成10年通知と同旨の見解を採るものと解されます。

なお，表題部に所有者として記録されている者全員を被告とする判決である限り，これがいわゆる欠席判決や自白事件に係るものであっても差し支えなく（注4），また，裁判上の和解調書や認諾調書等の確定判決と同一の効力を有するものであっても差し支えないものと考えられます（令別表28項「添付情報」欄ロ）。

### 3 まとめ

以上のとおり，乙及び丙を共有者とする表題登記のみがある不動産について，甲が，法第74条第1項第2号の規定により自己名義で所有権保存の登記を受けるために提供すべき確定判決は，乙及び丙の両名が被告であることを要し，乙又は丙の一方のみを被告とした判決は含まれないとするのが登記実務の取扱いですので，設問については，甲を原告，乙及び丙を共同の被告として，当該不動産が甲の所有であることの確認を求める訴訟において，甲勝訴の判決が確定した場合には，甲は，自己の名義に所有権保存の登記を申請することができますが，乙又は丙の一方を被告とする勝訴判決が確定したときでも，当該判決のみをもって，所有権保存の登記を申請することはできません。

（注1） 香川保一編著「新訂不動産登記書式精義」上巻1141頁［テイハン］

（注2）　山野目章夫「不動産登記法」379頁〔商事法務〕鎌田薫＝寺田逸郎編「新基本法コンメンタール不動産登記法」226頁〔宮本俊忠〕〔日本評論社〕
（注3）　この通知の趣旨については，「これまで，不登法100条1項2号の被告適格の問題に関して上記のような説の対立があり，登記実務に少なからず混乱が生じていたという状況をも踏まえ，従来の登記実務の伝統的な考え方である消極説による旨を改めて確認した趣旨と考えられ（る）」と説明されています（同通知に係る民事月報53巻12号149頁以下の担当官解説）。
（注4）　藤原勇喜「表示に関する登記における最近の諸問題(3)」登記研究441号17頁の(5)参照

第2章　判決による登記

## 74　表題登記のみの不動産について売買による所有権移転登記手続を命ずる確定判決に基づく所有権保存の登記の申請の可否

> 問　乙所有の表題登記のみがあるA不動産について，「被告乙は，原告甲に対し，A不動産について，平成○年○月○日売買を原因とする所有権移転登記手続をせよ。」との判決が確定した場合，甲は，当該判決に基づき，A不動産を甲名義とする所有権保存の登記を申請することができますか。

【答】　甲は，乙に対し甲への所有権移転登記手続を命ずる確定判決をもって，法第74条第1項第2号の規定に基づき，直接自己の名義に所有権保存の登記を申請することができます。なお，甲は，当該確定判決に基づき，乙に代位して，同人名義の所有権保存の登記をした上，法第63条第1項の規定に基づき，乙から甲への所有権移転の登記を単独で申請することもできます。

【解説】

### 1　通常の登記の手順

設問のように，乙を所有者とする表題登記のみがされているA不動産を買い受けた甲が，その所有権取得の登記をするためには，通常，まず，乙の申請により，乙名義の所有権保存の登記を経由した上，次いで，甲及び乙の共同申請により，乙から甲への売買を原因とする所有権移転の登記をすることになります。

そして，乙がこれらの申請に応じない場合には，甲は，乙に対し，売買による所有権移転の登記手続請求の訴訟を提起して，乙から甲への所有権移転登記手続を命ずる確定判決を得れば，まず，民法第423条第1項の規定に基づき，乙に代位して，同人名義の所有権保存の登記を経由した上，次いで，乙から甲への所有権移転の登記を単独で申

請することができます（法63条1項）。最高裁昭和31年6月5日判決（民集10巻6号643頁）も，未登記の建物の所有権を売買によって取得した者は，「従来の所有者に対して移転登記の請求をなすこともできるのであって，この場合には従来の所有者は先ず保存登記をした上で所有権取得者に対して移転登記手続をなすべき義務を負担する」と判示しています。

2　甲が直接保存登記を申請することの可否

　ところで，法第74条第1項第2号にいう「確定判決」とは，所有権の確認判決のみに限られるわけではなく，給付判決や形成判決でもよく，また，判決の理由中の判断において所有権が確認されている場合でも差し支えないと解されていますから（問73の解説参照），設問のように，その主文において，乙は甲に対し，「平成○年○月○日売買を原因とする所有権移転登記手続をせよ。」と命じた判決は，その理由中の判断において，甲・乙間の売買契約により，A不動産の所有権が，甲に移転したことを認定して，その登記手続を命じたものというべきですから，甲は，法第74条第1項第2号所定の「所有権を有することが確定判決によって確認された者」として，当該判決に基づき，直接甲名義で所有権保存の登記を申請することができると解すべきです。上記の昭和31年の最高裁判決も，2段の登記による方法のほかに，建物の買主は，確定判決を得ることによりその所有権を証明して，単独で保存の登記を申請することができるとしています。登記先例も，表題登記がない土地について，所有権移転登記手続を命じた確定判決に基づき，所有者は，直接自己名義の所有権保存の登記を申請することができるとしています（昭和55年11月25日民三第6757号民事局第三課長回答）。

3　まとめ

　このように，設問の場合，甲は，乙に対して売買による所有権移転登記手続を命じた確定判決に基づき，直接自己の名義に所有権保存の

## 第2章　判決による登記

登記を申請することができるほか，乙に代位して，同人名義の所有権保存の登記をした上，乙から甲への所有権移転の登記を単独で申請することもできます。

# 第3章

## 代位による登記

## 第一節　総　説

### 75　代位登記とは

> **問**　代位登記とは，どのようなものをいうのですか。
> また，民法第423条第1項で規定する債権者代位による登記のほか，特別法においては，どのような場合に代位登記が認められていますか。

【答】　不動産の表示に関する登記又は権利に関する登記の申請をする資格を有する者については，不動産登記法その他の法令が定めているところですが，他方で，法令において，本来の申請者以外の第三者が，当該有資格者に代わって当該登記の申請をすることができる旨の特別の定めが設けられています。このような特別の定めに基づいて第三者がする登記の申請を，登記実務上，代位申請といい，その申請に基づいてされる登記を代位登記といいます。

　代位登記の代表的なものは，民法第423条第1項が定める債権者代位権によるものであり，不動産登記法自体にも代位登記を認める特別の規定が置かれています。また，土地改良，土地区画整理，市街地再開発等の公共事業を規制する多数の法令においては，当該事業を適正かつ円滑に実施するため，施行者が，不動産の所有権登記名義人等に代わって，一定の範囲の登記を申請することを認める規定が，設けられています。

【解説】
1　代位登記とは

　現行の不動産登記法においては，登記は，法令に別段の定めがある場合を除き，当事者の申請又は官庁若しくは公署の嘱託がなければ，することができないとされています（法16条1項）。ここで「当事者」

第3章　代位による登記

とは，表示に関する登記にあっては，表題部所有者若しくは所有権の登記名義人又はこれらの者の一般承継人（法30条参照），権利に関する登記にあっては，登記権利者，登記義務者若しくは登記名義人又はこれらの者の一般承継人を意味します（法62条参照）。登記の申請権限を，これらの「当事者」に委ねているのは，これらの者が，当該不動産について，登記すべき目的，登記原因及びその日付，登記の内容等を熟知しており，真正な事実関係に基づいた登記の申請がされ，虚偽の登記が防止されるものと考えられるからです。官庁又は公署が関与する登記について当該官公署の嘱託によるとしているのも，同様の趣旨に基づくものです。

　以上の原則は，登記実務上，「申請主義」といわれていますが，民法その他の実体法においては，この申請を当事者以外の他人が代わってすることが認められており，不動産登記法もこのことを予定した規定を設けています（法59条7号）。このような当事者に代わる第三者による申請を「代位申請」といい，この申請によってされる登記を「代位登記」といいます。

## 2　民法第423条第1項の規定による代位登記

(1)　趣　旨

　代位登記の代表的なものは，民法第423条第1項の債権者代位権の規定に基づくものです。この規定は，「債権者は，自己の債権を保全するため，債務者に属する権利を行使することができる（同項前段）。」とするもので，ここにいう「債権」として想定されているのは典型的には金銭債権ですが，判例及び通説は，それだけでなく広く請求権を意味し，登記請求権（登記義務者に対して登記申請に協力することを請求できる権利）もこれに含まれると解しています。また，債権者による代位行使の対象となる「債務者に属する権利」には，債務者が第三者に対して有する登記請求権のほか，債務者が単独で登記の申請をすることができる権利（登記所に対して登

記という処分を求めることができる公法上の権利。登記実務上は，これも「登記請求権」と称されることがあり，ここではその呼称を用いることにします。）も含まれると解することに異論はありません。

　これによれば，債権者は，債務者が第三者に対する登記権利者として，又は単独で行使することができる登記請求権を行使しないために，債務者の責任財産が減少する状態が放置されて，自己の金銭債権が完全な弁済を受けられなくなる場合，又は自己が債務者に対して有する登記請求権を実現できない場合には，債務者に代わって，自己の名で，債務者の登記請求権を行使することができることになります。不動産登記法も同じ見解を採用しており（法59条7号），この規定に基づく代位登記は，登記の実務においても広範に利用されて，不動産登記制度の目的（不動産の物理的現状とその権利関係を正確に公示するという目的）を達成する上で，重要な役割を営んでいます。

(2) 典型例

　民法第423条第1項の規定による代位登記は，表示に関する登記，権利に関する登記のいずれについてもすることができます。登記実務上，この代位登記が利用される典型的な事例は，次のとおりです。

ア　表示に関する登記

　(ｱ)　分筆の登記

　　乙が，その所有する土地の一部を甲に売却したとします。乙は，当該部分を分筆して，甲に対し所有権移転の登記をすべきなのですが，乙は，この分筆登記の申請を任意にしようとしません。この場合，甲は，乙から分筆部分の完全な所有権の移転を受ける債権を保全するため，債権者代位権に基づいて，乙に代わって分筆の登記を申請し，分割された部分について，所有

権移転の登記を受けることができます。
(イ) 増築の登記

　　乙は，甲に対する金銭債務を担保するため，乙所有の建物に抵当権を設定し，その旨の登記を経由したのですが，その後，同建物について３階部分を増築しました。甲の抵当権の効力は上記の増築部分にも当然に及ぶのですが，同部分が区分所有権の目的となり得るものであるときは，乙が，同部分を既存の建物とは別の１個の建物として登記をし，これについて第三者のために権利の登記をしてしまうおそれがあり，そうなると，甲は，当該第三者に対して，増築部分である付属建物についての抵当権を対抗することができません。この場合，甲は，自己の抵当権の被担保債権を保全するため，債権者代位権に基づき，乙に代わって，増築した付属建物の登記を申請することができます。

イ　権利に関する登記
(ア) 相続の登記

　　甲は，乙に対して金銭債権を有しているところ，乙には金銭債務を担保すべき資産がなかったのですが，乙の父親である丙が死亡したため，乙は，同じく丙の子である丁とともに，丙所有の不動産を相続しました。甲は，甲及び丁が当該不動産について相続の登記をした後，乙の持分について差押えの登記をしたいと考えているのですが，乙は，相続の登記を申請しようとしません。この場合，甲は，自己の乙に対する金銭債権を保全するため，債権者代位権に基づき，乙に代わって，当該不動産について，乙及び丁のために各法定相続分による相続の登記を申請することができます。

(イ) 数次にわたる所有権移転の登記

　　不動産の所有権が，甲から乙，乙から丙へと順次移転したの

第一節　総　説

に，その所有権の登記名義は，依然として，甲に残っているとします。乙から不動産の所有権を取得し，現在の所有者である丙が所有権移転の登記を受けるためには，甲から乙への所有権移転の登記がされていることが前提となるのですが，乙は，甲に対する登記請求権を行使しようとしません。この場合，丙は，自己の乙に対する所有権移転登記請求権を保全するため，債権者代位権に基づき，乙に代わって，甲から乙への所有権移転の登記を申請することができます（この申請は，乙を代位する丙と甲が共同してすべきものであることはいうまでもありません。仮に，甲が任意に応じないというのであれば，丙は乙に代位して，甲に対する訴訟を提起することになります。）。その上で，丙は乙との共同申請により，自己に対する所有権移転の登記をすることになります（ここでも乙が任意に応じなければ，乙に対する所有権移転の判決を得て登記するほかありません。）。

　以上が，民法第423条第1項が規定する債権者代位権が登記申請手続において利用される場合の典型例ですが，同法が定めるもう一つの債権保全手段である詐害行為取消権（民法424条）が行使された場合にも，登記実務では，債権者による代位登記の申請が認められています。例えば，乙がその所有する不動産を丙に譲渡してその旨の登記を経由したところ，乙の債権者である甲が当該譲渡が詐害行為に当たるとして，裁判所に対し，その取消しと乙から丙への所有権移転の登記の抹消を求める訴訟を提起したとします。この訴訟で甲が勝訴の確定判決を得ますと，甲は，この判決に基づいて，単独で上記の登記の抹消を申請することになるのですが，この場合の申請は，甲が債務者（丙に対する登記権利者）乙に代位してするものとされているのです。

第3章　代位による登記

3　民法以外の法令による代位登記

　民法以外の法令においても，本来の登記請求権者に代わって第三者が登記の申請をすることができる場合が定められており，これも多岐にわたります。以下に，主要なものを取り上げて説明します。

(1)　不動産登記法が定めるもの

　ア　河川管理者による分筆登記の代位

　　河川管理者は，ある土地の全部又は一部が，河川法で定める河川区域内の土地になったとき，又はそのような土地でなくなったときは，遅滞なく，その旨の登記を登記所に嘱託しなければなりません（法43条2項・3項）。そして，土地の一部についてこれらの登記の嘱託をするときには，河川管理者は，当該土地の表題部所有者若しくは所有権の登記名義人又はこれらの者の相続人その他の一般承継人に代わって，当該土地の分筆の登記を登記所に嘱託できることとされています（同条4項）。これは，河川管理者が，河川区域内にある（又はあった）土地の所有者よりも当該土地の物理的現状を正確に把握できる立場にあることによるものです。

　イ　区分建物の所有者による表題登記又は表題部の変更の登記の代位

　　(ｱ)　表題登記の代位

　　　区分建物が属する一棟の建物が新築された場合における当該区分建物についての表題登記の申請は，当該新築された一棟の建物に属する他の区分建物についての表題登記の申請と併せてしなければなりません（法48条1項）。その趣旨は，建物が一棟の建物を区分したものである場合には，その建物を原始的に取得した者は，その取得した全部について一括して公示するための手続を採ることが建物の表示に関する登記の基本的な在り方であること，区分建物の表示に関する登記として敷地権の表示

を登記する場合には，敷地権の有無，その割合等について当該一棟の建物に属する専有部分（区分所有権の目的たる建物の部分（区分所有法2条3項）。以下，同じ。）の全部について調査をする必要があることなどから，専有部分ごとに個々に表題登記を申請するのは適当でない，ということにあるものと考えられます。同様の趣旨で，表題登記がない建物に接続して区分建物が新築されて一棟の建物となった場合における当該区分建物についての表題登記の申請は，当該区分建物が属することとなった一棟の建物に属する他の区分建物についての表題登記の申請と併せてしなければならないとされています（同項）。

　そうしますと，区分所有者が，原始的に複数である場合に，そのうちの一人が区分建物の表題登記の申請をしないときは，当該一棟の建物に属する他の区分建物についても表題登記をすることができなくなってしまい，当該他の区分建物の所有者が，著しい不利益を被ることになります。このような不利益を回避するため，不動産登記法は，上記の各場合において，当該区分建物の所有者は，他の区分建物の所有者に代わって，当該他の区分建物についての表題登記を申請することができることとされています（同条2項）。

(イ)　表題部の変更の登記の代位

　　表題登記がある建物（区分建物を除きます。）に接続して区分建物が新築された場合における当該区分建物についての表題登記の申請は，当該表題登記がある建物についての表題部の変更の登記の申請と併せてしなければなりません（法48条3項）。その趣旨は，上記(ア)で述べたところと同じです。そのため，この場合において，当該区分建物の所有者は，当該表題登記がある建物の表題部所有者若しくは所有権の登記名義人又はこれらの者の相続人その他の一般承継人に代わって，当該表題登記が

ある建物についての表題部の変更の登記を申請することができるとされています（同条4項）。
ウ　信託契約の受益者又は委託者による信託の登記の代位
　(ｱ)　信託の登記
　　　信託法第14条は、「登記又は登録をしなければ権利の得喪及び変更を第三者に対抗することができない財産については、信託の登記又は登録をしなければ、当該財産が信託財産に属することを第三者に対抗することができない。」としています。これを受けて不動産登記法は、その第97条で、信託の登記の登記事項を定めた上、第98条第1項において、その登記の申請は、当該信託に係る権利の保存、設定、移転又は変更の登記の申請と同時にしなければならないとしています。さらに、不動産登記令は、上記の二つの申請は同一の申請情報によってしなければならないとして（令5条2項）、同時申請の要請を担保しています。

　　　この信託の登記自体は、受託者が単独ですることができるものとされています（法98条2項）。平成18年法律第109号による改正前の不動産登記法においては、信託の登記は、委託者と受託者の共同申請によるとされていたのですが（旧法108条）、同改正により、上記のとおり、受託者の単独申請によることに改められたのです。上に述べたように、信託の登記は、信託による不動産の所有権その他の権利の移転等の登記と同時に、同一の申請情報によってしなければならないところ、その信託による権利の移転等の登記は、受託者を登記権利者、委託者を登記義務者として申請するのですから、同時に申請する信託の登記については、上記の登記権利者である受託者が単独で申請することができることとしても、その登記の真正を担保することができるとの考えによるものと思料されます。申請手続の簡易

第一節　総　説

化・合理化に資する措置であることは，いうまでもありません。

(イ)　信託の登記の代位申請

ところで，上記の信託の登記については，受益者又は委託者が受託者に代わって申請することができることとされています（法99条）。このような代位登記が，なぜ必要になるのでしょうか。考えてみましょう。

最も単純な信託による権利の移転の登記の事例として，乙（委託者）が，その所有する不動産の所有権を信託目的で甲（受託者）に移転し，その旨の登記を申請する場合を想定します（受益者は，丙とします。）。この場合の所有権移転の登記の申請は，信託の登記の申請と同時にすることを要しますから（信託の登記も併せて申請をしないと，所有権移転の登記の申請は却下されます。），二つの申請の登記権利者兼申請人である甲が，前者の登記のみを申請して，後者の登記の申請をしないという事態は，ほとんど想定し難いといって差し支えありません（加えて，委託者である乙も，前者の登記の申請の当事者（登記義務者）であって，信託の登記がされることについて利害関係を有していますから，甲が，後者の登記の申請を洩れなくすることを監視できる地位にあります。）。したがって，上記のような場合には，委託者乙や受益者丙が，受託者甲に代わって信託の登記を申請する必要はありません。

しかしながら，信託行為において，信託財産に属すべきものと定められた財産のほか，信託法第16条の規定によって信託財産に属するものとされる財産，例えば，受託者甲が信託財産に属する金銭で丁から買い受けた不動産（同条1号参照）について，甲への所有権移転の登記を申請する場合は，事情を異にします。この不動産が信託財産に属することを第三者に対抗する

577

ためには，甲への所有権移転の登記と信託の登記を経ることを要するのですが，この場合の丁から甲への所有権の移転は「信託」による権利の移転に当たりませんから，法第98条第1項の同時申請の規定の適用がありません。したがって，上記の対抗要件を備えるためには，「売買」を原因とする所有権移転の登記と信託の登記を別々に申請することになるのですが，この場合には，甲が前者の登記のみを申請（丁との共同申請）し，後者の登記の申請（甲の単独申請）をしないという事態が想定されるところです。このため，上記の法第99条において，信託の登記については，本来の申請権者である受託者甲に代わって，受益者丙又は委託者乙が申請することができるとしたのです。いうまでもなく，丙及び乙は，上記の不動産が信託財産に属することを登記によって公示する利益を有していますから，これを保護するためです。

　このように，信託財産に属する不動産に関する権利について，受託者への移転等の登記と信託の登記とが別個にされるケースとしては，このほかに，①信託法第27条の規定に基づいて，信託の登記をする信託財産についての受託者の権限違反の行為が取り消された場合，又は②同法第34条の規定に基づき，受託者が分別管理義務に違反した場合において，信託財産に属する不動産に関する権利について，信託財産へ復旧するときがあります。これらのケースにおいても，所要の信託の登記について，法第99条の受益者又は委託者による代位申請が認められます。

(2)　その他の法令が定めるもの
　ア　土地改良法による代位登記
　　(ア)　趣　旨
　　　　土地改良法が定める各種の事業を実施するに当たっては，事

業の種別によって，換地処分の登記，交換分合の登記，農用地の保全又は利用上の施設敷地の登記などをする必要が生じます。しかし，これらの登記をするに当たって，登記記録に記録されている事項に変更が生じているにもかかわらず，当該土地の所有者又は所有権の登記名義人からその旨の登記の申請について協力を得られないことが，往々にしてあります。このような場合に，当該事業を適正かつ円滑に実施するため，土地改良法及び土地改良登記令においては，事業の施行者が，所有権の登記名義人等に代わって，一定の登記の申請をすることを認めています。これらの代位は，①土地改良事業による登記の前提となる登記の代位と，②土地改良事業施行のための登記の代位に大別されます。以下に，その主要なものを掲げておきましょう。

(イ) 概　要

前者（上記①）の典型例は，事業の対象となる土地の登記記録に記録された所有権の登記名義人が死亡して，相続人がその所有権を取得したにもかかわらず，相続による所有権移転の登記の申請について当該相続人の協力が得られない場合です。この場合には，事業の施行者が，相続人に代わって相続の登記の申請をすることができるとされています（土地改良登記令2条5号）。このほか，代位が認められるものには，当該土地についての表題登記（同条1号），表題部の変更又は更正の登記（同条2号），所有権の登記名義人の氏名若しくは名称又は住所についての変更の登記（同条3号）などがあります。

後者（上記②）の典型例は，土地改良事業の施行に伴って，対象となる土地について分筆又は合筆の手続をする必要が生じた場合の代位です。この場合，事業の施行者は，当該土地の所有者に代わって，当該土地の分割又は合併の手続をすることが

できます（土地改良法114条1項）。一筆の土地の一部が土地改良事業の区画に編入された場合には、当該部分について分筆の登記をする必要があるのですが、事業の施行者は、この登記の申請も代位することができます（同条2項）。

イ　その他の法令による代位登記

上記の土地改良法に定める代位登記と同趣旨のものは、各種の公共事業の施行を規制する法令においても、広範に認められています。これらを列記すると、次のとおりです（括弧内は、その根拠条文です。）。

土地区画整理法（82条）、土地区画整理登記令（2条）、都市再開発法（131条）、都市再開発法による不動産登記に関する政令（2条）、マンションの建替え等の円滑化に関する法律（92条）、マンションの建替え等の円滑化に関する法律による不動産登記に関する政令（2条）、入会林野等に係る権利関係の近代化の助長に関する法律（14条）、入会林野等に係る権利関係の近代化の助長に関する法律による不動産登記に関する政令（2条）、新住宅市街地開発法等による不動産登記に関する政令（2条）、密集市街地における防災街区の整備の促進に関する法律による不動産登記に関する政令（2条）、農業経営基盤強化促進法による不動産登記に関する政令（2条）、権利移転等の促進計画に係る土地についての不動産登記に関する政令（5条）、国土調査法（32条の2第1項）等。

## 76 代位申請が認められる関係

> 問 民法第423条第1項その他の法令の規定によって代位登記が認められるためには，代位者と被代位者との間に，それぞれどのような関係が存在することが要件とされているのですか。

【答】 (1) 民法第423条第1項の規定による代位登記が認められるのは，代位者である債権者が，被代位者である債務者に対して，金銭債権又は登記請求権を有する場合であって，債権者において，その金銭債権を保全するため又はその登記請求権を実現する前提条件を具備するため必要があるときです。

(2) 不動産登記法にも代位登記を認める規定がいくつかありますが，登記実務上多用されているのは，区分建物が属する一棟の建物が新築された場合における当該区分建物についての表題登記の申請をする場合です（法48条1項）。この場合，当該区分建物についての表題登記の申請は，当該新築された一棟の建物に属する他の区分建物についての表題登記の申請と併せてしなければならない（一括申請の要請）とされていますので，当該区分建物の所有者は，他の区分建物の所有者が表題登記の申請をしなければ，自らの表題登記もすることができないという不利益を受けることになります。この不利益を回避するために，当該区分建物の所有者は，他の区分建物の所有者に代わって，当該他の区分建物についての表題登記を申請することが，認められています（同条2項）。

(3) 土地改良法，土地区画整理法，都市再開発法等の法令が規制する各種の公共事業の施行者は，当該事業の施行区域内にある土地の所有者に代わって，一定の範囲の登記をすることができることとされています。これは，当該事業を適正かつ円滑に実施するためです。

第3章　代位による登記

【解説】
1　設問の趣旨
　前問では，民法第423条第1項その他の法令の規定によって，本来の登記の申請権者に代わって，第三者が登記の申請をすることができるのはどのような場合か，について説明しました。本問は，そのような代位申請が認められるためには，代位者と被代位者との間に，それぞれいかなる関係が存在することが要件とされているかを問うものです。
　もともと，不動産登記法その他の法令において，不動産の表示又は権利に関する登記の申請について適格を有する者を定めるに当たっては，当該登記の真正を担保するという観点から，当該不動産の物理的現状又は当該不動産に関する権利関係を熟知している者は誰か，当該登記をすることについて最も強い利害関係を有する者は誰かなどの諸点が，考慮されているものと考えられます。しかるに，代位登記は，そのようにして定められた申請権者に代わって，第三者に当該登記の申請をすることを許容する制度ですから，上記の原則を覆すに足りる特別の合理性・必要性が認められる場合に限って機能することが，予定されているものとみることができます。そして，そのような合理性・必要性は，代位者と代位をされる者との間に，法律上又は事実上どのような関係が存在するかに基づいて判断されるのが相当であることは，いうまでもありません。本問は，以上のような認識に基づくものです。

2　民法第423条第1項の債権者代位権
　まず，登記実務において代位登記の根拠として最も多用されている民法第423条第1項の債権者代位権について，検討することにします。
　(1)　債権者代位権の趣旨
　　現代の社会の取引において成立する債権のほとんどは金銭債権で

# 第一節　総説

すが，債権者がこれを最終的に実現するための強制執行の引き当てになるのが，債務者の責任財産（一般財産）です。責任財産といっても債務者自身のものですから，債権者による差押えがされない限りは，債務者が自由に管理し，処分することができます。しかし，民法は，一定の場合に，債権者が，将来の強制執行を準備するために，債務者の財産管理権に干渉して，責任財産の保全を図ることを認めました。その一つが，民法第423条第1項の債権者代位権で，これは，債務者が自らの権利を行使せず，責任財産が減少するのを放置している場合に，債権者が，債務者に代わって，その権利を行使することができるとする制度です。

(2)　被保全債権

その民法第423条第1項本文は，「債権者は，自己の債権を保全するため，債務者に属する権利を行使することができる。」と定めています。ここにいう「自己の債権」，すなわち保全されるべき債権として想定されているのは，金銭債権ですから，その債権を「保全するため」，すなわち，放置しておくと債務者が無資力（債務超過）に陥って，債権者が，債権全額の弁済を受けられなくなってしまう場合に，代位権を行使することが，認められるのです。

例えば，甲は，乙に対して金銭債務を負担しているのですが，何らかの事情で無資力に陥ってしまったという状態にあるときに，たまたま甲の父丙が死亡したため，その所有の不動産を，甲が，相続により取得したとします。債権を回収しようとしていた乙は，この不動産を差し押さえて，強制競売により換価したいと考えているのですが，甲は，自ら進んで相続の登記の申請をしようとしません。このような場合，乙は，強制執行の準備として，甲に代位して，甲名義への相続の登記を申請することができるのです（問75の解説2(2)イ(ア)参照）。

(3)　被保全債権の拡大—債権者代位権の転用

上記(2)の事例が，債権者代位権が行使される場合の典型例の一つです。債権者乙は，まさに自己の金銭債権を保全するため（甲が無資力であるため），甲が有する権利を代位行使したのです。しかるに，判例・通説は，民法第423条第1項にいう「自己の債権」とは，広く「請求権」を意味し，したがって，債権者が，債務者に対して登記請求権を有している場合に，これを実現するためにも，債務者が有する登記請求権を代位行使することができると解しています。

例えば，不動産の所有権が甲から乙，乙から丙へと順次移転したのに，その所有権の登記名義は，依然として，甲に残っているとします。現在の所有者である丙が所有権移転の登記を受けるためには，甲から乙への所有権移転の登記がされていることが前提となるのですが，乙は，甲に対する登記請求権を行使しようとしません。この場合，判例・通説は，丙が，自己の乙に対する所有権移転登記請求権を実現するため，債権者代位権に基づき，乙に代わって，甲から乙への所有権移転の登記を申請することができるとしているのです（問75の解説2(2)イ(イ)参照）。

この場合，丙は，乙に対して，金銭債権を有しているわけではありませんから，丙が意図しているのは，甲の責任財産を保全することではなく，不動産について，自己名義の所有権の登記を実現することです。このような債権者の意図は民法第423条第1項が本来予定しているところとは異なるのですが，判例・通説は，乙が甲に対して有する登記請求権（所有権移転登記請求権）を，丙が代位行使することを認め，しかも，この場合，乙が，無資力であることを要しないと解しています。債務者の責任財産の保全以外の目的でされる代位行使であることから，「債権者代位権の転用型」と呼ばれています。

(4) まとめ

以上に述べたことをまとめて，債権者代位権（転用型を含みます。）に基づく代位登記が認められる場合における代位者と被代位者の関係について述べると，次のとおりです。すなわち，両者間には，代位者が債権者，被代位者が債務者という関係が存在することが，要件です。その債権は，通常は金銭債権ですが，不動産に関する登記請求権のような非金銭債権でも差し支えありません。前者の場合，代位権を行使するには債務者が無資力であることを要しますが，後者の場合は，その必要はありません。

　もっとも，登記実務においては，前者の場合にも，代位登記の申請に当たって，登記官が，債務者の無資力を審査するという取扱いはされていません。これは，債務者の無資力のような実体的判断を要する事項は，登記官の形式的審査権の限界を超えることによるものと考えられます。その結果，前者の場合は，債務者が無資力であることが，代位権を行使するための実体上の要件ではあるけれども，代位登記の申請をするには，債務者の無資力を証明することを，要しないことになります。

### 3　不動産登記法が定める代位登記

(1)　河川管理者による分筆登記の代位

　河川管理者は，土地の全部又は一部が，河川法で定める河川区域内の土地になったとき，又はそのような土地でなくなったときは，遅滞なく，その旨の登記を登記所に嘱託しなければなりません（法43条2項・3項）。そして，土地の一部についてこれらの登記の嘱託をするときには，河川管理者は，当該土地の表題部所有者若しくは所有権の登記名義人又はこれらの者の相続人その他の一般承継人に代わって，当該土地の分筆の登記を登記所に嘱託できることとされています（同条4項）。

　この場合の代位者は河川管理者であり，被代位者はその所有する土地の一部が当該河川区域内にあるもの（又はあったもの）です。

第3章　代位による登記

　代位登記が許されるのは，河川管理者が，河川区域にある（又はあった）土地の所有者よりも当該土地の物理的現状を正確に把握できる立場にあることによるものです。

(2)　区分建物の所有者による表題登記等の代位

　区分建物が属する一棟の建物が新築された場合，又は表題登記がない建物に接続して区分建物が新築されて一棟の建物となった場合における当該区分建物についての表題登記の申請は，当該新築された一棟の建物又は当該区分建物が属することとなった一棟の建物に属する他の区分建物についての表題登記の申請と併せてしなければなりません（法48条1項）。これらの場合には，当該区分建物の所有者は，他の区分建物の所有者に代わって，当該他の区分建物についての表題登記を申請することができることとされています（同条2項）。

　これらの代位登記は，代位者と被代位者が，ともに同じ一棟の建物に属する別の区分建物の所有者であるという関係にあることが，要件です。代位登記が許されるのは，区分建物の所有者は，他の区分建物の所有者が表題登記の申請をしないと，一括申請の要請上，自らの専有部分についての表示を，登記によって公示するという利益を享受することができないからです。

　同じ趣旨の代位は，表題登記がある建物（区分建物を除きます。）に接続して区分建物が新築された場合における当該区分建物についての表題登記の申請をする場合にも認められています（同条3項・4項）。この場合の申請は，当該表題登記がある建物についての表題部の変更の登記の申請と併せてしなければならないのですが，その申請に当たっては，当該区分建物の所有者は，当該表題登記がある建物の表題部所有者若しくは所有権の登記名義人又はこれらの者の相続人その他の一般承継人に代わって，当該表題登記がある建物についての表題部の変更の登記の申請をすることができることとされ

ています。すなわち，この代位登記は，代位者が表題登記のある建物（区分建物を除きます。）に接続して新築された区分建物の所有者，被代位者が当該表題登記がある建物の所有者という関係にあることが要件です。

(3) 信託契約の受益者又は委託者による信託の登記の代位

信託の登記は，受託者が単独で申請することができますが（法98条2項），受益者又は委託者も，受託者に代わって申請することができるとされています（法99条）。すなわち，この代位登記においては，代位者が当該信託契約による利益を享受する受益者又は同契約の当事者である委託者，被代位者が同契約の他方当事者である受託者という関係にあることが要件です。その趣旨は，信託の登記は，不動産についての物権変動を公示する対抗要件としての登記ではなく，当該不動産が，信託財産として受託者に帰属しているという権利状態を公示する性質を有するものであることから，その申請について，受託者以外の信託関係者の介入も認めるというにあります。

## 4 土地改良法等による代位の登記

土地改良法，土地区画整理法，都市再開発法等の法令が規制する各種の公共事業を実施するに当たっては，その対象となる多数の土地について，諸般の登記をする必要が，生じてきます。しかるに，このような大量の登記の実行については，往々にして，本来の登記権利者である当該土地の所有者等の協力が得られず，当該事業の適正かつ円滑な実施が阻害されるおそれがあります。このため，上記の法律をはじめとする多数の事業関係法令においては，当該事業の実施上必要となる一定の範囲の登記について，その事業の施行者が，対象地の所有者等に代わって申請することを認めています（問75の解説3(2)参照）。

すなわち，上記の代位登記における代位者は当該事業の施行者であり，被代位者は当該事業の対象区域内にある土地の所有者等です。代位登記が認められる理由は，上記のとおりです。

第3章　代位による登記

## 77　代位原因

> 問　代位登記における代位原因とは，どのようなものですか。また，代位原因を証する情報とは，どのようなものですか。

【答】　(1)　代位登記における代位原因とは，法令の規定により代位登記が認められる場合に，その要件とされる法律関係又は事実関係をいいます。

民法第423条第1項の規定による代位登記の申請をする場合，その申請情報における代位原因は，例えば，「〇年〇月〇日金銭消費貸借の強制執行」（被保全債権が金銭債権の場合），「〇年〇月〇日売買の所有権移転登記請求権」（被保全債権が登記請求権の場合）のように表示します。

(2)　代位登記の申請をする場合には，申請情報と併せて，代位原因を証する情報を提供しなければなりません。これは，代位原因となる法律関係又は事実関係が成立したことを証する情報であって，官公署が作成したものに限らず，私人が作成したものでも差し支えありません。

【解説】

### 1　設問の趣旨

不動産の表示に関する登記又は権利に関する登記の申請は，不動産登記法その他の法令で定められている者に限りすることができるのが原則ですが（法16条1項），特別法規の定めがあるときは，当該申請権者以外の第三者が，これに代わってすることができます。この第三者による申請を代位申請といい，同申請に基づいてされる登記を代位登記といいます（問75の解説を参照）。特別法規において，代位登記が認められる理由はさまざまですが（問76の解説を参照），要するに，代位者と被代位者（本来の申請権者）との間に，当該代位を相当とすると

第一節　総　説

認められる一定の法律関係又は事実関係が存在することが，要件とされています。この要件を，不動産登記法では，「代位原因」と称しています（法59条7号）。本設問は，登記実務の取扱いにおいて，この「代位原因」が，どのように表示されるのか，また，この代位原因を証する情報（令7条1項3号）とは，どのようなものかを問うものです。

なお，登記実務上最も多用されている代位登記は，民法第423条第1項に規定する債権者代位権に基づくものですから，以下では，もっぱらこの形態による代位について説明し，必要に応じて，他の形態による代位にも言及することにします。

## 2　代位原因の表示

(1)　債権者代位権による場合

ア　代位登記の場合の申請情報

登記の申請の方法については，法第18条に基本的な定めがされ，これを受けて，令において申請の際に登記所に提出すべき情報が，詳細に定められています。代位申請については令3条4号に定めがあり，「民法（省略）その他の法令の規定により他人に代わって登記を申請するときは，申請人が代位者である旨，当該他人の氏名又は名称及び住所並びに代位原因」を申請情報の内容としなければならないとされています。

イ　申請人の表示

すなわち，申請情報としては，まず，「申請人」として代位する債権者の氏名又は名称及び住所を表示することを要するのですが（令3条1号），併せて，その申請が代位によるものであることも明示する必要があります。登記実務では，上記の債権者の表示に「代位者」と冠記する取扱いです。「申請人」として表示されるのは，当該申請が単独ですることができるものである場合（登記名義人の氏名等の変更又は更正の登記，相続の登記等）には代

位債権者のみですが，当該申請が共同申請である場合（法60条。例えば，売買による所有権移転の登記，抵当権設定の登記等）には，登記権利者（買主，抵当権者等）及び登記義務者（不動産の登記名義人等）をも表示しなければならないことは，いうまでもありません（令3条1号）。

ウ　代位原因の表示

次に，「代位原因」の表示ですが，これは，債権者の被保全債権が，金銭債権であるかそうでないかによって，異なります。

前者の典型例は，甲に対して貸金債権を有する乙が，甲の丙に対する不動産の所有権移転登記請求権（甲が，丙から当該不動産を買い受けたことによるもの）を代位行使した上，当該不動産を差し押さえることによって，自己の債権を保全するという場合です。この場合の代位原因は，当該金銭消費貸借契約をその成立年月日で特定して，「〇年〇月〇日金銭消費貸借の強制執行」と表示するのが，登記実務の取扱いです（不動産登記記録例集（平成21年2月20日民二第500号民事局長通達）619参照）。

一方，後者の典型例は，不動産の所有権が甲から乙，乙から丙へと順次売買により移転したのに，乙が，自己に対する所有権移転の登記を申請せず，当該不動産の所有権の登記名義人が，依然として甲のままになっているため，丙が，乙の甲に対して有する所有権移転登記請求権を代位行使する場合です。この場合の代位原因は，乙と丙との間の売買契約をその成立年月日で特定して，「〇年〇月〇日売買の所有権移転登記請求権」と表示するのが，登記実務の取扱いです（前掲不動産登記記録例集618参照）。また，債権者が債務者の有する抵当権設定登記請求権に代位する場合としては，例えば，乙が，甲所有の不動産に抵当権を設定する旨を合意し，次いで，乙に対して貸金債権を有する丙が，同抵当権について転抵当権を設定する旨を約したのに，乙が，その抵当権設定

の登記を申請しないため、丙が、乙の有する当該登記請求権を代位行使する場合です。この場合の代位原因は、丙と乙との間の金銭消費貸借契約をその成立年月日で特定して、「〇年〇月〇日金銭消費貸借の転抵当権設定登記請求権」と表示することになると考えられます。

(2) 法定代位の場合

不動産登記法その他の法令の規定において、代位登記によることが直接に認められている場合は、法定代位に当たりますので、代位原因の表示はその根拠となる法令の規定による旨を表示するのが、登記実務の取扱いです。

例えば、不動産登記法では、区分建物が属する一棟の建物が新築された場合における当該区分建物についての表題登記の申請は、当該一棟の建物に属する他の区分建物についての表題登記の申請と併せてしなければならない（一括申請。法48条1項）とした上で、この場合、当該区分建物の所有者は、他の区分建物の所有者に代わって、当該区分建物についての表題登記を申請することができると定めています（同条2項）。この場合の代位原因は、代位の根拠規定を引用して、「不動産登記法第48条第2項」と表示します（都市再開発法による不動産登記に関する政令に基づく代位登記の場合について、昭和45年4月28日民事甲第1777号民事局長通達参照）。

また、不動産登記法では、信託の登記について、受託者が単独でこれを申請することができるとした上で（法98条2項）、受益者又は委託者が、受託者に代わって申請することができると規定しています（法99条。このような代位登記が認められる場合については、問75の解説3(1)ウを参照してください。）。これも法定代位に当たり、この場合の代位原因は、「不動産登記法第99条」と表示します。

3 代位原因を証する情報

(1) 意　義

民法第423条その他の法令の規定により他人に代わって登記を申請するときは，申請情報と併せて，代位原因を証する情報を登記所に提供しなければならないとされています（令7条1項3号）。
　「代位原因を証する情報」（代位原因証明情報）とは，民法第423条の規定による代位の場合には，債権者代位の原因となる法律関係又は事実関係の成立を証明する情報を意味します。これらの情報が文書に記録されたものであるときは，その文書は，必ずしも公文書であることを要さず，私文書でも差し支えありません（昭和23年9月21日民事甲第3010号民事局長回答）。また，文書は原本を提出するのが原則ですが，その還付を請求することができますし（規則55条），官公署からの登記嘱託情報に併せて提供された代位原因を証する文書が当該官公署の作成に係る謄本である旨の認証があるものであるときは，別に原本を提供することを要しないとされています（昭和37年2月23日民事甲第325号民事局長通達）。

(2) 具体例

　次に，代位原因を証する情報の具体例に関する登記先例は，次のとおりです。

　ア　被保全債権が金銭債権である場合

　　債権者が，金銭債権を保全するために，債務者の有する登記請求権を代位行使して登記の申請をする場合，登記実務では，債務者が無資力であること（当該債務を完済する資力がないこと）の証明を要しないとする取扱いがされていることは，既に述べました（問76の解説2参照）。債務者の「無資力」というような実質的な判断を要する事項は，登記官の形式的審査権になじまないことを理由とするものです。

　　しかしながら，登記先例を詳細にみてみますと，金銭債権を被保全債権とする代位登記の申請における代位原因証明情報についても，単に当該金銭債権の成立を証する情報だけでは足りず，債

権者がその債権を保全するために何らかの法的手段に訴えた事実を証明する情報を要求している事案が多いことが，分かります。例えば，甲から乙に売り渡された不動産について，乙の債権者丙が，仮差押えの決定を得て，乙に代位して，甲と共に甲から乙への所有権移転の登記を申請する場合には，当該仮差押決定の正本を提供することを要するとしたもの（昭和26年11月26日民事甲第2267号民事局長通達），被相続人が設定した抵当権を実行するために，相続人に代位して，相続による所有権移転の登記を申請する場合には，抵当権の実行としての競売の申立てが受理された旨の証明書の提供を要するとするもの（昭和62年3月10日民三第1024号民事局長回答）などがあります。

　なお，金銭債権を担保するために抵当権が設定され，その登記がされている場合において，抵当権者が当該不動産の所有権の登記名義人に代位して，当該不動産につき表示の変更の登記を申請するときは，代位原因が登記記録上明らかですから，重ねて代位原因証明情報を提供する必要は，ありません。登記先例は，この場合，申請書の添付書面欄に「代位原因を証する書面は昭和何年何月何日受付第何号をもって本物件に抵当権設定登記済につき添付省略」と記載すれば足りるとしています（昭和35年9月30日民事甲第2480号民事局長通達。差押えの登記に記録された債権者が当該不動産の所有権の登記名義人に代位して，買戻特約の抹消の登記を申請する場合に，同様の取扱いを認めるものとして，平成8年7月29日民三第1367号民事局第三課長回答があります。）。

イ　被保全債権が登記請求権である場合

　債権者が，債務者に対して有する登記請求権を保全するため，債務者の第三者に対する登記請求権を代位行使する場合には，代位原因証明情報として，債権者の登記請求権の成立を証する情報を提供することを要します。登記請求権は，通常は，不動産に関

する物権変動を内容とする債権契約の成立によって生じますから，これを証する情報を提供すべきことになります。例えば，被保全権利が売買を原因とする所有権移転登記請求権であれば当該売買契約書，抵当権設定登記請求権であれば当該抵当権設定契約書がこれに当たります。もっとも，被保全権利を賃借権設定登記請求権とする場合には，債権である賃借権から，当然には，登記請求権は派生しませんから，当該賃借権について登記する旨の特約があることを証する情報を，代位原因証明情報とすることを要します。

　当事者間で作成された情報だけでなく，債務者に対して，債権者のために登記手続をすべきことを命ずる確定判決の判決書の正本（この確定判決と同一の効力を有するものの正本を含みます。）も代位原因証明情報になり得ます。例えば，被告甲に対し，その所有する土地の一部について，原告乙のために，売買を原因とする所有権移転登記手続をすべきことを命ずる確定判決の正本は，乙が，甲に代位して，当該土地の一部について，分筆登記を申請する場合の代位原因証明情報とすることができます（これに対して，被告甲が所有権の登記名義人である土地の一部について，原告乙が所有権を有する旨を確認する確定判決の正本は，乙による分筆の登記の代位申請の場合の代位原因証明情報とすることはできません。この確定判決は，乙の甲に対する登記請求権を認めるものではないからです。）。登記先例に現れたやや特殊な事案としては，共有物分割の裁判又は訴訟上の和解によって共有物が分割された場合において，共有登記名義人の一部の者が分筆登記の申請をしないときは，他の登記名義人が，上記の者に代位して分筆登記の申請をすることができ，この場合には，共有物分割の確定判決又は和解調書の正本を代位原因証明情報とすることができるとするものがあります（平成6年1月5日民三第265号民事局第三課長

回答)。

(3) 詐害行為取消権が行使された場合

　甲が，その所有する不動産を丙に譲渡して，その旨の登記を経由したところ，甲の債権者である乙が，丙に対し，当該譲渡が，詐害行為に当たるとして，その取消しの訴えを提起し，当該所有権移転の登記の抹消を命ずる確定判決を得た場合には，乙は，債権者代位の方式を採って，単独で，当該抹消の登記を申請することができると解されています。登記先例も同様の見解に立ち，この場合には，その確定判決の判決書の正本を登記原因証明情報及び代位原因証明情報とすることができるとしています(昭和38年3月14日民事甲第726号民事局長回答)。

第3章　代位による登記

## 78　代位申請の場合の申請情報等及び登記官の処理

> 問　債務者の登記申請権を債権者が代位して権利に関する登記を申請するには，特に，どのような申請情報及び添付情報を提供することになりますか。また，代位による権利に関する登記の申請があった場合，登記官はどのような処理を要しますか。

【答】　(1)　債権者が民法第423条第1項の規定に基づいて権利に関する登記の代位申請をする場合には，申請情報及び添付情報として，一般に提供を要するもののほか，申請人が代位者である旨，被代位者の氏名又は名称及び住所並びに代位原因を申請情報の内容とし，かつ，代位原因を証する情報を提供しなければなりません。

(2)　登記官は，代位申請により権利に関する登記をするときは，登記事項として，当該代位者の氏名又は名称及び住所並びに代位原因を記録しなければなりません。また，登記官は，上記の登記を完了したときは，債務者に対しその旨を通知することを要します。

【解説】

### 1　設問の趣旨

問75から問77まででは，「代位登記の意義」，「代位者と被代位者の関係」，「代位原因」と「代位原因を証する情報」など，代位登記に関する基本的な概念について，説明してきました。これを要約しますと，代位登記とは，本来の登記申請権者に代わって，第三者が，登記申請をすることができるとする制度で，民法その他の法令に特別の定めがある場合に限り，認められます。その代表例が，民法第423条第1項の債権者代位権に基づく代位登記で，ここでは，債権者が，自己の債権を保全するために，債務者の権利行使に介入することが，認められています。このように，法令において代位登記の要件とされている法律関係又は事実関係を，登記実務上は「代位原因」と呼び，代位

原因の成立を証明する情報を，代位原因証明情報と呼んでいます。

　以上の理解を前提とした上で，本問では，代位により権利に関する登記を申請する場合に，登記所に提供すべき申請情報及び添付情報については，本来の申請権者による申請の場合に比して，どのような特色があるのか，また，この申請を受理した登記官は，どのような処理をすることになるのかが問われています。

## 2　申請情報及び添付情報

(1)　申請情報

　ア　申請人及び申請人が代位者である旨

　　　申請人として，代位する債権者の氏名又は名称及び住所を表示します（令3条1号）。この場合の代位申請は，債権者が，その地位において，債務者に代わって申請するものであって，債務者の代理人としてするものではありません（同条3号参照）。申請人が代位者である旨も表示することを要します（同条4号）。登記実務では，「代位者」と冠記して，債権者の氏名等を表示する取扱いです。

　　　当該申請が共同申請であれば（例えば，所有権移転の登記），申請人として登記義務者の表示も要することは，いうまでもありません（同条1号）。

　イ　登記権利者

　　　代位される債務者の氏名又は名称及び住所を表示します（令3条4号）。債務者は，当該申請における登記権利者ですから，登記実務では，「権利者（被代位者）」と冠記して，氏名等を表示する取扱いです。

　ウ　代位原因

　　　代位原因として，代位登記が認められるための要件となる法律関係又は事実関係を簡潔に表示します。例えば，「〇年〇月〇日金銭消費貸借の強制執行」，「〇年〇月〇日売買の所有権移転登記

請求権」のように表示します。
(2) 添付情報
申請情報と併せて、代位原因証明情報を提供することを要します（令7条1項3号）。代位原因証明情報の詳細については、問77の解説3を参照してください。

3 登記官の処理
(1) 登記事項
法59条は、権利に関する登記に共通する登記事項を掲げていますが、その7号は、「民法第423条その他の法令の規定により他人に代わって登記を申請した者（以下「代位者」という。）があるときは、当該代位者の氏名又は名称及び住所並びに代位原因」と定めています。これにより、登記官は、代位申請によって権利に関する登記をするときは、その旨を登記記録上明らかにするため、当該登記の登記事項として、当該代位者及び代位原因の表示を記録することを要します。

(2) 債務者等への通知
登記官は、その登記をすることによって申請人が自ら登記名義人となる場合において、当該登記を完了したときは、法務省令で定めるところにより、速やかに、当該申請人に対し、当該登記に係る登記識別情報を通知しなければなりません（法21条本文）。しかし、この登記識別情報の通知は、「申請人」に対してされるものですから、当該申請が代位申請である場合の代位債権者は申請人ではありますが、当該登記をすることによって自らが登記名義人となる者ではありません。また、登記権利者である債務者（被代位者）は、当該登記をすることによって登記名義人となる者ではありますが、申請人ではありません。したがって、代位債権者及び被代位者のいずれに対しても、登記識別情報は、通知されないことになります。そのため、後日、被代位者が登記義務者として登記権利者と共同して権利

に関する登記の申請をする場合（法22条）には，登記識別情報を提供することができませんから，登記官による事前通知の方法（法23条1項・2項）によるか，又は資格者代理人による本人確認情報（同条4項）を提供する方法によって，登記を申請するほかありません。なお，登記完了証は，申請人である代位債権者に対して，交付されます（規則181条1項）。

　一方，債務者に対しては，登記官が代位申請による登記が完了したとき（特に時期の指定はありません。）に，その旨を通知しなければならないとされています（規則183条1項2号）。これは，債務者に対して同人のために権利に関する登記がされたことを知らしめ，必要な対抗措置を採る機会を与えて，同人の利益を保護しようとするものです。

第3章　代位による登記

## 第二節　代位登記の申請

### 第1款　代位による所有権に関する登記

#### 79　所有権保存の登記の代位申請

> 問　債権者甲が，債務者乙の所有する表題登記のみがされている不動産を目的として，抵当権の設定契約を締結した場合，甲は，乙に代位して，当該不動産の所有権保存の登記を申請することができますか。できるとした場合，代位原因証明情報として，どのようなものを提供すればよいですか。

【答】　設問の甲は，自己の抵当権を保全するため，債務者乙に代位して，所有権保存の登記を申請することができます。この場合，代位原因証明情報としては，通常は，抵当権設定契約書を提供することになります。

【解説】
1　所有権保存の登記及びその申請権者
　設問は，所有権保存の登記の代位申請に関するものですので，まず，所有権保存の登記の意義及びその申請権者について説明しておきます。
(1)　意　義
　　所有権保存の登記とは，表題登記がされている不動産について，初めてされる所有権の登記をいいます。所有権保存の登記を申請するか否かは，申請権を有する者の任意に委ねられるのですが，いったんこれがされますと，以後，所有権移転の登記等の所有権に関する登記，抵当権や地上権などの他物権に関する登記をすることが可能になりますので，極めて重要な登記ということができます。

このことにかんがみて，不動産登記法は，次のとおり，所有権保存の登記の申請をすることができる者を，制限的に列挙しています。

(2) 申請権者

ア　表題部所有者又はその相続人その他の一般承継人（法74条1項1号）

　表題部所有者とは，所有権の登記のない不動産の登記記録の表題部に所有者として記録されている者をいいます。表題部の登記を申請する場合には，表題部所有者となる者が所有権を有することを証する情報を添付情報とすべきものとされていますので（令7条1項6号，同別表4項「添付情報」欄ハ，12項「添付情報」欄ハ），現に，表題部に所有者として記録されていることということは，前に表題登記が申請された際に，登記官の審査を経て，所有者であることが，確認されていることを意味します。そこで，不動産登記法は，表題部所有者を原則的な所有権保存の登記の申請権者とし，同人からの所有権保存の登記の申請があったときは，改めて同人の所有権を証する情報の提供を要しないこととしています（同別表28項参照）。

　なお，表題部所有者の相続人その他の一般承継人（被承継人が法人であった場合の合併法人等）も，申請権者になります。

イ　所有権を有することが確定判決によって確認された者（法74条1項2号）

　表題部所有又はその一般承継人以外の者であっても，確定判決によって所有権を確認された者は，真実の所有権者である蓋然性が高いため，申請権を有するものとされています。

ウ　収用（土地収用法その他の法律の規定による収用をいう。）によって所有権を取得した者（同項3号）

　これらの者については，当該行政手続において所有権を取得す

べき資格要件を有することについて，慎重な審査を経ているはずであることから，その判断を尊重して，申請資格が認められているのです。

エ　区分建物の表題部所有者から所有権を取得した者（同条2項）

　　以上に掲げた者のほか，区分建物にあっては，その原始取得者から同建物を取得した第三者（転得者）が，直接に所有権保存の登記を申請することが認められています。これは，例えば，分譲業者が大規模なマンションを新築して，多数の買主に売却する場合に，その分譲業者（原始取得者）に対し，通常の登記手続に従って，まず各区分建物につき一括して表題登記を申請させ，次いで，区分建物ごとに所有権保存の登記及び買主のための所有権移転の登記をさせることは，経済的，時間的な負担が極めて重いことにかんがみ，これを軽減する趣旨によるものです。

　　このような区分建物の転得者の申請に基づいてされる登記は，形式的には所有権保存の登記ですが，実質的には所有権移転の登記に相当するものです。したがって，当該転得者は，その登記をしなければ第三者に対抗することができません。

2　設問についての検討

(1)　代位の可否

　　設問の甲は，乙に対して金銭債権を有しているものと考えられます。その債権を担保するために，乙が所有する不動産に，抵当権を設定する契約を締結しました。甲とすれば，当然のことながら，この抵当権について第三者に対する対抗要件を備えるために，抵当権設定の登記をしたいと考えています。そのためには，当該不動産について，乙名義の所有権保存の登記がされることが前提要件となるのですが，これには表題登記がされているだけで，所有権保存の登記はされておらず，所有者である乙は，その登記の申請をしようとしません。この場合，甲は，どうするか。

これが設問の趣旨ですが，このような場合，甲が，民法第423条第1項の規定による債権者代位権に基づき，表題部所有者である乙の有する所有権保存登記申請権（登記所に対して所有権保存の登記を申請することができる公法上の権利）を，乙に代わって行使して，その登記を申請することができることは，明らかです。債権者にとって自らの抵当権を保全するために必要な手段であり，代位登記の申請が認められる典型的なケースです。登記先例も古くから，債権者が，その抵当権を保全するために，債務者に代位して，所有権保存の登記を申請することができるとしています（大正4年11月6日民第1701号法務局長回答，大正11年11月30日民事第4264号民事局長回答）。

　なお，債権者代位権に基づく登記申請は，登記実務では多用されており，重要な役割を果たしているのですが，これが認められる範囲について，かつては，例えば，乙が，その所有する不動産を甲に売却したのに，乙が，所有権移転の登記に応じないという場合に，甲が，自らの登記権利者の地位と，債権者代位権に基づき乙の登記申請権（登記義務者として所有権移転の登記を申請することができる権利）に代位する地位を併せ兼ねる者として，所有権移転の登記を申請することができるかが問題にされたことが，あったようです。しかし，このような申請を認めるのは，本来，登記権利者と登記義務者が共同してすべき所有権移転の登記の申請を，事実上，登記権利者が，単独で申請することを容認するに等しく，登記の基本的な理屈に反するものです。民法の債権者代位権といえども，不動産登記法が定める手続に反することまではできないと解すべきで，登記実務においても，古くから，このような形態の代位は，認められていません。

(2) 代位原因証明情報

　設問の甲が，乙に代位して，所有権保存の登記を申請する場合に

登記所に提供すべき代位原因証明情報は，甲が，乙に対して，金銭債権及びこれを担保するための抵当権を有しているとの事実を証する情報です。通常は，抵当権設定契約書，甲乙間の金銭消費貸借契約書（抵当権設定の合意を含むもの。）などが，用いられることになりましょう。

## 3 抵当権者による所有権保存の登記の代位申請が認められなかった事例

本問の回答は以上のとおりですが，これに関連して，登記先例において，抵当権者による所有権保存の登記の代位申請が認められなかった特殊な事案があります。この先例は，昭和63年1月19日民三第325号民事局第三課長回答で，事案は区分建物に関するものです。すなわち，甲は，敷地権の表示の登記をした区分建物の専有部分の表題部に所有者として記載されている者なのですが，この建物を乙に売り渡し，その売買代金を担保するため同建物について抵当権を設定しました。しかし，買主乙が，不動産登記法第100条第2項に規定する所有権保存の登記の申請をしないために，甲は，抵当権設定の登記をすることができません。そこで，甲は，債権者代位権に基づき，乙に代位して，所有権保存の登記（いわゆる転得者保存の登記）の申請をしたのですが，登記先例は，このような申請は許されないとしたのです。この先例の理由は，次の二つの点にあります（登記研究編集室編「増補・不動産登記先例解説総覧」1340頁以下　テイハン）。

第一は，甲の権利を保全する必要性という点です。上記のとおり，区分建物の表題部所有者からその所有権を取得した者（転得者）は，自ら直接，当該建物について，所有権保存の登記を申請することができるのですが，これが，所有権保存の登記の唯一の方法というわけではありません。当該表題部所有者が，本来の不動産登記法の定める手続に従って，自ら所有権保存の登記を申請し，次いで，転得者と共同して，所有権移転の登記を申請することは，一向に差し支えありませ

ん。したがって，上記の事案のように，転得者乙が所有権保存の登記を申請しようとしない場合には，原始取得者甲は，上に述べた手順に沿って，乙名義の所有権の登記を実現することができるのです（乙が所有権移転の登記の申請に協力しないというのなら，乙を相手に登記の引取りを訴求することもできます。）。つまり，甲は，別の手段によっても自己の抵当権を保全することが可能なのであって，債権者代位権による保全の必要性はないといって差し支えありません。

　第二は，債権者代位権の限界ということです。不動産登記法第100条第2項の規定による所有権保存の登記は，前記のとおり，その実質は，所有権移転の登記ですから，上記事案における甲の申請を受理することは，共同申請によるべき登記について，事実上，単独申請によることを容認することになり，これは，債権者代位権の範囲を逸脱する結果を招きます。これも前記2(1)で述べたとおりです。

　登記先例は，以上のような理由で，事案の代位申請を認めなかったのです。

第3章　代位による登記

## 80 表題部所有者として「共有地」と記録されている土地について，仮登記を命ずる処分に基づく代位による所有権保存の登記を申請することの可否

> 問　表題部の所有者として「○○組共有地」と記録されている土地について，被申立人を「○○組代表者甲」として売買を原因とする所有権移転仮登記を命ずる裁判所の処分が発せられた場合，当該処分の申立人乙は，当該土地について，所有権移転仮登記請求権を代位原因として，甲に代位して所有権保存の登記を申請することができますか。

【答】　乙は，設問の代位申請をすることはできません。

【解説】

### 1　設問の趣旨

　この設問は，表題登記のみがされている土地の所有者（共有者）に対し，当該土地について，所有権移転仮登記請求権を有すると主張する乙が，債権者代位権の行使として，当該土地について，所有権保存の登記を申請することができるか否かを問うものです。この設問で，まず問題となるのは，当該土地の表題部所有者が，「○○組共有地」と表示されていることであり，この表示をどのような意味に解するかということです。また，設問の乙は，債権者としての被保全債権であるとする上記の登記請求権については，債務者に対して所有権移転仮登記を命ずる裁判所の処分（以下「本件処分」といいます。）が発せられていると主張しているのですが，その処分における当事者（被申立人）の表示は，「○○組代表者甲」という一見趣旨不明なものです。果たして，当該土地の表題部所有者と，本件処分に示された当事者との間に，同一性が認められるのか（認められなければ，所有権保存の登記を代位申請できる余地は，ありません。）。これが，本問で問われ

ているところです。

　以下に検討することとしますが、その前に、設問の「仮登記を命ずる裁判所の処分」とは何かについて、説明をしておきます。

## 2　仮登記を命ずる裁判所の処分

(1)　仮登記の単独申請

　　仮登記も権利に関する登記の一種ですから、法第60条の規定が適用され、仮登記権利者と仮登記義務者が共同して、申請しなければなりません。これが原則なのですが、同条において、「法令に別段の定めが」がある場合には、この原則が働かず、仮登記権利者の単独申請によることができるとされています。この「別段の定め」のうち、一般に確定判決による登記について、登記権利者による単独申請を認める法第63条第1項が仮登記についても適用されるかは、問題があるところですが、ここでは触れないことにします。仮登記に固有の「別段の定め」をしているのは法第107条第1項で、ここでは、①仮登記義務者の承諾があるとき、及び②第108条に規定する仮登記を命ずる処分があったときは、仮登記権利者は単独で申請することができると定めています。このうち、②の仮登記を命ずる処分は、裁判所が、仮登記権利者の申立てにより発するもので（法108条1項）、仮登記の要件について、裁判所による審査を経ていますので、確定判決による登記の場合と同様、仮登記権利者の単独申請を認めるというものです。登記実務においては、仮登記については、共同申請によるものよりも、上記①又は②の方法による単独申請が、主流を占めています。

(2)　仮登記を命ずる処分の手続

　ア　適用される法律

　　　仮登記を命ずる処分の手続について、いかなる法律が適用されるかについては不動産登記法に明文の規定はありませんが、もともと、不動産に関する登記事件の性質が、伝統的に非訟事件であ

第3章　代位による登記

ると考えられていたこと，この処分の前身である旧法下の仮登記仮処分の性質について，判例が，古くから非訟事件として取り扱ってきたこと，不動産登記法自身が，その第108条第5項において，仮登記を命ずる処分の申立てを却下した決定に対する即時抗告について，非訟事件手続法の規定を準用していることなどからすると，現行の法108条が定める仮登記を命ずる処分の手続についても，その性質に反しない限り，非訟事件手続法の規定が適用されると解してよいと考えられます。

イ　仮登記原因の疎明

　仮登記権利者が上記(1)の申立てをするときは，仮登記の原因となる事実を疎明しなければなりません（法108条2項）。この「疎明」が，仮登記を命ずる処分の手続上の核心となるものです。「疎明」とは，「当事者が自己の主張事実を真実らしいと裁判官に思い込ませる程度の挙証をすることをいう」と解されています。仮登記を命ずる処分を迅速にするために，裁判官の心証形成の程度を「証明」よりも軽減する趣旨です。

　この疎明は，即時に取り調べることができる資料によってしなければなりません（非訟事件手続法50条）。裁判所の実務では，従前から，この証拠方法は，書証によるという運用，しかも，契約書その他仮登記義務者の署名押印のある文書の提出を要求する運用が，されているようです。のみならず，この書面が，公正証書のような公文書である場合は別にして，私文書である場合には，その文書における仮登記義務者の押印につき印鑑証明書の提出を要求し，その提出がされないと，仮登記を命ずる処分の申立てを却下する場合が多いといわれています。これに対して学説は，従前から，この裁判所の運用は，事実上「証明」に準ずる立証を求めるに等しいなどとして，批判しています。

ウ　審理・裁判・不服申立て

非訟事件の審理については、裁判所は、職権で事実の調査をし、かつ、申立てにより又は職権で、必要と認める証拠調べをしなければならず（同法49条1項）、当事者は、適切かつ迅速な審理及び裁判の実現のため、事実の調査及び証拠調べに協力するものとされています（同条2項）。非訟事件の審理については、当事者対立構造が採られておらず、裁判所の主導によって審理が進められるという構造になっているのです。

　申立てが適法にされ、仮登記原因となる事実の疎明があったときは、裁判所は、仮登記を命ずる裁判をしなければなりません。この裁判は、決定の形式でします（同法54条）。申立てが不適法であるとき、又は申立ては適法であるが仮登記原因となる事実の疎明がないときは、却下決定をします。

　申立てを却下する裁判に対しては、申立人が、即時抗告をすることができます（法108条4項）。この即時抗告については、非訟事件手続法の規定が、準用されます（同条5項）。申立てを認容する裁判に対して、仮登記義務者が不服申立てをすることができるかについては、旧法下の仮登記仮処分に関してですが、これを否定する判例があります（大審院大正13年4月4日決定・民集3巻127頁）。現行法の下においても妥当すると考えられます。結局、仮登記義務者としては、訴訟を提起して、当該仮登記仮処分を取り消す判決（係争になっている仮登記の基本となっている権利の不成立・消滅を理由とする取消し）を得るほかないと解されます。

3　設問についての検討

　そこで、設問について、検討することにしましょう。

(1)　「○○組共有地」及び「○○組代表者甲」の意味

　設問の土地の表題部所有者は、登記記録上「○○組共有地」と表示されているというのです。所有権の登記がない不動産については、「所有者の氏名又は名称及び住所並びに所有者が二人以上であ

るときはその所有者ごとの持分」を登記しなければならないというのが不動産登記法の要請ですから（法27条3号），当該土地が，数名の共有に属するものであれば，その共有者全員の氏名又は名称及び住所並びに共有者ごとの持分を記録すべきなのですが，上記の表示は，この要請をまったく充たしていません。では，仮に，当該土地が，民法上の共有に属するものではなく，いわゆる権利能力なき社団の資産であるとすれば，どうでしょうか（設問の「○○組」という表示は，権利能力なき社団の名称であるように思われるのです。）。その場合は，表題部所有者は，その社団の構成員全員の名義とするか，又は社団の代表者個人名義とするのが，確立した登記実務の取扱いですから（昭和23年6月21日民事甲第1897号民事局長回答，昭和36年7月21日民事三発第625号民事局第三課長回答など。なお，判例としては，最高裁昭和39年10月15日判決・民集18巻8号1671頁，最高裁昭和47年6月2日判決・民集26巻5号957頁参照），「○○組共有地」という表示は，やはり不動産登記法の要請に沿うものではありません。そうとすると，設問における表題部所有者の表示は，意味のない不適法な記録とみるほかないのです。

　一方，本件処分における「○○組代表者甲」という当事者（被申立人）の表示は，どのように解したらよいでしょうか。法第108条第1項が定める裁判所の「仮登記を命ずる処分」については，上記のとおり，非訟事件手続法が適用されますから，権利能力なき社団にも当事者能力が認められます（同法16条1項による民事訴訟法29条の準用）。したがって，設問の「○○組代表者甲」という表示は，「○○組」が当該手続における当事者であり，甲が，その団体の代表者であることを意味するものと理解することも可能です。ただし，「○○組代表者」という部分は，「甲」の肩書にすぎず，当該手続の当事者は，「甲」個人であるとみる余地もあります。そのいずれであるかは，設問からは判然としません。

(2) 検　討

　以上のとおりですから，設問においては，当該土地の登記記録に，表題部所有者の記録がないといわざるを得ませんから，登記手続上，誰が所有権保存の登記を申請することができる者であるかを特定することが，できません（法74条1項1号参照）。したがって，本件処分においては，「○○組代表者甲」に対し，債権者乙のために，当該土地について，所有権移転仮登記の申請をすべき旨が命じられているのですが，その当事者を「○○組」又は「甲」個人のいずれとみるとしても，その者を所有権保存の登記の申請資格を有する表題部所有者と認定することはできません。このため，設問の乙が，「○○組代表者甲」の債権者と称し，その代位権の行使としてする所有権保存の登記の申請に及んだとしても，その申請は，法第25条第4号及び第6号に該当するものとして，却下すべきことになります。登記先例にも，設問と同旨の事案について，登記申請を受理すべきでないとしたものがあります（昭和43年6月12日民事甲第1831号民事局長回答）。

　ちなみに付言すれば，設問における表題部所有者「○○組共有地」の表示を，権利能力なき社団である「○○組」を表わすものと善解し，本件処分における当事者（被申立人）である「○○組代表者甲」の表示を，「○○組」を表わすものと解するならば，双方の名義人が，形式的には，一致することになります。しかし，権利能力なき社団は，権利義務の主体となることができず，登記名義人にもなることができないとする確定した登記実務の取扱いにかんがみれば，少なくとも，設問の表題部所有者の表示は，適法とは認められないものであり，およそこれを前提とする法第74条第1項による所有権保存の登記の申請は許されないと，解するほかありません。

第3章　代位による登記

## 81　債権者代位による相続の登記

> 問　共同相続人の一人の債権者は，①相続人間で遺産分割協議が成立している場合，②相続人中に超過特別受益者がいる場合，又は③相続人中に民法第938条による相続の放棄の申述をした者がいる場合に，法定相続分による相続の登記を経由することなく，債権者代位権に基づき，上記のそれぞれの事由を証する情報を提供して，相続人のために相続による所有権移転の登記を申請することができますか。

【答】　相続人の債権者は，設問のいずれの事由がある場合においても，法定相続分による相続の登記を経由することなく，債権者代位権に基づき，上記のそれぞれの事由を証する情報を提供して，相続人のために相続による所有権移転の登記の申請をすることができます。

【解説】

1　問題の所在

(1)　債権者の代位申請による相続の登記の具体例

　　設問は相続人の債権者による相続登記の代位申請の可否に関するものですが，説明の便宜のため，まず，このような代位申請がされる具体的な事例を想定し，これに沿って設問の趣旨を明らかにすることにしましょう。

　　甲は，乙に対して，金銭債権を有しているのですが，乙は，手元に弁済の資金がないといって，期限に返済してくれません。甲が，乙の資産状態を調査したところ，乙には金銭債権を担保すべき資産はないのですが，乙の父親である丙が死亡したため，相続によりA不動産の共有持分を取得していたことが，分かりました。丙の相続人は，乙のほか，いずれも丙の子である丁及び戊の3名であること，A不動産については，まだ相続登記がされておらず，丙の名義

のままであることも判明しました。そこで，甲は，乙がＡ不動産について有する持分を強制競売により換価して，自己の乙に対する貸金債権を回収しようと考えました。

　このような場合，甲が通常採る手段は，民法第423条第1項の債権者代位権に基づき，債務者乙に代位して，Ａ不動産について，乙，丁及び戊のために，各自の法定相続分（この場合は，各3分の1）による相続の登記を申請することです。相続による所有権移転の登記は，その性質上，当該相続により所有権を取得した相続人（登記権利者）が，単独で申請することができます。共同相続の場合は，相続人全員が申請人となるのが原則ですが，相続による所有権移転の登記の申請は，相続によって取得した財産（共有財産）に関する民法第252条ただし書のいわゆる保存行為に当たると解されますので，共同相続人中の一人が，全員のためにすることができます。上記の事例の甲は，債務者（相続人）乙が有する保存行為としての相続登記の申請権（登記所に対して登記を申請することができる公法上の権利）を，代位行使しようというのです。この甲の申請によりＡ不動産について，法定相続分による相続の登記がされ，次いで，甲が，乙の持分について強制競売の申立てをして差押えの登記を得ておけば，仮に，後に相続人らの遺産分割協議によって，当該不動産が，丁若しくは戊の単独所有又はこの両名の共有とされたとしても，丁又は戊は，その権利取得を第三者甲に対抗することができません（民法909条ただし書）。かくして，甲は，乙持分の強制換価によって，自己の債権の保全を図ることができるのです。

(2)　設問のケースにおける問題の所在

　相続の登記の代位申請がされる典型的なケースは以上のとおりなのですが，設問では，そのような代位申請がされる前に，共同相続において，①相続人間に遺産分割協議が成立した場合，②相続人の中に被相続人から相続分を超える遺贈又は生前贈与を受けた者（民

法903条2項のいわゆる超過特別受益者）がある場合，又は③相続人の中に家庭裁判所に対して相続の放棄の申述をした者（民法938条）がある場合に，相続人の一人の債権者が相続の登記の代位申請をすることができるかが，問われています。①の遺産分割協議は，相続の開始によって当然に生じた共同相続人間の共有関係を解消する事由であり，相続人中に②の超過特別受益者又は③の相続の放棄の申述をした者が存在するということは，相続開始時には推定相続人であったが，当該具体的な相続からは除外される事由となるものであって，これらの事由に共通する要素は，相続開始時に存在した相続関係を後に変更するものだということです。したがって，設問の趣旨は，こうした事由が生じている場合にも，上記(1)に示したような相続人全員のための法定相続分による相続の登記を経ることなく，債権者代位権の行使として，直接，実体的な相続関係に応じた相続登記の申請をすることができるかを問う，というにあるのです。

## 2　設問についての検討

そこで，以下に，上記1(1)の具体的事例に沿って，設問について検討することにします。

(1) 相続人間に遺産分割協議が成立している場合

丙の相続が開始された後，相続人乙，丁及び戊の間で遺産分割協議が行われ，その結果，A不動産は，乙と丁が共有するものとされたとします。遺産の分割は，相続開始の時にさかのぼってその効力を生じますから（民法909条本文），乙及び丁は，相続人全員のための法定相続分による相続の登記（以下「法定相続分の登記」と略称します。）を経由するまでもなく，相続による所有権移転の登記（共有持分各2分の1）の申請をすることができます。登記先例も古くから認めているところです（明治44年10月30日民刑第904号民刑局長回答，昭和19年10月19日民事甲第692号民事局長通達など）。また，

乙，丁各人は，共有物の保存行為として，単独で，両名のための相続の登記を申請することもできます（同法252条ただし書）。そして，乙の債権者である甲も，債権者代位権に基づいて，乙の有する上記登記申請権を代位行使する（丁とともに申請する，あるいは単独で申請する）ことができます。この場合にも，あらかじめ法定相続分の登記を経る必要は，ありません。

(2) 相続人中に超過特別受益者がある場合

　ア　民法第903条の特別受益者の意味

　　共同相続人の中に被相続人から遺贈を受け，あるいは生前に婚姻や養子縁組のため，又は生計の資本として贈与を受けた者がある場合において，各相続人が実際に受ける相続分を算出するに当たってこれらを考慮しないこととすると，相続人間に不公平を生じ，事情によっては相続人の意思に反することもあると考えられます。そこで，民法第903条は，このような特別の受益がある場合には，被相続人が相続開始の時において有した財産の価額にその贈与の価額を加えたものを相続財産とみなし，これに指定又は法定の相続分率を乗じて得た相続分の中から，遺贈又は贈与の価額を控除した残額をもってその者の具体的な相続分とすることとした上，当該遺贈又は贈与の価額が相続分の価額に等しいか又はこれを超える者があるときは，その者は相続分を受けることができないものとしています（同条2項）。このような者を，「超過特別受益者」と呼んでいます。

　イ　超過特別受益者がある場合の代位申請による相続の登記

　　そこで，登記実務では，相続の登記を申請する場合において，共同相続人中に超過特別受益者があるときは，登記原因証明情報（相続を証する情報）として，戸籍謄本，除籍謄本等のほか，その者が作成した「相続分がないことの証明書」を提供して，他の共同相続人から，当該相続登記の申請をすることができます（昭

和28年8月1日民事甲第1348号民事局長回答）。相続分がないことの証明書には，その真正を担保するため，作成者が押印した印鑑の証明書を添付する必要があります（昭和30年4月23日民事甲第742号民事局長通達）。

　上記1(1)に掲げた事例に即して，例えば，相続人の1人である戊が，超過特別受益者であるとしますと，他の相続人である乙及び丙は，戊が作成した「相続分のないことの証明書」を提供して，相続の登記を申請することができます。また，乙又は丙は，共有物の保存行為として，単独で，両名のための相続の登記を申請することもできます。これらの場合，法定相続分による登記を経由する必要はありません。そして，乙の債権者である甲も，債権者代位権に基づいて，乙が有する登記申請権を代位行使することができます。この場合にも法定相続分による登記を経由する必要がないことは，いうまでもありません。

(3) 共同相続人中に相続を放棄した者がある場合

　ア　相続の放棄の申述の意味

　　相続人は，相続の開始によって被相続人に属した財産上の一切の権利義務を承継しますが（民法896条），これは確定的なものではなく，自己のために相続が開始されたことを知った時から3か月以内に，家庭裁判所に対して相続の放棄の申述をすることにより，遺産の承継を全面的に拒否することができます（同法938条）。そして，相続の放棄をした相続人は，その相続に関しては，初めから相続人とならなかったものとみなされます（同法939条）。

　イ　相続の放棄の申述をした者がある場合の代位申請による相続の登記

　　そこで，登記実務では，相続の登記を申請する場合において，共同相続人中に相続の放棄をした者があるときは，登記原因証明情報（相続を証する情報）として，戸籍謄本，除籍謄本等ととも

に，その者がした相続放棄の申述が受理されたことを証する情報を提供して，他の相続人から相続の登記を申請することができることとしています（明治44年10月30日民刑第904号民刑局長回答）。

　上記1(1)に掲げた事例に即して，例えば，相続人の1人である戊が，家庭裁判所に対して相続の放棄の申述をしたとしますと，他の相続人である乙及び丁は，当該申述が受理されたことを証する情報を提供して，相続の登記の申請をすることができます。この場合，法定相続分による登記を経由することを要しないこと，乙の債権者である甲が債権者代位権に基づいて乙の登記申請権を代位行使できることは，上記(2)イの場合と同じです。

第3章　代位による登記

## 82　共同相続の登記が債権者の代位申請によりされた後に，相続人全員が相続を放棄していたことが判明した場合における当該相続の登記の取扱い

> 問　A不動産の所有者己が死亡したところ，同人の債権者であった戊が，A不動産について，第1順位の相続人甲，乙及び丙に代位して相続による所有権移転の登記の申請をし，その旨の登記を経由した上，裁判所の仮差押命令に基づく仮差押えの登記を得ました。しかし，この相続の登記がされる前に，甲，乙及び丙は，家庭裁判所に対して相続放棄の申述をしており，その結果，第2順位の相続人である丁が，己を相続することになりました。この場合，戊は，丁に代位して，上記の相続の登記の抹消及び丁ための相続の登記を申請することができますか。

【答】　設問の戊は，丁に代位して，上記の相続の登記の抹消及び丁のための相続の登記を申請することが，できます。

【解説】

### 1　問題の所在

設問の戊は，もともと被相続人己の債権者でした。己はA不動産を所有していたのですが，戊は，これに抵当権を設定していなかったようです。戊としては，そうまでしなくても，己には債務を弁済する資力があり，自己の債権を回収できると考えていたのでしょう。しかるに，己が，戊に対する債務を返済しないまま死亡し，相続が開始されました。相続人は，いずれも己の子である甲，乙及び丙で，この3名が己の戊に対する債務及びA不動産を相続により承継しました（被相続人が負っていた金銭債務は，当然に法定相続分に従って，各相続人に分割して相続されるとするのが，確定した判例です。）。

戊は，ここに至って，自己の債権の満足を図るには，A不動産を強

制競売により換価する必要があると考えたのでしょう。その準備のために，戊は，甲，乙及び丙に代位してA不動産について，これら3名のために相続の登記を申請し，その旨の登記を経由しました。ところが，この相続の登記がされる前に，3名は，家庭裁判所に相続放棄の申述をしていたというのです。相続放棄がされると，その相続人は，当該相続に関しては，最初から相続人ではなかったものとみなされますから（民法939条），設問の事例における第1順位の相続人である上記3名は相続から脱落し，第2順位の相続人である丁（例えば，己の兄弟姉妹）が相続人の地位に就くことになりました。

そこで，戊は，A不動産について上記の相続の登記を抹消し，改めて，丁のための相続登記をしたいと考えているのですが，これらの登記を，代位という方法で申請することができるでしょうか。これが設問で問われているところです。

## 2 設問についての検討

(1) 丁名義の相続の登記をする方法

設問の事例では，第1順位の相続人である甲，乙及び丙の3名が，相続の放棄をし，その結果，第2順位の相続人である丁が，A不動産を相続したのですから，上記3名の名義でされた相続の登記は，実体的権利関係に符合しない無効なものです（最高裁昭和42年1月20日判決・民集21巻1号16頁参照）。

この場合，所有権の更正の登記によって，その登記名義人を丁とすることができるかですが，これは許されません。甲，乙及び丙の名義を丁に入れ替えてしまうと，登記の同一性が失われ，更正の登記の範囲を超えることになるからです。

それでは，甲，乙及び丙の3名から，相続人丁に対する共有者全員の持分移転の登記の方法によることは，できないでしょうか。昭和37年法律第40号の民法改正により相続放棄の規定が改められる前の登記先例では，相続の放棄をした相続人から，他の相続人に対

する持分移転の登記を認めていました（昭和26年12月4日民事甲第2268号民事局長通達）。もっとも，この通達が発せられた当時，相続放棄の効果について定める民法第939条は，相続放棄によりその者の相続分は，他の相続人に帰属する旨を定めていましたので，同通達は，同規定の解釈として，あたかも共有持分の放棄の場合と同様，相続放棄をした相続人の持分が，他の相続人に移転するとの見解を採っていたものと思われます。しかし，昭和37年の民法改正により，民法第939条の規定が，「相続の放棄をした者は，その相続に関しては，初めから相続人とならなかったものとみなす」と明瞭に定められましたので，相続放棄に伴う「持分移転」を観念することが，できなくなりました。このことから，現在では，上記の通達が適用される事例はないものと考えます。

　以上のとおりですから，設問の場合，相続人である丁名義の相続の登記をするためには，まず，甲，乙及び丙名義の共同相続の登記を抹消する必要があります。登記先例も同様の見解を採っています（昭和52年4月15日民三第2379号民事局第三課長回答）。その登記の申請は，登記権利者を丁，登記義務者を甲，乙及び丙とし，申請情報における登記原因（不登令3条6号）は，錯誤とします。なお，この場合，仮差押えの登記名義人である債権者戊は，上記共同相続の登記の抹消について登記上の利害関係を有する第三者に当たりますから，同人の承諾を得ることを要します（法68条，不登令7条1項6号，同別表26項「添付情報」欄へ）。

　この抹消登記をした上で，相続人丁の申請により，A不動産について相続の登記をすることになります。

(2) 戊の代位申請の可否

　上記(1)のとおり，設問の事例で，丁名義の相続の登記をするためには，①丁（登記権利者）及び甲・乙・丙（登記義務者）の申請による同人ら名義の相続登記の抹消，②丁の申請による同人名義の相

続の登記という二段階の手順を踏むべきことになります。そして，これらの登記申請における登記権利者である丁が，自ら進んで申請に及ばない場合には，戊は，丁に代位して，これらの申請をすることができます。丁は，もともと己が負っていた戊に対する債務を，相続により承継した者ですから，戊は，自己の債権を保全するために，債権者代位権を行使することができるのです。このうち，①の登記の申請における登記義務者（甲ら3名）が任意にその相続登記の抹消に応じないときは，戊は，これらの者に対して，登記の抹消を命ずる確定判決を得て，単独で，その抹消を申請することができます（法63条1項）。なお，上記のとおり，この相続の登記の抹消については，戊は登記上の利害関係を有する第三者に当たるのですが，戊自身が登記権利者に代わって申請をする場合には，当然にその承諾があるものと認められますから，重ねて戊の承諾を証する情報を提供する必要はありません。

第3章　代位による登記

## 83　共同相続の登記が債権者の代位申請によりされた後に，相続人の一人が相続を放棄していたことが判明した場合における当該相続の登記の取扱い

> 問　甲は，乙に対して債権を有していたところ，乙が死亡し，同人の子である丙，丁及び戊の3名が，相続しました。乙はA不動産を所有していたのですが，これについて相続の登記がされなかったので，甲が，相続人らに代位して，相続人全員のために，各法定相続分による所有権移転の登記を申請し，その旨の登記がされました。しかし，その後，相続人戊が，家庭裁判所に対して，相続放棄の申述をしていたことが，判明しました。この場合，甲は，相続人らに代位し，その原因を証する情報として，戊の当該相続放棄の申述が受理されたことを証する書面を提供して，単独で，上記相続の登記の更正登記を申請することができますか。

【答】　設問の場合，甲の債権者代位権に基づく単独申請により，相続の登記を更正することはできません。この場合は，乙及び丁を登記権利者，戊を登記義務者として更正の登記を申請すべきであり，その申請をするについては，登記上の利害関係を有する第三者である甲の承諾を得なければなりません。

【解説】

### 1　設問の説明

設問の甲は，乙に対して金銭債権を有していたとしましょう。その債務が完済されないうちに，乙が死亡して，相続が開始されました。乙の債務は相続人丙，丁及び戊の3名に承継されたのですが（金銭債務は，当然に，法定相続分に応じ分割されて，各相続人に承継されるとするのが，確定した判例です。），相続人らは，弁済しようとしません。そこで，甲は，乙の相続財産であるA不動産を強制競売により換

価して債権を回収しようと考え，その準備のため，相続人らに代位して，A不動産につき相続による所有権移転の登記を申請し，その旨の登記がされました。しかるに，その後，相続人の一人である戊が，家庭裁判所に対して相続の放棄の申述をし（民法938条），これが受理されていたことが，判明しました。

　相続の放棄をした相続人は，その相続に関しては，初めから相続人とならなかったものとみなされますから（同法939条），上記の相続の登記は，実体的な権利関係に符合しないものです。実体上は，丙と丁が，各2分の1の持分で相続したものであるのに，登記上は，相続人ではない戊を加えた3名が，各3分の1の持分をもって相続したとの外観を呈しているのですから，これを是正する必要があります。その是正の方法は，権利の更正の登記です（法66条）。上記の相続の登記は，ともかくも実体上の相続権を有する丙及び丁のためにされている部分は有効であり，その相続分に誤りがあるにすぎませんから，その全体を無効として抹消するまでの必要はなく，更正の登記によることができるのです。

　そこで，設問で問われているのは，この更正の登記申請を，債権者甲が，相続人らに代位して，単独で申請することができるかです。そもそも，上記の相続の登記は，甲単独の代位申請によりされたものであり，相続人らは，登記申請手続に関与していませんから，これに原始的な瑕疵があるとして，更正の登記をする場合にも，甲が，単独で申請できるのではないかという考えによるものです。併せて，そのような代位申請が許されるとすれば，登記所に提供すべき代位原因を証する情報として，戊の相続放棄の申述が家庭裁判所で受理されたことを証する書面を用いることができるかも，問われているところです。

2　設問についての検討

(1)　共同申請の原則

　　権利に関する登記の申請は，法令に別段の定めがある場合を除

き，登記権利者及び登記義務者が共同してしなければなりません（法60条）。これを共同申請主義といい，現行の不動産登記制度における基本原則の一つです。この共同申請主義を採っている目的は，登記の申請手続を，その登記がされることによって利益を受ける登記権利者（法2条12号）のみに委ねるのではなく，これによって不利益を受ける登記義務者（同条13号）をも当事者として関与させることにあります。いうまでもなく，登記をすることによって不利益を受ける者が申請手続に応じている以上，その申請は真実性が高いことが，事実上推定されるという経験則に基づくものです。

(2) 設問の更正の登記の申請当事者

設問の事案は，丙，丁及び戊が，各3分の1の共有持分を有するものと公示されている相続の登記を，丙及び丁が，各2分の1の共有持分を有するものとする相続の登記に是正しようというのです。このような是正の登記がされることによって，登記上利益を受けるのは，丙と丁です。同人らは，それぞれの登記上の持分が，3分の1から2分の1に増加するからです。反対に，不利益を受けるのは，戊です。同人は，登記上，持分3分の1をすべて失い，所有権の登記名義人としての地位も喪失することになるからです。このような利害関係からすれば，上記の更正の登記の申請は，丙及び丁を登記権利者，戊を権利者として，双方が共同してすべきことが，明らかです。この場合に，登記権利者の単独申請によることができるとする特則は，設けられていません。したがって，丙及び丁の債権者である甲が，同人らに代位して，単独で申請をする余地は，ありません。債権者代位権というのは，債権者が，債務者の有する権利を代わって行使することを許容するだけのものであって（民法423条1項），その範囲を超えることは，できません。まして，甲は，相続放棄によって初めから相続人ではなかったものとみなされる戊との関係では，債権者の地位にありませんから，代位自体を観念する

ことが，できないのです。

　なお，付言しますと，設問の相続の登記が，当初，甲の代位申請によりされたものだということは，その更正の登記の申請手続の当事者が誰になるかについて，影響を与えるものでは，まったくありません。甲が相続人らに代位して相続の登記を申請したのは，自らの債権を保全するため（具体的には強制執行の準備のため）だったのですが，他方で，各相続人にとっても，各自の権利（共有持分）を登記によって保存するという利益をもたらすものだったのです。しかし，その登記された権利者及び共有持分が実体的な権利関係と符合していないという場合には，これを是正するための更正の登記の申請は，登記の形式上，関係者の利害が対立する場面ですから，共同申請主義の原則が，遵守されなければなりません。その相続の登記を申請した債権者の一存で，是正できる性質のものではないのです。

(3)　登記上の利害関係を有する第三者としての債権者

　このように，設問の甲は，当該相続登記の更正の登記を申請できる地位にはありません。しかし，甲は，当該相続の登記において，代位者として，その氏名又は名称及び住所が登記されることになります（法59条7号）。当該相続登記が甲の債権者代位権の行使に由来するという経歴が，登記上も明示されるのです。のみならず，当該相続の登記について，丙及び丁と戊が上記の更正の登記を共同申請する場合には，甲は，登記上の利害関係を有する第三者に当たり，その承諾を得ることを要する（法66条）とするのが，登記実務の取扱いです（昭和39年4月14日民事甲第1498号民事局長通達）。このような取扱いがされるのは，なぜでしょうか。

　設問の事案では，債権者甲は，A不動産について，相続人が有する持分の全部を強制競売に付すことを意図していたのですから，登記された個々の相続人の持分について更正がされても，不利益を受

けることはありません。しかし，設問の事案を少し変更して，甲は，乙の債権者だったのではなく，相続人戊の債権者であり，代位による相続の登記をしたのは，戊が相続により取得したA不動産についての共有持分を差し押さえるためであったとします。この場合，その相続登記後に，戊が相続放棄をしたため，丙及び丁と戊の共同申請により相続の登記が更正され，戊の共有持分が失われることになりますと，甲が，自己の債権を保全するために，戊に代位して相続の登記をした利益が，失われてしまうことになります。このように，債権者代位によってされた相続の登記における持分の更正は，当該債権者に不利益を及ぼす場合と，そうでない場合とがあることになるのですが，現行の不動産登記法では，当該更正の登記の申請手続において，債権者が，登記された各相続人の持分の全部又は一部についてどのような利害関係を有しているかを，登記官が逐一審査する仕組みは，採られていません（形式的審査権しか持たない登記官に，そのような判断をさせることは，相当ではありません。）。このため，かかる更正の登記を申請する場合には，債権者に何らかの不利益が及ぶ事態があり得ることを考慮して，一律に，債権者を登記上の利害関係を有する第三者とみなして，当該更正について，同人の承諾を要するものとしているのです。

　したがって，設問の場合も，丙及び丁と戊が上記の相続の登記の更正を申請するときは，甲の承諾を得なければならないことになります。

3　補足説明

　設問に対する解答は，以上のとおりであって，設問の相続登記の更正は，丙及び丁を登記権利者，戊を登記義務者とする共同申請によらなければなりません。しかるに，登記権利者である丙及び丁の双方又は一方が進んで登記申請をしない場合には，債権者である甲は，その者を代位し，戊と共同して，相続登記の更正の申請をすることができ

ます。この場合には，代位原因を証する情報として，甲の乙に対する金銭債権の成立を証する情報（金銭消費貸借契約書など）を，登記所に提供することを要します（戊の相続放棄の申述が受理されたことを証する情報は，登記原因を証する情報となります。）。登記義務者である戊が任意に登記の申請手続に応じないときは，甲は，やはり債権者代位権に基づき，戊に対し相続登記の更正登記手続を命ずる確定判決を得ることになります。

第3章　代位による登記

## 84　相続人不存在の場合における債権者の代位申請による相続の登記

問　丙は，丁に対して債権を有しており，これを担保するために，丁所有のA不動産について，抵当権を設定し，その旨の登記を経由していたところ，丁が死亡し，その相続が開始されました。丁の相続人はその子甲と乙の2名だったのですが，A不動産について，相続の登記をしないでいる間に，乙が，死亡し，しかも同人に相続人があることが明らかでない，という状況にあります。

　丙としては，上記の抵当権を実行するために，債権者代位権を行使して，A不動産について，上記の相続関係に合致した相続の登記の申請をしたいと考えているのですが，このような代位申請ができるでしょうか。できるとすれば，どのような手続をすればよいでしょうか。また，その代位申請をする場合の代位原因を証する情報としては，上記抵当権の実行としての競売の申立てを裁判所が受理したことを証する情報を提供することで，足りるでしょうか。

【答】　設問の丙は，債権者代位権に基づいて，丁を所有権の登記名義人とするA不動産について，乙相続財産法人の持分については，相続人不存在による登記名義人の表示変更の登記の申請を，相続人甲の持分については，相続による所有権移転の登記の申請をすることができ，これらの申請は，同時にすることもできます。また，この場合の代位原因を証する情報として，丙の抵当権の実行として，競売の申立てが裁判所により受理された旨の証明書を用いることができます。

【解説】
1　前提としての説明
　設問に対する検討に先立って，設問に現れる二つの事項について，あらかじめ，簡単に説明をしておくことにします。一つは，相続人が

不存在の場合の登記について，もう一つが，担保権不動産競売の申立ての受理証明についてです。
(1) 相続人不存在の場合の登記
　ア　相続人不存在の制度
　　相続が開始すると，被相続人に帰属していた権利義務は，原則として，包括的に相続人に承継されます（民法896条）。ところが，相続人の存在することが明らかでない場合（その典型例は，戸籍上，相続人となるべき者が存在しない場合）には，被相続人が有していた財産は，誰に帰属するのか，被相続人がその債権者に対して負っていた債務は，誰が承継するのか，また，受遺者がある場合に，同人に対する遺贈義務は，誰が履行するのかなどの問題が生じます。このような場合に備えて，民法は，当該相続財産そのものを法人とし，これを管理・清算するための手続を定めました。それが相続人不存在の制度です（同法951条〜959条）。

　　相続人のあることが明らかでない場合には，相続財産は，相続財産法人となります（同法951条）。法人の成立時期は，相続の開始の時とするのが，通説です。この場合には，家庭裁判所は，利害関係人又は検察官の請求によって，相続財産管理人を選任し（同法952条1項），遅滞なくその旨の公告をしなければなりません（同条2項）。相続財産管理人は，相続財産に関して，民法第103条所定の権限の定めのない代理人と同一の範囲の権限のみを有するとされており（同法953条，28条，103条），その権限を超える行為（例えば，相続財産に属する不動産の処分）をするときは，家庭裁判所の許可を得ることを要します。そのほか相続財産管理人は，相続財産法人を代表し，かつ，後日現れるべき相続人又は包括受遺者の法定代理人たる地位にもあると解されています。
　イ　相続財産法人名義への登記
　　相続財産法人は，前記のとおり，相続人不明の間，その相続財

産を管理し，法定の期間を経過した後は，相続債権者及び受遺者に対する債務の清算をすることを，主な目的とするものですから，同法人は，被相続人の権利義務を承継した相続人と同様の地位にあるといえます。このため，相続財産に属する不動産について，相続財産法人名義に登記するには，移転登記手続によるのではなく，被相続人から相続財産法人名義へ付記登記により「登記名義人氏名変更の登記」（登記原因は「〇年〇月〇日（筆者注＝被相続人の死亡の日）相続人不存在」，登記名義人の表示は「亡何某相続財産」とします。）をすべきものとするのが，登記実務の取扱いです（昭和10年1月14日民事甲第39号民事局長通牒）。この変更の登記の申請人は，原則として，相続財産管理人です。

(2) 担保不動産競売の申立ての受理証明

　民事執行法が定める抵当権等の担保権の実行として競売を申し立てるには，執行裁判所に，書面（申立書）を提出しなければなりません（民執規1条）。申立書には，債権者（抵当権者），債務者及び担保権の目的である権利（通常は所有権）の権利者の氏名又は名称及び住所のほか，所定の事項を記載し（民執規170条1項・2項），目的不動産が登記されたものであるときは，登記事項証明書を添付しなければなりません（民執規173条，23条）。このような要件を具備した申立てがされ，執行裁判所がこれを受理したときは，申立人の申請により，受理証明書が交付されることになります。

## 2　設問についての検討

(1) 登記の手順

　まず，設問における丁の相続関係に合致する相続の登記をするには，どのような手順を踏むべきことになるのか，考えてみましょう。

　丁の死亡により開始された相続における相続人は，当初は，丁の子である甲と乙でしたから，丁が所有していたA不動産の所有権

第二節　代位登記の申請

は，甲と乙の共有として承継されたことになります。持分は，それぞれ2分の1です。その後，乙が死亡したというのですから，乙に相続人があれば，その相続人に乙の持分2分の1が承継されることになるのですが，乙に相続人があるかどうかが明らかでない，というのです。そうしますと，乙の有していた共有持分自体が，相続財産法人となります。

　この実体上の権利関係に符合する登記をするには，まず，甲・乙のための相続による所有権移転の登記をし，次いで，共有者乙の登記名義を「亡乙相続財産」に変更する登記をするという二段の手順を踏むべきことになります。前者の登記は，相続人甲及び乙両名の申請によることも，また，共有物に関する保存行為（民法252条ただし書）として，甲又は乙単独の申請によることもできます（法63条2項参照）。後者の登記は，家庭裁判所が選任した相続財産管理人の申請によるのが，原則です。

(2)　債権者丙による代位申請の可否

　そこで，設問の丙が，上記のような各登記について，債権者による代位申請をすることができるか，について考えてみましょう。

　丙は，丁に対して債権を有していたのですから，丁の死亡により，当該債務を相続により承継した甲及び乙に対する債権者の地位に立ったことになります。丙の債権は，金銭債権であるのが通常でしょうから，丁の債務は，当然に法定相続分に応じて分割されて，甲と乙に承継されます。その後，乙が死亡して，乙の持分は，相続財産法人となったのですが，丙が，その相続財産法人の管理人に対して，当該乙の債務の清算を請求できることは，いうまでもありません。

　丙は，このような地位にある者ですから，債権者代位権に基づいて，上記の第一段目の登記である甲と乙のための相続による所有権移転の登記の申請をすることができます。また，第二段目の登記で

ある乙の共有持分についての登記名義人の氏名変更の登記を申請することもできる，というべきです。そして，登記先例では，債権者がこのような代位申請をする場合には，第一段目の登記の申請を省略して，乙の持分についての登記名義人の氏名変更の登記の申請と，甲の持分についての所有権移転の登記の申請を同時にすることができ，登記所は，これらを同一の受付番号によって登記をすることができるとしています（昭和12年12月21日民事甲第1674号民事局長回答）。この先例は，相続登記の代位申請をする債権者の便宜を考慮して，上記の第一段目の登記の一部省略（中間省略）を認めたものと考えられます。

ただし，乙の持分についての相続財産法人への氏名変更の登記の申請は，上記のとおり，相続財産管理人がするのが，原則ですから，丙が代位申請をするには，相続財産管理人が選任されていることが前提条件となる（丙は，相続財産管理人に代位する）のか，それとも，そのような前提条件なしに，直接，乙の相続財産法人に代位することができるのかが，問題になります。この点に関しては，下級審の裁判例ですが，「相続財産管理人は，相続財産法人の法定代理人であって，それ自体が相続財産の帰属主体となるものではないから，債権者が相続財産に属する権利を代位行使する場合には，権利行使時に相続財産法人が存在していれば足り，相続財産管理人の選任までは要しない」とするものがあります（東京地裁平成7年4月26日判決・判タ920号230頁）。この判決の趣旨とするところは，法人とされる相続財産の保全については，それが同財産に属する権利を債権者が行使することによって図られる場合には，相続財産管理人の出番ではなく，債権者代位権の機能に委ねられるというにあるものと解されます。この判断は，民法上の二つの制度の役割分担に配慮した合理的なものであって，この見解に従いたいと考えます。

(3) 代位原因を証する情報

次に，設問では，債権者丙が，相続の登記の代位申請をする場合に，登記所に提供すべき「代位原因を証する情報」（不動産登記令7条1項3号）として，A不動産に対する抵当権の実行としての競売の申立てが受理されたことを証する書面を用いることができるかが，問われています。

ア　債権者代位権の転用型としての登記請求権への代位

民法第423条第1項本文は，「債権者は，自己の債権を保全するため，債務者に属する権利を行使することができる」と定めています。ここにいう「自己の債権」，すなわち保全されるべき債権として想定されているのは，金銭債権です。債権者が，その債権を「保全するため」，すなわち，放置しておくと債務者が無資力（債務超過）に陥って債権全額の弁済を受けられなくなってしまう場合に，代位権を行使することが，認められるのです。これが民法の上記条文が本来予定している債権者代位の態様なのですが，判例及び通説は，同条1項にいう「自己の債権」は，金銭債権だけでなく広く「請求権」を意味し，したがって，債権者が，債務者に対して登記請求権を有している場合に，これを実現するためにも，債務者が有する登記請求権を代位行使することができると，解しています。この場合，債権者は，金銭債権を有しているわけではありませんから，債権者が意図しているのは，債務者の責任財産を保全することではなく，不動産について，自己名義の所有権の登記を実現することです。このような債権者の意図は，民法第423条第1項が本来予定しているところとは異なるのですが，判例及び通説は，債権者が，債務者の第三者に対して有する登記請求権を代位行使することを認め，しかも，この場合，債務者が無資力であることを要しないと，解しています。債務者の責任財産の保全以外の目的でされる代位行使であることから，「債権者代位権の転用型」と呼ばれています。

第3章　代位による登記

　　登記請求権の代位行使の意味をこのように理解するならば，設問のように，丙が，抵当権を実行するために，債権者代位により相続の登記の申請をする場合における代位原因を証する情報としては，当該抵当権が登記されていることを証する情報が存在すれば足り，そのことは，登記官が，登記記録をみれば直接に確認できるのですから，申請者が，これを提供することを要しないと考えることもできそうです。そこで，以下に登記先例において，この点が，どのように取り扱われてきたかを，検証してみることにします。

イ　登記先例

　　登記先例には，登記された抵当権を有する者が，当該不動産の所有者に代位して，当該不動産の表示の変更・更正の登記を申請する場合に，代位原因を証する情報の提供を要しないとしたものがあります（昭和35年9月30日民事甲第2480号民事局長通達）。ただし，この先例は，登記実務においては，不動産の表示の変更・更正の登記がいわば報告的なものであって，登記官による実質的審査権（法28条・29条）が及ぶものであることを考慮して，便宜，代位申請をする債権者の手続上の負担軽減を図ったものと捉えられており，この取扱いを，抵当権者による代位申請一般に及ぼすことはできないという見解が，有力です（登記研究473号115頁参照）。

　　本設問と同様に，抵当権者が，相続人に代位して相続の登記を申請した事案において，代位原因を証する情報として，抵当権の実行としての競売の申立てが裁判所で受理されたことを証する情報が提供された場合に，これを認めた登記先例もあります（昭和62年3月10日民三第1024号民事局長回答）。この情報は，抵当権者が，自己の権利を登記によって保全していることを証明するにとどまらず，一歩進んで，その実行という具体的な行動に出た事実

を，外形的に証明するものです。このような情報が提供された場合には，債権者が債務者の有する登記請求権に代位する必要性が一段と強いことが，客観的に伺われるのであり，それゆえに，このような情報は，代位原因を証する情報としての適格性が高いと認められたものと，考えられるのです。

ウ　競売申立ての受理証明書

　このような登記先例にかんがみ，設問においても，「受理証明書」を代位原因を証する情報として認めて差し支えないと考えられるのですが，もう一つ検討しなければならない問題があります。それは，設問の債権者丙が，その抵当権の実行としての競売の申立てをしたのはいつか，そして，当該申立書において被担保債権の債務者及びA不動産の所有権者として表示されているのは誰か，という問題です。換言すれば，いかなる「受理証明書」が，代位原因を証する情報として認められるのかです（上記の昭和62年の登記先例の事案における「受理証明書」についても，それがいかなるものであるかは，明示されていません。）。考えられる「受理証明書」は，次の二つです。

①　丙が丁の生前に競売の申立てをした場合の受理証明書

　丙が丁の生前に既に裁判所に対して抵当権の実行の申立てをしていた場合には，この申立てについての受理証明書を代位原因を証する情報として用いることができることは，いうまでもありません。この場合には，丙が，代位申請によりA不動産について相続の登記（相続人甲と乙相続財産法人を名義人とするもの）を経由した上で，A不動産の登記事項証明書を執行裁判所に提出することにより，当該抵当権の実行手続は，相続人らを債務者として続行されることになります（民執法194条，41条）。なお，この場合，既に抵当権の実行としての競売が開始されているときは，当該競売開始決定の正本を代位原因を証す

第3章　代位による登記

る情報として用いるのが望ましい，といえるでしょう（前掲登記研究参照）。

② 丙が，丁の相続の開始後に，相続人甲及び乙の相続財産法人を債務者及びＡ不動産の所有者として申立てをした場合の受理証明書

　この場合には，申立ての内容は，その時点における実体的権利関係と符合しているのですが，当該申立書に添付されたＡ不動産の登記事項証明書には，抵当債務者及びＡ不動産の所有者が丁と表示されていますから，申立書の表示とは符合しません。しかしながら，実務においては，このような申立てであっても，裁判所がこれを受理して，その旨の証明書を発行する取扱いが，されているようです。この取扱いは，その後の手続として，まず，債権者丙が，上記の受理証明書を用いて，Ａ不動産について，代位申請により相続の登記をし，裁判所に提出した登記事項証明書を差し替える，これを受けて，裁判所が，抵当権の実行としての競売の開始決定をするという手順を予期したものと考えられます。つまり，実務上，債権者による抵当権の実行を可能にするための便宜が，図られているのです。前記の昭和62年登記先例の事案における「受理証明書」は，おそらくこの種のものであり，現在の実務で利用されているのも多くは，同種のものと考えられます。

## 85 相続登記未了の不動産に対して処分禁止の仮処分の登記を嘱託する場合における代位による相続の登記の要否

> **問** A不動産の登記名義人である乙が死亡したことにより，相続が開始しました。相続人は丙，丁及び戊の３名ですが，相続の登記は，未了です。この場合，裁判所が，丙の債権者甲の申立てにより，丙が相続により承継したA不動産の持分について，処分禁止の仮処分命令を発して，その旨の登記を嘱託するときは，その前提として，仮処分債権者甲の代位申請により，相続の登記を経由することを要しますか。

【答】　設問の場合は，裁判所が，丙の持分に対する処分禁止の仮処分の登記の嘱託をする前提として，債権者甲の代位申請により，相続の登記を経由することを要します。

【解説】

1　設問の趣旨

　設問の乙の相続人丙は，他の相続人丁及び戊とともに，乙が所有していたA不動産の共有持分を，相続により取得しました。しかし，相続の登記は，まだしていません。一方，設問の甲は，丙が取得したこの持分を，同人から買い受けた者であるとしましょう。甲は，丙に対して，A不動産について相続の登記をした上で，同人の持分の移転登記手続をするよう求めているのですが，丙は，これに応じようとしません。それだけでなく，丙は，その持分をさらに第三者に二重譲渡する気配さえあります。

　このため，甲は，裁判所に対し，丙を相手方（債務者）として，上記持分の処分（譲渡，担保権の設定その他一切の処分）を禁止する旨の仮処分命令（民保法23条1項）を求める申立てをし，その旨の命令を得ました。この処分禁止の仮処分は，不動産の登記請求権を保全す

第3章　代位による登記

るためのものですから、その執行の方法は、処分禁止の登記をする方法によります（同法53条1項）。そして、この登記は裁判所書記官の嘱託によってするのですが（同条3項、同法47条2項・3項）、A不動産の名義は、被相続人乙のままであって、丙の持分についての登記は、まだ存在しません。裁判所書記官から、このままの状態で登記の嘱託がされた場合、登記官は、これを受理することできるのか。それとも、嘱託の前提として、甲の代位申請による相続の登記を要するとして、これを却下すべきなのか。これが、設問で問われているところです。

## 2　設問についての検討

(1)　設問に対する答

　　　この設問における上記の嘱託は、受理することができません。その嘱託の前提として、A不動産について、相続人らの申請又は債権者甲の代位申請により、相続の登記を経由することを要します。

　　　設問のように、不動産についての相続登記が未了の場合に、相続人の1人に対する債権者が、当該相続人が相続により取得した当該不動産の共有持分に対し、処分禁止の仮処分命令を得ようとするときは、まず、債権者の代位申請により、相続の登記を経由し、次いで、裁判所に仮処分の申立てをするという手順を踏むのが、通常です。しかるに、設問の事案では、相続人丙の債権者甲は、代位申請による相続の登記をすることなく、いきなり仮処分の申立てをしました。裁判所は、この申立てを認めて、相続人丙の持分について、処分禁止の仮処分決定を発したのですが、この仮処分の執行としての登記を嘱託する場合には、やはり、これに先立って、相続の登記（丙の持分の登記）がされていなければなりません。それがない以上、この嘱託は、法第25条第6号に該当するものとして、却下されるべきです。登記先例にも、被相続人乙名義の不動産に対し、その4名の相続人中丙の持分について、「債務者被相続人乙の相続人丙の持分全部（4分の1）について一切の処分を禁止する」旨の処

分禁止の仮処分の登記の嘱託がされたという事案に関し，同様の見解を示したものがあります（昭和49年2月12日民三第1018号民事局長回答）。

　以上は，一見すると，自明の理を述べたものですが，相続登記未了の不動産についての相続人を債務者とする処分禁止の仮処分には，設問とは別の類型の事案に関して発せられるものがあるのです。そして，この類型においては，登記先例上，仮処分の登記の前提としての相続の登記を要しない，こととされています。本設問の事案は，いったいこれとどこが異なるのか。この点を明確にすることが，本設問の真の目的といえるでしょう。項を改めて，説明することにします。

(2)　別類型の事案における登記先例

　ア　事案の概要

　　ここで取り上げる登記先例は，昭和62年6月30日民三第3412号民事局第三課長回答（以下「昭和62年先例」と略称します。）で，その事案の概要は次のとおりです。

　　甲は，乙から，その所有するB不動産の贈与を受けたのですが，その旨の登記をしない間に，乙が死亡してしまいました。甲は，乙の相続人である丙に対して，所有権移転の登記に応ずるよう求めたのですが，同人は応じようとしません。そこで，甲は，丙を相手取って，B不動産について，所有権移転登記手続を求める訴訟を提起する一方，「債務者被相続人乙の相続人丙について一切の処分を禁止する」旨の仮処分決定を得ました。そして，裁判所書記官により，登記所に対して，上記仮処分命令の執行としての処分禁止の登記の嘱託が，されたのです。

　イ　二つの問題

　　この事案では，二つの問題がありました。一つは，当該仮処分の登記の嘱託について，当時の旧不動産登記法第42条の規定が

適用されるかであり，もう一つが，その嘱託をする前提として，丙のための相続の登記（債権者甲の代位申請によるもの）を経由することを要するかでした。

(ア) 旧法第42条が適用されるか

当時の旧法第42条の規定は，「申請人カ登記権利者又ハ登記義務者ノ相続人ナルトキハ申請書ニ其身分ヲ証スル市町村長若クハ区長ノ書面又ハ之ヲ証スルニ足ルヘキ書面ヲ添附スルコトヲ要ス」というものでした。この規定は，登記未了の間に，物権変動の当事者が死亡した場合における相続人からの登記申請手続について，定めたものです。すなわち，相続人は，物権変動の当事者（登記権利者又は登記義務者）である被相続人から，相続により，その登記申請に関する法的地位を承継するのですから，自己の名において，被相続人名義の登記を申請すべきであるとし，この場合には，相続人の身分を証する書面を提出すべきものとしていたのです。この規定が適用される典型例は，昭和62年先例の事案に即して言えば，乙が死亡した後に，B不動産につき，甲を登記権利者，乙の相続人丙を登記義務者として，甲と乙間の贈与を原因とする所有権移転の登記（乙→甲の移転の登記）を申請するという場合です。

では，設問における処分禁止の仮処分の登記を嘱託する場合は，どうでしょうか。この嘱託は，登記権利者を甲（仮処分権利者），登記義務者を「被相続人乙相続人丙」（仮処分債務者）とするものであって，この登記義務者の表示は登記記録上の所有権の登記名義人（乙）の表示と合致していないのですが，この嘱託に当たっては，丙が，乙の相続人の身分にあることを証する書面が提出されていません。そのため，この嘱託が，当時の旧法第49条第6号（「第42条ニ掲ケタル書面ヲ提出シタル場合ヲ除ク外申請書ニ掲ケタル登記義務者ノ表示カ登記簿ト符合セサルトキ」）

に該当するものとして，却下されるべきか否かが，問題とされたのです。

　この点について，昭和62年先例は，当該嘱託における嘱託書の登記義務者の表示，及び当該仮処分の決定正本の債務者の表示が，いずれも「被相続人乙相続人丙」とされていたのは，裁判所が，仮処分決定をするに当たって，丙が，乙の相続人であることを認定したことによるものであると解し，これらの書面を提出してされた当該嘱託は，旧法第42条が予定している申請手続構造の範疇に含まれるとの見解を採りました（登記研究編集室編「増補　不動産登記先例解説総覧」701頁以下［テイハン］）。その上で，上記嘱託書における登記義務者の表示が，登記記録上の所有権の登記名義人の表示と符合しないとしても，当該嘱託が却下されることはないとしたのです。

(イ)　相続の登記の要否

　昭和62年先例の事案におけるもう一つの問題は，当該嘱託の前提として，相続人丙のための相続の登記を要するかですが，同先例は，この点についても，不要とする見解を採りました。その理由は，おおよそ次のとおりと考えられます（前掲書703頁参照）。

　当該嘱託に係る仮処分の登記がされた場合には，その登記事項の債務者の表示がされるべきですが，それは，上記のとおり，「被相続人乙相続人丙」と表示されます。この仮処分の登記と，先行する被相続人乙を登記名義人とする所有権の登記を併せみれば，被相続人乙が，債権者甲に対して負っていた登記申請義務（贈与を原因とする所有権移転の登記手続をなすべき義務），及び甲以外の第三者のために所有権移転の登記をすることを回避すべき義務を，相続人丙が相続により承継したという関係が，外形上明らかです。したがって，登記の形式面から

すれば，丙のために相続による所有権移転の登記をするまでもありません。また，実体的権利関係からみても，B不動産の所有権は，既に乙から甲に移転していたのであり，相続人丙に，その所有権が帰属したことは，ありませんから，もともと甲が，丙に代位して，相続の登記をする余地はなかったことになります。

(ウ) 結 論

以上のような理由に基づいて，昭和62年先例は，当該嘱託の前提として，相続人のための相続登記を経由することを要しないとして，当該嘱託を受理すべきものとしたのです。同種の事案について同じ見解を採った登記先例として，昭和33年11月14日民事甲第2351号民事局長通達があります。

ウ 現行法における上記登記先例の取扱い

不動産登記法は，平成16年法律第123号をもって大改正がされ，旧来の条文にも，変更が加えられました。旧法第42条に相当する規定は，改正後の第62条に，「登記権利者，登記義務者又は登記名義人が権利に関する登記の申請人となることができる場合において，当該登記権利者，登記義務者又は登記名義人について相続その他の一般承継があったときは，相続人その他の一般承継人は，当該権利に関する登記を申請することができる」とする定めが置かれ，併せて，この規定により登記の申請をするときは，「申請人が登記権利者，登記義務者又は登記名義人の相続人その他の一般承継人である旨」を申請情報の内容としなければならないとしました（令3条11号ロ）。一般承継が生じる以前に，被承継人がすることが可能であった登記申請を，その承継後にする場合における申請人及び登記権利者・登記義務者等の関係について，明確にしたものといえましょう。また，旧法第49条第6号に相当する規定は，改正後の第25条第7号において，「申請情報

の内容である登記義務者（筆者注＝省略）の氏名若しくは名称又は住所が登記記録と合致しないとき」とする端的な規定に改められました。そこで、これらの改正後の条文の下で、上記の昭和62年先例は、どのように取り扱われることになるかを、検討しておきましょう。

　これらの改正法の下では、例えば、甲が乙所有のＢ不動産の贈与を受けたのですが、その登記をしない間に、乙が、死亡したという場合に、甲が、乙の相続人丙と共同して、当該贈与を原因とする所有権移転の登記を申請するときは、申請情報において、甲（登記権利者）及び丙を申請人とした上（不登令3条1号）、乙を登記義務者として表示することになります（同条11号ロ）。したがって、このような典型例においては、申請情報における登記義務者と、登記記録上の所有権の登記名義人は符合していますので、旧法下でのような問題は、何ら生じないことになります。

　では、昭和62年先例の事案の場合は、どうでしょうか。ここでも、乙の相続開始後に、相続人丙が、任意に所有権移転の登記手続に応じていれば、上の典型例と同様の申請手続が採られたはずなのですが、丙が応じなかったために、甲が、処分禁止の仮処分決定を得るに至ったのです。この仮処分は、甲が、被相続人乙に対して有していた所有権移転登記請求権を保全するための手段としてされたものですから、その処分禁止の登記は、本体である乙から甲への所有権移転の登記のいわば前提登記とみることができます。このような観点からすれば、乙は、甲に対する所有権移転の登記の申請における登記義務者であり、かつ、甲が得た仮処分に基づく処分禁止の登記の嘱託における登記義務者でもあると解することができると考えます。従前の登記実務では、このような処分禁止の登記の嘱託においては、相続人丙を登記義務者として表示していたものと思われますが、現行法の下では、法第62

条及び令第3条第11号ロの規定に従って，乙を登記義務者として表示し，仮処分の債務者である丙について，乙の一般承継人である旨を表示する取扱いに改めるべきです。昭和62年先例は，以上のような修正を施した上で，なお効力を維持しているとみることができます。

(3) 設問の事案と昭和62年先例の事案との異同

以上のとおり，昭和62年先例の事案では，処分禁止の登記を嘱託する前提として，相続の登記を経ることを要しないとされたのに対し，本設問の事案では，これを要するものとされました。最後に，両者で結論が分かれた理由を，整理しておきましょう。

昭和62年先例の事案では，当該処分禁止の仮処分の被保全権利（仮処分債権者甲が有する所有権移転登記請求権）は，当初，被相続人乙に対して生じたもので，その権利に対応する義務が，後に相続人丙に承継されたものです。そして，目的不動産の所有権は，乙から甲に直接移転されたものであって，相続人丙に帰属したことは，ありません。このため，昭和62年先例の事案では，当該処分禁止の登記の嘱託については，旧法第42条の規定が適用され，被相続人乙を登記義務者とすることを要しますし，目的不動産の所有権は，相続人丙に帰属したことがないのですから，もともと債権者甲は，相続人丙に代位して，相続の登記をすることもできなかったのです。これに対して，本設問の事案では，当該処分禁止の仮処分の被保全権利（仮処分債権者が有する持分移転登記請求権）は，乙の死亡後に初めて，相続人丙が相続により取得した持分について生じたもので，その権利に対応する義務が，相続により承継されたという関係にはありませんから，当該処分禁止の登記の嘱託における登記義務者として，被相続人乙が登場する余地はなく，他方で，目的不動産の所有権（持分）は，相続人に帰属しており，その相続人の債権者の代位申請によって，相続の登記をすることも可能です。

## 86 不動産が数次にわたり売買された場合における所有権移転登記の代位申請の可否

問　不動産が甲から乙，乙から丙へと順次売買されたのですが，乙が，所要の所有権移転の登記手続をしないため，登記名義は，依然として甲のままです。この場合，現在の所有者である丙は，自己に所有権移転の登記を受ける前提として，乙の甲に対する登記請求権を代位行使して，甲から乙への所有権移転の登記を申請することができますか。

　できるとすれば，この不動産が，さらに，丙から丁に転売されている場合には，現在の所有者である丁は，丙に代位して，丙が乙に代位することができる同人の甲に対する登記請求権を行使して，甲から乙への所有権移転の登記を申請することができますか。

【答】　設問前段の丙は，乙に代位して，甲から乙への所有権移転の登記を申請することができます。

　設問後段の丁は，丙に代位して，丙が乙に代位することができる権利を行使して，甲から乙への所有権移転の登記を申請することができます。

【解説】
1　設問前段について
　(1)　問題の所在
　　現行の不動産登記法の下では，権利に関する登記は，単に現在の権利関係を公示するだけでなく，その権利の変動の態様及び過程をも忠実に反映すべきものとされています。国民の重要な資産である不動産に関する権利を保護し，その取引の安全を図るという不動産登記制度の目的を達するには，そのような登記の在り方が望ましいと考えられているのです。このため，設問前段の事案のように，不

## 第3章 代位による登記

　　動産が甲→乙→丙と順次転売された場合には、二段にわたる所有権の移転の過程に応じて、まず、甲から乙への、次いで乙から丙への所有権移転の登記を経由することが求められます。この場合、中間の乙への所有権移転の登記を省略して、甲から現在の所有者である丙に対して、直接所有権移転の登記（中間省略登記）をすることは、不動産登記法の想定していないところです（ただし、登記実務では、判決で中間省略登記が命じられた場合には、これを受理する取扱いがされています。）。

　　そこで、設問前段の丙（現在の不動産の所有者）が不動産の所有権を自己の名義にするには、乙に対する所有権移転登記請求権を行使して、自らを登記権利者、乙を登記義務者として、売買を原因とする所有権移転の登記を申請する必要があるのですが、そのためには、前提として、甲から乙への所有権移転の登記がされていなければなりません。乙は、甲に対して、上記の丙が乙に対して有しているのと同様の権利を持っていますから、これを行使して自己名義の登記をすることができるのです。

　　しかるに、乙は、自ら進んで登記の申請手続をしようとしないというのです。そこで、丙は、民法第423条第1項の規定によって、乙が甲に対して有する登記請求権を代位行使して、甲から乙への所有権移転の登記の申請をすることができないか、それが、設問前段で問われているところです。

(2) 検　討

　　設問前段の事案について、判例は、古くから、丙が、自らの乙に対する登記請求権に基づいて、乙の甲に対する登記請求権を代位行使することを認めています（大審院明治43年7月6日判決・民録16輯537頁）。すなわち、丙は、甲から乙への所有権移転の登記の申請を、登記権利者である乙に代わって、登記義務者である甲と共同して、することができます。このように、不動産が、転々譲渡された

場合に，最終の取得者が，債務者の有する登記請求権を代位行使することによって，自らの対抗要件を満たすというのが，実務上，この種の債権者代位権が利用される典型的なケースの一つといえます。設問の丙は，この手段によって，不動産を乙の名義とした上で，乙と共に，同人から自己への所有権移転の登記を申請することによって，目的を達することができるのです。

以上の場合に，甲及び乙が丙のする登記の申請に協力しないときは，丙は，甲に対して，乙への所有権移転登記手続を求める訴訟と，乙に対して，自分への所有権移転登記手続を求める訴訟をそれぞれ提起することになります。これらの訴訟は，併合することも可能です（民訴法38条）。勝訴判決を得れば，丙は，いずれの登記も，単独で，申請することができます（法63条1項）。

## 2 設問後段について

### (1) 問題の所在

設問後段は，前段の事案にもう一つ重ねて転売が行われたというもので，現在の不動産の所有者は，丁です。丁が所有権移転の登記を得るためには，その前提として，甲から乙へ，乙から丙へと順次の所有権移転の登記がされていることを要します。通常，これらの前提登記を主導するのは乙と丙（乙は前者の登記申請の，丙は後者の登記申請の登記権利者）なのですが，乙又は丙の一方又は双方が，進んで登記の申請手続をしようとしないときに，丁が，代位という方法を使って，目的を達することができるかが，設問後段で問われているところです。

この事案で，丙のみが，登記の申請手続をしようとしないという場合であれば，設問前段と同じ結論になります。丁は，乙と甲の申請により，甲から乙への所有権移転の登記がされるのを待って，丙に代位して，乙（登記義務者）と共同して，乙から丙への所有権移転の登記を申請し，次いで，丙に対し，丁への所有権移転の登記を

第3章　代位による登記

命ずる確定判決を得て，単独で，その旨の登記を申請することになります。では，丙だけでなく，乙も登記手続に協力しないときは，どうするかです。この点を，次に検討しましょう。

(2) 検　討

設問後段の事案では，乙は甲に対し，丙は乙に対し，丁は丙に対して，それぞれ売買を原因とする所有権移転登記請求権を有しています。ここでは，乙がこの権利を行使しないときは，丙が，乙に代位して，丙がこの権利を行使しないときは，丁が，丙に代位して，それぞれ乙又は丙の有する登記請求権を行使することができるという関係にあります（以下，丙の乙に対する代位権を「乙代位権」といい，丁の丙に対する代位権を「丙代位権」といいます。）。そうすると，乙，丙ともに，自己の権利を行使しないというときは，丁は，丙代位権に基づき，乙代位権を行使して，甲と共同して，甲から乙への所有権移転の登記を申請することができると解されます。つまり，丁は，債務者丙に属する権利の一つである乙代位権に代位することによって，不動産の転々譲渡における第一段目の登記をすることができるのです。この第一段目の登記がされれば，その後は，丁は，丙に代位して，乙に対し，同人から丙への所有権移転の登記手続を求める訴訟と，丙に対して，自分への所有権移転の登記手続を求める訴訟をそれぞれ提起することになります。これによって，現在の所有者丁は，目的を達することができるのです。

## 87 債権者が債務者の自己に対する登記請求権を代位行使することの可否

> 問　甲と乙間で，甲が所有するＡ不動産を乙に売却する契約がされたのですが，その旨の移転登記が，まだされていません。その理由は，乙が甲に対して負っている債務があるため，Ａ不動産について，乙への所有権移転の登記をすると，甲により強制競売の申立てがされ，差押えの登記がされるおそれがあると考えているからです。この場合，甲は，債権者代位権に基づき，乙に代わって，自己に対する登記請求権を行使することによって，甲から乙への所有権移転の登記を申請することができますか。

【答】　設問の甲は，債権者代位権に基づき，Ａ不動産について，債務者乙が甲に対して有する登記申請権を代わって行使することにより，甲から乙への所有権移転の登記を申請することができます。

【解説】

### 1　問題の所在

設問では，甲所有のＡ不動産が，乙に売却されたというのですから，甲から乙への所有権移転の登記がされることになります。通常の場合であれば，その登記をすることによって登記上の利益を直接受ける（新たに所有権の登記名義人となる）乙を登記権利者とし，登記上の不利益を直接受ける（所有権の登記名義人でなくなる）甲を登記義務者として，双方が共同して，登記の申請をすることになるのですが，設問の場合は，乙が甲に対して債務を負っており，Ａ不動産の所有名義を乙に移すと，甲が債権者として，これを差し押さえるおそれがあるため，乙は，自己名義への登記をしようとしないというのです。

このように，不動産の買主が進んで登記をしようとしない場合に，

第3章　代位による登記

売主が採ることができる方法は何かが設問で問われているのですが，最も端的な手段は，売主が，買主に対して，所有権移転の登記手続をするよう求めることです（買主が応じなければ訴訟によることになります。）。売主の「登記引取請求」と称されるもので，判例もこれを認めています（最高裁昭和36年11月24日判決・民集15巻10号2573頁）。不動産の売買がされたのに，所有権の登記名義人が売主のままになっていますと，例えば，固定資産税などの負担がかかってくることもありますので，売主としても，所有権移転の登記の申請をする実益があるわけです。もっとも，この申請をする場合も，売主は，やはり登記義務者となるのであって，登記権利者になるわけではありません。

設問では，この登記引取請求ではなく，甲が乙に対して有している債権を保全するための手段として，債権者代位権を行使することによって，目的を達することができないかを問うているのです。

## 2　設問の検討

(1)　登記申請の可否

設問の甲が乙に対して有している債権は，おそらく金銭債権でしょうから，乙が期限にその弁済をしないときは，甲は，乙に移転しているA不動産を強制競売により換価して，債権を回収することを考えており，その準備として，A不動産の登記名義を乙に移そうと考えているものと，思われます。

しかるに，乙は，A不動産の買主ですから，売主である甲に対して，所有権移転登記請求権を有しています。そこで，甲は，自らの債権を保全するため，債権者代位権に基づき，登記権利者である乙に代わる申請人としての地位と，本来の登記義務者たる申請人の地位を兼ねて，甲から乙への所有権移転の登記を申請することができます。甲が二つの申請当事者の地位を兼ねることは，一見すると利益相反行為のように思われるのですが，登記の申請行為は，それによって当事者間に新たな権利義務を発生させるものではなく，既に

生じている権利関係の登記記録への公示を求めるものであり，債務の履行に準じた行為ですから，利益相反の問題は生じないと解されます（もともと甲が乙に対して登記引取請求権を有していることも，既に述べたとおりです。）。登記先例も，設問と同種の事案について，売主が，債権者として，買主に代位して，当該所有権移転の登記を申請することを認めています（昭和24年2月25日民事甲第389号民事局長通達）。

(2) 代位原因を証する情報

それでは，設問の甲が乙に代位して登記の申請をする場合に，代位原因を証する情報（令7条1項3号）として，どのようなものを提供すればよいでしょうか。

一般に，債権者が民法第423条第1項の転用型としての代位権を行使する場合には，債務者の無資力を要件としないと解されており，登記の申請手続においても，その点の審査は，されない仕組みになっています。ただし，登記先例をみてみますと，設問のような事例において，代位原因を証する情報として，単に，甲の乙に対する債権の成立を証する情報のみが提供されているものは少なく，債権者が債権回収のために何らかの行動に出たことを証する情報が提供されている例が，多いようです。例えば，問84の解説で引用した昭和62年3月10日民三第1024号民事局長回答の事案は，抵当権者が，相続人に代位して，相続の登記を申請した場合に，代位原因を証する情報として，抵当権の実行としての競売の申立てが裁判所で受理されたことを証する情報が提供された，というものです。この先例にしたがえば，設問においても，甲が，乙を債務者とし，A不動産についてした強制競売の申立てが裁判所で受理されたことを証する情報を提供すべきものと解するのが，妥当なように思われます。

なお，上記(1)で引用した昭和24年の登記先例では，設問に引き

## 第3章　代位による登記

直していうと，甲が乙に対する債権に基づいて，A不動産以外の乙の所有する不動産について，差押え又は仮差押えの決定を得た場合には，これを証する情報を代位原因を証する情報として利用することができる旨を示唆しています。

## 88 買戻特約の登記がされた不動産について抵当権を設定した者が当該不動産の所有者に代位して当該買戻特約の登記の抹消を申請することの可否

> 問　A不動産については，甲から乙への売買を原因とする所有権移転の登記及びそれと同時にされた買戻特約の付記登記に続いて，丙を権利者とする抵当権設定の登記，さらに当該抵当権の実行としての競売開始決定に基づく差押えの登記がされています。この場合，抵当権の登記名義人丙は，債権者代位権に基づき，A不動産の所有権の登記名義人である乙に代わって，甲と共に，上記買戻特約の登記の抹消を申請することができますか？

【答】　設問の丙は，債権者代位権に基づき，債務者乙に代わって甲と共に，当該買戻特約の登記の抹消を申請することができます。

【解説】

### 1　問題の所在

民法第423条第1項前段は，「債権者は，自己の債権を保全するため，債務者に属する権利を行使することができる。」と定めています。いわゆる債権者代位権を定めた規定です。この規定にいう「自己の債権」として想定されているのは，一般的には金銭債権ですが，判例は，古くから，この「債権」を広く「請求権」と解して，債権者が，自己の有する登記請求権を保全するために，債務者の有する登記請求権を代位行使することを認めています。この場合は，債務者が無資力であることは，代位の要件とされないと解されていますので，債権者代位権の転用型といわれています。この転用型の典型例は，例えば，不動産の所有権が甲→乙→丙と順次移転したが，登記名義は，依然として，甲にあるという場合に，現在の所有者である丙が，乙に代位して，甲と共に，甲から乙への所有権移転の登記を申請することができ

第3章　代位による登記

るという例です。

　一方で，登記先例は，この転用型の適用範囲をさらに広げて，債権者がその有する登記された権利（主として抵当権や地上権）を行使する場合に障害となる事由を除去するためにも，債権者代位権によることを認めています。例えば，昭和62年3月10日民三第1024号民事局長回答がそれで，事案は，被相続人の生前に抵当権を設定してその旨の登記をした権利者が，当該相続の開始後に，その抵当権を実行するため，相続人に代位して，相続の登記を申請するというものです。この事案では，債権者の抵当権の登記は，既にされていますから，その権利の登記請求権の保全という問題は，ありません。ただ，債権者が，その権利を実行して，当該不動産を換価する競売手続をするためには，不動産の登記名義を相続人に変更しないと支障が生ずる，という事情があります。上記の登記先例は，この障害を除去するために，債権者に，相続人に代位して，相続の登記を申請することを認めたのです。

　では，設問の場合はどうでしょうか。丙は，乙が甲から買い受けたA不動産について，甲を権利者とする買戻特約の登記がされていることを承知の上で，A不動産に抵当権を設定し，その実行としての競売の開始の申立てをしました。その申立てを受けて，執行裁判所が競売開始決定をし，これに基づく差押えの登記がされた後の段階に至って，丙は，債務者であり抵当不動産の所有者でもある乙に代位して，甲名義の買戻特約の登記の抹消を申請するというのです。この抹消をしないと，丙の抵当権の実行に支障が生ずる事情があるのか，それは，代位原因になり得るのか，これが，設問で問われているところです。

2　設問についての検討

(1)　前提としての説明

　ア　買戻しの特約とその登記

民法第579条前段は，「不動産の売主は，売買契約と同時にした買戻しの特約により，買主が支払った代金及び契約の費用を返還して，売買の解除をすることができる。」と定めています。この条文から明らかなように，不動産の買戻しの特約というのは，不動産の売買契約と同時にされる特約であって，売主が，当該売買契約の解除権を留保する内容のものをいいます。不動産の売買契約を締結した後に，当事者間で，売主が将来これを買い戻すことを約するのは，再売買の予約であって，民法にいう買戻しの特約ではありません。

　以上の民法の規定を受けて，登記先例は，買戻しの特約の登記の申請は，売買による所有権移転の登記の申請と同時に，別個の申請によってしなければならないとしています（昭和35年3月31日民事甲第712号民事局長通達）。この登記の申請は，いうまでもなく売主（売買契約の解除権を留保する者）を登記権利者，買主を登記義務者としてします。登記官がこの特約の登記をするときは，同時に申請された所有権移転の登記の申請と同一の受付番号で受付けをしなければなりません（上記通達）。

イ　買戻権を実行した場合の登記

　買戻しの特約がされた場合，これに基づく買戻権の行使は，売主の買主に対する意思表示によってします。買戻権が行使されますと，解除の効果により，目的不動産の所有権が買主から売主に復帰するという権利変動を生ずるとするのが，判例の見解であり，登記先例もこれに従っています。このため，この権利変動に伴う登記は，買主名義の所有権移転の登記を抹消するのではなく，改めて買主から売主への所有権移転の登記をすべきものとされています（明治44年9月27日民刑第810号民刑局長回答，大正元年9月30日民事第444号民事局長回答）。

(2)　設問についての検討

第3章　代位による登記

　　ア　買戻特約の登記の抹消の代位申請
　　　設問では，丙の抵当権設定の登記は，甲の買戻特約の登記に劣後しますから，甲が，買戻権を行使して，乙から甲への所有権の復帰としての移転登記がされますと，丙は，自己の抵当権を甲に対抗することができない，という関係にあります。丙の申立てによって，当該抵当権の実行として競売手続が開始された後であっても，甲の買戻権実行による所有権移転の登記がされますと，執行裁判所による売却許可決定がされる前であれば，丙の抵当権の実行手続は，そこで終了することになります。仮に，売却許可決定がされ，買受人が代金を納付した後に，上記の甲への所有権移転の登記がされたとしますと，買受人は，不動産の所有権の取得を甲に対抗することができないことになります。
　　　このように，丙の抵当権は，極めて弱い立場にあります。このため，執行実務においては，抵当権の実行に当たって，抵当権よりも先順位の買戻特約の登記がある場合には，競売開始決定による差押えの登記をした段階で，買戻特約の登記が抹消されるまでの間，競売手続を停止するという取扱いがされています（深沢利一「民事執行の実務」（上）37頁［新日本法規出版］）。すなわち，差押えにより，目的不動産について処分禁止の措置をするに留めて，以後の手続を中止し，買戻特約の登記が抹消されるのを待つことになるのです。
　　　しかるに，設問では，甲の買戻特約の登記を抹消する事由が生じたため，丙は，何らの障害もなく抵当権を実行できることになったのですが，そのためには，執行手続上は，上記のとおり，甲の買戻特約の登記が，抹消されなければなりません。この登記の申請は，乙を登記権利者，甲を登記義務者としてするのですが，乙が進んでこの申請をしないときは，丙は，抵当権の実行の障害を除去するために，乙に代位して，甲と共同して申請することが

できます。登記先例にも，設問と同じ事案について，抵当権者の代位による買戻特約の登記の抹消の申請を認めたものがあります（平成8年7月29日民三第1367号民事局第三課長回答）。

イ　代位原因を証する情報

次に，丙が，上記により，買戻特約の登記の抹消を申請する場合に，代位原因を証する情報として，どのようなものを提供すればよいでしょうか。登記先例の事案では，抵当権者による代位申請の場合においては，代位原因を証する情報として，単に登記された抵当権が存在することを証する情報が提供される事案は少なく，抵当権が現に実行の段階に入っている（少なくとも競売開始の申立てが受理されている）ことを証する情報が提供されている事案が，多いようです。

設問の場合は，現に登記された丙の抵当権に基づく競売の開始決定がされ，差押えの登記がされている段階にありますから，これまでの登記先例に現れた多くの事案と符合するものです。そして，その権利行使の事実は，A不動産の登記記録によって明らかですから，丙は，改めて代位原因を証する情報を提供するまでもないと解してよいでしょう。

第3章 代位による登記

## 第2款 判決等に基づく代位の登記

89 共有土地を分割して分割後の各土地を共有者の単独所有とする旨の判決に基づいて、一人の旧共有者が、他の共有者に代位して当該土地につき分筆の登記を申請することの可否

> 問　A土地の所有者丁が死亡し、相続人甲、乙及び丙のために、それぞれの持分を3分の1とする相続による所有権移転の登記がされました。その後、上記3名の間で、A土地について、共有物分割の協議がされたのですが、不調に終わったため、甲が、裁判所に対してその分割を請求し、その結果、A土地を3筆に分筆し、甲、乙及び丙の3名が、分筆後の各土地を単独で所有する旨の共有物分割の判決がされました。乙及び丙が進んで分筆の登記を申請しないときは、甲は、上記両名に代位して、この登記の申請をすることができますか。できるとすれば、代位原因を証する情報として、どのようなものを提供すればよいでしょうか。

【答】　設問の甲は、乙及び丙に代位して、A土地について、分筆の登記を申請することができます。この場合には、代位原因を証する情報として、当該共有物分割の判決の正本を提供することを要します。

【解説】
1　問題の所在

設問では、A土地の所有者丁の死亡によって開始された相続により、甲、乙及び丙の3名が、A土地の所有権（共有持分）を取得し、その旨の登記が経由されました。その後、上記3名の間で、A土地について、共有物分割の協議がされたのですが（民法256条1項、258条1項）、協議が整わなかったため、甲が、裁判所に分割の請求（同法258

条1項）をしたところ，A土地を3分割して，各相続人が単独所有する旨の判決がされました。すなわち，A土地をA1，A2，A3の各土地に分割して，順次甲，乙及び丙が，それぞれを単独所有するという内容の判決がされたのです。この結果，A土地の共有関係は終了し，各共有者間に持分移転の効果が，生じました（最高裁昭和42年8月25日判決・民集21巻7号1729頁）。

　そこで，この判決に基づいて所要の登記をするには，まず，甲，乙及び丙の3名が，A土地についての分筆の登記を申請し，その登記がされた後に，各土地について，当該土地の所有者のために，他の当事者が，その土地について有する持分を移転する登記（共有物分割を原因とする持分移転の登記）を申請するという手順を踏むことになります（昭和28年8月10日民事甲第1392号民事局長電報回答，昭和36年1月17日民事甲第106号民事局長回答）。上記分筆後のA1土地についていえば，A1土地の所有者となった甲のために，乙及び丙の各持分（3分の1）を移転する旨の登記の申請がされることになるのです。この申請をする場合の登記権利者が甲，登記義務者が乙と丙であることは，いうまでもありません。

　しかるに，設問では，乙と丙が，A土地の分筆の登記の申請をしようとしないというのです。このため，甲が，乙及び丙に代位して，この分筆の登記を申請できるのか，できるとすれば，代位原因を証する情報として，どのようなものを提供すればよいかが，問われているのです。

## 2　設問についての検討

(1)　分筆登記の代位申請の可否

　　まず，一般に，ある土地の分筆の登記の申請を，当該土地の所有者の債権者が代わってすることができるか，について考えてみましょう。

　　土地の分筆とは，登記官の処分によって，登記上一筆の土地を分

割して，数筆の土地とすることです。土地の所有権の単位となる区画（すなわち土地の個数）をどのように設定するかは，当該土地の所有者のみが，決定できるものですから，その個数に変更を生じさせる土地の分筆の登記については，不動産登記法において，所有者以外の者は，申請することができないと定められています（法39条参照）。そして，数名が共有する土地の分筆の登記の申請については，当該共有者全員ですることを要し，その一部の者のみによる申請は認められない，と解されています（昭和37年3月13日民事三発第214号民事局第三課長電報回答）。この趣旨を強調するならば，土地の分筆の登記の申請をするかどうかは，土地所有者の自由な意思に委ねられるべきであり，当該所有者の債権者といえども介入することはできない，とする見解も考えられないではありません。

　ただし，この見解は，当該債権者が金銭債権を有する者（例えば，所有者に対して貸金債権を持っている者）である場合には妥当するものではありますが，金銭債権を有していないときであっても，土地の所有者の債権者が，分筆の登記の代位申請を必要とする場合もあり得るのであって，その典型例が，一筆の土地の一部について売買契約が成立した場合です。この場合，買主が，売買の目的となった土地部分について，所有権移転の登記をするには，その前提として，当該部分を元地から分筆する登記が，されなければなりません。この分筆の登記の申請者はもとより売主なのですが，売主が，進んでこの申請をしないときは，買主は，自己の売主に対する所有権移転登記請求権を保全するため，売主に代位して，当該分筆の登記を申請することができるというべきです。登記先例も，これを認めています（昭和44年6月4日民事三発第590号民事局第三課長回答）。

　設問の事案についても，同じことがいえます。例えば，分筆後のＡ１土地の単独所有者となる甲は，上記のとおり，乙及び丙に対

し，同人らが有するＡ１土地の持分の移転登記請求権を有していますから，これを実現する前提としての分筆の登記の申請を，同人らが進んでしないときは，同人らに代位して，当該分筆の登記を申請することができる，と解さなければなりません。登記先例も，設問と同様の事案について，同じ見解を採っています（平成６年１月５日民三第265号民事局第三課長回答）。また，登記先例には，家庭裁判所の遺産分割調停手続において，３名の相続人が共同相続をした土地の分割の方法として，同土地を３つに分割し，それぞれの部分を一部の相続人（甲）の単独所有又は他の相続人（乙及び丙）の共有とする旨の調停が成立したという事案につき，甲は乙及び丙に代位して，当該分筆の登記を申請することができるとしたものがあります（平成２年４月24日民三第1528号民事局第三課長回答）。

(2) 代位原因を証する情報

次に，設問の甲が，分筆の登記を代位申請する場合，代位原因を証する情報（令７条１項３号）として，どのようなものを提供すべきでしょうか。この場合，甲の被保全権利である乙及び丙に対する持分移転登記請求権は，裁判所がした共有物分割の判決によって，形成的に発生したものです。この請求権が，甲の債権者代位を可能にする基礎ですから，その発生原因である同判決の正本を代位原因を証する情報（登記原因を証する情報でもあります。）として，用いるべきです。

第3章　代位による登記

90　不動産の前所有者から当該不動産を買い受けた者が，その旨の登記を経由しないでいる間に，当該買主の債権者の申立てにより当該不動産について仮差押えの決定がされた場合に，その債権者が，買主に代位して，所有権移転の登記を申請することの可否

問　A不動産の所有権が，売買により甲から乙に移転したのに，その旨の登記がされないでいたところ，乙の債権者である丙が，同不動産について仮差押えの申立てをし，裁判所が，これを命ずる決定をしました。この場合，丙は，乙に代位し，当該仮差押命令の正本を代位原因を証する情報として提供して，甲から乙への所有権移転の登記の申請をすることができますか。できるとすれば，どのような申請をすることになりますか。また，その登記事項は，どのように記録されるのですか。

【答】　設問の丙は，乙に代位し，当該仮差押命令の正本を代位原因を証する情報として提供して，甲から乙への所有権移転の登記を申請することができます。

　この申請をする場合には，申請人丙が代位者である旨，当該被代位者である乙の氏名又は名称及び住所並びに代位原因を申請情報の内容としなければなりません。また，その登記事項として，代位者である丙の氏名又は名称及び住所並びに代位原因を記録することを要します。

【解説】

1　前提としての説明―仮差押えとその登記

(1)　意　義

　　債権者の有する給付請求権は，最終的には強制執行手続によって実現されることになりますが，その手続の基となる確定判決などの

債務名義を取得するためには，相当な時間を要しますから，形勢が悪いとみる債務者は，自己の財産の隠匿・毀損等により，強制執行の免脱又は妨害を図るおそれがあります。これを防止するために，強制執行の開始の段階において，債務者の処分権能を奪う差押えがされるのですが，それに先立って，民事訴訟手続の開始前に将来の執行を保全する手続が，民事保全手続です。このうち，金銭債権を保全するための手続が，仮差押えです。

このように，仮差押えは，金銭債権に係る強制執行（本執行）に先立って行われる手続です。本執行においては，差押え，換価，配当の三段階の手続が行われるのですが，仮差押えにおいては，債権者は，まだ被保全権利について債務名義を取得していませんから，本執行を保全すべき役割が与えられているにすぎません。したがって，その執行手続としては，本執行の差押え段階に相当するものにとどまります。

(2) 要件・執行方法

仮差押命令は，金銭の支払を目的とする債権について，強制執行をすることができなくなるおそれがあるとき，又は強制執行をするのに著しい困難を生ずるおそれがあるときに発することができます（民保法20条1項）。仮差押命令の効果は，これが執行されることによって生じます。その執行方法は，目的物によって異なりますが，目的物が不動産である場合には，仮差押えの登記をする方法と強制管理の方法とがあります（同法47条1項）。ここでは，専ら前者の方法について，説明します。

不動産の仮差押命令を執行する機関は，その発令をした裁判所です。その執行裁判所の書記官は，仮差押えの登記の嘱託をしなければなりません（同条3項）。この嘱託における登記権利者は仮差押債権者，登記義務者は仮差押債務者です。この登記は，目的不動産に仮差押えがされたことを公示し，仮差押えの処分制限効を第三者に

対抗するためのもので（民法177条），処分制限の登記に属します。
(3) 仮差押えの効力

仮差押えの登記がされると，その後に仮差押債務者が目的不動産についてした処分行為（所有権移転，用益権・担保権の設定等）は，仮差押債権者のみならず，当該仮差押えに基づく本執行の手続に参加した他の債権者にも対抗することができません（手続相対効）。

仮差押債権者は，仮差押債務者に対して，他の一般債権者の申立てにより強制競売手続が開始された場合には，その手続において配当を受けることもできます。この場合，仮差押えの登記が一般債権者による当該差押えの登記の前にされたものであるときは，配当要求をしないで配当を受けることができます（民執法87条1項3号）。これに対し，仮差押えの登記が他の一般債権者による差押えの登記後にされたものであるときは，改めて配当要求をしなければ，配当等に加わることはできません（同法51条1項）。以上により配当を受けることができる場合であっても，配当金等は，仮差押債権者が債務名義を取得するまでは，供託されます（同法91条1項2号，92条）。

(4) 本執行への移行

仮差押債権者は，本執行に移行できる要件を具備したときは（例えば，本案訴訟における勝訴判決，和解等の成立による債務名義の取得），本執行の申立てをすることができます。本執行が強制競売である場合には，それは，先行する仮差押えと同質かつ同態様のものですから，当事者恒定効により，仮差押えの登記から生じている処分制限効は，執行債権者・執行債務者間にも引き継がれることになり，債務者が目的不動産を処分したときでも，仮差押債務者を執行債務者として，本執行を進めることができます。

本執行に移行した場合には，仮差押えの執行が終了し，その効力が将来に向かって消滅することになるのですが，仮差押えの登記

は，直ちに抹消されるわけではありません。本執行に移行しても，その目的が達成される前に，本執行の申立てが取り消され，又は本執行手続が取り消されるという事態が生じますと，仮差押えの目的は，まだ達成されておらず，なおその必要性が存続しますから，仮差押えの効力が，復活します。このため，仮差押えの登記は，本執行が目的を達成して終了するまで，維持されることになるのです。

## 2　設問についての検討

そこで，設問の検討に入りましょう。

(1)　問題の所在

設問のA不動産については，甲と乙間で売買契約が締結されたのですから，その所有権は，特約がなければ，登記の有無にかかわらず，契約の成立と同時に，乙に移転しています。したがって，乙の債権者である丙が，A不動産が乙所有のものであるとして，これにつき仮差押えの申立てをし，裁判所がこれを認めて，所要の命令をすることは，法理論上は，問題がありません。

しかし，この仮差押命令を執行する方法は，A不動産について，その旨の登記をすることなのですが，その所有権の登記名義人は，依然として，前の所有者である甲のままですから，裁判所書記官が仮差押えの登記の嘱託をしても，嘱託情報における登記義務者の表示が登記記録と合致しないものとして（法25条7号），却下されることになります。本来であれば，売主甲と買主乙の共同申請によって，所有権移転の登記がされることになるのですが，設問の事案では，乙が丙による強制執行の免脱又は妨害を図っている様子ですから，少なくとも，乙が進んで所有権移転の登記の申請手続をすることが期待できそうもない状況にあるようです。

このため，裁判所書記官が仮差押えの登記の嘱託をする前提として，丙が，民法第423条第1項の債権者代位権に基づき，当該仮差押命令（まだその執行がされていないため，裁判の効力は，生じて

第3章　代位による登記

いません。）の正本を代位原因を証する情報として登記所に提供して，甲から乙への所有権移転の登記の申請をすることができるかが，問われているのです。

(2) 代位申請の可否について

　ア　検　討

　　　設問のように，乙の所有ではあるが，その名義は前所有者甲のままになっている不動産について，乙の債権者である丙が仮差押えの申立てをする場合には，その前に，乙と交渉して，甲から乙への所有権移転の登記の申請をするよう求めるという手順を踏むものと考えられます。乙が，これに応じない場合に，乙にA不動産以外にみるべき資産がなく，丙が，その債権の全額を回収できる見込みがないのであれば，丙は，その債権を保全するために，乙に代位して，甲から乙への所有権移転の登記を申請することができます。

　　　しかし，乙が，そのような無資力状態にはなく，しかも，丙のA不動産に対する強制執行を妨害するような行為に及んでいる場合には，丙は，どのような方法を採ることができるでしょうか。このような場合，丙としては，仮差押えという手段に訴えて，将来の強制執行（本執行）を保全するほかありません。丙は，裁判所に申立てをして仮差押命令を得れば，A不動産について，裁判所の嘱託という手続を通じて，仮差押えの登記を受ける地位を取得しますし，一方，乙は，丙のこの地位に対応して，A不動産について，仮差押えの登記の負担を受忍すべき地位に置かれることになります。ここに，丙が，乙に対して，あたかも「仮差押登記請求権」に類似する権利を有するという法律関係が生ずるものと，解することができます。そして，丙が，この権利を保全するために，民法第423条第1項が定める債権者代位権の転用型として，乙に代位して，甲から乙への所有権移転の登記を申請するこ

とができるとする見解を導くことができるものと考えられます。
　　イ　登記先例
　　　　登記先例には，設問と同旨の事案について，仮差押命令を得た者が，当該命令の正本を提出してする登記の代位申請を認めたものがあります（昭和26年11月26日民事甲第2267号民事局長通達）。ただし，この事案は，申請人が，代位原因を証する情報として，不動産の売主（設問の事案の甲に当たる者）作成名義の証明書（不動産を売却した事実を証明する内容のもの）を提供したというものです。同通達は，その情報として当該仮差押命令の正本を提供した申請があれば，これを受理して差し支えないとし，申請人が提供した上記の売主作成の証明書は，登記原因を証する情報としても相当でないから，これを提供する必要はないとしています。
　　　　なお，近時の実務においては，設問のような事案のケースでは，仮差押債権者丙が裁判所から当該仮差押命令の正本の交付を受けるのと同時に，登記所に対する仮差押登記嘱託書を預かった上，登記所にこれらの書類を提出して，代位により，甲から乙への所有権移転の登記を申請するという便宜的な運用が行われているようです。いわば，債権者による登記の代位申請が，事実上仮差押えの執行手続の一部に組み込まれているわけです。
(3)　代位申請の手続
　　　丙が，乙に代位して，甲から乙への所有権移転の登記を申請する場合は，もとより単独ですることはできず，登記義務者である甲と共同してすることになります（法60条）。甲の協力が得られなければ，乙を代位して，甲に対し，所有権移転登記手続を命ずる確定判決を得た上，単独で，申請することができます（法63条1項）。
　　　この場合に，登記所に提供すべき申請情報及び添付情報のうち，代位申請に特有なものは，次のとおりです。
　　ア　申請情報

第3章　代位による登記

　　　(ア)　申請人（令3条1号）として，丙及び甲の氏名又は名称及び住所を表示します。
　　　(イ)　申請人が代位者である旨及び当該被代位者を表示します（同条4号）。登記実務では，「権利者（被代位者）」として乙の氏名又は名称及び住所を，「代位者」として丙の氏名又は名称及び住所を，それぞれ表示します。
　　　(ウ)　代位原因（同条4号）を表示します。登記実務では，「平成○年○月○日仮差押命令の仮差押登記請求権」とする取扱いです。その年月日は，当該仮差押命令の発令の日です。
　　イ　添付情報
　　　代位原因を証する情報として，当該仮差押命令の正本を提供することを要します。
(4)　登記事項
　　権利に関する登記の登記事項の通則は，法第59条に定められています。このうち，当該登記が代位者の申請によるものであるときは，当該代位者の氏名又は名称及び住所並びに代位原因を登記すべきものとされています（同条7号）。設問の所有権移転の登記の場合，登記実務では，「所有者」として乙の氏名又は名称及び住所を，次いで「代位者」として丙のそれを，それぞれ記録します。代位原因は，「平成○年○月○日仮差押命令の仮差押登記請求権」と記録します。

## 91 根抵当権の確定後に債務を代位弁済した連帯保証人が，根抵当権者に代位して，根抵当権設定者に対し当該確定の登記を命ずる確定判決を得て，その旨の登記を申請することの可否

> **問** 債権者を甲，債務者を乙として丙所有の不動産に根抵当権設定の登記がされていたところ，当該根抵当権の確定後に，乙の連帯保証人丁が，乙に代わって，甲に債務を弁済しました。これにより，丁は，甲の根抵当権に代位し，甲から根抵当権移転の登記を受けることができることになりました。この登記をするには，その前提として，当該根抵当権の確定の登記をすることを要するのですが，丙が確定の登記を申請しようとしない場合には，丁は，債権者甲を代位して，丙に対し元本確定の登記手続を命ずる確定判決を得た上，単独で，確定の登記を申請することができますか。

【答】 設問の丁は，債権者甲を代位して，丙に対し元本確定の登記手続を命ずる確定判決を得て，単独で，確定の登記を申請することができます。

【解説】

1 前提としての説明—根抵当権の元本の確定とその登記

(1) 根抵当権の元本の確定

民法は，根抵当権を，「一定の範囲に属する不特定の債権を極度額の限度において担保する」抵当権と定義しています（同法398条の2第1項）。普通抵当権は，当初から特定している債権だけを担保するという性質を有し，したがって，債権が消滅すれば抵当権も消滅します。これに対して，根抵当権は，一定の取引を通じて発生・消滅を繰り返す多数の債権を，あらかじめ一括して担保する抵当権で（同条2項），一つの債務が弁済によって消滅しても，極度額は何ら

影響を受けることなく，次に発生する債権を担保することになる点に，最大の特色を有しています。しかし，何らかの事由によって，この債権の流動状態が終止し，それ以後に発生した元本債権はもはや担保されず，そのときに存在した債権だけが担保されるという状態になることがあります。これを，根抵当権の元本の確定，あるいは端的に根抵当権の確定と呼んでいます。

(2) 確定事由

その確定の事由は，民法に定められています（同法398条の6第1項，398条の8第4項，398条の19，398条の20）。大きく分けると，当事者の意思に基づく事由と，そうでないものとがあります。前者に属するのが，当事者の定めた元本確定期日の到来，又は根抵当権者若しくは根抵当権設定者による元本確定請求です。後者に属するのは，目的不動産について競売・担保不動産収益執行等の執行手続が開始されたこと，又は債務者若しくは設定者が破産手続開始の決定を受けたことです。そのほかに，債権者や債務者の相続・合併により確定を生ずることもあります。

(3) 確定後の根抵当権

前記のように，根抵当権が確定すると，確定時以後に生じた債権を担保しなくなります。これが「確定」の基本的な効果なのですが，このことは，当該根抵当権により担保されていた個々の被担保債権が，元本の確定によって一つの債権となり，当該根抵当権が，普通抵当権に転化することを意味するものではありません。個々の被担保債権は，確定後にも独立した存在であることを失わず，利息・損害金も，それぞれの定めに従って発生します。極度額の限度で優先弁済権を行使できるという性質（同法398条の3）も存続します。

確定前と異なるのは，根抵当権に随伴性が生ずることです。債権者が，個別の債権について譲渡・質入などの処分をすれば，根抵当

権とともに移転します。保証人や第三者が弁済をすれば，根抵当権者に代位しますし，債務引受けがあれば，その債務を根抵当権によって担保するものとすることができます（確定前の根抵当権に以上のような随伴性がないことについては，同法397条の7参照）。また，債権者は，民法第376条第1項の規定による処分（転抵当以外の処分。同法398条の11第1項参照），すなわち，同一の債務者に対する他の債権者の利益のために根抵当権自体又はその順位を譲渡又は放棄することができるようになります。

　他方，債務者も，被担保債権の範囲が決まりますから，その全額を弁済して，根抵当権を消滅させることができるようになります。このほか，確定後の根抵当権については，設定者による極度額の減額請求（同法398条の21），物上保証人・第三取得者等による消滅請求（同法398条の22第1項）などの制度が設けられています。

(4)　元本確定の登記

　以上のとおり，根抵当権の元本の「確定」は，根抵当権の「変質」（普通抵当権とほぼ同じ性質の担保権への変質）をもたらす事由ですから，当該根抵当権が登記されている場合には，これを登記によって公示することが望ましいことは，いうまでもありません。不動産登記法も，根抵当権の元本の確定の登記をなし得ることを認めています（法93条）。これを受けて，登記実務の取扱いでは，この登記の申請は，根抵当権設定者を登記権利者，根抵当権者を登記義務者として，両者が共同してすべきものとしています（法60条。昭和46年10月4日民事甲第3230号民事局長通達第九前段）。根抵当権の元本の確定の直接的な効果は，上記のとおり，被担保債権の流動性を終止させることにあり，これによって，根抵当権の負担は，確定時以上には増加しないことになりますから，確定の登記をすることによって，登記上直接の利益を受ける者（法2条12号）は根抵当権設定者であると，考えられたのです。

第3章　代位による登記

## 2　設問についての検討
### (1)　問題の所在

設問では，債権者甲の根抵当権が確定した後に，債務者乙の連帯保証人丁が，被担保債権を弁済したというのです。丁は，乙の債務を弁済するについて，正当な利益を有する者ですから，その弁済によって，当然に，債権者甲に代位します（民法500条）。甲が有していた乙に対する債権は，法律上の効果として甲から丁に移転し，これに根抵当権が随伴しますから，丁は，甲に対し，根抵当権移転登記請求権を有することになります。

もっとも，このような債務弁済による代位は，前記のとおり，根抵当権の確定前には，することができず，確定後に，初めてできるようになるものです。代位による根抵当権移転の登記の申請についても，確定後でなければすることができないという制約が掛かるのですが，このような制約を登記手続に正確に反映させるために，登記先例は，「元本の確定後でなければすることができない登記の申請は，担保すべき元本の確定の登記をした後でなければすることができない」という原則を掲げています（昭和46年12月27日民事三発第960号民事局第三課長依命通知第七本文）。もっとも，同通知は，続けて，「ただし，次の各号に該当する場合には，元本確定の登記がなされていないときでも申請することができる」として，一定の場合には，上記の原則が緩和されることを認めています（同第七ただし書）。その典型例が，「登記簿上の確定期日が既に到来しているとき」（同ただし書1号）で，この場合は，登記記録から元本が確定していることが明らかだからです。同じ理由で，根抵当権者が目的不動産について競売等の申立てをしたとき（同ただし書3号），債務者又は根抵当権設定者が破産手続開始の決定を受けたとき（同）などにも，元本の確定の登記を前提とすることを要しないとされています。

設問は，このような例外的な取扱いが認められない場合（すなわ

ち，登記記録から元本が確定していることが明らかでない場合）に当たります。代位弁済をした連帯保証人丁が，甲から根抵当権移転の登記を受けるには，その前提として，元本確定の登記がされなければならないのですが，この元本確定の登記申請の登記権利者である丙（目的不動産の所有者）が，進んでその申請をしようとしないというのです。そこで，丁としては，自己の甲に対する根抵当権移転登記請求権を保全するため，同人に代位して，丙に対し元本確定の登記手続を命ずる確定判決を得て，確定の登記を申請しようと考えています。このような申請が認められるのかが，設問で問われているのです。

(2) 設問についての検討

ア　登記の引取請求権

前掲の昭和46年10月4日の登記先例は，根抵当権の元本の確定の登記の申請は，根抵当権設定者を登記権利者とし，根抵当権者を登記義務者としてするものとしています。しかるに，設問のように，登記権利者が，進んでその申請をしない場合に，登記義務者が，登記権利者に対し「登記を引き取れ」と求める訴訟を起こすことができるか，という問題があります。すなわち，登記手続上の登記義務者が，登記権利者に対して，登記の引取請求権という実体上の権利を有するといえるのかどうか，という問題です。

このような，いわば通常とは逆方向の登記請求権の有無について，判例は，積極に解しています（最高裁昭和36年11月24日判決・民集15巻10号2573頁）。この事案は，売買による所有権移転の登記がされた後，売主の債務不履行により売買契約が解除され，買主が，売主に対して，代金返還とともに当該移転登記の抹消登記手続を訴求したというものです。最高裁は，一般論として，「真実の権利関係に合致しない登記があるときは，その登記の当事者

第3章　代位による登記

の一方は他の当事者に対し，いずれも登記をして真実に合致せしめることを内容とする登記請求権を有するとともに，他の当事者は右登記請求に応じて登記を真実に合致せしめることに協力する義務を負う」と述べて，買主の抹消登記請求権を認めたのです。

　この判例理論によれば，設問の元本の確定の登記についても，登記義務者である根抵当権者甲が，登記権利者である丙を被告として，その旨の登記手続をすべきことを命じる確定判決を得て，単独で，申請をすることができるというべきです（法63条1項）。法63条1項は，「（法の）規定により申請を共同してしなければならない者の一方に登記手続をすべきことを命ずる確定判決による登記は，当該申請を共同してしなければならない者の他方が単独で申請することができる。」と定めていますので，（登記権利者ではなく）登記義務者であっても，確定判決による登記を「単独で」申請できることは，明らかです。

　イ　代位申請の可否

　次に，元本確定の登記の登記義務者である甲が進んで申請をしないときは，同人に対して根抵当権移転登記請求権を有する丁が，甲を代位して，丙を被告とする訴訟を提起することができます。この訴訟で，丁が，勝訴の確定判決を得れば，同じく甲を代位して，単独で，元本の確定の登記を申請することができます。この場合，代位原因を証する情報として，当該確定判決の正本を提供することを要します（令7条1項3号）。

　登記先例も，設問と同旨の事案について，上記と同じ見解を採っています（昭和54年11月8日民三第5731号民事局第三課長回答。この先例の見解は，昭和55年3月4日民三第1196号民事局第三課長回答においても再確認されています。）。

(3)　補　説

　以上のように，設問については，「登記引取請求権」という理論

を用いて，事案の解決が図られると説明しました。これは，前記のとおり，登記先例が，根抵当権の元本の確定の登記は，根抵当権設定者を登記権利者，根抵当権者を登記義務者として申請するとしていることによるものです。そして，この登記先例が，元本の確定の直接的な効果は，被担保債権の流動性を終止させることにあり，これによって，根抵当権の負担は，確定時以上には増加しないことになるから，確定の登記をすることによって，登記上直接の利益を受ける者（法2条12号）は抵当権設定者であるとの考えを基礎に置いていることも，そこに述べたとおりです。

　しかし，この考え方は，平成15年法律第134号により民法の一部改正がされて，根抵当権者による元本の確定請求が明文で認められたことにより（現行民法398条の19第2項前段。「根抵当権者は，いつでも，担保すべき元本の確定を請求することができる」とする。），見直しがされるべきではないか，と思われます。この改正は，根抵当取引において，根抵当権者が元本を確定させて，被担保債権を根抵当権付きで譲渡することにより，その流動化を図る必要性が高くなってきたという事情を背景にするものでした（前記のように，根抵当権の確定前においては，被担保債権を譲渡しても根抵当権は随伴しません。民法398条の7第1項）。すなわち，民法は，根抵当権者の利益のために，根抵当権を確定させる必要がある場合があり得ることを，予定しているのです。そうとすれば，少なくとも，根抵当権者の請求によって元本が確定した場合には，その確定の登記は，根抵当権者を登記権利者，根抵当権設定者を登記義務者とする共同申請によるべきものとするのが，理に適うというべきです。

　したがって，設問においても，根抵当権の確定が根抵当権者甲の請求によるものである場合には，甲の「登記引取請求権」を持ち出すまでもなく，不動産登記法が予定する通常の方式に従った申請が可能になるもの，と考えられます。

第3章　代位による登記

92　所有権移転の登記の抹消を命ずる確定判決を得た者が，その所有権移転の登記の抹消を申請する前に当該不動産を譲渡した場合において，その譲受人が，譲渡人に代位して当該所有権移転の登記の抹消を申請することの可否

> 問　A不動産については，甲から乙への所有権移転の登記がされているところ，甲は，乙に対し，当該登記の抹消登記手続を命ずる確定判決を得たのですが，その抹消登記の申請をしないまま，A不動産を丙に譲渡しました。この場合，丙は，甲に代位して，甲・乙間の所有権移転の登記の抹消を申請することができますか。

【答】　設問の丙は，甲に代位して単独で，甲から乙への所有権移転の登記の抹消を申請することができます。この場合，登記原因を証する情報として，甲が得た確定判決の判決書正本を提供することを要します。

【解説】

1　問題の所在

　設問では，A不動産について，まず，甲から乙への所有権移転の登記がされたのですが，その後に，甲が，乙に対して，その登記の抹消を命ずる確定判決を得たというのです。上記の所有権移転の登記の登記原因について，最初から無効であるとか，取消し，解除等によって効力を失うなどの事由があったものと考えられます。おそらく，乙が，任意に抹消登記手続に応じなかったために，訴訟に至ったものと思われますが，甲は，この判決を得たことによって，単独で，当該登記の抹消を申請できる地位を取得しました（法63条1項）。しかるに，甲は，この申請をしないまま，丙に対して，A不動産の所有権を譲渡したというのです。

　不動産登記法が予定する登記手続からすれば，この場合，丙がA不動産について自己名義の所有権の登記をするためには，甲から乙への

所有権移転の登記を抹消して（甲の単独申請によることができます。），甲の所有名義を回復した上で，甲から丙への所有権移転の登記を申請する（甲と丙の共同申請によります。法60条）という手順を踏むべきです。ところが，設問では，甲が進んで登記の申請手続をしないために，丙が自己名義の登記を得られないままになっています。そこで，丙が甲に対する債権者代位権を行使して，甲から乙への所有権移転の登記の抹消を申請することができるかが問われているのです。

## 2 設問についての検討

設問では，甲から乙への所有権移転の登記がされたものの，実体関係においては，その所有権は最初から乙に移転しなかったか（登記原因が不存在又は無効の場合），いったんは乙に移転したが甲に遡及的に復帰したもの（登記原因である行為が取り消され，又は解除された場合）と思われます。いずれにしても，丙は甲に帰属していたA不動産の所有権を譲り受けたのですから，甲に対して所有権移転登記請求権を有しています。そこで，丙はこの登記請求権（債権）を保全するために（乙が無資力であることを要しません。），民法第423条第1項の規定に基づき，債務者である甲に代位して，単独で甲から乙への所有権移転の登記の抹消を申請することができます。この場合，登記原因を証する情報として，甲が得た確定判決の判決書の正本を（令7条1項5号ロ(1)），代位原因を証する情報（同項3号）として，丙が甲からA不動産の所有権を取得した契約の成立を証する情報を，それぞれ提供することを要します。甲が上記の判決書の正本を丙に引き渡さないときは，丙は訴訟に持ち込んで引渡を受けるほかありません。

A不動産についての所有権の登記が，甲名義に回復されれば，丙は，甲との共同申請により，自己への所有権移転の登記を受けることができることは，いうまでもありません。ここでも甲が協力しないときは，丙は，甲に対して，所有権移転登記手続を命ずる確定判決を得て，単独で，この登記の申請をすることができます（法63条1項）。

第3章　代位による登記

## 93　債権者が，債務者のした抵当権の設定行為を詐害行為として取り消し，当該抵当権の登記の抹消を命ずる確定判決を得た場合において，債権者が，債務者に代位して，当該登記の抹消を申請することの可否

> **問**　丙を所有権の登記名義人とするA不動産について，甲を債権者とする仮差押えの登記がされ，その後に，乙を債権者（債務者は丙）とする抵当権設定の登記がされました。しかるところ，甲が，当該抵当権設定行為は詐害行為に当たるとして，乙を相手に，同行為の取消し及び当該抵当権設定の登記の抹消を訴求し，勝訴の確定判決を得ました。この場合，甲は，債務者丙に代位して，単独で，当該登記の抹消を申請することができますか。

【答】　設問の甲は，債務者丙に代位して，単独で，乙名義の抵当権設定の登記の抹消を申請することができます。

【解説】

1　設問の事案の説明

　(1)　仮差押債権者甲

　　　設問のA不動産は丙の所有なのですが，これについて，甲を債権者とする仮差押えの登記がされています。仮差押えは，金銭債権者が，債務者の財産に対して，将来の強制執行を保全するためにする裁判手続で，「強制執行をすることができなくなるおそれがあるとき，又は強制執行をするのに著しい困難を生ずるおそれがあるとき」に発令されます（民保法20条1項）。目的物が不動産であるときは，その命令の執行方法として，仮差押えの登記がされます（同法47条1項）。設問の甲は，自己の金銭債権に基づく将来の強制執行を，債務者丙が，免脱し又は妨害するおそれがあったため，丙所有のA不動産について，仮差押えをしたものです。

678

(2) 詐害行為となる乙への抵当権の設定

　甲名義の仮差押えの登記がされた後に，丙とその債権者乙との間で，A不動産について，抵当権設定契約がされ，その旨の登記がされました。しかるところ，丙の債権者の一人である甲が，当該抵当権の設定行為は，民法第424条第1項に定める詐害行為に当たると主張して，その取消訴訟を提起しました。

　民法第424条第1項前段は，「債権者は，債務者が債権者を害することを知ってした法律行為の取消しを裁判所に請求することができる。」と定めています。債権者取消権と呼ばれるこの制度は，一般債権者の債権の引当てとなる責任財産を保全し，債権者平等の原則の下で，強制執行をするための準備の制度です（民法425条参照）。「債権者を害する」とは，債務超過（無資力）になることで，債務者がこのことを知った上でした法律行為が，取消しの対象になります。債務者の財産を無償又は不当な廉価で譲渡する行為が詐害行為の典型ですが，そのほかに，一部の債権者に対する弁済も通謀の上でされたときは，これに該当しますし，不動産の売却は相当な価格でされたときでも詐害性があるとするのが，判例です（不動産が現金に代わってしまうと，債権者がこれを把握することが難しくなり，勝手に使われてしまうおそれが大きくなることを理由とします。）。設問のように，一部の債権者のために抵当権を設定する行為は，その債権者が把握することになる担保価値に相当する分が債務者の責任財産の減少をもたらしますが，その分債務も減少していますから，数字の上では責任財産に変動は，ありません。しかし，債務者が，無資力状態にあるときに，一部の債権者についてだけ優先弁済権を与えることになりますので，債務者の意思いかんによっては，詐害行為となり得ます。

(3) 甲の債権者取消権の行使の方法

　債権者取消権は，必ず訴訟によって行使しなければなりません。

## 第3章 代位による登記

債権者が原告になって裁判所に請求するのですが,判例は,債務者を被告にする必要はなく,受益者(債務者の法律行為の相手方)又は転得者だけを相手にすれば足りると,解しています。また,訴えの内容は,当該法律行為の取消しだけを求めることも,また,これに併せて,債務者の責任財産から逸出した物の取戻しを求めることもできます。不動産のように,登記することができる物の返還を求めるときは,債権者は,詐害行為によってされた登記の抹消も請求できると,解されています。

設問では,丙の債権者の1人である甲が,丙から抵当権の設定を受けてその旨の登記を得た乙(受益者)を相手に詐害行為取消訴訟を提起し,抵当権の設定行為を取り消すとともに,乙名義の抵当権設定の登記の抹消登記手続を命ずる判決を得たのです。

**2 設問についての検討**

設問の甲は,乙を被告として勝訴判決を得たのですが,このうち抵当権設定の登記の抹消手続を命ずる部分について登記の申請をする場合,その登記権利者は,A不動産の所有権の登記名義人である丙です(同人の単独申請。法63条1項)。乙の抵当権の登記が抹消されれば,A不動産に掛かっていた抵当権の負担が消滅することになり,それによって登記上直接に利益を受けるのは,所有権の登記名義人だからです(法2条12号)。詐害行為取消訴訟の原告だった甲は,A不動産を,乙の抵当権による優先弁済権を消滅させて,債務者丙の一般財産に引き戻すという意味では,抵当権の登記の抹消によって利益を受けるとみることができますが,その利益は「間接的」なものですから,登記権利者には,なり得ません(同号参照)。

しかし,丙は,自己が無資力に陥ることを知りながら,乙のために抵当権を設定したという立場にありますから,自ら進んでこの抹消の登記の申請をしないという事態は,容易に想定できるところです。このような場合には,甲は,丙に対する債権者(金銭債権を有する者)

として，この債権に基づき，丙の乙に対する抵当権設定登記の抹消登記請求権を代位行使して，単独で，当該抹消の登記を申請することができます。登記先例も，債権者取消権を行使した債権者の代位による権利の登記の抹消申請を認めています（昭和35年5月18日民事甲第1118号民事局長回答，昭和38年3月14日民事甲第726号民事局長回答）。

## 3　登記先例の紹介

設問についての検討は以上のとおりなのですが，上記2に引用した昭和35年5月18日の登記先例は，非常に珍しい事案に関するものですので，参考のために，次に紹介しておくことにします。

(1)　事案の概要

この事案の概要は，次のとおりです。丙は多数の債権者に対して債務を負っていたのですが，そのうちの一人である乙に対する債務を担保するために，新たに，所有不動産に抵当権を設定して，その旨の登記をしました。丙の他の債権者である甲ほか26名は，この抵当権設定行為が，民法第424条第1項の詐害行為に該当すると主張し，共同原告となって，乙を被告とする債権者取消訴訟を提起しました。第一審は，原告ら全員勝訴の判決（乙に対し，抵当権設定行為を取り消し，当該登記の抹消を命ずる判決）を言い渡したところ，乙は，甲を除く他の債権者25名に対しては控訴を申し立てたのですが，甲に対してはこれをしなかったため，甲との関係では，上記の判決が確定しました。そこで，甲は，他の債権者らとの訴訟がまだ控訴審に係属している間に，上記の確定判決に基づき，債務者丙に代位して，単独で，当該抵当権設定の登記の抹消を申請しました。

本件では，他の債権者との関係での控訴審の判決がされる前においても，このような代位による登記申請が許されるかが，問題になったのです。

(2)　登記先例の見解

第3章　代位による登記

　　　上記の登記先例は，甲からその勝訴判決の判決書正本を提供して，代位による登記申請があったときは，当該控訴審の結果のいかんにかかわらず，これを受理して差し支えないとしました。
　　債権者取消権は，法定の要件が充たされる場合には，債務者に対する各債権者が，独立して訴訟上行使できるものです。たまたま数名の債権者が，共同原告となって取消訴訟を提起したとしても，それは，通常の共同訴訟（民訴法38条）であって，「訴訟の目的が共同訴訟人の全員について合一にのみ確定すべき」必要的共同訴訟（同法40条1項）には，当たりません。したがって，共同原告のうちの1名についてだけ，勝訴判決が確定するという事態もあり得るわけです（同法39条参照）。上記の登記先例は，このような理由により，甲の代位申請を認めたものと考えられます。
　　ちなみに，債権者取消権の行使による当該法律行為の取消しは，すべての債権者の利益のために，その効力を生ずるものとされていますから（民法425条），甲を除く他の債権者らも，甲の勝訴判決に基づく乙の抵当権設定の登記の抹消の利益を享受することができ，結局，控訴審における判決の結果には，関わりないことになります。

4　補説―設問の甲が自ら登記権利者として登記を申請することの可否
　　設問では，債権者取消訴訟で勝訴した債権者甲が，当該判決に基づいて，債務者丙に代位して，所要の登記を申請することができるかが問われているのですが，ここには，もう一つ別の問題が，あります。それは，甲が，丙に代位するという方式によってではなく，直接に登記権利者として，当該判決に基づく登記の申請をすることができないか，という問題です。これは，甲は，丙の代理人としてではなく，自らの名において，債権者取消訴訟を提起するのだから，登記の申請という場面においても，独立の地位を認めてよいのではないかという観点から生じるもので，その論点は，不動産登記法が規定する「登記権

利者」とは，どのような者を指すのかにあります。

　このような問題は，平成16年法律第123号による改正前の旧法においては，「登記権利者」についての定義規定が設けられていなかったため，その意味をめぐって，登記実務，判例及び学説を通じてさまざまな解釈論が，展開されていました。このような状況を背景に，債権者取消権を行使して，債務者に対し，権利に関する登記の抹消を命ずる判決を得た債権者も，自ら登記権利者として，当該判決に基づく登記を申請することができるとする見解も，一部で主張されていたのです。

　しかるに，新法は，登記権利者について定義規定を置き，「権利に関する登記をすることにより，登記上，直接に利益を受ける者をいい，間接に利益を受ける者を除く。」と明確に定めました（同法2条12号）。この規定の下では，設問の事例において，乙の抵当権の登記が抹消されることにより，登記上直接に利益を受けるのは，所有権の登記名義人である丙であり，仮差押債権者である甲が受ける利益は，間接的なものであることが明らかです。旧法下で存在していた上記の見解は，もはや根拠を失って，成立する余地がなくなったのです。

## 第3章 代位による登記

### 第3款 官公署による代位の登記

**94** 納税者が売買により取得したが，その旨の登記を経ていない不動産について，当該租税債権を担保するために抵当権を設定した国（又は滞納処分をしようとする国）が，納税者に代位して，所有権移転の登記を申請することの可否

> **問** 甲所有のＡ不動産を，乙が売買により取得したのですが，その登記をしていない場合において，国が，乙に対する租税債権の担保としてＡ不動産に抵当権を設定し，その登記の嘱託をするときは，その前提として，国は，乙に代位して，甲から乙への所有権移転の登記の嘱託をすることが，できますか。上記の場合において，国が，Ａ不動産について，乙の滞納処分による差押えをし，その登記を嘱託するときは，どうですか。

**【答】** 設問前段及び後段の場合ともに，国は，納税者又は滞納者である乙に代位して，甲から乙への所有権移転の登記を申請することができます。

**【解説】**

1 設問の事案についての説明

(1) 設問前段について

設問前段では，国（税務官庁）が，納税者乙に対して有する租税債権を担保するために，同人所有の不動産について，抵当権を設定するという場合が，想定されています。これは，どのような場合なのでしょうか。

租税（ここでは国税に限るものとします。）は，納付すべき期限（納期限）までに納付しなければならず，納税者が納期限までに租

税を完納しないときは，国は，履行の勧告として督促を行い，それでもなお租税が完納されないときは，納税者の財産から租税債権の強制的満足を図ることができます。

　その一方で，租税関係法においては，一定の要件の下に，納期限の到来した租税について，徴収緩和措置が，認められています。その代表的なものが，法定納期限を一定の間延長する「納期限の延長」で，消費税，酒税などの間接消費税について認められています（消費税法51条，酒税法30条の6など）。これらの租税の納税資金は，その課税物件である売上代金によって賄われるのが通常なのですが，売上代金の回収には，相当の期間を要することを考慮して，採用された制度です。租税の徴収緩和措置の代表例のもう一つが，「延納」です。これは，法定納期限の延長ではなく，具体的納期限の延長としての性質を有するものです。延納は，所得税，相続税及び贈与税について，認められています（所得税法131条）。このほかに，租税の徴収緩和策としては，「納税の猶予」の制度があります。これは，何らかの理由によって納税者が納税資金を欠き，租税の納付が困難であると認められる場合等に，その期限経過後における納税義務の履行を猶予すること（徴収を差し控えること）です（国税通則法46条以下）。納税の猶予は，納期限の延長又は延納のように，法定納期限又は具体的納期限を先に延ばす制度ではなく，納期限の経過後において，租税の納付と徴収を猶予するものです。

　以上に掲げた租税の徴収緩和措置は，原則として，納税者から当該租税についての担保の提供を条件として，認められます。提供が認められる担保の種類は，①国債，地方債，社債その他の有価証券で租税官庁が確実と認めるもの，②土地，建物・立木等（保険に付したものに限ります。），③鉄道財団・工場財団等，④税務署長等が確実と認める保証人の保証，及び⑤金銭です（同法50条）。②に掲げる財産が担保として提供されたときは，これに当該租税を被担保

第3章　代位による登記

債権とする抵当権を設定するのが，通常です。
　設問前段の事案で，国が乙所有のA不動産に設定した抵当権は，乙に対する租税債権の徴収緩和措置に伴うものと，考えられます。
(2)　設問後段について
　設問後段では，国が，乙に対して租税債権の強制的満足を図るための手段としての滞納処分をする場合が，想定されています。
　国税についての滞納処分の手続は，国税徴収法に定められています。私法上の債権にあっては，債務者がこれを任意に履行しないときは，債権者は，原則として，債務名義を得た上で，裁判所の手続を通じて，強制的実現を図らなければならないのですが，租税債権については，租税債権者である国に，その債権の存否及び金額を確定する権限と，自らの手で強制的実現を図る権限が，与えられているのです。これは，租税債権の確実かつ迅速な徴収を図るためです。
　滞納処分は，狭義の滞納処分と交付要求とに分かれます。前者は，国が，自ら滞納者の財産を差し押さえて，そこから租税債権の満足を図る手続であって，財産の差押え，その換価，換価代金の租税債権への充当という一連の行政処分から成ります。一方，交付要求は，他の強制換価手続が現に進行している場合に，その執行機関に換価代金の交付を求め，それによって租税債権の満足を図る手段で，民事執行における配当要求に相当するものです。
　設問後段は，滞納者乙に対して，狭義の滞納処分がされた場合に関するものです。この手続の開始に当たってされるのが，滞納者の財産に対する差押えの処分で，これにより，滞納者は，その財産の処分を禁止されます（同法47条1項）。差押えの対象となる財産については，一定の要件が定められていますが（同法75条から77条まで），不動産は，原則として，差押えの対象とすることができます。
　設問後段のA不動産の差押えは，これらの規定に基づいてされる

ものです。

2　設問についての検討

(1)　設問前段について

　　国（税務官庁）は，納税者乙との間で，その所有するＡ不動産について，租税債権を担保するために，抵当権を設定する旨の契約をしたのですから，乙の承諾を得た上で，遅滞なく，登記所に対し，抵当権設定の登記の嘱託をしなければなりません（法116条1項）。この嘱託における登記権利者は国（税務官庁）であり，登記義務者は乙です。

　　しかるに，Ａ不動産の所有権の登記名義人は，依然として前所有者甲のままですから，国が上記の嘱託をするには，その前提として，甲から乙への所有権移転の登記が経由されていることを要します。乙と甲の共同申請により，この登記がされればよいのですが，乙が進んでその申請をしようとしないときは，国は，民法第423条第1項の規定に基づき，乙に対する抵当権設定登記請求権を保全するため，同人に代位して，甲と共に，上記の所有権移転の登記を申請することができます。登記先例も，同じ見解を採っています（昭和29年3月29日民事甲第694号民事局長回答）。この場合，代位原因を証する情報（令7条1項3号）としては，国と乙との間で作成された抵当権設定契約書などが，用いられることになります。登記義務者である甲が上記の申請に応じないときは，国は，乙に代位して，甲に対し，所有権移転登記手続を命ずる確定判決を得て，単独で，その登記を申請するほかありません（法63条1項）。これについても同旨の登記先例が，あります（昭和24年6月15日民事甲第1381号民事局長回答）。

　　このようにして，Ａ不動産の所有権の登記名義人を納税者乙とした上で，国は，前記の抵当権設定の登記を嘱託することになります。

第3章　代位による登記

(2)　設問後段について

　滞納処分による差押えの手続は，租税の徴収職員が執行します。差押えの手続は対象財産によって異なりますが，一般的な手続として，徴収職員は，差押調書を作成しなければならないこととされています（国税徴収法54条）。不動産に対する差押えは，滞納者に差押調書を送達して行います（同法68条1項）。その差押調書が送達された時に，差押えの効力が，生じます（同条2項）。ただし，不動産を差し押えたときは登記所に差押えの登記の嘱託をするのですが（同条3項），その登記が差押調書の送達よりも先にされたときは，登記の時に，差押えの効力が，生じます（同条4項）。この登記の登記名義人は，登記実務では，所轄税務署長とされています。

　設問後段の場合には，A不動産の所有権の登記名義人は，滞納者乙ではなく，前所有者甲ですから，そのままでは，滞納処分による差押えの登記の嘱託をすることができません。その嘱託の前提として，甲から乙への所有権移転の登記がされていることを要します。その登記の申請又は代位申請の手続は，上記(1)に述べたところと同じです。ただし，国が代位申請をする場合の代位原因を証する情報としては，当該差押調書を提供すべきです。

## 95 滞納処分により滞納者所有の不動産が差し押さえられた後に同人が死亡した場合において、所轄税務署長が、同処分における公売による買受人のための所有権移転の登記の嘱託をする前提として、当該滞納者の相続人に代わって、相続による所有権移転の登記の嘱託をすることの可否

> **問** 滞納者乙名義のＡ不動産について、滞納処分が開始された後に、乙が死亡して丙が相続した場合において、Ａ不動産が公売され、税務署長甲が買受人丁への所有権移転の登記の嘱託をするときは、その前提として、乙の相続人丙への相続による所有権移転の登記の嘱託をすることができますか。
>
> 　滞納者乙の死亡後に、その死亡を知らずに乙名義の不動産に対して滞納処分を開始した場合において、当該不動産が公売されたときは、どうですか。

**【答】** 設問前段及び後段の場合ともに、税務署長甲は、公売による丁への所有権移転の登記の嘱託をする前提として、乙の相続人丙に代わって、その相続の登記の嘱託をすることができます。

**【解説】**

1 設問の事案についての説明

　設問前段及び後段の事案は、乙が、租税（ここでは国税）を納期限までに納付しなかったために、所轄税務署長甲が、履行の勧告としての督促を行い、それでも乙が納付をしなかったため、租税債権の強制的満足を図るための滞納処分を開始したという場合を想定したものです。

　(1) 設問前段について

　　ア　滞納者の死亡

設問前段の事案では，租税を滞納した乙に対して，所轄税務署長甲が，滞納処分を開始した後に，乙が死亡したというのです。この場合，実体上乙の租税債務は相続人丙が承継することになるのですが，滞納処分の手続は，どうなるのでしょうか。

　私法上の債権について強制的実現を図るための一般的な手続である民事執行手続については，民事訴訟法の規定が，包括的に準用されます（民執法20条）ので，手続開始後に債務者が死亡した場合には，その手続は中断し，相続人において受け継がなければならないとされています（民訴法124条，126条）。これに対して，国税の滞納処分その他の徴収に関する執行については，滞納処分の手続が開始された後に滞納者が死亡した場合であっても，中断を生ずることはなく，相続人による受継も要せずに，その処分の対象となった財産についての滞納処分を続行することができるとされています（国税徴収法139条1項）。租税債権の確実かつ迅速な実現を図るための措置です。

　したがって，設問前段の事案で，滞納者乙が死亡したときは，特段の手続を要することなく，A不動産についての滞納処分の手続が，続行されることになります。

イ　公　売

　次に，設問前段の事案では，A不動産について，公売の手続が行われ，丁が，買受人になったというのです。

　滞納処分の目的は，差し押さえた財産を換価して，租税債権を充足することにあります。その換価法は，原則として公売によらなければならず（同法94条1項），公売は，入札又はせり売りの方法で行わなければなりません（同条2項）。いうまでもなく，公正な手続で換価を行い，滞納者の利益の保護を図るためです。

　不動産を公売に付すときは，税務署長は，公売日の少なくとも10日前までに公告をし（同法95条）それを滞納者，公売不動産に

つき交付要求をした者及び同不動産につき質権等の権利を有する者のうち知れている者に通知しなければなりません（同法96条1項）。併せて，公売不動産の売却代金から配当を受けることができる者のうち知れている者に対し，債権現在額申立書をその不動産の売却決定をする日の前日までに提出すべき旨を催告することを要します（同条2項）。また，税務署長は，公売不動産の見積価額を決定し（同法98条），不動産については，それを公告しなければなりません（同法99条1項）。

　一方，公売不動産の買受けの申込み（入札等）をしようとする者は，税務署長の定める額の公売保証金を現金等で納付した上で（同法100条1項），その住所・氏名・公売不動産の名称・入札価額その他必要な事項を記載した入札書に封をして，これを徴収職員に差し出さなければなりません（同法101条1項）。

　入札又はせり売りの結果，見積価額以上の入札者等のうち最高の価格による入札者等が最高価申込者と決定され（同法104条），売却決定が行われます。不動産等については，公売期日等から起算して7日を経過した後に売却決定が行われます（同法113条）。買受人は，原則として，売却決定の日までに買受代金を現金で納付しなければなりません（同法115条）。この買受代金を納付した時に，買受人は換価不動産の所有権を取得します（同法116条1項）。

ウ　権利の移転の登記の嘱託

　税務署長は，買受代金の納付があったときは，売却決定通知書を買受人に交付し（同法118条），買受人の請求があるときは，換価不動産について，買受人に対する所有権移転の登記を嘱託しなければなりません（同法121条，法115条）。この登記の嘱託に併せて，公売処分により消滅した権利の登記の抹消及び滞納処分による差押えの登記の抹消も，嘱託することを要します（国税徴収法

第3章　代位による登記

124条・125条,法115条)。
(2) 設問後段について
　　設問後段では,所轄税務署長甲は,乙が死亡した後に,同人を滞納者とする滞納処分を開始したというのです。死亡者である乙は,もはや納税義務の主体となることができませんから,この場合の滞納処分は,乙の相続人丙に対してすべきものであり,それ自体は,無効です。しかし,ここでも特例が設けられており,滞納者の死亡後その国税につき滞納者の名義の財産に対してした差押えは,当該国税につきその財産を有する相続人に対してされたものとみなすとされています(国税徴収法139条2項本文)。これも,租税の確実かつ迅速な徴収を図るための救済措置です。もっとも,徴収職員がその滞納者の死亡を知っていたときは,この限りでないとされていますから(同項ただし書),税務署長は,改めて相続人に対して,滞納処分をすべきことになります。
　　設問後段の場合は,徴税職員が,乙の死亡を知らなかったものと考えられますので,税務署長甲が開始したA不動産についての滞納処分は,乙の相続人丙に対するものとして,効力を有します。

2　設問についての検討
(1) 設問前段について
　　設問前段の場合,滞納処分による公売によって,買受人丁がA不動産の所有権を取得したのですが,その旨の登記(丙から丁への公売による所有権移転の登記)は,丁及び丙の申請によってするのではなく,前記のとおり,税務署長甲が,丁の請求によって登記所に嘱託すべきものです。登記の手続も税務署長に委ねることによって,公売により変動した権利関係が,早期に安定することを図ったものです。この嘱託情報における登記権利者が丁,登記義務者が丙であることは,いうまでもありませんし(令3条11号ロ参照),登記原因を証する情報(令7条1項5号ロ)としては,売却決定書を提供

すべきことになります。

　ただし，設問の場合には，A不動産の所有権の登記名義人は，被相続人乙のままですから，税務署長が上記の公売による権利の移転の登記を嘱託するには，その前提として，A不動産について，相続の登記がされていることを要します。この相続の登記が，丙の申請によって，既にされていれば問題はありませんが，それが未了であるときは，税務署長が，丙に代わって，この登記を嘱託することができるものと，解すべきです。公売による権利の移転の登記が，上記の趣旨で税務署長の嘱託に委ねられたものである以上，その前提となる相続の登記についても，税務署長の職責の範囲内にあるものとみることができるからです。

　なお，上記の場合に，丙への登記を省略して，直接乙から丁への所有権移転の登記は，許すべきではありません。A不動産の所有権は，乙から丙を経て，公売により丁に移転しているのですから，乙から丁への直接の移転登記を認めるのは，実体上の権利変動の過程と符合しない「中間省略登記」を認めることになって，相当ではありません。登記先例も同じ見解を採っています（昭和43年6月5日民事甲第1835号民事局長回答）。

(2)　設問後段について

　設問後段の事案では，乙に対する滞納処分を開始した税務署長甲は，その開始後に乙死亡の事実を知ったとしても，当該滞納処分は，丙に対するものとみなされますから，その手続を続行することができます。これが公売にまで至って，丁が，買受人と決定され，代金納付がされれば，A不動産の所有権の移転が，生じます。

　その後の税務署長甲が執るべき手続は，上記(1)の場合と同様で，丁への所有権移転の登記の嘱託をする場合に，丙への所有権移転の登記が未了であるときは，丙に代わって，その登記の嘱託をすることができます。

第3章　代位による登記

## 96　国又は地方公共団体が不動産の権利者等に代位して権利に関する登記の嘱託をする場合における登記識別情報等の提供及び登録免許税の納付の要否

> 問　国又は地方公共団体が，不動産の権利者等に代位して，権利の設定，移転又は変更の登記を嘱託する場合においても，以下のような情報を提供することを要しますか。
> 　①　登記義務者の登記識別情報
> 　②　登記原因を証する情報
> 　③　登記原因について第三者の許可，同意又は承諾を要する場合における当該第三者が許可し，同意し又は承諾したことを証する情報
> また，上記の場合，登録免許税の納付を要するでしょうか。

【答】　国又は地方公共団体が，不動産の権利者等に代位して，権利の設定，移転又は変更の登記を嘱託する場合には，登記義務者の登記識別情報を提供することは要しませんが，登記原因を証する情報は必ず，登記原因について第三者の許可，同意又は承諾を要する場合における当該第三者が許可し，同意し又は承諾したことを証する情報は，原則として，提供しなければなりません。

　上記の場合には，登録免許税を納付することを要しません。

【解説】
### 1　問題の所在
　国又は地方公共団体が，不動産の所有者等に代位して，権利の設定，移転又は変更の登記を嘱託する事案は，多々あります。例えば，前問では，滞納処分が開始され，目的不動産について差押えの登記がされた後に，滞納者が死亡した場合において，所轄税務署長が，同処分における公売により買受人となった者のために所有権移転の登記の

嘱託をする前提として，当該相続人に代わって，相続の登記を嘱託するという事例を取り上げました。また，前々問（問94）では，納税期限が到来した租税について徴収緩和措置が採られたことに伴い，当該租税債権を担保するため，納税者が，他から買い受け，その登記が未了の不動産につき抵当権を設定する旨の契約がされた場合に，所轄税務署長が，当該抵当権設定の登記の嘱託をする前提として，納税者に代位して，当該売主と共同して，納税者のための所有権移転の登記の嘱託をするという事例を取り上げました。

　設問前段は，このように，国又は地方公共団体が，不動産の権利者に代わって，権利に関する登記の嘱託をする場合においても，上記①から③までに掲げた情報を，登記所に提供すべきか否かを問うものです。これらの情報は，一般私人が権利に関する登記の申請をする場合においては，いずれも当該登記申請の真正を担保するためのものとして，不動産登記法又は不動産登記令の規定によって提供を要するとされているものです。これに対して，国又は地方公共団体が当該不動産の権利者に代わって嘱託する場合には，当該登記原因となる事実関係及びその適法性について，国等において十分調査を尽くしているはずであり，その嘱託の真正が担保されていると考えられますから，上記のような情報の提供を省略しても差し支えないのではないか，設問前段の背後には，そのような問題意識が，窺われます。

　また，設問後段は，国又は地方公共団体が，不動産の権利者に代位して，権利に関する登記を嘱託する場合における登録免許税の納付の要否について，問うものです。これも，一般私人が登記を申請する場合との異同を，問題とするものです。

## 2　設問についての検討

(1)　設問前段について

　　ア　登記識別情報

　　　(ア)　登記識別情報及び登記済証

## 第3章　代位による登記

　　登記識別情報とは，法第22条本文の規定によって，登記名義人が登記を申請する場合において，当該登記名義人自らが当該登記を申請していることを確認するために用いられる符号その他の情報であって，登記名義人を識別することができるものを指します（法2条14号）。登記識別情報は，もともとは，当該登記名義人が，前にその登記名義を取得する登記をした際に登記官から通知を受けていたものです（法21条本文）。これは，登記名義人となった者に対してのみ通知され，通常は，他に知られることなく登記名義人の元で管理されているはずのものですから，その後，それが登記名義人を登記義務者とする登記の申請の際に提供された場合には，本人を識別する情報として確度が高いというのが，登記識別情報制度の核心を成す考え方です。

　　この制度は，平成16年法律第123号により不動産登記法が全面改正された際に，オンラインによる登記申請の仕組みが導入されたことに伴って，新設されたものですが，その改正前において，登記識別情報と同様の登記申請の真正担保の機能を担っていたのが，登記済証の制度でした。すなわち，旧法下では，登記官が登記を完了したときは，申請書に添付された登記原因を証する書面又は申請書副本に申請書の受付年月日，受付番号，順位番号及び登記済みの旨を記載し，登記所の印を押捺して，登記権利者に還付すべきものとされていました（旧法60条）。この還付を受けた書面が，登記済証と呼ばれるもので，還付を受けた者が，次に登記義務者として，当該登記がされた権利に関する登記を申請するときは，申請書にこの登記済証を添付することが求められていたのです（旧法35条1項3号）。現行の登記識別情報の制度がこの登記済証の制度と同じ基盤に立つものであることは，明らかです。

(イ) 旧法下の登記先例

　ところで，旧法下では，登記済証は，権利に関する登記を登記権利者と登記義務者が共同して申請する場合に提出すべきものとされていました。しかるに，国又は地方公共団体の所有に係る不動産の権利に関する登記については，「共同申請」という方式によってではなく，国又は地方公共団体のみによる嘱託という方式によってするものとされていました。国等が登記義務者であるときは，登記権利者の請求により（同法30条），国等が登記権利者であるときは，登記義務者の承諾を得て（同法31条1項），嘱託することを要するとされていたのです（この点は，現行法も同じです。法116条1項・2項参照）。したがって，旧法下では，国等が権利に関する登記を嘱託する場合には，登記義務者の権利に関する登記済証を提出することを要しないと解されており，登記先例もこのことを確認していました（昭和33年5月1日民事甲第893号民事局長通達）。国又は地方公共団体が不動産に関する権利関係の当事者として登記を嘱託する場合には，その前提となる事実関係及び権利関係について，慎重な判断がされるであろうし，特に，国等が登記権利者として登記の嘱託をするときは，登記義務者の意思をよく確認した上で，その承諾を得ているものと推定されることから，当該登記の嘱託の真正を登記済証によって担保するまでもないと，考えられたことによるものです。

　そして，登記先例は，もう一歩進めて，国又は地方公共団体が，一般私人に代位して，権利に関する登記を嘱託する場合にも，登記義務者の権利に関する登記済証の提出を要しないとしていたのです（昭和25年8月18日民事甲第2204号民事局長通達）。

(ウ) 現行法下での取扱い

　現行法における登記識別情報も，旧法下の登記済証と同じ

く，登記権利者と登記義務者が共同して権利に関する登記を申請する場合に提供を求められるのが，基本的な構造です（法22条本文）。このほかに不動産登記令において，所有権の登記がある不動産の合筆・合併の登記（令8条1項1号から3号まで），登記権利者が複数の場合に全員が申請当事者となる「合同申請」（同項6号・7号）等の場合にも，登記名義人の権利に関する登記識別情報の提供が求められていますが，これらも申請人の申請意思を確認するためのもので，登記識別情報が「共同申請」という申請形態における真正担保の手段であることを基本としている点は，旧法と変わっていません。

　したがって，国又は地方公共団体を登記権利者又は登記義務者とする権利に関する登記の嘱託をする場合に，登記義務者の登記識別情報の提供を要するかという問題についても，旧法下の登記先例をそのまま踏襲して差し支えなく，また，国又は地方公共団体が一般私人を代位して権利に関する登記を申請する場合も，同じ取扱いをすることを認めてよいと考えます。

イ　登記原因を証する情報

(ア)　登記原因を証する情報及び登記原因証書

　権利に関する登記の申請をする場合には，登記原因及びその日付を申請情報の内容としなければならず（令3条6号），法令に別段の定めがあるときを除いて，その申請情報と併せて登記原因を証する情報を提供しなければならないとされています（法61条）。ここで「登記原因」というのは，登記をすべき権利変動を生じさせた事実又は法律行為をいい，不動産登記法が登記原因を証する情報を添付情報として提供を求めているのは，これを登記識別情報と並んで，登記の真正を担保する手段とするためにほかなりません。そして，「登記原因を証する情報」とは，①登記すべき権利変動の原因となる事実又は法律行為の

存在することを証する情報，及び②これらの事実又は法律行為に基づき現に権利変動が生じたことを証する情報をいうものと解されています。

　旧法の下でも，権利に関する登記を申請する場合には，申請書に登記原因証書を添付しなければならないこととされていました（同法35条1項2号）。この「登記原因証書」とは，登記すべき物権変動の原因となる事実又は法律行為の存在することを形式的に証することができる書面と解されており，売買による所有権移転の登記を申請する場合の売買契約書，抵当権設定の登記を申請する場合の抵当権設定契約書など，登記の原因となる取引の過程で作成されたものがその典型例ですが，売買による所有権移転の登記を申請する場合の売渡証書（登記義務者（売主）が登記権利者（買主）に不動産を売り渡したことを自認する内容の差入書）のように，契約書とは別に，登記の申請用に作成されたものも用いられていました。もっとも，登記原因が，時効等の事実である場合には，その性質上登記原因証書は最初から存在し得ないものですから，このような場合には，これを提出する必要がないとされていました（この場合には，登記済証の作成の素材とするために，申請書副本を提出すべきものとされていたのです。同法40条）。

　そこで，あらためて，現行法の「登記原因を証する情報」と旧法の「登記原因証書」の異同について考えてみますと，前者のうちの上記①の情報は旧法の登記原因証書に相当するものですが，上記②の情報は，登記の原因が法律行為の場合だけでなく，時効等の事実である場合にも登記官による審査を要するという観点から，新たに付加されたものです。これは，現行法が，登記の真正を担保する上での「登記原因を証する情報」の機能を重くみて，旧法下で登記原因証書の提出を要しないとさ

れていた場面においても，その提供を求めるというものにほかなりません。この点が，両者の実質的な相違です。

(イ) 登記原因証明情報の提供の要否

以上のような登記原因証明情報の位置づけ，特に旧法における登記原因証書との違いにかんがみますと，現行法においては，国又は地方公共団体を登記権利者又は登記義務者とする権利に関する登記の嘱託においても，この情報の提供を省略することはできないというべきです。もとより，国等が一般私人を代位して権利に関する登記を嘱託する場合も，同様の取扱いをすべきです。

ウ 第三者の許可・同意・承諾があったことを証する情報

(ア) 意 義

権利に関する登記を申請する場合において，登記原因について第三者の許可，同意又は承諾を要するときは，申請人は，その申請情報と併せて，当該第三者が許可し，同意し又は承諾をしたことを証する情報を提供しなければなりません（令7条1項5号ハ）。

登記原因について第三者の許可等を「要するとき」の典型例は，その許可等が，当該登記原因たる行為の効力発生要件である場合です。この場合には，その許可等がなければ実体的な権利変動が生じませんから，当該登記原因に基づいて登記の申請をするときは，申請情報に当該第三者が許可等をしたことを証する情報の提供を要するのは，当然です。例えば，根抵当権の極度額を増額する場合の後順位抵当権者の承諾（民法398条の5），農地の所有権移転についての農業委員会又は都道府県知事等の許可（農地法3条，5条）などが，これに当たります。

次に，第三者の許可等がなければ当該登記原因たる法律行為を取り消すことができる場合，例えば，未成年者が，その法定

代理人の同意を得ないで法律行為をした場合（民法5条，6条），被保佐人が，保佐人の同意を得なければならない行為を，その同意又はこれに代わる家庭裁判所の許可を得ないでした場合（民法13条1項・3項・4項）等にも，法定代理人が同意したことを証する情報を提供すべきかについては，見解が分かれています。判例（大審院昭和10年2月25日判決・民集14巻226頁）及び登記先例（昭和22年6月23日民事甲第560号民事局長通達）は積極説を採っていますが，その理由とするところは，上記のような場合に，法定代理人の同意があったことを証する情報の提供を受けることなく，申請を受理して登記を完了してしまうと，後に法定代理人が当該法律行為を取り消したときは，その法律行為は，はじめから無効であったことになり，その取消しの効果は，すべての第三者に対抗することができるから，当該登記を信頼して取引関係に入った第三者の利益を害し，取引の安全を損なうというにあります。

(イ)　第三者の許可等があったことを証する情報の提供の要否

　　登記原因について第三者の許可等を要する場合に，申請情報にその許可等があったことを証する情報の提供を求めるのは，上記のとおり，実体的な権利変動に基づかない無効な登記や，将来原因行為が取り消されて効力を失うおそれがある登記を，登記記録に記録しないこととするためです。この目的のゆえに，登記官の形式的審査権の範囲内で，登記原因につき無効・取消しの事由が存在しないことを審査した上で，登記申請を受理することとしているのです。この趣旨にかんがみれば，国又は地方公共団体が登記権利者又は登記義務者として権利に関する登記の嘱託をする場合も，上記の登記官の審査を省略するのは相当ではなく，したがって，第三者の許可等があったことを証する情報の提供を要するものと，解すべきです。

第3章　代位による登記

　　もっとも，登記先例の中には，一見これと異なる見解を採るとみられるものがあります。昭和35年11月21日民事甲第2751号民事局長通達がそれで，市区町村が道路敷とするために買収した農地についての所有権移転の登記の嘱託書には，農地法第5条の許可書の添付を要しないものとしています。しかしながら，この登記先例は，当該事案のようなケースにおいては，市区町村と都道府県の内部関係上，市区町村が農地法第5条に定める当該都道府県知事の許可（農地の転用許可）を得て，所有権移転の登記の嘱託に及ぶのが通例であることにかんがみて，便宜，当該許可書の添付の省略を認めたにとどまるものとみるべきです。この先例を根拠にして，およそ国等が権利に関する登記の嘱託をする場合には登記原因についての第三者の許可等を証する情報の提供を要しないとする一般的解釈を導くのは，行きすぎです。

　　以上によれば，登記原因について第三者の許可等を要する場合には，国又は地方公共団体が登記の嘱託をするときであっても，原則として，当該第三者の許可があったことを証する情報を提供すべきであり，このことは，国等が私人等に代位して登記申請をするときも同じというべきです。

(2)　設問後段について

　　設問後段は，国又は地方公共団体が一般私人に代位して権利に関する登記を申請する場合に，登録免許税の納付を要するか否かを問うものです。

　ア　登録免許税とは

　　不動産登記に係る登録免許税（以下，単に「登録免許税」といいます。）は，登記によって不動産に関する財産権の設定，移転，変更等に第三者に対する対抗力が与えられ，権利が保護されるという利益に着目して，登記の担税力の間接的な表現と捉え，これ

を課税対象とするもので，流通税と呼ばれるものの一種です。登録免許税は，登録免許税法に基づいて課税され，その納税義務は，登記のときに自動的に成立し，納付すべき税額は，納税義務の成立と同時に，特別の手続を要さずに確定します（国税通則法15条3項5号）。

　登録免許税の納税義務者は，「登記等を受ける者」とされています（登免税法3条前段）。登記が単独申請によるものであれば問題はありませんが，登記権利者と登記義務者の共同申請によるときは，申請人の双方が納付義務者となるのか，それとも，その一方のみが全額を納付する義務があるのかという問題が，あります。登録免許税法では，共同申請の場合には，登記権利者及び登記義務者が連帯して登録免許税を納付する義務を負うとされています（同法3条後段）。この規定の解釈については，見解が分かれており，通説は，登録免許税は申請人である登記権利者と登記義務者の双方が納付義務を負うが，当事者間の特約によって，その一方の当事者のみが全額を負担し，又はその負担部分を定めることができ，このような場合には，当事者間の意思表示に従って納付義務が分担されることになる，としています。

　以上が原則ですが，登録免許税が非課税とされる場合が，あります。国又は同法別表第二に掲げる公共法人等が（登記権利者として）自己のために受ける登記等は非課税とされています（同法4条1項）。国又は同別表に掲げる者が，これらの者以外の第三者に代位してする登記も，同様です（同法5条1項）。地方公共団体も，上記の別表第二に掲げられています。国又は地方公共団体が自ら登記を受ける者として，又は第三者に代位して，嘱託する登記は，最終的には公益に資するものですから，人的非課税とされているのです。これに対して，国又は地方公共団体が登記義務者となる権利に関する登記について，官署又は公署が登記権利者の

ために嘱託をする場合には（法116条2項），その登記権利者が，登録免許税を納付しなければなりません（登免税法23条）。
　イ　登録免許税の納付義務の有無
　　以上のとおり，国又は地方公共団体が第三者に代位して不動産の権利に関する登記を嘱託する場合には，登録免許税を納付することを要しません。

索引

- 判例年次索引 ―――――――――― 707

- 先例年次索引 ―――――――――― 708

# 判例年次索引

## 明　治

大審院明治43年 7 月 6 日判決 …………… 646
大審院明治44年 3 月24日判決 ………… 551, 558
大審院明治44年 5 月 4 日判決 …………… 521
大審院明治44年12月22日判決 …………… 413
大審院明治45年 4 月12日判決 …………… 428

## 大　正

大審院大正 5 年 9 月12日判決 …………… 521
大審院大正13年 4 月 4 日決定 …………… 609
大審院大正15年 6 月23日判決 ………… 413, 561

## 昭　和

大審院昭和 4 年 1 月28日判決 …………… 424
大審院昭和 9 年11月26日決定 …………… 416
大審院昭和10年 2 月25日判決 …………… 701
大審院昭和15年 3 月15日判決 …………… 545
大審院昭和16年 6 月30日判決 …………… 527
最高裁昭和30年 7 月 5 日判決 …………… 527
最高裁昭和31年 5 月10日判決 ………… 469, 473
最高裁昭和31年 6 月 5 日判決 …………… 565
最高裁昭和32年 9 月17日判決 …………… 425
最高裁昭和33年 7 月22日判決 …………… 469
福岡高裁昭和33年12月 5 日判決 ………… 491
最高裁昭和36年 4 月28日判決 …………… 548
最高裁昭和36年11月24日判決 …… 406, 650, 673
最高裁昭和36年12月15日判決 …… 462, 500, 507
水戸地裁昭和37年 2 月 1 日判決 …… 435, 515
最高裁昭和37年 7 月 6 日判決 …………… 490
最高裁昭和38年 2 月22日判決 …………… 538
最高裁昭和38年 3 月12日判決 …………… 462
最高裁昭和39年 9 月 8 日判決 …………… 514
最高裁昭和39年 9 月29日判決 …………… 213
最高裁昭和39年10月15日判決 …………… 610
最高裁昭和40年 9 月21日判決 …………… 522
最高裁昭和41年 3 月18日判決 …… 410, 434, 554
最高裁昭和41年 6 月 2 日判決 …………… 428
最高裁昭和42年 1 月20日判決 …………… 619
最高裁昭和42年 8 月25日判決 ………… 533, 659
最高裁昭和44年 4 月17日判決 …… 462, 500, 507
最高裁昭和46年 3 月25日判決 …………… 205
最高裁昭和46年10月 7 日判決 ………… 468, 472
最高裁昭和47年 6 月 2 日判決 …………… 610
最高裁昭和48年 6 月21日判決 …………… 449
大阪高裁昭和53年 3 月30日判決 ………… 419
最高裁昭和54年 1 月25日判決 …………… 419
最高裁昭和54年 1 月30日判決 …………… 447
福岡地裁昭和54年 6 月29日判決 ………… 490
最高裁昭和56年 9 月29日判決 …………… 539
東京高裁昭和57年 2 月25日判決 ………… 517
最高裁昭和59年 4 月24日判決 …………… 538
最高裁昭和60年11月29日判決 …………… 539
東京地裁昭和60年12月26日判決 …… 407, 501
横浜地裁昭和61年 2 月19日判決 ………… 501

## 平　成

最高裁平成元年 7 月14日判決 …………… 501
東京地裁平成 7 年 4 月26日判決 ………… 632
最高裁平成 7 年 7 月18日判決 …………… 469
名古屋地裁平成13年 5 月30日判決 ……… 562
東京地裁平成19年 6 月15日判決 ………… 522
東京高裁平成20年 3 月27日判決 ………… 522
最高裁平成22年 4 月20日判決 …………… 538
最高裁平成22年12月16日判決 …………… 528

索　引

# 先例年次索引

## 明　治

明治27年5月15日民刑第171号民刑局
　　長回答……………………………… 213
明治32年8月1日民刑第1361号民刑局
　　長回答……………………………452, 557
明治33年1月17日民刑局長回答……… 416
明治33年2月12日民刑第126号民刑局
　　長回答……………………………… 533
明治33年9月24日民刑第1390号民刑局
　　長回答……………………………… 413
明治33年12月18日民刑第1661号民刑局
　　長回答……………………………… 470
明治35年7月1日民刑第637号民刑局
　　長回答……………………………… 416
明治44年9月27日民刑第810号民刑局
　　長回答……………………………… 655
明治44年10月30日民刑第904号民刑局
　　長回答……………………………614, 617

## 大　正

大正元年9月30日民事第444号民事局
　　長回答……………………………… 655
大正4年11月6日民第1701号法務局長
　　回答………………………………… 603
大正11年11月30日民事第4264号民事
　　長回答……………………………… 603

## 昭　和

昭和10年1月14日民事甲第39号民事局
　　長通牒……………………………… 630
昭和12年12月21日民事甲第1674号民事
　　局長回答…………………………… 632
昭和19年10月19日民事甲第692号民事
　　局長通達…………………………… 614
昭和22年6月23日民事甲第560号民事
　　局長通達…………………………… 701
昭和22年10月13日民事甲第840号民事
　　局長回答…………………………… 512
昭和23年6月21日民事甲第1897号民事
　　局長回答…………………………… 610
昭和23年9月21日民事甲第3010号民事
　　局長回答…………………………… 592
昭和24年2月25日民事甲第389号民事
　　局長通達…………………………… 651
昭和24年6月15日民事甲第1381号民事
　　局長回答…………………………… 687
昭和25年7月6日民事甲第1832号民事
　　局長通達…………………………… 428
昭和25年8月18日民事甲第2204号民事
　　局長通達…………………………… 697
昭和26年11月26日民事甲第2267号民事
　　局長通達……………………………593, 667
昭和26年12月4日民事甲第2268号民事
　　局長通達…………………………… 620
昭和27年8月23日民事甲第74号民事局
　　長回答………………………………501, 506
昭和28年8月1日民事甲第1348号民事
　　局長回答…………………………… 615
昭和28年8月10日民事甲第1392号民事
　　局長電報回答………………………418, 659
昭和28年10月14日民事甲第1869号民事
　　局長通達……………………………410, 554

先例年次索引

昭和29年3月29日民事甲第694号民事
　　局長回答……………………………… 687
昭和29年5月8日民事甲第938号民事
　　局長回答……………………… 420, 425
昭和29年12月23日民事甲第2727号民事
　　局長通達……………………………… 182
昭和30年2月4日民事甲第226号民事
　　局長通達……………………… 452, 557
昭和30年4月23日民事甲第742号民事
　　局長通達……………………………… 616
昭和30年10月15日民事甲第2216号民事
　　局長電報回答………………………… 470
昭和31年2月28日民事甲第431号民事
　　局長回答……………………………… 512
昭和31年10月17日民事甲第2370号民事
　　局長事務代理通達…………………… 483
昭和32年5月6日民事甲第738号民事
　　局長通達……………………… 448, 451, 543
昭和32年7月29日民事甲第1413号民事
　　局長通達……………………………… 435
昭和33年2月13日民事甲第206号民事
　　局長通達……………………… 416, 423
昭和33年5月1日民事甲第893号民事
　　局長通達……………………………… 697
昭和33年5月29日民事甲第1086号民事
　　局長心得回答………………………… 507
昭和33年11月14日民事甲第2351号民事
　　局長通達……………………………… 642
昭和34年9月9日民事三発第807号民
　　事局第三課長心得回答……… 417, 423
昭和34年11月13日民事甲第2438号民事
　　局長通達……………………………… 489
昭和34年12月18日民事甲第2842号民事
　　局長回答……………………………… 479

昭和35年2月3日民事甲第292号民事
　　局長回答……………………………… 518
昭和35年3月31日民事甲第712号民事
　　局長通達……………………………… 655
昭和35年5月18日民事甲第1118号民事
　　局長回答……………………………… 681
昭和35年7月12日民事甲第1580号民事
　　局長回答……………………………… 523
昭和35年7月12日民事甲第1581号民事
　　局長回答……………………………… 523
昭和35年9月30日民事甲第2480号民事
　　局長通達……………………… 593, 634
昭和35年11月21日民事甲第2751号民事
　　局長通達……………………………… 702
昭和36年1月17日民事甲第106号民事
　　局長回答……………………… 533, 659
昭和36年3月25日民事甲第737号民事
　　局長電報回答………………………… 436
昭和36年6月16日民事甲第1425号民事
　　局長回答……………………………… 544
昭和36年7月21日民事三発第625号民
　　事局第三課長回答…………………… 610
昭和36年9月21日民事甲第2371号民事
　　局長指示……………………………… 439
昭和36年10月12日民事甲第2546号民事
　　局長指示……………………………… 417
昭和36年10月27日民事甲第2722号民事
　　局長回答……………………… 425, 529
昭和37年1月11日民事甲第2号民事局
　　長回答………………………………… 465
昭和37年1月23日民事甲第112号民事
　　局長通達……………………………… 465
昭和37年2月8日民事甲第267号民事
　　局長回答……………………… 418, 535

709

索　引

昭和37年2月23日民事甲第325号民事
局長通達…………………………… 592
昭和37年3月13日民事三発第214号民
事局第三課長電報回答………… 534, 660
昭和37年8月8日民事甲第2235号民事
局長回答…………………………… 485
昭和37年8月9日民事甲第2234号民事
局長一部変更認可………………… 556
昭和37年10月26日民事甲第3099号民事
局長通達…………………………… 545
昭和38年3月14日民事甲第726号民事
局長回答……………… 551, 559, 595, 681
昭和39年2月17日民事三発第125号民
事局第三課長回答………………… 530
昭和39年4月9日民事甲第1505号民事
局長回答…………………………… 530
昭和39年4月14日民事甲第1498号民事
局長通達…………………………… 625
昭和39年8月27日民事甲第2885号民事
局長通達…………………………… 523
昭和39年12月23日民事甲第4023号民事
局長回答…………………………… 539
昭和40年6月19日民事甲第1120号民事
局長回答…………………………… 435
昭和40年7月20日民事三発第572号民
事局第三課長回答………………… 554
昭和40年10月28日民事甲第2971号民事
局長回答…………………………… 544
昭和42年8月23日民事甲第2437号民事
局長回答…………………………… 492
昭和43年1月26日民事甲第241号民事
局長回答…………………………… 452
昭和43年5月7日民事甲第1260号民事
局長回答…………………………… 482

昭和43年5月29日民事甲第1830号民事
局長回答…………………………… 549
昭和43年6月5日民事甲第1835号民事
局長回答…………………………… 693
昭和43年6月12日民事甲第1831号民事
局長回答…………………………… 611
昭和44年5月21日民事三発第553号民
事局第三課長回答………………… 545
昭和44年6月4日民事三発第590号民
事局第三課長回答………………… 660
昭和44年9月9日民事甲第1823号民事
局長回答…………………………… 541
昭和45年4月28日民事甲第1777号民事
局長通達…………………………… 591
昭和46年10月4日民事甲第3230号民事
局長通達…………………………… 671
昭和46年12月27日民事三発第960号民
事局第三課長依命通知…………… 672
昭和47年1月26日民事三発第76号民事
局第三課長回答………………… 436, 439
昭和47年12月8日民事三発第996号民
事局第三課長回答………………… 421
昭和48年11月16日民三第8527号民事局
第三課長回答…………………… 435, 515
昭和49年2月12日民三第1018号民事局
長回答……………………………… 639
昭和51年10月15日民三第5415号民事局
第三課長回答……………………… 547
昭和52年4月15日民三第2379号民事局
第三課長回答……………………… 620
昭和52年12月15日民三第6043号民事局
長回答……………………………… 501
昭和53年3月15日民三第1524号民事局
第三課長依命回答………………… 529

710

昭和54年11月8日民三第5731号民事局
第三課長回答······················································ *674*
昭和55年3月4日民三第1196号民事局
第三課長回答······················································ *674*
昭和55年8月28日民三第5267号民事局
長通達························································· *212, 434*
昭和55年9月19日民三第5618号民事局
長回答······························································ *489*
昭和55年11月25日民三第6757号民事局
第三課長回答······················································ *565*
昭和56年1月27日民三第678号民事局
第三課長回答················································ *452, 556*
昭和56年9月8日民三第5483号民事局
第三課長回答················································ *414, 416*
昭和57年3月11日民三第1952号民事局
第三課長回答······················································ *532*
昭和57年10月26日民三第6326号民事局
第三課長回答······················································ *421*
昭和61年8月20日民三第6437号民事局
第三課長回答······················································ *515*
昭和62年3月10日民三第1024号民事局
長回答··············································· *593, 634, 651, 654*
昭和62年6月30日民三第3412号民事局
第三課長回答······················································ *639*
昭和63年1月19日民三第325号民事局
第三課長回答······················································ *604*

## 平　成

平成2年4月24日民三第1528号民事局
第三課長回答················································ *534, 661*
平成6年1月5日民三第265号民事局
第三課長回答········································· *534, 594, 661*
平成6年1月17日民三第373号民事局
第三課長回答················································ *485, 510*
平成8年7月29日民三第1367号民事局
第三課長回答················································ *593, 657*
平成10年3月20日民三第552号民事局
第三課長通知······················································ *561*
平成11年6月22日民三第1259号民事局
第三課長回答······················································ *502*
平成12年1月5日民三第16号民事局第
三課長回答························································ *425*
平成13年3月30日民二第874号民事局
民事第二課長回答················································ *532*
平成19年9月28日民二第2048号民事局
長通達························································· *285, 346*
平成20年10月28日民二第2861号民事局
民事第二課長通知················································ *387*
平成21年2月20日民二第500号民事局
長通達······························································ *590*
平成24年4月26日民二第1085号民事局
民事第二課長通知············································ *254, 335*

## Q&A 権利に関する登記の実務 XIV
### 第7編 信託に関する登記／判決による登記 代位による登記

定価：本体6,000円（税別）

平成27年12月14日　初版発行

|      |      |                |
|------|------|----------------|
| 監　修 |      | 小　池　信　行 |
|      |      | 藤　谷　定　勝 |
| 編　著 |      | 不動産登記実務研究会 |
| 発行者 |      | 尾　中　哲　夫 |

発行所　日本加除出版株式会社

本　社　郵便番号171-8516
　　　　東京都豊島区南長崎3丁目16番6号
　　　　ＴＥＬ（03）3953-5757（代表）
　　　　　　　（03）3952-5759（編集）
　　　　ＦＡＸ（03）3953-5772
　　　　ＵＲＬ http://www.kajo.co.jp/

営業部　郵便番号171-8516
　　　　東京都豊島区南長崎3丁目16番6号
　　　　ＴＥＬ（03）3953-5642
　　　　ＦＡＸ（03）3953-2061

組版・印刷　㈱亨有堂印刷所　／　製本　牧製本印刷㈱

落丁本・乱丁本は本社でお取替えいたします。
© 2015
Printed in Japan
ISBN978-4-8178-4280-0 C2032 ¥6000E

---

**JCOPY** 〈出版者著作権管理機構 委託出版物〉

本書を無断で複写複製（電子化を含む）することは，著作権法上の例外を除き，禁じられています。複写される場合は，そのつど事前に出版者著作権管理機構（JCOPY）の許諾を得てください。
また本書を代行業者等の第三者に依頼してスキャンやデジタル化することは，たとえ個人や家庭内での利用であっても一切認められておりません。

〈JCOPY〉　ＨＰ：http://www.jcopy.or.jp/，e-mail：info@jcopy.or.jp
　　　　　電話：03-3513-6969，FAX：03-3513-6979

一問一答で実務上の問題点をフォロー！
基本の理解を促す、必読シリーズ！

# Q&A 権利に関する登記の実務
## （全15巻予定）

小池信行・藤谷定勝 監修　不動産登記実務研究会 編著

- ●「設問」「答」「解説」の3段階でわかりやすく説明。
- ●迅速な事務処理に役立つ、平易な回答と丁寧な解説。
- ●民法から登記の手続法に至るプロセスまでを丁寧に記述。
- ●巻末には「判例索引」「先例索引」を掲載。

Ⅰ・Ⅱ 第1編 総論（上）・（下）
　Ⅰ 2006年7月刊 A5判 368頁 本体3,300円＋税 978-4-8178-3746-2 商品番号：49040 略号：権実1
　Ⅱ 2007年3月刊 A5判 558頁 本体4,800円＋税 978-4-8178-3764-6 商品番号：49041 略号：権実2

Ⅲ・Ⅳ 第2編 所有権に関する登記（上）・（下）
　Ⅲ 2008年4月刊 A5判 424頁 本体3,700円＋税 978-4-8178-3791-2 商品番号：49042 略号：権実3
　Ⅳ 2008年4月刊 A5判 344頁 本体3,000円＋税 978-4-8178-3792-9 商品番号：49043 略号：権実4

Ⅴ・Ⅵ 第3編 用益権に関する登記（上）・（下）
　Ⅴ 2009年12月刊 A5判 468頁 本体4,200円＋税 978-4-8178-3853-7 商品番号：49044 略号：権実5
　Ⅵ 2009年12月刊 A5判 440頁 本体3,600円＋税 978-4-8178-3854-4 商品番号：49045 略号：権実6

Ⅶ・Ⅷ・Ⅸ・Ⅹ 第4編 担保権に関する登記（一）・（二）・（三）・（四）
　Ⅶ 2011年7月刊 A5判 724頁 本体5,900円＋税 978-4-8178-3941-1 商品番号：49046 略号：権実7
　Ⅷ 2011年7月刊 A5判 500頁 本体4,500円＋税 978-4-8178-3942-8 商品番号：49047 略号：権実8
　Ⅸ 2012年8月刊 A5判 568頁 本体5,000円＋税 978-4-8178-4005-9 商品番号：49048 略号：権実9
　Ⅹ 2012年8月刊 A5判 512頁 本体4,500円＋税 978-4-8178-4006-6 商品番号：49049 略号：権実10

Ⅺ・Ⅻ 第5編 仮登記（上）・（下）
　Ⅺ 2014年3月刊 A5判 404頁 本体3,600円＋税 978-4-8178-4148-3 商品番号：49141 略号：権実11
　Ⅻ 2014年3月刊 A5判 404頁 本体3,600円＋税 978-4-8178-4149-0 商品番号：49142 略号：権実12

ⅩⅢ 第6編 変更の登記／更正の登記／抹消の登記／抹消回復の登記
　2014年11月刊 A5判 616頁 本体5,500円＋税 978-4-8178-4202-2 商品番号：49143 略号：権実13

ⅩⅣ 第7編 信託に関する登記／判決による登記／代位による登記
　2015年12月刊 A5判 736頁 本体6,000円＋税 978-4-8178-4280-0 商品番号：49144 略号：権実14

［今後の刊行予定］　ⅩⅤ 第8編 嘱託登記／立木に関する登記／各種財団等に関する登記／船舶に関する登記／その他の登記

日本加除出版
〒171-8516　東京都豊島区南長崎3丁目16番6号
TEL (03)3953-5642　FAX (03)3953-2061（営業部）
http://www.kajo.co.jp/